人が集まる！求人票実例集160職種

そのまま使える文例と解説

五十川将史

ウエルズ社会保険労務士事務所 代表

誠文堂新光社

はじめに

「金太郎飴のような求人票を世の中につくり出したくない」

　これまで1,000社以上の中小企業の求人のお手伝いをさせていただきましたが、求人票に記載する例文やフレーズについて積極的に語ってきませんでした。

　求人票に記載する内容は、文字数などの制約が一部あるものの、本来は各企業が自由に作成すべきものです。サンプルや記載例を提示することによって、似たような文面やスタイルの求人票が世の中にあふれた結果、求職者と求人者の適正なマッチングを阻害する要因になりかねないと考えてきました。

　しかし、その一方で、従来から人材採用に関する書籍が数多く出版されているにもかかわらず、「理論や考え方は理解できたが、それを実際に自社の求人票に落とし込むことができない」というご相談をよく耳にしてきました。

　その要因は何かを考えたとき、「そもそも求人票の"型"がわからない」ことが一因ではないかという結論に至りました。

　武道や伝統芸能の世界では、「守破離」という言葉が使われることがあります。

　「守破離」の「守」とは型を覚える段階であり、次の「破」は型を破る段階、最後の「離」とは型を超える段階とされています。つまり、型を覚えて、初めて型を破ることができ、型を破る技量があって、初めて型を超えることができるということになります。

つまり、人事専任の社員がおらず、他の業務に追われながら採用活動をしておられる中小企業・小規模事業者の方々の中には、求人票作成業務における「守」である求人票の型についてこれまで学ぶ機会がなかった方々が多いと考えられます。

　それならば、まずはその"型"を身につけるための書籍が必要ではないかという考えに至り、本書の刊行となりました。

求人票の書き方に正解はありません

　本書にて提案する求人票の記入サンプルの内容について、様々な考えや異論があることでしょう。しかし、本書に掲載した求人票サンプルをたたき台にして、自社の求人票について考え、議論する過程にこそ価値があると考えています。

　本書をきっかけに、みなさま方の会社の求人票がオリジナリティ溢れる求人票に生まれ変わり、求める人材の採用にお役立ていただけましたら、うれしい限りです。

ウエルズ社会保険労務士事務所 代表
五十川将史

本書の特徴

特徴 1
160職種を網羅した リアルな求人サンプル集

　従来から求人票の作成の仕方などを説いたハウツー本は数多く出版されていますが、実際に求人を行う経営者や採用担当者にとっては、理論や重要ポイントを理解できても、実際に自社の求人票として形に落とし込むことは別の話になります。

　本書は、そうした読者のニーズに合わせて、実際の求人票にそのまま活用できる、あるいは自社用にアレンジが可能なリアルなサンプル文例を16カテゴリー160職種について提供する、今までにない実用書です。

特徴 2
求職者イメージと アピールポイント

　本書のサンプル求人は、必要項目についてどんな求職者にも当てはまる総花的な記入例として作成したものではなく、応募の可能性のある求職者をまず「求職者イメージ」として想定して作成しています。

　異業種からの転職希望者や現職での働き方などに課題を抱えた若手など、職種ごとにイメージした求職者が知りたい情報や求職者に合った自社の強みや魅力などをアピールポイントとして整理してありますので、自社での作成に活用することができます。

特徴 3 ハローワーク以外の求人サイトにも活用できる汎用性

　本書の求人票は、ハローワークの求人票と同様のフォーマットで作成し、特に重要な「職種名」「仕事内容」「事業内容」「会社の特長」「就業時間」「休日等」「求人に関する特記事項」の7項目をピックアップしてサンプルを作成しています。

　このサンプルは、ハローワークだけでなく、自社の求人サイトや汎用可能な「indeed」や「engage」などの民間求人媒体でもアレンジして展開することが可能です。

特徴 4 人材採用に関わる幅広い人が活用できる

　本書の読者ターゲットの中心は、中小企業・小規模事業者の経営者や採用業務担当者の方々です。

　その他にも中小企業・小規模事業者の経営サポートをしている社会保険労務士や税理士、経営コンサルタントをはじめ、商工会議所や商工会などの各種団体・機関で経営相談に携わる方々など、幅広く活用いただけるコンテンツとなっています。

目次 人が集まる! 求人票実例集160職種

カテゴリー1
開発・製造技術／建築・土木専門技術

カテゴリー2
情報処理・通信技術者

カテゴリー3

医療および保健医療

カテゴリー4

社会福祉／経営・金融・保険

カテゴリー7
販売

カテゴリー8
営業

カテゴリー9
家庭生活・介護・
保健医療・生活衛生サービス

カテゴリー10
飲食・接客・給仕

カテゴリー11
住居施設・ビル等管理／
その他サービス

カテゴリー12
保安（警備等）／農林漁業

カテゴリー13
生産工程

カテゴリー14
輸送・機械運転

カテゴリー15
建築・採掘

カテゴリー16
運搬・清掃・包装

◆職種の分類に当たって◆
本書では、160職種を「厚生労働省編職業分類」をベースに一部加工を加えた16のカテゴリーに分類しています。そのため、複数の業界を含むカテゴリーでは関連性の薄いものもありますが、編集上の措置としてご了承願います。

本書の構成と見方 （左ページ）

本書ではハローワーク求人票（表・裏）から主要項目である「職種名」「仕事内容」「事業内容」「会社の特長」「就業時間」「休日等」および「求人に関する特記事項」の7項目のサンプルを示し、併せて記入のポイントを解説しました。

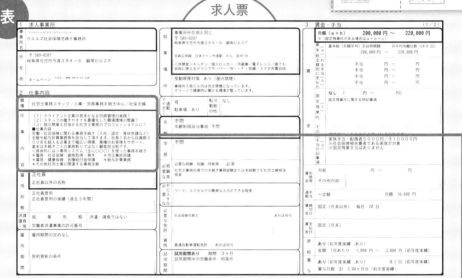

◆求人票の表面は主に3つの分野の情報が記載されています。

＊職種名・仕事内容・雇用形態および就業場所などの募集条件

＊年齢、学歴、必要な経験、必要なPCスキル、必要な免許・資格などの応募条件

＊賃金・手当の明細や賃金形態、支払日のほか、昇給・賞与などの基本的な労働条件

◆求人票の作成にあたって、応募条件や労働条件は求職者にとって重要な情報ではありますが、あらかじめ決まった項目であり、内容をアレンジできる情報ではありません。一般的に求職者が求人票で最初に見るところは職種名と仕事内容であり、その仕事に興味・関心を持てれば次に応募条件や労働条件に関心が移ります。応募条件や労働条件と異なり「職種名」と「仕事内容」は求人者側が自由に創意工夫できる情報であり、この欄の内容が求人票のイメージを形成していると言っても過言ではありません。そうした意味からも、同欄作成にあたっては本書のサンプルが活用できます。

社会保険労務士（個人事務所）

求職者イメージ

▶企業の総務部や人事部からの転職希望者

これまで総務部や人事部で働﹅﹅﹅
ゆくは社労士資格も取得した﹅

> 求人票作成にあたっては応募を期待する求職者像をイメージすることがポイントになります。サンプル求人票では、求人に興味・関心を持ってくれる求職者や自社が求める人物像をイメージし、そうした求職者の転職背景を踏まえて求人票を作成しています。

▶他の社労士事務所からの転職﹅

＊これまで勤務してきた事﹅﹅
験できる職場を探している人

＊これまで勤務してきた事務所では時間外労働も多くなりがちで、仕事と家事、社労士試験勉強
の両立が難しいと感じている人

▶実務未経験の社労士有資格者

異業種から社労士を目指し試験に合格したものの、企業の総務部や人事部、社会保険労務事務所
で実務経験がない人

アピールポイント

▶クライアント企業の見本となるような理想的な労務管理を実践していること

▶スタッフの働きやすさを最優先に﹅
ていること

> 求人票では求職者に何をアピールするかが重要となりますが、単に自社目線での自慢話的なものでは求職者の心に届きません。本解説欄は、想定した求職者イメージを前提に、求職者が知りたい情報や自社で働くことの魅力などから主なアピールポイントを整理し、求人内容に反映しています。

▶社労士資格取得を目指す方に﹅

▶将来の独立開業も目指す方に﹅
外部提携することができる環境を整えていること

仕事内容

職種	社労士業務スタッフ／人事・労務事務手続き中心／社保完備 ← 28文字
仕事内容（30文字×12行）	（１）クライアント企業の見本﹅ （２）スタッフの働きやすさを﹅ （３）独立開業も目指せる社労﹅ ■仕事内容 労働・社会保険に関わる事務手続き﹅ 全般や給与計算業務等を担当していただきます。社長１名から社員 数２００名を超える企業まで幅広い企業規模、業種のお客様をサポ ート。基本は手続きごとの業務割りではなく顧客担当制です。 〈具体的には〉専用システム（主に○○○）を使った事務手続き ＊雇用・社会保険　資格取得・喪失　＊労災事故申請 ＊雇用・健康保険　各種給付金申請　＊給与計算業務 ＊その他社労士業に関連する事務全般

◎「仕事内容」記入のポイント

> 求人票では単に仕事や作業内容を説明するだけではなく、求職者イメージを前提に仕事の特徴ややりがいなど、仕事以外の情報も提供が必要です。
> 本解説欄では、求職者がこの仕事に魅力を感じられるような情報提供に対する考え方や背景を紹介しています。

▶分業制または顧客担当制のいずれ
かを採用する場合が多いことから、
自社がいずれを採用しているのかど
うかを示すとともに、それによって
受ける求職者のメリットについても
記載する。

▶給与計算業務や助成金申請代行な
ど事務所によってスタッフが担当す
る業務内容が異なる場合があるので、
どの業務を担当することになるのか
を明示する。

「職種名」その他例

●社労士業務スタッフ／分業制ではなく顧客担当制／成長できる

●社労士事務所スタッフ／企業での﹅

●【正社員】人事・労務スタッフ／﹅

●社会保険労務士事務所での人事労﹅

> 職種名は書籍のタイトルのようなものです。２８文字まで使用できるため、ひと目で求職者にアピールできる職種名を数例紹介しています。自社がアピールしたいワードを活用した職種名の参考としてくだい。

本書の構成と見方（右ページ）

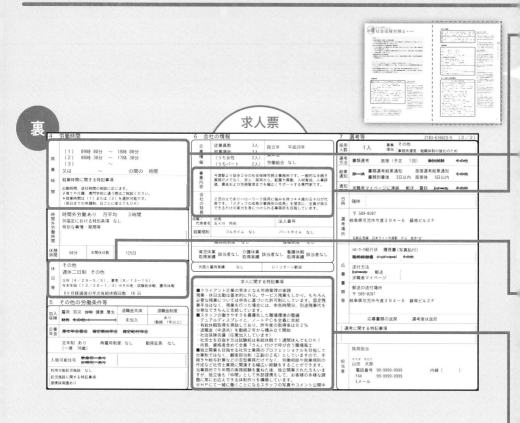

◆求人票の裏面は主に4つの分野の情報が記載されています。

＊就業時間や時間外労働、休日のほか、社会保険や定年制度などの労働条件

＊創業や事業内容、会社の特徴、従業員数などの会社概要

＊応募方法や選考方法などの採用手続き

＊求人全体に関する補足や特記事項

◆求職者が求人票「表面」の情報を見て求人への興味・関心が高まると、さらに「裏面」も見てみようということになりますので、裏面は応募を左右する重要な情報となります。

特に、就業時間や休日などの労働条件は、求職者が自分の働き方をイメージする情報となりますので、単に事務的に紹介するのではなく、シフトモデルや会社カレンダーの内容なども含めて、丁寧な紹介が求職者にも好印象を与えます。

会社の情報

事業内容	○○○駅より徒歩2分の社 き業務だけでなく、求人 評価、賃金および労務管理
会社の特長	二児の父でありハローワー 代表です。「スタッフの成長　事務所の成長」を理念に、独立開 立できるだけの実力を身につけられる事務所を目指しています。

> 30文字×3行

> 「事業内容」は単に業種がわかればよいというものではなく、「会社の特長」もあくまでも「求職者にとって」が前提です。サンプル求人票ではどのような企業なのか、そしてどのような職場で、どのような働き方になるのかなどをイメージできるように作成しています。

> 30文字×3行

労働時間

就業時間	（1）　09時 00分　～　1 （2）　08時 30分　～　1 （3）　時　分　～ 又は　時 分 ～　時　分 の 間 の 時 間 就業時間に関する特記事項 ＊出勤時間、退社時間の相談に応じます。 ＊子育てや介護、専門学校に通う際はご相談ください。 ＊就業時間は（1）または（2）を選択可能です。 　（前日までの申請制、日ごとに変えてもＯＫ）
休日等	土　日　祝日 週休二日制　毎週 ＧＷ（4／29～5／5）、夏季（8／13～15）、 年末年始（12／28～1／3）※その他：試験前休暇、慶弔休暇 6ヶ月経過後の年次有給休暇日数　１０日

> 労働時間や休日は求職者が働き方をイメージする情報です。サンプル求人票では、勤務形態や時間外労働、休日などはできるだけ詳細に説明し、求職者が自分の働く姿をイメージできるように作成しています。

> 30文字×4行

> 30文字×2行

求人に関する特記事項

求人に関する特記事項

■クライアント企業の見本となる労務管理の実
残業・休日出勤は基本的にN
必要な残業については申告に
業手当はなく、残業を行った
1分単位で計算して支給して
■スタッフの働きやすさを最
＊デュアルディスプレイと、
＊有給休暇取得を奨励してお
＊退職金（中退共）を勤続2年目から積み立て開始
＊社会保険完備（任意加入しています）
＊社労士を目指す方は試験前に有給休暇で1週間休んでもＯＫ！
＊所長、資格者含めて全員「さん」づけで呼び合う職場風土
■独立開業も目指せるプロフェッショナルを目指して
分業制ではなく、顧客担当制（正副の2名）としていますので、手
続きや給与計算などの定型業務だけでなく、労働相談や就業規則の
作成など社労士業務に関連する幅広い経験をすることができます。
当事務所で5年間の実務経験を重ねた後、独立開業された方もいま
すが、独立後も「仲間」として外部提携をして、お客様の多様な課
題に常にお応えできる体制づくりを構築しています。
※ＨＰにて一緒に働くことになるスタッフの写真やコメント公開中

> 本欄は６００字まで記述が可能であり、ぜひ有効活用したいスペースです。サンプル求人票では、仕事内容や労働条件などの補足はもちろん、入社後の研修・教育体制やキャリアアップ支援、福利厚生などのほか、自社で働く魅力や他社との違い、経営者からのメッセージなど、幅広い情報を提供しています。求職者が「この会社で働きたい」と思えるような情報の場として、自社用にアレンジしてください。

> 30文字×20行

（右段）

50社の情報

る。
▶小規模な個人事務所の雰囲気は、良くも悪くも所長の経営方針や人柄によって決まることが多いことから、人となりや経歴、考え方を紹介する。

▶育てや介護、資格取得に向けた通学など個別の事情に対して相談に応じる姿勢を示すとともに、勤務時間帯や申請方法も伝えることによって、求職者が働く姿をイメージできるようにする。

✏「求人に関する特記事項」記入のポイント

▶クライアント企業の見本となる労務管理の実践
原則時間外労働がないことを示すことによって、生活のために残業代を稼ぐ必要がある方との認識の齟齬を防ぐ。逆に時間外労働時間が多いことに不満を持つ求職者にとっては詳細に説明することで信頼の確保を期待できる。
▶スタッフの働きやすさを最優先し、

社労士事務所で専門職として限られた範囲の仕事のスキルを極めることを希望される方もいれば、1社1社のお客様と向き合いながら幅広い知識や経験を身につけたいという希望を持つ方もいることから、自事務所がどちらのスタイルなのかを明示する。

開発・製造技術／建築・土木専門技術

求職者のイメージ例

＊研究開発職に多い非正規雇用から正規雇用を目指している人
＊仕事内容が希望と合わないため新しい職場に転職したい人
＊現場を任され自分の手で工事を完成させる監督者を目指したい人
＊開発者や技術者として更に専門性を高めキャリアアップを図りたい人
＊専門職であってもワーク・ライフ・バランスを大切にして働きたい人

転職理由を求人票に活かす

転職希望者は現在の仕事や職場で抱える課題が改善できない状況を変えるために転職という手段をとります。求職者はその課題の解決や改善につながる情報を求人票の中に求めているため、求人者側がそのニーズや期待に応えた情報提供をすればアピール性のある求人票となります。

―――――――

● 技術職はいずれかの専門分野に特化した技術やスキルを持った人材のため、転職理由も事務や営業などの一般職とはやや傾向が異なります。

―――――――

● 一般的に多いのが「希望する仕事に携われない」「成長できる環境がない」「評価と待遇が納得できない」などの明確な理由のほか、「より良い条件があれば転職を考えたい」のような潜在的な理由もあります。

―――――――

● 求人者側としては、職務内容や必要な技術・スキルを明確にしてミスマッチを防ぐことや、多様なキャリアパス・キャリアプランの提示、公正な評価制度と処遇の他、特に若手には働き方の改善も重要な情報となります。

―――――――

● また、専門的な人材は採用の競合もあり即戦力人材の確保が難しいことから、未経験者を前提としたポテンシャル採用により、自社内で育成していくことを強くアピールすることも効果的です。

アピールポイント例

＊未経験や工場スタッフからキャリアチェンジも可能
＊募集背景や期待するミッション、仕事の特徴や魅力など、職務への
　興味につながる情報
＊保有する技術やスキルに対する評価や処遇
＊エンジニアとして成長できる制度や環境
＊中長期的なキャリアパスの提示
＊就業環境や働き方改革への具体的取り組み

研究開発スタッフ（食品）

求職者イメージ

▶食品関係の現役研究開発者で転職希望者
　※研究開発職とは名ばかりで品質管理や事務の仕事が中心のため、転職したい人
　※日々、時間と納期に追われる働き方に疑問を感じ、家庭やプライベートとも両立できる職場に
　　転職したい人
　※役職がついてマネジメント業務のウエイトが増えたため、好きな開発業務が充分にできず転職
　　したい人
　※研究開発職に多い非正規雇用のため、正社員として働ける職場を探している人
▶学校で食品などを学んだ人
　大学などで食品や農学、化学などを学び一旦食品会社に就職したが、営業職が続きキャリアアッ
　プが見通せないため研究開発職に転職したい人

アピールポイント

▶商品化に必要な仕入れや製造部門などとの連携業務も多くあるが、メイン業務は研究開発であり、
　組織上も明確に独立していること
▶正規雇用の研究開発職であり、退職金共済や厚生年金基金、再雇用制度などの制度も手厚く、安
　心して長く働けること
▶職業柄、一般的に勤務時間が不規則で負荷の大きい仕事とのイメージがあるが、自社は開発サイ
　クルも比較的長いものが多いことや定時退社、連続休暇など家庭との両立も図りながら働ける
　仕事であること

仕事内容

職種	研究開発職（麺用スープ他）／新商品に合った味の研究と開発
仕事内容	加工食品メーカー様の新商品に合った「新しい味」を創り出していく仕事です。日々の研究による新しい味の発見やお客様が目指す味を生み出していく開発業務にあなたの探求心を活かしてください。 ■主要商品（代表商品は即席麺○○○のスープ） ビーフ、チキン、ポークエキス／野菜エキス／ラーメン・うどんのスープ／和・洋・中華スープ／ブイヨンなど ■業務の概要 【開発業務】お客様が企画される麺類などの新商品に合ったスープやだしの素の開発および製造部門との工程調整と確認。 【研究業務】多様な味のニーズに迅速に対応できるよう、ポークやビーフ、野菜などから常に新しい味や調合技術を研究。 ※衛生管理の国際規格HACCP認証の取得工場です。

「職種名」その他例

●食品の研究開発スタッフ（正社員）／HACCP認証取得工場
●当社代表商品は即席麺○○○のスープ／研究開発員追加募集！
●家庭と両立しながら新しい「味」の研究と開発に打ち込む仕事
●和・洋・中華スープ研究開発員／連続休暇・時間単位有休OK

◎「仕事内容」記入のポイント

▶募集対象は現役研究開発者または経験者のため、まずはどのような研究開発に取り組むのか、その概要と特徴を紹介する。また、現在の仕事に課題や疑問を抱え新しい職場を求めている求職者に対しては、改めて研究開発者としての誇りや探求心を取り戻せる仕事であるとのメッセージを送る。

▶主要商品や代表商品は求職者も知っている銘柄であることを紹介して会社のイメージアップを図るとともに、安定性をアピールする。

▶メイン業務である商品開発は、お客様が企画する新商品の「味」を開発するものであることを説明し、求職者が仕事をイメージできるようにする。

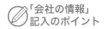

会社の情報

事業内容	畜産物や農産物などを主原料としたエキス調味料の研究開発と製造の会社です。即席麺○○○のスープは当社が開発した代表商品。味の研究開発を通して豊かな食生活に貢献しています。
会社の特長	地域の特産原材料にこだわるのと同様に、人材も地元の方が活躍できる企業を目指しています。家庭や子育てなども両立させながら安心して働けるよう、働き方の改善に取り組んでいます。

労働時間

就業時間	（１）　08時 30分　～　17時 30分 （２）　　時　分　～　　時　　分 （３）　　時　分　～　　時　　分 又は　時　分　～　　時　分 の間の　時間 就業時間に関する特記事項 ＊毎週水曜日は定時退社日を実施中（昨年の達成度７５％） ＊時間外労働は毎日コンスタントにあるのではなく、作業の進捗状況などにより生じますが、職種柄、ある程度は自分でコントロールしながら勤務することが可能です。
休日等	土　日　その他 週休二日制　毎週 ＊夏季８／１２～８／１５　＊年末年始１２／３１～１／３ 　（２０○○年度） ６ヶ月経過後の年次有給休暇日数　　１０日

求人に関する特記事項

求人に関する特記事項

■職場の特徴
＊研究開発スタッフ５名（女３・男２）、平均年齢３０代後半、経験は２年から１０年以上までの幅広い人が活躍しています。
＊専門職の集まる部門ですが、出入りは原則自由のため関係部署スタッフとのコミュニケーションも図れるオープンな環境です。
■当社で働く魅力
＊開発サイクルの短い商品が多い時代ですが、当社は比較的時間をかけて開発する商品も多く、納得のいく仕事ができます。
＊仕事柄、勤務時間は不規則になりがちですが、中・長期的な仕事が多いため、毎週１回の定時退社やスタッフ間での業務進捗状況の共有により、計画的な仕事が実践できています。
■ユニークな取り組み
社内レポート制度／自己研鑽として、個人やグループで「食や味」に関するレポートを毎年募集します。昨年は「全国有名ラーメンの味比較」が表彰されました。
■手厚い福利厚生
育児休業後の復職制度（開発職実績１名）／時間単位有給休暇制度／５日以内の連続有給休暇制度／退職金共済・厚生年金基金加入で退職後も安心
※会社見学歓迎！先輩研究スタッフとの懇談も可能です。

✎ 「会社の情報」
記入のポイント

▶会社としてのメイン業務を説明したうえで、求職者にもわかりやすい自社の代表商品を紹介し、親近感と安心感をアピールする。
▶商品は全国エリアが対象でも、企業としては地域とともに歩む存在であり、働いてもらえる地元の人々が安心して長く働けるよう、家庭や子育てとも両立できる働き方の改善に取り組む姿勢をアピールする。

✎ 「労働時間」
記入のポイント

▶研究開発の仕事は、一般的には時間に関係なく黙々と取り組むイメージがあり、フレックスタイム制勤務が適するとも考えられるが、自社の場合は商品開発のサイクルなどに特徴があり、定時退社や研究者自身による時間外勤務のコントロールが可能な働き方であることを紹介する。

✎ 「求人に関する特記事項」
記入のポイント

▶職場の特徴
一緒に働く仲間の情報は関心事となるため、男女別人数や平均年齢、経験年数などを紹介するとともに、研究開発部門の職場は関係者にもオープンでコミュニケーションも円滑な環境であることをアピールする。
▶当社で働く魅力
研究開発者として納得のいく仕事ができること、また勤務時間も改善に取り組むことで計画的な仕事ができ、家庭との両立も含めて働きやすい環境であることをアピールする。
▶ユニークな取り組み
任意の自己研鑽として、個人やグループで興味・関心を持ったテーマについてレポートを作成する活動を採り入れ、問題意識や消費者ニーズに敏感なセンスの養成につなげていることを紹介する。
▶手厚い福利厚生
出産後や育児中の配慮のほか、退職後の安定した生活に必要な制度も手厚く、安心して働けることをアピールする。

建築士

求職者イメージ

▶建設関係で働く建築士の転職希望者
 ＊施工管理の仕事が続き設計業務はブランクがあるが、設計部門で再度働ける職場を探している人
 ＊設計部門で働いているが、意匠設計が中心のため構造設計や設備設計なども経験できる職場を探している人
▶設計事務所からの転職希望者
 現在の事務所は案件も多く、自分の考える働き方ができないため、思い切って今よりも余裕を持てそうな地元密着型の工務店などに職場を変えたいと考えている人
▶有資格者の UIJ ターン希望者
 大手や中堅のゼネコンで働いてきたが、地元に戻って中小規模の案件を扱う設計事務所か工務店で設計業務に携われる職場を探している人

アピールポイント

▶経験に応じて意匠設計、構造設計、設備設計を幅広く経験できる機会があり、経験の浅い求職者にとってはキャリア形成に適した魅力的な職場であること
▶手がける案件は、戸建て住宅からマンション、商業施設、福祉施設、工場まで幅広くあり、建築士として多様な経験を積めること
▶多忙な仕事の中にも、家庭や子育てを大切にした働き方に配慮するなど、安心して長く働ける環境づくりに取り組んでいること
▶大手・中堅ゼネコンにはない、地域の生活に密着したやりがいのある仕事であること

仕事内容

職種	建築士（一・二級）／大手にはない地元工務店ならではの魅力
仕事内容	住宅や工場などの設計・施工を行う工務店です。設計部門の建築士として意匠設計、構造設計、設備設計から施工・完成まで一貫して関わる工務店の建築士ならではの魅力を活かして活躍できます。 ■仕事の特徴 ＊設計は住宅関係と事業関係が約6：4、現場は9割が県内です。 ＊使用設計ソフトはJW-CAD、AutoCADです。 ＊案件によってはインテリアコーディネートも行います。 ＊担当案件は資格と経験に合ったものからお任せします。 ■地元とのコラボ 最近は中古マンションのリノベーションや古民家のリフォームのほか、若い経営者と地元商店街の再生に向けた活動にも参加しています。あなたの建築士としての新しい可能性を発揮してください。

「職種名」その他例

● 建築設計（一級・二級建築士）／意匠設計からスタート可
● 工務店建築士／家庭と両立可能／業務によりテレワークもOK
● 地元に帰って建築士として活躍しませんか／工務店設計業務
● 初めての設計業務歓迎／工務店での建築士（一・二級資格者）

「仕事内容」記入のポイント

▶冒頭3行で、工務店の特徴などのやりがいを紹介して、関心のある求職者を惹きつける。
▶建築士の主な職場には建築設計事務所や工務店を含む建設会社など様々な場所が考えられるが、求職者の気持ちを工務店での建築士に引き寄せるため、求人全体は工務店ならではの魅力や転職理由として考えられるキャリア形成ができる環境が整っていることをアピールして、同業他社との差別化を図る。
▶対象となる求職者は基本的に経験者となるため、仕事内容は特徴的な点を紹介し、特に最近の案件特徴や地域での取り組みをアピールすることで、建築士としての新しい可能性を発揮できる機会があることを示す。

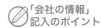
会社の情報

事業内容	一般住宅から商業施設、工場までの設計・施工を一貫して行う地域密着型の工務店です。最近はリフォームやリノベーションに力を入れ、個性的な店舗や建物の再生では地域からも注目されています。
会社の特長	建築は、関わった人の意思や気持ちが形となったものと考えます。工務店ならではの特徴であるお客様との距離の近さと設計から建物完成までの一貫した関わりにスタッフも高い信頼を得ています。

労働時間

就業時間	変形労働時間制（1年単位） （1）　08時 30分　〜　17時 30分 （2）　　時　分　〜　　時　　分 （3）　　時　分　〜　　時　　分 又は　時 分 〜　時　分 の間の　時間 就業時間に関する特記事項 ＊比較的に閑散期となる夏季は、1日7．5時間の変形労働時間制による勤務となります（年間の週平均労働時間は40時間以下） ＊時間外労働は、上司と相談のうえ各自が仕事の計画に合わせて調整できます。
休日等	日　祝　その他 週休二日制　その他 ＊第1土曜日は全体会議等のため出勤　＊GW2日間 ＊夏季8／12〜8／16　＊年末年始12／30〜1／3 6ヶ月経過後の年次有給休暇日数　10日

求人に関する特記事項

求人に関する特記事項

■工務店ならではの魅力
＊分譲・注文住宅から工場まで多種な案件に関する意匠設計から構造、設備設計まで幅広いキャリアを形成できます。
＊施主様との打ち合わせから施工、完成まで一貫してお客様とともに夢を形にしていくため、豊かな充実感を得られます。
■勤務条件の補足
＊賃金は資格、経験内容、前職での実績も加味して決定します。
＊定年65歳のほか、退職金制度に加え退職金共済にも加入していますので、安心して長く働いていただけます。
■働き方の見直し
多忙な仕事ではありますが、特に時間外労働は上司に相談のうえ各自で調整できることやテレワークの導入、また、有給休暇では時間単位と5日間連続取得制度の活用により、家庭との両立やメリハリのある働き方ができるため、ママさん建築士も活躍しています。
■仲間の紹介
設計スタッフは男3名女2名の5名です。平均年齢は40代前半。一級建築士2名、二級2名、資格挑戦中の補助スタッフが1名。
■UIJターンや遠方の方
ご応募歓迎しています。オンラインによる会社見学にも対応しますのでお気軽にご相談ください。

「会社の情報」記入のポイント

▶一般住宅から工場まで幅広い分野の物件を対象に、設計から施工まで一貫して行う工務店であることを紹介するとともに、最近はリノベーションや古い建物の再生なども手がけるなど、新しい取り組みにも挑戦している会社の姿勢をアピールする。また、建築に対する思いや信頼の高さを示し、お互いに納得のいく仕事ができている環境をアピールする。

「労働時間」記入のポイント

▶比較的に閑散期となる夏季は、実働7.5時間とする1年単位の変形労働時間制による勤務となることを説明するとともに、特に時間外労働は各自の仕事計画や進捗状況により上司に相談のうえ自分で調整できることを紹介し、時間管理がしやすい環境をアピールする。

「求人に関する特記事項」記入のポイント

▶工務店ならではの魅力
自分に合った活躍の場や将来に向けたキャリア形成を求める求職者に対して、工務店ならではの魅力をアピールし、自分の働く姿をイメージしてもらう。

▶勤務条件の補足
賃金の決定方法のほか、定年が65歳であることや退職金共済に加入していることを紹介し、長く働くことができる魅力をアピールする。

▶働き方の見直し
多忙な仕事となるものの、時間外労働は本人の裁量により調整が可能なことや有給休暇の取得推進などにより、家庭と両立しやすい働き方に取り組む姿勢をアピールする。

▶仲間の紹介
一緒に働くこととなる同僚を簡単に紹介し、「ここならやっていけそう」との親近感をアピールする。

▶UIJターンや遠方の方
歓迎の姿勢とオンライン会社見学も可能なことをアピールして、遠方の求職者からの関心を惹きつける。

現場監督（候補）

求職者イメージ

▶将来は現場監督として活躍したい人
　これまでの土木工事の経験をベースに、将来は現場監督として自分の手で工事を完成させたいと考え、経験を積める職場を探している人

▶資格取得を支援してくれる職場を探している人
　土木施工管理技士の資格はまだ取得していないが、監督の仕事をしながら資格も取得したいと考えており、バックアップしてくれる職場を探している人

▶現場監督養成に力を入れている職場で働きたい人
　現場スタッフとして働きながら監督を養成していく制度や仕組みのある職場があれば思い切って転職したいと考えている人

アピールポイント

▶現場監督として活躍したい求職者にとっては環境や育成制度の整った職場であること
▶これまでの土木工事経験をベースにキャリアアップできる仕事であること
▶現場監督職という明確な目標を持って仕事ができる職場であること
▶人材確保が厳しい業界であるため、働き方の改善に積極的に取り組んでいること
▶建設人材育成に積極的に取り組む企業として公的機関の認定を受けていること

仕事内容

職種	いつかは現場監督／候補者募集（土木工事）／独自の養成制度
仕事内容	これまで培ってきた土木工事の経験を活かして「いつかは自分も現場監督として活躍したい」という目標を当社で実現しませんか。独自の養成制度でみなさんの目標実現をしっかり後押しします。 ■仕事の特徴 ＊現場は○○市およびその近郊が9割です。 ＊工事は道路や橋、山林の災害防災工事など地域の人々が安心して暮らせる社会基盤づくりです。 ＊仕事は安全最優先で社員を守ります。 ■当社の魅力 ＊当社独自の現場監督養成制度ですでに2名が活躍しています。 ＊働き方の改善に取り組み、働きやすい職場を目指しています。 ＊○○県の建設人材育成エクセレント認定企業です。

✍「仕事内容」記入のポイント

▶工事作業員などで働きながら「いつかは自分も現場監督になる」という目標を持っている求職者の目に留まるものとするため、冒頭3行で希望の実現を全面的にサポートする環境が整っていることをアピールするとともに、求人全体はその具体的なイメージが伝わるものとする。

▶工事経験者を想定して、仕事内容は特徴を簡単に紹介するに留め、何よりも当社で働く魅力をアピールすることにより、求職者が「よし、ここで頑張ろう」と気持ちを高められる内容にする。特に、現場監督に向けた養成については、独自の制度によりすでに2名が活躍していることを紹介して関心を惹きつけ、詳細は「求人に関する特記事項」欄で説明する。

「職種名」その他例

●独自の育成制度で現場監督を目指そう／土木工事現場監督候補
●土木作業経験を活かし現場監督にキャリアアップ／候補者募集
●現場監督候補者募集（土木工事）／資格不要／育成制度あり
●土木施工管理技士の資格取得可能／土木工事現場監督候補募集

会社の情報

事業内容	私たちは人々が安全で快適な生活をするための基盤づくりに取り組んでいます。道路や橋梁、災害防止の治山工事など地域に「カタチとして残る財産」の保全と建設を担っています。
会社の特長	社員の安全第一を考え、労働災害の撲滅に取り組んでいます。また未経験者や女性の働きやすい職場づくりのほか、経験と資格を備えたバランスのとれた現場監督も独自の制度で育成しています。

労働時間

就業時間	変形労働時間制（1年単位） （1） 08時00分 ～ 17時00分 （2） 時 分 ～ 時 分 （3） 時 分 ～ 時 分 又は 時 分 ～ 時 分 の間の 時間 就業時間に関する特記事項 ＊公共工事の請負もあり年度末に向けた12～3月は繁忙期となるため1年単位の変形労働時間制による勤務です。 ＊時間外労働は自然災害等の発生により大きく変動します。
休日等	日 祝日 その他 週休二日制 その他 ＊第1・第3土曜日は休み ＊連続休暇用の特別休暇2日 ＊夏季8／12～8／16 ＊年末年始12／31～1／4 6ヶ月経過後の年次有給休暇日数 10日

求人に関する特記事項

求人に関する特記事項

今回は、将来を担う人材の計画的な養成を目的に、工事経験者で現場監督を目指す「志」ある方と一緒に取り組むための募集です。
■勤務条件の補足
＊賃金はこれまでの経験・技能・取得資格を考慮して決定します。
＊入社時／前職での工事経験有・資格無　年320万円（賞与込）
■現場監督養成制度の概要
＊過去5年間で2名が修了（現在30代社員1名を養成中）
＊養成期間3年間、今後5年間で2名の養成計画
＊現場の作業内容や工程を監督の視点から総合的に習得
＊工程管理、予算管理などの実務は現場事例でOJT指導
＊土木施工管理技士の受験資格に必要な1年以上の指導監督的な実務経験とともに、研修参加費や受験料も補助します。
＊目標とする資格と経験を備えた「バランスのとれた現場監督」を目指します。〈現在資格者〉一級3名、二級6名
■多忙の中にもメリハリある働き方
＊工事計画や進捗状況を見ながら、原則月2回の定時退社を実施しています。
＊有給休暇取得推進のため特別休暇2日を付与し4日以上の連続休暇制度を導入し、昨年度は全員が取得しました。
＊職場見学受付中！お気軽にお問い合わせください。

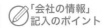

「会社の情報」記入のポイント

▶道路や橋梁、災害防止の治山工事など、地域の人々の快適で安全な暮らしを支える仕事を担っていることに誇りを持ちながら、社員は安全最優先な仕事に徹していることも紹介する。

▶人材確保に向けて、未経験者や女性が活躍できる職場づくりに取り組む方針を紹介し、改善への姿勢をアピールする。

「労働時間」記入のポイント

▶年度末に向けて繁忙期となるため1年単位の変形労働時間制による勤務となることを示し、特に災害工事の際は、時間外労働は大きく変動することを説明して、求職者の理解を得る。また、休日について具体的に紹介し、メリハリをつけて働ける環境であることを示す。

「求人に関する特記事項」記入のポイント

▶勤務条件の補足
転職条件の1つは賃金であることから、可能な限りモデル賃金を示す。月額ではアピールに弱い場合は、賞与や平均時間外労働相当分、精勤手当・資格手当など各種手当も含めた年収ベースを紹介する。

▶現場監督養成制度の概要
現場監督候補者を募集するための求人であり、求職者にとっての関心事であることから、丁寧に説明することにより、ここで働く意欲を引き出すとともに応募につなげる。具体的には、入社後どのような流れで、また、何をどのような方法で指導を受けていくのかを紹介し、求職者がそのプロセスをイメージできるようにする。

▶多忙の中にもメリハリある働き方
人材確保が厳しい業界であるため、働き方の見直しは必至であり、特に休日や時間外労働は求職者の関心も高いことから、小さな取り組みも具体的に紹介し、会社としての姿勢をアピールする。

土木コンサルタント（施工管理）

求職者イメージ

▶発注者支援業務は未経験の転職希望者

＊土木施工監理業務を経験しているが、将来は土木コンサルタントとして活躍したく支援業務が未経験でも働ける職場を探している人

＊現在、建設会社で施工管理の仕事をしているが、働き方に疑問や不安を感じ、経験を活かして新しい働き方ができる職場に転職したいと考えている人

＊発注者支援業務の仕事をしているが、定年も近くなり60歳以降も正社員として長く働ける職場があれば転職してもよいと考えている人

＊発注者支援業務の仕事をしているが、遠方勤務が多いため、できるだけ自宅から通勤できる現場で働ける職場があれば転職したいと考えている人

アピールポイント

▶国や地方自治体などをクライアントとした公共事業に特化しているため、仕事は安定していること

▶「みなし公務員」として勤務時間や休日などは公務員に準拠するため、一般の建設業界で働いてきた求職者にとっては働き方やライフスタイルを変えられること

▶発注者支援業務は未経験でも、2年程度で独り立ちできるよう育成体制も整っており、思い切って飛び込めること

▶施工工事の仕事はないため体力的な負荷は少ないこと、また、定年が65歳のため第一線で長く働けること

▶原則、自宅通勤可能な範囲内の現場であり、生活の負担も少なくなること

仕事内容

職種	土木コンサルタント／発注者支援業務（公共工事監督支援）
仕事内容	工事発注者である国土交通省や自治体のパートナーとして、大手ゼネコンや中小建設会社が請け負った河川などの公共事業の工事監督支援業務を担う土木コンサルタントの仕事です。 ■工事監督支援の主要業務 ＊工事書類の照合や工事履行の資料作成、施工状況の照合 ＊地元及び関係機関との協議・調整に必要な資料作成 ＊工事検査への臨場 ■仕事と当社の魅力 ＊「みなし公務員」としての社会的責任はありますが、勤務時間や休日などは公務員に準拠しますので、働きやすい環境です。 ＊工事は施工会社が行いますので、体の疲労は少なくなります。 ＊発注者支援業務未経験でも2年程度での独り立ちを支援します。

「職種名」その他例

●発注者支援業務（公共土木工事施工監督）／要資格・経験歓迎

●公共土木事業の工事監督支援業務／みなし公務員の働き方

●国・地方自治体・ゼネコンのパートナー／工事監督支援業務

●土木コンサルタント（発注者支援業務）／男女可、未経験ＯＫ

✍「仕事内容」記入のポイント

▶冒頭で、施工の仕事ではなく発注者支援業務を担う土木コンサルタントの仕事であることを明確に示し、以前から同業務を強く希望していたり、働き方を変えたいと考えていたりと、転職を希望する求職者が求人に興味・関心を持てるような内容とする。

▶具体的な仕事内容として、工事監督支援であることを説明するとともに、発注者支援業務の主な仕事がイメージできるように紹介する。また、自社で働く魅力を強調し、求人内容を詳しく見てみようとの気持ちを誘引する。特に、公務員に準拠する働きやすい環境や体への負担が少ないことをアピールすることで、労働環境を重要視する求職者の関心を惹きつける。

会社の情報

事業内容	建設コンサルタント会社。国や地方自治体などの工事発注者のパートナーとして、○○エリアの河川や道路工事などの大型公共事業における土木設計、施工管理などの支援業務を展開しています。
会社の特長	コンサルタントの仕事では、発注者や施工者との調整が大切な役割となるため、社内教育ではコミュニケーションの図り方や課題解決の進め方など、まずは人間力の向上に力を入れています。

労働時間

就業時間	（1）　08時 30分　〜　17時 15分 （2）　　時　分　〜　　時　　分 （3）　　時　分　〜　　時　　分 又は　時　分　〜　　時　分 の間の　時間
	就業時間に関する特記事項 ＊時間外労働は毎日発生することはなく、定時で終了する日もあり　メリハリある働き方ができます。
休日等	土　日　祝日　その他 週休二日制　毎週 ＊休日は基本的に発注者と同じです。 ＊年末年始　12／29〜1／3（20○○年度） 6ヶ月経過後の年次有給休暇日数　10日

求人に関する特記事項

求人に関する特記事項

■勤務条件の補足
＊賃金は資格・経験内容により決定します（前職給与を考慮）。
＊工事現場の転勤は原則自宅通勤範囲内としますが、遠方となる場合は単身赴任手当の支給と住宅を確保します。
■発注者支援業務は未経験OK
＊土木施工監督経験があり土木施工管理技士の資格もあれば発注者支援業務経験が浅い方や未経験でも始められます。
＊入社後半年間は先輩とペアを組み仕事の流れを理解し、その後、補助業務を担いながら2年程度で独り立ちを目指します。
＊独り立ち後は、原則として配置された現場が完成するまで同場所での勤務となります。
■活躍中の仲間
現在、○○エリアでは△△市や□□市などで10名が活躍しています。30代の入社5年目から50代のベテランに加え、入社1年目も1名（女性）を育成中です。
■キャリアアップへの支援
＊大型工事に伴う新技術・新工法をいち早く経験できます。
＊土木施工管理技士2級から1級への挑戦を支援・助成します。
＊発注者と工事受注者との調整役として幅広い能力が身につき、コンサルタントとしてのキャリアを形成できます。

 「会社の情報」
記入のポイント

▶建設コンサルタント会社であることを示すとともに、工事発注者である国や地方自治体などのパートナーとして、公共工事の支援業務を担っている会社であることを紹介する。また、仕事柄、関係者との調整が一番重要な役割となることから、業務の専門知識だけではなく、まずは1人ひとりの人間力を磨くことに力を入れている姿勢をアピールする。

「労働時間」
記入のポイント

▶勤務時間や休日は、基本的に発注者である国や自治体と同じであり、いわゆる「みなし公務員」としての働き方を紹介する。また、毎日時間外労働が発生するわけではなく、定時で終了となる日も多く、メリハリのある働き方ができることをアピールする。

「求人に関する特記事項」
記入のポイント

▶勤務条件の補足
勤務地は自宅通勤を原則としながらも、現場によっては単身赴任となる可能性があることを示し、あらかじめ理解を得られるようにする。
▶発注者支援業務は未経験OK
応募につながる求職者の間口を広げるため、発注者支援業務の経験が浅かったり、未経験だったりする場合でも、2年程度で独り立ちできる教育体制が整っていることをアピールする。
▶活躍中の仲間
求職者にとって、自分が働く姿のイメージは応募の判断を左右するため、勤務地で一緒に働くスタッフでなくても、どのような社員が働いているのか簡単に紹介する。
▶キャリアアップへの支援
求職者にとって土木コンサルタントは大きな目標となり仕事へのモチベーションともなるため、それに向かってキャリアを形成していける仕事であることをアピールし、応募を強く後押しする。

情報処理・
通信技術者

求職者のイメージ例

＊人材確保の観点からもＩＴ業界を希望する未経験者や第二新卒
＊ＩＴ技術やスキルおよび仕事の成果に対して納得できる評価や処遇が得られる職場を求めている現役ＩＴ技術者
＊就業意識やライフスタイルなどに合った働き方を求める現役ＩＴ技術者
＊自らの市場価値の向上や成長できる環境を求めている現役ＩＴ技術者

転職理由を求人票に活かす

転職希望者は現在の仕事や職場で抱える課題が改善できない状況を変えるために転職という手段をとります。求職者はその課題の解決や改善につながる情報を求人票の中に求めているため、求人者側がそのニーズや期待に応えた情報提供をすればアピール性のある求人票となります。

———————————

●一般的に多い転職理由には、仕事への適性によるミスマッチのほか、「待遇」「仕事内容」「働き方」などに対する疑問や不満があります。

———————————

●待遇については、保有する専門的技術や成果に対する評価の納得性が低いことによるものであり、評価制度の適正な運用姿勢を示す必要があります。

———————————

●仕事内容は、希望していた業務との相違や幅広い経験が期待できないことがあるため、募集時における業務内容や求める技術・スキルの内容とレベルの明確化、多様なキャリアパスの提示などがポイントとなります。

———————————

●働き方は、ライフスタイルの変化やワーク・ライフ・バランスを重視した働き方を求める人にとっては重要な条件となるため、就労環境改善への取り組み姿勢や他社との違いが重要な情報となります。

アピールポイント例

＊求める人物像（ペルソナ）の明確化
＊事業所のビジョンや戦略の明確化
＊文系出身者や未経験者の育成枠のほか、３０代以上のベテラン人材
　枠などの採用条件の緩和
＊成果の適正評価や待遇・処遇への反映
＊上流工程やプロジェクトへの参加チャンス
＊リモートワークやフレックスタイム制などの新しいワークスタイル導入
＊総労働時間の削減や有給休暇取得推進などの働き方改革への取り組
　みや計画

システムエンジニア（組込系エンジニア）

求職者イメージ

▶現在、同業界で働いている人
　＊現在、同業界でテスターあるいはプログラマーとして勤務しているが、自分のスキルを磨き、
　　システムエンジニア（以下、SE）に挑戦したい気持ちが強くなり、転職を考えている人
　＊最先端のAIやIoTの技術開発に携わりたいと考え、上流工程からプロジェクトに参画し、ス
　　キルアップできる会社への転職を考えている人
　＊現在の職場では、プロジェクトリーダーになるチャンスに恵まれず、キャリアアップを望み転
　　職を考えている人
▶ITエンジニアとして働いている人
　システムのエラーやプログラムのバグなどトラブルが発生した場合に、休日出勤となるなどの労
　働環境に馴染めず、休日が確保された職場へ転職したいと考えている人

アピールポイント

▶構想や計画を行う上流工程からプログラミングやテストなどの下流工程までプロジェクトを一貫
　して請け負っている会社のため、経験に応じて希望するフェーズから担当できること
▶システムエンジニアとしての経験が浅い場合でも、教育体制が整っていること
▶入社年数が浅くても、スキルがあれば上流工程から携わることができるうえに、プロジェクトリー
　ダーとしても活躍できる環境が整っていること
▶休日が確保されており、仕事とプライベートのメリハリをつけて働けること

仕事内容

職種	SE（組込系エンジニア）年間休日126日＼Web面接可／
仕事内容	創業当初より大手自動車メーカーと直接取引！車載システム開発を10年以上任せていただいています。取引の90％が要件定義からの受託であり、上流工程から携わる機会が多いのが特徴です。 ※エンジニアとしてスキルアップする環境が整っています。 ■プロジェクトの一例 ＊車載システム開発（ECU、LIN、CANなど） ＊画像認識、AI関連の先端技術開発プロジェクト 【使用言語】C、C++、C#などC系言語、Java ■入社後について 制御設計の経験がある方は、仕様決定や設計など上流工程から、経験の浅い方は、代表がマンツーマン指導し、設計以降のフェーズから携わっていただきます。

✎「仕事内容」記入のポイント

▶要件定義からの案件が90％を占め上流工程から携われる仕事であることを示し、SEとしてスキルを磨きたいと考える求職者の関心を惹きつける。
▶プロジェクトの一例や使用言語を明記し、求職者に求めているスキルを明確に示すことで、ミスマッチを防ぐ。
▶経験が浅い求職者に対して育成体制が整っていることを示し、経験を問わず、エンジニアとしてのスキル向上を図る幅広い求職者からの応募につなげる。
▶入社後、すぐにプロジェクトに携われることをアピールするとともに、経験に応じて即戦力として活躍できるほか、代表の指導などでスキルアップが図れることを示す。

「職種名」その他例

● SE（制御・組込システム）直取引案件多数／定期昇給有
● C、C++、C#を使用した組込開発経験者、歓迎／SE／正社員
● SE＼スキルアップしたい方も、組込系未経験者も歓迎／
● プロジェクトはチーム体制だから孤独感ゼロ／SE／昇給有

会社の情報

事業内容	情報処理システムの企画・開発・導入を担う会社です。創業より培ってきた技術に加え、画像認識やAIなどの先端技術にも積極的に取り組み、大手メーカーからの信頼を得て業績は安定しています。
会社の特長	技術向上に意欲的なエンジニアが多いため、様々な教育制度などキャリアアップを目指せる環境を整えるとともに、長期的に働けるよう福利厚生を整備し、社員の定着率も上昇しています。

労働時間

就業時間	（1）　09時00分　～　18時00分 （2）　　時　分　～　　時　分 （3）　　時　分　～　　時　分 又は　時　分　～　　時　分　の間の　時間 就業時間に関する特記事項 現在、契約書の段階で仕様変更のプロセスを定め、そのルールに沿った運用を行うように客先との交渉を進めており突発対応は減少傾向。ただし、想定外の突発的な環境や状況の変化が発生した場合などには3～4時間程度の残業対応をしていただく場合もあります。
休日等	土　日　祝日　その他 週休二日制　毎週 GW　4／29～5／9、夏季休暇　8／13～8／16、 年末年始休暇　12／29～1／3（20○○年度） 6ヶ月経過後の年次有給休暇日数　10日

求人に関する特記事項

求人に関する特記事項

長年の実績が評価され、大手企業の車載システム開発プロジェクトに携わっています。ニーズに応えられる体制を構築するため「エンジニアとしての技術力を高めたい！」という方を意欲と人物重視で採用し、当社独自の育成プログラムによって育てていきます。
■当社の魅力
＊代表は現役のエンジニアであり、また情報系専門学校の講師などを務めるほど、高い技術力と知識が豊富です。
＊独自の開発力で多数のお客様から案件を受注しているため、仕事を通して経験を積みスキルアップを図れます。
＊eラーニングで豊富な技術研修を受講することができます
　（例：C言語によるモータ制御、マイコン組込ソフト研修）。
＊年間休日数は126日。メリハリをつけて働けます。
■モデル年収例（月給・賞与・各種手当・残業代込み）
＊380万円／入社1年目　24歳（前職：テスター）
＊440万円／入社5年目　32歳（SE歴5年）
■先輩の声
＊32歳　プロジェクトリーダー（前職：プログラマー）
　27歳のときに転職し、SEとして力をつけ、31歳でプロジェクトリーダーになりました。個人の希望とスキルに合わせてスピード感のあるキャリアアップが可能な会社です！

「会社の情報」
記入のポイント

▶創業以来培ってきた高い技術力や先端技術の活用にも積極的に取り組んできたことで大手メーカーからも信頼を得ており、安定した業績につながっていることを示す。
▶意欲的な従業員が多く、教育に力を入れていることや充実した福利厚生により定着率が向上していることを紹介し、スキルやキャリアの向上を望む求職者にアピールする。

「労働時間」
記入のポイント

▶長時間労働になりやすい業界のため、時間外労働や休日労働について具体的に紹介し、働き方をイメージしやすくする。
▶夏季・年末年始休暇等の日にちを具体的に紹介し、プライベートも充実させながら働くことができる環境をアピールする。

「求人に関する特記事項」
記入のポイント

▶冒頭
提供しているサービスが他社よりも優位性があり、この先の需要の高まりも見据えた体制強化による増員募集であることを示すことで、意欲的な求職者からの応募につなげる。
▶当社の魅力
＊代表について紹介し、その指導の下、仕事を通して直接学ぶことができる環境をアピールする。
＊SEの転職理由に「スキルアップできる環境がない」「先端技術に携われない」が多いため、意欲的に働く環境が整っていることをアピールし、応募につなげる。
▶モデル年収例
転職を考えるうえで賃金は重要な判断材料となるためモデル年収を紹介し、イメージを持てるようにする。
▶先輩の声
経験は浅くても、本人の意欲次第で入社年数に関わりなくキャリアアップできる実例を紹介し、能力を遺憾なく発揮できる職場であることをアピールする。

（OA関連）カスタマーエンジニア

求職者イメージ

▶ 異業種からの転職希望者（20～30代前半）
* 文系出身でコンピュータなどの専門知識もないことからIT系の仕事はあきらめて異業種で働いているが、現職に満足できず初心に返って就職活動をやり直したいと考えている人
* パソコンが好きで現職場内でも一目置かれるレベルを持っているため、チャンスがあれば学生時代から志望していたIT業界の仕事に就きたいと考えている人

▶ 第二新卒や非正規雇用で働く20代
新卒後の就職先を早期に離職した第二新卒や、非正規雇用で働きながら正社員を目指しており、得意のパソコンを活かして再チャレンジできる仕事を探している人

▶ 現役保守点検スタッフの転職希望者
OA機器のサービスエンジニアとして働いてきたが、現職では今後も保守や点検、消耗品配達業務が続くため、OAやIT環境をトータルにつくっていくワンランク上の仕事ができる職場に転職を考えている人

アピールポイント

▶ 35歳以下の未経験歓迎の募集であること
▶ 文系出身者やコンピュータの専門知識がなくて就職をあきらめていた人もIT関係の仕事に再チャレンジできること
▶ 第二新卒や非正規雇用労働者にも門戸が開かれていること
▶ 未経験者を前提に独自の教育・育成体制などを整えていること

仕事内容

職種	OA機器カスタマーエンジニア／～35歳／文系・未経験歓迎
仕事内容	IT業界を諦めていた文系出身者や異業種で働くPC好きな方。カスタマーエンジニアはIT業界への入口となる仕事です。安心してキャリアチェンジできる体制を整えてお待ちしています。 ■特徴（詳細は特記事項欄） ＊企業のOA化やIT化ニーズに対応して、システムや機器の選定から設置とネットワーク構築および保守業務までを担います。 ＊機器は、デジタル複合機やサーバーなどの通信機器のほか、PC、プリンター、ルーター、WEBカメラなどの周辺機器です。 ＊お客様は概ね法人80％、個人事業者20％です。 ＊平均訪問件数は、保守・修理を中心に1日4～6件です。 ■メッセージ／育成体制のほか、独り立ち後も習熟度に合わせた仕事配分など、未経験でも安心して活躍できる職場です。見学歓迎。

「職種名」その他例

● OA機器＆情報インフラのカスタマーエンジニア／未経験OK
● カスタマーエンジニア／文系・第二新卒・キャリアチェンジ可
● IT系職業へのキャリアパス入口となるカスタマーエンジニア
● OA機器の保守・メンテ／カスタマーエンジニア／35歳以下

「仕事内容」記入のポイント

▶ 即戦力となる若手人材の確保は容易ではないことから、今回は35歳以下の経験不問の求人としたため、求人全体では想定する異業種や第二新卒などからのキャリアチェンジの人たちが未経験でも思い切って飛び込めるようなイメージを打ち出す。

▶ イメージの基本は、①仕事内容を未経験者にわかりやすく説明する、②入社後の教育・育成体制や仕事の配分などに工夫があり、未経験でも安心してスタートできる、の2点を重点に、それぞれについて具体的な情報を提供することで、仕事への関心を高める。

▶ 冒頭でPC好きな方に直接呼びかけることで、適性を持つ求職者に目を留めてもらえるようにする。

会社の情報

事業内容	A社とB社の代理店として、複合機やPC・周辺機器などのOA機器の販売・修理やネットワークシステム構築事業により、企業の働き方改革につながるオフィス環境づくりをサポートしています。
会社の特長	社員の定着には「ゼロからじっくり育成すること」を哲学に、人材募集では職歴や経験にこだわらず門戸を広げています。育成に時間はかかりますが、社員1人ひとりとの信頼関係は会社の財産です。

労働時間

就業時間	（1）　08時30分　〜　17時30分 （2）　　時　分　〜　　時　分 （3）　　時　分　〜　　時　分 又は　時　分　〜　　時　分　の間の　時間
	就業時間に関する特記事項 ＊通常は計画的な訪問計画により、ほぼ時間内で終業します。 ＊突発的な修理やお客様の事情で作業が深夜に及ぶこともありますが、その場合はキチンと手当を支給します。
休日等	日　祝日　その他 週休二日制　その他 ＊土曜日は、月3回休み（交替当番制のため） ＊夏季8／12〜8／16　＊年末年始12／30〜1／3 6ヶ月経過後の年次有給休暇日数　10日

求人に関する特記事項

求人に関する特記事項
■仕事内容の補足（主要3業務） 1．導入するOA機器の選定／お客様が求めるサービスをよくお伺いし、適切な機器を選定のうえ配置などの環境も整えます。 2．機器の設置とサポート／お客様がすぐに使えるよう機器のセットアップやキッティング（データ移行など）を行います。 3．保守やトラブル対応／コピー機の場合は毎月のカウンター保守が基本ですが、急な故障などのスポット保守もあります。 ■入社後の研修・育成 ＊入社後／新任研修（3日間）とメーカー研修（5日間）を受講。 ＊1ヶ月目／社内で先輩の事務サポートなどを経験。 ＊2ヶ月目／先輩との同行研修は様々なお客様を経験するため2週間ごとに先輩が交替し、計4名の先輩から指導を受けます。 ＊4ヶ月目／先輩立ち合いの下、単独での作業にチャレンジ。 ＊5ヶ月目／メーカーの認定資格を取得できたら独り立ち。 ■独り立ち後〜将来 ＊訪問は原則単独ですが、受付スタッフが相談内容を各エンジニアの技術力や得意分野に合わせてスケジューリングしていきますので、各自のスキルに合わせ徐々にスキルアップが可能です。 ＊IT化により企業の人材ニーズは一層高まりますので、40代以降もリーダーやマネジメントポストでの活躍が期待できます。

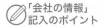

「会社の情報」記入のポイント

▶大手事務機メーカー2社の代理店として、OA機器をはじめIT化に対応したオフィス環境づくり事業を展開していることを紹介する。また、人材確保のため「即戦力よりもゼロから育成していく」という独自の哲学が、結果として社員との信頼関係や定着につながり、会社の財産となっていることをアピールして、会社のイメージ向上を図る。

「労働時間」記入のポイント

▶固定時間制勤務ではあるが、仕事柄、機器の急なトラブルや取引先企業の事情による夜間修理への対応などにより時間外労働が不規則に発生するとともに、土曜日に月1〜2回の緊急対応要員として当番制出勤となることも説明し、働き方をイメージできるようにする。

「求人に関する特記事項」記入のポイント

▶仕事内容の補足

未経験求職者に対しては、仕事内容の丁寧な説明が必要となるため、改めて主要業務3点を紹介することで、求職者が「これなら自分にもできそう」と前向きなイメージを持てるようにする。

▶入社後の研修・育成

未経験求職者の大きな疑問・不安である入社後の育成体制については、単に「丁寧に指導します」のワンフレーズではなく、5ヶ月間のタイムスケジュールに沿って具体的に紹介することで求職者がリアリティや安心感を持って自分の成長プロセスをイメージできるようにする。

▶独り立ち後〜将来

独り立ち後のお客様からの案件について、当面は受付スタッフがエンジニアの習熟度や得意分野などを踏まえて担当配分やスケジューリングを行うなど、いきなり負荷がかからない工夫もしていることを紹介し、改めて安心して飛び込める職場であることを強くアピールする。

ユーザーサポート

求職者イメージ

▶派遣などの非正規雇用から正社員を目指す人
＊コールセンターなどの派遣オペレーターとして働いているが、経験を活かして正社員で働きたいと考えている人
＊新卒入社後の仕事を早期離職し、現在は非正規雇用で働きながら正社員求人を探している第二新卒などの20代若年層
▶異業種からIT関連業界への転職希望者
＊小規模企業の事務職で働いているが、PCが得意で人に教えることも好きなため、IT系の仕事に転職を考えている人
＊情報機器販売企業の営業職や事務職で働いているが、ときどき利用するコールセンターのような仕事に興味を持っている人
＊現職に満足できず、もう少し時代の潮流に乗るような仕事で活躍したいと考え、キャリアチェンジが可能な仕事を探している人

アピールポイント

▶IT関連職業を目指す人の第一歩となる仕事であること
▶現在、非正規雇用で働いている方からの応募も可能であること
▶仕事の終業時間がほぼ一定で、家庭との両立も可能であること
▶異業種からのキャリアチェンジ入社が多いこと
▶徹底したマニュアルと事前教育で未経験でも安心なこと

仕事内容

職種	ユーザーサポートスタッフ／徹底したマニュアルと事前教育
仕事内容	ドラッグストアなどのPOSシステムレジに関する導入店からのお問合せに対応するユーザーサポートの仕事です。未経験でもIT関連でキャリアを積みたい方の第一歩として最適なポジションです。 ■業務の特徴 ＊お問い合わせ内容はシステムの使い方やトラブルなどです。 ＊対応は電話が9割、メールが1割です。 ＊お問い合わせは1日平均15件程度ありますが、8割はマニュアル対応が可能、2割はテクニカルサポートや修理を伴うケースのため、システム部門と連携し、早急な解決方法をご提案します。 ■キャリアチェンジ希望者歓迎 PCを使うことが好きであれば、徹底したマニュアルと3ヶ月間の事前研修があるため、キャリアチェンジで始める方が多いです。

「仕事内容」記入のポイント

▶若い人にはIT系企業で働くことへの期待や憧れもあるが、PCの知識がなければ「敷居の高い仕事」とのイメージもある。そのため、求人全体は、①PC好きなら未経験もOKで、キャリアチェンジ派が多いこと、②マニュアルや事前教育が充実しており安心して飛び込めること、の2点を柱にイメージづくりをする。
▶冒頭で、仕事の簡単な紹介とともに、IT関連の仕事に就きたいと考える求職者にとって最適な仕事であることをアピールして、関心を惹きつける。また、仕事の特徴として、1日の問い合わせ件数や対応の仕方などを紹介するとともに、改めて異業種からのキャリアチェンジを歓迎する意思を表明し、応募につなげる。

「職種名」その他例

● ユーザーサポートスタッフ／キャリアチェンジ希望者歓迎！
● IT系キャリア形成への第一歩／ユーザーサポートスタッフ
● 正社員／ユーザーサポートスタッフ／PCが好きなら職歴不問
● ユーザーサポート係／残業少・週休2＋祝日で家庭と両立OK

会社の情報

事業内容	ビジネスソフトの開発やネットワークインフラなどの運用全般を行っています。特に、ＰＯＳレジシステムはドラッグストアや衣料品販売店、１００円ショップなど１００社以上に導入されています。
会社の特長	ＩＴ企業にとって人材は貴重な財産ですが、当社では７割以上が未経験からのスタート。時間はかかりますが、ゼロからじっくり育成した人材１人ひとりがいい仕事をしてくれることが当社の強み。

労働時間

就業時間	（1）　09時 00分　〜　18時 00分 （2）　　時　分　〜　　時　分 （3）　　時　分　〜　　時　分 又は　　時　分　〜　　時　分　の間の　時間
	就業時間に関する特記事項 ＊電話の受付時間は９時〜１７時（時間外はメール受付） ＊時間外労働は、定例の部門会議や顧客会議の開催などによる 　（会議を効率化し生産性を高める活動を行っています）
休日等	土　日　祝　その他 週休二日制　毎週 ＊夏季８／１３〜８／１５　＊年末年始１２／３１〜１／３ 　（２０○○年度） ６ヶ月経過後の年次有給休暇日数　１０日

求人に関する特記事項

求人に関する特記事項
■仕事内容の補足 ＊寄せられたお問い合わせ内容のログ（記録）の作成や社内ドキュメント（資料）のアップデートも日々の業務です。 ＊問い合わせ内容を集約したＦＡＱ（よくある質問と回答）を定期的に更新することで、自己解決力も向上します。 ＊毎月の顧客会議にも参加し、お客様からの有益な情報や意見を提供して、サービス向上やシステム開発に活かしていきます。 ■スタッフの紹介 オペレーター１０名（女性７名、男性３名）の平均年齢は３０代、経験年数は１〜８年、子育て中も３名活躍しています。 ■安心の事前教育 ＊１ヶ月目／座学で電話応対の基本や商品知識を習得 ＊２ヶ月目／問い合わせ事例でロールプレイング（模擬訓練） ＊３ヶ月目／先輩同席で実際に電話を受けながらのＯＪＴ ＊独り立ち後も、当面はエスカレーション対応により難しい質問やクレームには先輩が代わりに対応しますので安心です。 ■魅力的なキャリアアップ 冷静な対応力などのビジネス能力が身につくため、大企業から中小企業まで活躍の場が広がり、ヘルプデスク、コールセンターのリーダーや専門職へのキャリアアップの道が開けます。

「会社の情報」記入のポイント

▶メイン商品とも言えるＰＯＳレジシステムは、100社以上の企業・店舗に導入実績を持つIT企業であることを紹介して、会社のイメージ向上を図る。また、人材は、未経験者をじっくり時間をかけて育成していくことへのこだわりが、結果としてお客様の信頼や業績につながっていることをアピールして、求職者の関心を惹きつける。

「労働時間」記入のポイント

▶お客様からの問い合わせの受付時間が決まっていることから、勤務は固定時間制であり、時間外労働は定例会議などに伴い若干発生する程度であること、また、休日も週休2日制であることを説明し、家庭やプライベートとも両立しながら働けることをアピールする。

「求人に関する特記事項」記入のポイント

▶仕事内容の補足
電話応対がメイン業務ではあるが、関連業務として日々のログの作成や顧客会議への参加、FAQの更新作業などもあることを紹介し、仕事への理解を深めてもらう。

▶スタッフの紹介
職場のメンバーは求職者の関心事でもあるため、人数、年齢層のほか、子育て世代の活躍も紹介し、親近感をアピールする。

▶安心の事前教育
求職者には、この仕事は徹底したマニュアルと事前教育が充実しているイメージが強いことから、具体的な3ヶ月間の教育ステップとともに、独り立ち後もエスカレーション対応により困ったことがあれば上司や先輩たちがフォローしてくれる環境であることを示す。

▶魅力的なキャリアアップ
PCスキルはもとより、企業が求める幅広い能力も身につけられるため、キャリアアップしやすいことをアピールする。

③

医療および
その他保健医療

求職者のイメージ例

*精神的・体力的に負担の大きい労働条件の改善を求めて転職を考え
　ている人
*結婚や出産、育児、介護などのライフステージの転換期を迎える人
*ワーク・ライフ・バランスを可能とする働き方を求めている人
*医療技術の向上を目指して幅広い経験を積みたい人

転職理由を求人票に活かす

転職希望者は現在の仕事や職場で抱える課題が改善できない状況を変えるために転職という手段をとります。求職者はその課題の解決や改善につながる情報を求人票の中に求めているため、求人者側がそのニーズや期待に応えた情報提供をすればアピール性のある求人票となります。

●一般的に多い転職理由には「結婚・出産などのライフイベント」「不規則で夜勤も伴う働き方」「人間関係」「キャリアアップ」などがあります。

●ライフイベントやワーク・ライフ・バランスの実現を考えた働き方に対しては、短時間勤務制やフレックスタイム制、時差出勤、夜勤免除などの導入により1人ひとりのワークスタイルを尊重した働き方が可能あるいは選択できることなどの情報提供があると求職者の目を引くことができます。

●特に若手においては、担当のローテーションや配置転換などによる幅広い経験の機会の提供やキャリアアップの支援策は魅力的な情報となります。

●命を預かる仕事への緊張感や人間関係のストレスが多い職場におけるハラスメント対策やメンタルヘルス対策などの充実や制度の有無情報は、安心して働ける職場として転職希望者の魅力や安心感につながります。

アピールポイント例

＊労働時間や休日などの労働環境の改善への方針や具体的な取り組みおよび実績
＊ライフイベントやワーク・ライフ・バランスに合わせた多様な働き方の選択
＊事務や業務の補助者配置による負担軽減
＊キャリア形成の支援策や人事制度
＊復職制度の活用や託児施設などの充実
＊外部機関によるメンタルヘルス対策
＊ハラスメントに対する組織対応

薬剤師

求職者イメージ

▶在宅医療に関心のある人
　処方箋の調剤のみを行う薬局などで勤務しており、もう少し患者1人ひとりと向き合った仕事がしたいと考えるようになり、在宅訪問薬剤管理指導を行う薬局への転職を考えている人

▶スキルアップを図りたい人
　ドラッグストアに勤務しているが、調剤業務がなかったり、その件数が少なかったりする環境に物足りなさを感じるようになったため、スキルアップを図るため調剤薬局への転職を考えている人

▶プライベートの時間も確保したい人
　総合病院で勤務しており、多忙な環境から落ち着いて仕事ができる職場への転職を考えている人

アピールポイント

▶在宅医療にも参画しており、患者1人ひとりに寄り添えるとともに、超高齢社会を支える薬局として社会貢献できること

▶「研修認定薬剤師」取得を会社が支援しており、資質向上を図りながら働けることや「かかりつけ薬剤師」として活躍できること

▶ドラッグストアなどに勤務し、調剤業務の経験を積みたい求職者に対して門前クリニックからの処方箋の調剤業務があり、薬に関する知識を深められること

▶別支店にヘルプ要員が常駐しており、急な休みへの対応などのフォロー体制が整っているため、年次有給休暇の取得率も高く、プライベートも充実した働き方ができること

仕事内容

職種	薬剤師／処方箋の調剤や在宅医療における訪問指導もあります
仕事内容	「かかりつけ薬局」として在宅医療に取り組む薬局です。まずは処方箋の調剤業務に従事して職場に慣れていただき、在宅訪問薬剤管理指導やかかりつけ薬剤師としてご活躍ください。 ■主な仕事内容 調剤、調剤監査、服薬指導、薬剤管理など ＊門前に内科・泌尿器科のクリニックがあります。 ＊処方箋枚数は、60〜100枚程度（繁閑によって変動） ＊在宅訪問指導は1日5件程度（個人宅7割、施設3割） ■職場の特徴 ＊研修認定薬剤師の取得に向けて会社が全面的に支援しています。 　（全支店で10名の薬剤師のうち、6名が取得しています） ＊電子薬歴など効率的に業務を行う環境を整えています。

「仕事内容」記入のポイント

▶薬剤師と一括りに募集しても、職場によって働き方が大きく異なるため、職場の特徴が伝わるように紹介することとし、冒頭では「かかりつけ薬局」や「在宅医療」などのキーワードにより、関心を持つ求職者にアピールする。

▶4行目以降で、従事することとなる業務を列挙するとともに、門前クリニックや訪問指導について紹介して働く姿をイメージしやすくする。

▶「研修認定薬剤師」取得に向けて会社が支援していることなどの特徴を紹介して、他社との差別化を図り、スキルアップしたいと考えている求職者からの応募につなげる。

「職種名」その他例

●薬剤師／研修認定薬剤師の取得を応援します／教育体制充実
●薬剤師／ヘルプ体制整備／プライベートも充実／年122日休
●地域の皆様の健康を支える薬剤師／薬局／処方箋・在宅訪問
●調剤薬局の薬剤師／正社員／まずは内科・泌尿器科処方箋から

会社の情報

事業内容	○○○薬局は○○市内に３店舗あり、地域密着型の薬局を目指して在宅医療にも力を入れています。また、気軽にご相談いただける「かかりつけ薬局」として地域のみなさまの健康を見守っています。
会社の特長	従業員１人ひとりの資質向上を図り、常に最新の情報を学ぶ環境を整えるなど、教育に力を入れています。また、働きやすい環境づくりを大切に考え、プライベートも充実できるよう努めています。

労働時間

就業時間	（１）　09時 00分　～　19時 00分 （２）　09時 00分　～　13時 00分 （３）　　時　分　～　　時　分 又は　時　分　～　時　分 の間の　時間
	就業時間に関する特記事項 ＊（２）は水・土曜日の勤務時間です（休憩時間はありません）。 ＊休憩時間中は、帰宅することも可能です。 ＊通常期は、月曜日以外はほぼ定時退社となりますが、１１～２月は繁忙期となるため、１日１時間程度の残業があります。
休日等	日　祝日　その他 週休二日制　毎週 ＊４週８休制（毎週日曜日と他の曜日１日が必ず休みになります） ＊夏季休暇３日間・年末年始休暇４日間（どちらも交替で取得） ６ヶ月経過後の年次有給休暇日数　１０日

求人に関する特記事項

求人に関する特記事項

■職場のスタッフ情報
　薬剤師　３名／医療事務スタッフ　２名（平均年齢３８歳）
■学べる環境を整えています
＊月に一度メーカー講習会を開催して新薬の情報を学んでいます。
＊スタッフが作成したオリジナル「調剤マニュアル」により、症状別のＦＡＱをわかりやすくまとめています。
＊定期的にミーティングを開催して情報を共有するほか、仕事上の悩みなどをみんなで解消できるよう努めています。
＊定期的に外部の研修会にも参加し、知識の向上を図っています。
■スキルアップを応援します
入社６ヶ月後には訪問薬剤管理指導、「研修認定薬剤師」取得後は「かかりつけ薬剤師」として活躍することができます。
■プライベートも楽しめます
＊○○支店にヘルプの薬剤師が常駐。急なお休みにも対応します。
＊月曜は１時間程度残業が発生しますが、他はほぼ定時退社です。
＊年次有給休暇の取得を促進しており、土日を含む５日程度の連休も可能です（前年度の有給休暇取得実績は７２％）。
■地域の健康を守りましょう
処方箋受付や地域包括ケアシステムなど地域の健康を守る薬剤師として、当社で社会貢献しませんか。職場見学もお待ちしています。

「会社の情報」記入のポイント

▶市内に３店舗あることを紹介するとともに、地域密着型の薬局を目指す会社の姿勢を示して他社との差別化を図り、在宅医療やかかりつけ薬局に関心を持つ求職者を惹きつける。
▶教育や働きやすい環境づくりに力を入れていることを紹介し、スキルアップを図りながら安心して働ける環境を示すことで職場イメージの向上を図り、応募につなげる

「労働時間」記入のポイント

▶基本となる勤務時間を紹介するほか、季節的に変動する時間外労働についてや休日の情報も具体的に紹介することで、1年を通した働き方をイメージしやすくする。また、休憩時間が長いため、中抜けの一時帰宅が可能かどうかについて明記し、求職者の疑問解消に努める。

「求人に関する特記事項」記入のポイント

▶職場のスタッフ情報
求職者の関心事であるため、スタッフ構成や人数内訳、平均年齢も紹介して職場をイメージしやすくする。
▶学べる環境を整えています
知識が広がらない環境なども転職理由に挙げられているため、定期的に講習会などで最新の知識を学ぶ機会があることをアピールする。
▶スキルアップを応援します
処方箋の調剤だけではなく、在宅医療やかかりつけ薬剤師として業務の幅を広げて活躍できる環境をアピールして、向上心が強く社会貢献もしたいと考えている求職者からの応募につなげる。
▶プライベートも楽しめます
ヘルプ体制や時間外労働の有無、年次有給休暇の取得率などは求職者の関心事となるため具体的に紹介し、働き方をイメージしやすくする。
▶地域の健康を守りましょう
最後にメッセージを発信することで応募に向けて後押しする。

看護師

求職者イメージ

▶現在の仕事に違和感や疑問を抱いている人

多忙な看護業務で日々頑張っているつもりだが、自分の考えている仕事や目指してきた姿とのズレに何か違和感や疑問を抱き、「本当に自分はこれでよいのか？」などと迷っていたり、自信をなくしかけたりしている人

▶働き方を変えたいと考えている人

病床のある病院や介護施設などで働いているが、変則的なシフト勤務や夜勤により身体的負担や家庭・プライベートの時間確保に悩みを抱えているため、日勤のみの職場に転職したいと考えている人

▶小規模な医院などへの転職希望者

現在は大規模や中規模な病院で働いているが、多忙な毎日に追われ、自分でも納得できる仕事や患者との向き合い方ができていないことから、患者との距離も近くなれる小規模な医院やクリニックに転職したいと考えている人

アピールポイント

▶医師と他のスタッフ25名の医院で勤務は日勤のみであること

▶看護師による診察前の問診を大切にして充分な時間をかける院独特のスタイルにより、患者とじっくり向き合い強い信頼関係でつながることができること

▶時間外労働の削減に楽しく取り組んでいること

▶予約診察やオンライン診療や訪問診療（計画）などにも積極的に取り組んでいる医院であること

仕事内容

職種	当院でもっと患者さんと向き合える看護師を目指しませんか？
仕事内容	看護業務で日々頑張る今の自分になんとなく違和感がある方。それは患者さんとの向き合い方ではありませんか。そんなあなたが求める看護師の姿を当院ならきっと実現できると思います。 ■当院のスタイル 外来の患者さんには診察前に専用エリアで看護師が問診を行いますが、単に症状をお伺いするだけではなく、症状から来る不安やご自分の考え、困っていること、さらには今どうしてほしいのかなどの「心の問診」に充分時間をかけるスタイルを大切にしています。 ■求めていた姿 看護師としての医療業務全般は担当していただきますが、「心の問診」は患者さんに安心感を与え、強い信頼関係にもつながります。あなたが求めていた自分の姿がきっと見えると思います。

「職種名」その他例

- ●正看護師／体と心の丁寧な問診で患者さんと強い信頼関係
- ●新しい職場で再スタートしたい看護師さん歓迎／経験少OK！
- ●WEB予約診療・オンライン診療にも取り組む内科医院看護師
- ●看護師（正）／常勤医師2名・看護師10名の内科医院です

「仕事内容」記入のポイント

▶現役看護師を主な対象とするため、仕事内容での個別業務は省略して特徴のみを紹介し、求人全体は想定する転職理由の中から特に看護師として働いている自分に迷いや疑問を感じている人に対して、明るい希望のようなものが伝わるイメージを打ち出す。

▶冒頭で「あなたが求める看護師の姿を実現できます」と記載することで、理想とする看護師像とのギャップに悩みを抱える求職者に対して、インパクトあるメッセージを発信する。

▶医院独特の問診への考え方を紹介し、求職者が求める看護師の姿が実現できることをアピールしてさらに求人に興味を持ってもらう。

会社の情報

事業内容	平成10年に開業した医師2名による内科・消化器科・循環器科医院です。院長は糖尿病専門医です。WEBによる診察予約やオンライン診療など、新しいシステムを積極的に採り入れています。
会社の特長	看護師による診察前の問診を大切にしており、患者さんの状態や症状はもちろんのこと、病気への疑問や不安も丁寧にお伺いするスタイルが医師やスタッフへの厚い信頼感につながっています。

労働時間

就業時間	（1）　08時30分　〜　19時30分
	（2）　08時30分　〜　12時30分
	（3）　　時　分　〜　　時　分
	又は　時　分　〜　時　分の間の　時間
	就業時間に関する特記事項
	＊（2）は木曜日と土曜日
	＊（1）の休憩時間は12：30〜15：00（150分）
	＊月平均時間外労働（14時間）には午後休診日に行う研修や会議を含みます。
休日等	日　祝日　その他
	週休二日制　その他
	＊月2回は木曜日または土曜日に休み（シフト制）
	＊夏季8／12〜8／16　＊年末年始12／30〜1／3
	6ヶ月経過後の年次有給休暇日数　10日

求人に関する特記事項

求人に関する特記事項

■当院の特徴
＊日中は高齢者やお子さん、夕方からは診察予約を利用した仕事帰りの会社員や学生の患者さんが多くなります。
＊診察は電話やスマホで予約できるため、待合室が患者さんで混雑することは導入前に比べ少なくなりました。
＊医師は問診の軽減により、診断や治療、不安などにしっかり時間をかけて対応できるため、患者さんの信頼も厚くなります。
＊現在、オンライン診療は行っていますが、間もなく訪問診療もスタートできるよう準備を進めています。
■仕事の補足
＊問診内容は医療クラーク（事務職）がPCに入力し、院内ネットワークで共有しますので、医師はもちろん全スタッフが個別の患者さんに合ったコミュニケーションが取れます。
＊毎月1回、木曜日午後の休診時間には研修を実施しています。
■職場の様子
＊職場全体の時間外労働を「見える化（グラフ）」し、月間目標を達成したら食事会を実施することで、楽しく取り組んでいます。
＊家庭の都合などでは時間単位の有給休暇が利用できます。お互いさま精神が定着していますので、安心して取得できます。
※見学歓迎。事前予約により先輩看護師との懇談も可能です。

「会社の情報」記入のポイント

▶内科を中心に消化器科・循環器科を診療科目とする医師2名の医院で、特に院長は糖尿病の専門医であることを紹介するとともに、WEBによる診察予約やオンライン診療など、新しいシステムを積極的に導入する一方、問診による患者の心の医療も大切にした医療サービスの向上に取り組んでいる姿勢をアピールして、求職者の関心を惹きつける。

「労働時間」記入のポイント

▶医院やクリニックにおける一般的な固定勤務時間制で、休憩時間は150分となっていることを示す。診察予約システムにより通常の時間外労働は比較的少ないことや、午後休診日を活用した研修や会議も時間外労働で対応したうえでの月平均14時間程度であることを紹介する。

「求人に関する特記事項」記入のポイント

▶当院の特徴
医療的視点からの特徴としては、診療科目や医師の専門性、最新機器の導入などがあるが、本欄では求職者がこれから働こうとする職場の特徴をいくつか紹介し、他院との細かな違いをアピールする。
▶仕事の補足
問診情報は院内ネットワークにより全スタッフが共有することで、患者1人ひとりに合ったきめ細やかな対応をしていることを紹介し、院内の連携のよさをアピールする。また、定期的な院内研修会などで知識やスキル向上にも取り組んでいる姿勢を紹介して、意欲的な求職者の関心を惹きつける。
▶職場の様子
時間外労働の削減は、一般的にはネガティブな取り組みになりがちなため、当院では「見える化」やちょっとしたご褒美の食事会など、楽しく取り組んでいることを紹介して、明るい職場イメージをアピールすることで、働きやすい環境を示す。

(正・准) 看護師

求職者イメージ

▶子育てを優先して働きたいと考えている人
現在、子育てをしながら看護師として活躍しているが、時間外労働や夜勤、人手不足でシフトの融通が利かないなど仕事中心の生活になっているため、子育てを優先して働くことができる職場へ転職を考えている人

▶看護師として介護保険施設で勤務している人
介護保険施設で看護師をしているが、介護スタッフのサポート業務が多く体力的な負担が大きいため、入居者の健康管理など看護業務に注力できる環境を求めて転職先を探している人

▶看護師としてブランクがある人
病院や施設などで看護師として勤務経験があり、子育てや親の介護等で一旦離職していたが、一段落したため再就職を考えている人

アピールポイント

▶夜勤がなく時間外労働も少ない環境であること
▶敷地内に保育所があり、乳幼児がいても看護師として働く環境が整っていること
▶職員の業務分担が明確に決まっているため、充分にスキルを発揮して活躍できること
▶手厚い教育体制があり、介護保険施設での経験がない人やブランクがある人でも安心して入職できること

仕事内容

職種	看護師（正・准）／特養／日勤（オンコール有）／保育所併設
仕事内容	ユニット型特別養護老人ホーム「○○○」で、家庭と両立しながら看護師として活躍しませんか？　チーム制により役割分担を明確にした、入居者様の健康管理をサポートする看護業務が中心です。 ＊夜勤無／オンコール対応　17：45～翌9：00／月4回程度 ＊保育所併設で子育て中の方でも働きやすい職場です。 ＊介護業界未経験者、ブランクがある方も歓迎です。 ■施設概要（「○○県働きやすい福祉の職場宣言」事業所です） 定員80名（入所70名、短期入所10名）10床×8ユニット ■主な仕事内容 ＊看護業務／医師の指示のもと行う入居者様のバイタルチェック・吸引・褥瘡処置・配薬、診察の補助業務、病院同行など ＊介護業務／食事介助、おむつ交換など（全体業務の2割程度）

「職種名」その他例

● 看護師／子育てと両立しながら働ける／日勤のみ／保育所有
● 看護師／介護施設／子育て中・ブランク・業界未経験者歓迎
● 正・准看護師／あなたの経験を介護施設で活かしてください！
● 介護施設の看護師（准看可）／看護業務中心／オンコール対応

「仕事内容」記入のポイント

▶冒頭において「家庭と両立しながら看護師として活躍できる職場」であることをアピールし、子育て世代の求職者の関心を惹きつける。また、介護保険施設でも看護師業務に注力できる環境があることを説明し、求職者の疑問や不安を解消することで応募につなげる。

▶「子育て中の方」「介護業界未経験者」「ブランクがある方」など求職者イメージに関連したキーワードを用いることにより応募の間口を広げ、求職者にアプローチする。

▶求職者には介護施設での経験がない人も想定されるため、主な仕事内容を紹介して、仕事のイメージを持てるようにする。看護師業務以外の仕事については、業務割合も示して認識の相違を防ぐことに配慮する。

会社の情報

事業内容	○○市を中心に5施設を運営。特別養護老人ホーム・デイサービス・短期入所生活介護・居宅介護支援などの総合的な介護福祉サービスにより、利用者様の笑顔と喜びのある生活を提供しています。
会社の特長	「介護を楽しむこと！」を目的に、スタッフのワーク・ライフ・バランスを整える活動に力を入れています。2020年には「○○県働きやすい福祉の職場宣言」事業所に認定されました。

労働時間

就業時間	変形労働時間制（1ヶ月単位） （1） 09時00分 ～ 17時30分 （2）　時　分 ～ 　時　分 （3）　時　分 ～ 　時　分 又は　時　分 ～ 　時　分 の間の　時間 就業時間に関する特記事項 ・お昼休憩は入居者様の食事後13時より交替で取得します。 ・シフト表は1ヶ月分を前月25日までに作成します。 　お子様の用事などでお休みの希望がある場合、前月20日までに申し出ていただければ配慮します。
休日等	その他 週休二日制　その他 シフトによる4週8休制 夏季休暇（7～9月）・冬季休暇（12～2月）期間中に各3日 6ヶ月経過後の年次有給休暇日数　10日

求人に関する特記事項

求人に関する特記事項

■託児施設「○○○保育所」（敷地内）
介護施設と合同で夏祭りや餅つき大会などを行い、お年寄りをいたわる思いやりの心が芽生えるなどお子様にもメリットがたくさん！
＊定員　15人／日（0歳児～5歳児対象）
＊保育時間　月～土曜日8時00分～18時00分（延長あり）
＊料金～2歳児1,200円、3歳児～1,000円／1日あたり
■充実した教育制度
＊プリセプター制度／経験の有無にかかわらず1年間実施します。
＊習得チェック／学習・成長の指標となる一覧表を基に、看護師リーダーと1ヶ月ごとに行う面談で確認していきます。
■チームによるケア体制
＊入浴や移乗は介護職員、入居者家族の対応は相談員と役割が明確に決まっているため、看護業務に注力できる環境です。
＊配置医師の回診が週1回あるため、処方箋や生活指導の相談が可能です。毎日朝と夕刻に夜勤担当者との申し送りを行い、チームで連携を取りながら健康管理を行っています。
＊看護師は8名在籍しており、常駐は4名以上で配置しています。
　2ユニットごとの担当制のため入居者様に寄り添いながらきめ細やかなケアを行うことができます。
※職場見学歓迎（保育所見学も可能）／入職日のご相談応じます。

「会社の情報」記入のポイント

▶具体的な事業内容や規模を紹介し会社への理解を深めてもらうとともに、介護施設のスタッフの一員として福祉に貢献できることの魅力を伝える。

▶働きやすい福祉の職場として公的な認定を受けていることをアピールし、仕事と生活を充実させながら働くことができることをアピールする。

「労働時間」記入のポイント

▶シフト勤務になるため、シフト表が確定する時期を紹介するとともに、休みの希望についての配慮を示し、働きやすい環境が整っていることをアピールする。また、夏季・冬季休暇を取得できる時期や日数などを紹介し、働き方を具体的にイメージできるようにする。

「求人に関する特記事項」記入のポイント

▶託児施設「○○○保育園」
子育てを優先して働きたいと考えている求職者にとって関心事である託児施設について詳しく紹介する。
▶充実した教育制度
入職後の働き方を紹介するとともに、プリセプター制度があるだけではなく、チェックリストや看護師リーダーとの定期的な面談があるなど手厚い教育体制をアピールし、介護保険施設での経験がない人やブランクがある人の応募を後押しする。
▶チームによるケア体制
＊具体的な例を挙げて役割分担が明確になっていることを示し、看護師としての本来の業務に注力できる環境をアピールする。
＊医師との関わり方や他の職員とどのようにして連携を取っているのか、また看護師の在籍人数、常駐人数など職場環境を紹介し、働くイメージを持てるようにする。
▶最後に職場見学や入職日の相談など柔軟に対応する姿勢を示し、より多くの求職者からの応募につなげる。

助産師

求職者イメージ

▶助産師としてスキルアップを目指し転職を考えている人
  ＊病院でハイリスク妊娠や異常分娩を多く経験してきたが、今後は正常分娩や手術介助に携わりたいと考え、クリニックへ転職を考えている人
  ＊保健指導や母親教室、産後ケアなどを通して、妊婦さんと深く関わりながら働きたいと考えている人
▶助産師で労働環境の改善を求めている人
  ＊クリニックで助産師として活躍しているが、婦人科の看護師業務の負担が大きく、休憩が取れないなどの労働環境に馴染めず、その改善を期待して新しい職場を探している人
  ＊現在は３交替制で勤務しているが、ワーク・ライフ・バランスを考え、２交替制の職場へ転職を考えている人

アピールポイント

▶正常分娩を主として年間500人以上の分娩実績があり、出産に携わる機会が多いこと
▶母子のトータルケアに力を入れているクリニックのため、院内教室や育児相談など助産師として多岐にわたって活躍できること
▶充実したスキルアップ支援や熟練のスタッフが多く活躍しており、助産師として成長できる将来性があること
▶助産師と看護師の分業体制により、助産師業務に専念できること
▶２交替制で休日もしっかりと確保され、メリハリをつけて働けること

仕事内容

職種	クリニックの助産師／２交替制／アドバンス助産師認証支援
仕事内容	○○市にある産科・婦人科クリニックです。院内教室や育児相談など母子のトータルケアに力を入れており、年間５００人以上の赤ちゃんが当院で誕生しています。 ■当院で働くポイント ＊２交替制（夜勤は月５〜６回、夕食・朝食あり） ＊分業体制（２診制により婦人科の外来業務なし） ＊研修充実（アドバンス助産師資格の認証支援） ■仕事内容・施設情報 ＊分娩業務（正常分娩９割）、手術介助（月１〜２件） ＊病棟業務（入院１９床、ＬＤＲ３室）、外来業務（産科のみ） ＊教室運営（妊婦向けのマザー教室・母乳育児教室）

「仕事内容」記入のポイント

▶診療科目や特徴などクリニックの概要を説明することで職場の雰囲気をイメージしやすくするとともに、スキルアップを目指す求職者に向けて、多くのお産に携われる環境があることや院内教室・育児相談など助産師として幅広く活躍できることをアピールする。

▶「働くポイント」として、２交替制勤務であることや分業体制により助産師業務に専念できることなど、想定した求職者イメージにとっての魅力をわかりやすく伝え、関心を惹きつける。

▶働いている姿がイメージできるように、仕事内容や施設情報を紹介する。業務割合や件数など具体的な数値を示すことで、働き方や業務量を把握してもらえるようにする。

「職種名」その他例

●助産師／クリニック／２交替制／夜勤月５〜６回休憩１２０分
●クリニックでの助産師／分業で助産師業務に専念できる職場
●レディースクリニックの助産師（婦人科業務なし）／２交替制
●助産師／アドバンス助産師認証支援／研修充実でスキルアップ

会社の情報

事業内容	○○大学付属病院の産婦人科などでキャリアを積み、２０００年に開院した産科・婦人科クリニックです。周産期医学を専門としている院長の下、安心して出産・育児ができる環境を提供しています。
会社の特長	当院のスタッフも子育て世代が多く、現在は３名が短時間勤務制度や院内託児施設を利用しながら活躍しています。ご自身の育児経験も踏まえ妊産婦さんに寄り添ったケアができる環境です。

労働時間

<table>
<tr><td rowspan="3">就業時間</td><td>変形労働時間制（１ヶ月単位）
（１）　08時30分　〜　17時30分
（２）　16時30分　〜　09時30分
（３）　　時　分　〜　　時　分
又は　　時　分　〜　　時　分　の間の　　時間</td></tr>
<tr><td>就業時間に関する特記事項
＊２交替制
（１）日勤／休憩６０分
（２）夜勤／休憩１２０分、夕食・朝食あり、月５〜６日程度
＊勤務表は前月２０日までに１ヶ月分を作成します。</td></tr>
<tr><td>その他
週休二日制　その他
夏季休暇（７〜９月）３日間／冬季休暇（１２〜１月）２日間
＊期間内に交替で取得します（連続取得も可能です）。
６ヶ月経過後の年次有給休暇日数　　１０日</td></tr>
</table>

休日等

求人に関する特記事項

求人に関する特記事項

当院は妊婦さんのバースプランを尊重し、計画分娩や無痛分娩にも対応。ご家族の立ち会い出産もでき、広々とした優しい雰囲気のＬＤＲ室で新しい命の誕生をお手伝いします。

■職場環境
助産師：２０名（２０〜６０代まで幅広い年代が活躍しています）
産婦人科専門医：３名、看護師１０名、事務スタッフ７名

■働き方
＊入職後：３ヶ月間はクリニックにて一通りの業務研修を受け、その後は経験やスキルを考慮して分娩介助業務を始めていきます。
＊日　勤：外来業務・病棟業務などをローテーションで担当
＊夜　勤：医師１名、助産師２名、看護師２名体制

■スキルアップ支援
＊アドバンス助産師の認証・更新支援（審査料全額補助）対象者向けの研修や新規認証に向けた実践計画書があり、在籍している助産師の過半数がアドバンス助産師の認証を受けています。
＊認証後は助産師外来や各教室の講師として活躍できます。
＊新生児蘇生法・一時救命処置講習会インストラクターを招いて院内研修を定期的に開催しています。

■モデル月収
入職時（数年の助産師経験がある場合）３３万４０００円以上

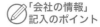
「会社の情報」記入のポイント

▶院長の経歴や専門分野、クリニックの方針などから、周産期ケアに強みを持っているクリニックであり、専門医の下で助産師として経験を積んでいけることや、求職者自身のライフステージが変化しても活躍できる環境があることをアピールし、長期的に働ける職場という印象を持ってもらえるようにする。

「労働時間」記入のポイント

▶日勤と夜勤による２交替制となるため、勤務時間や夜勤の頻度など働き方とともに、次月分の勤務表を20日までに作成していることや夏季・冬季休暇など独自の休暇制度があることを紹介し、家庭との両立やプライベートも充実できるように配慮している姿勢を示す。

「求人に関する特記事項」記入のポイント

▶出産に対するクリニックの方針や特徴など、助産師の主要業務である分娩介助に関することから当院の魅力を伝え、働くイメージが具体的に持てるようにする。
▶職場環境
一緒に働くスタッフの情報は求職者にとって関心事のため紹介し、職場の雰囲気をイメージしてもらえるようにする。
▶働き方
入職後の流れを簡単に紹介し求職者の疑問を解消するとともに、業務分担や夜勤の人員体制について説明を行い、働き方を理解してもらえるようにする。
▶スキルアップ支援
支援内容を具体的に説明し、スタッフのスキルアップに積極的に取り組んでいる姿勢をアピールする。また、豊富な経験や知識、高い技術を持っている助産師が多く活躍していることで、「自分が成長できる職場」という印象を持ってもらい、求職者の応募を後押しする。

保健師

求職者イメージ

▶**正社員として働きたいと考えている人**
　育児などにより保健師の仕事から離れていた人や現在は非正規雇用の保健師として働いているが、家庭と両立しながら正社員として働ける職場があればキャリアアップしたいと考えている人

▶**産業保健師から転職を考えている人**
　＊一般企業で産業保健師をしているが、高齢者福祉に興味を持つようになり、今後は保健師として地域の高齢者を支援する仕事をしたいと考えている人
　＊現在働いている会社では、仕事の悩みを共有し相談できる同僚がいないなどの職場環境に馴染めず、自分と同じ保健師や他の専門職スタッフと協力しながら働ける職場へ転職を考えている人

▶**保健師としてキャリアを積みたい人**
　医療機関や介護施設などで看護師業務も担いながら保健師として働いているが、今後は保健師業務に専念し、行政保健師も視野に入れて様々な経験を積みたいと考えている人

アピールポイント

▶託児施設が利用できることや時間外労働が少ないことで、家庭や子育てと両立しながら正社員として働ける環境があること
▶先輩保健師によるOJT教育や定期的な外部講習があり、安心して始められる環境があること
▶地域に住む高齢者の健康と生活を支えていく仕事ができること
▶専門スタッフとチームになって働いていくため、同じ悩みを共有し相談できる環境があること
▶介護予防について深く学び経験を積んでいくことができる職場であること

仕事内容

職種	〈正職員〉保健師／地域包括支援センター／家庭との両立可
仕事内容	○○市からの委託事業である地域包括支援センターでの保健師業務です。高齢者の総合相談窓口として、社会福祉士やケアマネジャーなど、福祉の専門スタッフとチームになって働くお仕事です。 ■保健師の役割・やりがい ＊高齢者の皆さんがいつまでも健康で自立した生活が送れるように医療の観点から生活支援や介護予防に努めていくことです。 ＊1人ひとりに寄り添い長期的にサポートしていくため、予防措置の成果など目で見て実感でき、やりがいを感じながら働けます。 〈このような方にあった職場です〉 ＊家庭と両立しながら保健師として活躍したい方（託児施設あり） ＊専門職チームの一員として地域保健に関わる仕事がしたい方 ＊高齢者の生活支援など保健師としてキャリアを積みたい方

「職種名」その他例

● 【保健師】地域包括支援センター／日勤・残業少／託児所あり
● 保健師／高齢者の相談支援・介護予防の企画／○○市委託事業
● 地域包括支援センターの相談員（保健師）／年間休日114日
● 保健師（相談員）／未経験・ブランクOK／OJT教育あり

「仕事内容」記入のポイント

▶冒頭において、地域包括支援センターは行政からの委託事業であり、高齢者の生活支援や健康増進に関する重要な役割を担っている場所であること、また専門職チームの一員として仕事をするという働く魅力をアピールする。

▶保健師には行政・企業・医療・介護など様々な活躍の場があるため、ここでは保健師に求める役割と仕事のやりがいを紹介し、「この仕事をしてみたい」という求職者の意欲を引き出すようにする（具体的な仕事内容は特記事項欄で補足説明を行う）。

▶どのような人に向いている職場なのかを"求職者の目線で"わかりやすく示すことで、数ある求人の中から求職者の関心を惹きつける。

会社の情報

事業内容	特別養護老人ホームやデイサービスなどの介護サービスを提供。地域包括支援センターでは前身である在宅介護支援センターの頃より30年以上にわたり、地域の相談窓口として利用されています。
会社の特長	ご利用者様の意思を尊重しながら、心に寄り添うサービス提供を目指しています。そのためには「職員にも心のゆとりが必要」と考えて、夜勤専従の積極採用など職場環境の改善に取り組んでいます。

労働時間

就業時間	変形労働時間制（1ヶ月単位） （1）　08時30分　〜　17時30分 （2）　　時　分　〜　　時　分 （3）　　時　分　〜　　時　分 又は　　時　分　〜　　時　分　の間の　時間 就業時間に関する特記事項 ・週平均40時間以下の勤務です。 ・相談窓口は予約制を推進しており突発的な残業はほとんどいためため、家庭やプライベートと両立しながら働くことができます。
休日等	日　祝日　その他 週休二日制　その他 ・土曜日はローテーションで出勤します（月1回）。 ・年末年始　12／29〜1／3（20○○年度） 6ヶ月経過後の年次有給休暇日数　10日

求人に関する特記事項

求人に関する特記事項
■○○地域包括支援センター ＊担当地区／○○○、△△△、□□□、×××1丁目〜3丁目 　（74歳までの前期高齢者が多く健康増進活動が活発な地域です） ＊スタッフ／保健師1名、社会福祉士2名、介護支援専門員2名、 　生活コーディネーター1名／30代2名・40代・50代4名 ■仕事内容 ＊介護予防教室や相談会開催などの健康増進活動 ＊高齢者やご家族の相談・要望に応じたケアプランの作成 ＊在宅高齢者を訪問し健康管理や生活の相談・支援／週5件程度 ■スキルアップ支援 ＊入職後半年間は、先輩保健師によるOJT教育で基礎を習得 ＊3ヶ月ごとに参加する外部講習会で知識を深めていくことが可能 ■職場の魅力 ＊託児施設があり残業も少ないため家庭と両立して働ける職場 ＊専門スタッフとチームになって働いていくため、同じ悩みを共有し相談できる環境があること（全体ミーティングを毎朝実施） ＊健康づくりサロンの運営や専門医と協力した認知症初期集中支援など介護予防について深く学んでいけること ■モデル年収例（入社2年目・32歳） 376万円（月給24万円＋賞与2回＋諸手当）

「会社の情報」記入のポイント

▶30年以上にわたり高齢者とご家族を支えてきた実績を紹介し、地域にとってはなくてはならない重要な存在であることを紹介することで事業の安定性をアピールする。また、法人理念でもある高齢者の心に寄り添った仕事を実現するため、スタッフを大切にしている姿勢を示し、職場環境の良さをアピールすることで他社との差別化を図る。

「労働時間」記入のポイント

▶労働環境の良さを示すため、1ヶ月単位の変形労働時間制により週平均の労働時間は40時間以内で、突発的な時間外労働はほとんどないことを紹介する。また、土曜日はローテーションで月1回の出勤があることを伝え、働き方がイメージできるようにする。

「求人に関する特記事項」記入のポイント

▶○○地域包括支援センター
管轄する地区や特徴、またチームワークで重要な一緒に働くスタッフの情報を紹介し、この職場で働く姿がイメージできるようにする。
▶仕事内容
仕事内容欄で保健師の役割を紹介したため、ここでは具体的な業務について説明する。地域包括センターでの勤務経験がない求職者も想定されるため、介護予防教室などの具体例や業務量などの情報を加える。
▶スキルアップ支援
OJT教育や定期的な外部研修などの教育体制を紹介し、ブランクがある人や企業・医療機関など違う分野で活躍している人でも安心して始められることをアピールする。
▶職場の魅力
それぞれの求職者イメージに対して、この職場で働く魅力をアピールし、応募を後押しする。
▶モデル年収例
収入額は転職者の関心も高い事項のためモデル年収例を紹介する。

診療放射線技師

求職者イメージ

▶技師としての経験を広げたい人
　現在は小規模病院や健診センターなどで働いているが、技師としての知識・スキルアップを図るため、幅広い症例やモダリティを経験できる病院に転職を考えている人

▶技士として性別を問わず活躍できる職場に転職したい人
　マンモグラフィなど女性技師に対するニーズが高まっている中、自分も今以上に活躍できる職場に転職したいと考えている人

▶家庭と両立しやすい職場を求めている人
　仕事と家庭のバランスに悩みを抱えながら働いているため、労働条件など両立させやすい環境が整っている職場があれば転職したいと考えている人

アピールポイント

▶業界に多い転職理由の1つに環境改善に向けた姿勢が不十分であることから、転職によって各求職者が現在の職場で抱える悩みを改善できるとともに、病院も安心して働ける職場づくりに積極的に取り組んでいること

▶多様な症例やモダリティを経験でき、転職理由である技術向上や経験の幅を広げることができる仕事であること

▶性別を問わず、技士として活躍できる職場であること

▶仕事と家庭生活の両立を重要な人事施策として取り組んでいること

仕事内容

職種	地域基幹病院の診療放射線技師／幅広い経験・技術向上が可能
仕事内容	地域の基幹病院で診療放射線技師の技術を磨きませんか。技師として様々な症例を経験したい方、中規模病院は初めての方、家庭と両立して働きたい方など、幅広いみなさんを歓迎します。 〈主なモダリティ〉X線装置／CT装置／MRI装置／透視装置／マンモグラフィ装置／骨密度測定装置など ■病院の特徴 ＊診療20科目、病床数200床で急性期から慢性期まで対応。 ＊放射線技師は6名（男4名・女2名）で月平均検査数CT○○○件、MRI○○○件程度。 ■当院で働くメリット ＊多くの症例を経験でき専門知識やスキルアップができます。 ＊院内託児所など家庭との両立を大切にした働き方ができます。

✍「仕事内容」記入のポイント

▶主に想定する求職者は、小規模医療機関などから幅広い経験を希望していたり、子育てなど家庭との両立がしやすい職場を希望していたりする転職者であるため、求人全体はそうした求職者の転職理由を改善できる情報提供や働きやすいイメージを打ち出すことを柱とする。
そのため、冒頭で想定する求職者を具体的に挙げ、歓迎の姿勢をアピールする。

▶どのようなモダリティが設置されているかは求職者が知りたい情報であるため、可能な範囲で機種や名称も含め紹介する。

「職種名」その他例

● 診療放射線技師／中規模病院が初めての方も歓迎／技術指導有
● 家庭と両立して働ける診療放射線技師／院内に託児所完備
● 診療放射線技師／多種な診療科目でモダリティ技術もアップ
● 診療放射線技師／月27万円以上・年間休日113日＋有給休暇

会社の情報

事業内容	地域住民の命と健康を守る総合病院です。○○○○年の開業以来、当地の基幹病院として幅広い診療分野において質の高い医療を実践してきました。日本医療機能評価の認定も受けています。
会社の特長	良い医療を提供するためには職員のスキルアップやゆとりのある働き方が大切だと考えます。年間計画に沿った職員研修や「職場改善委員会」で男女が安心して働ける職場づくりに取り組んでいます。

労働時間

就業時間	交替制（シフト制） （1）　08時45分　～　17時00分 （2）　10時45分　～　19時00分 （3）　08時45分　～　12時30分 又は　　時　分　～　　時　分　の間の　時間 就業時間に関する特記事項 ＊（1）（2）のシフト制 ＊（3）は土曜日（休憩なし） ＊日直と宿直勤務あり（詳細は特記事項）
休日等	日　祝　その他 週休二日制　その他 ＊平日に月3日休み（交替） ＊夏季休暇5日間（交替）　　＊年末年始12／29～1／3 6ヶ月経過後の年次有給休暇日数　　10日

求人に関する特記事項

求人に関する特記事項
■仕事内容の補足 ＊日曜および祝日の日直と平日を含めた宿直がそれぞれ月1回あります（手当あり）。 ＊モダリティはスキル向上のため担当をローテーションします。 ＊マンモグラフィは女性技師が担当します。 ■勤務条件の補足 ＊賃金は経験や年齢、前職の賃金などを考慮して決定します。 ＊放射線科スタッフの昨年度の有給休暇取得率は70％です。 ■働くメリットの補足 ＊専門資格を有している技師が在籍し直接指導が受けられます。 ＊毎月の勉強会やカンファレンスなどへの参加機会があります。 ＊実務経験が浅い方は初任者プランに沿って指導を受けます。 ■家庭にやさしい働き方 ＊院内に託児所があります（現在15名が利用）。 ＊お子様の学校行事や急な病気などは配慮します。 ＊育児休業復職後も短時間勤務制度を利用できます（実績有）。 ＊「子育てサポート企業」として厚労省の「くるみん」認定取得。 ■メッセージ／見学歓迎 当院は日本医療機能評価の認定を受け、医療の質とサービス向上に向けた人材育成に取り組んでいます。ぜひ見学にお越しください。

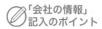

「会社の情報」記入のポイント

▶地域の基幹病院として質の高い医療の提供を実践してきたことや日本医療機能評価の認定を受けていることを紹介する。また、その実現のためには職員の医療技術の向上とともに人としてのやさしさがあってこそとの信念から、職員1人ひとりが安心して働ける職場づくりに取り組んでいる病院の姿勢をアピールして、働きやすい環境を示す。

「労働時間」記入のポイント

▶勤務時間は一般的な病院の働き方となるため、平日の交替制と土曜日の半日となるが、日直と宿直勤務があることは明記する。また、休日は日曜日のほか、平日に交替制で月3回あることによりほぼ週休2日に近く、ゆとりのある働き方ができることをアピールする。

「求人に関する特記事項」記入のポイント

▶仕事内容の補足
休日当番と当直があることや担当のローテーションを行っていることのほか、女性技師の応募も期待している姿勢をアピールする。
▶勤務条件の補足
賃金は前職の実績を考慮することで少し安心感を持ってもらうとともに、特に働き方を変えたい求職者に対して、年次有給休暇は完全取得の状態ではないものの、実績を紹介することで正直な姿勢をアピールする。
▶働くメリットの補足
仕事内容欄でアピールした事項に加えて、特に当院ならではのメリットを強調し、応募につなげる。
▶家庭にやさしい働き方
特に女性技師確保のためには家庭との両立支援は欠かせない条件となるため、求職者が「ここなら安心」と思える具体策をアピールする。
▶メッセージ／見学歓迎
医療機能評価の認定を受けていることを紹介しながら、まずは見学に来てほしい姿勢をアピールする。

歯科衛生士

求職者イメージ

▶現役歯科衛生士で転職希望者
＊歯科衛生士として働いているが、労働条件、働き方などが自分に合わないため転職したい人
＊他院で歯科衛生士として働いているが、決められた仕事をこなすだけの日々でスキルの向上も期待できず、改めて歯科衛生士を目指した初心に返り、少しでも自分のやりたかった仕事ができる職場があれば思い切って転職したいと考えている人
＊歯周病や口腔内の健康が注目される中、これまでの歯科医師の補助業務だけを担う存在から専門性を身につけた歯科衛生士として活躍の場を広げていきたいと考えている人
▶ライフステージに合わせて働ける職場を探している人
歯科衛生士として働いているが、今後家庭を持っても長く続けていける職場を求めて転職を考えている人

アピールポイント

▶ゆとりのある診療時間枠や患者担当制により、患者とじっくり向き合った業務ができる環境があること
▶歯科医師の補助者に留まらず、幅広いスキルアップの機会があり、求職者が求める歯科衛生士像に再チャレンジできる職場であること
▶社会保険への加入、産休・育休制度の活用により、仕事と家庭を両立させながら安心して長く働ける職場環境があること
▶歯周病専門医のもとで認定歯科衛生士（歯周病）の資格取得サポートがあること

仕事内容

職種	歯科衛生士／初心に返って「なりたい自分像」に再チャレンジ
仕事内容	あなたは歯科衛生士を目指した頃に描いた「なりたい自分像」に向けた仕事ができていますか？今一度、初心に返って夢や目標を思い起こしてください。当院には再チャレンジできる環境があります。 ■スキルアップできる環境と機会 患者さんとじっくり向き合えるゆとりある診療時間枠と担当制／初診時や治療後のカウンセリング業務／ホワイトニングやデンタルエステ業務／矯正診療補助や医師の指示による治療／高齢者施設でのブラッシングや摂食・嚥下機能訓練／認定歯科衛生士（歯周病）の資格取得サポート　※あなたに合った成長を支援します。 ■目指す働き方 社保加入や産休の活用、育児と両立しやすい勤務時間など、ライフステージに応じて安心して長く働くことができる職場環境です。

「職種名」その他例

●歯科衛生士／認定歯科衛生士（歯周病）取得をサポートします
●歯科衛生士／家庭や子育てを応援／育休・短時間勤務ＯＫ
●あなたの目指す歯科衛生士を応援します／衛生士６名活躍中
●歯科衛生士・経験者／社保有・年間休１０３日・月２０万円〜

「仕事内容」記入のポイント

▶現在の仕事ぶりに対して当初目指していた歯科衛生士像との違和感を持っている求職者に向け、もう一度初心に返って「なりたい自分」を呼び起こしてもらうため、冒頭でインパクトあるメッセージを発信する。
▶基本的に応募は現役の歯科衛生士に限られるため、求人では一般的な仕事内容の説明は必要なく、求職者が求める労働環境や将来的に目指す姿に向けてやりたい仕事があることを重点に紹介し、当院で働く魅力を強くアピールする。
▶具体的には、当院の特徴を「スキルアップできる環境と機会」と「目指す働き方」のテーマに分けて説明し、他院との違いをアピールして差別化を図る。

会社の情報

事業内容	一般歯科診療所です。院長は歯周病専門医の資格を持っているため特に歯周病治療と予防に力を入れています。お1人の診療時間に余裕を持たせ、患者さんとじっくり向き合う診療を行っています。
会社の特長	自慢はスタッフのチームワークです。育児休業明けの衛生士もスタッフの協力で子育てと両立しています。残業や有給休暇等の労働環境を改善し、みなが長く働ける職場づくりを進めています。

労働時間

就業時間	（1）　09時00分　～　19時00分 （2）　09時00分　～　13時00分 （3）　　時　分　～　　時　分 又は　時　分　～　　時　分　の間の　時間
	就業時間に関する特記事項 ＊（2）は水曜日・土曜日（休憩なし） ＊休憩時間12：30～15：00は帰宅も可能 ＊水・土曜日を除く平日実働7．5時間（週38時間） ＊時間外労働の半分以上は院内研修会によるものです。
休日等	日　祝　その他 週休二日制　その他 ＊月2回土曜日休み（交替制）　＊GW2日 ＊夏季8／12～8／16・年末年始12／29～1／3 6ヶ月経過後の年次有給休暇日数　　10日

求人に関する特記事項

求人に関する特記事項

■仕事の方針・補足
＊予約制、担当者制に加え、治療は患者さん1人に原則45分の時間枠で行いますが、歯石除去や歯磨き指導（TBI）には時間もかかるため、回数をかけ、しっかりとした処置を行います。
＊担当の患者さんがいないときは診療補助に入っていただきます。
＊月1回、高齢者施設を訪問し口腔ケアを行います。
■働くメリット（働き方）
＊厚生年金と歯科医師国保完備で安心して長く勤められます。
＊歯科衛生士はベテランから新人まで6名在籍していますので、有給休暇を取得しやすいです（昨年取得率90％）。
＊育児休業後は短時間勤務も可能です（昨年1名利用実績あり）。
■働くメリット（キャリアアップ）
＊全スタッフを年1回外部研修に派遣します（費用は院負担）。
＊これまでの医師の補助者という立場だけに留まらず、今後さらにニーズが高まる「歯周病とお口の健康」分野やホワイトニングの審美歯科分野などにおける新しいスキルの習得や専門性の高い認定歯科衛生士の資格取得サポートなど、チャレンジできる機会が多くあります。
※忙しくても穏やかな雰囲気の院長先生や先輩たちと落ち着いて勤務できます。ぜひ見学で、職場の雰囲気を体験してください。

「会社の情報」記入のポイント

▶院長が歯周病の専門医であるため、歯周病治療と予防に力を入れており、1人ひとりの患者と真摯に向き合う特徴ある歯科医院であることをアピールする。また、職場は全員女性のため、家庭や子育てと両立できる環境づくりに取り組んでいることを紹介し、スタッフ同士の協力体制が整っており、安心して長く働ける職場であることをアピールする。

「労働時間」記入のポイント

▶業界特有の水曜日と土曜日は半日勤務となる前提で、平日1日及び1週間の労働時間を示すとともに、休憩は150分自宅が近い人は帰宅も可能なことをコメントする。また、休日は、月2回土曜日が交替で休めるため、家庭との両立もできる働き方をアピールする。

「求人に関する特記事項」記入のポイント

▶仕事の方針・補足
予約制と担当者制に加え、ゆとりのある治療時間枠を確保した診療システムにより、患者とじっくり向き合った仕事ができることを具体的な時間を示し紹介するとともに、高齢者施設で訪問ケアも行っていることなど、仕事の特徴をアピールする。
▶働くメリット（働き方）
労働環境の改善を求めて転職を考えている求職者に対して、社会保険の加入や年次有給休暇を取得しやすいこと、育児休業後は短時間勤務も可能であることなどを紹介して、ライフステージに合った働き方ができる職場であることをアピールし、「長期的に働きたい」と考える志望度の高い求職者からの応募につなげる。
▶働くメリット（キャリアアップ）
思い描く将来のビジョンに向けて目標を実現するため転職を考えている向上心の強い求職者に対して、新しい歯科衛生士像に向けたスキルアップや専門性を身につけることができる職場であることをアピールする。

作業療法士（訪問看護ステーション）

求職者イメージ

▶家庭と両立できる働き方を求めている現役の作業療法士
医療機関などで作業療法士として働いてきたが、子育てなどの家庭生活との両立が難しくなってきたため、ライフスタイルに合わせて働ける職場を探している人

▶長期的に仕事が続けられる職場を希望している人
作業療法士として長期的に仕事を続けていきたいため、育児休業や復職制度が整備されているだけではなく、実際に利用実績もある職場を探している人

▶自分の考える仕事のやりがいを求めている人
作業療法士として働いているが、もっと1人ひとりの利用者と向き合い、リハビリの成果や喜びを利用者や家族と共に分かち合える職場を求めている人

▶前職を離職してからブランク期間のある作業療法士
プライベートな事情により前職は一旦離職したが、再度働ける条件が整ったため、自分に合った働き方ができる職場を探している人

アピールポイント

▶週休2日のほか、時間単位の年次有給休暇制度など、家庭と両立しやすい働き方ができること
▶子育てサポート企業として国の「くるみん」認定を受けていること
▶専用のリハビリ室とは異なり、利用者の自宅における実際の生活場面でのリハビリのため成果も目に見えるなど、利用者1人ひとりとじっくり向き合った仕事ができること
▶現在のリハビリスタッフ全員が、訪問リハビリは未経験からのスタートであること

仕事内容

職種	訪問／作業療法士（OT）／家庭と両立・育休・復職もOK
仕事内容	病院隣接の訪問看護ステーションで通院が困難なご利用者様に対して在宅でリハビリ業務を行っていただきます。ライフスタイルに合わせた働き方を求めているOTには安心して長く働ける職場です。 ■仕事の特徴 ＊訪問は1日平均5〜6件程度で、時間は1件当たり40〜60分 ＊訪問エリアは○○市及び近郊（車で30分以内程度） ＊リハ業務のほか、福祉用具の選択や住環境の整備、ご家族への介助方法などの助言やアドバイス ■安心な職場 ＊現スタッフは全員が訪問リハビリ未経験からのスタートです。 ＊単独訪問ができるまで先輩スタッフが同行しますので安心です。 ＊国から子育てサポート企業として「くるみん」マークを取得。

「職種名」その他例

●作業療法士／訪問看護ステーション／自分に合った働き方OK
●訪問リハビリの作業療法士／1日5〜6件／週休2＋祝休5
●訪問作業療法士／現リハビリスタッフも全員未経験スタート
●利用者さまとじっくり向き合ったリハビリができる作業療法士

「仕事内容」記入のポイント

▶求人作成にあたっては、ライフスタイルに合った労働条件を求める求職者が、転職により現職での働き方の問題解決につながると思えるような印象を強く持てる情報提供を優先する。家庭と両立しながら働く先輩の存在や好きな仕事を長く続けられる環境が整っていることなどの情報を積極的に紹介する。

▶冒頭で「ライフスタイルに合わせた働き方を求めているOT」との言葉で注目を引き、求人に関心を持ってもらう。

▶育児との両立を支援する事業所として国の「くるみん」認定を取得していることを紹介し、男女共に働きやすい職場、安心して長く働ける職場イメージをアピールする。

会社の情報

事業内容	内科、整形外科、リハビリテーション科等9の診療科目を有する病床95床の病院。近年は在宅療養支援病院として訪問看護ステーションやケアプランセンターも運営し、地域医療に貢献しています。
会社の特長	在宅療養支援病院として細やかな医療サービスを提供するため、スタッフが安心して働けるよう、職務分担の見直しや時間単位の有給休暇取得、積極的な育休・復職推奨などに取り組んでいます。

労働時間

就業時間	（1）　08時30分　～　17時30分
	（2）　　時　分　～　　時　　分
	（3）　　時　分　～　　時　　分
	又は　時　分　～　時　分　の間の　　時間
	就業時間に関する特記事項
	＊通常業務は事前の訪問スケジュールに沿って行うため、時間外の業務にもある程度計画的に対応できます。
	＊月2～3回は全体会議や研修会が17：00から1時間程度あります（時間外手当で対応）。

休日等	日　その他
	週休二日制　毎週
	＊毎週平日に1日休み（シフト制）／祝日は年間5日休み
	＊夏季8／13～8／15　＊年末年始12／31～1／3
	6ヶ月経過後の年次有給休暇日数　　10日

求人に関する特記事項

求人に関する特記事項

■1日の流れ
　8：30　出勤／朝会でスケジュール確認とミニカンファレンス
　9：00　午前の訪問　2～3件訪問（1件40～60分）
　12：00　帰所／昼食休憩（病院の食堂・近隣で外食など自由）
　13：00　午後の訪問2～3件
　16：30　帰所／報告書作成事務／関係者に報告／翌日の準備
　17：30　退勤
■リハビリスタッフの紹介
＊作業療法士2名／理学療法士2名／言語聴覚士1名
＊女性4名・男性1名／年齢20～40代（平均勤続6年）
■働くママパパにやさしい職場
＊週休2日と一部祝日休みのほか、時間単位の有給休暇制度あり。
　日々の生活も家庭や子育てと両立しながら頑張れます。
＊産休・育休取得はもちろん、育休明けも復職率100％の職場
■訪問リハビリの魅力
＊ご利用者様の自宅で実際の生活場面における訓練を行うため、成果が目に見えやすく、機能回復が見られたときの喜びは訪問リハビリならではのやりがいです。
※病院HPもご覧ください！当院で働くスタッフの出来事や研修内容、病院内イベントなど様々な情報を発信しています！

「会社の情報」記入のポイント

▶病院としての基本情報である診療科目概要と病床数を紹介するとともに、小規模な病院ではあるが、現在は「在宅療養支援病院」として各種施設を運営する医療機関であることを説明する。

▶そうした特色ある病院として地域で信頼されるために、まずはスタッフが安心して働ける環境づくりに取り組んでいる姿勢をアピールする。

「労働時間」記入のポイント

▶通常業務は事前の訪問スケジュールに沿って行うため計画的な仕事ができ、定例的な会議や研修会などを除けば原則定時退社という勤務スタイルであることを紹介する。また、休日は平日1日のシフト制を含めた週休2日制のため、プライベートとも両立できることをアピールする。

「求人に関する特記事項」記入のポイント

▶1日の流れ
未経験の求職者を前提に、基本的な1日の流れを紹介して日々の働き方をイメージしてもらう。

▶リハビリスタッフの紹介
求職者にとって一緒に働く仲間については関心事であるため、リハビリ業務を担う資格者別人数や男女割合、年齢、勤続年数などを紹介し、職場内のイメージにつなげてもらう。

▶働くママパパにやさしい職場
週休2日や時間単位有給休暇制度の導入などからプライベートとも両立しやすいことのほか、育児休業や復職者の実績もあり、仕事を続けたい人には安心して長く働ける職場であることをアピールする。

▶訪問リハビリの魅力
訪問リハビリならではの魅力ややりがいを紹介し、仕事そのものにこだわりを求める求職者にアピールする。
※日々の仕事や職場の雰囲気を詳しく知ってもらい、応募促進へとつなげる。

理学療法士（リハビリテーション病院）

求職者イメージ

▶現役の理学療法士で転職したい人
若年層で現在の待遇や労働条件、人間関係などに馴染めず、その改善に期待して転職を考えている人

▶専門性・総合性をさらに高めたいと考えている人
理学療法士として基本的な経験を積んできたが、さらに専門性や担当領域を広げるために幅広い経験のできる職場を探している人

▶子育て等が一段落し復職を考えている人
妊娠・出産を機に退職したが復帰できる条件も整ったため、託児所が完備されている職場があればぜひ働きたいと考えている人

▶結婚後も長く働ける職場を探している人
専門資格を活かして結婚後も育児休業や復職制度を活用して長く働きたいと考えている人

アピールポイント

▶回復期以降のリハビリではあるが、外来だけでなく入院、入所、通所などから幅広い患者や利用者の治療経験ができること

▶理学療法士としての新しい知識や技術を身につけられる制度や環境がある職場であること

▶一緒に働くメンバーは自分と同世代が多く、人間関係も構築しやすい職場であること

▶復職制度や託児所が完備されており、家庭と両立させながら働ける職場であること

仕事内容

職種	理学療法士／学びたいことが学べる職場／平均年齢３０代
仕事内容	介護老人保健施設やデイケア施設を併設する病床数１２０床のリハビリテーション病院です。急性期以降の患者さまの治療を総合的にサポートするため、幅広い理学療法に携わることができます。 ■リハビリテーション部門 ＊外来／午前中に運動疾患や脳血管疾患のリハを行います。 ＊入院／医師や看護師とチームを組んで治療にあたります。 ＊入所／退院後の在宅復帰に不安な方の機能回復を行います。 ＊通所／退院・退所後もリハを希望する方の訓練を行います。 ■スタッフの特徴 リハビリスタッフの平均年齢は３０代と若手中心ですが、経験豊富な頼れるベテランもいます。ベテランをリーダーにチームワークを大切にしている職場です。

「職種名」その他例

● リハビリテーション病院理学療法士／開業１０年・病床１２０
● 理学療法士／多様なリハからあなたの学びたいことが学べる
● リハ病院の理学療法士／年収４００万円以上・年間休１２０日
● 理学療法士／回復期の総合的リハビリを学びスキルアップ

「仕事内容」記入のポイント

▶若手スタッフ中心の職場であることをアピールすることで採用したい年齢層を感じ取ってもらうとともに、求職者が抱える転職理由が多少なりとも改善につながる期待感を持てるような求人内容とする。

▶冒頭で院の特徴を紹介したうえで、自分の学びたいことが学べ、理学療法士として大きく成長できるチャンスのある職場であることをアピールする。

▶特に若手理学療法士に多い転職理由の1つでもある人間関係について、スタッフの平均年齢が30代であることを紹介し、昔ながらの上下関係によるストレスは少ない職場イメージをアピールする。

会社の情報

事業内容	単に機能回復のための訓練ではなく、人々が人間らしく生きられるよう支援していくことを使命としている病院です。入院、来院だけではなく、患者さま宅も訪問するきめ細かい支援が特徴です。
会社の特長	２６名の充実したリハビリスタッフ体制が信頼の基礎となっています。スタッフの半数は開業時からのベテランですが、平均年齢は３０代と若いため、職場は明るく爽やかです。

労働時間

就業時間	変形労働時間制（１ヶ月単位） （1）　09時 00分　～　18時 00分 （2）　09時 00分　～　13時 00分 （3）　　時　分　～　　時　分 又は　時　分　～　　時　分　の間の　時間 就業時間に関する特記事項 ＊（2）は土曜日（休憩なし） ＊月２回の全体会議と１回の勉強会により６時間程度の時間外労働があります。
休日等	日　祝　その他 週休二日制　その他 日・祝日以外に月３日休み（シフト制） 年末年始１２／３０～１／３　夏季８／１２～８／１６ ６ヶ月経過後の年次有給休暇日数　１０日

求人に関する特記事項

求人に関する特記事項
■魅力１／学びたいことが学べる ＊新しい知識や技術の習得だけではなく、信頼される医療人の育成にも力を入れ、毎月１回外部講師による勉強会やスタッフの事例研究発表を開催しています。 ＊入職時は前職の経験も踏まえて配属しますが、順次各部門のリハビリも担当しますので、幅広く経験を積むことができます。 ■魅力２／定着率の高い職場環境 ＊理学療法士１７名、作業療法士７名、言語聴覚士２名 ＊リハビリスタッフは新卒採用者１０名とキャリア採用者１６名で過去３年間の退職者はありません。 ＊リハビリ計画書の作成関係者との会議などは、従来、就業時間外に行っていましたが、現在は時間内に行うよう改善しました。 ■魅力３／福利厚生も充実 ＊復職制度（実績２名）と託児所の完備により長く働けます。 ＊働き方改革にも取り組んでおり、年次有給休暇を活用した５日間の連続休暇制度をスタートしました（全スタッフが取得）。 ＊勤続１０年・２０年表彰制度ではホテル食事券を授与します。 ※職場の雰囲気を感じていただくために当病院のホームページをご覧ください（「○○○病院」で検索）。

「会社の情報」
記入のポイント

▶「人間らしく生きる」ことを支援するリハビリテーション病院としての使命を明確に示し、通院や入院治療だけではなく患者宅も訪問する1人ひとりに寄り添った姿勢をアピールする。
▶充実したリハビリスタッフ体制と開業以来のベテランを含めて平均年齢30代の若いスタッフが多く活躍している特徴をアピールする。

「労働時間」
記入のポイント

▶毎月の全体会議と勉強会により6時間程度の時間外労働があることを伝え、通常業務での時間外労働はそれほど多くないことを示す。また、日曜日と祝日以外にシフト制による休日が月3日あることで、家庭やプライベートも充実しながら働けるイメージをアピールする。

「求人に関する特記事項」
記入のポイント

▶魅力1／学びたいことが学べる
「専門職としてのスキルを向上させていきたい」との求職者の思いに対して、当院では「学びたいことが学べる」を人材育成の基本として、勉強会や研究会、配属などに取り組んでいることを紹介し、求職者が仕事や働き方の将来像を描けるようにする。
▶魅力2／定着率の高い職場環境
リハビリ専門スタッフの半数以上はキャリア採用で、直近3年間は離職者も発生していないことを紹介し、求職者に自分も活躍できそうな職場だと感じてもらえるようにする。
また、求職者の転職理由の1つにもなりやすい労働時間についても、問題意識を持って改善の努力をしている姿勢をアピールする。
▼魅力3／福利厚生も充実
結婚後も働きたい人や子育て世代に対して、復職制度の実績や託児所完備を紹介する。また、直接的な応募への動機づけにはならなくとも、連続休暇や勤続表彰などもアピールする。

整体師・柔道整復師
（リハビリ特化型デイサービス）

求職者イメージ

▶介護業界からの転職希望者
デイサービスなどの介護施設で介護士の補助スタッフとして働いてきたが、施設で行われる機能訓練を見て関心を持つようになり、現在の入浴や排せつ介助などの介護業務よりも利用者の喜ぶ顔が見られて、無資格でも働けるリハビリ型デイサービスに興味を持ち、求人を探している人

▶接骨院などから転職を希望する柔道整復師
現在の職場は少人数のため本業以外の仕事が多いなど、仕事内容や労働条件に馴染めないことから、思い切って転職を考えている人

▶正社員で働きたい人
現在は整体院やカイロプラティック院などの短時間労働者として施術も行っているが、ほぼ正社員と同じ働き方のため、経験を活かして正社員として働ける職場への転職を考えている人

アピールポイント

▶整体師の仕事は資格がなくても始められること
▶利用者は比較的元気であり、食事や入浴などの介助業務は必要ないこと
▶平均年齢30代と若いスタッフが活躍していること
▶働きながら施術を習得でき、通信教育などで整体師資格を取得すれば将来は活躍の場も広げられること
▶勤務時間には負荷も少なく、家庭やプライベートともバランスよく働けること

仕事内容

職種	整体師（資格無可）・柔道整復師／リハビリ特化デイサービス
仕事内容	シニアフィットネスの要素を取り入れた新しいリハビリ特化型デイサービスにおいて運動機能の回復や手技によるリラクゼーションを提供する整体師の仕事です。無資格や未経験の方でもOKです。 ■仕事の概要と特徴 ＊利用者さんは要支援および軽度要介護認定者の方々です。 ＊機能訓練では指導員である柔道整復師が作成する計画や指示に従ってマシンの指導や施術を行います。 ＊利用は半日コースのため午前と午後で平均４０名程度です。 ＊昼食や入浴、介護業務はありません。 ＊週3日程度は送迎業務を担当します（ワンボックス・AT車）。 ※整体の仕事は資格がなくてもできますので、働きながら整体師の資格取得を目指すことが可能です。

「職種名」その他例

● リハビリ特化型デイサービス整体師（無資格可）・柔道整復師
● リハビリ特化型デイサービス・介護業務無／整体師・無資格可
● 整体師（入社後資格取得もOK）／リハビリ型デイサービス
● リハビリ型デイサービス機能訓練スタッフ／整体師など資格者

「仕事内容」記入のポイント

▶最近話題のリハビリ型デイサービスにおける機能訓練を行う仕事であるが、資格がなくてもできる業務もあるため、無資格者で整体の仕事に就きたいと考えている人にも門戸を広げる。

また、求人内容についても転職しやすく、働きながら資格取得ができる将来展望が感じられるイメージを打ち出す。

▶特に未経験者や無資格者にとっては馴染みのない仕事となるため、概要や特徴を紹介して仕事の全体像をイメージできるようにするとともに「この仕事なら自分にもできそうで、キャリアアップできることも魅力的」とポジティブに捉えてもらえるようにする。

会社の情報

事業内容	接骨院と福祉施設の運営会社。スポーツトレーナーとして活躍してきた代表者の院長が、2年前に新しく高齢者機能訓練のためにリハビリ型デイサービスも始め、ご利用者様から好評を得ています。
会社の特長	スタッフの提案で「ありがとうレター」を職場で展開しています。毎月1人のスタッフ宛に皆が仕事での感謝やお礼メッセージを送ります。お互いの良い点を認め合う習慣が職場を明るくしています。

労働時間

就業時間	（1）　08時30分　〜　17時30分 （2）　　時　分　〜　　時　　分 （3）　　時　分　〜　　時　　分 又は　時　分　〜　　時　分　の間の　時間 就業時間に関する特記事項 ［業務は毎日のタイムスケジュールに沿ってルーティン化されているため通常はほぼ定時で終了しており、プライベートの予定も立てやすいことで好評です。］
休日等	日　その他 週休二日制　毎週 ＊平日シフト制休みによる週休2日制 ＊夏季3日間（交替）・年末年始12／31〜1／2（昨年度実績） 6ヶ月経過後の年次有給休暇日数　10日

求人に関する特記事項

求人に関する特記事項

■仕事の流れ（半日分）
送迎車で利用者さん到着／バイタルチェック（血圧・脈拍）／座ってできる準備体操／個人に合わせたプログラムでバンド体操やウォーキング等のマシン運動／機能訓練指導員の指示に従って1人15分程度の施術（カイロプラクティック）／バイタルチェック／終了

■スタッフ紹介（7名）
＊施設長（42歳女性）・柔道整復師2名・整体師2名・整体スタッフ（無資格）2名。施設長他は男女各1名、平均年齢30代。
＊整体スタッフは入社1年程度ですが、マシンの補助業務を担当しながら「もみほぐし」や介護予防のための整体などの施術訓練を順次受け、現在ではほぼ独り立ちしています。

■労働条件の補足
＊土曜日は午前コースのみで午後はマシンのメンテナンスや打ち合わせ、勉強会、定例会議などとして活用しますので、時間外労働もほとんどなく、家庭やプライベートも充実できます。
＊計画的な有給休暇の取得推進により平均取得日数は12日です。

■資格取得を支援
整体師資格を目指す方は通信教育での取得が可能であり、講習参加の業務扱いや合格奨励金により応援します（現在1名勉強中）。
※ぜひ見学にお越しください。マシンや施術の体験もできます。

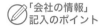
「会社の情報」記入のポイント

▶スポーツトレーナー経験のある代表者が接骨院と福祉施設を運営していることを紹介したうえで、特に2年前に開業したリハビリ特化型デイサービスは、身体的介護が必要ない高齢者の機能訓練施設として最近注目されており、利用者からも好評であることをアピールする。また、スタッフ同士の意思疎通が図れている明るい職場であることも紹介する。

「労働時間」記入のポイント

▶固定時間制勤務で業務もルーティン化されていることから通常はほぼ定時終了であること、特記事項欄の補足説明どおり、土曜日午後は利用者の受入れがなく、マシンのメンテナンスや研修、会議などの時間として確保していることから、働きやすい仕事であることをアピールする。

「求人に関する特記事項」記入のポイント

▶仕事の流れ
利用者の受け入れは午前と午後に分かれるため、半日分の仕事を流れに沿って紹介する。「仕事内容」での特徴紹介と合わせれば、求職者には自分の働く姿がかなり具体的にイメージできることになる。

▶スタッフ紹介
少人数の職場であるため年齢も含めて情報提供するとともに、無資格者の入社後の成長ぶりも紹介し、安心して応募できるようにする。

▶労働条件の補足
接骨院などで働いていた柔道整復師にとっても未経験の職場であるため、特に関心の高い時間外労働や有給休暇の取得状況を紹介し、働きやすい条件であることをアピールする。

▶資格取得を支援
整体師資格は民間資格で種類も多いが、会社の推奨する資格であれば支援制度もあることをアピールし、入社後は目標を持って日々の仕事に取り組んでほしい期待感も示す。

栄養士（保育園）

求職者イメージ

▶現職から転職を考えている人
　栄養士として働いているが、休日や勤務時間など自分に合った働き方ができる職場へ転職を考えている人

▶業務の幅を広げたいと考える第二新卒者
　新卒の栄養士として就職したが、調理業務だけに追われる日々にやりがいを見出せず、献立作成や栄養指導、食育などの幅広い業務に関われる仕事に転職したいと考えている人

▶子どもと関わる仕事がしたいと考えている人
　給食センターや病院などで大量調理の経験を活かして、子どもと関わることができる職場で働きたいと考えている人

▶栄養士としてブランクがある人
　前職は家庭の事情などにより一旦離職したが、再度働ける条件も整ったため、資格が活かせる仕事を探している人

アピールポイント

▶大量調理ではなく家庭的で手作り感のある調理の仕事であること
▶シフト勤務がなく時間外労働も少ないこと
▶調理業務はあるものの、栄養士として献立作成や食育などの業務にも関われること
▶子どもたちと関わる機会があり、純粋な笑顔や食べる楽しさを直接感じ取れる仕事であること
▶マタニティ休暇や育児休業、短時間勤務など、出産・子育てに配慮がある職場であること

仕事内容

職種	栄養士（○○保育園）／献立・調理／家庭と両立した働き方
仕事内容	定員９０名の保育園で昼食・おやつの献立作成や調理を中心に食育を通し、子どもたちが健康に育つ手助けをする仕事です。子どもたちと直接関わりたい方や献立立案にも関わりたい方は歓迎です。 ＊給食管理の仕事／食事とおやつの献立作成／食材の発注や買い出しおよび予算の管理 ＊調理の仕事／調理員と連携した調理や盛り付け、片づけ ＊その他／食育活動、給食だよりの作成、職員会議への参加 ■当園の特徴 ＊今回の採用で栄養士２名とパート調理員２名の体制になります。 ＊厨房室は３年前に改装しましたので清潔で働きやすい環境です。 ＊家庭の事情などにより急な休みが必要な場合などでも、お互いさまの気持ちで協力しますので安心して働けます。

「職種名」その他例

●保育園の子どもたちに楽しい食事やおやつを提供する栄養士
●保育園栄養士／残業少・シフト勤務なし・年間休日１０５日
●保育園の栄養士／交替制で月２回土曜休あり／シフト勤務なし
●園児の給食づくり等／栄養士／調理師経験有または調理好きな方

「仕事内容」記入のポイント

▶現在の仕事は調理業務が中心で、やりたかった献立作成や食育に携わる機会が少ないことから転職を希望している求職者に向け、当園では本来の栄養士業務に携わりながら子どもとも直接かかわることができることを冒頭でアピールし、自分の目指す栄養士として活躍できる職場を探している求職者を惹きつける。

▶仕事の範囲は、献立作成から食材の発注、調理、予算管理のほか食育活動まで、幅広いことを紹介し、求職者に働くイメージを持ってもらう。

▶当園の特徴として、栄養士２名体制やリニューアルした設備、家庭との両立に向け皆で助け合っている職場環境など、働きやすさをアピールする。

会社の情報

事業内容	保育園と当地域では初の特別養護老人ホームも運営する社会福祉法人です。「食は命」を基本に日々の食事を大切にしており、地元の旬な食材を積極的に活かした献立は好評です。
会社の特長	法人全体では6割が働くママさんのため、家庭との両立には様々な取り組みを行っています。安心して出産を迎え、子育てができるように制度を整えながら、助け合いの風土を育んでいます。

労働時間

就業時間	変形労働時間制（1年単位） （1）　08時15分　～　17時00分 （2）　　時　分　～　　時　分 （3）　　時　分　～　　時　分 又は　時　分　～　　時　分　の間の　時間 就業時間に関する特記事項 ＊時間外労働は職員会議や研修会を含むものであり、通常はほぼ定時退社できます。
休日等	日　祝日　その他 週休二日制　その他 ＊交替制で月2回土曜日休み　＊保育園カレンダーで4日間休園有 ＊夏季8／12～8／16　＊年末年始12／29～1／3 6ヶ月経過後の年次有給休暇日数　　10日

求人に関する特記事項

求人に関する特記事項

■仕事内容の補足
＊最初の3ヶ月程度は調理の仕事を担当していただきますが、その後は先輩栄養士の仕事をサポートしながら順次献立作成や食材の発注、予算管理などに携わっていただきます。
＊職員会議では食育の観点から専門性を活かしたアドバイスをしたり、食物アレルギーのある子どもへの対応を話し合います。
＊保護者から食事に関する相談がある場合には、保育士と連携して適切なアドバイスも行います。
■ライフスタイルに合わせた働き方
＊現在は栄養士1名ですが今回の採用で2名体制となり有給休暇も取得しやすくなります。
＊子育て支援制度として、マタニティ休暇や短時間勤務制度を導入し、さらなる充実を図っています（両制度とも利用実績あり）。
■栄養士免許を活かして活躍
＊栄養管理業務の経験はないが病院や施設、給食センターなどで調理経験のある方
＊食育に関心があり、子どもに関わる仕事をしたい方
＊子育てなどで栄養士の仕事にブランクがある方
※一緒に働く職員や施設の写真を当法人HPに掲載しています。実際に雰囲気を確認できる職場見学も随時受付しています。

「会社の情報」記入のポイント

▶乳幼児から高齢者まで幅広くサポートする、地域になくてはならない事業を展開している法人であることを紹介する。
▶子育て中の従業員が多く活躍する事業においては、家庭との両立は重要な条件となることから、色々な制度や職場風土の形成に努めていることを紹介し、安心感をアピールする。

「労働時間」記入のポイント

▶原則月2回の土曜日出勤があるため、1年単位の変形労働時間制を採用していることのほか、時間外労働は定例の職員会議や研修会を含むものであり、通常はほぼ定時退社であることをアピールする。
▶休日となる日をイメージしやすいよう具体的に紹介する。

「求人に関する特記事項」記入のポイント

▶仕事内容の補足
入職後、調理を担当したうえで順次栄養士業務にも関わっていく流れを説明し、求職者に働くイメージを持ってもらう。特に食育や食物アレルギー対応、保護者からの相談など、栄養士としての重要な仕事への関わりについては簡単にコメントする。
▶ライフスタイルに合わせた働き方
想定される求職者にとっては、出産や子育てとの両立ができることが働くための条件となるため、年次有給休暇の取得のしやすさや各種休暇・休業制度の充実など、独身者、既婚者にかかわらず、安心して長く働ける職場であることをアピールする。
▶栄養士免許を活かして活躍
応募を期待する求職者像を具体的に列挙することで、該当者に「自分が指名されている」と思ってもらえるようにする。

鍼灸師（鍼灸接骨院）

求職者イメージ

▶現役の鍼灸師・柔道整復師の転職希望者
介護施設やスポーツ施設などで働いているが、担当業務に偏りがあり、将来の活躍の場を広げるためには多様な施術が経験できる鍼灸接骨院が望ましいと考えている人

▶現役の女性施術師（Wライセンス）の転職希望者
接骨院で主に女性患者の外傷（ケガ）治療を担当しているが、鍼灸師資格も所持しているため将来を考え最近ニーズの高い女性向けの鍼灸を経験したく、転職を考えている人

▶独立への準備として転職を計画している人
現役鍼灸師として働いているが、将来は独立を計画しているため、院の構想づくりに向け院長経験のチャンスがあり経営ノウハウも学べる職場を探している人

▶実務は未経験の転職希望者
鍼灸師などの資格は所持しているものの自分の施術に自信が持てず関連業界で働いてきたが、未経験でも応募できる職場があれば思い切って飛び込みたい人

アピールポイント

▶鍼灸師と柔道整復師が活躍する鍼灸接骨院において、特にWライセンス所持者にとっては充分なキャリア形成ができること

▶女性求職者には、今後もニーズが高まる美容鍼灸や婦人科系疾患などの分野で多様なキャリア形成ができること

▶独立志向への理解があり、ノウハウ伝授や支援があること

仕事内容

職種	鍼灸師・柔道整復師（W資格歓迎）／美容鍼灸有／未経験OK
仕事内容	鍼灸と外傷治療の接骨院です。女性のための専門鍼灸師も擁して患者さんの新しいニーズに対応しています。未経験や施術に自信が持てない方から、さらなる施術向上を目指す方まで幅広く歓迎です。 ■施術メニュー 一般鍼灸、スポーツ障害治療、物理療法、整体、ボディケアのほか産後骨盤矯正、婦人科系疾患・美容鍼など ■当院の特徴 ＊患者さんは、午前中はシニアの方、午後は学生や女性、夕方以降はお仕事帰りの方が多いです。 ＊女性施術者2名によるアンチエイジング美容や婦人科系疾患治療が好評で患者さん全体の3割を占めるほどに増えています。 ※まずは見学だけでもお気軽にどうぞ。

「職種名」その他例

● これから施術を磨きたい方もじっくり育成／鍼灸師・柔整復師
● 女性専門の美容・疾患治療鍼灸師／女性2名・男性3名活躍中
● 独立開業に向けたキャリア形成と経営ノウハウを伝授／鍼灸師
● 鍼灸・柔道整復のWライセンス歓迎・基本給加算／女性専門有

「仕事内容」記入のポイント

▶求職者は現役鍼灸師等の転職希望者が中心となることから、求人全体は一般的な転職理由の改善や希望の充足につながるメリットや魅力を伝える内容とする。

▶冒頭で女性向けの鍼灸を行っていることを紹介して女性求職者の関心を惹きつけるとともに、現役はもちろん実務の未経験者や自信が持てなくて応募を躊躇している人も歓迎する方針を表明し、幅広い求職者の応募につなげる。

▶求職者は資格所持者を想定しているため仕事内容の説明は項目程度に留め、自院の特徴を紹介し、働く姿をイメージしやすくする。特に、女性施術者も活躍していることをアピールして同業他社との差別化を図り、職場への興味・関心を高める。

会社の情報

事業内容	慢性病の鍼灸治療やスポーツ・事故などの外傷（ケガ）治療を行う鍼灸接骨院です。特に、女性向けの美容や婦人科系疾患の治療鍼灸へのニーズの高まりは当院への期待にもつながっています。
会社の特長	施術スタッフは女性2名男性3名です。平均年齢も30代と若く、1人ひとりが将来の目標実現に向け専門性を高めようと日々新しい課題に取り組んでいる姿勢は、職場の大きな活力となっています。

労働時間

就業時間	（1）　09時00分　〜　20時00分 （2）　09時00分　〜　13時00分 （3）　　時　分　〜　　時　分 又は　　時　分　〜　　時　分　の間の　　時間 就業時間に関する特記事項 ＊（1）の休憩時間は12：30〜15：30 ＊（2）は水曜日・土曜日（休憩なし） ＊時間外労働は月平均13時間ですが、この時間には月1回水曜日午後の勉強会を含みます（3時間程度）。
休日等	日　祝日　その他 週休二日制　その他 ＊月2回土曜日または水曜日休み（シフト制） ＊夏季8／12〜8／16　＊年末年始12／30〜1／3 6ヶ月経過後の年次有給休暇日数　10日

求人に関する特記事項

求人に関する特記事項

■労働条件の補足
＊Wライセンスの方は、基本給2万円増になります。
＊個人の歩合給はありませんが、チーム力を大切に考えインセンティブ制度を導入。半期ごとの職場目標達成度により賞与にプラスαします（昨年度実績／半期平均0．15ヶ月）。
■安心なソフトランディング
＊実務未経験の方には、習得項目が整理された3ヶ月プランに基づき、まずは包帯やテーピング、問診、検査などを担当しながら、施術者としての手技を順次学んでいきます。
＊経験のある方は、得意な施術から順に担当を広げていきます。
■皆が成長できる環境
院長やスタッフによる事例研究発表などの月例勉強会のほか、他院と共同で治療技術や経営をテーマに整形外科医や税理士などによる合同セミナーも年2回開催。常に新しい技術や向上心のある他院の先生方と交流することで治療家としての成長をサポートします。
■働く魅力
＊現在、女性専用の接骨院開業計画がありますので、スタッフや副院長・院長などとして活躍のチャンスもあります。
＊5年以上勤務の後、独立を目指す方には経営ノウハウの伝授や独立支援金の支給制度があります（実績1名）。

「会社の情報」
記入のポイント

▶鍼灸師と柔道整復師の資格を持った施術者がいる鍼灸接骨院であり、双方の施術により幅広い対応ができることに加え、特に女性を対象にした美容などの新しい鍼灸はニーズも高まっており当院の特徴となっていることをアピールして、職場のイメージ向上を図る。

「労働時間」
記入のポイント

▶水曜日と土曜日は半日勤務、通常日の休憩時間は180分となる固定時間制で、医療系業種に多い標準的な勤務形態であることを説明する。休日は、休院日に加え月2日シフトによる休日となり、その他休日を含めた休日数が業界水準を超える場合はアピールする。

「求人に関する特記事項」
記入のポイント

▶労働条件の補足
Wライセンス所持者（鍼灸師と柔道整復師）は基本給2万円増であること、また、歩合給を採用している接骨院もあるが職場全体の成果を全員に賞与加算で還元するインセンティブ制度を採っていることを紹介し、チームを大切に考える姿勢を示す。
▶安心なソフトランディング
実務未経験者は採用後の処遇に不安が大きいと考えられるため、3ヶ月プランがあることを紹介する。また、経験者にも即戦力として任せることはないなど、両者がソフトランディングできる配慮があることをアピールする。
▶皆が成長できる環境
応募が想定される求職者は向上心も強いため、教育体制は重要な情報となることから各種取り組みを紹介し、自己啓発意欲を刺激する。
▶働く魅力
現役の転職希望者の目的でもあるキャリア形成や独立に向けた支援などを強くアピールする。

4

社会福祉／
経営・金融・保険

求職者のイメージ例

＊労働条件や職場環境などに課題を抱え、転職したいと考えている人
＊育児や介護などが一段落したため仕事復帰や復職を考えている人
＊周辺業務が多く本来の専門業務に集中できない状況を改善したい人
＊一般企業で働いてきたが子供や高齢者などの福祉の仕事に興味がある人
＊幅広い業務や新しい業務が経験できる機会のある職場を求めている人

転職理由を求人票に活かす

転職希望者は現在の仕事や職場で抱える課題が改善できない状況を変えるために転職という手段をとります。求職者はその課題の解決や改善につながる情報を求人票の中に求めているため、求人者側がそのニーズや期待に応えた情報提供をすればアピール性のある求人票となります。

―――――――

●社会福祉分野の代表的職種でもある保育士の離職理由としては、「東京都保育士実態調査（2019年5月公表）」によると「職場の人間関係」が最も多く、次いで「待遇」「仕事量」などとなっています。

―――――――

●厚生労働省職業安定局「保育士資格を有しながら保育士としての就職を希望しない求職者に対する意識調査」（平成25年）によると保育士資格を有するハローワーク求職者のうち、保育士に就業を希望しない理由で最も多いのは「責任の重さ・事故への不安」となっています。加えて保育士への再就職にあたって重視する条件は「就業時間」が最も多くなっています。こうした背景を踏まえ、人材確保のためにはまずは業界としての処遇改善が必要ですが、個々の事業所で対応できる就業に対する不安を取り除くサポート体制や家庭と両立しやすい職場環境の改善、人間関係の改善などの転職理由に対する自園の取り組み実績の紹介は求職者へのアピールになります。

アピールポイント例

＊施設としての理念や基本方針
＊事故防止やリスク管理体制への姿勢・具体策
＊復職者に対する多様な働き方の提供
＊求職者が納得できるまでの職場見学・体験の機会
＊職場内のコミュニケーション円滑への工夫
＊安心できる保護者対応への態勢
＊経験の浅いスタッフへのフォロー・相談態勢
＊本来の専門業務に専念できる体制（ケアマネ）
＊キャリアアップに向けた選択肢や支援体制

保育教諭（こども園）

求職者イメージ

▶働き方で課題を抱えている人
　幼稚園や保育園、こども園などで先生として働いているが、時間外労働が多いことや仕事の負担が大きいことに課題を抱えており、転職を考えている人

▶職場環境に期待して転職を考えている人
　保育施設等で働いているが、職場環境に馴染めず転職したい人

▶正規職員を目指している人
　結婚や育児を機に一旦離職していた人や現在は児童施設などで非正規職員として働いているが、フルタイムで働ける環境も整ったため、正規職員として活躍できる職場を探している人

▶こども園で仕事の幅を広げて働きたい人
　幼稚園教諭または保育士資格のどちらか一方を持っているが、今後は幼保特例制度を利用して保育教諭となり、「教育」と「保育」の両方に携わる仕事に就きたいと考えている人

アピールポイント

▶事務作業をICTシステムで簡略化し、日々の業務負担を軽減していること
▶行事や壁面装飾など園全体に関わる仕事は職員全員で分担して行っていること
▶良いと思うことは積極的に取り入れていく風土があり、自由に意見を出し合えるフラットな人間関係の中で働けること
▶子育て中の職員が多数いることや補助教諭が充実していることで、家庭や子育てと両立しながら働ける環境があること

仕事内容

職種	保育教諭／幼保連携型こども園／ICT・チーム制で業務減
仕事内容	令和2年に幼稚園から幼保連携型こども園に移行した定員220人の施設です。子ども1人ひとりとしっかり向き合えるように、働きやすい環境づくりに職員全員で取り組んでいます。 ■仕事の特徴 ＊未満児約40名／以上児は各学年60名で、一人担任制です。 ＊「遊びは学び」の理念のもと、遊びを多く取り入れた生活を通して、子どもたちの成長に寄り添う保育を目指しています。 ＊ICTやチーム制により1人あたりの業務負担を軽減しました。 ■当園で働く魅力 ＊自由に意見を出し合えるフラットな人間関係の中で働けます。 ＊新人や子育て中の職員も働きやすいサポート体制があります。 ＊働きながら保育教諭の資格を取得できるように支援します。

「仕事内容」記入のポイント

▶求人全体では、現職の課題を改善でき、この職場で働きたいと思える魅力をアピールする。

▶冒頭は園の種類や規模などの概要を紹介するとともに「子どもや職員を大切にしている園」という印象を持ってもらえるようにアピールしていき、職場に対するイメージ向上を図る。

▶仕事の特徴として、教育・保育理念などの園の方針を示すとともに、園児の割合や担任制について紹介して、働くイメージを持てるようにする。

▶この職場で働く魅力をわかりやすくまとめて紹介することで他園との違いを示し、求人への興味を惹きつける。

「職種名」その他例

●こども園の保育教諭／第二新卒・ブランクOK／OJTあり
●幼保連携型こども園／幼稚園教諭・保育士いずれかでも応募可
●保育教諭／定員220名のこども園／一人担任制／ICTあり
●【正】保育教諭／安心して長く働ける職場／子育て世代活躍中

会社の情報

事業内容	令和2年4月に幼稚園から幼保連携型こども園に移行し、同時に改築した木の温もりを感じる園舎や緑に囲まれた広い園庭で、遊びを通して子どもたちの好奇心や探求心を育む保育を行っています。
会社の特長	ＩＣＴの導入や補助教諭の充実、職員のチームワークにより、働きやすい環境づくりを行っています。育休から復職した職員も2名おり、幅広い年代が助け合いながら活躍しています。

労働時間

就業時間	変形労働時間制（1年単位） （1）　08時00分　～　17時00分 （2）　07時00分　～　16時00分 （3）　10時00分　～　19時00分 又は　時　分　～　時　分　の間の　時間
	就業時間に関する特記事項 〔開園時間／平日7：15～18：45、土曜7：30～18：00〕 （教育標準時間は8：30～15：00です） ＊（1）が基本勤務となり、（2）早番と（3）遅番は交替で月に各2回程度あります。
休日等	日　祝　その他 週休二日制　その他 ＊土曜日出勤は交替で月1日程度と行事により年4日あります。 ＊夏季3日・年末年始6日（12／29～1／3） 6ヶ月経過後の年次有給休暇日数　5日

求人に関する特記事項

求人に関する特記事項
＼ライフステージが変化しても安心して働き続けられる職場です／ ■業務改善への取り組み ＊保育記録やおたより作成などはＩＣＴシステムで簡略化し、事務業務にかける時間を削減できました。 ＊全体行事や壁面装飾は職員全員で分担して行っています。業務担当も年度初めに決定しますので、先を見据えて準備ができます。 ■家庭や子育てに配慮した働き方 新卒からベテラン先生まで幅広い年代が活躍しており、子育て中の職員も10名います。保育補助やフリー教諭も複数配置しているため、ご家庭の都合やお子さまの行事参加などによるお休みにも柔軟に対応することができます。 ■入職後の働き方について ＊経験が浅い方やブランクがある方は、1年間クラス担任の先輩保育教諭によるＯＪＴがありますので、ご安心ください。 ＊毎週のミーティングでは、経験年数関係なく自由に意見を出し合い、良いと思うことは積極的に取り入れていく風土があります。 ＊半年ごとに園長との面談があり、お悩み相談などもできます。 ＊幼稚園教諭免許・保育士資格のいずれか一方をお持ちの方は、保育教諭の資格取得に向けた勉強時間など配慮します。 ※まずはお気軽に見学へお越しください／先輩との懇談もできます

「会社の情報」記入のポイント

▶幼稚園から移行した幼保連携型こども園であるという園の沿革や施設情報を紹介し、園（職場）の雰囲気を感じてもらえるようにする。また、働きやすい職場環境づくりに向けての取り組み事例や実際に育児休業から復職して活躍している職員がいることを紹介し、ライフステージが変化しても長く働くことができる職場環境の良さをアピールする。

「労働時間」記入のポイント

▶働き方が具体的にイメージできるように、就業時間は基本勤務の時間に加えて、早番・遅番についても紹介する。また、開園時間やシフトパターン、土曜日出勤についても補足説明を行い、求職者の不安や疑問を少しでも払拭できるようにする。

「求人に関する特記事項」記入のポイント

▶業務改善への取り組み

ICTシステムの具体的な活用例やそのメリットのほか、時間外労働の一因でもある行事準備や壁面装飾などの作業的な仕事に対して、園で行っている取り組みについて説明を行い、職員を大切に考えている姿勢を示す。

▶家庭や子育て中に配慮した働き方

子育て中の職員が活躍していることや新卒からベテランの職員まで幅広い年代が活躍していることを紹介し、ライフステージが変化しても長く働ける職場という魅力を伝える。

▶入職後の働き方について

＊1年間のOJTがあることを紹介し、経験が浅い人やブランクがある人からの応募につなげる。また、現職の人間関係で課題を抱えている求職者もいることから、ミーティングの様子や園長との定期的な面談があることを伝え、「この職場でならやっていけそう」という前向きな気持ちを引き出す。

＊保育教諭の資格取得を応援する姿勢を示し、幅広い求職者から応募してもらえるようにする。

ケアマネージャー（居宅介護事業所）

求職者イメージ

▶現役ケアマネージャーの転職希望者
  ＊現在働いている施設ではケアマネージャーといっても「なんでも屋」的な存在で、なかなか自分の思うような仕事ができないため、転職したいと考えている人
  ＊業務量の多さや関係者との人間関係など、対人援助業務特有の悩みなどを抱えながら頑張っているが、なかなか理解を得られないため、思い切って転職したいと思っている人

▶前職を離職してからブランク期間がある人
  前職のケアマネージャーを事情があって一旦離職しブランクが長いが、働ける条件が整ったため再度同じ仕事で働きたいと考えている人

▶実務は未経験の人
  資格は取得しているが実務経験はないため、自分を成長させてくれる環境が整っている施設でスタートしたいと考えている人

アピールポイント

▶一般に言われる業務量の多さや利用者およびその家族、事業者などの関係者との人間関係やトラブルを1人で抱え込まないよう、上司・管理者が一緒に解決していく体制を整えていること
▶外部の専門家によるメンタルヘルスの相談サービスが利用できること
▶実務経験が少なかったり未経験者だったりする場合には独自の人材育成プログラムが整っており、安心して始められること
▶各種制度や施策などにより、家庭と両立しながら働ける職場環境が整っていること

仕事内容

職種	ケアマネージャー／居宅介護支援事業所／経験少・ブランク可
仕事内容	要介護の方に最適な介護サービスのケアプランを作成する仕事で、経験のある方はもちろん、実務未経験者やブランクのある方も独自の養成プログラムで独り立ちできますので、ご安心ください。 ■部署の体制と主な業務 ＊ケアマネージャー7名（うち主任介護支援専門員2名） ＊1人当たり月平均利用者数　約30人 〈業務〉利用者宅訪問／介護認定調査／ケアプラン作成／介護保険諸手続／事業者・行政機関との連絡調整／給付管理　等 ■職場の特徴 業務の幅の広さや関係者との人間関係等の大変さはありますが、当所では専門員が1人で抱え込むことがないよう、先輩や管理職が一緒になって問題を共有し解決していく体制を整えています。

「職種名」その他例

●居宅介護支援（ケアマネージャー）／夜勤なし／正社員
●介護支援専門員（居宅介護）／月23万円以上・週休2日
●家庭と両立した働き方OK／ケアマネージャー／未経験可
●介護支援専門員／未経験者は6ヶ月間の独自育成制度で養成

「仕事内容」記入のポイント

▶冒頭で、簡単に仕事内容を紹介するとともに、実務未経験者やブランクのある人も歓迎する方針を明確にし、応募に対する心理的なハードルを引き下げることで関心を惹きつける。

▶職場や仕事量などをイメージしやすくするため、ケアマネージャーの在籍者数や利用者数などを主な業務とともに紹介する。

▶転職理由に多いとされる対人援助業務特有の関係者との人間関係による悩みや仕事上の問題などを1人で抱え込むことがないよう、上司や管理者がフォローする体制が整っていることをアピールし、求職者に対して「ここなら大丈夫」と安心感を抱いてもらえるようにする。

会社の情報

事業内容	居宅介護支援事業所及び福祉用具のレンタル・販売事業です。支援事業では、7名のケアマネージャーが利用者様に合った介護プランを作成し、安心して自宅で生活を送れるようサポートしています。
会社の特長	ケアマネージャーの業務は関係者との人間関係づくりが重要な仕事のため、1人ひとりが安心して働ける職場環境の整備を一番に考えて、特に管理者との連携及びフォロー体制には力を入れています。

労働時間

就業時間	（1）　08時30分　～　17時30分 （2）　　時　分　～　　時　分 （3）　　時　分　～　　時　分 又は　　時　分～　　時　分　の間の　　時間
	就業時間に関する特記事項 ＊1ヶ月のうち約半分は、ほぼ定時で退社できます。 　遅くても18時半までに帰れるように皆で協力しています。
休日等	土　日　その他 週休二日制　毎週 ＊夏季休暇8／12～8／15　＊年末年始12／31～1／3 ＊祝日は年間7日程度休み（交替制） 6ヶ月経過後の年次有給休暇日数　　10日

求人に関する特記事項

求人に関する特記事項
■未経験者に安心な育成プログラム ＊入社6ヶ月後の独り立ちを目標とします。 ＊トレーナーとして主任介護支援専門員がペアを組みます。 ＊一次ステップ（1ヶ月）／介護保険や事務などの基本業務の習得 ＊二次ステップ（4ヶ月）／利用者様など外部との調整を習得 ＊トレーナー同行による習得状況の確認により修了します。 ■信頼できる上司と仲間 ＊現在の専門員は30～50代、経験1年から5年以上です。 ＊管理者は所長ほか女性1名で2人とも主任介護支援専門員です。 ＊ミーティングは毎日行い、常に情報を共有しています。 ■家庭との両立に配慮 ＊時間単位有給休暇を導入し、家庭との両立をしやすくしました。 ＊急な休みが必要な場合は皆で助け合いますので申し出ください。 ■うれしい福利厚生 ＊6ヶ月ごとに人事面談を行い意見や要望などを話し合います。 ＊心の健康を守るため外部専門家に電話で相談できるメンタルヘルスサービス（EAP・従業員支援プログラム）を利用できます（無料・プライバシーが保護された中で安心して相談できます）。 ＊資格維持に必要な所定研修の参加や自主的勉強会用教材の購入費用は事業所が負担し、スタッフのスキルアップを支援します。

「会社の情報」記入のポイント

▶居宅介護の支援事業を展開し、現在は7名のケアマネージャーが活躍していることを紹介するとともに、仕事柄、多くの関係者と関わるため人間関係やトラブル時の対応などを懸念する求職者が想定されることから、上司や管理者のフォロー体制によりスタッフを支える環境が整っていることを紹介し、安心して働ける職場であることをアピールする。

「労働時間」記入のポイント

▶利用者の自宅や関係先への訪問など、仕事は原則事前に計画できるため、特別な事情がなければ1ヶ月のうち約半分は定時退社も可能であること、また、年間休日も業界水準以上を確保していることからプライベートや家庭との両立もしやすい職場であることをアピールする。

「求人に関する特記事項」記入のポイント

▶未経験者に安心な育成プログラム
未経験者や前職離職からブランクの長い求職者の不安材料である入職後の育成体制について、単に「丁寧に指導します」ではなく、具体的な制度やシステムを詳しく紹介することによって安心感をアピールする。
▶信頼できる上司と仲間
職場環境は求職者の関心事であることから、一緒に働く仲間や上司とともに毎日ミーティングを行っていることなどを簡単に紹介し、職場イメージにつなげる。
▶家庭との両立に配慮
子育てや家庭との両立を支援するため時間単位の年次有給休暇制度を導入するなど、環境を整えていることをアピールして、職場としての配慮・協力姿勢を示す。
▶うれしい福利厚生
ストレスや悩みの多い仕事柄、定期的な人事面談や外部専門機関によるカウンセリングを受けられることを紹介し、心の健康を大切にする会社である姿勢をアピールする。

生活相談員（デイサービス）

求職者イメージ

▶現役生活相談員の転職希望者

＊介護業務の割合が多かったり、「なんでも屋」的な存在だったりして相談員業務に専念できないことや、自分の得意分野を活かした特色あるサービスや施設づくりの機会もない現状に疑問を感じ、転職したいと考えている人

＊業務多忙に加え関係者との人間関係で「板挟み」となる悩みを１人で抱えることが多く、少しでも改善できる職場に転職したいと考えている人

＊現在の職場は家庭との両立が難しいため、少しでも働きやすい職場があれば転職したいと考えている人

▶介護職からキャリアチェンジ・キャリアアップしたい人

これまで数年にわたり介護福祉士として働いてきたが、その経験をベースに新しい仕事にチャレンジしてキャリアアップを図りたいと考えている人

アピールポイント

▶介護業務のサポートはあるが、その割合は２割程度であり、相談業務にも時間がとれること

▶家庭との両立を重視した働き方ができるよう環境づくりを積極的に進めている職場であること

▶相談員未経験者に対しては、当面は相談員候補者として先輩トレーナーによる独自養成プログラムでしっかり指導が受けられること

▶クレームやトラブル、関係者との板挟みなどは相談員１人が抱え込むことなく、上司・管理者がフォローする体制が整っていること

仕事内容

職種	生活相談員（定員１８名のデイサービス）／子育て世代活躍中
仕事内容	ご家族さまやケアマネージャーとの窓口として、また、介護現場のオールラウンダーとして利用者さまの生活相談全般を一緒に考える仕事です。介護職からのキャリアチェンジも歓迎です。 ■主な業務 利用者さまの心身状態のモニタリングや生きがいづくり／新規利用者さまとの面談／通所介護計画書の作成／利用者急変時の対応／ご家族さまからの相談対応／介護業務のサポート（送迎など） ■仕事の特徴 ＊利用者さまは要介護１～２の比較的お元気な方々が８割です。 ＊業務割合は相談業務が８割、介護サポートが２割程度です。 ＊夜勤や不規則な勤務はありませんので家庭との両立もできます。 ＊未経験者は相談員候補として採用し、トレーナーがつきます。

「職種名」その他例

- ●【正社員】生活相談員（定員１８名）／家庭と両立する働き方
- ●生活相談員／介護職からのキャリアチェンジ歓迎／要資格
- ●生活相談員・デイサービス／要資格・未経験ＯＫ・育成制度有
- ●生活相談員（デイ・未経験可）／週休２日・月２２万～２５万円

「仕事内容」記入のポイント

▶想定する求職者は、いわゆる「なんでも屋」的存在で夜勤の負担などの働き方に馴染めない現役生活相談員や介護職から生活相談員へのキャリアチェンジ希望者などであることから、求人全体はそうした求職者の転職理由が改善あるいは実現できるイメージが伝わることをポイントとする。

▶イメージを明確にするため、「仕事の特徴」として介護業務の割合や夜勤がなく家庭との両立がしやすいこと、また未経験者には専任トレーナーがついてフォローすることなどを具体的に紹介し、当施設で働くことのメリットや魅力を強くアピールする。

会社の情報

事業内容	通所介護（デイサービス）を運営する会社です。現在は要介護度1〜2の方が中心です。来年度、隣市に2つ目の施設を開設計画中のため、人材確保と育成に力を入れているところです。
会社の特長	将来に向けた安定的な人材確保のための重点方針として、現職スタッフは家庭と両立できること、また、未経験者のための充実した育成制度と環境づくりの2つに力を入れて取り組んでいます。

労働時間

就業時間	（1）　08時30分　〜　17時30分 （2）　　時　分　〜　　時　分 （3）　　時　分　〜　　時　分 又は　時　分　〜　時　分の間の　時間
	就業時間に関する特記事項 基本的には日々タイムスケジュールに沿って業務が組まれていますので、定例会議や特別な場合を除き、基本は定時退社です。ワーク・ライフ・バランスを考えた働き方を実現しています。
休日等	日　その他 週休二日制　毎週 ＊毎週平日に1日休み（シフト制・希望申請もできます） ＊夏季・冬季休暇（計6日間）／交替制 6ヶ月経過後の年次有給休暇日数　10日

求人に関する特記事項

求人に関する特記事項
■一緒に働くスタッフ ＊介護スタッフは20〜50代（平均40代）、入社3ヶ月目から10年以上のベテランまで幅広い人が活躍しています。 ＊小中学生を子育て中のスタッフも4名活躍しています。 ■1人ひとりの成長 ＊未経験者には原則3ヶ月（試用期間相当）は相談員候補者として先輩トレーナーが約100項目の業務リストに基づいて指導し、その後習得状況を見て独り立ちします。 ＊毎月1回、全体勉強会を開催してスタッフのスキルアップに努めています（例：介護に関する法令、認知症対応、感染防止など）。 ■仕事は皆で助け合い ＊家庭の事情や子どもの学校行事などには時間単位の有給休暇制度も活用できるなど、職場内で助け合っていますので安心です。 ＊トラブルや難しい問題には施設長や管理者がフォローしますので相談員が1人で抱え込むこともなく安心です。 ■求職者のみなさんへ 生活相談員が自分の得意分野を活かして特色あるデイサービスづくりに力を発揮できるよう応援していきます。 ※「施設のことを知りたい」「先輩の話を聞いてみたい」そんなあなたはぜひ見学にお越しください！

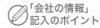

「会社の情報」記入のポイント

▶比較的元気な要介護度1〜2の方が中心の施設であり、現在2つ目の施設を計画中であることを紹介する。また、人材確保が厳しいとされる業界における当施設での2点の重点方針として、現スタッフに対しては家庭と両立できる働き方を、また、未経験者に対しては安心できる育成環境づくりに取り組んでいることをアピールする。

「労働時間」記入のポイント

▶変形労働時間制などやシフト制勤務ではなく夜勤もないため、生活パターンを調整する必要がなく規則的な働き方ができること、また、休日は日曜日を含め週休2日制となることで、介護の仕事でありながら家庭との両立もしやすい職場であることを紹介する。

「求人に関する特記事項」記入のポイント

▶一緒に働くスタッフ
一緒に働くメンバーは職場イメージを左右するため、年代や経験年数、子育て世代も活躍していることなどを紹介して親近感につなげる。

▶1人ひとりの成長
未経験者に対しては、単に「丁寧に指導します」ではなく、トレーナーの存在や業務リストも完備されていることを紹介して、求職者の不安解消とチャレンジ意欲につなげる。

▶仕事は皆で助け合い
＊家庭との両立は、求職者にとって重要な条件となるため、皆で助け合っていることをアピールする。
＊トラブルや関係者との人間関係によるストレスが多いことは、離職理由の1つにも挙げられるため、相談員が1人で抱え込むことがないよう、上司や管理者がフォローする姿勢をアピールして安心感につなげる。

▶求職者のみなさんへ
相談員の本来の役割を期待し、応援する姿勢を伝える。

職業指導員・就労支援員

求職者イメージ

▶**異業種から福祉の仕事に転職したい若年層**
学校卒業後は一般企業で働いてきたが、営利ではなく福祉の仕事、特に障がいを持った方をサポートする仕事で役に立ちたいと考え、資格や経験がなくても始められる仕事を探している20～30代

▶**現職とは別の福祉関連の仕事に転職したい人**
福祉の仕事で働いているが、様々な事情により前向きな気持ちが持てなくなったため、別の福祉関連の仕事に転職したいと考えている人

▶**関連資格の取得を目指している人**
将来はサービス管理責任者や心理カウンセラーなどの資格取得を計画しているため、当面はしっかり実務経験を積みたいと考えている人

アピールポイント

▶収入や労働条件よりも「障がいがあっても社会参加していきたい」という方々をサポートするやりがいのある仕事であること

▶特別な資格や経験がなくても、障がいを持った方への理解と社会人経験があれば始められること

▶職場全体で有給休暇の取得推進に取り組んでおり、ゆとりのある働き方ができること

▶20～30代の若手はカウンセラーなどの資格取得を、中堅はサービス管理責任者資格取得への目標を持って活躍するイキイキとした職場であること

仕事内容

職種	障がい者サポート／職業指導員・就労支援員／資格・経験不要
仕事内容	就労移行支援事業所において、障がいを持った方の「社会で働きたい」という「夢」の実現をサポートする仕事です。福祉の仕事に関心があれば資格や経験は不要、社会人経験さえあれば大丈夫です。 ■**職業指導業務** 利用者さんに合った仕事や、できる仕事、希望する仕事などを見極めながら、企業から請け負った仕事を通して就労に必要なさまざまなスキルを身につけるための技術指導を行います。 ■**就労支援業務** 利用者さんと就労先企業をつなぐことが主な役割です。就労に向けてハローワークや関係機関との調整のほか、職場体験や選考面接の同行、就職後の職場定着フォローなどを行います。キャリアコンサルタントや将来的にサービス責任者を目指している方も歓迎！

「職種名」その他例

● 就労移行支援事業所の職業指導員・就労支援員／未経験OK
● 障がい者の職業指導と就労支援／年間休115／月17万以上
● 障がい者のサポート／社会人経験1年以上なら経験・資格不要
● 職業指導員・就労支援員／サービス管理責任者を目指す方歓迎

「仕事内容」記入のポイント

▶応募者の間口を思い切って広げるため、冒頭で異業種からの転職希望者で福祉、とりわけ「障がいを持った方のサポートをしたい」と考えている求職者に向けて、社会人経験さえあれば応募可能であるメッセージを発信する。

▶未経験者を前提に、まずは仕事全体のイメージをつかんでもらうための概要を説明し、具体的内容は特記事項欄で紹介する。単に具体的作業方法を教えるだけではなく、利用者1人ひとりに合った仕事は何かを見極めることが大切であることをしっかり伝え、仕事に対する理解を深めてもらう。

▶資格所持者でキャリアアップ志向者も歓迎している姿勢を示す。

会社の情報

事業内容	就労移行支援事業所です。開設以来、４０名以上の就職を実現しています。当施設では、就職支援や就職後の定着支援にも力を入れており、きめ細かいサポートは企業からも信頼を得ています。
会社の特長	当施設の利用者さんは２０～３０代が多いことから、指導員も若手が多いことが特徴の１つです。未経験から始める職員もおり、みなが利用者さんの力になりたい気持ちを人一倍持って働いています。

労働時間

就業時間	変形労働時間制（１ヶ月単位） （1）08時 30分 ～ 17時 30分 （2）　時　分 ～ 　時　分 （3）　時　分 ～ 　時　分 又は　時　分 ～ 　時　分 の間の　時間 就業時間に関する特記事項 ＊送迎当番の場合は始業および終業時間が３０分繰り上げ。 ＊土曜日出勤などにより１ヶ月単位の変形労働時間制の勤務となりますが、週平均労働時間は４０時間以下で調整します。
休日等	日　祝日　その他 週休二日制　その他 ＊毎月第１土曜日は全体会議や勉強会などのため出勤 ＊夏季８／１２～８／１５　＊年末年始１２／３０～１／３ ６ヶ月経過後の年次有給休暇日数　１０日

求人に関する特記事項

求人に関する特記事項

■具体的にこんな仕事です
＊職業指導では地元企業から受注した家電部品の袋詰めや屋外での古紙選別などの作業計画から指導までを行います。温かく見守っていただくことが大切な仕事です。
＊就労支援では求人情報の収集、利用者さんとのマッチングや履歴書作成、面接指導などを行います。企業の方に利用者さんのことを充分理解していただくことが大切な仕事です。
＊現在１７名が一般企業で就労していますので定期的に職場を訪問し、定着に向けたきめ細かいサポートを行っています。
＊業務割合は職業指導が７割、就労支援業務が３割程度です。
＊週２回朝夕に利用者さんの送迎当番があります（○○駅間）。
■ゆとりのある働き方です
有給休暇の消化率は過去３年間４５％・６０％・７０％と全員の協力で年々高まっており、ゆとりのある働き方を推進しています。
■若手も活躍中です
２０～３０代職員は３人、うち２人は資格なしの未経験入職者ですが、カウンセラーを目指して外部研修に通っています。また、中堅職員にはサービス管理責任者を目指している人もいます。
※見学大歓迎です。あなたの不安を解消して応募してください。
※在職中で今すぐ転職が難しい方も調整の相談が可能です。

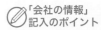

「会社の情報」
記入のポイント

▶開設以来の就職実績を具体的な人数で示すとともに、単に就職が決まれば終わりではなく、その後の定着に向けたきめ細かい支援が企業からも信頼を得ていることを紹介する。また、若手指導員も活躍していることが特徴の事業所であり、未経験でも障がいを持った方へ理解があれば活躍できる職場であることをアピールする。

「労働時間」
記入のポイント

▶勤務時間については、交替で最寄り駅までの送迎があること、および毎月１回の土曜日出勤があるため１ヶ月単位の変形労働時間制による勤務であることを説明するとともに、年間休日は業界水準より多く、ゆとりのある働き方をアピールする。

「求人に関する特記事項」
記入のポイント

▶具体的にこんな仕事です
仕事内容欄では全体像だけの説明に終わっているため、具体的な業務内容や仕事上の心構えのほか、職業指導と就労支援の業務割合、就職している人の定着支援業務、利用者の送迎業務もあることなどを説明し、求職者が自分の働く姿をイメージできるようにする。

▶ゆとりのある働き方です
ゆとりのある働き方の実現に向けて、年次有給休暇の取得を促進し、過去３年間で取得率が上昇した実績を紹介することにより、働きやすい職場環境づくりに取り組んでいる姿勢をアピールする。

▶若手も活躍中です
ミドル世代のベテランが働いているイメージを持つ求職者に対して、未経験で入職した２０～３０代の若手職員が活躍していること、また各相談員が資格取得や将来の管理責任者を目指して日々努力している姿を紹介することで、明るくイキイキとした職場イメージを伝える。

社会保険労務士（個人事務所）

求職者イメージ

▶企業の総務部や人事部からの転職希望者
　これまで総務部や人事部で働いてきたが、社労士事務所でより専門的なスキルを身につけ、ゆくゆくは社労士資格も取得したいと考えている人

▶他の社労士事務所からの転職希望者（無資格者）
　＊これまで勤務してきた事務所では一部の仕事しか任せてもらえなかったため、幅広い業務が経験できる職場を探している人
　＊これまで勤務してきた事務所では時間外労働も多くなりがちで、仕事と家事、社労士試験勉強の両立が難しいと感じている人

▶実務未経験の社労士有資格者
　異業種から社労士を目指し試験に合格したものの、企業の総務部や人事部、社会保険労務事務所で実務経験がない人

アピールポイント

▶クライアント企業の見本となるような理想的な労務管理を実践していること
▶スタッフの働きやすさを最優先したハード面・ソフト面ともにゆとりある職場環境の整備に努めていること
▶社労士資格取得を目指す方にとっては、仕事と家事、社労士試験勉強の両立ができること
▶将来の独立開業も目指す方にとっては、幅広い業務経験を積むことができると同時に、独立後も外部提携することができる環境を整えていること

仕事内容

職種	社労士業務スタッフ／人事・労務事務手続き中心／社保完備
仕事内容	（1）クライアント企業の見本となる労務管理の実践！ （2）スタッフの働きやすさを最優先した職場環境の整備！ （3）独立開業も目指せる社労士業務のプロフェッショナルに！ ■仕事内容 労働・社会保険に関わる事務手続き（入社・退社・育休申請など）全般や給与計算業務等を担当していただきます。社長1名から社員数200名を超える企業まで幅広い企業規模、業種のお客様をサポート。基本は手続きごとの業務割りではなく顧客担当制です。 〈具体的には〉専用システム（主に○○○）を使った事務手続き ＊雇用・社会保険　資格取得・喪失　＊労災事故申請 ＊雇用・健康保険　各種給付金申請　＊給与計算業務 ＊その他社労士に関連する事務全般

◎「仕事内容」記入のポイント

▶欲しい人材にとって、自事務所で働く3つの魅力を冒頭の3行で箇条書きで記すことで、求職者の関心を惹きつける。

▶分業制または顧客担当制のいずれかを採用する場合が多いことから、自社がいずれを採用しているのかうかを示すとともに、それによって受ける求職者のメリットについても記載する。

▶給与計算業務や助成金申請代行など事務所によってスタッフが担当する業務内容が異なる場合があるので、どの業務を担当することになるのかを明示する。

「職種名」その他例

●社労士業務スタッフ／分業制ではなく顧客担当制／成長できる
●社労士事務所スタッフ／企業での人事労務担当経験を活かせる
●【正社員】人事・労務スタッフ／有資格者・実務経験のある方
●社会保険労務士事務所での人事労務手続き事務／社保完備

会社の情報

事業内容	○○○駅より徒歩２分の社会保険労務士事務所です。一般的な手続き業務だけでなく、求人・採用から、配置や異動、人材育成、人事評価、賃金および労務管理までを幅広くサポートする専門家です。
会社の特長	二児の父でありハローワーク採用に強みを持つ４６歳の○○○○が代表です。「スタッフの成長が事務所の成長」を理念に、全員が独立できるだけの実力を身につけられる事務所を目指しています。

労働時間

就業時間	（１） 09時00分 ～ 18時00分 （２） 08時30分 ～ 17時30分 （３） 時 分 ～ 時 分 又は 時 分 ～ 時 分 の間の 時間 就業時間に関する特記事項 ＊出勤時間、退社時間の相談に応じます。 ＊子育てや介護、専門学校に通う際はご相談ください。 ＊就業時間は（１）または（２）を選択可能です。 　（前日までの申請制、日ごとに変えてもOK）
休日等	土 日 祝日 週休二日制 毎週 ＧＷ（４／29～５／５）、夏季（８／13～15）、年末年始（12／28～１／３）※その他：試験前休暇、慶弔休暇 ６ヶ月経過後の年次有給休暇日数 １０日

求人に関する特記事項

求人に関する特記事項

■クライアント企業の見本となる労務管理の実践
残業・休日出勤は基本的にNG。サービス残業もしかり。もちろん必要な残業については申告に基づいた許可制にしています。固定残業手当はなく、残業を行った場合には、申告時間分、別途残業代を１分単位で計算して支給しています。
■スタッフの働きやすさを最優先した職場環境の整備
＊デュアルディスプレイと、ノートPCを全員に支給
＊有給休暇取得を奨励しており、昨年度の取得率は82％
＊退職金（中退共）を勤続２年目から積み立て開始
＊社会保険完備（任意加入しています）
＊社労士を目指す方は試験前に有給休暇で１週間休んでもOK！
＊所長、資格者含めて全員「さん」づけで呼び合う職場風土
■独立開業も目指せるプロフェッショナルを目指して
分業制ではなく、顧客担当制（正副の２名）としていますので、手続きや給与計算などの定型業務だけでなく、労働相談や就業規則の作成など社労士業務に関連する幅広い経験をすることができます。当事務所で５年間の実務経験を重ねた後、独立開業された方もいますが、独立後も「仲間」として外部提携をして、お客様の多様な課題に常にお応えできる体制づくりを構築しています。
※HPにて一緒に働くことになるスタッフの写真やコメント公開中

「会社の情報」
記入のポイント

▶個々の社労士事務所によって提供しているサービスが異なるため、事務所の強みや特徴を含めて紹介する。
▶小規模な個人事務所の雰囲気は、良くも悪くも所長の経営方針や人柄によって決まることが多いことから、人となりや経歴、考え方を紹介する。

「労働時間」
記入のポイント

▶子育てや介護、資格取得に向けた通学など個別の事情に対して相談に応じる姿勢を示すとともに、勤務時間帯や申請方法も伝えることによって、求職者が働く姿をイメージできるようにする。

「求人に関する特記事項」
記入のポイント

▶クライアント企業の見本となる労務管理の実践
原則時間外労働がないことを示すことによって、生活のために残業代を稼ぐ必要がある方との認識の齟齬を防ぐ。逆に時間外労働時間が多いことに不満を持つ求職者にとっては詳細に説明することで信頼の確保を期待できる。
▶スタッフの働きやすさを最優先した職場環境の整備
「欲しい人材にとって魅力的に感じる自事務所の職場環境とは何か」を切り口に、エピソードやエビデンス（証拠）、数値、社内制度等を示す。
▶独立開業も目指せるプロフェッショナルを目指して
社労士事務所で専門職として限られた範囲の仕事のスキルを極めることを希望される方もいれば、1社1社のお客様と向き合いながら幅広い知識や経験を身につけたいという希望を持つ方もいることから、自事務所がどちらのスタイルなのかを明示する。

税理士（法人事務所）

求職者イメージ

▶現役税理士で職場を変えたいと考えている人
　＊事務業務や定例業務だけに追われることなく、問題分析や経営改善などのコンサルティング業務も遂行できる職場に転職したい人
　＊個人事務所で顧問先は小規模企業が多いため、中・大規模企業も経験できる職場に転職したい人
　＊自分の専門分野をつくるために、得意分野や強みを持った事務所（法人）で経験を積みたい人
▶企業内税理士からの転職希望者
　将来の独立も視野に専門の税理士事務所（法人）で経験を積みたいと考えている人
▶税理士試験合格者で実務経験がまだ充分でない人
　実務経験が乏しいが資格を活かして税理士事務所（法人）で経験を積みたい人

アピールポイント

▶定例事務業務は事務担当スタッフのサポートがあり、コンサルタント業務に力を注げること
▶顧問先も中小企業から従業員300人以上の企業まであり、幅広い経験ができること
▶事業承継やM＆Aなどの分野に強く、セミナー講師の依頼も多い専門性・特色を持った税理士事務所（法人）であること
▶税理士事務所（法人）もスタッフ1人ひとりのキャリアビジョンを共有し、その実現に向けた支援にも取り組んでいること
▶仕事はチーム制を取り入れ、経験や能力に応じて順次キャリアアップしていける体制を整えていること

仕事内容

職種	税理士／コンサルティング業務で将来に向けキャリアアップ
仕事内容	顧問企業先の会計・税務監査や申告書作成などの定例業務のほか、経営支援のためのコンサルタント業務を担っていただきます。あなたのキャリアビジョンを私たちと一緒に実現していきましょう。 ■仕事の特徴 ＊顧問先は中小企業から社員300人以上の企業まであります。 ＊仕事はチーム制において各自が10～20社程度の顧問先を担当し、問題点などはメンバーで共有しながら進めていきます。 ＊データ入力などは事務担当者がサポートしますが、来年度にはクラウド会計システムの導入を計画しています。 ■得意とする業務 後継者不足に悩む中小企業の事業承継やM＆Aが得意とし年間100本以上のセミナー講師依頼には若手スタッフも活躍しています。

「職種名」その他例

●会計・税務・コンサルティング業務／税理士（実務経験無可）
●顧問先事業所の経営をサポート／税理士業務／平均年齢30代
●税理士・会計士・社労士の専門家集団で税務コンサル業務
●税理士／多様な顧問先でキャリアアップ／セミナー講師も担当

「仕事内容」記入のポイント

▶冒頭では、コンサルタント業務も担うことを強調するとともに、求職者個人の将来ビジョンや目標を実現できるよう、自事務所(法人)も支援していく姿勢をアピールして関心を惹きつける。

▶チーム制での仕事となるため、仲間と問題点を共有できることや事務担当者がいるため仕事に集中できる環境が整っていることなど、仕事の特徴を簡単に紹介し、自事務所(法人)で働くことによって求職者が抱える転職理由の改善や解決につながることをアピールする。

▶自事務所(法人)が得意とする分野を紹介し、セミナー講師の担当などを通して得意分野や専門性を高めたいと考える求職者に仕事の魅力をアピールする。

会社の情報

事業内容	中小企業から従業員３００人超の地元有力企業まで幅広い事業所の経営を支援する法人です。会計士２名、税理士７名、社労士３名とスタッフが連携して総合的なサポートを提供します。
会社の特長	専門家集団としての総合力を発揮するため、部門を超えたコミュニケーションには時間をかけています。毎週、毎月の主任ミーティングや全員会議が、職場を活性化し新しい発想にもつながっています。

労働時間

就業時間	変形労働時間制（１年単位） （１）　09時 00分　～　17時 45分 （２）　09時 00分　～　20時 00分 （３）　　時　分　～　　時　分 又は　時　分　～　　時　分 の間の　時間
	就業時間に関する特記事項 ＊（１）は標準で閑散期の８～10月は８割が定時退社です。 ＊（２）は繁忙期の１～３月で、所定労働時間は１日１０時間、週５２時間を上限とする変形労働時間となる場合の一例ですが、１年間を通した週平均労働時間は４０時間以下です。
休日等	土　日　祝日 週休二日制　毎週 ＊夏季８／12～8／16・年末年始12／30～1／3 ＊繁忙期１～３月は、5回程度の休日出勤があります。 6ヶ月経過後の年次有給休暇日数　１０日

求人に関する特記事項

求人に関する特記事項
■入所後のイメージ 半年間（３ヶ月×２回）は中堅・ベテラン先輩とペアを組みサポート業務を経験、その後はチームに入り、半年ほどの引き継ぎを受けて、小規模会社から順次担当を増やしていきます。 ■ここで働く魅力 ＊事務担当スタッフのサポートにより、本来の相談やコンサル業務に重点を置いた仕事ができます。 ＊中小企業から地元有力企業まで幅広い経験ができます。 ＊セミナー講師の担当により将来への人脈づくりができます。 ■キャリアビジョン実現への支援 ＊独立を含めた１人ひとりのキャリアビジョンを共有し、業務のローテーションや配置転換、得意分野の強化などの育成支援策につなげています（過去１０年で３名が独立）。 ＊得意分野強化に必要な外部セミナーなどは申請により年間５講座程度まで業務扱いで参加できます。 ■職場の様子 税理士の平均年齢は３０代後半、平均勤続年数１０年以上です。有給休暇取得率８０％の実績や半日・時間単位での取得ができる制度を導入しており、男女共に家庭と両立させた働き方が可能です。 【ＨＰをぜひご覧ください】ブログやインタビューなど内容充実！

「会社の情報」記入のポイント

▶幅広い事業規模の顧問先を有し、会計士、社会保険労務士も在籍する専門家集団であり、多様なキャリアを積めることを紹介する。

▶専門家集団にありがちな個人主義的な職場の弊害をなくすため、スタッフ間のコミュニケーションには工夫と時間をかけていることを紹介し、協調的で建設的な職場であることをアピールする。

「労働時間」記入のポイント

▶業務の特性上、時期によって仕事量の変動が大きく１年単位の変形労働時間制を採用しているため、繁忙期における１日および１週間の上限時間を示すとともに、休日出勤も5回程度あることを伝えることにより、求職者が年間を通して働く姿をイメージできるようにする。

「求人に関する特記事項」記入のポイント

▶入所後のイメージ
入所後半年間はサポート業務を担当し、その後の半年間で先輩から顧問先を順次引き継いでいく流れを紹介し、当面の働くイメージを持てるようにする。

▶ここで働く魅力
この職場で働く魅力として特徴となる３点を紹介し、コンサル業務などの専門性を高め、様々な経験を積みたいと考える求職者に向けて、転職理由の改善や希望の実現につながる職場であることをアピールする。

▶キャリアビジョン実現への支援
将来ビジョンの実現に向けて職場も支援していく姿勢を示すことで、長期的視野で働けることをアピールする。

▶職場の様子
求職者にとって一緒に働く仲間については関心事となるため、スタッフの紹介とともに、家庭とも両立させながら性別を問わず活躍できる職場であることをアピールして、職場のイメージ向上を図る。

4

社会福祉／経営・金融・保険

編集・デザイン／その他専門的職業

求職者のイメージ例

＊同業他社に勤務中で労働条件や職場環境に課題を抱え、転職したい人
＊同業他社に勤務中でキャリア形成を目的に新しい業務を経験していきたい人
＊フリーランス志向者やフリーランスから会社員に戻りたい人
＊リモートワークなどが活用できる職場に転職したい人
＊実務経験はないが学校や職業訓練で基礎的な知識・スキルは習得している人

転職理由を求人票に活かす

転職希望者は現在の仕事や職場で抱える課題が改善できない状況を変えるために転職という手段をとります。求職者はその課題の解決や改善につながる情報を求人票の中に求めているため、求人者側がそのニーズや期待に応えた情報提供をすればアピール性のある求人票となります。

───────

●クリエイティブな仕事で働く人の転職理由としては、「労働条件や働き方の改善」「キャリアアップ志向」「他業界志向」「独立・フリーランス志向」などがあります。

───────

●職業柄、長時間労働や不規則勤務になりがちではあるが、ワーク・ライフ・バランスを大切にする求職者に対しては多様な働き方を選択できることが魅力となります。また、キャリアパス、キャリアプランの提示や独立・フリーランス志向者へのサポート情報なども記載があると、イメージアップにつながります。

───────

●その他の専門的職業では、それぞれの業界が勤務形態や働き方の問題を抱えており容易に改善できるものではありませんが、業務のIT化や働き方改革への取り組み実施や計画は優秀な人材確保のためには必要な情報となります。

アピールポイント例

＊リモートワークやフレックスタイム制、時差出勤などの
　多様な勤務形態の導入
＊入社後の育成計画や充分なサポート体制
＊多様なキャリア形成の選択肢や支援策
＊多忙の中にもメリハリある働き方
＊独立・フリーランス志向者のサポート策
＊資格取得に対する支援やサポート
＊成果に対する適正な評価や処遇

フリーマガジン制作スタッフ

求職者イメージ

▶出版業界を志望していた人
異業種で働いているが、大学卒業時の大手出版業界志望の夢を捨てきれず、ローカル企業でもよいからチャンスがあればぜひ出版業界で働きたいと考えている人

▶企業内での経験から専門職として活躍したい人
企業内で対外広報や社内報発行などの業務に携わっているが、今後は専門業界で活躍したいと考えている人

▶学生時代からマスコミ活動が好きだった人
本当にやりたいことがわからず前職を早期離職し非正規雇用で働いているが、学生時代には新聞部や放送部などでの活動が好きだったことから、メディア系で働けるチャンスがあれば転職したいと考えている20代の第二新卒

▶同業界からの転職希望者・UIJターン希望者
出版や広告業界などの営業職として働いているが、適性や働き方に悩みを抱えており、UIJターンも含めて小規模でもクリエイターとして活躍できる仕事を探している人

アピールポイント

▶30歳以下で経験不問の募集であり、学生時代から志望していた求職者にとってまたとないチャンスであること
▶制作部門スタッフの平均年齢は30歳代で、若い人材が活躍している職場であること
▶企画、取材、編集などクリエイティブな仕事であること

仕事内容

職種	フリーマガジン制作／30歳以下経験不問／第二新卒歓迎
仕事内容	あなたも一度は目にしたことのある地域のフリーマガジン『○○○○○○』の制作スタッフに加わりませんか？今回は30歳以下の未経験者も長期に育成しますので、ゼロからのスタートOKです！ ＊マガジン……○○エリアの各家庭約4万世帯にポスティングにより無料配布している生活情報誌です。 ＊コンテンツ……グルメ、旅行、住宅、美容、健康をはじめ人材募集、クーポンなど、全世代の方々の生活に役立つ情報です。 ＊制作プロセス……記事の企画からスタート、取材活動、DTPソフトによる編集作業、校正を経て完成。※詳細は特記事項欄。 ＊仕事の魅力……仕事を通して、地域の方々との人脈や交流が広がるとともに、得意分野や編集スキルの専門性を持つことで多様なキャリアアップを選択できます。

「職種名」その他例

●地域生活情報誌『○○○○○○』の編集スタッフ／未経験歓迎
●フリーマガジン制作スタッフ／平均年齢30代の活気ある職場
●認知度90％の地域生活情報誌制作スタッフ／育成体制も充実
●あなたの企画・編集した記事が情報誌に掲載／未経験OK

「仕事内容」記入のポイント

▶地元の求職者であれば誰もが目にしたことのあるフリーマガジンの制作というクリエイティブな仕事であり、特に今回は30歳以下の未経験者を対象とした募集であることから、求人全体は若い人が魅力に感じる仕事内容の紹介や自分の将来展望が描ける情報の提供を重点とする。

▶冒頭3行で、業務内容や応募対象者について簡単に説明し、関心を抱いた求職者の目を惹きつける。

▶4行目以降では、仕事内容をイメージできるようマガジンの基本的コンテンツや制作プロセスの概要を簡単に説明（詳細は特記事項欄にて）したうえで、自社で働く具体的な魅力の中から特に紹介したい2点をアピールする。

会社の情報

事業内容	生活情報誌『〇〇〇〇〇〇』をはじめ3種類のフリーマガジンを発行しています。ポスティング型と取り置き型合わせて月10万部以上を発行、地域情報発信企業として大きな役割を担っています。
会社の特長	好奇心とフットワークが自慢の平均年齢30代男女スタッフが活躍しています。取材にあたっては、お店の料理や商品、サービスなどを自ら体験することで、その魅力を読者目線で発信しています。

労働時間

就業時間	変形労働時間制（1ヶ月単位） （1）　08時30分　～　17時00分 （2）　08時30分　～　18時00分 （3）　　時　分　～　　時　分 又は　時　分　～　　時　分　の間の　時間 就業時間に関する特記事項 ＊月初2日間と月末3日間は企画や業務計画などの各種会議が設定されているため（2）の時間です。 ＊1ヶ月単位の変形労働時間制勤務となりますが、週平均労働時間は40時間以下です。
休日等	土　日　その他 週休二日制　毎週 ＊夏季8／12～8／16　＊年末年始12／30～1／3 ＊取材で休日出勤の場合は振替休日で対応します（年6件程度）。 6ヶ月経過後の年次有給休暇日数　10日

求人に関する特記事項

求人に関する特記事項
（1）仕事のフロー 【企画・取材】企画に合った取材先の選定やアポ取り後、訪問による取材や写真撮影を行います（月に5～8件取材）。 【編集】取材内容の文字起こしとDTPソフトを使った原稿作成のほか、デザイナーとレイアウトやデザインを決定します。 【校正】でき上がった原稿とひとつ前の原稿を比較して誤字・脱字の修正や見出し・改行・画像挿入を行い、レイアウトを整えます。なお、校閲は当面ベテランの専任者が担当します。 （2）未経験でも半年で独り立ち ＊3ヶ月×2クールで制作業務全体を習得する計画です。第1クールは外勤中心に先輩同行による取材業務、第2クールは内勤中心にベテランスタッフから編集実務の指導を受けます。 ＊半年後の第3クールでは単独で記事を試作して独り立ちします。 （3）多様なキャリア選択が可能 ＊民間の校正業務資格を目指す方には通信教育受講費用を補助。資格を取得すれば校正・校閲の専門職も可能です。 ＊当社発行中の「△△△△△△」や「□□□□□□」などのマガジンへの配置転換によりキャリアを広げられます。 ＊各部門やマガジン全体の編集長を目指すこともできます。 ※見学歓迎。UIJターンの方はオンラインでの見学もOKです。

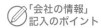

「会社の情報」記入のポイント

▶地域の人であれば誰もが一度は目にしたことのあるフリーマガジンを月10万部以上発行する地域情報の発信企業であることを紹介して経営の安定性を示し、イメージ向上を図る。また、その魅力は若手男女スタッフによる実体験と読者目線にあることをアピールして、意欲的な求職者のやる気を刺激する。

「労働時間」記入のポイント

▶通常は実働7.5時間に対して、月初2日間と月末3日間は1時間長い実働8.5時間とする1ヶ月単位の変形労働時間制勤務であるが、週平均労働時間は40時間以下であることを説明し、休日内容とともに求職者が1ヶ月間の働き方をイメージできるようにする。

「求人に関する特記事項」記入のポイント

▶（1）仕事のフロー
「仕事内容」欄ではキーワードのみの紹介としたため、未経験者に対して企画や取材からDTPソフトでの編集、校正作業などの流れを補足説明し、求職者が自分の働く姿をイメージできるようにする。

▶（2）未経験でも半年で独り立ち
未経験求職者にとって一番の不安である「やってみたい仕事だが、自分にできるだろうか」に対し、3ヶ月ごとの外勤業務と内勤業務を経て、半年後には単独で記事が作成できるよう育成していく方針と体制が整っていることを紹介し、安心して仕事に飛び込める環境をアピールする。

▶（3）多様なキャリア選択が可能
制作スタッフとして充分な経験とスキルを身につけた後は、多様なキャリアが選択できることを具体的に紹介し、応募につなげる。
※見学を歓迎するオープンな姿勢を示すとともに、オンラインでの対応も可能であることを紹介して関心を持った求職者を引き寄せる。

新聞記者

求職者イメージ

▶関連業界からの転職希望者
タウン誌の制作や広告営業などの仕事で働いているが、もっと自分の力を発揮できる新天地を求めて転職活動をしている人

▶マスコミ関連の仕事に憧れている人
学生時代からマスコミ業界を希望していたものの就職には至らず他業界で働いているが、現職は自分に合わないと感じるようになり、いつかは再度希望の仕事に挑戦したいと考えている人

▶第二新卒や職歴の多い人
前職が自分のやりたい仕事とは違い離職した人や、色々な職業を経験する中から「人に感動を与えたり、人を動かす力になる仕事」に就きたいと考えている人

▶UIJ ターン希望者
帰郷や地方への移住を計画中のため、安定して働ける仕事を探している人

アピールポイント

▶仕事そのものの魅力から、社会の様々な出来事や問題に視点を当て、深く掘り下げながら人々に事実や現実を知らせていく仕事（記者）であること
▶入社時から６ヶ月間の計画的な育成体制が整っていること
▶特別な資格や経験は不要で、色々な人生経験や趣味、得意分野を持っているなど、多様な人材を歓迎していること
▶地域を代表する企業の１つであり、安定して働けること

仕事内容

職種	地元紙の新聞記者／応募条件は「志」／経験不問・３５歳以下
仕事内容	地域の話題や情報などを取材し新聞記事を作成する仕事です。デジタル化が進展する中、新しい感覚を持ったジャーナリストを育成するため、今回は経験を問わず「志」のある若い世代を募集します。 ■仕事の特徴 ＊取材エリア……○○県内の２０市町村 ＊取材分野（担当）……当面は地域の文化や社会トピック分野（地域行事・文化や芸能イベント・スポーツ・健康・福祉など） ＊取材先……行政や公的機関・学校・事業所・団体・個人など ＊主要業務……情報収集・確認、取材・撮影、執筆・編集 ■歓迎する人 新聞の読者／文章を書くことが好き／タウン誌などの制作経験者／話すより聞き上手／本が好き／第二新卒者／ＵＩＪターン希望者

◎「仕事内容」記入のポイント

▶同業同職種からの転職はあまり想定できないため、関連する業界や仕事に携わっている求職者に向けて「この仕事をやってみたい」と思えるよう、仕事そのものの魅力が伝わる求人とする。

▶求職者によっては新聞記者という職種は憧れの仕事であるが、休みや勤務時間も不規則で多忙な働き方となるイメージを持たれやすいため、労働条件を詳しく説明し、疑問や不安を解消して安心感を与える。

▶応募には経験や能力などが必要で、自分にはハードルが高いと敬遠してしまう求職者に対し、「歓迎する人」を紹介して多様な人材からの応募を期待していることを示す。

「職種名」その他例

● 日刊紙の新聞記者／文化・スポーツ・福祉分野担当／〜３５歳
● 新聞記者／長期育成人材の募集（経験不問・３５歳以下）
● 新聞記者／経験不問・職歴多種・第二新卒など多様な人材歓迎
● 憧れの新聞社で働くチャンス／未経験から始められる新聞記者

会社の情報

事業内容	○○県内を中心とした地域日刊紙『○○新聞』を発行しています。間もなく迎える創刊100周年に向け、デジタル化とともに新たな総合情報サービス企業として地域の発展に貢献していきます。
会社の特長	新聞社にとっての財産は「人」です。当社社員は、半数以上がキャリア採用者で多様な職歴や経験が情報の客観性と深みにつながっています。既成概念に縛られない自由闊達な職場が大きな特徴です。

労働時間

就業時間	変形労働時間制（1年単位） （1）08時30分　～　17時15分 （2）　時　分　～　　時　分 （3）　時　分　～　　時　分 又は　時　分　～　時　分　の間の　時間 就業時間に関する特記事項 ＊担当分野では、事故や事件などの突発的な取材はありませんので比較的、就業時間内で計画的な仕事ができます。 ＊取材が夜間イベントなどの場合は、勤務時間を調整する場合があります。
休日等	日　祝日　その他 週休二日制　その他 ＊土曜日は隔週休み（年間24日）／休日出勤の場合は振替休日 ＊夏季3日間・年末年始4日間（交替） 6ヶ月経過後の年次有給休暇日数　10日

求人に関する特記事項

求 人 に 関 す る 特 記 事 項

■仕事内容の補足
＊取材情報は自ら収集するほか、イベントなどは記者クラブへの投げ込み（持ち込み）もあります。
＊当面の担当は緊急性を要する分野ではありませんので、突発的な取材はなく、計画的な仕事が可能です。
＊担当分野は適性や能力を見ながら政治・経済などの専門分野も経験していきます。
■勤務条件の補足
＊休日の仕事は、振替休日または時間外勤務手当で対応します。
＊有給休暇を活用した5日連続のリフレッシュ休暇が可能です。
■入社後の処遇と育成
＊1ヶ月目……2週間の基礎研修（役割、取材ルール、文書作成、撮影技術）後、模擬取材で実践的な記者業務を学びます。
＊2ヶ月目……先輩のサポートをしながら独り立ちを目指します。
＊3ヶ月目……身近なテーマで取材・執筆にチャレンジします。
＊6ヶ月目……系列新聞社へトレーニー研修に派遣します。
■大きく成長できる仕事
＊人事は年功ではなく記者としての能力で評価・処遇します。
＊得意分野を持つことで、その分野の専門家（プロ）になれます。
＊数多くの取材を通して幅広い人脈ができます。

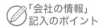

「会社の情報」記入のポイント

▶間もなく創刊100周年を迎えるメディアとしての歴史に加え、新しい時代に向けた地域の総合情報サービス企業として生まれ変わろうとしている姿勢をアピールする。

▶「人＝社員」こそが財産との考えを持ち、多様な人材を受け入れる包容性と自由闊達な職場が魅力・特徴であることをアピールして職場イメージの向上を図る。

「労働時間」記入のポイント

▶職種柄、勤務時間は不規則になりやすいが、当面は担当分野の特性から突発的な仕事は原則的に発生せず、イベント取材などは就業時間の調整で対応するなど、計画的な仕事ができることをアピールする。また、休日出勤が必要となる場合は、振替休日で対応することも紹介する。

「求人に関する特記事項」記入のポイント

▶仕事内容の補足
新聞記者の仕事スタイルは、一般的にもイメージしにくいため、求職者の関心事となる取材情報の収集方法や事件のような突発的な仕事の有無、将来の担当変更などについて補足することで働く姿をイメージしやすくする。
▶勤務条件の補足
職種柄、不規則な勤務がイメージされやすいため、時間外労働の有無や休日出勤時の振替休日対応、連続休暇もある働き方などを紹介し、不安や疑問を解消して安心につなげる。
▶入社後の処遇と育成
記者経験のない求職者が最も不安と関心を抱く問題を、具体的かつ丁寧に説明し、「自分にできそうだ」との自信につなげる。
▶大きく成長できる仕事
仕事の評価はあくまで記者としての能力であり、日々の仕事がすべて自分の財産となり成長につながり、やりがいを感じられる仕事であることをアピールする。

5

編集・デザイン／その他専門的職業

ケーブルテレビの番組制作スタッフ

求職者イメージ

▶マスコミ業界を志望していた人
　大学卒業時の大手マスコミ志望の夢を捨てきれず、ローカルメディアでも良いからチャンスがあれば挑戦したい人

▶企業内での経験を活かして転職したい人
　企業内での広報業務などの経験を活かして、今後は専門の業界で活躍したい人

▶学生時代からマスコミ活動が好きだった人
　学生時代の放送部や新聞部の経験から、職業にできるチャンスがあれば挑戦したい人

▶クリエイティブな仕事がしたい人
　自分の能力を発揮でき、成果が見える創造的な仕事を求めて転職を考えている人

▶大手マスコミ業界からの転職希望者・UIJターン希望者
　大手マスコミ関係で働いているが、働き方を変えたくローカルなメディア会社に転職したい人

アピールポイント

▶募集要項は30歳以下で経験不問のため、新卒間もない志望者には絶好のチャンスであること

▶制作部門スタッフの平均年齢は30歳代で、若い人材が活躍している職場であること

▶企画、取材、編集など、まさにクリエイティブな仕事であること

▶半年程度で本番用番組制作も任せられるチャンスがあること

▶憧れのディレクターへのキャリアアップも可能であること

仕事内容

職種	番組制作スタッフ（契約1万世帯）／30歳以下・経験不問
仕事内容	約1万世帯に地域情報を提供するケーブルテレビ局で自主番組の制作スタッフとして活躍しませんか？未経験でも半年程度で短時間番組を1人で制作できるようになります。楽しいですよ！ ■番組内容 ニュース、地域のスポーツや文化イベント、生活情報などです。 ■主な業務内容 番組の企画／取材交渉／取材や現場リポート／カメラ撮影／原稿作成と映像編集／アナウンス・ナレーション入れなどの全業務 ■未経験でもこんな方は歓迎です ＊マスコミ業界でクリエイティブな仕事がしたい方 ＊企業内での広報やCSR活動の経験を活かしたい方 ＊学校の部活で放送部や校内新聞発行などの活動が好きだった方

「職種名」その他例

● CATVの番組制作スタッフ／企画・取材・編集までの全業務
● ケーブルTV番組制作スタッフ／地域ニュースや生活情報提供
● 地域に特化したTV番組の制作をお任せします／30代活躍中
● あなたの制作した番組を約1万世帯のユーザーが視聴します

「仕事内容」記入のポイント

▶マスコミ業界は若い人には憧れの仕事の1つであり、求人に対する興味・関心はそもそも高いと思われることから、求人全体では改めて番組制作というクリエイティブな仕事であること、また、企画から取材、編集までを自分の力でやり遂げていく魅力をアピールする。

▶冒頭で、事業内容の紹介とともに、未経験者も歓迎していることをアピールして関心を惹きつける。

▶仕事内容は、最終的には1本の番組制作に関わるすべての業務を担当していくことを紹介するが、単に「楽しそうな仕事」という安易な認識ではなく、様々なセンスや能力が求められることはしっかり理解してもらったうえで、適性を持つ人からの応募につなげる。

会社の情報

事業内容	有線テレビジョン事業（ＣＡＴＶ）および第一種電気通信事業（インターネット接続事業）を展開。○○市内全世帯の約４０％・１万世帯をお客様に、多チャンネルテレビ放送などを提供しています。
会社の特長	地域に密着した情報提供のためには日頃から人々との交流が欠かせません。当社スタッフは、持ち前のフットワークとコミュニケーションで地域とネットワークをつくり、番組制作に活かしています。

労働時間

就業時間	（１）　　08時30分　〜　17時30分 （２）　　　時　分　〜　　　時　　分 （３）　　　時　分　〜　　　時　　分 又は　時　分　〜　　時　分　の間の　　時間
	就業時間に関する特記事項 ＊時間外労働は月平均では２０時間ですが、番組制作の進捗状況や内容の急な変更などにより、１０〜３５時間程度で変動します。
休日等	土　日　その他 週休二日制　毎週 ＊盆５日間（交替）、年末年始１２／３０〜１／３ ＊休日イベント等の出勤は振替休日で対応（年間１０日程度） ６ヶ月経過後の年次有給休暇日数　　１０日

求人に関する特記事項

求人に関する特記事項
■新任スタッフ育成プロセス 入社後は番組制作スタッフ研修（１週間）に派遣し、基礎を一通り学んでいただきます。その後、半年程度は先輩のアシスタントとして実践ノウハウを身につけながら１人で模擬番組を数本試作して内容が認められたら本番組が任されます。 ■スタッフと職場の様子 制作スタッフ１０名（女性６人／男性４人）の平均年齢は３０代のフレッシュな職場です。番組は２〜３人のチームで制作しますが、１人ひとりがクリエイターであり、職場もフラットで自由です。 ■キャリアアップ 制作スタッフとして一通りの番組制作経験を積み、アシスタントディレクターを５年程度経験した後、制作現場を統括するディレクターへのキャリアアップの道が開けます。 ■HOTメッセージ なんと言っても自分で制作した番組に視聴者から好反響があったときは最高の喜びです。昨年、ＣＡＴＶ地域コンクールで当社番組が特別賞を受賞しました。みなさんも取材テーマに対する好奇心と探求心を持ったスタッフ集団と一緒に発信力のある番組をつくりませんか。ぜひスタジオ見学にお越しください。 ※来社が難しい遠方の方などはＷＥＢでの面談もご活用ください。

「会社の情報」記入のポイント

▶市内を中心とした約１万世帯のお客様に地域情報を提供するCATV事業などを展開している会社であることを紹介するとともに、地域メディアならではのお客様とスタッフによるネットワークが、良質な番組づくりにも活かされていることをアピールすることで、自分の力を試してみたいと考える求職者の関心を惹きつける。

「労働時間」記入のポイント

▶仕事内容の特性から不規則で時間外労働も多い働き方をイメージする求職者も考えられるため、時間外労働の月平均は約20時間だが実際には10〜35時間程度での幅があることや休日出勤は振替休日で対応することも説明し、求職者が働き方をイメージできるようにする。

「求人に関する特記事項」記入のポイント

▶新任スタッフ育成プロセス
入社後、半年程度で独り立ちを目指す育成プロセスを紹介し、未経験者でも安心してスタートできることをアピールして、応募へのハードルを下げる。

▶スタッフと職場の様子
一緒に働くメンバーの人数、男女別人数、平均年齢などを紹介し、求職者と同じ世代が活躍していることや職場も自由な雰囲気であることをアピールして、親近感や働きやすいイメージを打ち出す。

▶キャリアアップ
求職者にとってディレクターは憧れのポストであることから、そのチャンスもあることを紹介する。

▶HOTメッセージ
CATV地域コンクールの入賞実績からスタッフの番組づくりに対する姿勢をアピールし、そうした仲間と一緒に発信力のある番組を制作してほしい気持ちをメッセージとして発信することで、求職者を応募に向けて後押しする。

デザイナー・イラストレーター

求職者イメージ

▶現役デザイナーで転職したい人
グラフィックデザイナーとして働いているが、仕事に追われる厳しい働き方を続けることに疑問を感じ、「少しでも時代に合った働き方への改善に取り組んでいる職場があれば、早急に転職したい」と考えている人。

▶デザイナー職として専門性を高めたい人
グラフィックデザイナーとして働いているが、今後もアートディレクターや管理職などは希望せず、あくまでも好きなデザイナー職として専門性や得意分野を極めていくことを望み、そうした働き方に理解と支援のある職場に転職したいと考えている人

▶学校や職業訓練でデザインを学んだ人
学校や職業訓練でグラフィックデザインを学び、非正規雇用でオペレーターやアシスタントとして働いているが、「実務経験が少なくても正社員で安心して働けそうな職場があれば、ぜひ挑戦したい」と考えている第二新卒や30代の男女

アピールポイント

▶好きなイラスト制作業務に携わることができること
▶仕事はチーム制により、経験が浅くても安心してスタートできる職場であること
▶デザイナーとしての専門性を極める働き方が叶えられる職場であること
▶平均年齢が30代の若い男女スタッフが活躍していること
▶従来からの働き方にとらわれず、時代の要請に合わせた働き方の改善に取り組んでいること

仕事内容

職種	グラフィックデザイナー＆イラストレーター／職場環境改善中
仕事内容	広告や出版物のデザイン専門職として活躍できるグラフィックデザイナーの仕事です。イラスト制作が好きでこの道に入った方にはページ挿絵などのイラストレーター業務も手がけていただきます。 ＊制作物は紙媒体の雑誌広告やチラシ、リーフレット、ポスターのほか、ＳＰツール、キャラクターやロゴタイプなどの商品ブランディングツール、各種製品取扱マニュアルなど多種多様です。 ＊案件により仕事はベテランをリーダーに2〜3名のチームで進めますので、経験が浅くても安心してスタートできます。 ＊将来はアートディレクターを目指す道もありますが、当社ではデザインや制作業務に集中できる環境があるため、ずっと現場の第一線でデザインの専門性を極めていくスタッフもいます。 ※応募前の見学歓迎／スタッフが当社の働き方をご紹介します。

「仕事内容」記入のポイント

▶今回の求職者は現役グラフィックデザイナーやイラストレーターを想定しているため、求人全体はそうした求職者の転職理由に多い「賃金」と「働き方」のうち「働き方」の魅力を重点にアピールする。

▶もともとイラストが好きでこの道に入った求職者には、イラスト制作業務もあることをアピールし、求職者の門戸を多少でも広げる。

▶現役デザイナーからの転職者には、ディレクターなどへのキャリアアップを希望する人も考えられるが、今回の求人は「デザイナーとしてずっと第一線で仕事をしたい」という希望を持った求職者の受け皿としてもアピールする。

「職種名」その他例

●グラフィックデザイナー／経験浅くてもチーム制でフォロー
●グラフィックデザイナー／専門性・得意分野を磨きたい方歓迎
●グラフィックデザイナー／雑誌広告・パンフ・キャラクター等
●グラフィックデザイナー／完全週休2日制／テレワーク試行中

会社の情報

事業内容	広告代理店や販売店などのクライアントから依頼を受けて広告の企画・制作を担っています。最近は、WEB広告やSP（セールスプロモーション）、ブランディング開発業務にも力を入れています。
会社の特長	社員の定着には時代に合った働き方の改善が求められています。スタッフが少しでも余裕を持って働けるよう、1人ひとりの生産性向上を目指して一歩ずつですが仕事の進め方を改善しています。

労働時間

<table>
<tr><td rowspan="6">就業時間</td><td>（1）　08時 30分　〜　17時 30分
（2）　　時　分　〜　　時　分
（3）　　時　分　〜　　時　分
又は　時　分　〜　　時　分　の間の　時間</td></tr>
<tr><td>就業時間に関する特記事項
＊月平均の時間外労働は、仕事の進捗状況や納期ひっ迫などにより日や月によって大きく変わりますが、チーム単位で定時退社日も設けています。</td></tr>
</table>

休日等	土　日　その他 週休二日制　毎週 ＊夏季8／12〜8／16　＊年末年始12／30〜1／3 ＊休日出勤する場合は、振替休日で対応します。 6ヶ月経過後の年次有給休暇日数　10日

求人に関する特記事項

求人に関する特記事項

■プラス思考が持ち味のスタッフ
制作部門は、女性9名・男性6名の15名スタッフで、平均年齢は30代です。アートディレクター3名を中心にオペレーター7名と勤続年数1年から8年のデザイナー5名が活躍しています。
■好きな仕事を続けたい
＊働き方改革の推進により、デザイナーの仕事も従来のようなハードワークと言われる働き方を常とする考え方は変わりつつある中で、当社もみなさんが好きな仕事を安心して続けられるよう一歩ずつ職場環境の改善に努めています。
＊タスク管理……限られた時間で成果（生産性）を上げるため、仕事と期限を明確にし、チームで共有したことにより、仕事の割り振りや1人ひとりの仕事量も適切にキープできるなど、納期に向けた効率的なプロセス管理ができるようになりました。
＊テレワーク……現在は週1回を試行中ですが、スタッフからは業務に集中できるとの成果につながっています。
■デザイナー職を極めたい
グラフィックデザイナーは30代が中心と言われる中、40代を見据えてアートディレクターや営業職などで活躍することも可能ですが、デザイナーとして専門性や得意分野を極める選択も歓迎するとともに、会社もキャリアアップを支援していきます。

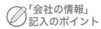

「会社の情報」
記入のポイント

▶広告制作会社として紙媒体をメインに事業を展開してきたが、最近はこれから主流となるWEBやSP、ブランディング開発業務などにも力を入れていることをアピールして今後の成長性を示す。また、「社員の定着」という経営課題に対しても積極的に取り組んでいる姿勢をアピールして、「自分の力を試したい」と考える求職者の関心を惹きつける。

「労働時間」
記入のポイント

▶仕事柄、時間外労働は求職者も関心事のため、仕事の進捗状況や納期により大きく変化することに理解を得ておくとともに、仕事はチーム制のためメンバーで協力して定時退社日もあることを紹介し、求職者が自分の働く姿をイメージできるようにする。

「求人に関する特記事項」
記入のポイント

▶プラス思考が持ち味のスタッフ
スタッフ情報は求職者の関心事でもあるため、制作現場スタッフの男女割合や平均年齢、勤続年数などを紹介し、応募が想定される20〜40代と同年代が活躍する職場としての親近感をアピールする。
▶好きな仕事を続けたい
イラストやデザインの仕事が好きで今後も続けていきたいが、従来からのハードワークを常とする考え方が残っている業界において、自社は小さなことであっても時代に合った働き方への改善に取り組んでいることを紹介し、他社との差別化を図ることで転職に迷っている現役デザイナーにアピールする。
▶デザイナー職を極めたい
積極的にアートディレクターや管理職にキャリアアップしていくことを希望する求職者よりも、「好きなイラストやデザインの仕事一筋で専門性や得意分野を極めたい」と考える求職者に向けて「ここで働きたい」と思えるようなメッセージを発信する。

5
編集・デザイン／その他専門的職業

5-5／正社員

塾講師

求職者イメージ

▶現役の塾講師で、転職を考えている人
 ＊個人指導の学習塾で働いているが、もう少し多人数を対象に活発な授業で活躍したいと思い、
　集団指導の学習塾に転職を考えている人
 ＊集団指導の学習塾で働いているが、保護者対応と営業活動が多いことや休日などの労働条件が
　自分のライフスタイルに合わず、働き方を改善したいと考えている人

▶実務未経験の教員免許有資格者
　学校卒業後は異業種で働いているが、もともと教員志望で免許も取得していることから、機会が
　あれば働きやすい条件の学習塾で活躍したいと考えている人

▶家庭教師や塾講師経験のある第二新卒者
　学校卒業後の仕事が自分に合わず離職し、現在は非正規雇用で働いているが、学生時代に家庭教
　師や塾講師のアルバイト経験があるため、学習塾講師に興味を持っている人

アピールポイント

▶集団指導のメリットを活かした指導は塾生からも信頼を得ていること
▶GW連続休暇などによりメリハリのある働き方ができること
▶保護者対応や営業活動などの担当はなく、講師業務に専念できること
▶講師の9割が正社員で指導スキルも高くノウハウ習得ができること
▶未経験者でも2〜3ヶ月間の研修とサポート体制で独り立ちできること
▶将来は教室長へのキャリアアップも選択できること

仕事内容

職種	塾講師（小・中の集団指導）／連続休暇でメリハリある働き方
仕事内容	■小学生高学年と中学生対象の集団指導学習塾 1クラス5〜15名／教務・営業活動なし／ベテラン講師の指導／ GW7日間連続休暇他／未経験者でも2ヶ月間で独り立ち ■当社の概要 国・数（算）・英・理・社のうち、原則1講師2科目の担当制。講師の9割が正社員で、高い指導スキルを持ったベテラン講師のノウハウが習得できます。オプションコースの個人指導もあります。 ■当塾で働く魅力 ＊カリキュラム作成や面談を含めた保護者対応、営業活動は教室長や教務スタッフが担いますので、講師業務に専念できます。 ＊GW・春季・夏季休暇などでメリハリのある働き方ができます。 ＊将来の教室長（候補）に向けたキャリア選択もできます。

「職種名」その他例

●学習塾講師（小・中学生／1クラス5〜15名の集団指導）
●【正社員】小・中学生の集団指導学習塾講師／講師9割正社員
●口コミや紹介の多い学習塾（小・中の集団指導）／未経験歓迎
●学習塾講師（集団）／ベテラン講師による指導で講師力アップ

「仕事内容」記入のポイント

▶求人全体は「現在の仕事や職場よりもより自分が望む環境で働きたい」と考える現役塾講師に対して、前向きな転職となるようイメージを伝えることがポイントとなる。

▶塾の概要では、正社員が多いことや集団指導の学習塾であること、またオプションコースとして個人指導も行っていることを紹介し、高いスキルやノウハウを身につけることができる環境をアピールする。

▶具体的な求人の魅力を「当塾で働く魅力」として3点アピールする。講師業務に専念できること、メリハリのある働き方ができること、将来のキャリアが選択できることを紹介し、求職者の抱える課題の改善につながる職場であることをアピールする。

会社の情報

事業内容	小学生高学年と中学生を対象に2教室を展開する学習塾です。講師の9割は正社員のため、高い指導力には地域からも厚い信頼を得ており、口コミや紹介による入塾が8割を占めています。
会社の特長	講師本来の業務に専念できるように分業体制を導入しています。プライベートも充実できるようにGWのほか、春・夏・年末年始にも連続休暇を取得し、メリハリのある働き方を実現しています。

労働時間

就業時間	（1）　14時30分　〜　22時00分 （2）　11時00分　〜　18時30分 （3）　　時　分　〜　　時　分 又は　　時　分　〜　　時　分　の間の　時間 就業時間に関する特記事項 ＊所定労働時間は1日6.5時間・週39時間 ＊夏期講習などの季節講習の時期は（2）の時間帯となります。 ＊季節講習や保護者面談の時期の残業時間は少し長くなる傾向はありますが、通常の授業後の残業はほとんどありません。
休日等	日　祝日　その他 週休二日制　その他 ＊土曜日休み：上期は隔週、下期は受験対策で月1回 ＊平日休み：GW1、春季2、夏季4、年末年始3／詳細特記事項 6ヶ月経過後の年次有給休暇日数　　10日

求人に関する特記事項

求人に関する特記事項
■当塾の特徴 最近は個人指導の学習塾が増えていますが、当塾は兄弟姉妹や友人同士が多く、一緒に勉強することでやる気を上げ、クラス全体で切磋琢磨していく集団指導の長所を活かした学習指導と成果が口コミや紹介にもつながっています。併せて、昨年からはオプションコースで個人指導も取り入れ多様なニーズにも対応しています。 ■仕事の補足 ＊担当科目は得意科目や希望を踏まえて2科目としますが、講師としての幅を広げるため新しい科目にも挑戦できます。 ＊講師チームでは自発的に指導方法を話し合い、新しいノウハウを共有することで講師力アップを図っています。 ■労働条件の補足 ＊9月以降は受験対策のため土曜日の休日は月1回となります。 ＊連続休暇は祝日や土日を含めてGW7日、春4日、夏季4日、年末年始4日ありますのでメリハリのある働き方ができます。 ■講師紹介（男4名・女2名） 平均年齢33歳、新入社員〜勤続15年目まで幅広く活躍中！ ■未経験者の独り立ちプロセス（約2〜3ヶ月間） 基本レクチャー（教室長）／授業見学／授業準備／模擬授業／正規授業サブ講師／少人数の基礎クラスで独り立ちへ

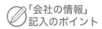

「会社の情報」記入のポイント

▶個別指導の学習塾が増加している中、集団指導ではあるが口コミや紹介による入塾が多いことからも、地域から信頼を得ている学習塾であることをアピールする。

▶塾講師の転職理由に多いとされる働き方の問題について、連続休暇の導入によりメリハリのある働き方ができることをアピールする。

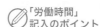

「労働時間」記入のポイント

▶土曜日出勤があるため、所定就労時間は1日6.5時間（週6日勤務の場合39時間）となることを紹介する。

▶GWのほか、塾生の学校の休みに合わせて春（3月末）、夏季（盆）、年末年始にそれぞれ連続休暇を導入し、夜間勤務と多忙の中にもメリハリのある働き方ができる労働条件であることをアピールする。

「求人に関する特記事項」記入のポイント

▶当塾の特徴
個別指導がトレンドとなっている学習塾業界において、当塾は集団指導で成果をあげ信頼されていることを大きな強みとして自信を持って取り組んでいる姿勢をアピールする。

▶仕事の補足
原則2科目担当制ではあるが、担当できる科目を広げたり、講師の中で指導方法を研究し合うなど、講師力のアップには積極的に取り組んでいる姿勢をアピールする。

▶労働条件の補足
9月以降は土曜休日が月1回となることや、季節ごとに連続休暇があることでメリハリのある働き方ができることを強くアピールする。

▶講師紹介
在籍講師については、求職者の関心も高いことから、男女別の人数や平均年齢、職歴などを紹介する。

▶未経験者の独り立ちプロセス
未経験者がどのようなプロセスで独り立ちしていくのかを紹介し、安心感を持ってもらえるようにする。

インストラクター（体操教室）

求職者イメージ

▶先生になりたいという夢を抱いていた人
大学の体育学部出身で「先生」を目指していたが叶わず異業種に就職したものの、やはり夢を捨てきれず幼児体育のインストラクターになりたいと考えている人

▶現在勤めている保育園から他の園に転職したいと考えている保育士
保育園で幼児体育を行う際に、子どもたちが生き生きと目を輝かせている様子にやりがいを感じ、もっと専門的な知識を深めてインストラクターとして活躍したいと思うようになり、転職を考えている人

▶異業種からの転職を考えている子どもが好きな人
現在はまったく別の業種・職種で働いているが、小さい頃からスポーツ教室や部活に打ち込んできて、今もプライベートでフィットネスジムに通うなど、体を動かすことが好きなため、子どもたちにも運動の楽しさを知ってもらいたいと考えている人

アピールポイント

▶半数以上のインストラクターが有資格者で、保護者からの信頼も厚いスクールのため生徒数も多く、活躍する場所が整っていること

▶未経験もしくは体操経験が少なくても、研修制度やバックアップ体制が整っているため、安心して働けること

▶「子どもが好き」な人であれば、経験・資格を問わず応募ができること

▶資格取得に関する支援体制もあり、体操インストラクターとしてスキルアップを図れること

仕事内容

職種	子ども好きな方集まれ／体操インストラクター／未経験者歓迎
仕事内容	体操を通して子どもの丈夫な体づくりと健康で明るい心を育むことをモットーにしています。子どもたちの笑顔あふれるクラスで一緒に働きませんか？経験不問、第二新卒者も歓迎します。 ※安心の研修・サポート制度あり（詳しくは特記事項にて） ■レッスン内容 ＊1人ひとりが安全に体操を楽しめるように少人数制です。1クラス4～5名・1レッスン50分・対象児：2歳半～小学生低学年 ＊リズム体操・トランポリン・マット・跳び箱・鉄棒・縄跳びなど ■このような子どもたちが通っています ＊体を動かすことが好き、運動神経をよくしたい ＊跳び箱や鉄棒を得意にしたい、バク転にチャレンジしたい ＊人見知りをなくしたい、お友達を増やしたい

「仕事内容」記入のポイント

▶冒頭においてスクールの理念を紹介し、子どもと関わる仕事に興味を持つ求職者の関心を惹きつける。また、経験不問や第二新卒歓迎をアピールして応募条件のハードルを下げ、幅広い求職者の興味・関心を惹きつける。

▶レッスン内容や時間、定員、対象児などスクール情報を紹介し、入社後の働き方をイメージできるようにする。

▶生徒について紹介し、インストラクターとしてどのような子どもたちを受け持つのかイメージできるようにすることで、仕事への意欲を引き出し応募へつなげる。

「職種名」その他例

●体操教室インストラクター／体操未経験でも◎／正社員
●体操教室「○○○○○○」インストラクター／正社員／残業少
●キッズ体操教室／憧れのインストラクターになりませんか？
●体操インストラクター（2歳6ヶ月～小学生低学年向け）

会社の情報

事業内容	幼児〜小学生低学年向けの体操教室を4店舗、フィットネスジムを1店舗運営。「スポーツを楽しむ心の育成」という方針が親御様から支持され、生徒数は年々増加。来年には新店舗をオープン予定。
会社の特長	インストラクターの平均年齢は28歳と若手社員が活躍中。スタッフの育成に力を入れており、新入社員研修はもちろんのこと、年2回、外部講師を招いた研修も実施するなどフォロー体制も充実。

労働時間

就業時間	交替制（シフト制） （1）　10時 00分　〜　19時 00分 （2）　13時 00分　〜　20時 00分 （3）　09時 00分　〜　18時 00分 又は　時　分　〜　時　分 の間の　時間 就業時間に関する特記事項 ＊平日は（1）（2）のシフト制、（3）は土・日・祝 ＊基本的には平日が休みになりますが、月1、2回は希望休が取れるので、土日休みも可能です。 ＊シフトは希望を考慮して決定します。
休日等	その他 週休二日制　その他 シフトにより月9日休み 休館日　8／13〜16、12／29〜1／3 6ヶ月経過後の年次有給休暇日数　10日

求人に関する特記事項

求人に関する特記事項
■○○店スタッフ紹介（スタッフ5名在籍／うち有資格者3名） 店長32歳男性（インストラクター歴8年）趣味：アウトドア リーダー31歳女性・27歳男性・25歳男性・23歳女性 ■安心の研修制度でデビューまで先輩がしっかりとサポート！ 1．入社10日間のトレーニング制度……まず当社の独自安全指導マニュアルを座学で3日間勉強、その後ジュニアスポーツ指導員資格を保持したインストラクターの7日間マンツーマン指導。 2．先輩クラスのフォローからスタート……研修後、半年程度は先輩クラスの補助を担当。ストレッチのお手伝い・並ばせ誘導など簡単なことからお任せします。 3．ロールプレイング研修……2と同時進行で先輩スタッフの指導のもとロールプレイング研修が始まります。→入社後、約半年程度でインストラクターデビューします。 4．年2回の外部講師研修でスキルアップ……今年は「子どもを伸ばす褒め方」と「保護者の信頼につながる対応術」を開催予定。 5．資格取得をサポート……当社インストラクターの半数がジュニアスポーツ指導員の資格を取得しています。有資格者による過去問題に基づいたテスト対策指導や同じ資格を目指すスタッフを集めた勉強会を実施しています（参加は任意）。 ※取得例：ジュニアスポーツ指導員・バク転インストラクターなど

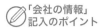

「会社の情報」記入のポイント

▶事業の規模と、地域で人気が高い体操教室であることを紹介し、安定した経営状態をアピールする。また、ジムの方針を示すことで、共感を得た求職者からの応募につなげる。

▶若年層をターゲットとした求人のため、インストラクターの平均年齢や若手が活躍していることを紹介し、スキルアップを図り長期的に働きたいと考える求職者からの応募につなげる。

「労働時間」記入のポイント

▶本人の希望を踏まえシフトを決定していることや月に1、2回希望休を取得でき、土日休みも可能なことを紹介し、プライベートも充実させたいと考える求職者にアプローチする。

「求人に関する特記事項」記入のポイント

▶○○店スタッフ紹介
スタッフの年齢構成や有資格者数などを紹介することにより、求職者が職場環境をイメージできるようにする。

▶安心の研修制度でデビューまで先輩がしっかりとサポート！
＊入社後の育成体制を具体的な事例とともに紹介し、未経験者でも安心して働く環境が整っていることをアピールする。
＊半年間は補助業務であることや担当する仕事について記載することで、働き方をイメージしやすくする。
＊様々な研修を受講することができ、豊富な専門知識と技術が身につく環境が整っていることをアピールする。
＊在籍しているインストラクターは、入社後に資格を取得していることを明記し、単にインストラクターになるだけではなく、資格を取得することができ、スキルアップを図れる職場であることをアピールする。

翻訳・通訳

求職者イメージ

▶英語力を活かした仕事で活躍したいと考えている人
＊現在は一般企業の事務職などで働いているが、英語が好きで学生時代には TOEIC 受験や語学留学なども経験し日常会話も可能なことから、いつかは英語力を活かした仕事に就きたいと考えている人
＊通訳の実務経験はないため、どの程度自分の英語力が通用するのか自信はないが、未経験でも応募できる求人があればぜひチャレンジしたいと考えている人

▶現職で英語力を活かす機会が少なく転職したい人
現職には英語力を活かしたいと思い就職したが、実際には活用の機会があまりないことから、企業規模にとらわれず自分の力を発揮できる職場に転職したいと考えている人

▶派遣やフリーランスで働いている人
派遣やフリーランスで英語の翻訳や通訳の仕事をしているが、不安定な収入や働き方に課題を抱え、企業内での安定した働き方を希望している人

アピールポイント

▶仕事に必要なレベルの英語力があれば資格や実務経験は条件としないこと
▶入社直後から即戦力としての活躍を求めることはせず、半年程度の時間をかけてソフトランディングできる体制を考えていること
▶採用のミスマッチを防ぐため、応募前に模擬業務で必要となる英語レベルを体験でき、求職者も応募を判断できること

仕事内容

職種	英語の翻訳・通訳スタッフ／事前体験あり／実務未経験ＯＫ
仕事内容	海外取引の本格的スタートに伴い、英語の翻訳と通訳を任せられるスタッフを募集します。即戦力でなくても構いません。好きな英語をビジネスの世界で活かしてみたい方の応募をお待ちしています。 ■担当業務 国際電話対応／メール、文書、ＨＰの翻訳（英語～日本語）／リモート会議での通訳（定例は月1回）／取引先の来社時の通訳・接客（年1～2回程度）／英文書類やマニュアルの作成など ■当面の方針 ＊現在は、必要に応じて派遣スタッフをお願いしていますが、今後は専門スタッフの常駐体制を整えていきます。 ＊半年程度は従来の体制を継続し、その間に仕事に慣れていただく方針ですので、未経験でも安心してチャレンジしてください。

「職種名」その他例

●好きな英語をビジネスで活かすチャンス／翻訳・通訳スタッフ
●英語翻訳・通訳スタッフ／未経験からキャリアアップチャンス
●英語力を模擬業務で試してから応募可／翻訳・通訳スタッフ
●翻訳通訳／ＴＯＥＩＣ７３０～・英検準１級（あくまで目安）

「仕事内容」記入のポイント

▶即戦力的な人材確保は容易ではないことから、応募条件のハードルを少し下げ、一定の英語力があれば実務未経験者やいつかは英語を活かした仕事に就きたいと考えている人などにも門戸を広げ、まずは応募者を確保する。

▶冒頭において想定する求職者を具体的に例示することで、「この条件なら自分にもチャンスがあるかもしれない」と思ってもらえるようにする。

▶担当業務を紹介して仕事イメージをつかんでもらうとともに、実務未経験者の一番の不安でもある入社後の過度な期待によるプレッシャーがかからないような配慮への姿勢もあることを伝え、応募を後押しする。

会社の情報

事業内容	精密加工が可能な産業用機械の設計・製造・販売会社です。創業者の培った加工技術を機械化したことで国内大手との取引を始め、海外からの引き合いもあり、現在事業化を進めています。
会社の特長	会社規模は大きくありませんが、技術へのこだわりが今日の発展を支えてきました。本格的な海外事業への参入は社員にとっても大きな励みとなっており、チーム力のアップにもつながっています。

労働時間

就業時間	（1）　08時30分　～　17時30分 （2）　　時　分　～　　時　　分 （3）　　時　分　～　　時　　分 又は　時　分　～　　時　分　の間の　　時間
	就業時間に関する特記事項 〔（参考）時間外労働は、従来の体制による臨時担当者などの実績を目安としていますので、今回の専任スタッフ配属後は変動します。〕
休日等	土　日　その他 週休二日制　毎週 ＊夏季8／12～8／16　＊年末年始12／30～1／3 （20○○年度） 6ヶ月経過後の年次有給休暇日数　10日

求人に関する特記事項

求人に関する特記事項
■事前体験で応募判断OK 入社後のミスマッチを防ぐため、ご自分の英語力が業務レベルに対応できる否かが不安な方は、会社見学において当社の業務を模擬体験できる機会を用意していますので、気軽に活用いただき、正式応募の判断材料としてください。 ■求人・労働条件の補足 ＊応募条件のTOEIC点数などはあくまで目安であり、点数や資格がなくても英語での日常会話ができ、当社の業務がほぼ遂行できるレベルであれば問題ありません。 ＊配属は当面企画部です（将来は検討中）。現在は課長（45歳）が簡単な翻訳に対応しています。 ■働くメリット ＊好きな英語を仕事にしてキャリアを形成することで、将来活躍できるフィールドや働き方の選択肢も広がります。 ＊即戦力的なプレッシャーはなく落ち着いて仕事に臨めます。 ■メッセージ（共に発展・成長） 取引先は以前から商談を進めてきた米国の会社で今後も継続的取引となります。将来は展示会や海外出張なども見込まれ、通訳の活躍が必要となります。会社にとっても未経験の世界ですが、みなさんと一緒に発展・成長していきたいと考えています。

「会社の情報」記入のポイント

▶会社規模は大きくないが、創業者が培った技術を機械化したことで、今では大手企業をはじめ最近は海外からの引き合いもあるなど、発展中の会社であることを紹介する。また、今日までの会社を支えてきた技術へのこだわりと海外事業への参入は社員の団結につながっていることも紹介し、活気のある会社イメージをアピールする。

「労働時間」記入のポイント

▶勤務は固定時間制で休日も週休2日制の働きやすい条件であることをアピールする。また、平均時間外労働については、通訳・翻訳スタッフとしての採用は初めてとなるため実績がないことから目安であることを補足する。

「求人に関する特記事項」記入のポイント

▶事前体験で応募判断OK
必要とする語学レベルは求職者と企業側の認識相違から採用のミスマッチにもなり兼ねないため、応募前に翻訳見本や模擬会議などを体験してもらう機会を設けていることを紹介し、求職者の応募に対する安心感を与える。

▶求人・労働条件の補足
人材確保の観点から、応募条件のTOEICなどは目安であり、あくまで当社の業務遂行が可能か否かを重視する姿勢を示し、点数や資格の有無だけで応募をあきらめる必要はないことの姿勢を示す。

▶働くメリット
この仕事で働くことで得られるメリットから2点を再度強調し、応募に向けて、求職者の背中を後押しする。

▶メッセージ
本格的な海外取引は自社にとっても新事業のスタートであり未知なこともあるが、新しいスタッフとともに発展・成長していきたい思いをメッセージとして発信する。

事　務

求職者のイメージ例

＊学校卒後の初職がミスマッチとなり離職した20代の第二新卒

＊非正規雇用で働きながら正社員を目指している若年層

＊子育てや家庭の事情などが一段落したため再度社会に出て働きたい人

＊パソコンスキルや電話応対スキルを活かしたい人

＊資格を取得し専門職としてキャリアアップを目指したい人

転職理由を求人票に活かす

転職希望者は現在の仕事や職場で抱える課題が改善できない状況を変えるために転職という手段をとります。求職者はその課題の解決や改善につながる情報を求人票の中に求めているため、求人者側がそのニーズや期待に応えた情報提供をすればアピール性のある求人票となります。

────────

●一般的に多い転職理由には「仕事への適性」「定型・ルーチン業務中心」「人間関係」などがあります。決められた事務を正確・スピーディに処理していくことに向いた人には適職ですが、変化を求めキャリアアップ志向の求職者に対しては幅広い業務の経験機会や資格の取得支援制度などによる専門性のある仕事の魅力を発信していくことが必要となります。

────────

●上司や先輩との人間関係に馴染めず、現在の職場ではこれ以上改善が期待できない場合は新天地を求めた転職となるため、そうした求職者には職場の雰囲気やコミュニケーションの良さをアピールしていくことで自社への応募につなげていきます。

アピールポイント例

＊パソコンスキルが活かせる
＊決まった業務をコツコツこなす能力が活かせる
＊未経験者や前職からブランクがある人への教育・育成体制が整っていることによる安心感
＊子育てや家庭と両立した働き方ができる
＊業務改善や課題改善など重要な経営課題に関わる職務として役割を担える
＊業務に関連する資格や検定取得の推奨や支援制度、処遇への反映などがある
＊専門職またはゼネラル職などへのキャリアパスがあり、挑戦できるチャンスがある

一般事務（総務事務）

求職者イメージ

▶現役の総務職・人事職で転職を考えている人
　＊現在の職場で人間関係や労働環境に馴染めず、新しい職場を探している人
　＊学校を卒業後総務職として数年間働いたものの、庶務や先輩のアシスタント業務が中心で、キャリアの見通しが持てないため、転職を考えている若年層

▶非正規雇用から正社員を目指している人
　総務など事務職の非正規雇用労働者として活躍してきたが、正社員として働ける職場を探している人

▶育児と両立しながら働ける職場を探している人
　総務職の経験があり、結婚や出産などで離職したが、働ける環境が整ったため自宅から近い場所で再就職したいと考えている人

アピールポイント

▶情報共有するための仕組みが整っており、互いにフォローし合う良好な人間関係を築けていること
▶資格取得支援制度や幅広い業務を経験できるなど、事務職としてのスキルアップができる環境があること
▶丁寧な教育研修プランが用意されているため、経験が浅い人やブランクのある人でも始めやすい職場であること
▶ノー残業デーや年次有給休暇の取得促進など、働きやすい職場づくりに努めていること

仕事内容

職種	総務事務（労務・資産管理・庶務）／経験浅・ブランク有OK
仕事内容	当社の根幹を支える総務・人事の仕事です。総務事務を中心に幅広い業務に携わりながら、将来は中心メンバーとして活躍していただきたいと考えています。経験浅・ブランクのある方も歓迎します。 ■入社後の主な仕事内容 ＊労務関連（勤怠管理・給与計算・社会保険手続き／約７０名分） ＊資産管理（営業車両・ＯＡ機器・事務消耗品の手配・棚卸など） ＊庶務（来客、電話応対・会議資料作成など／全業務の２割程度） まずは定型的な総務事務の仕事からスタート。慣れてきたら専門的な業務もお願いします。 ■配属先：管理部　総務課 ＊管理部は総務課４名と経理課３名で構成。配属先の総務課は４０代の男性課長の下、３０～４０代の男女スタッフが活躍中。

「職種名」その他例

- 総務・人事担当／事務職／資格取得支援あり／年間休１１４日
- 一般事務／総務・人事担当／将来は中心メンバーとして活躍
- 総務事務／管理部門はワンフロアで連携／経験浅・ブランク可
- 事務の正社員／金属加工メーカーの総務／土日休み・月２０万円

「仕事内容」記入のポイント

▶総務は会社にとって重要な役割を担う部署であり、中心メンバーとして活躍が期待される将来性のあるポジションであることをアピールし、現役の総務職やキャリアアップを考える求職者の関心を惹きつける。また、キャリアが浅い若手やブランクがある人も歓迎していることを伝え、応募の間口を広げる。

▶総務職の仕事は多岐にわたり会社によって担当する業務も異なるため、項目別にわかりやすく伝え、仕事のイメージを持てるようにする。

▶入社後に配属予定のチーム構成やメンバーの情報を記載することで、職場の雰囲気や環境、ポジションをイメージしやすくする。

会社の情報

事業内容	金属加工メーカー。自動車部品などの精密板金加工を得意としており、創業以来４０年かけて培った技術に誇りを持っています。ＩＳＯ９００１認証企業として、全社員で品質向上に努めています。
会社の特長	職場環境向上委員会を月１回実施。年度ごとに各部門から選抜されたメンバーにより部署の課題や悩みなどを共有することで、部門間の連携を強め、みなが働きやすい職場づくりを目指しています。

労働時間

就業時間	（１）　08時30分　〜　17時30分 （２）　　時　分　〜　　時　分 （３）　　時　分　〜　　時　分 又は　　時　分　〜　　時　分　の間の　　時間 **就業時間に関する特記事項** ＊社会保険の各種手続きや賞与計算業務、資産棚卸などを行う４月・７月・１２月以外の時間外労働は、月７時間程度です。 ＊繁忙期を除き、月末以外は概ね定時退社できます。
休日等	土　日　その他 週休二日制　毎週 夏季休暇（８／１２〜８／１５）年末年始（１２／３０〜１／３） 創立記念日　４／２０　※２０００年度 ６ヶ月経過後の年次有給休暇日数　１０日

求人に関する特記事項

求人に関する特記事項
■入社後の流れ 〈ＯＪＴ・外部セミナー〉 ＊教育係は総務課経験１０年のベテランスタッフが担当します。 ＊外部研修や社内研修などを利用して、最新の知識を習得し、全員で共有する体制が整っています。 〈１年間の業務習得プラン＋チェックリスト〉 ＊業務の年間予定表を基に１年間かけて仕事を習得します。 ＊月末には上司と面談を行い、習得状況の確認を行いながら、あなたの成長をフォローしていきます。 ■スキルアップ支援 ＊第一種衛生管理者の資格取得支援／受験に係る費用を会社が負担し、資格取得者には毎月３０００円の資格手当を支給します。 ＊ジョブローテーション／本人の希望や適性を考慮のうえ、概ね３年で管理部内での担当替えを行っており、幅広く活躍できます。 ■職場環境 ＊ノー残業デー（毎週水曜日）は管理部門の定時退社率１００％ ＊有給休暇の取得促進に向けて、月初に休み希望日の確認を全員で行っているため、有給申請も行いやすい環境です。 ＊事業所内には時短勤務しているスタッフも２名おり、ライフスタイルが変化しても長く勤めていただける職場です。

「会社の情報」
記入のポイント

▶得意分野を紹介することで、業界知識が浅い求職者でも事業内容がイメージできるようにする。また、ISOの認証を取得していることも紹介し、会社の信用性や社内体制が整っていることをアピールする。

▶部門間の連携が取りやすく、総務職としても働きやすい環境であることをアピールする。

「労働時間」
記入のポイント

▶求職者の関心が高い時間外労働について補足説明を行い、繁忙期と繁忙となる理由を含めて説明することで、時間外労働への理解を得るとともに、通常期の時間外労働の具体的な時間を示し、月末以外は概ね定時退社できる労働環境の良さをアピールする。

「求人に関する特記事項」
記入のポイント

▶入社後の流れ

＊経験豊富な先輩が教育係になることや外部のセミナーにも参加できることを紹介し、経験が浅い人やブランクがある人の不安を解消する。

＊総務・人事の仕事は、年間行事などを把握しておくことが必要なため、１年を通して仕事の流れを習得できる教育プランが用意されていることや上司も積極的に育成に関わることを紹介し、人材を育てていこうとする会社の姿勢を示す。

▶スキルアップ支援

＊資格取得によるスキルアップや１つの分野に留まらず、計画的な担当替えによって幅広い業務を経験できることなど、会社の管理部門で働く魅力をアピールする。

▶職場環境

労働環境の改善を期待する人や若年層に向けて、長期的に働きやすい環境が整っていることをアピールする。

6
事務

秘書

求職者イメージ

▶現役秘書で転職を考えている人
 ＊現在の職場では仕事内容や人間関係に課題を抱えているため、新しい職場に転職したい人
 ＊自分のライフスタイルの変化に伴い、プライベートや家庭と両立しやすい働き方ができる職場に転職したいと考えている人
 ＊秘書という仕事をもっと進化させたく、スキルアップができる職場を探している人
▶未経験でも憧れの仕事に挑戦してみたい人
 ＊現在の職場では総務業務の一環として秘書的な業務も担ってきたことから、今後は専任秘書として活躍してみたくなり、転職を考えている人
 ＊実務経験はないが学生時代から上級レベルの秘書検定やパソコンスキルも身につけ、チャンスがあれば自分の能力を試してみたいと考えている人

アピールポイント

▶目立たない仕事ではあるが経営トップを一番近くで支えるやりがいの持てる仕事であること
▶一般的には社長随行などの社外業務もあるが、今回はそうした業務はなく社内業務中心であること
▶社長の事務サポートが多いことから、事務経験者には特に負担はないこと
▶仕事は自分で考えればいくらでも進化させられる面白さや楽しさもあること
▶今回は前任者との引き継ぎやマニュアルなどもあるため、未経験でもスタートしやすいこと
▶有給休暇の取得促進や少ない残業時間など、ワーク・ライフ・バランスのとれた働き方ができること

仕事内容

職種	社長の事務サポート（秘書）／残業少・土日休み／未経験ＯＫ
仕事内容	多忙な社長が会社経営に集中できるよう、社長の傍らで仕事をサポートしていただきます。縁の下ですが、社長からの「ありがとう」という感謝の言葉が、自信となり、日々の活力となるお仕事です！ ■業務概要 ・文章業務（資料作成、案内状・御礼状の作成、ファイリング） ・スケジュール管理、出張業務（切符・宿泊先手配、旅費精算） ・受付、来客応対、電話対応 ＊総務部に所属。社長の専任秘書として仕事をしていただきます。 ＊事務的な業務が中心ですべてオフィス内で完結しますので、出張への同行・会食への同席・マネジメント業務はありません。 ＊「何が喜ばれるのか」を考え、自分で工夫して行っていくことに面白み・やりがいを感じることができます。

「職種名」その他例

●社長をサポートするお仕事（秘書）／事務メイン／土日休み
●憧れの「秘書」のお仕事！／個人付・間接補佐型／未経験者歓迎
●秘書／社長の事務補佐／サポートすることが好きな方歓迎！
●社長秘書（事務中心）／あなたの事務経験を活かしてください

「仕事内容」記入のポイント

▶冒頭3行で、仕事内容ややりがいを簡単に紹介し、未経験者を含め秘書業務に関心がある求職者を惹きつける。
▶秘書には、個人付秘書か兼務秘書があり、直接補佐型か間接補佐型かによっても業務内容、勤務形態、待遇が大きく異なるため、求職者がイメージしやすいよう仕事内容を明記する。また、当求人は、個人付秘書で間接補佐型となるため、社長の出張への同行などはなく、事務所内で業務に従事することを明確にする。
▶秘書業務は、社長の意向を斟酌し、主体的に業務に取り組む能力が必要となるため、仕事のやりがいをアピールするとともに、適性を持つ求職者からの応募につなげる。

会社の情報

事業内容	○○建設のグループ会社で、土木・建設・設備・電気分野の技術者をグループ企業及び建設会社へ派遣しています。ショッピングセンター△△△の建設など、当社社員が携わっている施設は多数です。
会社の特長	男性が多い建設業界ですが、当社は「女性社員1割アップ！」を目標に、技術者・技能者の育成や休暇制度の充実など、男女問わず活躍できる会社づくりに取り組んでいます。

労働時間

就業時間	（1）　08時30分　〜　17時30分 （2）　時　分　〜　時　分 （3）　時　分　〜　時　分 又は　時　分　〜　時　分　の間の　時間
	就業時間に関する特記事項 ＊早朝の時間外労働、会食への同席はありません。 ＊社長在席時は8時30分より打ち合わせを行います。 ＊お昼休憩は12時〜13時です。
休日等	土　日　その他 週休二日制　毎週 夏季休暇（8／11〜8／16）年末年始（12／30〜1／3） 誕生日休暇　結婚休暇　1時間単位の年次有給休暇も取得可能 6ヶ月経過後の年次有給休暇日数　10日

求人に関する特記事項

求人に関する特記事項
■前任者情報／引き継ぎの流れ 【前任者】秘書4年目、3月に退職予定。異業種からの転職で社長秘書を担当。秘書未経験の方にも丁寧に引き継ぎを行いますので、安心してご応募ください。 ＊引き継ぎマニュアルを用意しています。 ＊入社後まずは先輩社員と一緒に一通り経験し、その後はできる仕事から1人で担当していただきます。 ■職場環境／フォロー体制 ＊総務部（男性2名、女性3名）※20〜50代が在籍 ＊服装自由（オフィスカジュアル） ＊朝一番の社長との打ち合わせ後、情報共有するためのミーティングを行っています。また、部内にサブ担当を設け、秘書不在時でもフォローできる体制を整えています。 ■働きやすい職場づくり ＊計画的な有給休暇取得の促進　※昨年の取得率78％ ＊休暇制度の充実（誕生日休／結婚休／半日・時間単位休導入） ＊毎週水曜日ノー残業デー実施／復職制度の導入で長く勤務できる取り組みを開始 ※職場見学・前任者との懇談を行っています／会社の雰囲気・仕事の様子など、実際にご自身の目で確認することもできます！

「会社の情報」
記入のポイント

▶大手企業のグループ会社という信頼性や知名度の高い施設の建設にも数多く携わっている会社であり、誇りを持って働けることをアピールする。
▶男性が多い業界であるが、具体的な目標を掲げ女性が活躍できる環境の整備に取り組んでいることを紹介し、性別に関係なく働きやすい職場環境をアピールし、応募につなげる。

「労働時間」
記入のポイント

▶社長の仕事に付随した業務を担当する職種のため、働き方とともに時間外労働に関する情報を紹介し、働くイメージを持てるようにする。
▶完全週休2日制で社長の予定に左右されずプライベートは確保された環境であることをアピールする。

「求人に関する特記事項」
記入のポイント

▶前任者情報／引き継ぎの流れ
前任者の担当期間や退職予定日のほか、未経験から活躍していたことなどを紹介し、円満な退職であることを示す。また、充分な引継ぎ期間があるとともに、引き継ぎマニュアルなどのサポート体制が整っていることを紹介し、求職者の不安を払拭する。
▼職場環境／フォロー体制
配属部署のスタッフ構成や服装、コミュニケーションのとり方のほか、秘書不在時のフォロー体制などを紹介し、働く姿をイメージしやすくする。
▶働きやすい職場づくり
有給休暇の取得率や会社独自の休暇制度、ノー残業デーなどを紹介し、労働環境の良さをアピールすることで、他社との差別化を図る。
※職場見学・懇談会の実施
応募前に職場の雰囲気を確認することができ、前任者との懇談の場もあるなど、きめ細かな配慮を示し、気軽に応募ができる環境を用意する。

6
事務

コールセンターオペレーター

求職者イメージ

▶テレフォンアポインターから転職したいと考えている人
新規開拓や営業推進を目的に、目標達成や歩合給がモチベーションとなるアウトバウンド型コールセンター業務に適性を感じられず、インバウンド型コールセンターオペレーター職に転職したいと考えている人

▶接客業からの転職を考えている人
接客の仕事は好きで基本的なコミュニケーションスキルは身につけているものの、対面接客にストレスを感じることが多いため、そのスキルと経験が活かせるコールセンターオペレーターに興味があり、転職を考えている人

▶大手コールセンターから転職を考えている人
長年オペレーターとして働いているが、現在の職場ではスーパーバイザー（SV）への昇進の見込みが薄いことから、転職を考えている人

アピールポイント

▶インバウンド型コールセンターでの受電業務が主な仕事であること
▶未経験者であっても研修制度が整っており、製品の知識や電話応対を基礎から学べ、安心して始められること
▶モニタリングチェックにより、公平な評価をもとに昇給するシステムがあり、モチベーションを保ちながら働けること
▶SV に向けた人事・研修制度が整っていること

仕事内容

職種	〔正社員〕コールセンターオペレーター（インバウンド型）
仕事内容	中高年向け健康食品の通信販売における企業内コールセンター業務。大手通販サイト健康食品部門で、昨年は8位にランクイン。現在30名程度のオペレーターが元気にいきいきと活躍中！ ■主な仕事内容 ＊電話での注文受付や商品説明（1時間あたり2〜4件） ＊メールによる問い合わせ対応（1日5〜10件程度） ＊データ入力、伝票発行などの発注業務 ■充実した研修制度 レベル別の研修をご用意、初級・中級・SVコースがあり、当社製品の知識や電話応対方法など、5日間研修いたします。 ※会員様へ新商品のご案内を専門とするアウトバウンド部門もあります。目標設定型オペレーターが希望の方は、ご相談ください。

「仕事内容」記入のポイント

▶冒頭3行で自社の取扱商品やサービス内容とともに、業界内での評価やいきいきと働くことができる環境を示し、各々が培ってきた経験やスキルを発揮できる職場であることをアピールする。

▶電話件数や1件あたりの所要時間などを具体的に紹介することで、仕事をイメージしやすくする。

▶経験に合わせたレベル別の研修を実施していることを紹介し、未経験者からベテランまで幅広い求職者の関心を惹きつける。

▶アウトバウンド部門で目標を設定した仕事も選択できることを紹介する。

「職種名」その他例

● 人気のコールセンターオペレーター／週休2日制・残業少
● コールセンターオペレーター（正社員）シフト制勤務／研修有
● コールセンター（健康食品）受電のみ／SVも目指せます！
● インバウンドコールセンターでのオペレーター／ほぼ定時退社

会社の情報

事業内容	自社ブランドの健康食品を通信販売しています。人気商品の○○○は、大手通販サイトで常に上位にランクインしています。今年は美容サプリメントの販売も開始し、順調に売上を伸ばしています。
会社の特長	社員1人ひとりの声を大切に聞き、働きやすい職場づくりに取り組んでいます。昨年はトイレ・化粧室の全面改修を行いました。これからも社員の声をもとに、さらなる進化を遂げていきます。

労働時間

就業時間	交替制（シフト制） （1）　08時 45分　～　17時 45分 （2）　10時 00分　～　19時 00分 （3）　11時 30分　～　20時 30分 又は　　時　分　～　　時　分 の間の　時間
	就業時間に関する特記事項 ＊（1）～（3）によるシフト制勤務。 ＊固定シフトを希望される方はご相談ください。 ＊電話応対は9：00～20：00
休日等	その他 週休二日制　毎週 希望シフト制による完全週休二日制 年末年始　12／30～1／3（20○○年度） 6ヶ月経過後の年次有給休暇日数　10日

求人に関する特記事項

求人に関する特記事項
■9割が「よくある質問」 ＦＡＱ集（よくある質問をまとめたテキスト）があります！お客様対応中でも、検索しやすいＦＡＱ集を用意。探しやすいインデックスもついており、オペレーターのバイブルとなっています。 ※もしも電話応対中に自分で判断できない案件、クレームがあった場合は、上席のスーパーバイザー（ＳＶ）が応対します。 ■ＳＶとの面談 入社後の1ヶ月、3ヶ月、6ヶ月のタイミングで、ＳＶとの個人面談を行っています。仕事上のお困りごとを伺うのはもちろん、スキルをさらに高めていく方法も一緒に考えていきます。 ■評価制度でモチベーションアップ ＳＶによる定期的なモニタリングチェックや「応対マナー・知識力・対応の正確さ・的確さ」から人事評価をしています。評価は5段階あり、年2回の評価を賞与や昇給に反映させています。 ■ＳＶにチャレンジ 連続3回の評価結果がいずれも一定以上となることで、誰でも業務管理や改善を行うＳＶに挑戦できる社内公募制度があります。 ■家庭と仕事の両立 基本的に平日休みですが、月2～3回は土日の休みをとることが可能です。お子さまの学校行事や家庭の都合など考慮します。

「会社の情報」記入のポイント

▶大手通販サイトで上位にランクインしていることや新商品も好調で業績も伸びていることを紹介する。

▶「働きやすい職場づくり」に向けた取り組みを社員の声を交えて紹介する。

「労働時間」記入のポイント

▶シフト制度による勤務を基本とするものの、固定シフトを希望する求職者も多いことから、柔軟に対応する姿勢を示すことで働きやすさをアピールする。

▶希望シフト制であることや完全週休2日制のほか、年末年始休暇を具体的に紹介する。

「求人に関する特記事項」記入のポイント

▶9割が「よくある質問」
一般的に覚えることが多くクレーム対応が大変などのイメージがあるため、求職者の不安を払拭できるような事例や社内の体制を紹介する。

▶ＳＶとの面談
オペレーターの心理的負担を軽減するため、心のケア対策をしていることや、会社として働きやすい環境づくりを目指す姿勢をアピールする。

▶評価制度でモチベーションアップ
モニタリングチェックで評価し、給与に反映される制度を紹介して、適正な評価を望む求職者にモチベーションが維持できる環境をアピールする。

▶ＳＶにチャレンジ
ＳＶ昇格に自ら手を挙げて挑戦することができる社内制度があることをアピールし、長期勤務希望やキャリア志向の求職者の関心を惹きつける。

▶家庭と仕事の両立
毎週土日が休みではないものの、前もって休みの希望を出せば土日休みも可能なため、家庭と両立した働き方ができることをアピールする。

人事・総務（部長候補）

求職者イメージ

▶定年後の再就職先を探している人
　＊中堅企業で長年人事や総務畑の仕事をしてきたが、定年を迎えるにあたり同社の再雇用は辞退し、新天地で経験を活かせる仕事を希望している人
　＊中堅企業で管理職を務め定年退職したが、当面は第一線でバリバリ働きたいと考えている人
▶定年が視野に入ってきた50代
　現職では間もなく役職定年を迎えてしまうため、定年を待たずに早期退職して、条件の良い新しい職場で早めに第二の人生をスタートさせたい人
▶転職希望のミドル・シニア世代（40〜50代前半）
　現在、中間管理職として働いているが、待遇に対する疑問やこれ以上の昇進も見込めないため、もっと自分の力を活かし、能力を発揮できる仕事があれば思い切って転職してもよいと考えている人

アピールポイント

▶前職の経験を活かして、自分の考えで仕事を遂行できること
▶小規模会社ではあるものの部門のトップとして大きな仕事を任せられ、会社の期待も大きいやりがいのある仕事であること
▶65歳定年後も70歳までは再雇用制度があり、転職後も長く働ける仕事であること
▶自分がこれまで積み上げてきた経験が、今回の仕事でどれくらい通用するのかチャレンジできる良い機会となること

仕事内容

職種	人事総務責任者（部長候補）／要管理職経験（業種不問）
仕事内容	経営陣と非常に近い立場で、セカンドキャリア・ラストキャリアとして当社で活躍しませんか？当社社員80名がイキイキと働ける職場づくりを担う人事総務部門の責任者としてお迎えします。 ■入社後の当面の流れ 1年程度は部長候補として事業全体の理解や社員とのコミュニケーションを深めていただきます。その後、人事総務の責任者として、通常業務を統括しながら当面の課題に取り組んでいきます。 ■当面の課題（プロジェクト） ＊社員がイキイキと働く新しい人事制度の構築 ＊配送センター新築計画検討会議の企画・運営サポート ※今回は現職部長の後任者育成のための募集であり、引き継ぎ時間も充分確保していますので安心してスタートできます。

✏「仕事内容」記入のポイント

▶定年前後や早期退職を考えるミドル・シニア層を前提とすることから、求人は再就職や転職にふさわしい魅力があるか否かが応募を左右するため、管理業務だけの実務責任者ではなく、経営的な視点から期待する役割をアピールする。

▶部長職候補という立場で入社した後は、どのような流れで部長職まで辿り着くのかは求職者にとって関心事のため、基本的なキャリアパスを示す。

▶今回の採用目的でもある人事・総務責任者として取り組んでほしい課題を明確にすることで、求職者が前職では叶わなかった「部門のトップ」という立場で思い切った仕事ができることに魅力を感じてもらい、挑戦意欲を引き出す。

「職種名」その他例

● 人事総務部長（候補）／新しいフィールドで活躍したい方歓迎
● 営業・販売・人事・総務の管理職経験歓迎／人事総務部長候補
● 人事・総務責任者（部長候補）／現職との引き継ぎもあり安心
● 年収480万円以上＋賞与／週休2日／人事・総務部長候補

会社の情報

事業内容	１００円均一ショップや雑貨専門店を中心に日用雑貨やキャラクター雑貨の卸販売を展開しています。○○エリアを中心に１,０００社以上の小売店に、話題性のある商品を数多く提供しています。
会社の特長	若年層や女性の消費者が多い業界のため、常に新しくて楽しいアイテムの提供が欠かせません。平均年齢３０代の若手スタッフによる市場リサーチや商品企画・開発力が当社の大きな強みです。

労働時間

就業時間	（１）　08時30分　〜　17時30分
	（２）　　時　分　〜　　時　分
	（３）　　時　分　〜　　時　分
	又は　時　分　〜　　時　分　の間の　時間
	就業時間に関する特記事項
	＊「つきあい残業」解消運動を展開しています。 ＊第１・３金曜日はノー残業デー（定時退社）実践中。
休日等	土　日　その他 週休二日制　毎週 ＊年末年始１２／３０〜１／３・夏季休暇８／１１〜８／１６ ＊（参考）有給休暇取得率７０％→今年度目標７５％ ６ヶ月経過後の年次有給休暇日数　１０日

求人に関する特記事項

求人に関する特記事項
■労働条件の補足 ＊給与額は、前職給与・経験・能力を考慮して決定します。 ＊入社日は相談に応じます。在職中の方もまずはご相談ください。 ＊最長７０歳まで再雇用が可能な環境で長くご活躍いただきます。 ＊年収目安（部長職）４８０万円以上＋賞与 ■歓迎する方 ＊人事、総務の経験以外にも営業職や販売部門などで管理職を経験された方 ＊部門間の調整ごとを円滑に進められる方 ＊第二の人生をポジティブに考え行動したいと考えている方 ＊現職にこだわらず、新しい職場で自分の力を試したい方 ■社長からのメッセージ 一番期待することは、社員１人ひとりが主体性をもって仕事に向かいイキイキと働く会社づくりです。人事評価や処遇、インセンティブ制度など新しい人事制度も取り入れていきたいと考えています。 そのためにも、まずは社員の輪の中に入っていただき、様々な意見や要望を聴いてください。経営層も一緒に取り組みますので、あなたの力を思う存分発揮してください。 ※まずは会社見学にお越しください。会社の様子や社員の働く姿を見ていただき、納得いただけたらご応募ください。

「会社の情報」記入のポイント

▶１００円均一ショップや雑貨専門店などに商品を提供する卸売業であり、１,０００社以上と取引がある安定性を紹介したうえで、常に消費者の期待に応えられる新しい商品の提供が求められることから、商品企画や開発には平均年齢30代の若手スタッフを投入していることを紹介し、若い人材が活躍する活気のある会社イメージをアピールする。

「労働時間」記入のポイント

▶若手社員も多いことから、金曜日のノー残業デー（定時退社）や「つきあい残業」の解消、年次有給休暇の取得状況やさらなる取得率向上を目指す姿勢を紹介し、プライベートの充実とともに働きやすい職場づくりへの取り組みをアピールすることで、会社のイメージ向上につなげる。

「求人に関する特記事項」記入のポイント

▶労働条件の補足

定年前後の再就職であれば、賃金は現職あるいは前職より低下することへの理解は当然と思われるが、転職を決断するための重要な判断材料となるため、会社としての考え方と参考までに年収目安を提示する。

▶歓迎する方

応募してほしい人材を仕事面と人生観から紹介し、適性を持つ求職者に応募への気持ちを高めてもらう。特に人生観では、定年後の人生をポジティブに考えて行動したいと考える意欲的な人を歓迎する姿勢を示す。

▶社長からのメッセージ

社長自身がどのような会社づくりをしたいのかを表明し、課題の1つである旧態依然のままの人事制度を再構築してほしい期待感をメッセージとして発信して求職者の「自分がやってみよう！」という挑戦心に訴える。

※まずは見学を勧め、納得のうえで応募してほしい気持ちを示し、オープンな会社イメージを与える。

広報

求職者イメージ

▶広報のアシスタント業務をしている人
　広報として数年経験を積んできたが、上司や先輩のアシスタント業務が中心のため、主体性を持って活躍できる職場へ転職したいと思っている人

▶現役の広報職で心機一転したい人
　広報の仕事は好きなものの、業務が定型化しており現在の職務に対して面白さややりがいを感じることができないため、この機会に新しい環境で広報職として仕事の幅を広げ、様々なことにチャレンジしてみたいと考えている人

▶マスコミ業界で働いている人
　出版社や広告代理店で実務経験があり、現在は異動により営業職など違う分野で活躍しているが、原稿執筆や自分のアイデアを形にしていくことが好きなため、今までの経験やスキルを活かして働ける広報の仕事を探している人

アピールポイント

▶裁量の幅が広いため、自分のアイデアやスキルを発揮して活躍できること

▶広報業務に幅広く携わることができ、経験のない分野の仕事でも一からつくり上げていくやりがいや面白さがあること

▶マニュアルを基にした初期教育や外部研修に参加できることで、経験が浅い部分を補いながら、自分の得意分野を活かして活躍できること

仕事内容

職種	【広報・PR】経験浅OK／広い裁量権／地域密着の工務店
仕事内容	工務店のスタッフとして家づくりにかける想いや当社の魅力をPRする社外広報の仕事。担当者に裁量がある業務が多く、アイデアを仕事に反映しやすいため、やりがいを持って働ける環境です。 ■広報業務 ＊SNSの運用（ホームページの更新／SNSの開設・運営） ＊イベント企画（家づくり相談会の企画・運営／月1回土日開催） ＊プレスリリース（タウン情報誌・チラシ原稿作成／月1〜2件） ＊カタログ制作（会社案内・建築実例集の原稿作成） ■マーケティングリサーチ ＊来場者アンケートの実施、オーナー様への郵送調査等 ＊データ集計・分析・他部門へのフィードバック ―お気軽に職場見学へお越しください！先輩社員と懇談も可能―

「職種名」その他例

●広報担当として当社の魅力をPRしてください／経験浅OK
●企画・広報スタッフ／SNSの活用からイベント企画まで
●工務店での広報／自然素材で造られたモデルハウスでのお仕事
●広報／工務店の魅力を伝える仕事／水曜定休・残業月10時間

「仕事内容」記入のポイント

▶冒頭3行は自社の広報としての役割や働く魅力をアピールし、同職種で転職を考えている求職者の目に留まるような内容にする。

▶求職者が培ってきた経験やスキルを活かせる職場という印象を持ってもらえるようなメッセージでアプローチする。

▶広報職でも担当する業務が「社内広報」あるいは「社外広報」なのか、また企業によって業務範囲が大きく異なるため、自社の仕事内容を明確に示す。

▶仕事内容は詳細に説明し、イベントやプレスリリースの頻度、どのような人と関わりながら仕事をしていくのかなど、働くイメージを具体的に持てるようにする。

会社の情報

事業内容	○○地域を中心に木造住宅や店舗の設計・施工・監理を行っている工務店です。○○県産の木材を豊富に使用した自然の恵みを感じる家づくりを得意としており、古民家リフォームも手がけています。
会社の特長	将来を担う人材確保に向け働き方や職場環境の課題を社員全員で改善しています。おかげさまで昨年は高校新卒者や女性技術者の加入も実現し、職場に新しい風が吹き始めました。

労働時間

就業時間	変形労働時間制（1年単位） （1）　09時 00分　～　18時 00分 （2）　　時　分　～　　時　　分 （3）　　時　分　～　　時　　分 又は　時　分　～　　時　　分 の間の　時間 就業時間に関する特記事項 ＊相談会や完成見学会などのイベント当日は準備等により1～2時間程度の残業があります。　※休憩時間90分 ＊イベントは完成物件またはモデルハウスにて開催しており移動は車で1時間以内です。
休日等	水　その他 週休二日制　その他 【定休日】毎週水曜日、第1・第3火曜日　※月7日休みです。 【年末年始】12／29～1／7【夏季休暇】4日（交替で取得） 6ヶ月経過後の年次有給休暇日数　10日

求人に関する特記事項

求人に関する特記事項

■私たちの仕事
自然素材を豊富に使用した高い品質と完全自由設計のデザイン性に定評があり、新築では100棟以上の建築実績があります。施主様には木の家にこだわる子育て世代から第二の人生に向けて心地よく暮らせる住まいへリノベーションされたご夫婦も多くいます。

■職場環境
【所属】広報企画室／40代女性室長とパートスタッフの2名。室長は2級建築士の資格を持ち、現役のプランナーでもあるため、業界の専門知識も一緒に学びながら成長していくことができます。

■働き方
【入社後】営業部での教育があり、打ち合わせや建築現場に同行しながら当社について理解を深めていきます。
【初期教育】マニュアルを基に先輩と一通りの業務を経験します。必要に応じて外部の研修にも参加できます（費用会社負担）。
【SNSサイトの立ち上げ】公式アカウントの開設から定期的な情報発信、アクセス数の分析まで一貫して担当していただきます。
【イベント企画】すべて担当者が企画しており、子ども向け工作教室や宿泊体験会など毎月様々なイベントを開催しています。

■モデル年収例
297万円／28歳・入社3年目

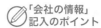
「会社の情報」
記入のポイント

▶施工対応エリアや業務内容などの会社概要に自社のこだわりや強みなどの特徴を加えながら説明することで、事業をイメージしやすくする。

▶女性の技術者が在籍していることで性別に関係なく活躍できる職場である印象を持ってもらい、働きやすい職場づくりに向けて具体的に取り組んでいる姿勢をアピールする。

「労働時間」
記入のポイント

▶時間外労働の理由やおおよその時間数、外出による移動時間などを説明し、具体的な働き方をイメージしやすくする。

▶休日については、定休日や月7日間の休みがあることを明確に示し、プライベートな予定も立てやすい環境であることをアピールする。

「求人に関する特記事項」
記入のポイント

▶私たちの仕事
自社の特徴や強み、お客様層などを紹介し、まずは会社に興味を抱いてもらえるようにする。

▶職場環境
所属部署の情報を紹介し、豊富な専門知識を持った上司の下で働けることで、異業界からでも知識を深めて成長できる環境をアピールする。

▶働き方
＊広報の仕事をするうえで自社の理解を深めておくことは必須であり、入社後に家づくりのプロセスなど実際に経験しながら学べることは大きなアピールとなるため紹介する。
＊教育体制を紹介し求職者の不安を解消するとともに、仕事の面白さややりがいをアピールする。

▶モデル年収例
転職するうえで関心が高い事項である年収例を紹介する。

医療事務

求職者イメージ

▶医療事務職としての仕事の幅を広げたい人
　現在は窓口業務を担当しているが、医療クラークを兼務して活躍している事例を知り、自分も仕事の幅を広げ、キャリアアップしたいと考えている人

▶契約社員などから正職員に転換したい人
　病院などで契約社員医療事務職として働いているが、正規雇用で働ける職場に転職したい人

▶子育てなどで一旦離職していた医療事務経験者
　前職は医療事務職で働いていたが子育てなどの理由で一旦離職し、ブランクもあるが働ける条件も整ったため、今後は長く働ける職場を希望している人

▶異業種で働きながら資格を取得した人
　以前から興味のあった医療事務の資格を通信教育で取得できたため、未経験でも始められる医院などに転職したい人

▶新卒後の就職先を早期に離職した人
　事務職の中でも多くの人と関われる医療事務に魅力を感じており、引き続き医療事務職としてキャリアを積みたいと感じている第二新卒

アピールポイント

▶「何でも聞ける」医院として患者と距離が近いこと
▶現役および経験者は医療クラークに携われるチャンスがあり、仕事の幅を大きく広げられること
▶時間外労働の削減や有給休暇取得推進など、働きやすい職場づくりに取り組んでいること

仕事内容

職種	医療事務／仕事の幅を広げたい方は将来医療クラークで活躍可
仕事内容	患者さまの疑問や不安にとことん向き合い「何でも聞ける」と好評いただいている医院です。窓口での医療事務にとらわれず、もっと自分のフィールドを広げたいみなさんが活躍できるお仕事です。 ■仕事の特徴 ＊周辺は新興住宅地のため、外来は若いファミリー層中心です。 ＊当面は受付や会計業務を中心にレセプト業務（診療明細作成）を担当していただきます。 ＊将来は問診情報の入力や電子カルテ入力代行などの医療クラーク業務（医師事務作業補助）も担っていただく計画です。 ■未経験者も活躍中 事務スタッフ５名のうち１名は未経験スタートでしたが、現在メディカルクラークの資格取得に向け頑張っています。

「職種名」その他例

●医療事務／受付・会計・レセプト業務／ブランク・未経験ＯＫ
●医療事務職／将来医療クラークへのキャリアアップを支援
●医療事務・医療クラーク／外来受付〜電子カルテ入力代行まで
●医療事務／経験者は医師事務補助（医療クラーク）で活躍可

「仕事内容」記入のポイント

▶想定する求職者イメージは、現役の医療事務職ではあるが現状の窓口受付や会計業務などで満足している人ではなく、もっと仕事の幅を広げ、キャリアアップしたいと考えている意識の高い人をメインとする。

▶そうした求職者に向け、まずは冒頭で「窓口での医療事務職の枠にとらわれず、もっと自分のフィールドを広げたいみなさん」とのフレーズでインパクトをつけ注目を引く。

▶具体的には、まずは一般的な受付や会計、レセプト業務を担当しながら、希望や適性に合わせて医療クラーク業務にも携わってもらう方針を紹介し、未経験者も含めてキャリア志向の求職者にアピールする。

会社の情報

事業内容	開業5年目の内科医院ですが、患者さまのどんな疑問や不安にもきちんとお答えする診療スタイルを守っています。WEB診察予約制に加え、現在はオンライン診療への準備も進めています。
会社の特長	病気で不安を抱えた患者さまにどう接したらよいかを、スタッフ全員が自分のポジションで常に考え行動しています。特に失敗事例は皆で共有し、患者さま対応のスキルアップを図っています。

労働時間

就業時間	変形労働時間制（1ヶ月単位） （1）08時30分 ～ 19時00分 （2）08時30分 ～ 12時30分 （3）　時　分 ～ 　時　分 又は 　時　分 ～ 　時　分 の間の　時間
	就業時間に関する特記事項 ＊（1）は月・火・水・金曜日で休憩180分（帰宅も可） ＊（2）は木・土曜日で休憩なし ＊月末月初はレセプト業務が集中するため変形労働時間制勤務としていますが、週平均労働時間は40時間以下です。
休日等	日　祝　その他 週休二日制　その他 ＊月2回木曜日または土曜日休み（交替制） ＊夏季8／12～8／16、年末年始12／29～1／3 6ヶ月経過後の年次有給休暇日数　10日

求人に関する特記事項

求人に関する特記事項
■仕事内容の補足 ＊当院の診療スタイルは、看護師による事前問診に時間かけていることです。患者さまの細かい症状はもとより疑問や不安、医師に聞きたいことなどをしっかり伺ってから診察を行います。 ＊問診の情報は事務スタッフがPCに入力し、院内ネットワークで共有しますので、全員が患者さまに合った対応をとれます。 ＊WEB診察予約システムを採用しているため、外来状況が予測できるとともに、待合室の混雑も以前に比べて少なくなりました。 ■職場の様子 ＊事務スタッフは新卒の20代から40代までが活躍、うち3名は医療クラーク業務（電子カルテ入力ほか）も兼務しています。 ＊職場全体の時間外労働を「見える化（グラフ）」して、月間目標を達成時に食事会を実施するなど、楽しく取り組んでいます。 ＊有給休暇取得率は70.8％ですが、時間単位でも利用できますので、家庭との両立もしやすいです。 ■スタッフ育成への支援 ＊毎月1回、木曜日午後の休診時間にレセプト業務などの院内研修を実施しています。 ＊資格取得では通信教育受講料補助や合格祝金で支援します。 ※職場見学歓迎です。事務長が疑問や不安にお答えします。

「会社の情報」記入のポイント

▶患者の立場からどんな疑問や不安にもお答えしていくという当たり前なことをきちんと守っていく医院であること、そのためにも医師以下全スタッフが自分の立場で責任を果たすべく仕事に取り組んでいる姿勢をアピールする。

「労働時間」記入のポイント

▶月末月初はレセプト業務が集中するため1ヶ月単位の変形労働時間制勤務となるが、週平均では40時間以下であることも丁寧に説明する。また、休日は月2回の交替制休暇もあることを紹介し、プライベート時間も確保できることをアピールする。

「求人に関する特記事項」記入のポイント

▶仕事内容の補足

仕事内容欄の冒頭で「何でも聞ける」医院として好評を得ている要因の1つが、診察前の看護師による丁寧な問診と患者さま情報を院内ネットワークで全員が共有する医院のスタイルにあることを紹介する。また、医師から事務スタッフに至るまで、患者としっかりコミュニケーションをとりながら安心した医療を提供する仕事の魅力をアピールする。

▶職場の様子

医療事務スタッフは20～40代で、うち3名は医療クラーク業務も兼務しながら活躍している状況を紹介し、医療事務職としての仕事の幅を広げたいと考えている求職者に将来の自分の姿を連想してもらう。

▶スタッフ育成への支援

院内研修会や資格取得費用の補助、合格祝金支給などスタッフ育成に積極的な姿勢をアピールする。

介護事務

求職者イメージ

▶キャリアチェンジを考えている人
　＊介護職で働いているが心身の疲労や腰痛・肩こりといった体調不良などの事情により転職したいと考えるようになり、同じ福祉の仕事でも事務職を希望している人
　＊一般企業の総務や経理関係で働いてきたが、福祉に興味・関心を抱くようになり、特に介護保険は担い手のニーズも高いことから思い切って違う業界に転職を考えている人
▶ブランクを経て再就職を考えている人
　家庭の事情や子育てが一段落したため、事務職の経験を活かせる再就職先を探している人
▶同業他社からの転職を考えている人
　現職の仕事自体は好きでやりがいを感じているものの、人間関係や業務多忙による時間外労働の常態化、休日など、自分の時間が確保しにくい働き方に疑問を感じるようになったため、自分に合った職場を探している人

アピールポイント

▶情報共有するための仕組みが整っており、互いにフォローし合う良好な人間関係を築けていること
▶資格取得支援制度や幅広い業務を経験できるなど、事務職としてのスキルアップができること
▶丁寧な教育研修プランが用意されているため、経験が浅い人やブランクのある人でも始めやすい職場であること
▶時短勤務のスタッフも活躍しており、ライフステージの変化に合わせた柔軟な働き方が可能で、長く働ける環境が整っていること

仕事内容

職種	介護事務（有料老人ホーム）／介護職・一般企業の経験者歓迎
仕事内容	当社運営の有料老人ホームにおいて介護保険事務を中心とした一般事務の仕事です。経験がある方のほか、介護職からのキャリアチェンジや一般企業での事務職経験を活かしたい方なども歓迎です。 ■介護保険や介護に関する幅広い事務業務に携わる仕事 〈保険事務〉介護報酬請求（レセプト作成）／ご利用者への請求書作成／ケアマネージャーのサポート 〈一般事務〉職員の勤怠管理／設備や備品の管理／会議資料等の作成／来客応対／電話応対 ■こんな心構えで仕事に取り組んでください 事務職ではありますが介護現場を支えるスタッフの一員でもあります。業務はケアマネージャーや介護スタッフとともに進めていきますので、介護業務全般に参加していただくことが大切となります。

「仕事内容」記入のポイント

▶未経験可の求人ではあるものの、目標や目的を持って介護事務の仕事を習得したいと考える向上心の強い求職者を前提に、成長に向けた制度や環境が整った職場イメージがしっかり伝わるものとする。
▶冒頭でキャリアチェンジ志向の求職者を歓迎する姿勢をアピールし、該当する求職者の関心を惹きつける。
▶業務内容を保険事務関係と一般事務関係に分けて項目のみで紹介し、事務職でも幅広い仕事があることを理解してもらう。
▶採用のミスマッチを防ぐため、仕事はデスクワークだけではないことを念押しする。

「職種名」その他例

●正社員／介護事務の仕事（定員６０名介護付有料老人ホーム）
●有料老人ホーム事務職／介護職からのキャリアチェンジ歓迎
●介護事務のエキスパートを目指して／業界未経験でもＯＫ
●一般企業での事務職経験を活かせる介護事務／資格取得支援有

会社の情報

事業内容	介護事業を手がけ、現在はグループホームや介護付有料老人ホームを運営しています。高齢者の皆さんが終の棲家で自分に合った生活を安心して送れるよう、きめ細かく生活全般の支援をしています。
会社の特長	日々の仕事に追われながらも良質なサービスが提供できる仕組みづくりとして、数字では表せない1人ひとりの仕事の成果を独自の視点で公正に評価していく新しい人事制度を構築中です。

労働時間

就業時間	変形労働時間制（1ヶ月単位） （1）　08時30分　〜　17時30分 （2）　　時　分　〜　　時　　分 （3）　　時　分　〜　　時　　分 又は　時　分　〜　時　分　の間の　時間 就業時間に関する特記事項 ＊介護保険請求業務が集中する月初は所定労働時間を8．5時間とする変形労働時間制を導入していますが、月中に調整することで週平均は40時間となっています。 ＊繁忙日以外はほぼ全員が定時退社しています。
休日等	その他 週休二日制　　その他 ＊シフトにより月8日休み（希望日の事前申し出に配慮） ＊夏季5日間と年末年始4日間（交替）　＊時間単位有給休暇あり 6ヶ月経過後の年次有給休暇日数　　10日

求人に関する特記事項

求人に関する特記事項
■仕事内容を補足します ＊現在入所者さま60名の平均要介護度は2．3です。 ＊介護サポートは業務の1割程度ありますが移動の補助程度です。 ■職場の様子を紹介します ＊介護スタッフやケアマネージャーとの意見交換会を設け、入所者さまの状態などを共有し、コミュニケーションを図っています。 ＊事務スタッフは介護保険エキスパートの50代事務長（男性）のほか、20〜40代の女性3名（うち1名は1年目ママさん） ■頑張りと成長を大切にしています ＊女性活躍推進「えるぼし」事業所の認定を受け、数字では測れない仕事のプロセスや周囲のスタッフとの協調性、自己目標の達成度なども評価する新しい人事制度を進めています。 ＊キャリア面談により1人ひとりの将来を一緒に考え応援します。 ＊毎月2回、事務長による介護保険の勉強会を開催しています。 ＊民間資格（例：介護事務管理士）の通信講座費用を資格取得時に全額補助します。現在2名挑戦中のため一緒に勉強できます。 ■新たな挑戦を応援します ＊介護職経験や一般企業での事務職経験を活かしてキャリアチェンジを目指している方を応援します。 ＊業界でニーズの高い介護事業としてキャリアが形成できます。

✑「会社の情報」記入のポイント

▶介護事業を手がけておりグループホームも運営していることを紹介するとともに、入所者が終の棲家として自分らしく安心して生活できることを最優先に生活全般をサポートしていく事業所としての姿勢を紹介するとともに、そこで働くスタッフ1人ひとりの「心のこもった仕事」ぶりをしっかり認めていく人事の考え方をアピールする。

✑「労働時間」記入のポイント

▶月初は事務量が多くなるため1ヶ月単位の変形労働時間制を採用しているものの、それ以外はほぼ全員が定時退社している職場環境であること、また、休日はシフト制になるが連続休暇があることや希望休日についても配慮がある職場であることなど、働きやすい労働条件をアピールする。

✑「求人に関する特記事項」記入のポイント

▶仕事内容を補足します
入所者の年齢や介護度を紹介するとともに、事務職ではあるものの介護業務のサポートが仕事全体の1割程度あることも説明し、入社後のミスマッチを防ぐ。

▶職場の様子を紹介します
一緒に仕事をするメンバーの男女別、年代を簡単に紹介するとともに、関係者との意見交換会などもありコミュニケーションがとれている職場であることをアピールし、親近感を持ってもらう。

▶頑張りと成長を大切にしています
国から女性の活躍促進に関する状況などが優良な企業として認定を受けていること、および人事の基本的な考え方、勉強会の開催や民間資格取得の支援などを紹介し、向上心の強い求職者の応募意欲につなげる。

▶新たな挑戦を応援します
職場も一緒になって将来を考えることで1人ひとりのモチベーションを大切にしている姿勢をアピールする。

経理事務

求職者イメージ

▶現役経理職からの転職希望者
  ＊現在の職場では多忙な仕事や処遇などに馴染ないため、思い切って転職したい人
  ＊経理事務に留まらず、将来を考えて何かプラスαのスキルや資格取得により、自分の付加価値を高めたい人
▶正規雇用を希望している非正規雇用労働者
  非正規雇用で経理の仕事をしてきたが、経験を活かして正社員として働ける仕事を探している人
▶就労にブランクがある人
  前職を一旦離職したが、働く条件が整ったため、家庭と両立しながら働ける仕事を探している人
▶実務経験はないが経理の仕事に携わりたい人
  簿記検定を取得している第二新卒や経理事務の職業訓練を修了して再就職活動に取り組んでいる人

アピールポイント

▶コツコツ仕事をしたい人には、その特性を活かせる仕事であること
▶一般的な経理業務のほかに、給与計算や社会保険関連の手続きなど総務や労務に関わる業務も経験する機会があり、将来に向けて仕事の幅を広げられること
▶資格取得支援制度があり、実際に制度を活用して挑戦中の社員もいるなど、スキルアップに理解のある職場であること
▶プライベートや家庭生活との両立もしやすい制度や職場環境が整っていること
▶実務未経験者や退職後のブランク期間が長い人にも、計画的な育成体制が準備されていること

仕事内容

職種	経理スタッフ／コツコツ仕事が得意・スキルアップ希望者歓迎
仕事内容	経理事務／未経験や「コツコツ派」の方はルーチン業務を自分のペースで／経験者で「プラスα成長派」の方は関連分野も経験しながらスキルアップ／プライベートやご家庭との両立OK／男女活躍中 ■ルーチン業務 伝票処理／会計データ入力／入出金確認／経費精算／売掛金や買掛金処理／月次試算表作成など（会計ソフトは「××××」を使用） ■プラスαで成長 ルーチン業務の他に給与計算や社会保険などの労務管理事務も徐々に経験し、仕事の幅を広げていただけます。また、簿記やFP（ファイナンシャルプランナー）などの資格取得も積極的に支援。 ※配属：総務部経理課／課長（40代）以下4名（男1女3名・平均年齢30代）／経験3年から10年以上／モットーは助け合い

「職種名」その他例

● 「コツコツ派」・「プラスα成長派」が活躍できる経理事務
● 経理／週休2日・年間休日112日・残業少・月18万円＋賞与
● 経理事務（データ入力から）／未経験やブランク有の方もOK
● 正社員／経理／第二新卒（要簿記2級）・職業訓練修了者歓迎

「仕事内容」記入のポイント

▶現役の経理事務職から転職を希望する人は、職場環境の改善や自分の将来に不安を抱えていることが主な理由と考えられるため、求人全体はその改善につながる職場であることが伝わるようにする。
▶冒頭では、求人の特徴・魅力を短いフレーズやキーワードで紹介してインパクトを強めるとともに、仕事はコツコツ取り組みたい人からスキルや経験の幅を広げたい人まで幅広く応募できる門戸の広い求人であることをアピールする。
▶職場の人間関係や雰囲気を重視する求職者が多いため、簡単にスタッフを紹介し、その中で求職者自身が緒に働くイメージを持てるようにする。

会社の情報

事業内容	自動車部品金型の設計・製作会社です。大手部品メーカーとの取引が中心で、創業以来業績も安定しています。現在、海外への工場進出計画を進めており、当社の新しい時代の幕開けとなります。
会社の特長	海外進出に向けて入社10年前後の若手社員を選抜してチームを編成し、技術者の育成に取り組んでいます。また、間接部門においても1人ひとりの業務能力の向上と多能工化に取り組んでいます。

労働時間

就業時間	（1）　08時30分　〜　17時30分 （2）　　時　分　〜　　時　分 （3）　　時　分　〜　　時　分 又は　時　分　〜　　時　分の間の　時間 就業時間に関する特記事項 ＊月平均の時間外労働は8時間ですが、決算期（3・4月）以外は5時間程度です。 ＊第1・第3水曜日は定時退社「ノー残業デー」とし、実行できなかった人は「マイノー残業デー」を別日で設定して実施。
休日等	土　日　その他 週休二日制　毎週 ＊夏季休暇8／12〜8／15・年末年始12／31〜1／3 ＊時間単位有給休暇制度があり、学校行事なども安心です。 6ヶ月経過後の年次有給休暇日数　10日

求人に関する特記事項

求人に関する特記事項
■仕事内容の補足 ＊日々処理するルーチン業務は決まっているため、仕事は計画的に自分のペースでコツコツ取り組めますが、業務量は少なくはありませんので、スピーディーで正確な作業が求められます。 ＊総務部内では、経理課と総務課の垣根を越えて、1人ひとりの希望や適性に合わせて、幅広い仕事を担当できるスタッフの育成にも取り組んでいます。 ■働きやすい職場 ＊残業は月末月初に月平均5時間程度ですが、決算対応業務が発生する3月・4月には月20時間程度になります。 ＊年次有給休暇を時間単位で取得できる制度を導入しています。 ＊経理部の有給休暇消化率は昨年度70％程度でしたが、今年度は80％以上を目指しています。 ＊実務未経験の日商簿記3級以上の方やブランクの長い方には、スキル評価シートに基づき、日々のデータ入力から始め、6ヶ月を目途に月次経理事務の基礎まで習得できるようサポートします。 ■資格取得を支援 簿記やFP（ファイナンシャルプランナー）などの当社指定の資格取得者には奨励金を支給します。現在、日商簿記1級に挑戦中の女性がいます（資格保有者：日商簿記2級3名、FP2級1名）。

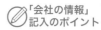

「会社の情報」記入のポイント

▶大手メーカーを主要取引先として業績は順調に推移していることや海外進出計画もあることを紹介し、安定性と将来性をアピールする。

▶若手技術者の育成とともに、間接部門も従来の担当業務の枠に留まらず、各自が様々な業務を担える体制づくりに取り組んでいることを紹介し、会社も現状に満足せず、常に前向きに努力し続ける姿勢をアピールする。

「労働時間」記入のポイント

▶時間外労働の多くは決算関連の業務が集中する3月・4月であり、それ以外は月5時間程度であることや定時退社を実施していることのほか、休日も多く、プライベートや家庭とも両立しやすい働き方ができることをアピールする。

「求人に関する特記事項」記入のポイント

▶仕事内容の補足

ルーチン業務は、コツコツ仕事をしたい人にはその特性を活かせるが、決して業務量は少なくないことを明確にし、安易な仕事ではないことを理解してもらう。また、仕事の幅を広げたい人には総務や人事労務の仕事にも携われることを示し、マルチな人材を育成したい会社の考えを紹介する。

▶働きやすい職場

プライベートや家庭との両立を希望する求職者に対して、時間外労働の実績や年次有給休暇を推進する施策などを紹介し、働きやすい職場であることをアピールする。また、経理未経験者やブランク期間が長い人には、人材育成制度が整っていることをアピールし、安心して応募ができるようにする。

▶資格取得を支援

資格取得の支援制度があることや日商簿記1級に挑戦中のスタッフがいることを紹介し、意識の高い職場で一緒に頑張りたいと思えるよう導く。

6

事務

銀行事務

求職者イメージ

▶空いた時間を利用して働きたいと考えている人
金融機関や異業種を子育てなどの理由で一旦退職したが、再度働ける条件も整ったため、空いた時間で家庭と両立しながら短時間勤務が可能な仕事を探している人

▶業種を問わず事務職を探している人
前職を退職してから長いブランク期間があるが、働く必要が生じたため、業種を問わず自分にもできそうな短時間勤務の事務職を探している人

▶ライフステージに合わせた働き方を希望している人
当面は短時間勤務をしながら、将来は子どもの進級や進学に合わせてフルタイムに近い条件でしっかり働くことも選択できるなど、ライフステージに合わせた働き方ができる仕事を希望している人

アピールポイント

▶より高い水準で子育て支援に取り組む国の認定「プラチナくるみん」を取得した事業所であり、家庭と両立しやすい職場であること

▶金融業界の未経験者も多く活躍している職場であること

▶入行後の研修が充実しており、未経験者も3ヶ月程度で独り立ちできること

▶パートタイマーでも一定の条件を満たせば社会保険に加入できる特定適用事業所であること

▶定期的な人事面談や将来はフルタイムに近い勤務の「準フル行員（行内呼称）」として自立した働き方が選択できるなど、働く人にとってやさしい人事制度が整っていること

仕事内容

職種	銀行事務（未経験可）／1日5時間・週4日から／○○支店
仕事内容	銀行支店における預金・為替・融資部門のコンピューター端末機操作をメインとした事務全般の仕事です。子育てなどの空き時間を活用して働けます。金融経験者はもちろん、未経験の方も歓迎です。 ■安心の教育・研修体制 ソフトランディング期間として、入行後2週間は本部でPCオペレーション研修。配属後は、教育係の先輩によるOJTに入ります。金融事務未経験の方でも3ヶ月程でほぼ独り立ちできます。 ■多様化した働き方のニーズにも対応可 ライフスタイルに合わせて扶養の範囲内で短時間働きたい方や、パートタイマーの長所を活かしながらも社会保険に加入して自立的に働きたい方にもメリットのあるお仕事です（特記事項欄参照）。 ◎お子さまの学校行事などは配慮します。

「仕事内容」記入のポイント

▶金融関係の事務経験者と未経験者の両方を前提とするが、共通点としては子育てや家庭と両立しながら働ける職場であることをアピールする。

▶経験者に対しては、前職を退職してからのブランクに対する不安を解消できるようなメッセージが効果的と考えられる一方、未経験者に対しては約3ヶ月間で独り立ちできる教育・研修体制が整っていることで、安心感をアピールする。

▶その他、多様な働き方を希望する求職者がいる中、短時間勤務で働きたい人や正社員としては働けないものの、ある程度の収入で社会保険に加入して働きたい人にもメリットがあることをアピールして、応募対象者の間口を広げる。

「職種名」その他例

- ●銀行事務／家庭と両立できる働きやすい職場／○○支店
- ●銀行後方事務（○○支店）／ライフステージに合わせた働き方
- ●○○支店事務／働き方により社保加入可／有給・昇給あり
- ●銀行事務（PCオペレーション）／プラチナくるみん認定取得

会社の情報

事業内容	○○県を中心に９０店舗を展開する金融機関です。創業以来、金融版「地産地消」をモットーに地元経済を支えてきました。金融のＩＴ化を進め、誰もが利用しやすい金融サービスを目指しています。
会社の特長	行員も地域の一員としての立場から、幅広い社会活動に取り組むことを推進しています。地域行事やボランティア活動などにおける人々との交流から生まれる信頼感は、当行の財産となっています。

労働時間

就業時間	（１）　09時00分　〜　15時00分 （２）　　時　分　〜　　時　分 （３）　　時　分　〜　　時　分 又は 9時00分　〜　17時00分 の間の 5時間程度 就業時間に関する特記事項 ＊特定適用事業所のため、１日５時間・週５日勤務の場合は原則社会保険加入となりますが、扶養の範囲内での就業を希望する方は就業時間・日数についてご相談のうえ決定します。 ＊お子様の急な病気や学校行事などは配慮します。
休日等	土　日　祝　その他 週休二日制　毎週 年末年始（12／31〜1／3） ※２０○○年度 6ヶ月経過後の年次有給休暇日数　7日

求人に関する特記事項

求人に関する特記事項

■求人条件の補足
＊最初は週3日勤務から始め契約更新時に増やすことも可能です。
＊特定適用事業所のため週２０時間以上の勤務で賃金が月額8．8万円以上の場合は社会保険（健保・厚生）に加入となります。

■職場の様子
＊職場の行員数２０人のうちパート行員は8人ですが、うち3人は未経験での入行です。パート行員のみなさんは各部門で欠かせない人材となっており、中には新しく入ってきた正行員の指導役として活躍いただいている方もいます。
＊直属の上司は３０代、支店長は４０代で子育て世代ということもあり、育児への理解のある職場です。

■多様な働き方に対応した人事制度
＊フルタイムに近い勤務時間の「準フル行員（行内呼称）」への変更制度により、将来は家庭の事情やお子様の成長に合わせた働き方も選択できます（時給増・賞与あり）。
＊半年ごとに上司・支店長との人事面談があり、困っていることなどの聞き取りを行っていますので気軽に相談ください。
＊子育てサポートについて特に高い水準で取り組んでいる企業として、厚生労働大臣より「プラチナくるみん認定」を受けており、仕事と子育て等の両立支援に向けた制度の充実を図っています。

「会社の情報」
記入のポイント

▶地元の人であれば誰もが知る金融機関であるが、90店舗を展開し、地元のお金は地元で使ってもらう姿勢を改めて紹介するとともに、金融のIT化という大きな流れにも対応していることを付け加える。
▶銀行は堅苦しい職場イメージがあるため、行員の職場以外での一面を紹介し、一緒に働く仲間としての親近感をアピールする。

「労働時間」
記入のポイント

▶社会保険の特定適用事業所であることを紹介するとともに、社保加入を希望しない求職者がいることも予想されることから、就業時間や日数については相談のうえ希望を踏まえて決定することを伝える。

「求人に関する特記事項」
記入のポイント

▶求人条件の補足
勤務日数や時間は契約更新時に相談に応じる旨を伝え、まずは週3日からでも勤務できるようにして応募しやすくする。また、特定適用事業所のため、働き方によっては社会保険に加入すること、およびその条件を補足し理解を得る。
▶職場の様子
パート行員の人数や経験の有無、活躍状況を紹介するとともに、職場ではパート行員が欠かせない存在となっている状況を伝える。また、上司や支店長の年齢を紹介し、ソフトなイメージをアピールする。
▶多様な働き方に対応した人事制度
定期的に行う1対1の面談により、業務の課題や悩み、要望をしっかり聞いてもらえる制度が充実していることや、将来は「準フル行員（行内呼称）」として自立した働き方も選択できること、また、国の「プラチナくるみん」を取得し、子育てとの両立を支援するなど、多様な働き方を実現させる人事制度による働きやすい職場であることをアピールする。

生産管理・品質管理

求職者イメージ

▶現役製造職からの転職希望者
　＊工場内作業員として働いてきたが、このまま同じ仕事を続けることは希望しておらず、日頃から作業指示を受けている生産管理部門の仕事に魅力を感じ、自分のキャリアでも応募できる求人を探している人
　＊入社後数年間は作業員として働き、現在はマシンオペレーターやラインリーダーまでキャリアアップしたが、現職場ではラインスタッフとしてのキャリアしか積めないため、もう一段のキャリアアップとして生産活動全体に関わる仕事がしたいと考え転職活動を始めている人
▶現役生産管理職からの転職希望者
　異業種の生産管理職として働いているが、発注先や自社内の各部門との調整や人間関係に苦労していることから、思い切って転職したいと考えている人

アピールポイント

▶これまでに製造職関連での経験があれば男女問わず応募できること
▶長期的な人材育成プランによる生産管理職（スタッフ職）の募集であること
▶外部からの人材の受入れにも積極的であること
▶入社後3年間の具体的な人材育成計画を整備するなど、研修体制や受け入れ体制が整っていること
▶働き方改革の実現に向けた具体的な取り組みを積極的に実行していること

仕事内容

職種	子供服の【生産管理】アシスタントから／製造職経験あれば可
仕事内容	生産管理スタッフを育てる計画を立てました。今回は社外からも人材（男女）を採り入れます。製造職での経験を活かして生産管理職を目指したい方には、目標を確実に実現できるチャンスです。 ＊製品は国内向け子ども衣料（カジュアル・スポーツ）が中心。 ＊生産管理は生産活動を効率的に進めるための司令塔です。 ■管理内容 【生産管理】生産計画、工程管理・品質管理、在庫管理および梱包・出荷までの一連の管理 【工程管理】仕様書作成、人員配置、進捗管理、現場指示など 【品質管理】発注先の品質基準との適合、ケアラベルの確認、完成品の状態チェックなどの遂行管理および問題発生時の対応 ※入社後の育成計画は「特記事項」欄にてご確認ください。

「職種名」その他例

- 工場スタッフから憧れの生産管理へ（3年計画）／未経験可
- 子供服の自社工場での生産管理（当面は補佐）／要製造職経験
- 生産管理候補（まずは補佐から）／子供衣料の国内生産工場
- 生産管理（工程・品質管理を含む）／キッズウェアの自社工場

「仕事内容」記入のポイント

▶現役の即戦力人材の確保は容易ではないことから、今回は、少なくとも製造職の経験または現役者で、憧れの生産管理職に就きたいが現在の職場ではチャンスが見込めない求職者を主な対象とし、求人全体は「この条件なら思い切って飛び込みたい」と思えるような魅力的イメージを打ち出す。
▶本欄冒頭で、今回は計画的育成の対象となる人材の募集であることを明確に示し、求人にインパクトを持たせる。
▶仕事内容は製造職経験者を前提に概要だけを紹介するとともに、求職者の一番の関心事である育成計画は「特記事項」欄へ誘導するひと言をつける。

会社の情報

事業内容	子ども用衣料の製造販売会社です。カジュアルキッズウェアやスポーツウェアのオリジナルブランド「○○○」は全国の専門店でも人気商品です。多品種少量を自社工場で生産しています。
会社の特長	創業40年の歴史を踏まえて、未来を見据えた変革に挑戦中です。特に、キャリア採用や社員の働き方の見直しにより、新しい価値観や発想を持った人材を育てる会社づくりに取り組んでいます。

労働時間

就業時間	変形労働時間制（1年単位） （1）　08時30分　〜　17時30分 （2）　　時　分　〜　　時　分 （3）　　時　分　〜　　時　分 又は　　時　分　〜　　時　分　の間の　　時間
	就業時間に関する特記事項 ＊変形労働時間制ですが、週平均は40時間以下に調整します。 ＊午後に10分間休憩があります。 ＊急な発注や納期変更により時間外労働は変動します。
休日等	日　祝　その他 週休二日制　その他 ＊第1・第3土曜日は休み ＊夏季8／12〜8／16、年末年始12／30〜1／3 6ヶ月経過後の年次有給休暇日数　10日

求人に関する特記事項

求人に関する特記事項
■募集の背景と期待 現在、生産管理スタッフは4名ですが、40〜50代が中心のため長期的な視野で新たな人材の育成計画をスタートしました。社内の候補者男女各1名に加え、今回は新風を期待して他社でキャリアを積まれた方に参加してもらうこととしたものです。スタッフとして独り立ち後は、みなさんの新しい手法や発想を期待しています。 ■入社後3年間の育成計画 〔1年目〕入社後半年間は製造ラインの全工程で作業を経験し、その後は先輩マネージャーのアシスタントとして、生産管理全体の流れやポイントを学びます。 〔2年目〕実践訓練とともに、特に生産管理で難しいと言われるラインの能力に合わせた生産量の適正な振り分けや不良品トラブル時の対処法を学び、仕事に自信をつけます。 〔3年目〕実際の案件を2〜3例担当し、仕事を遂行できれば独り立ちです。 ■働き方／待遇の補足 ＊働き方の見直しにつながる取り組みとして、業務改善運動（採用案件には最高3万円の報奨金）、有給休暇の取得率70％目標、時間外労働の前年比5％削減（特別事情除く）を推進中です。 ＊未経験者が独り立ちすると基本給は月25万円以上となります。

✎「会社の情報」記入のポイント

▶オリジナルブランド「○○○」で知られる子ども用衣料を自社工場で製造・販売している会社であることを紹介する。創業40年の歴史は財産ではあるものの、そこに安住することなく、特に人材と働き方の見直しを通じて、新しい価値観と発想のできる会社づくりに取り組んでいることをアピールして、会社のイメージ向上を図る。

✎「労働時間」記入のポイント

▶労働時間を年単位で調整することで柔軟に働くことができる1年単位の変形労働時間制を導入しているが、週平均40時間以下の勤務を基本としていることを補足説明する。また、業種柄、急な注文や納期の変更などにより時間外労働が発生することを示すほか、休日についても具体的に示すことで1年を通した働き方をイメージしやすくする。

✎「求人に関する特記事項」記入のポイント

▶募集の背景と期待
仕事内容欄の冒頭で「生産管理スタッフを育てる計画を立てました」とインパクトを持たせて明言したことから、その背景と会社としての期待をメッセージ的に発信し、求職者の応募意欲を引き出す。

▶入社後3年間の育成計画
生産管理の仕事が未経験である求職者にとって、何を、いつまでに、どのような方法で習得していくことができるのかは関心事となる。自社の育成計画の流れを具体的かつ丁寧に紹介することで人材育成の取り組みに対する本気度をアピールする。

▶働き方／待遇の補足
実際の働き方や待遇は現実的な問題として不安が残るため、働き方の改善や見直しに取り組んでいる姿勢や育成期間終了後の待遇などの明るい情報を提供して不安軽減に努める。

営業事務

求職者イメージ

- ▶事務職から転職を考えている人
  一般事務や営業事務として勤務しているが、職場の人間関係や労働環境に馴染めず転職を考えている人
- ▶子育て世代で社会復帰を考えている人
  独身時代に営業アシスタントや営業事務の経験があり、出産・育児等の理由で一旦離職したが、働く環境が整ったため、前職の経験を活かして再就職したいと考えている人
- ▶非正規社員から正社員を目指している人
  派遣社員や有期契約社員など非正規雇用の事務職として働いているが、契約期間満了に伴い、正社員として働ける職場を探している人

アピールポイント

- ▶他のスタッフと一緒にチームとして営業スタッフのサポートをするため、いつでも相談できる相手がいる風通しの良い職場であること
- ▶業務マニュアルや引継書が用意されており、ブランクがある方はもちろん、営業事務の未経験者でも始めやすい環境があること
- ▶ノー残業デーや有給休暇取得促進など労働環境の改善に取り組んでおり、子育て世代の方でも働きやすい職場であること

仕事内容

職種	【正社員】商社の営業事務／ブランク・未経験OK／土日休み
仕事内容	工務店やハウスメーカー向けに住宅資材を販売している商社で、営業スタッフの事務業務をサポートしていただく仕事です。ブランクがある方、営業事務の経験がない方も安心して始められます。 ■業務内容 ＊受発注業務／専用システム○○○使用 メールや電話、FAXによる注文を受け、商品の発注や納期確認、各種帳票を発行します。 ＊資料作成／ワードやエクセルによる見積書・契約書作成 定型フォーマットがあるため、文字入力や四則演算など簡単な関数が使用できれば問題ありません。 ＊その他／電話応対・ファイリング作業（業務全体の2割程度） ※営業活動に同行することはなく、すべて社内での事務作業です。

「仕事内容」記入のポイント

- ▶冒頭3行で会社や仕事の概要とともにブランクがある方、営業事務経験がない方も歓迎していることを伝え、求職者の関心を惹きつける。
- ▶営業事務は会社により仕事内容が異なるため、業務内容をわかりやすく説明する。また、パソコン操作に不安を持っている求職者も想定できることから、高度なパソコンスキルは求めていないことを明記する。
- ▶同職種からの転職者の場合、電話応対やファイリング作業の作業比率を重要視する可能性があるため、具体的な数字で示す。
- ▶未経験者の場合、営業職のサポートとして同行するイメージを持つことがあるため、すべて社内での事務作業であることを明記する。

「職種名」その他例

- ●商社の営業事務／有給取得率70％を目指して取り組み中！
- ●【正】住宅資材商社の営業事務（内勤）／年間休日116日
- ●住宅資材の営業サポート事務／簡単なPC操作ができればOK
- ●正社員／営業事務／土日休みのデスクワーク／職場見学歓迎

会社の情報

事業内容	建築資材および住宅設備機器の総合商社として住まいづくりをサポートしています。○○県を中心とした5拠点に事業所があり、2万種類以上の商品をハウスメーカーや工務店などへ販売しています。
会社の特長	子育て中の社員が男女問わず増え、全体の7割を超えました。そこで、家族に寄り添った働き方ができるように働き方改革推進チームを発足し、社員が働きやすい職場づくりを加速させています。

労働時間

就業時間	（1）　08時30分　〜　17時30分 （2）　　時　分　〜　　時　　分 （3）　　時　分　〜　　時　　分 又は　時　分　〜　　時　分　の間の　時間
	就業時間に関する特記事項 毎週水曜日をノー残業デーとして設定し、定時退社できるよう各自計画的に仕事を進めています。残業は1日30分〜1時間程度です（繁忙期の12月〜3月は月20時間程度の残業あり）。
休日等	土　日　その他 週休二日制　毎週 夏季休暇8／11〜8／16、年末年始休暇12／29〜1／3 ※20○○年度 6ヶ月経過後の年次有給休暇日数　10日

求人に関する特記事項

求人に関する特記事項
■職場情報、採用経緯 ＊営業課に所属し、5名の営業職を2名の事務職でサポート。 ＊営業職は20〜50代の男性、事務職は30代の女性2名ですが4月に8年勤めた事務スタッフ1名の退職が決まりました。 ＊新しい仲間を課員全員で温かくお迎えしたいと思っています。 ■働き方、入社後の流れ ＊毎週月曜日のミーティングで、今後の業務予定や進捗状況、課題について情報共有を行っています。 ＊業務マニュアルや引継書を基に前任者と一通りの業務を経験していき、3ヶ月程度での独り立ちを目指します。 ＊前任者退職後も課内でフォローしますのでご安心ください。 ■労働環境改善の取り組み ＊残業は月15時間程度ありますが、毎週水曜日はノー残業デーとしており、9割以上の社員が定時退社しています。 ＊今年度より3ヶ月ごとに休暇希望日アンケートを実施し、社員が有給休暇を利用しやすい取り組みを始めました。今年度は有給取得率70％が目標です（昨年度実績61％）。 ■職場見学・前任者との懇談会 会社の雰囲気や仕事の様子など実際にご自身で確認することもできますので、お気軽にご連絡ください。

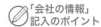

「会社の情報」記入のポイント

▶取り扱い製品や取引先情報など、住まいづくりのサポートをする生活に身近な会社であることを紹介し、仕事のイメージを持ちやすくする。

▶子育て中の社員が多く活躍していることや会社全体で労働環境の改善に取り組んでいることを紹介し、ライフステージが変化しても長期的に働くことができる職場環境をアピールする。

「労働時間」記入のポイント

▶労働環境の改善を求めて転職を考えている場合、どの程度の時間外労働や休日労働をしているかを重要視するため、時間外労働時間や繁忙期などを具体的に明記するとともに、ノー残業デーの設定や時間外労働の削減に取り組んでいる姿勢をアピールする。

「求人に関する特記事項」記入のポイント

▶職場情報、採用経緯
一緒に働くスタッフの情報を紹介し、職場をイメージできるようにする。採用経緯や求人者側の想いを伝え、新しい仲間を歓迎していることをアピールする。

▶働き方、入社後の流れ
毎週ミーティングがあることで円滑なコミュニケーションが図れることや、引き継ぎ方法、前任者退職後のフォロー体制などを説明し、働き方をイメージしやすくする。

▶労働環境改善の取り組み
時間外労働の平均時間や毎週水曜日はノー残業デーに設定していることを紹介する。また、有給休暇の取得促進にも計画的に取り組んでおり、プライベートや家庭と両立しながら働くことができる環境をアピールする。

▶職場見学・前任者との懇談会
応募前に会社の雰囲気を知る機会や疑問・不安を解消する機会を設けることで、入社後のミスマッチを防ぐ。

検針員

求職者イメージ

▶隙間時間に働きたいと考えているミドル世代（40代〜50代）
家事や子育てなどの空いた時間を活用して少し働きたいと考えているため、資格や経験は不問で、複雑な人間関係も少なく自分のペースでできる仕事を探しているミドル世代

▶定年退職者で少しだけ働きたいと考えている人
定年退職後も健康を考え働きたいと思っているが、フルタイムや体力を伴うような仕事は厳しいため、60代でも負担のない仕事を探している人

▶自分のペースでできる仕事を探している人
工場やサービス業などの軽作業員として働いているが、決められた作業要領や周囲の人たちと人間関係を伴う仕事内容が自分に合わず、やるべきことさえ決まっていれば、原則自分のペースででき、人間関係も少ない仕事を探している人

アピールポイント

▶職務経験や専門知識・技能などは不要で勤務時間や日数も少ないことから、誰でも始めやすい仕事であること

▶家庭やプライベートとも両立した働き方ができること

▶屋外での仕事ではあるが、特別な体力は必要としないため、定年退職者でもできる仕事であること

▶1人でコツコツと決められた作業をこなしていくことが得意な人には適職であること

▶お客様との関わりも挨拶程度のため、人間関係のストレスを過度に感じることのない仕事であること

仕事内容

職種	電気メーター検針員／自分のペースOK／1日5h・週3日〜
仕事内容	毎月、事業所や一般個人宅を訪問して電気メーターを検針する仕事です。短時間で勤務日数も少なく、自分のペースでできる仕事のため男女ミドル世代や定年退職した方が多く活躍しています。 ■仕事の要領 ＊担当エリアは市内の○○エリアです。 ＊前日に検針機（ハンディターミナル）を持ち帰り、当日指定のエリアへ自家用車やバイクで向かい検針作業を行います。 ＊検針終了後は帰社しデータを処理し、報告書作成などを行います。 ＊1日の訪問軒数は150〜200軒程度です（エリアによる）。 ■この仕事の魅力 ＊現地では徒歩が多いため健康にも良い仕事です。 ＊1日5時間、月15日程度勤務のため家庭とも両立できます。

「仕事内容」記入のポイント

▶求職者も一度は検針員を見たことがあると思われるため、何をしているのかは理解できるが実際に自分が働くとなるとその働き方は想像できない。そのため求人全体は「短時間・短期間で自分のペースでできる仕事」として興味をそそるイメージづくりとともに、仕事内容をできるだけ細かく紹介する内容とする。

▶冒頭では期待する求職者を「ミドル」や「定年退職者」などのキーワードで示し、該当する求職者の関心を惹く。

▶この仕事の魅力となる特徴を2点紹介し、未経験者など当該職種に関心のない求職者も惹きつける。

▶家庭と両立し、無理なく働ける仕事であることをアピールして、想定する求職者からの応募につなげる。

「職種名」その他例

●電気メーター検針員／1日5時間・月15日／経験・知識不要
●電気メーター検針／ミドル世代男女歓迎／時給1000円
●企業や個人宅を訪問し電気メーター検針の仕事／1日5時間
●電気メーター検針／自分1人で自分のペースでできる仕事

会社の情報

事業内容	各種電気工事をメインに一般家庭や事業所の電気使用メーターの検針業務も創業以来、電力会社から委託を受けています。近年は省エネやスマート電化の流れに合わせた事業にも力を入れています。
会社の特長	電気は社会に欠かせない重要インフラのため、社員も仕事には使命感と誇りを持っています。一方で、労働環境の改善には力を入れ、プライベートとも両立した働きやすい職場を目指しています。

労働時間

就業時間	（１）　09時00分　～　14時45分 （２）　　時　分　～　　時　分 （３）　　時　分　～　　時　分 又は　08時30分　～　17時00分　の間の　5時間程度 就業時間に関する特記事項 ＊上記（１）の就業時間は一例です（昼食休憩４５分）。 ＊勤務時間・曜日は相談のうえ決定します。
休日等	日　祝日　その他 週休二日制　その他 ＊夏季休暇8／12～8／16 ＊年末年始休暇12／30～1／3（20○○年度） ６ヶ月経過後の年次有給休暇日数　５日

求人に関する特記事項

求人に関する特記事項

■仕事内容の補足
＊検針業務はあらかじめ決められた定例検針日に必ず行います。
＊担当エリアは原則毎月同じエリアです。
＊使用する自家用車・バイクには「私有車業務使用規程」に基づき使用費や交通費を支給します。
＊電気の使用量をメーターで確認し検針機に入力したら「電気ご使用量のお知らせ」を郵便ポストなどに入れます。
＊検針業務終了後は帰社し30分程度の事務処理があります。
＊採用後1ヶ月程度は先輩社員が同行して指導します。
＊検針員用のユニフォームを貸与します。
■労働条件の補足
＊勤務は週3～5日の範囲で相談のうえ決定します。
＊勤務の基本は1ヶ月15～75時間程度ですが、エリアの軒数によっては多少勤務時間が変更となる場合があります。
＊働き方によって雇用保険に加入します。
■仕事の特徴
（１）夏も冬も外に出て一軒一軒回る仕事であり、体力・根気・責任感が求められます。
（２）１人で黙々と行う作業のため、年齢性別問わずできる仕事であり、ご自身の適性に合う方は長く働くことができます。

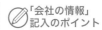

「会社の情報」
記入のポイント

▶創業以来、電力会社から電気メーター検針業務の委託を受けている信頼性のある会社であることや現在の主要な事業について紹介する。また、その土台をつくっている社員の仕事への使命感や誇りをアピールするとともに、働き方の見直しに取り組み、働きやすい会社づくりを目指している姿勢を示す。

「労働時間」
記入のポイント

▶8時30分～17時の間の5時間勤務とするが、始業時間の指定はないため求職者が自分の都合に合わせて働けること、また6時間を超えない勤務ではあるが昼食時間をまたぐ場合は45分の休憩があることを説明し、働きやすい労働条件をアピールする。

「求人に関する特記事項」
記入のポイント

▶仕事内容の補足
求人票の「仕事の内容」欄で全体のイメージを伝えているため、本欄では求職者が働くにあたっての細かい疑問などを解消できるよう具体的な仕事内容を簡単に説明して、さらに働く姿をイメージしやすくするとともに、「この仕事であれば自分にもできる」との気持ちを引き出して応募につなげる。

▶労働条件の補足
勤務時間や労働日数は柔軟に対応するが、担当エリアによっては勤務時間が多少異なることや働き方によっては雇用保険に加入することなど、齟齬が生じないよう説明する。

▶仕事の特徴
想定求職者であるミドル世代や定年退職者に対し、天候にかかわらず作業は行わなければならない責任を伴う仕事であることはしっかり伝えるとともに、仕事が自分にマッチした人にとっては長く続けられる魅力もあることをアピールすることで適性を示し、採用のミスマッチを防ぐ。

6
事務

サンプリングスタッフ

求職者イメージ

▶同業他社からの転職希望者
同業他社で働いているが、将来も分析業務に携われる機会がないため、転職したい人
▶企業内で労働衛生業務に携わっている人
企業内で作業環境の衛生管理の実務に携わっているが、今後は専門会社で働きたい人
▶環境問題に興味・関心がある人
異業種で働いているが、学生時代から環境問題には興味・関心がありボランティア活動などもしてきたため、いつかは環境に関連する仕事に就きたいと考えている人
▶理科や化学の実験が好きな人
転職活動をしているが、子どもの頃から実験や研究が好きだったため「好きなことを仕事にできる」のであれば転職したいと考えている人

アピールポイント

▶サンプリングスタッフで入社しても、一定期間後からは分析業務に携われる機会もあり、キャリアアップが可能なこと
▶作業環境測定士などの資格も目指すことができる仕事・職場であること
▶先輩社員も子どもの頃は理科の実験が好きだった人や環境問題のボランティア活動に取り組んできた人と、理系や文系を問わず活躍している職場であること
▶職歴や資格にかかわらず始められる仕事であるが、向上心を持って勉強していけば自分の適職にもできる仕事であること

仕事内容

職種	環境測定サンプリングスタッフ／水・空気／資格・経験不要
仕事内容	環境を守る仕事で活躍しませんか？河川や湖沼、公共施設や工場などの現場に赴き、水や空気をサンプリング（採取）する仕事です。将来は分析業務にも携われます。理系・文系・未経験もOKです。 ■仕事の特徴 ＊現場……○○地域で1日2件（遠方）〜5件（近隣）程度 ＊採取……環境測定に必要な河川水や地下水、建築物飲料水など ＊手順……採取はすべてマニュアルに沿った条件と手順で実施 ＊仲間……自称「環境見守り隊」で1チーム2〜3名（単独は無） ■仕事の魅力 ＊法律で定められた仕事のため安定して長く働けます。 ＊日々異なる場所での仕事のため毎日が新鮮です。 ＊専門知識を勉強していけば、将来は分析業務でも活躍できます。

✎「仕事内容」記入のポイント

▶採取や分析などの言葉からは、やや専門的なイメージが先行して、求職者には応募のハードルが高そうな印象を持たれやすいため、仕事紹介はできるだけ平易なものとし、未経験の求職者からも「これなら自分にもできそう」との気持ちを誘引する。
▶冒頭では、誰もがイメージしやすい「環境を守る仕事」というキーワードで関心を引き、理系・文系出身を問わず活躍できる仕事であることをアピールして、求職者の心理的なハードルを下げる。
▶仕事の特徴を平易に紹介するとともに、当社で働くことの魅力を具体的にアピールし、求職者が自分の働く姿をイメージできるようにすることで応募に導く。

「職種名」その他例

● 環境測定のサンプリングスタッフ／将来は分析業務も担当あり
● 環境見守り隊（自称）のスタッフ募集／水や空気の採取業務
● 環境測定サンプリングスタッフ／理系・文系・未経験OK
● 週休2・残業少・休日出勤無／環境測定サンプリング（採取）

会社の情報

事業内容	水や空気、土壌などの分野で環境測定と分析事業を展開する専門会社です。自称「環境見守り隊」として、毎年、地元小・中学生への出前授業や職業体験を通して、未来の人材も育成しています。
会社の特長	当社社員は「多士済々」です。大学の研究員、環境ＮＰＯ活動家、トラックドライバー、企業の衛生管理者など様々な経験の持ち主たちですが、共通点は「環境を守りたい」という強い使命感です。

労働時間

就業時間	（1）　08時30分　〜　17時30分 （2）　　時　分　〜　　時　分 （3）　　時　分　〜　　時　分 又は　　時　分　〜　　時　分　の間の　　時間
	就業時間に関する特記事項 ＊遠方の現場では、勤務時間を調整する場合があります（月平均2〜3回）。 ＊サンプリング現場は事前にスケジューリングされていますので、時間外労働などはある程度目安が立てられます。
休日等	土　日　その他 週休二日制　毎週 ＊夏季8／12〜8／16　＊年末年始12／30〜1／3 ＊昨年度、休日出勤は一切ありませんでした。 6ヶ月経過後の年次有給休暇日数　10日

求人に関する特記事項

求人に関する特記事項

■働き方の特徴
＊入社後は1週間のサンプリングマニュアル研修と3週間の現場実習に臨み、修了認定を受ければ独り立ちです。
＊採取場所は事前に3ヶ月スケジュールで決められているので、段取りや時間外勤務も目安が立ち、計画的な働き方ができます。
＊仕事は軽作業のため体力的な負荷はほとんどありません。
＊原則、突発的な仕事はなく、土日は確実に休めるためゆとりのある働き方ができます。
■先輩社員の素顔
＊小・中学校では理科や化学の実験が好きだった
＊環境問題に興味・関心があり、ボランティア活動に参加してきた
＊企業内で衛生管理の仕事に長年従事していた
＊やりたい仕事が分からないまま、この仕事に飛び込んだ
■キャリアアップのイメージ
＊原則、3年経過後からは文系出身者でも希望すれば社内の「分析業務スタッフ養成講座（1年間）」に参加でき、化学の基礎から分析計器の取り扱い、分析理論などを学ぶことができます。
＊分析業務には多種類の資格が活用でき、当社では10種類以上の資格を延べ50名が取得しています。必要な実務経験を積んで、まずは作業環境測定士を目指してください。

✎「会社の情報」記入のポイント

▶環境測定と分析の専門会社であることを紹介したうえで、自称「環境見守り隊」を標榜し子どもたちへの環境教育に取り組む姿勢から親近感を打ち出しつつも、社員（隊員）の強い使命感はしっかりアピールする。
▶多士済々な社員がいることを具体的に紹介し、職歴にかかわらず多様な人材が活躍しているオープンな職場イメージをアピールする。

✎「労働時間」記入のポイント

▶現場によって勤務時間の調整が発生する働き方となることや、仕事全体としてはスケジュール化されているため、時間外労働も目安を立てやすいことを紹介する。併せて、完全週休2日で休日出勤もなく、働き方としては非常に良い労働条件であることをアピールする。

✎「求人に関する特記事項」記入のポイント

▶働き方の特徴
求職者に対し、仕事内容欄で仕事のイメージを少し描けるよう紹介したため、本欄では仕事の特性や時間外労働、休日の実情などライフスタイルとしての働き方がイメージできるように伝える。
▶先輩社員の素顔
仕事柄、社員は当初から専門的知識や経験を積んだ人が多いという先入観を持つ求職者も想定されるため、本欄ではあえて「理科や化学の実験が好きな人」や「環境分野のボランティアに取り組んだ人」など、身近な素顔を持った人たちであることを紹介し、仕事への親近感と応募しやすいイメージをアピールする。
▶キャリアアップのイメージ
当該求人はサンプリング業務からのスタートとはなるものの、自ら希望し勉強していけば分析業務に携わるための社内養成制度も活用でき、キャリアアップが可能であることを紹介して長期的に目標を持って働くことができる環境をアピールする。

6-14／正社員

配車・点呼員（タクシー）

求職者イメージ

▶ドライバー職からの転向を考えているミドル層
　＊タクシードライバーとして働いてきたが、仕事への適性や働き方、収入の不安定さなどから経験を活かせる内勤職に転向したいと考えている人
　＊運送や配送ドライバーとして働いてきたが、自分にとっては負荷の大きい仕事のため、多少でも経験を活かせる内勤職に転職を考えている若手やミドル層
▶職種にこだわらず仕事を探しているミドル層
　異業種を中途退職したが年齢的にも再就職が厳しいことから、職種にこだわらず未経験でも始められる仕事を探しているミドル層
▶定年前後の再就職先を探している人
　長年の職業経験で身につけたお客様対応や業務管理経験が多少でも活かせる仕事で、長く働ける仕事を希望している人

アピールポイント

▶運送やタクシーのドライバー経験者には馴染みやすい仕事であるとともに、デスクワークによる負荷が少なく土地勘なども活かせる適職であること
▶ドライバーとは異なる固定給で収入が安定していること
▶未経験でも電話応対や簡単なパソコン操作ができれば始められる仕事であること
▶70歳まで再雇用があり、長く働ける仕事であること
▶運行管理者の資格を取得でき、キャリアアップもできること

仕事内容

職種	正社員／タクシー配車・点呼員／固定給・2交替制／未経験可
仕事内容	タクシーの配車及び乗務員点呼の補助仕事です。50台の車を円滑かつ安全に運行するための司令塔的役割です。ドライバーからの転向や未経験でも電話応対と基本的PC操作ができればOKです。 ■仕事の特徴 ＊お客様からの配車要請電話に対応するデスクワークです。 ＊配車はGPS／AVMシステムで初心者にも最適配車できます。 ＊予約電話は無線で連絡します。 ＊乗務員点呼は運行管理者の補助者として行います（要講習）。 ■当社で働いていただく魅力 （1）安定した固定給に加え、元気であれば70歳まで働けます。 （2）将来、運行管理者として活躍でき、収入アップも可能です。 （3）ドライバー経験者は仕事の流れや地理情報を活かせます。

「仕事内容」記入のポイント

▶配車・点呼業務の役割を確認したうえで、特にドライバー職からの転向者は歓迎であること、また未経験でも電話応対とパソコン操作ができれば始められる仕事であることを紹介し、幅広い求職者にアピールする。
▶仕事の特徴として、配車業務はGPS配車システムによるため、地理情報に詳しくない初心者でも最適配車ができること、また点呼業務は単独で行うのではなく運行管理者の補助であり、講習受講も必要なことを説明し、安心感をアピールする。
▶自社で働く魅力を3点紹介し、安定して働けることやキャリアアップして収入増も可能となる魅力的な仕事であることをアピールし、応募に迷う求職者の背中を押す。

「職種名」その他例

●配車点呼員（タクシー・正社員）／ドライバーからの転向歓迎
●タクシー配車点呼係／正社員・固定給／再雇用70歳までOK
●正社員／未経験スタートOK／タクシー50台の配車・点呼員
●タクシー配車・点呼係／将来運行管理者へキャリアアップ可

会社の情報

事業内容	やさしいタクシー会社です。全車両５０台にデジタコ・ドラレコ搭載、配車も最新のＧＰＳ配車システムを導入しています。介護・福祉車両も増車し、地域の足として幅広くご利用いただいています。
会社の特長	職業経験豊かな中高年ドライバーならではの安全運転とソフトで丁寧な接客が、特にご利用の多い高齢者様から信頼をいただき、運転手指名の配車要請が多いことは当社の特徴のひとつです。

労働時間

就業時間	変形労働時間制（１ヶ月単位） （１）　０８時００分　〜　１７時００分 （２）　１５時００分　〜　００時００分 （３）　　時　分　〜　　時　分 又は　　時　分　〜　　時　分　の間の　時間 就業時間に関する特記事項 ＊基本は１週間で（１）３日間と（２）２日間の勤務 ＊１ヶ月単位の変形労働時間制で週平均労働時間は４０時間以下
休日等	その他 週休二日制　その他 ＊４週７〜８日休み ＊夏季３日間・冬季３日間交替休み ６ヶ月経過後の年次有給休暇日数　１０日

求人に関する特記事項

求人に関する特記事項
■仕事内容の補足 〈ＧＰＳ配車システム〉 ＊配車注文電話を受けたら、ＧＰＳ配車システムのモニター画面の地図上に表示されている車両番号を見ながら適切な車両を選び、積載ナビに配車指示を出します。パソコンの文字入力ができれば初心者でも短期間で操作できます。 〈点呼業務〉 ＊点呼業務には運行管理補助者講習の受講が必要となります。 ＊点呼内容は乗務員氏名と車両番号のほか、健康状態、酒気帯びの有無などを確認しますが、運転可否判断を要する場合は運行管理者の指示を受けて行います。 〈その他〉 ＊予約受付には福祉車両やジャンボタクシーもあります。 ＊難しいトラブルやお客様からのご指摘は運行管理者が対応。 ■モデル収入 入社２年目　３００万円（固定給・賞与・平均残業時間手当含） ■キャリアアップ 希望すれば運行管理の見習いとして実務経験を積み、資格取得後は役職登用により収入アップも可能です。

「会社の情報」記入のポイント

▶「やさしい」タクシー会社として親近感をアピールしたうえで、最新装備の車両50台や配車システム、介護車両の導入などを紹介し、地域への貢献もアピールする。

▶中高年ドライバーならではの安全運転と接客により、高齢者からは運転手指名による配車要請が多いことを紹介し、「やさしい」タクシー会社のイメージを再度アピールする。

「労働時間」記入のポイント

▶24時間営業の仕事となることから、どのような働き方になるのかをイメージしやすくするため基本的なシフトモデルを紹介するとともに、変形労働時間制により1週間の平均労働時間は40時間以下となることを説明する。また、休日も紹介し、より働き方をイメージしやすくする。

「求人に関する特記事項」記入のポイント

▶仕事内容の補足

＊新しいGPS配車システムの仕組みや点呼業務の資格要件、役割などを具体的に補足説明し、求職者が自分にできそうな仕事かどうかの判断をサポートする。併せて自分の働く姿をイメージしてもらうことで、応募への気持ちを後押しする。

＊働きやすい環境を重視している求職者もいると考えられるため、トラブル発生時や苦情は運行管理者が対応することを紹介し、サポート体制が整っていることを示して求職者の不安を解消する。

▶モデル収入

転職者にとって経済的基盤は重要な関心事であるため、モデル年収を紹介し応募判断をサポートする。

▶キャリアアップ

配車業務や点呼などの運行管理補助業務を経験しながら、将来は運行管理者資格を取得することによって役職登用チャンスがあるとともに、収入アップにもつながることを上昇志向が強い求職者にアピールする。

伝票整理・データ入力

求職者イメージ

▶子どもの手が離れて空いた時間で働きたいと考えている人

※妊娠を機に事務職として勤務していた会社を退職し、これまで育児に専念していたものの、子どもの入園により時間ができたため、その空いた時間を利用して子育てに理解のある職場で働きたいと考えている人

※チームで働くよりも１人で黙々と作業をすることが好きなため、現在は工場などでパートタイム労働者として勤務しているが、体力面に不安があることから、未経験でも始められるデスクワークの仕事へ転職を考えている人

▶将来的に正社員として働きたいと考えている人

非正規雇用でサービス業や飲食業などを掛け持ちして勤務しているものの、正社員として安定した雇用形態で働きたいと考えるようになり、パソコンスキルを活かせる仕事を探している人

アピールポイント

▶自分のライフステージに合わせて、希望の勤務日数や時間など、働き方の条件を選べること

▶仕事と子育てを両立しているスタッフが活躍していること

▶作業に集中できる環境づくりなど、働きやすい職場環境の整備に努めていること

▶高いパソコンスキルは必要なく、未経験者やブランクのある方でも、再スタートしやすい仕事であること

▶正社員登用制度があり、２名の登用実績があること

仕事内容

職種	健康診断データ入力／事務デビュー・ブランク歓迎／４ｈ〜可
仕事内容	健康診断結果のデータ入力・チェックを黙々と作業する仕事です。ブランク期間がある方、事務職デビューしたい方も歓迎します。週４日・１日４時間〜ＯＫ！ライフスタイルに合わせて働けます！ ■主な業務内容 ＊健康診断結果を当センター専用の健康管理システムに入力 ＊入力済みデータのチェック作業 ＊健康診断結果の発送業務・書類の整理・ファイリング　など ＊受付の補助業務（繁忙時） ＊予約システムへの入力、予約変更 ＊当日の受診者データ入力　など ※デスクとデスクの間にパーテーションを設けて、作業に集中して取り組むことができる環境を整えています（窓口業務なし）。

「仕事内容」記入のポイント

▶冒頭3行において、事業や仕事の概要を説明するとともに、募集背景やライフスタイルに合わせて働けることを明記して、求職者の関心を惹きつける。

▶業界や職種の未経験者にも自分が働く姿がイメージしやすくなるように、仕事内容を具体的に紹介する。

▶データ入力は正確さが求められるため、集中しやすい環境を整備していることをアピールする。

▶データ入力以外の仕事もある場合は明記し、求職者がイメージする働き方と入社後に齟齬が生じないよう配慮する。また、人との関わりが少ない仕事を求めている求職者に対し、受付補助などの一時的な業務の際も、接客はないことを明記する。

「職種名」その他例

●データ入力・チェック作業／主婦（夫）活躍中／時給９００円
●希望に合わせて働けるデータ入力ワーク／バックオフィス
●事務未経験者、ブランクがある方も活躍中！簡単なデータ入力
●子育てと両立できるＰＣ入力メインのお仕事／時給９００円

会社の情報

事業内容	創立から５０年以上にわたり、地域の方を健康面からサポートし続けてきた健康診断専門の施設。真心を込めたサービスを心がけ、受診者様から信頼と満足を得られるよう事業を行っています。
会社の特長	当センターの職員構成は女性８割・男性２割です。ご家庭の都合に合わせた勤務時間の調整が可能で、仕事と育児を両立しているスタッフも多く、皆が笑顔で働ける環境づくりに力を入れています。

労働時間

就業時間	（１）　09時00分　～　15時00分 （２）　10時00分　～　16時00分 （３）　13時00分　～　17時00分 又は 09時00分　～　17時00分 の間の 4時間程度 就業時間に関する特記事項 ［ ＊（１）～（３）は勤務時間の例示です。 ＊９：００～１７：００の間、４時間程度でご相談に応じます。 ＊１週間の勤務時間は３０時間未満です。 ＊１２時を超えて引き続き勤務する場合は１時間休憩があります。
休日等	土　日　祝日　その他 週休二日制　毎週 夏季休暇８／１２～８／１５、年末年始休暇１２／３０～１／３ その他年間カレンダーによる（２０○○年度） ６ヶ月経過後の年次有給休暇日数　７日

求人に関する特記事項

求人に関する特記事項

■データ入力スタッフの紹介
＊スタッフ　３名（全員パート）／平均年齢３２歳
＊２名は育児中のママスタッフ、１名は事務未経験から始めたスタッフです。昼休みはＴＶの話題から育児、料理の相談などでリフレッシュして、メリハリをつけて仕事に取り組んでいます。
■仕事内容の補足
～予防医療を通じて地域社会に貢献できる仕事です～
＊全員で１日に３５０件程度のデータ入力をします。
＊進捗状況に応じて社員も作業を手伝いますので、急なお休みなどもみんなで助け合って働ける環境です。
＊ＶＤＴ作業のため４時間以上勤務の場合は小休憩があります。
＊入社後１週間は教育係（社員）によるＯＪＴで仕事を覚えていただきます。パソコン操作に慣れていない方にも丁寧に指導しますので安心してください。
＊個人情報取り扱いに関する研修なども受けていただきます。
■求人条件の補足
＊年次有給休暇の付与日数については労働基準法に準じます（週５勤務の場合は、１０日付与します）。
＊働き方により雇用保険に加入します。
＊正社員登用制度あり（これまで２名の登用実績あり）。

 「会社の情報」
記入のポイント

▶５０年以上の歴史と企業理念を紹介することで、地域から長く信頼され、人々の健康を守るセンターであることをアピールし、求職者への企業イメージを高める。

▶職員の男女比から特に女性が多く活躍していることを紹介し、仕事と家庭を両立できる職場であることをアピールする。

「労働時間」
記入のポイント

▶働き方をイメージしやすくするため勤務時間帯を例示するとともに、求職者のライフスタイルに合わせた働き方ができることをアピールする。また、１週間の所定労働時間が３０時間未満であることを明記し、週３０時間以上の働き方を希望する求職者との齟齬を防ぐ。

「求人に関する特記事項」
記入のポイント

▶データ入力スタッフの紹介
人員数や平均年齢のほか、育児中のスタッフなどが活躍していることで求職者が馴染みやすい環境を示す。
▶仕事内容の補足
社会貢献度が高い仕事であることをアピールして求職者の意欲を引き出したうえで、仕事量を具体的に紹介して、働き方がイメージできるようにする。また、社員によるフォロー体制を紹介し、急な休みにも対応できる働きやすい職場環境や研修制度も整っていることを紹介し、入社後の不安を感じている求職者が安心して応募できるように導く。
▶求人条件の補足
＊年次有給休暇の付与日数や雇用保険への加入資格は働き方に応じて決定されることを明記して、本人の希望と齟齬が生じないよう配慮する。
＊社員登用制度を紹介し、正規雇用を目指す求職者に対して、将来的に社員として働ける可能性を示す。

販売

求職者のイメージ例

＊第二新卒や非正規雇用で働きながら正社員を目指している若年層
＊子育てやプライベートな事情が一段落して仕事復帰を目指している人
＊得意な接客スキルを活かした仕事にキャリアチェンジしたい人
＊現在の労働条件や働き方を変えたいと考えている現役販売員
＊商品開発やエリアマネージャー等へのキャリアアップを目指す現役
　販売員

転職理由を求人票に活かす

転職希望者は現在の仕事や職場で抱える課題が改善できない状況を変えるために転職という手段をとります。求職者はその課題の解決や改善につながる情報を求人票の中に求めているため、求人者側がそのニーズや期待に応えた情報提供をすればアピール性のある求人票となります。

────────────

●一般的に多い転職理由には「労働時間」「休日数」などの労働条件的なものや「立ち仕事による体力的な負担」「トラブルやクレーム対応による精神的負担」などの仕事特性・環境によるものがあります。

────────────

●特に専門性を必要としない小売販売員の場合は、他職種に比べ未経験や非正規雇用からでも始めやすく正社員にチャレンジしやすい特徴があります。そうした求職者に向けては、まずは接客の楽しさや店づくり、販売促進企画などの仕事の魅力をアピールしていきます。また、特に若い求職者の働く意識の変化に対応した働き方・休み方の改善に向けた取り組みを具体的にアピールすることはポイントのひとつとなります。

アピールポイント例

＊未経験からでも始めやすい仕事
＊お客様の喜びや店づくりなどのやりがい
＊接客スキルや対人対応力などの向上により自らの市場価値を高められる
＊販売成果に対する評価と歩合給やインセンティブ給などによる適正なフィードバック
＊資格取得やキャリア形成への支援体制
＊ワーク・ライフ・バランスを重視した働き方に改善する姿勢や具体的な業務改善の実績
＊魅力ある職場づくりのための国や自治体による各種認定制度等の取得実績

7-1／契約社員

アパレル販売スタッフ

求職者イメージ

▶洋服やファッションが好きで販売に興味がある若年層
　＊アルバイトやパートタイム労働者として小売店での販売を経験してきたが、流行に敏感で洋服
　　が好きなため、アパレル販売スタッフへの転職を考えている人
　＊自分の好きなファッションに携わりながら楽しく仕事をしたいと考えている人
▶販売に興味がある異業種からの転職希望者
　デスクワークや製造業の作業員等よりも、体を動かす仕事が性に合うと感じていることに加え、
　人と接することが得意なため、未経験でも始めやすい販売の仕事を探している人

アピールポイント

▶学歴・職歴を問わず応募が可能であること
▶未経験者であっても、「洋服好き」であれば応募できること
▶好きなファッションに携わりながら楽しく仕事に取り組めること
▶一緒に働くスタッフの多くが自分と同世代のためコミュニケーションがとりやすく、人間関係を
　構築し、働きやすいイメージが持てること
▶商品を販売する仕事だけではなく、店内ディスプレイなど、自分の能力やセンスを発揮する機会
　があること

仕事内容

職種	#アパレル販売スタッフ #毎日カワイイ服を着たい #店名
仕事内容	レディースカジュアルブランド○○○○のお店です。「#カワイイが好き #オシャレが好き #SNSに強い #好きを仕事に」それだけで応募OK！少しでも興味のある方はぜひご連絡ください。 ■主な仕事 ＊10〜20代女性へのスタイリング提案＆レジ業務 ＊流行や季節に応じたディスプレイコーディネート 　ディスプレイを見て来店されるお客様も多いです。 ＊商品整理（お洋服を畳んだり整理したりします。バックヤードの整理も大切なお仕事です。交替制で週2〜3回午前と午後どちらかバックヤードに入っていただきます） ＊SNSの更新（撮影・画像作成・投稿） ー優しい先輩スタッフが丁寧に教えますので、ご安心くださいー

✐「仕事内容」記入のポイント

▶取り扱う商品が認知度の高いブランドの場合、ブランド名を冒頭3行に記し、目に留まりやすくすることで、洋服に興味がある求職者の関心を惹きつける。
▶SNSで利用される「#」(ハッシュタグ）を用いることで、ブランドのターゲット層である若年求職者の関心を惹きつけ、求職者に求める価値観をわかりやすく伝える。
▶未経験者でも仕事内容や自分の働く姿がイメージできるよう、特徴を紹介する。
▶ディスプレイのコーディネート業務やSNSへのPR活動など自分のセンスを活かして働くことができる環境があることを紹介し、おしゃれ感度が高い意欲的な求職者からの応募につなげる。

「職種名」その他例

●例：20代女性活躍中★○○○○スタッフ／月9休み／制服支給有
●例：#○○ショップ店員 #SNSでカワイイを発信 #未経験者歓迎
●例：おしゃれさん集まれ！／○○○○販売スタッフ／お休み希望可
●例：毎日カワイイ＆ハッピーを提案／販売スタッフ／未経験者歓迎

会社の情報

事業内容	ＳＮＳでも話題のカジュアルブランド「○○○○」を展開しています。おしゃれ感度の高い１０～２０代女性から支持を得ており、今年は東海・関西エリアに新たに３店舗の出店を予定しています。
会社の特長	「○○○○」は女性をハッピーにするブランド。お客様だけでなくスタッフもハッピーになれるよう、産休・育休はもちろん、時短勤務制度などライフタイルに合わせた職場環境づくりをしています。

労働時間

就業時間	交替制（シフト制） （１）　09時 30分　～　18時 30分 （２）　11時 00分　～　20時 00分 （３）　13時 00分　～　22時 00分 又は　時　分 ～　時　分 の間の　時間 就業時間に関する特記事項 ＊（１）～（３）による１週間交替のシフト勤務 ＊（１）は店内清掃、レジへの入金など開店準備あり。（２）は接客中心。（３）はレジ締め、清掃など閉店準備あり。 ＊営業時間　１０時００分～２１時３０分
休日等	その他 週休二日制　その他 希望シフト制で月９日休み。土日休みもＯＫ！ ６ヶ月経過後の年次有給休暇日数　１０日

求人に関する特記事項

求人に関する特記事項

■楽しく働ける４つのポイント
1. ファッションセンスを磨けます
   年２回、春・秋に新作からお好みで自社製品１セットプレゼント！社員割引制度を利用してお得に購入することも可能。あなたのファッションセンスを磨いておしゃれを楽しんでください。
2. シフト制でお休み希望ＯＫ
   月９日休みのシフト制です。毎週の土日休みというのは難しいですが、希望制で月１～２回程度なら週末の休みも可能です。
3. ＳＮＳへの投稿で注目度アップ
   スタッフが自らモデルとなり週２～３回程度ＳＮＳに投稿しています。自分が考えたスタイリングにたくさん「いいね」がついたり、売上が上がったときは嬉しく、モチベーションが上がります。
4. 正社員への登用制度（直近３年間で２名の実績あり）
   入社２年目以降には、希望により正社員になれるチャンスがあります。実際に正社員の７０％以上がアルバイト・契約社員からの登用です。
■あなたもわたしたちの仲間になりませんか？
スタッフ全員が２０代！「お客様をより素敵に！」をモットーに楽しく働いています。あなたのご応募を心よりお待ちしております。

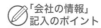

「会社の情報」記入のポイント

▶取り扱い商品や客層などの詳細を伝えるとともに、事業展望を示すことで、向上心が強い求職者や安定志向の求職者にもアピールする。

▶取り扱い商品のコンセプトを紹介するとともに、従業員を大切にする姿勢を示し、ライフステージの転換期に働き方を変え、長期的に働くことができる環境が整っていることをアピールする。

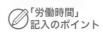

「労働時間」記入のポイント

▶１週間交替のシフト勤務であることを明記し、特記事項にそれぞれの勤務時間による簡単な仕事内容を記載することで、未経験者にも働き方をイメージしやすくする。

▶営業時間を記載することで、開店・閉店準備のための時間が確保されていることを示す。

「求人に関する特記事項」記入のポイント

▶ファッションセンスを磨けます
洋服代が生活費を圧迫することがアパレル販売員の離職理由に多いため、自社製品をプレゼントしていることや社員割引制度があることをアピールする。

▶シフト制でお休み希望ＯＫ
土日であっても希望により休めることで、プライベートも充実できることをアピールする。

▶ＳＮＳへの投稿で注目度アップ
おしゃれ感度の高い若年求職者の関心を惹くため、ＳＮＳを利用している場合は紹介する。

▶正社員への登用制度・実績あり
入社２年目以降には正社員登用制度があり、制度を活用している先輩スタッフもいることを紹介して、仕事へのモチベーションを引き出す。

▶あなたもわたしたちの仲間になりませんか？
若いスタッフが活躍する楽しい職場をアピールし、応募につなげる。

コンビニエンスストア 販売スタッフ

求職者イメージ

▶家事・育児と両立しながら働きたいと考えている人
家事の隙間時間や子どもが通園・通学している時間に、自宅から近い場所で働ける仕事を探している人

▶空いた時間を有効活用して働きたいと考えている人
＊Wワークを考えている人
＊日中は働くことができないため早朝や夜間に働ける仕事を探している人

▶離職後、次にやりたい仕事が見つからない人
前職を諸事情により離職したものの、次にやりたい仕事が見つからず、幅広い求人から仕事を探している人

アピールポイント

▶多様な勤務形態から求職者の希望する働き方ができること
▶早朝・夜間は時給が上がるため、昼よりも効率的に収入を得て働けること
▶新型レジにより多岐にわたる業務の簡便化を実現したことや、わかりやすいマニュアル、研修などの仕組みが整っており、未経験者でも安心して働けること
▶柔軟なシフト体制や1人ひとりの事情に合わせた配慮があり、子育て世代やシニアでも働きやすい環境であること

仕事内容

職種	コンビニ店員／隙間時間を活用／1日3時間・週3日～応相談
仕事内容	24時間・年中無休のコンビニ販売スタッフです。家事の空いた時間でちょっとだけ働きたい方からフルタイム希望やWワークまで、あなたに合わせて、まずは僅かな時間と日数からでもOKです。 ■当店で働くポイント ＊選べる働き方／早朝・深夜のみ、平日・休日のみなど応相談 　時給900～1125円の間で就業時間帯により変動します。 ＊充実したサポート／シニアや未経験者も安心スタートできます。 ＊働くママを応援／お子様の学校行事など柔軟に対応します。 ■主な仕事内容 ＊カウンター／新型POSレジ導入済のため操作もシンプル ＊店内調理　／フライヤー調理はタイマー付きで安心 ＊売場管理　／品出し・フェイスアップ・商品管理・清掃など

「仕事内容」記入のポイント

▶24時間営業・年中無休のため、勤務形態の選択肢が幅広く、求職者が希望する働き方ができることをアピールする。

▶働き方について、求職者の希望に応じ柔軟に対応する姿勢を示す。

▶本部の豊富なノウハウや研修体制により、未経験者でも安心して始められること、子育て世代が多数活躍していることをアピールし、応募につなげる。

▶カウンター業務は、新型POSレジ導入により従来に比べ操作が簡単で、お客様との接触も少ないなどの特徴を紹介し、働く姿をイメージしやすくする。

「職種名」その他例

●例：コンビニ／選べる働き方／週3日・1日3時間～／未経験歓迎
●例：働き方が選べるコンビニスタッフの仕事／早朝・夜間時給アップ
●例：コンビニ店員／未経験者多数活躍／充実サポート／子育て応援
●例：「コンビニ○○○○」スタッフ／シフト応相談／Wワーク歓迎

会社の情報

事業内容	「コンビニ○○○○」を○○県に３店舗展開しています。コンビニのブランド名だけにとらわれず、清掃や陳列、接客サービスにも力を入れ、地域に愛されるお店づくりを目指しています。
会社の特長	住宅街に近いため、幅広い年代のお客様が利用されます。スタッフは子育て中の方や学生さんが多く活躍しており、お客様への挨拶やお声掛けなど、親しみと温かみのある接客にみんなで取り組んでいます。

労働時間

就業時間	（１）　05時 00分　〜　09時 00分 （２）　09時 00分　〜　17時 00分 （３）　17時 00分　〜　22時 00分 又は 22時 00分　〜　05時 00分 の間の 3時間以上 就業時間に関する特記事項 ＊（１）早朝／（２）日勤／（３）夜勤／２２時〜５時 深夜 ＊上記は一例であり、１日３時間週３日以上で相談に応じます。 ＊休憩／６時間以上の勤務で６０分の休憩があります。
休日等	その他 週休二日制　その他 シフト制／本人の希望を踏まえて前月１５日までに１ヶ月分のシフトを作成します。 ６ヶ月経過後の年次有給休暇日数５日

求人に関する特記事項

求人に関する特記事項
■入社後の流れ カウンター業務から始め、レジや調理を一通り習得できたら、売場管理業務（消費期限チェックや発注など）もお任せします。 ＊隙間時間にフェイスアップ（前出し）や清掃も行っていきます。 ■モデル賃金　※勤務日数により社会保険に加入いたします ＊家事・育児の空いた時間に働きたい人（扶養範囲内勤務可能） 【例】１日５時間・週４日勤務　月収７万２０００円 ＊夜間中心で働きたい人（時給／夜勤９２０円、深夜１１２５円） 【例】１日５時間・週５日勤務　月収９万２０００円 ■未経験スタートでも安心 ＊画面の指示に従って進めていく新型レジを導入しているため、キャッシュレス決済や各種サービスの受付も安心です。 ＊写真や動画を用いた、わかりやすいマニュアルもあります。 ■子育て中のママを応援！ ＊学校行事や急なお休みが必要な場合は配慮いたします。 ＊お子様の学校が長期休暇になる時期は、早朝勤務にシフト変更するなど相談に応じます。 ※従業員特典／優待価格で２０万カ所以上の施設が利用可能。 ※社員登用制度・実績有／独立支援制度でオーナーも目指せます。

✐「会社の情報」記入のポイント

▶複数の店舗を経営していることや、地域に愛される店舗づくりに取り組んでいる姿勢を求職者に紹介する。
▶スタッフの情報を紹介し、世代や性別に関係なく活躍できることをアピールする。

✐「労働時間」記入のポイント

▶早朝・日勤・夜勤・深夜の時間帯に分けて就業時間の例を紹介し、その中から１日３時間、週３日以上で相談に応じることを補足説明として加えることで、働き方のイメージを持てるようにする。
▶求職者が希望する働き方によって短時間勤務から長時間勤務まで想定されるため、６時間以上勤務の場合の休憩時間について説明する。

✐「求人に関する特記事項」記入のポイント

▶入社後の流れ
入社後の働き方がイメージできるように、担当する業務内容について簡単に紹介する。
▶モデル賃金
働き方により社会保険加入対象となる可能性があることを示すとともに、日勤と夜勤それぞれの月収例を紹介し、働き方に応じた給与をイメージしやすくする。また、夜間は時給が加給されることをアピールする。
▶未経験スタートでも安心
多岐にわたる業務に対する不安を解消できるよう、大手チェーンならではの充実した教育ツールがあることをアピールする。
▶子育て中のママを応援！
子育てと両立できることを、具体的な事例を挙げて伝える。
※従業員特典・社員登用制度
福利厚生を重視する求職者も多いことから、大手チェーンのならではの充実した優待特典などを紹介する。

スーパーマーケット販売員

求職者イメージ

- ▶同業種から転職を考えている人
  大手スーパーで働いているが、仕事の進め方が自分に合わないと感じ、自分の意見やアイデアを活かすことができる職場に転職を考えている人
- ▶働き方を改善したい人
  販売員として働いているが、現在の仕事を続けていくことに課題を抱えている人や、ライフステージの変化に合わせて転職したいと考え、好きな販売職で自分に合った職場を探している人
- ▶その他サービス業にてアルバイト・パートタイム労働者として働いている人
  非正規雇用で働き続けることに将来の不安を感じるようになり、販売・接客のスキルを活かして正社員として働きたいと考えている人

アピールポイント

- ▶店長に裁量権が与えられており、現場を知っている社員の意見が通りやすく、入社年数や役職を問わず活躍できる職場であること
- ▶創業50年以上の地域密着型スーパーで業績が安定しており、正社員として長期的に働けること
- ▶スーパーでの就業経験はなくても、接客・調理経験などの得意分野を活かし、正社員として活躍できる環境があること
- ▶希望シフト制勤務・夏季休暇制度などにより、プライベートも充実させながらメリハリをつけて働く環境が整っていること

仕事内容

職種	食品スーパー販売員／正社員／週休2日制／未経験者歓迎！
仕事内容	地元産の食品を豊富に取り揃えており、その食材を使用したオリジナルの無添加お惣菜はメディアで取り上げられるほど。各店舗に裁量権があるため、社員の自由な発想でお店を盛り上げています。 ※青果・精肉・鮮魚・惣菜・グロサリー部いずれかに配属予定 ■主な仕事 *売場レイアウト・調理加工・販売計画・商品発注・イベント企画 *アルバイトスタッフのマネジメント・レジ補佐業務など ■各店舗の個性がキラリ *「まずはやってみよう」が当社の社風です。あなたの調理経験やお客様の声を活かした新メニュー開発にもチャレンジできます。 *店舗ごとにイベント企画からPOPづくりなどの売場演出までできるため、販売や接客の経験をすぐに活かすことができます。

「職種名」その他例

- ●地域の方から愛され50年○○○マート店員【正社員】
- ●○○○マート販売員／正社員／年休111日／週休2日
- ●販売員／あなたの企画やアイデアで活気ある店づくりを
- ●お客様とハートtoハート笑顔溢れる職場／○○○マート

✐「仕事内容」記入のポイント

- ▶各店舗に裁量権があることを紹介し、自由度が高く、スタッフのアイデアや企画を積極的に採用していることをアピールすることで、スーパーで活躍したいと考える意欲的な求職者からの応募につなげる。
- ▶異業種からの転職者も想定し、調理や販売、接客のスキルを活かして活躍できる職場であることを具体的に紹介し、求職者が入社後をイメージしやすくする。
- ▶「まずはやってみよう」という社風を紹介することで、失敗を恐れないイキイキとした職場雰囲気や社員の仕事への姿勢、働きぶりを連想してもらい、「こんな職場で働きたい」と思ってもらえるようにする。

会社の情報

事業内容	地元密着型スーパーとして県下に７店舗運営。創業以来５０年、店舗ごとに地域の方が求めるニーズを的確に把握した店づくりを実施しています。今後も計画的に新規出店を進めていく予定です。
会社の特長	店舗に裁量権があるからこそ、社員のアイデアが溢れる個性豊かなスーパー。新入社員から活躍できる環境があり、入社６年で店長に抜擢されたケースもあります。

労働時間

就業時間	変形労働時間制（１ヵ月単位） （１）　07時 00分　〜　16時 00分 （２）　09時 00分　〜　18時 00分 （３）　11時 30分　〜　20時 30分 又は 07時 00分　〜　20時 30分 の間の 8時間
	就業時間に関する特記事項 ＊営業時間は９：００〜２０：００です。 ＊（１）（２）（３）は勤務時間の一例です。 ＊本人の希望にも配慮して部門ごとにシフトを決定します。
休日等	その他 週休二日制　その他 月９日のシフト制（月８日が３回）、通常の休日とは別に年始休み １／１〜１／３、夏季休暇（７〜９月の間に交替制）３日間あり ６ヶ月経過後の年次有給休暇日数　１０日

求人に関する特記事項

求人に関する特記事項
【当社で働く３つのポイント】 （１）性別・年齢・学歴・中途入社などのハンデなし 平均年齢３８歳、中途入社７割以上、男女問わず活躍中！加点主義と絶対評価に基づく独自の人事考課であなたのやる気に応えます。 （２）将来はバイヤーや本部スタッフも目指せます まず経験や適性に合わせて各部門スタッフから始め、部門主任⇒副店長⇒店長へとステップアップ。将来的には、部門を極めたい方のためのマイスター（専門職）や商品の仕入れが専門のバイヤー、経理・人事などの本部スタッフも目指せる環境を用意しています。 （３）年始３連休の導入など働き方改革促進中！ 働き方改革を推進する社内プロジェクトを２０○○年に立ち上げ、年間休日の増加や年始３連休制度の導入などを進めています。 【先輩の声　入社３年目２７歳／前職：居酒屋ホールスタッフ】 一般食品や日用雑貨を扱うグロサリー部門の主任として、商品の発注・売価設定・陳列レイアウトやＰＯＰ作りなど部門管理を任されています。商品の見せ方など、自分のアイデアがお客様から評価され、結果として売上げに表れたときは大きなやりがいを感じます。 【モデル年収例】※月給＋各種手当＋残業代＋賞与 入社１年目（２７歳）２９２万円／前職：飲食店 入社３年目（３２歳）３７９万円／前職：大手スーパー

「会社の情報」記入のポイント

▶創業年数を記載することにより、地元における老舗の安定企業であることをアピールする。また、今後の出店計画によって、企業の成長性だけでなく、求職者自身の成長やキャリアアップも期待できることをイメージできるようにする。

▶裁量権が大きい店舗運営により、自分のアイデアや独創性を活かして働くことができる環境をアピールする。

「労働時間」記入のポイント

▶スーパーは営業時間が長いことから様々な勤務時間が考えられるが、基本的なシフトパターンを記載し、働くイメージを持てるようにする。また、本人の希望も配慮しながらシフトを決定していることを示し、プライベートと両立しやすい職場であることをアピールする。

「求人に関する特記事項」記入のポイント

▶当社で働く３つのポイント
(1)社員の平均年齢や中途入社の方が活躍していることなどを紹介し、これまでの経験を活かして能力が発揮できる環境があることを示す。
(2)店長だけでなく、バイヤー職や本社の管理部門スタッフなどで活躍できることを紹介し、具体的なキャリアプランを描けるようにする。
(3)スーパーでの勤務は、休日の確保が難しいイメージがあることから、働きやすい職場づくりに向けた取り組みを行っている場合には、具体的な事例や成果をアピールする。

▶先輩の声
異業種から転職を考えている求職者の不安を解消するため、先輩社員の声を紹介するなどして、入社後の活躍をイメージできるようにする。

▶モデル年収例
1年目と3年目の年収を比較できるように紹介し、意欲的な求職者からの応募につなげる。

家電量販店販売員

求職者イメージ

▶販売職は未経験ではあるが、もともと社交的で人と話すのが好きな人
現在は別の職種で働いているが、デスクワークや同じことを集中して行う仕事よりも、コミュニケーションをとりながら体を動かして人と接する仕事のほうが性に合っていると考えている人

▶家電製品が好きな人
家電製品やパソコンが好きで、家電量販店を巡るとワクワクする人や、小さなころから機械いじりも好きで、簡単な修理なら自分でできてしまう人

▶第二新卒や正社員を目指している人
派遣などの非正規雇用就労が続いているため職種を定めず正社員就労を目指している20～30代

▶販売職で働いているが転職を考えている人
接客や販売の仕事は好きなものの、勤務時間や休日など、より良い労働環境で働きたいと考えている人や、新しい仕事で自分を試したいと考えている人

アピールポイント

▶未経験での入社を前提に、独自の育成制度により3年後には部門リーダーを担当できる程度にまで成長できる職場であること

▶第二新卒や非正規雇用労働者でも受け入れる方針が明確であり、該当する求職者にとって新たなキャリアにチャレンジできる職場であること

▶単に商品を販売する仕事ではなく、売場づくりにも自分の能力やセンスを発揮でき主体性を持って働くことができる職場であること

仕事内容

職種	家電量販店の販売員／35歳以下・キャリア採用・未経験可
仕事内容	○○○キャラクターでお馴染みの大型家電量販店（中央店）における販売の仕事です。家電店未経験や人と話すことがあまり得意でない方でも、当社独自の育成制度で「販売のプロ」になれます。 ■自分で売場づくりにチャレンジできる仕事 ＊販売個人目標はありませんが主体性のある仕事を評価します。 ＊担当商品の売場は楽しくなる空間を創造してください。 ■当店で働く魅力 ＊最初の担当部門は冷蔵庫・洗濯機ですが、6ヶ月を目安に各部門をローテーションし、3年後にはリーダーをお任せします。 ＊商品知識の社内研修や動画マニュアル、先輩トレーナーによる指導など、独自の育成制度により未経験の先輩も多数活躍中です。 ※第二新卒や正社員を目指している方の応募も歓迎です！

「職種名」その他例

- ●正社員キャリア採用／家電セールススタッフ／第二新卒歓迎
- ●家電量販店の販売スタッフ／イキイキ働ける職場／35歳以下
- ●接客好きな方歓迎／販売スタッフ／地元勤務の家電量販店
- ●家電販売スタッフ（○○市中央店）／仕事と家庭の両立OK

「仕事内容」記入のポイント

▶35歳以下の経験不問とするキャリア形成を目的とした募集であることから、求人は第二新卒や非正規雇用で働く若者からの応募につなげるため、能力を活かし長期的に働くことができる労働条件を提示する。

▶営業職や販売職に付帯する個人目標の有無を重要視する求職者も多いことから、自社の方針を伝えるとともに、社員1人ひとりに主体性を求める姿勢を示し、安易な仕事と捉えられないようにする。

▶同じ販売職からの転職者に対し、自己の成長が期待できること、また未経験者には独自の人材育成により成長した先輩も活躍していることをアピールする。

会社の情報

事業内容	大手○○電器のフランチャイズ店舗として３店舗を展開。創業３５周年に向けて５店舗体制を計画中。量販店ですが、あくまでも「街の電気屋さん」イメージを大切にしたお店づくりをしています。
会社の特長	「街の電気屋さん」にふさわしい接客と提案力にはこだわりを持っています。当社独自のスタッフ育成制度「めざせ！販売のプロ」ではすでに５０名が育ち、皆が自信を持ってお店に立っています。

労働時間

	交替制（シフト制）
就業時間	（１）09時00分 ～ 18時00分 （２）10時00分 ～ 19時00分 （３）11時30分 ～ 20時30分 又は 時 分 ～ 時 分 の間の 時間 就業時間に関する特記事項 ＊営業時間は１０時から２０時まで ＊月２回固定時退社日あり ＊（１）（２）（３）のシフトは原則２週間サイクルですが、１日単位でもプライベートの希望などには事前申請により柔軟に対応しますので安心して勤務できます。
休日等	その他 週休二日制 毎週 ＊土日祝日は原則出勤ですが年間５日間は休めます＊平日休日の週休２日＊夏季休暇４日（交替制）＊年末年始１２／３１～１／１ ６ヶ月経過後の年次有給休暇日数 １０日

求人に関する特記事項

求人に関する特記事項

■勤務場所・転勤
入社後５年程度は中央店ですが、その後は幅広い経験を積むため、駅前店、県庁前店で勤務していただくこともあります。
■働き方改善への取り組み
社員の提案を採り入れながら働き方改善に取り組んでいます。
＊土日祝日も一定日数休めるシフトを組んでいます。
＊繁忙期を除き毎月２回定時退社日があります。
＊育児休業後は短時間勤務制度を利用できます。
■当社独自の育成制度「（名称）めざせ！販売のプロ」
＊資格取得の支援例「家電製品アドバイザー」取得祝金１万円
＊社員チームによる販売動画やお客様トーク集の制作と活用
＊社内販売ロールプレイングコンテスト（年１回・表彰あり）
＊他店舗への短期派遣制度による人材交流（年１回・１週間）
■共に活躍できる職場
＊販売経験豊富な方は若手や未経験者の指導をお願いします。
＊３ヶ月ごとに上司と個人面談しながら習熟度に合わせた育成方針を立て、１人ひとりに合わせた指導内容の改善も行っています。
■店舗見学にお越しください！
同年代社員を交えた座談会も随時行いますので、まずは気軽にご連絡ください。当社ＨＰからのお申し込みも可能です。

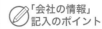
「会社の情報」
記入のポイント

▶５店舗体制の計画もある将来性とともに、経営理念は「街の電気屋さん」として、温もりある接客を目指した企業であることをアピールする。
▶競争が激しい業界のなかで、独自の育成制度で多くの人材が育っていることを紹介し、将来にわたって働くイメージを持つようにすることで、長期的に働きたいと考える求職者からの応募につなげる。

「労働時間」
記入のポイント

▶シフト勤務の具体的なパターンや定時退社日を実践していることのほか、小売業ではあるが、土日祝日の休みも年５日間は休日として選択できることなど、家庭との両立も重視した新しい働き方の環境づくりに取り組んでいる姿勢をアピールする。

「求人に関する特記事項」記入のポイント

▶勤務場所・転勤
経験を積むために転勤することはあるが、３店舗はいずれも通勤圏内で転居を伴うような転勤にはならないことを示す。
▶働き方改善への取り組み
働き方改革が注目されるなか、少しでも好条件な求人に応募が集まりやすいため、改善に取り組む姿勢や取り組みをアピールする。
▶当社独自の育成制度
単に「先輩が丁寧に指導します」のような抽象的なコメントではなく、資格取得時の祝金など具体的な施策や制度などを紹介し、会社の人材育成に対する積極的な姿勢をアピールする。
▶共に活躍できる職場
未経験者に対しては上司の面談や習熟度に合わせた指導・育成などでスキルアップを図り、能力が高い経験者は指導係としても活躍ができるなど、それぞれのポジションで共に活躍できる職場であることをアピールする。

携帯ショップ販売員

求職者イメージ

▶販売職は未経験だが、流行やトレンドに敏感で、モバイル好きな人
　スマートフォンを操作するのが好きな人や、最新の機種が発売されたらすぐにチェックするような新しい物が好きな人
▶異業種の接客・販売職（正社員）から転職を考えている人
　＊会計時のみの接客などではなく、コミュニケーションをとりながら人と接する仕事のほうが性に合っていると考えている人
　＊接客の仕事は好きなものの、労働時間が長く、休みも取りにくいなどの労働環境で悩み、改善を求め転職を考えている人
▶異業種の接客・販売職（非正規）から正社員を希望して転職を考えている人
　アルバイトやパートタイム労働者といった非正規雇用で接客・販売職として働いてきたが、現在の会社では社員登用が望めないことから、今後は正社員として安定して長く働き続けることを望んでいる人

アピールポイント

▶応募にあたっては携帯電話やタブレットに関する知識や経験は問わないこと
▶未経験であっても入社後3ヶ月間の研修や独り立ちまでのフォロー体制が整っていること
▶学歴・職歴を問わず、正社員として雇用の安定を期待できること
▶マニュアル通りの接客ではなく、1人ひとりに合わせた対応力が必要とされる困難さはあるが、社員同士の助け合いもあり、「接客業のやりがい」を感じじながら働けること

仕事内容

職種	○○ショップ△△店／接客・販売スタッフ／学歴不問／正社員
仕事内容	新規契約やプラン変更、操作方法などのご案内。お客様対応だけでなく、店内のディスプレイやイベント企画など活躍の場は多彩。最新機種や新サービスについて、いち早くキャッチできるのも魅力。 ■入社後の研修カリキュラムが充実 入社後3ヶ月間、専任スタッフとマンツーマン研修を実施。接客もお客様1組に対し2名で行い、独り立ちまでサポートします。 ■先輩や上司の素早いフォロー体制を実現 インカムを使って連携をとるため、困ったときはすぐにフォロー。みなさんが安心してお客様に向き合うことができる環境を実現。 ■この仕事の魅力 ＊異業種からのキャリアチェンジでも活躍できます。 ＊年間休日108日と有給休暇でメリハリある働き方ができます。

「仕事内容」記入のポイント

▶仕事だけではなく、店舗のイベント企画や運営などにも関わることができることを紹介する。
▶モバイルに関する最新情報を得ることができる環境をアピールし、好きを仕事にしたい人からの応募につなげる。
▶常に新しい機種やサービスが導入される業界において、入社後に覚えることが多いことについて不安を感じる求職者が多いため、育成やフォロー体制がしっかり準備されていることを具体的な事例を示してアピールする。
▶この仕事の魅力をアピールして幅広い求職者からの応募につなげる。

「職種名」その他例

●モバイル販売スタッフ／キャリアチェンジ・未経験者歓迎
●携帯電話販売スタッフ【あんしんショップ認定店】正社員
●お客様の笑顔で元気になれます！携帯電話ショップ販売員
●携帯販売スタッフ／○○ショップ△△店／月9休／未経験も可

会社の情報

事業内容	○○モバイルショップを△△県に4店舗運営。単にモバイルを販売するだけではなく、小さなお子様からご年配の方まで、安心して携帯電話を利用できるよう、真心込めたサービスに努めています。
会社の特長	20〜30代が中心となり活躍中。私たちの店舗規模はまだ成長途上ですが、その分、社長と社員の距離が近いことが魅力。社員1人ひとりの頑張りを適正に評価し、業績に応じて特別賞与も支給。

労働時間

就業時間	交替制（シフト制） （1）　09時00分　〜　18時00分 （2）　09時30分　〜　18時30分 （3）　11時00分　〜　20時00分 又は 9時00分 〜 20時00分 の間の 8時間 就業時間に関する特記事項 ＊店舗の営業時間は、10：00〜19：00 ＊1ヶ月ごとのシフト制で、家庭やお子さんの予定、プライベートなど、優先して勤務シフトを変えられるので無理なく続けられます。
休日等	その他 週休二日制　毎週 ＊シフト制により月9日休み（20○○年実績）。 ＊希望休の申請もOK！ 6ヶ月経過後の年次有給休暇日数　10日

求人に関する特記事項

求人に関する特記事項
■「入社して良かった」と思ってもらえる会社を目指して ＊原則予約制としているので残業時間も少なめです。 ＊有給休暇取得率は78.4％と高水準。平均取得日数は12日。 ＊全員が極力、希望どおりに休めるように協力し合っています。 ＊店舗の売上目標が達成した場合、特別賞与を支給します。 ＊スタッフルーム完備（冷蔵庫・テレビ・Wi-Fi・携帯充電器などを自由に利用できます） ＊制服もありますので毎日の服装にも困りません。 ■面倒見の良い心強い先輩が多数在籍しています ご来店されるお客様の人数は、店舗の規模により1日30〜50名ほど。各店舗に5〜6名のスタッフが在籍し、平均年齢は28歳。面倒見の良い先輩があなたの応募をお待ちしています。 ＊スタッフT・Yさんの声（入社2年目・25歳・女性） 高校卒業後は先生の紹介で地元の製造業で働いていました。飲食店で4年間アルバイトをしていたこともあり、次に働くなら接客業がいいなと思っていたところ、未経験者歓迎という言葉に惹かれて応募しました。入社して最初は覚えることがたくさんあり戸惑いの日々でしたが、しっかりとした研修制度を受けることでどんどん自分に自信をつけることができました。今ではお客様からいただく「ありがとう」の言葉にやりがいを感じながら毎日勤務しています。

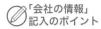

「会社の情報」記入のポイント

▶販売することだけではなく、お客様に寄り添ったサービスをアピールすることで、ホスピタリティマインドの高い求職者の関心を惹きつける。

▶若年層が転職しやすい職場であることをアピールする。また、個人業績に対してだけではなく、会社や店舗の成果は特別賞与で還元されることを説明し、意欲的な求職者からの応募につなげる。

「労働時間」記入のポイント

▶営業時間を明記して、就業時間＝営業時間ではないことを伝え、営業時間前後に準備・事務作業を行う時間が確保されており、時間外労働で対応することはないことを示す。

▶シフトでは家庭の事情などに配慮することや休みも希望休を申請できるなど、プライベートと両立して働ける職場であることをアピールする。

「求人に関する特記事項」記入のポイント

▶「入社して良かった」と思ってもらえる会社を目指して

年次有給休暇が取得しやすい環境であることなどを単に記載するだけでなく、具体的な取り組み内容や数値まで盛り込むことで求人情報の信頼性を高める。

▶面倒見の良い心強い先輩が多数在籍しています

1日の来客数やスタッフの在籍数を具体的に記載することで、店舗の規模や仕事の繁閑についてイメージできるようにする。

▶スタッフの声

入社後最も身近な先輩になる可能性が高い社歴の浅いスタッフを紹介することで、求職者自身と重ね合わせることができ、入社後の成長イメージができるようにする。

イタリア雑貨店販売員
（インテリアコーディネーター）

求職者イメージ

▶スキルアップを目指して転職を考えている人
＊インテリア業界の販売員として数年経験を積み、今後はインテリアコーディネーターの資格を取得し、専門知識や能力を活かして活躍したいと考えている人
＊家具やカーテンなどの専門店で販売員として働いてきたが、1つの分野だけではなく、部屋全体のインテリアをコーディネートできる仕事がしたいと考えている人
▶同業種から転職を考えている人
専門学校や公的職業訓練でインテリアに関する知識や技術を学びインテリア業界に就職したものの、職場環境などに馴染めず転職を考えている人
▶インテリアが好きで異業種から転職を考えている人
非正規雇用の販売員として異業種で働いているが、部屋の模様替えや雑貨店巡りが好きで、インテリア関係の仕事に就きたいと考えている人

アピールポイント

▶インテリアコーディネーターの資格取得支援があること
▶家具から雑貨まで幅広い商品を取り扱っており、将来は部屋全体のインテリアコーディネートを提案する仕事もできること
▶教育が充実しており、経験が浅い人や未経験者でもチャレンジしやすい職場であること
▶報奨金制度や社内コンテストなどのイベントがあり、高い意識を持った求職者も意欲的に働ける環境があること

仕事内容

職種	インテリアコーディネーター／資格取得を応援！／３５歳以下
仕事内容	国内外から厳選したナチュラルモダンな家具・雑貨を販売しているインテリアショップです。インテリアコーディネーターの資格取得支援や勉強会などスタッフの教育に力を入れています。 ＊長期育成を目的とした３５歳以下の募集です（未経験者歓迎）。 ■主な仕事内容 ＊販売／興味を持たれているお客様に商品説明やアドバイスを行い家具・インテリア雑貨の販売を行います。 ＊売り場づくり／季節ごとのディスプレイ変更は、エリアごとに担当者を決め、1人ひとりのアイデアや感性を反映しています。 ＊コーディネートの提案（有資格者）／家具や雑貨など小物も含めた空間全体を３Ｄシミュレーションで提案しています。個人宅を中心に、オフィスをコーディネートした実績もあります。

「職種名」その他例

●家具・雑貨販売スタッフ／未経験・第二新卒歓迎／３５歳以下
●【正社員】お洒落なモダンインテリアショップ／完全週休２日
●インテリアコーディネーター／あなたの感性を活かして活躍！
●インテリア販売スタッフ／販売報奨金制度あり／週休２日制

「仕事内容」記入のポイント

▶インテリアショップごとに取り扱う商品による特色があるため、「どのようなお店で働くか」を求職者がイメージできるよう店舗の特徴を簡単に紹介する。
▶以前からインテリア業界に憧れ、自分も資格を取得し専門知識を持った人材として幅広く活躍したいと考えている求職者に向け、冒頭3行で「資格取得支援」をキーワードにインパクトをつけ、注目を引く。
▶主な仕事内容として、販売、売り場づくり、コーディネートの提案の3つを紹介し、特に売り場づくりでは自分のアイデアや感性を活かせるチャンスがあることをアピールし、もともとこの仕事をやりたいと思っている求職者の気持ちを刺激する。

会社の情報

事業内容	「一生共に暮らせるインテリア」をコンセプトに、○○地域の天然木のみを使用したこだわりの家具やモノトーンを基調としたシンプルなデザインのインテリア雑貨を販売しています。
会社の特長	グリーンインテリア好きなスタッフや間接照明に精通しているスタッフ、壁面装飾にこだわりを持っているスタッフなど、年齢性別に関係なく、個性豊かなスタッフが切磋琢磨しながら働いています。

労働時間

就業時間	（1）　10時 00分　〜　19時 00分 （2）　　時　分　〜　　時　分 （3）　　時　分　〜　　時　分 又は　時　分　〜　時　分　の間の　時間 就業時間に関する特記事項 通常残業はありませんが、ディスプレイ変更月やセール時期は月10〜15時間程度の残業があります。 ＊ディスプレイ変更月（3月・6月・9月・12月） ＊セール時期（7月・12月）
休日等	水　その他 週休二日制　毎週 ＊水曜日のほか、平日に1日休み＊年末年始12／31〜1／2 ＊夏季休暇7〜9月の間で3日取得可 6ヶ月経過後の年次有給休暇日数　　10日

求人に関する特記事項

求人に関する特記事項
■入社後の流れ・スキルアップ支援 ＊経験者……商品知識の研修後、雑貨販売の接客から始めます。3ヶ月目からはコーディネート研修で提案力を磨いていきます。 ＊未経験者……6ヶ月間の育成プランに基づき、アシスタントをしながらディスプレイやギフト包装、接客などの基礎を学びます。 ＊勉強会……空き時間を利用して事例研究やコンセプトトレーニングなどを行っています。定期的にショールームやメーカーを訪問し、新商品やトレンドについて学ぶ研修もあります。 ＊資格取得……受験費用および更新費用は会社が負担します。インテリアコーディネーターの資格保有者は3名在籍しており、現在2次試験に向けて勉強中の女性スタッフがいます。 ■職場環境 ＊スタッフ……20〜40代の男女8名が在籍しています。半数以上のメンバーが中途入社で、前職はカフェスタッフや雑貨販売スタッフなど様々な経験を経て活躍しています。 ＊報奨金制度……半年間の販売実績を基に報奨金を賞与に上乗せ。また、年1回行われる社内コンテストの受賞者には店内のインテリア雑貨から好きなものをプレゼントしています（上限あり）。 ■年収例 310万円（27歳／入社2年目／月給＋諸手当＋報奨金）

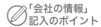

「会社の情報」記入のポイント

▶取り扱っている商品の特徴やこだわりを具体的に紹介することで、どのようなお店なのかイメージが持てるようにし、この職場にしかない魅力を求職者に伝える。

▶スタッフの情報や働く様子を紹介し、お互いの個性を尊重し合える社風や先輩スタッフから刺激を受けながら求職者自身が成長できる環境をアピールする。

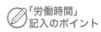

「労働時間」記入のポイント

▶求職者にとって関心の高い時間外労働について補足説明をする。繁忙期の時間外労働は増えるものの、日常的な時間外労働がないことはメリットになるため、併せて紹介する。

▶繁忙期をわかりやすく紹介することで、働くイメージを持つようにする。

「求人に関する特記事項」記入のポイント

▶入社後の流れ・スキルアップ支援
＊入社後の働き方について、経験者と未経験者に分けてわかりやすく説明し、イメージしやすくする。

＊勉強会の内容や独自の研修を紹介し、未経験からでも知識や技術を重点的に学び、成長していくことができる環境をアピールする。

＊資格取得支援の内容や有資格者情報を紹介し、資格取得に向けてバックアップする姿勢をアピールする。

▶職場環境
＊仲間となるスタッフについて紹介し、求職者が入社後をイメージしやすくする。

＊転職を考えている求職者には同じような経歴を持つ先輩がいることは応募への後押しにもなるため、中途採用者の割合などを伝える。

＊自身が正当に評価されていないと感じ転職を考える求職者もいることから、報奨金制度について紹介し、能力が適正に評価され、意欲的に働けることをアピールする。

登録販売者

求職者イメージ

▶**医薬品販売に集中できる職場を探している人**
現在の職場では品出しや在庫管理などの業務割合が多く、医薬品の取り扱いや接客に集中できないことに悩んでおり、登録販売者としてお客様に寄り添ったカウンセリングができる職場を探している人

▶**資格保有者でパートから正社員になりたい人**
登録販売者のパートタイム労働者として勤務しているが、子育ても一段落したため、正社員雇用を目指して新しい職場を探している人

▶**登録販売者資格を取得して間もない人**
手に職をつけて働きたいと考え、自身で勉強し登録販売者資格を取得したため、実務の勉強や経験を積みながら働ける職場を探している人

アピールポイント

▶カウンセリング販売に力を入れており、登録販売者が専門知識を活かして活躍できる職場であること

▶登録販売者が能力を充分に発揮できる環境づくりに力を入れていること

▶充実した現場教育で、管理者要件がない人や経験が浅く不安がある人でも、安心して働ける職場であること

▶資格手当や義務講習費用のサポートなど、資格保有者にメリットがあること

仕事内容

職種	登録販売者／カウンセリング重視／管理者要件がない方も歓迎
仕事内容	気軽にお薬の相談ができるカウンセリング販売と医薬品の品揃えに力を入れている調剤併設型ドラッグストアです。管理者要件がない方でも先輩の指導のもと、安心して実務経験を積めます。 ■登録販売者が活躍できる環境づくり 医薬品売場の充実とカウンセリング強化のため、昨年登録販売者の業務を見直し、品出し等の業務は全体の3割程度に。 ■管理者要件をお持ちの方 医薬品売場には1日80名以上のお客様が来店されます。お客様の薬選びのサポートや相談対応などを行います。 ■管理者要件がない方 先輩社員がついた上でカウンセリング業務を積極的に経験してもらいます。さらに研修や勉強会でスキルを身につけていきます。

「職種名」その他例

● ○○県／地域の皆様のかかりつけ登録販売者になりませんか？
● ドラッグストアの登録販売者／管理者要件がない方も安心
● 登録販売者の専門知識を活かせる／カウンセリング販売強化
● 登録販売者／教育充実／管理者要件取得まで手厚いサポート

✍「仕事内容」記入のポイント

▶登録販売者でも品出しやレジなどの一般的な業務に追われることが多い中、自社は薬の相談やカウンセリングに力を入れている営業方針を冒頭3行で明確に紹介し、有資格者が活躍できることをアピールする。

▶登録販売者が実際に活躍できるよう、従来からの業務を見直し、一番の課題であった一般業務の担当割合を全体の3割程度に抑えるなど、実際に取り組んでいることを紹介する。

▶登録販売者は、管理者要件の有無により単独での販売行為に可否があるため、特に要件のない人には要件を持つ先輩がついて指導していく体制を説明し、安心してキャリアを積めることをアピールする。

会社の情報

事業内容	調剤併設型ドラッグストアを○○県に１０店舗展開。医薬品を中心に日用品・食料品を取り扱っています。気軽にお薬の相談ができる場所として、地域の皆様に頼られるお店を目指しています。
会社の特長	登録販売者資格保有者は３５名、１店舗あたり３名程度在籍。医薬品のカウンセリング販売員としては７割が女性で２０〜５０代まで幅広い世代が地域のかかりつけ薬局を目指して活躍しています。

労働時間

就業時間	変形労働時間制（１ヶ月単位） （１）　０９時００分　〜　１８時００分 （２）　１１時００分　〜　２０時００分 （３）　１３時００分　〜　２２時００分 又は　０９時００分　〜　２２時００分　の間の　８時間 **就業時間に関する特記事項** ＊上記（１）から（３）は代表的な勤務時間で、シフトは前月１５日までに希望休を提出していただき翌月のシフトを作成します。 〈店舗営業時間〉１０：００〜２１：００
休日等	その他 週休二日制　その他 ＊月８〜９日（シフトにより※週１日以上） ＊夏季・冬季休暇　各４日、年始休暇（１月１日） ６ヶ月経過後の年次有給休暇日数　１０日

求人に関する特記事項

求人に関する特記事項
■働き方 〈管理者要件をお持ちの方〉 ＊医薬品売場内にある相談カウンターに立ち、お客様の症状や悩みを伺いながら最適なお薬をご提案します（１日２０件以上）。 ＊お客様の相談内容によっては、併設されている調剤薬局の薬剤師とも連携をとりながらカウンセリングを行います。 〈管理者要件がない方・経験が浅く不安がある方〉 ＊管理者要件を持っているベテランの先輩が教育係になります。 ＊医薬品を種類や症状別に分類した一覧表に基づいてロールプレイングなどの研修を行っていきます。 ■スキルアップ支援・キャリアパス ＊登録販売者の義務となる外部講習費用は会社が負担します。 ＊本部主催の医薬品勉強会（年４回）、接客研修会があります。 ＊本部スタッフとして、登録販売者の育成やスタッフの教育、医薬品のバイヤーなどへキャリアアップしていくこともできます。 ■モデル賃金 管理者要件無：年収２８５万円／管理者要件有：年収３２７万円 ■職場情報（△△店の場合） 登録販売者／４０代女性、２０代男性、３０代女性（パート） ※希望者には、見学時に先輩社員との懇談の場も設けます。

「会社の情報」
記入のポイント

▶県内に複数の店舗を展開している地域特化型の安定企業であることをアピールする。地域に根差した経営を明記し、登録販売者の仕事を大切に考えていることを示す。

▶企業全体の登録販売者数や男女比率、年代などを紹介し、職場環境をイメージしやすくする。

「労働時間」
記入のポイント

▶主となるシフトの勤務時間帯を記載することで実際の働き方をイメージしやすくする。

▶シフト勤務の決定方法を紹介することで、プライベートと両立した働き方ができることをアピールする。

▶補足説明として店舗営業時間を記し、開店準備や閉店後の業務も加味して就業時間を設定しており、時間外労働を前提としていないことを求職者に示す。

「求人に関する特記事項」
記入のポイント

▶働き方
＊管理者要件がある求職者には、仕事内容や労働環境などを詳細に紹介し、入社後の姿がイメージできるようにする。

＊管理者要件がない求職者には、具体的な教育内容を紹介し、管理者要件がなくても安心して働ける環境をアピールする。

▶スキルアップ支援・キャリアパス
＊新商品情報など常に最新の知識が必要とされる職業のため、会社のサポート体制をアピールする。

＊登録販売者として活躍してきた求職者に対して、本人のやる気に応じて活躍できる道を示し、経験や資格を活かしたキャリアパスがあることをアピールする。

▶モデル賃金
管理者要件の有無による、それぞれの年収例をわかりやすく紹介する。

▶職場情報
一緒に働くスタッフの情報を提供して職場をイメージしやすくする。

書店販売スタッフ

求職者イメージ

▶家事や育児の空いた時間に働きたいと考えている人
  ＊就園就学等で子育てが一段落したため、日中の空いた時間を利用して働きたい人
  ＊商品の陳列など整理整頓が得意なため、その能力を活かして適度に接客をしながら、落ち着いた雰囲気で働きたいと考えている人
▶本が好きな人
  子どものころから本が好きで、本に囲まれた仕事であれば雇用形態にこだわらず働きたい人
▶自分の希望する働き方で収入を得たい人
  ＊前職を諸事情により離職したが、なかなか次にやりたい仕事が見つからないため、一時的な仕事を探している人
  ＊Ｗワーク希望者や平日の夜や土日祝の勤務に限定した働き方をしたいと考えている人

アピールポイント

▶自分の希望に合わせた働き方ができること
▶平日の夜、土日祝日は時給が上がること
▶入社後の教育体制や書誌検索システムなどのフォロー体制が充実しており、未経験者でも始めやすいこと
▶本のディスプレイやPOP作成など、自分のセンスを活かせる面白さがあること
▶正社員登用制度があり、実際にパートタイム労働者から正社員になった方がいること

仕事内容

職種	書店での販売スタッフ／選べる働き方／本の知識・経験不要
仕事内容	本に囲まれた静かなブックショップで、あなたの希望に合わせて自由に働き方を選べる販売スタッフの仕事です。 ＊未経験者や本の知識がない方もフォローします。 ＊新刊が早くチェックでき、好きな本が社割で買える特典も魅力。 ■こんな働き方ができます ＊家事やプライベートの空いた時間で働きたい方は【日勤】 ＊就活やWワークしながらパートでもしっかり収入を得て働きたい方は【夜と土・日・祝日勤務】 ■主な仕事 ＊カウンター業務（レジ・お問い合わせ対応） ＊フロア業務（本の整理整頓・ディスプレイ・POP作成など） ※売れ残った書誌の返品作業や運搬をお願いすることもあります。

「職種名」その他例

●書店スタッフ／日勤のみOK／夜・土日時給UP／未経験歓迎
●販売スタッフ／△△△書店／未経験スタート歓迎／教育充実
●書店員／平日18時以降・土日時給50円UP／1日3時間〜
●書店販売員／本好き歓迎／社割有／ディスプレイ・POP作成

「仕事内容」記入のポイント

▶パートスタッフの募集であることから、求人全体はライフスタイルに合った働き方ができること及び仕事内容が簡単であることの2点を柱にアピールし、求職者に「きれいな仕事で働きやすそうなお店」との印象を持ってもらえるようにする。
▶落ち着いた雰囲気で働ける書店ならではの良さをアピールするとともに、求職者の希望に合わせた働き方ができることを示す。
▶働き方について、求職者がイメージしやすいよう具体的に例示する。
▶経験や特別な知識がない求職者も応募できることを記載し、間口を広げる。
▶働き方の具体例や主な仕事内容を紹介し、入社後をイメージしやすくする。

会社の情報

事業内容	書籍と雑貨の複合店を3店舗経営しています。ビジネス客はもちろん「楽しい本屋さん」をコンセプトにしたお子様向けコーナーや中・高校生向けの文具や雑貨の品ぞろえは好評を得ています。
会社の特長	「楽しい本屋さん」づくりに向けた毎月の店内ディスプレイや販促企画は、パートさんも入ったスタッフの3チームが交替で担当しており、毎日のお客様の反響は私たちの大きな力となっています。

労働時間

就業時間	（1）　10時00分　～　15時30分 （2）　17時00分　～　22時00分 （3）　　時　分　～　　時　分 又は 10時00分　～　22時00分　の間の 3時間以上
	就業時間に関する特記事項 ＊営業時間　10：00　～　22：00 ＊（1）日勤（2）夜勤の一例です。 ＊日勤のみ30分のお昼休憩があります。 ＊シフトはご本人の希望を踏まえて半月ごとに作成します。
休日等	その他 週休二日制　その他 ＊年中無休で営業しています。 ＊お子様の学校行事などお休みは柔軟に対応いたします。 6ヶ月経過後の年次有給休暇日数　5日

求人に関する特記事項

求人に関する特記事項
〈あなたの希望に合わせて選べる働き方〉 ※勤務日数により雇用保険に加入いたします（週30時間未満）。 ■家事・育児の空いた時間に働きたい人（扶養範囲内勤務可能） （例）1日5時間・週4日勤務（日勤のみ） 　　　　月収7万2000円 ■夜や土日中心にしっかり働きたい人 平日18時以降、土・日・祝日の勤務は時給50円UP！ （例）1日5時間・週5日勤務（平日4日／土日2日） 　　　　月収9万2000円 〈入社後の流れ・働き方〉 ■カウンター業務からスタート ＊先輩スタッフがトレーナーとなり、レジの扱い方やブックカバーかけの練習など丁寧に指導します。 ＊書誌検索システムがありますので、お客様からのお問い合わせの際、知らない書籍でも落ち着いて対応ができます。 ■ローテーションでフロア業務を担当（入社3ヶ月目〜） 陳列の基本的なルールはありますが、本のディスプレイ方法やPOPを工夫するなどアレンジは自由。自分が並べた本が売れたときはとても嬉しく、やりがいのある仕事です。 ■正社員登用制度あり（20○○年度登用実績1名）

「会社の情報」
記入のポイント

▶書店・雑貨店を複数店舗経営する企業であることを紹介する。多数あるジャンルの中から特に力を入れている分野を紹介し、店舗の雰囲気や客層など職場をイメージできるようにする。

▶本が好きなスタッフばかりのため、常にお客様におすすめしたい本や話題の本を楽しく本を選んでいただける工夫に取り組んでいる職場の様子を紹介する。

「労働時間」
記入のポイント

▶就業時間と営業時間が異なることがあるため、営業時間を明記する。日勤と夜勤の2パターンのシフトを例示し、日勤は休憩時間があることを紹介する。また、本人の希望も考慮し、半月ごとにシフトを決定していることを示し、働きやすさをアピールする。

「求人に関する特記事項」
記入のポイント

▶あなたの希望に合わせて選べる働き方
＊働き方によって雇用保険加入対象となることを示す。
＊求職者イメージに沿ったそれぞれのパターンでシフト例・月収例を紹介することで、働き方をイメージしやすくする。
＊しっかり収入を得たい人に向けて、夜や土日祝日は時給が上がることをアピールする。
▶入社後の流れ・働き方
＊入社後、どのような流れで仕事をするのか、求職者がイメージしやすいよう具体的に示す。
＊未経験者に向けて教育体制や接客時の対応方法などの事例を紹介し、安心して働ける環境を示す。
＊将来的には正社員として働きたいと考えている求職者に対し、正社員登用制度があり、実績もあることをアピールする。

カー用品販売スタッフ

求職者イメージ

▶自分の力を発揮できる職場を求めている人
　与えられた業務をこなすだけの現在の仕事に疑問を感じ、もっと自分の能力を発揮できる新しい仕事・職場にチャレンジしたいと考えている人

▶第二新卒や非正規雇用で働く若年層
　学校卒業後の就職先を短期で退職した第二新卒や、派遣などの非正規雇用で働きながら正社員就職を目指している自動車が好きな20代・30代

▶自動車分野で働く若年者の転職希望者
　現在、自動車の営業職で働いているが、仕事に適性を感じられず、労働環境にも馴染めないことから、これまでの経験が活かせる職場への転職を考えている人

アピールポイント

▶35歳以下の人材を希望する求人であること

▶第二新卒や非正規雇用で働く20代・30代の求職者に対して、職歴にこだわらない募集であること

▶仕事の進め方や店づくりなどに自分のアイデアや能力を発揮でき、その成果も適性に評価される仕組みもあるなど、努力が認められる職場であること

▶転職後も約300万円の収入があり、生活の基盤は確保できるという安心感があること

▶自分のライフスタイルを大切にして働きたい求職者に対して、働きやすい労働環境が整っていること

仕事内容

職種	タイヤ・ホイール専門店スタッフ＆アドバイザー／35歳以下
仕事内容	タイヤ・ホイール専門店での取付・交換業務や販売の仕事です。当社は店舗を若手の店長と社員が権限と責任のもと自主的に運営しており、今回はチームの新戦力となるメンバーの募集です！ ■仕事の特徴 ＊シーズンごとのタイヤ交換は原則予約制のため、計画的・効率的な仕事ができます。 ＊お客様の声を事業展開や店づくりにつなげるため、各店で「チャレンジ会議」を開催し、様々な企画やアイデアを出しています。 ■この職場で働くメリット ＊入社年度の年収は約300万円で新生活の基盤を確保できます。 ＊1人ひとりの「頑張り」を適正に評価し、賞与にも反映します。 ＊しっかり働きしっかり休むメリハリある働き方を実現できます。

「仕事内容」記入のポイント

▶35歳以下で経験不問とする若い人を対象とした求人であることから、基本は若年者の関心が高い働き方や、昔ながらの習慣にとらわれない職場の新鮮さにつながるような情報を提供する。

▶自分の力を発揮できる環境が整っていることをアピールし、意欲的に仕事に取り組みたいと考える求職者にアピールする。

▶仕事の特徴を記載するほか、他店との差別化を図るため、「この職場で働くメリット」の見出しでアピールし、自分の力を試したいと考える求職者からの応募につなげる。

「職種名」その他例

●タイヤ・ホイール専門店スタッフ／35歳以下・資格経験不問
●タイヤ・ホイールアドバイザー／年収300万円・休105日
●35歳以下の自動車営業経験者／タイヤ・ホイール専門店
●タイヤ・ホイール専門店スタッフ／自分らしい働き方を応援！

会社の情報

事業内容	タイヤとホイールの専門店。専門店として４０社以上のメーカー商品を扱う地元唯一の専門ショップ。現在○○県と△△県内に３店舗を展開。新サービスや企画を強みとした事業展開を行っています。
会社の特長	一番の特徴は、店舗は若手の店長とスタッフによる自主運営を重視していること。お客様の声を新しいサービスや企画に展開できるため、社員１人ひとりがイキイキと働いています。

労働時間

就業時間	交替制（シフト制） （１）　１０時００分　～　１９時００分 （２）　１１時００分　～　２０時００分 （３）　　時　分　～　　時　分 又は　　時　分 ～ 　時　分 の間の　時間 **就業時間に関する特記事項** ＊（１）（２）のシフトは原則２週間サイクルですが、希望があれば事前申請により対応します。 ＊時間外労働は年間平均では月１５時間ですが、冬期はタイヤ交換が多く、月３０時間～４０時間程度になります。
休日等	水　その他 週休二日制　その他 ＊水曜日定休のほかに、月３～４日平日に休み（交替制） ＊年末年始１２／３１～１／３　夏季８／１２～８／１６ ６ヶ月経過後の年次有給休暇日数　１０日

求人に関する特記事項

求人に関する特記事項
■求人条件の補足 ＊モデル年収例：副店長４００万円～／店長４５０万円～ ※業績に応じて決算賞与を支給します（前年実績０．８月分） ■独自の人事評価制度（賞与） ＊店舗運営に対する各自の「頑張り」は評価制度で対応します。 ＊社員各自が年度ごとに目標を設定し、その内容・難易度および達成度を半期ごとに店長面接で確認のうえ、賞与に反映します。 ■自主運営に向けた「チャレンジ会議」 現在、若手社員の提案による「出張タイヤ交換」サービスの事業化を話し合っています。高齢者のお客様を対象とする予定です。こうした店舗社員による自主運営が１人ひとりの「やる気・頑張り」につながっています。 ■ＵＩＪターン歓迎 ○○市に単身寮を完備。他県の方も歓迎です（入寮者１名有）。 ■若手社員による採用面接 最初の面接は若手社員が担当しますのでリラックスして臨めます。合格者は当日そのまま人事担当者との面接となります。 ※当社のホームページをご覧の上ぜひ職場見学にお越しください。作業体験や社員との懇談の場も用意してお待ちしています。

「会社の情報」
記入のポイント

▶多数のメーカー製品を扱う専門ショップであるとともに、商品を売るだけではなく、専門店だからこそできるサービスに力を入れていることをアピールする。

▶一番の特徴は、店舗の運営を現場に任せる自主運営であり、従業員がイキイキと働いている姿を紹介することで、自分の力を試したいと考える求職者からの応募につなげる。

「労働時間」
記入のポイント

▶店舗の営業時間に合わせた2パターンのシフト制で原則2週間交替であることを説明し、働き方をイメージできるようにする。また、冬期はタイヤ交換による繁忙期で時間外労働が増えるため、明記しておくことで、求職者が考える働き方との齟齬を防ぐ。

「求人に関する特記事項」
記入のポイント

▶求人条件の補足
仕事内容欄で紹介した入社年度の年収モデルに加え、管理職についても示すことで将来の目標や見通しがイメージできるようにする。
▶独自の人事評価制度（賞与）
「頑張り」を重視する当社独自の人事評価制度の内容を示し、努力は適正に評価することをアピールする。
▶自主運営に向けたチャレンジ会議
社員の意見や考えが店の運営に反映される仕組み（チャレンジ会議）により、1人ひとりが主体的に仕事に取り組めることをアピールする。
▶UIJターン歓迎
単身寮を完備しており、遠方からの求職者も歓迎していることをアピールする。
▶若手社員による採用面接
他社にはない若手社員による面接を設けていることで、若年層の応募を期待する会社の姿勢をアピールするとともに、求職者の面接に対する心理的なハードルを下げて応募につなげる。

ジュエリー販売員

求職者イメージ

▶接客・販売職からの転職希望者

＊販売の仕事が好きで現在も販売職として仕事をしているものの、しっかりと成果が評価される会社に転職したいと考えている人

＊接客業もしくは販売職にて数年働いてきたが、向上心が強く、自分の接客スキルをさらに高めたいと考えている人

＊若者向けのアパレル販売員として長年働いてきたが、ブランドのターゲット層に自分の年齢が適さないと感じ始めている人

アピールポイント

▶女性活躍推進法に基づく優良企業認定マーク「えるぼし」を取得し、女性の活躍を推進している会社として、厚生労働大臣の認定も受けていること

▶適正な人事評価により、成果に見合った対価をインセンティブや特別賞与に反映していること

▶ラグジュアリーブランドのジュエリーを販売しており、顧客層が幅広く年齢を重ねてもスキルを活かして長期的に働けること

▶高額商品を取り扱うため、適切なマナーや接客スキルが求められ、販売員としての質が高められること

仕事内容

職種	ジュエリーアドバイザー／販売・接客経験者歓迎／制服有
仕事内容	ラグジュアリージュエリーを取り扱っています。ブライダルリングや特別な日に身につけるジュエリーをお求めになるお客様が多く、お客様1人ひとりとの信頼関係を築きながら商品を提案します。 ■仕事の特徴 ＊すでにおつきあいのある顧客から担当していただきます。お客様の滞在時間は2時間ほど。お客様との対話を大切にし、信頼関係をじっくりと構築していくのが私たちの接客スタイルです。 ＊DMによる来客促進やお客様の節目、ニーズに合った商品が入荷した際などに手紙や電話でお知らせをします。 ■未経験でも研修制度でバックアップ ■頑張った分をしっかり還元するインセンティブと特別賞与制度有 ■女性活躍推進に向けた取り組みが認められ「えるぼし」認定取得

✎「仕事内容」記入のポイント

▶高級ジュエリーを取り扱う店であることを紹介し、ブライダルリングの販売などお客様の特別な時間に携わり幸せを共有できる「素敵な仕事」であることをアピールする。

▶未経験者でも仕事がイメージできるように、一般の販売とは異なる接客スキルが求められる事例などを紹介する。

▶入社後の育成体制、インセンティブ制度、女性の活躍を推進している企業として国の認定マーク「えるぼし」を取得していることなどのメリットを箇条書きにしてわかりやすく示し、求職者の関心を惹きつける。

「職種名」その他例

●未経験者歓迎／ジュエリー販売スタッフ／年間休日109日
●ジュエリーアドバイザー／女性活躍推進「えるぼし」認定企業
●幸せ空間の中で働きませんか？／ブライダルジュエリー販売
●成果を適切に評価インセンティブ有／ジュエリーアドバイザー

会社の情報

事業内容	お客様の大切なアニバーサリーをお手伝いし続けて５０年以上の老舗宝石店。3店舗を展開していますが、○○○ショッピングセンター内店舗はリーズナブルな商品もあり、若いお客様にも好評です。
会社の特長	当社は女性の活躍を推進する企業として国から「えるぼし」認定を受けています。現在、管理者の６割が女性であり、仕事と家庭を両立しながら働く女性が多く活躍中です。

労働時間

就業時間	交替制（シフト制） （1）　09時30分　～　18時30分 （2）　11時30分　～　20時30分 （3）　　時　分　～　　時　分 又は　　時　分　～　　時　分　の間の　時間 就業時間に関する特記事項 ＊（1）と（2）による１週間交替制のシフト勤務です。 ＊営業時間は１０：００～２０：００です。
休日等	その他 週休二日制　その他 ＊シフト制により３～１１月は月９日、１２～２月は月８日休み ＊年末年始休暇１２／３０～１／２（２０○○年度） ６ヶ月経過後の年次有給休暇日数　１０日

求人に関する特記事項

求人に関する特記事項
■ジュエリー未経験者も馴染みやすい職場 　1店舗当たり１０～１２名で運営しています。２０代後半～４０代が大半を占めており、年齢も近いスタッフが多いので、落ち着いた中にもフランクで親しみやすい雰囲気の職場です。 ■女性が長く活躍できる「えるぼし」認定企業 　育児休業や復職後の短時間勤務制度など、女性が安心して長く働ける環境を整えることでしっかりキャリアを形成でき、管理職として活躍できる職場を実践しています。 ■信頼されるジュエリーアドバイザーを育てる体制 　新人研修では上質な接客スキルや宝石の基本を学びます。その後、先輩のアシスタントをしながら３ヶ月程度でお客様の初期対応を担当し、徐々に全体の接客を身につけます。その後も上司面接で課題を共有し、知識や経験を重ねていきます。また、ジュエリーアドバイザー資格の取得を奨励しており、勉強会も実施しています。 ■社員１人ひとりのがんばりに報いる会社 　個人ノルマはありませんが、売上に応じてインセンティブが基本給にプラスされますので、頑張りが評価に表れることがモチベーションにつながっています。また、店舗ごとの業績に応じて年末に特別賞与を支給しています（４年連続支給しています）。 【賃金例】入社２年目２８歳…年収３３２万円（特別賞与含む）

「会社の情報」記入のポイント

▶創業50年以上の歴史ある宝石店である一方、最近は若者向け店舗も展開していることを紹介する。

▶厚生労働省の「えるぼし」企業の認定を取得し、女性管理職が多く活躍していることをアピールし、これからキャリアアップしたいと考える向上心の強い求職者からの関心を惹きつける。

「労働時間」記入のポイント

▶2パターンあるシフト制を原則1週間交替で実施していることを説明し、具体的な働き方をイメージできるようにする。

▶営業時間を明記し、開店準備や閉店後の業務も加味して就業時間を設定しており、時間外労働を前提としていない労働環境をアピールする。

「求人に関する特記事項」記入のポイント

▶ジュエリー未経験者も馴染みやすい職場

一緒に働くスタッフの人数や年齢層、雰囲気を伝え、未経験者の方にも働く職場をイメージしやすくする。

▶女性が長く活躍できる「えるぼし」認定企業

子育てや家庭と両立させながらキャリアアップし、長期的に働く環境が整っていることをアピールする。また、積極的に女性を管理職登用していることをアピールすることで、キャリアアップを目指す意欲的な求職者からの応募につなげる。

▶信頼されるジュエリーアドバイザーを育てる体制

老舗店にふさわしい接客スキルと専門性を備えたアドバイザーを丁寧に育成していく姿勢をアピールする。

▶社員1人ひとりのがんばりに報いる会社

スタッフの実績や成果を評価して賃金や特別賞与に反映されることを示し、モデル年収も具体的に記載することで、入社後をイメージしやすくする。

フラワーショップスタッフ

求職者イメージ

▶現役のフローリストで転職を考えている人
フラワーショップの店員として数年勤務してきたが、現職では幅広い経験を積むことが難しいため、フラワーアレンジメントの技術を向上させて活躍していける職場への転職を考えている人
▶フラワーアレンジメントに興味がある人
花が好きで長年フラワーアレンジメント教室に通い、技術と知識を身につけたため、趣味に留まらずそのスキルを活かせる職業に就きたいと考えている人
▶職業訓練や専門学校で学んだ人
フローリストを志望し、公的職業訓練や専門学校で園芸・フラワーデザインなどについて学び、求職活動をしている人

アピールポイント

▶店舗販売と教室の両方でフラワーアレンジメントに携わることができること
▶仕入れ業務などがなくフラワーアレンジメント業務に専念できること
▶充実したスキルアップ支援があり、専門的な知識習得と技術向上ができ、国家資格取得にもチャレンジできること
▶フローリストならではの体への負担軽減に配慮した環境づくりに取り組んでいること

仕事内容

職種	フローリスト／フラワーアレンジメント制作・教室サポート
仕事内容	当店は切り花を専門に常時１００種類以上の植物を取り扱っています。アレンジメントのデザイン性に定評があり、リピーターのお客様も多数。店内併設サロンにてフラワー教室も開催しています。 ■主な仕事内容 ＊店頭での切り花販売およびフラワーアレンジメント制作 　ご注文の８割が花束やアレンジメントです。力をつけていけば、リピーターのお客様からご指名をいただけることもあります。 　※社用車によるデリバリー業務あり（概ね車で３０分程度）。 　※早朝の仕入れ業務なし（ご希望があれば同行可能）。 ＊フラワーアレンジメント教室のサポート業務（交替制） 　店長または当店のスタッフ１名が講師となり開催しています。教室の準備・片付け、生徒さんの補助業務をお願いします。

✍「仕事内容」記入のポイント

▶冒頭3行で、切り花専門店であり、フラワーアレンジメント教室も開催していることを紹介する。
▶主な仕事内容や業務割合を紹介し、求職者が入社後の自分の働く姿をイメージできるようにする。
▶仕事への姿勢やセンスがお客様からの「指名」という形で評価されることをアピールし、自分の技術を試したいと考える意欲的な求職者からの応募につなげる。
▶応募に際して業務内容は大きな判断基準となるため、配達や仕入れの有無なども説明する。

「職種名」その他例

●スキルアップ支援充実／◎フラワーアレンジメント業務中心
●人気のお花屋さんで働きませんか？／フローリスト経験者歓迎
●当店でスキルを磨いて活躍しませんか？／フローリスト
●フローリスト／切り花専門のお花屋さん／フラワー教室併設

会社の情報

事業内容	切り花に特化しており、定番花から珍植物まで常時１００種類以上取り揃えております。店頭販売はもちろん、インターネット販売も行っており、全国各地に当店のアレンジメントを届けています。
会社の特長	２０～４０代スタッフが活躍中です。お客様のご要望にプラスアルファのご提案ができるよう教育に力を入れています。植物の基礎知識からアレンジメント、ラッピングまで幅広く学べます。

労働時間

就業時間	交替制（シフト制） （１）　09時00分　～　18時00分 （２）　10時30分　～　19時30分 （３）　12時00分　～　21時00分 又は　　時　分　～　　時　分の間の　時間
	就業時間に関する特記事項 ＊営業時間は１０：００～２０：００です。 ＊原則（１）～（３）を１週間ごとに交替しながら勤務しますが、希望がある日は事前に申請していただければ調整します。 ＊２１日～翌２０日までのシフトを毎月７日までに作成します。
休日等	その他 週休二日制　毎週 ＊シフトにより週２日休み　＊特別休暇（誕生日・夏季休暇３日） ＊年末年始休暇（１２／３１～１／２） ６ヶ月経過後の年次有給休暇日数　　１０日

求人に関する特記事項

求人に関する特記事項
■フラワーアレンジメント教室 ＊店内併設サロン／定員６名（満員になる日が多いです） ＊曜日別に初・中・上級コースのプログラムを組んでいます。 ＊月・火・土曜日……１０～１１時、水・金曜……１９～２０時 ■入社後の流れ・スキルアップ支援 ＊個人のスキルに応じて先輩トレーナーが指導します。まずは既成商品の制作からはじめて独り立ちを目指します（平均１ヶ月）。 ＊フラワーアレンジメント教室参加（入社後５回まで無料） 　店長が行う上級者向けのコースに生徒として参加し、技術や応用力を学んでいただきます。 ＊勉強会実施（月１回／練習用生花貸与） 　空き時間を利用してスタッフ同士でフラワーラッピングやテーマ別のアレンジメント練習を行っています。 ＊店長はフラワー装飾技能士１級保持者。フラワーデザイナー、フラワー装飾技能士取得に係る費用はお店が負担いたします。 ■スタッフに配慮した職場づくり ＊手荒れ予防のため、肌に優しい洗剤や作業用手袋（防水機能付き・厚手タイプ）のほか、ハンドクリームも常備しています。 ＊寒い季節も仕事に集中できるよう、レジカウンターと作業台の下にヒーターを設置。カイロも用意しています。

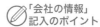

「会社の情報」記入のポイント

▶珍しい品種も含め多数の植物を取り扱っていることや、インターネット販売により自分が制作した商品を全国に届けられる魅力を伝え、意欲的な求職者からの応募につなげる。

▶働くスタッフの情報とともに、高いレベルの技術が身につく教育体制を紹介し、フローリストとしてスキルアップしたいと考えている求職者にアピールする。

「労働時間」記入のポイント

▶シフトの就業時間やサイクルを紹介し、求職者がより具体的に働くイメージを持てるようにする。

▶シフトはスタッフの希望に配慮することや夏季休暇・誕生日休暇など独自の休暇制度があることを紹介し、働きやすい職場環境をアピールする。

「求人に関する特記事項」記入のポイント

▶フラワーアレンジメント教室
主な仕事内容のひとつであるフラワーアレンジメント教室について補足する。

▶入社後の流れ・スキルアップ支援
＊入社後の流れを示すことで、働くイメージを持ちやすくする。

＊無料でフラワーアレンジメント教室に参加でき、知識や技術向上が図れることをアピールし、自分自身の感性を活かして働きたいと考える求職者からの応募につなげる。

＊月１回の勉強会実施でスタッフ同士が切磋琢磨しながらサービス・技術向上に努めている姿勢を示す。

＊店長が国家資格保持者で高いスキルを持っていることや、資格取得支援があることを紹介し、向上心の強い求職者にアピールする。

▶スタッフに配慮した職場づくり
フローリストの悩みとして挙げられる手荒れ対策や冬場の冷えに配慮した職場環境を整えていることをアピールする。

ペットショップスタッフ

求職者イメージ

▶同業種から転職を考えている人
  ＊ペットショップのスタッフとして数年経験を積む中で家庭犬のトレーニングに関心を抱き、し
  つけ教室などペットの教育に携われる仕事に転職したいと考えている人
  ＊個人に課される販売目標設定型の営業方針は自分には合わないと感じ、これまでの知識や経験
  を活かせる職場に転職したいと考えている人
▶学校で動物やペットに関する科目を学んだ人
  大学や専門学校で生物学や動物について学び、動物業界に就職したものの、動物に触れられない
  仕事のため物足りなさを感じるようになり、直接動物に関わる仕事に転職したいと考えている人
▶若年層で心機一転を考えている人
  非正規雇用者や新卒で就職したものの仕事が自分に合わないと感じているため、子どもの頃から
  大好きな動物に携わる仕事への転職を考えている人

アピールポイント

▶ドッグトレーナーの資格を持つオーナーのもとで、ペットのトレーニングについて学べ、将来は
  しつけ教室の講師としても活躍できること
▶販売目標は店舗全員で目指すため、過度にプレッシャーを感じることなく働けること
▶資格取得支援や個別のキャリアプラン作成など目標や将来に向けたバックアップがあるため、未
  経験者でも手に職をつけて働けること

仕事内容

職種	ペットショップスタッフ／しつけ教室のサポートあり／経験不問
仕事内容	ドッグトレーナーのオーナーが始めた子犬・子猫専門のペットショップです。しつけ教室も好評で遠方からのお客様も多数。ペットのトレーニングに興味がある方や未経験の方も歓迎いたします。 ■当店はこんなお店です ＊トリミングサロン・ホテル併設で販売後も長くおつきあいします ＊個別のキャリアプランと資格取得支援で1人ひとりの成長を応援 ＊販売目標は店舗全体で目指していきます（頑張りは賞与で還元） ■主な仕事内容 ＊生体管理／専属獣医師による定期訪問と助言を受けながら、お世話シートに沿って給餌や清掃などのお世話をします。 ＊接客／動物やグッズの販売、お客様からの相談に対応します。 ＊しつけ教室の補助／会場準備・後片付け・講師サポートなど

「職種名」その他例

●未経験OKの販売スタッフ／犬猫専門ペットショップ／正社員
●ドッグトレーナーが開業したペットショップ／資格取得支援有
●動物たちとご家族の縁をつなぐお仕事／ペットショップ販売員
●動物業界で活躍したい方を応援／ペットショップ・しつけ教室

「仕事内容」記入のポイント

▶ペットショップでも各店舗により取り扱う生体やサービスなど特色があるため、冒頭ではお店の概要を紹介し、イメージを持てるようにする。
▶ペットの販売だけではなく、トリミングサロンやペットホテルなど多角的な事業展開により、長期にわたってペットに関わっていけることや、個別のキャリアプランと資格取得支援で成長をバックすることなど、自店で働く魅力や求職者にとってのメリットをアピールする。
▶求職者イメージに未経験者も想定していることから、仕事内容はできる限り詳細に説明する。特に生体管理業務に不安を抱いている求職者も多いことから、専属獣医師の定期訪問があることやお世話シートなどのマニュアルがあることを紹介する。

会社の情報

事業内容	子犬・子猫専門のペットショップです。ドッグトレーナーの資格を活かしたしつけ教室から、ペットホテル、トリミングサロンなど、ペットと飼い主様の幸せな暮らしをお手伝いしています。
会社の特長	目標を持って働いてもらいたいという願いから、スタッフ1人ひとりと将来について考える機会を設け、実現に向けた応援をしています。半数以上のスタッフが未経験からスタートして活躍中です。

労働時間

就業時間	変形労働時間制（1ヶ月単位） （1）　09時00分　〜　18時00分 （2）　11時00分　〜　20時00分 （3）　12時00分　〜　21時00分 又は　09時00分　〜　21時00分　の間の　8時間
	就業時間に関する特記事項 ＊営業時間10時〜20時　＊週44時間特別措置対象事業者 ＊（1）〜（3）は例示で、平均1日8時間・週44時間勤務。 ＊プライベートの予定など計画しやすいように、前月15日までに 　1ヶ月分のシフトを作成しています
休日等	その他 週休二日制　その他 ＊シフトによる4週6日休み、リフレッシュ休暇3日 ＊土日祝日は出勤となりますが冠婚葬祭などには配慮いたします。 6ヶ月経過後の年次有給休暇日数　10日

求人に関する特記事項

求人に関する特記事項
■店舗紹介　※HPで店内やスタッフの写真をご覧いただけます。 ＊スタッフ　店舗スタッフ3名、トリマー2名 ＊ペットホテル　5部屋（大型連休時は満室になります） ＊しつけ教室 　・第1・3月曜日19〜20時、第2・4土曜日10〜11時 　・対象／飼い主様と生後6ヶ月迄の子犬（定員5家族） 　・トイレトレーニングやお座り・待てなどの社会化教育 ※ドッグトレーナーの資格取得後は講師として活躍できます。 ■スタッフ1人ひとりの目標を応援！ ＊個別のキャリアプラン作成（3ヶ月ごとにフォロー面談実施） ＊資格取得支援（講習会参加費、受験費用一部負担します） 　入社2年目のスタッフは、通信講座を併用しながら愛玩動物飼養 　管理士2級を目指しています。 　3ヶ月ごとに面談を実施して成長をフォローしていきます。 ■待遇・働き方 ＊未経験の方は基礎知識の研修を経て、教育係の先輩とペアになり 　仕事を覚えていきます（入社3ヶ月で独り立ちを目指します）。 ＊毎月の販売目標を全員で目指していき、店の業績に応じて賞与を 　支給します。過去3年間の賞与平均額は年間22万円です。 ※モデル年収例：280万円（27歳／入社3年目の方の場合）

「会社の情報」記入のポイント

▶"ドッグトレーナーの資格を活かした"しつけ教室などの強みをアピールし、ホテルやサロンなどのサービスを通して、「ペットと飼い主が幸せに暮らせるお手伝いをしたい」というオーナーの想いを伝える。

▶夢や目標を一緒に考え実現に向けて応援する姿勢を示し、成長できる環境が整っている職場であることをアピールする。

「労働時間」記入のポイント

▶1ヶ月単位の変形労働時間制を採用しているため、1日および1週間の平均労働時間数を紹介しておくことで、働き方のイメージを持ちやすくする。また、早い時期に次月のシフトを作成することで、スタッフがプライベートな時間も充実できるよう配慮していることをアピールする。

「求人に関する特記事項」記入のポイント

▶店舗紹介
＊ホームページを紹介して、店内写真などを確認してもらうよう促し、店の魅力を視覚的にアピールする。
＊店舗情報として、スタッフの構成やペットホテルの運営状況についても紹介し、働くイメージを持ってもらう。
＊しつけ教室についての補足説明と、講師として将来活躍できる道があることを紹介し、同業種からの求職者に向けてアピールする。

▶スタッフ1人ひとりの目標を応援
スキルアップを目指す求職者やペット業界に関心がある未経験者に向けて、スタッフの成長を応援する姿勢を示し、応募につなげる。

▶待遇・働き方
＊未経験者でも不安なく応募できるように、教育方法や育成計画などのフォロー体制を示す。
＊販売目標は全員で目指し、成果は賞与に反映することを紹介し、意欲ある求職者にアプローチする。

7

販売

ガソリンスタンドスタッフ

求職者イメージ

▶車が好きで車に関わる仕事がしたい若年層
これまでに就いた仕事はどれも自分に合わないため、もともと興味のある車に関わる仕事なら頑張れると思い、未経験でもはじめやすい仕事を探している20〜30代

▶第二新卒や正社員を目指している若年層
学校卒業後の就職先を短期間で離職したり、契約社員や派遣労働者として長年働いてきたため充分なキャリア形成ができていないものの、正社員で活躍できる仕事であればぜひチャレンジしたいと考えている20〜30代

▶転職希望の若年層
自動車関係の仕事で働いてきたが、このまま続けていく漫然とした日々に疑問や不安を感じるようになったため、将来に向けて希望を持てる職場に転職したい人

▶同業からの転職を希望する若年層
現在もガソリンスタンドで働いているが、労働条件や職場の人間関係などに馴染めず、新しい職場に転職したい人

アピールポイント

▶ガソリンスタンドスタッフは「アルバイトで働く人が多い単純な仕事」とのイメージを払拭し、自分の将来をかけて取り組める仕事であり、そのためのキャリアアップ支援策も整っていること

▶資格を取りたい、正社員になりたいなど、様々な希望を抱えながら「心機一転、再スタートしたい」と考えている若年層を積極的に受け入れ応援していく会社であること

仕事内容

職種	ガソリンスタンドスタッフ・セルフ／35歳以下・未経験歓迎
仕事内容	「業界では少ない週休2日制」「スタッフも店舗運営に参加」「キャリア形成に向けた独自の支援制度」こんな魅力があるセルフ式ガソリンスタンドの接客業務で自分らしく働きませんか？ 今回は、35歳以下を対象に異業種からのキャリアチェンジ希望者や第二新卒、正社員を目指すみなさんを歓迎する募集です。 ■仕事の概要 ＊ご来店されたお客様の安全な誘導から給油・精算方法の説明。 ＊窓ふきサービスの際に会員カードの確認や洗車、オイル・タイヤ交換、エアコン点検等のカーケアに関するご案内および作業。 ＊危険物取扱者資格者（入社後取得支援あり）は給油許可を行う監視業務もあります。 ■職場の雰囲気を体験する見学OK！若手との懇談もできます。

「職種名」その他例

● セルフサービスステーションスタッフ（正社員）／35歳以下
● GSスタッフ／週休2・キャリア形成支援／第二新卒歓迎
● セルフスタンドスタッフ／正社員・週休2日・年280万円〜
● SSスタッフ（セルフ）／35歳以下・正社員／長期育成人材

「仕事内容」記入のポイント

▶求人への注目度を上げるため、冒頭から働く魅力をワンフレーズで3点紹介した後に、その仕事はガソリンスタンドの接客業務であることをアピールする。

▶今回の募集対象は35歳以下のキャリア形成を目的とした求人であることを紹介したうえで、具体的にキャリアチェンジ希望者などを歓迎していることを示し、該当する求職者の興味を惹きつける。

▶ガソリンスタンドを客として利用するだけではわからない部分もあるため、職場としての雰囲気を体験したりスタッフと懇談したりする機会を設けることをアピールして、まずは見学してみようという行動に誘導する。

会社の情報

事業内容	石油製品および自動車の販売、整備・車検、レンタカー、保険代理店など車に関する事業を展開。当社は地元企業各社の指定会社になっていることもあり、安定した需要のある経営を続けています。
会社の特長	社員の定着と将来に希望をもって働けるよう、3年前から業界ではまだ少ない週休2日制の導入による働き方の見直しや、若手が目標に向けて成長できるキャリア形成の支援にも取り組んでいます。

労働時間

就業時間	交替制（シフト制） （1）　07時00分　～　16時00分 （2）　10時00分　～　19時00分 （3）　13時00分　～　22時00分 又は　　時　分　～　　時　分　の間の　時間 就業時間に関する特記事項 ＊（1）（2）（3）を原則1週間サイクルでシフトします。 ＊1ヶ月単位でシフトを決定します（毎月20日頃に翌月のシフトを本人の希望を考慮したうえで作成します）。
休日等	その他 週休二日制　毎週 ＊休日はシフト制（希望日配慮あり） ＊夏季4日間（交替）、年始1／1～1／2 6ヶ月経過後の年次有給休暇日数　10日

求人に関する特記事項

求人に関する特記事項
■モデル年収（賞与・平均残業時間相当分含む） 　1年目……280万円、3年目（主任）310万円（危険物資格有） ■職場のメンバー 　店長以下12名、男性9名（20・30代4名）、女性3名 ■未経験の方 　入社後3ヶ月間は先輩とペアを組み指導を受けます。接客技術をしっかり習得したのち、各種サービスの案内や提案方法を学びます。 ■店舗運営への参加 　ファミリー層や女性客の集客に向けた店づくりに力を入れており、毎月店長以下若手・女性スタッフでアイデアを出し合っています。メンバーからの提案による近隣エリアへのポスティングや季節ごとのキャンペーンでは成果を上げています。 ■将来に向けた目標づくり（キャリア形成制度） 　当社では若いみなさんが自分の将来をしっかり考え、日々の仕事がその糧となるよう半年ごとの自己申告とキャリア面談制度を導入し将来に向けた目標の実現を応援しています。 〈目標例1〉5年を目安に店長候補となり、アルバイトの管理や売上管理などにも携わっていただきながら店長を目指します。 〈目標例2〉本社の管理部門や自動車部門にて営業職やリース、レンタカー、保険業務などでの活躍を目指します。

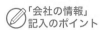

「会社の情報」記入のポイント

▶ガソリン販売や社用車の販売・維持管理において地元企業の指定会社となっている強みを紹介して安定性を示すとともに、社員が働きやすい職場として長く定着できるよう、同業他社には少ない週休2日制を導入したことやキャリア形成の支援があることなど、職場環境の改善に取り組んでいる姿勢を強くアピールする。

「労働時間」記入のポイント

▶早番・中番・遅番を原則1週間サイクルで交替するシフト勤務ではあるが、完全週休2日の勤務形態となることを説明し、求職者が働き方の全体像をイメージできるようにして、働きやすい労働条件をアピールする。

「求人に関する特記事項」記入のポイント

▶モデル年収

収入は求職者の関心も高く応募を左右する条件となるため、可能な範囲で入社時と一定期間後を紹介する。

▶職場のメンバー

どのような仲間がいるのかは求職者の職場イメージにリンクするため、男女割合、年代だけでも紹介し、求職者と同年代のスタッフが在籍していることをアピールする。

▶未経験の方

未経験者に対しては、入社後3ヶ月は先輩とペアを組んで指導を受ける体制があることを紹介し、応募への不安を少しでも和らげる。

▶店舗運営への参加

定型作業だけではなく店舗運営にも関与できることを示して意欲的な求職者からの応募につなげる。

▶将来に向けた目標づくり

潜在的な転職理由でもある漠然とした日々を過ごす将来への不安を解消し、会社も制度を整えて具体的に支援していることを強くアピールして信頼感・安心感につなげる。

クリーニング店受付スタッフ

求職者イメージ

▶正社員として働ける環境が整った人
これまでは子育てや家庭の事情によりアルバイトやパートタイム労働者として働いてきたが、フルタイムでも働ける状況となったため、未経験者やブランクがあっても比較的はじめやすく、家庭とも両立して働ける仕事を探している人

▶自分に合った仕事を探している人
前職を仕事の負荷や人間関係、自身の健康問題などを理由に退職したため、当面は負荷が少なくコツコツ取り組める仕事への転職を考えている人

▶落ち着いた接客の仕事を希望している若年層
接客が好きで大手販売店で働いてきたが、自分のやりたかった接客販売の仕事とは違ったため一旦離職し、落ち着いた環境で接客ができ、キャリアアップも可能な仕事を探している20～30代

アピールポイント

▶落ち着いた接客ができることや仕事そのものにも負荷が少ないため、まったくの未経験者や仕事復帰を目指す人でもはじめやすい仕事であること

▶衣服や服飾に関する素材や洗濯方法、保管の仕方など、家事においても大いに役立つ知識が身につく仕事であること

▶ママさんも多く活躍している職場であり、週休2日制や時間単位の年次有給休暇の取得が可能など、家庭と両立した働き方を推進している働きやすい仕事・職場であること

▶希望すれば将来に向けたキャリアアップの道もあること

仕事内容

職種	（正）生活に定着したお仕事／クリーニング店受付／知識不要
仕事内容	多くの人が利用したことのある身近なクリーニング店で受付や返却の仕事をするサービススタッフです。経験不要で久しぶりに仕事に復帰される方でもはじめやすく、生活に密着した仕事です。 ■サービススタッフの役割 仕事の基本は店頭での衣類の受付や返却ですが、当社ではそれだけに留まらず衣類の素材の説明や保管の注意点などを専門的立場から適宜アドバイスすることがスタッフの役割と考えています。 ■こんな魅力的な仕事です ＊衣類や洗濯に関して、ついつい人に教えたくなる生活の知恵を学べる楽しい仕事です。 ＊週休2日制の導入により家庭と両立した働き方ができます。 ＊希望すれば運営マネージャーへのキャリアアップも可能です。

✍「仕事内容」記入のポイント

▶クリーニング店の受付という馴染みある仕事であり、求職者の抵抗感も少ない職種の利点を強調するとともに、家庭を持つ求職者に向けて生活に密着した仕事の魅力をアピールして求人への興味・関心を引く。

▶仕事の概要は求職者も理解しているため、簡単な流れは特記事項欄で紹介することとし、本欄では当社が求めるサービススタッフとしての役割をしっかりと伝える。

▶求人への興味を惹きつけるため、この仕事で働く魅力を「楽しい仕事」「週休2日制」のほか、上昇志向の強い求職者に向けて「キャリアアップ」などのキーワードでアピールする。

「職種名」その他例

●クリーニング店の受付スタッフ／正社員・18万円・週休2日
●家庭と仕事を両立して働けます／クリーニング店受付スタッフ
●クリーニング店のサービススタッフ（受付）／残業ほぼなし
●未経験やはじめての人でも始めやすい仕事／クリーニング店員

会社の情報

事業内容	１９７０年に個人で創業したクリーニング業を２０年前に法人化し現在18店舗を展開中。高級衣料や難しいシミ抜きなどで高い評判をいただき、今では○○○ブランドとして地域に根差しています。
会社の特長	ママさんスタッフが多く活躍しているため、仕事と家庭が両立できる働き方の改善に取り組んでいます。また、若手スタッフのキャリアアップ支援を通して魅力ある職場づくりも目指しています。

労働時間

就業時間	（１）　　10時 00分　〜　19時 00分 （２）　　　時　分　〜　　時　　分 （３）　　　時　分　〜　　時　　分 又は　時　分　〜　　時　分　の間の　時間 就業時間に関する特記事項 ＊残業もなく、ほぼ毎日定時退社。１９時に業務が終了し、１９時１０分には全員が退社しています。
休日等	水　その他 週休二日制　毎週 ＊定休日以外の休日はシフト制（月２回程度日曜日休み） ＊夏季８／１２〜８／１５　＊年末年始１２／３１〜１／３ ６ヶ月経過後の年次有給休暇日数　　１０日

求人に関する特記事項

求人に関する特記事項
■仕事内容の補足 ＊工場の集配送は１０時と１６時（仕上がり含む）の２回。 ＊３〜４月は冬物の依頼が増え、やや繁忙期となります。 ＊専門的アドバイスには社内マニュアルがありますので安心です。 ＊店内ディスプレイはみなさんのオリジナルも期待しています。 ■新任教育と先輩の活躍 ＊入社後１週間は衣類やクリーニングの基礎研修と工場での作業体験でしっかり学びますので、初めての方も安心です。 ＊全店１８店舗のサービススタッフは平均年齢４０代、平均勤続年数も５年以上と長く活躍していただいています。 ■働きやすい職場づくり ＊パートスタッフ２人との３人体制に加え、時間単位で有給休暇の取得もできますので、急な家庭の用事にも対応できます。 ＊休暇などにより人員不足となる場合は、本部スタッフが応援に入りますので安心です。 ＊定休日以外にも日曜日は月２回程度休めるようにしています。 ■キャリアアップ スタッフ職に慣れた後、希望があれば、本社の運営マネージャーとして活躍する道がありますのでキャリアアップも目指せます。 ※ご希望店舗の見学が可能ですので、気軽にお申し出ください。

✎「会社の情報」記入のポイント

▶個人事業を含めると50年を超える歴史を持ち、現在は18ヶ所の取次店を有するクリーニング会社に成長したことや、特に高級衣料やシミ抜きは高い評判を得ていることをアピールし他社との差別化を図る。

▶取次店は女性、特にママさんスタッフが活躍していることから、家庭と両立できる働き方の推進に取り組んでいる姿勢をアピールする。

✎「労働時間」記入のポイント

▶19時までの勤務のため終業時間はやや遅くなるものの、ほとんど定時退社できることや、週休2日で日曜日も月2回程度休めるなど、家庭との両立に配慮した働き方をアピールすることで、求職者から「この条件なら働くことができそう」との気持ちを引き出す。

✎「求人に関する特記事項」記入のポイント

▶仕事内容の補足
求職者の多くはクリーニング店を利用したことがあると考えられるため、表面的な仕事内容の紹介は省略し、仕事に就くうえで必要な情報として、工場集配車の時間や接客に社内マニュアルがあることなどを紹介する。

▶新任教育と先輩の活躍
入社後、まずは1週間の研修があること、全店スタッフの平均年齢・勤続年数などを紹介して、求職者が自分と同じような年代の人も多く活躍している職場であることに安心感や親近感を持てるようにする。

▶働きやすい職場づくり
店の人員体制や時間単位の年次有給休暇を取得できること、また、日曜日も休めることを紹介し、家庭と両立しながら働ける環境をアピールする。

▶キャリアアップ
上昇志向の強い求職者に対してキャリアアップの道もあることを紹介し、この仕事で働く魅力をアピールする。

7

販売

レンタカー店舗スタッフ

求職者イメージ

▶自動車販売店からの転職希望者
　現在、自動車販売店の営業職として働いているが、仕事が自分には合わないと感じ転職を考えており、これまでの経験を活かしながらもう少し余裕を持てる仕事を希望している人

▶第二新卒や非正規雇用で働いている人
　＊学校卒業後一旦就職したものの短期間で離職し、これまで非正規雇用労働者として不安定な雇用形態で働いてきたため、今後は正社員として安定して働きたいと考えている人
　＊資格やキャリアもないため、応募のハードルが低く自分にできそうな仕事を探している人

▶自動車関係のアルバイト経験がある人
　現在の仕事が自分に合わず転職を考えているが、もともと車好きで過去にガソリンスタンドやカー用品店でのアルバイト経験もあることから、今後も車と関わる仕事をしたいと考えている人

アピールポイント

▶35歳以下の未経験者も対象とした募集であること
▶これまでの職歴や経験は問わず、非正規雇用で働いてきた人や第二新卒者も採用の意思があること
▶営業の仕事ではあるが、車というモノを売る営業ではなく、レンタカーというサービスを提供する営業であること
▶最新の車種にいち早く乗れる機会があり、車好きな人にとっては魅力的な仕事であること
▶仕事の習得や経験、意欲に応じて、役職ポストへのチャンスが得られるなど、確かなキャリアを積み重ねていくことが可能なこと

仕事内容

職種	レンタカー店スタッフ（総合職）／～35歳／職歴・経験不問
仕事内容	お客様の受付から配車、引き取り、使用後の洗車のほか、法人取引先訪問など幅広い業務を担う仕事です。第二新卒や派遣・アルバイトで働いている方なども正社員として安定して活躍できます。 ■主な業務（入社後2ヶ月は先輩の仕事をサポート） ＊第1ステップ……レンタカーの清掃やメンテナンス業務および車両の貸出や回送業務 ＊第2ステップ……お客様の受付や配車手配などの接客業務および納車、引き取り業務 ＊第3ステップ……ディーラーや一般企業への挨拶訪問によるレンタカーニーズの把握や営業活動 ※職歴によるハンディはまったくありません。心機一転、接客・営業スキルを身につけ、キャリアを形成したい方を応援します。

「職種名」その他例

●レンタカースタッフ（正社員）／受付・配車・洗車および営業
●レンタカースタッフ／年間休107日＋有休／年収310万～
●経験・職歴のハンディなく働けるレンタカースタッフ／正社員
●レンタカースタッフ（総合職）／店長へのキャリアアップも可

「仕事内容」記入のポイント

▶車というモノの販売ではなく、レンタカーというサービスを提供する仕事だと考えている姿勢を紹介するとともに、営業活動もあることを伝える。

▶応募を歓迎する対象者として、具体的に第二新卒や非正規雇用で働く若者を挙げて応募の間口を広げるとともに、求人全体はそうした求職者の不安解消や知りたい情報の提供を柱とする。

▶職歴はハンディにはならず、入社後の取り組み方次第でキャリアアップもできることをアピールし、求職者から「よし、頑張ってみよう」との気持ちを引き出す。

会社の情報

事業内容	○○レンタカー系列の会社として△△県内に4店舗を展開。取り扱い車両は国内メーカーで、最近は法人先の利用が増加。最新車もいち早く導入して幅広いユーザーのニーズに対応しています。
会社の特長	各店スタッフの平均年齢は30代と若手中心で運営されており、フットワークの良さが自慢です。スタッフはみんな車好きで、車に関する知識はもちろん洗車はいつもピカピカ仕上がりです。

労働時間

就業時間	変形労働時間制（1年単位） （1）　09時00分　〜　17時30分 （2）　11時30分　〜　20時00分 （3）　　時　分　〜　　時　分 又は　時　分　〜　　時　分　の間の　時間 就業時間に関する特記事項 ＊（1）（2）のシフト制を原則1週間サイクルで編成 ＊3〜4月と夏季は繁忙期により勤務時間が変動するため、1年単位の変形労働時間制の勤務となります（年間の週平均労働時間は40時間以下です）。
休日等	その他 週休二日制　その他 ＊月8日休み（月2回土曜又は日曜休みで調整） ＊夏季5日（交替）・年末年始12／31〜1／5 6ヶ月経過後の年次有給休暇日数　10日

求人に関する特記事項

求人に関する特記事項
■仕事内容の補足 レンタカーは法人のご利用が多くあります。特に、ディーラーや修理工場などはニーズも高いため、そうした先への訪問は欠かせません。お店の業績にも大きく関わりますので、日頃からの活動は大切な仕事となります。 ■働き方の見直し ＊休日は平日月8日の週休2日が基本ですが、現在、働き方の見直しに取り組んでおり、月に2回程度は土曜日または日曜日に交替で休めるシフトを試行しています。 ＊有給休暇を活用した5日以上の連続休暇も昨年導入しました。 ■この仕事で得られるもの ＊普段は乗る機会がない人気＆レア車に乗れる楽しさがあります。 ＊仕事内容の3ステップを習得後、5年で役職ポストへの候補となり、主任、店長補佐・店長、さらにはエリアマネージャーなどの立場で活躍できるチャンスもあります。 ■こんな経歴や志向の方も歓迎です ＊カー用品店やガソリンスタンドなどでのアルバイト経験がある方 ＊ドライブが好きな方、車をピカピカに磨くことが好きな方 ＊整備士資格や（準）中型免許のある方 ＊自動車販売店や修理工場での勤務経験がある方

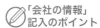

「会社の情報」
記入のポイント

▶県内に4店舗を展開する○○レンタカーの系列会社で、特に法人先の利用が多いなどの特徴を紹介する。

▶スタッフの平均年齢が30代という若さを強くアピールして、同年代求職者の応募を期待するとともに、「車両はいつもピカピカに仕上げている」というエピソードを添えて、明るく親近感を持てる職場イメージを発信する。

「労働時間」
記入のポイント

▶2交替のシフト制勤務を基本に、引越しが多い3〜4月とレジャー需要が多い夏季は繁忙期となるため1年単位の変形労働時間制を採用しているが、週平均労働時間は40時間以下となることを丁寧に説明し、求職者が1年の働き方をイメージできるようにする。

「求人に関する特記事項」
記入のポイント

▶仕事内容の補足
営業の仕事があると記載することで応募を敬遠されるリスクはあるが、レンタカー店では法人先への営業は重要な仕事であることを説明して理解を求める。

▶働き方の見直し
特に若手からの応募と定着には時代に合わせた働き方の見直しが必要となるため、働きやすい環境づくりに会社として取り組む姿勢をアピールし、イメージ向上を図る。

▶この仕事で得られるもの
この仕事や職場で働くことのやりがいや目標を明確にして応募意欲を引き出す。

▶こんな経歴や志向の方も歓迎です
応募を歓迎する求職者として一般的な条件だけでなく、ガソリンスタンドでのアルバイト経験や車をピカピカに磨くことが好きなど、求職者が「その程度のことでも良いのか」と思えるくらいの具体例を紹介し、応募しやすくする。

7

販売

旅行代理店カウンタースタッフ

求職者イメージ

▶同業他社から転職したい人

＊旅行代理店のカウンタースタッフとして働いてきたが、もともとの希望であった旅行の企画や商品化の仕事（ツアープランナー）ができるチャンスのある職場に転職したいと考えている人

＊現職では旅行事務をしているものの、現地の文化や伝統などを肌で感じられる仕事もしたいという思いが強くなり、スキルを活かしながら添乗員（ツアーコンダクター）の経験ができそうな職場に転職を考えている人

▶異業種から旅行に関わる仕事に転職したい人

現在の仕事にやりがいを感じられなくなり、「旅行」という夢や楽しさなどをサポートする仕事に興味・憧れを抱きチャンスがあれば転職したいと考えている人

アピールポイント

▶「旅行」という非日常的な時間や夢の計画をサポートする仕事であること

▶将来、希望者にはツアープランナーやツアーコンダクターを経験できるチャンスがあること

▶旅行に関する各種国家資格や検定試験などに積極的に取り組み、支援制度もあること

▶男女問わずワーク・ライフ・バランスを大切にした働き方の具体策の1つとして、月2回程度の土曜日または日曜日休みの試行にも取り組んでいること

仕事内容

職種	旅行代理店カウンタースタッフ／旅行好き・接客好きな方歓迎
仕事内容	カウンターで旅行のご相談や予約手続きを通じて、お客様の楽しい「夢」の計画をお手伝いする仕事です。人に喜ばれる仕事をしたい人、ツアープランナーやコンダクターを目指したい人歓迎です。 ■仕事の特徴 ＊勤務は○○○ショッピングセンター内のお店です。 ＊未経験の方には、最初の3ヶ月程度はパンフレット商品の理解やパソコン操作から始め、その後先輩の隣席で接客を学びます。 ＊経験のある方には、2週間程度で当社の専用予約システムを理解していただきカウンター業務を始めていく予定です。 ■この仕事で働くメリット オリジナル旅行を企画するツアープランナーや添乗業務のツアーコンダクターとしてキャリアアップできる機会も用意しています。

「仕事内容」記入のポイント

▶旅行に関わる仕事は、非日常的で夢のある仕事イメージがあり、求職者にも興味のある仕事、やってみたい仕事の1つとなりえることから、求人全体はこの仕事で働く魅力やメリットを前面に出していく。

▶旅行代理店は多くの人が利用経験もあるため、カウンター業務もイメージしやすいことから仕事内容としては特徴的なことを紹介する。

▶求人が同業他社からの転職希望者の目にも留まるよう、「ツアープランナー」や「ツアーコンダクター」などのキーワードを盛り込んでアピールする。

「職種名」その他例

●旅行代理店カウンター係／旅行好き・接客好きなら未経験歓迎

●旅行代理店カウンタースタッフ／ツアープランナー志望者応援

●旅行代理店のカウンター業務／相談・販売・予約・旅券等手配

●楽しい旅の企画をお客様と一緒にプランニング／カウンター係

会社の情報

事業内容	2店舗で国内・海外旅行業を展開。オリジナル商品も取り扱っていますが、最近は旅行ニーズが変化しており、パッケージ企画にはないユニークなプランも他社との共同企画で進めています。
会社の特長	お店のカウンター業務を大切にして、毎月現場では「サービス向上点検」を実施しています。お客様アンケートやご意見をモデルにロールプレイング研修を行い、接客力を磨いています。

労働時間

就業時間	変形労働時間（1年単位） （1）　10時00分　〜　19時00分 （2）　　時　分　〜　　時　分 （3）　　時　分　〜　　時　分 又は　　時　分　〜　　時　分　の間の　時間 就業時間に関する特記事項 ＊繁忙期と閑散期のある業界のため、1年単位の変形労働時間制での勤務です。 ＊年間の週平均労働時間は40時間以下です。 ＊繁忙期は時間外労働が月20時間程度となる場合があります。
休日等	月　その他 週休二日制　その他 ＊休日は定休日を含め原則平日で月8日（交替制） ＊夏季5日間（交替制）　＊年末年始12／31〜1／3 6ヶ月経過後の年次有給休暇日数　10日

求人に関する特記事項

求人に関する特記事項

■仕事内容の補足
＊春先やGW、夏季前、年末年始前が最も多忙な時期となります。
＊専用端末機の使い方は大手旅行△△旅行社の講習会で習得します。
＊個人の販売ノルマはありませんが、お店全体の業績は賞与に反映しますので、皆で役割分担しながら成果を上げています。
■あなたのスキルアップを応援
下記試験等の合格者には受験料助成に加え奨励金を支給します。
【国家資格】
　旅行業務取扱管理者資格・旅程管理主任者（ツアーコンダクター）
【お客様に喜ばれる仕事のために】
　旅行地理検定（国内・海外）・世界遺産検定
■あなたのキャリアアップを応援
3年程度勤務した後に希望者には、オリジナル商品の企画や商品化を担うツアープランナーや添乗業務のツアーコンダクターとして活躍できるチャンスもあります。4月にカウンタースタッフから1名が企画チームに入る予定です。
■職場の様子
＊店長（40代女性）、主任（30代女性）ほか3名（男性1名）
＊休日は原則平日で月8日ですが、働き方を見直し、閑散期には月2回程度土曜日または日曜日に休めるシフトも試行しています。

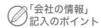「会社の情報」
記入のポイント

▶2店舗の代理店を持つ国内・海外旅行事業を展開している会社であることを紹介したうえで、最近は旅行ニーズの変化によりオリジナル企画を他社と共同開発していることもアピールし、転じて企画業務（ツアープランナー）などの仕事もあることを連想してもらう。

「労働時間」
記入のポイント

▶単に勤務時間を表記するだけではなく、春先や夏季などの旅行シーズン前は繁忙期になるため1年単位の変形労働時間制により勤務時間も変動することを示すとともに、年間での週平均労働時間は40時間以下であることを説明し、求職者が働き方をイメージできるようにする。

「求人に関する特記事項」
記入のポイント

▶仕事内容の補足
業績目標について、「個人の販売ノルマ」と表現することにより求職者の心理的負荷となり応募を敬遠される可能性も考えられるが、会社としては売上目標もあるため、個人ではなく店舗の目標としてチームで協力して取り組んでいく方針とともに賞与に反映されることを伝える。
▶あなたのスキルアップを応援
国家資格だけではなく、お客様への情報提供に役立つ検定試験などを具体的に紹介し、取得の推奨と支援制度もあることをアピールすることで仕事への意欲を引き出す。
▶あなたのキャリアアップを応援
将来は旅行の企画や添乗業務でも活躍したい求職者に対して、その希望を実現できるチャンスがあることを紹介し、応募に向けて背中を押す。
▶職場の様子
一緒に働くメンバーを簡単に紹介して職場イメージを持ってもらうとともに、働き方の見直しにも取り組んでいる姿勢をアピールする。

新聞販売店総合スタッフ

求職者イメージ

▶新聞配達経験者で今後は幅広い仕事に携わりたい人

これまで長く新聞配達員として働いてきたが、その経験をベースに次は販売店の全体業務を任されるような立場で活躍したく、条件が合えば転職したいと考えている人

▶店長さらには独立も考えている人

これまでの新聞配達経験を活かして管理職や店長として活躍したい、さらに可能であれば独立も視野に入れ準備をしていこうと考えている人

▶異業種から新聞配達スタッフに戻りたい人

過去に新聞配達員から異業種に転職したが、転職先での組織への対応や仕事そのものに馴染めず結局は離職し、働き慣れた新聞販売店の仕事に戻って今度は昇進も目指して頑張りたいと決意を新たにしている人

アピールポイント

▶配達業務はもとより総合スタッフとして仕事や配達員全体の人員配置・管理など、早い段階で幅広い業務に関われるチャンスが得られること

▶将来の店長候補として時間をかけて養成していく人材の募集であること

▶担当業務は販売店の運営全般で、店長としてまた将来の独立にも役立つノウハウが経験・習得できること

▶早朝勤務など厳しい仕事ではあるが、その分他職種にはない手厚い福利厚生制度が用意され、働く人をしっかり応援していること

仕事内容

職種	新聞販売店総合スタッフ（配達経験者）／管理職・店長候補
仕事内容	新聞販売店において配達員管理や販売管理などの業務全般を担当する総合スタッフの仕事です。これまでの配達での経験を活かし、管理職・店長候補として幅広く活躍していただきます。 ■主要業務 【営業活動】…毎月の集金、購読契約更新、新規開拓活動 【スタッフ管理】…配達員のスケジュール調整や労務管理 【内部管理】…データ管理、集金管理、チラシ請負管理など 【その他】…配達員欠員時のチラシ折込や代理配達など ■働く魅力〈1〉 （1）安定した収入を得られます。 （2）他職種に比べ手厚い福利厚生制度があります。 （3）独立に向けた支援もあります（詳細は特記事項欄参照）。

「仕事内容」記入のポイント

▶冒頭では、今後も新聞に関わる仕事を続けたい現役配達員や過去の経験者に向けて、店舗経営にも関わる総合スタッフとしての募集であることをアピールし、将来の展望を持ってもらう。

▶経験者を前提としているが、店舗運営全体に必要な業務は未経験であることが想定されるため主要4業務を簡単に紹介し、入社後にはどのような業務を担っていくのかをイメージしてもらう。

▶深夜・早朝時間帯による働き方の特殊性や大変さもある仕事であり求職者からは敬遠されかねないことから、特に働く魅力を3点強調して、まずは求人に関心を惹きつける（特記事項欄で補足説明を行う）。

「職種名」その他例

- ●新聞販売店総合職／経験者／入社祝金3万円／年収350万～
- ●新聞販売店総合スタッフ／配達経験を活かしてキャリアアップ
- ●新聞配達員からキャリアアップのチャンス／管理職・店長候補
- ●新聞販売店総合スタッフ（配達経験者）／充実した福利厚生

会社の情報

事業内容	新聞販売業。○○市と△△市に２店舗を展開しています。取り扱い新聞はＡ新聞、Ｂ新聞と地元のＣ新聞で、その他に野球や大相撲などのチケット取り扱いや古紙の回収サービスも行っています。
会社の特長	配達スタッフ１３名で約２５００軒に新聞をお届けしています。代配制度の充実により、スタッフの負荷を少なくし、働きやすい環境で長く働いていただける職場づくりに取り組んでいます。

労働時間

就業時間	（１）　　０２時００分　〜　０５時３０分 （２）　　１４時３０分　〜　１７時３０分 （３）　　　時　分　〜　　　時　分 又は　　時　分　〜　　時　分　の間の　　時間 就業時間に関する特記事項 ＊１日で（１）と（２）の両方を勤務します。 ＊（１）と（２）の間は帰宅し自由時間です。 ＊実働６．５時間で週４０時間以下の勤務です。
休日等	その他 週休二日制　その他 ＊４週５休（年６５日）　＊年間休刊日１２日（毎月１回） ＊代配を担当するため休日を変更することがあります。 ６ヶ月経過後の年次有給休暇日数　　１０日

求人に関する特記事項

求人に関する特記事項

■当面の仕事
＊まずは当店の営業エリア全体の理解と配達員の休暇などに伴う代理配達に備え、各配達員に同行してルートを把握
＊一部のお客様の集金や購読契約更新などのアフターフォロー
＊不配や誤配などに対する迅速なお客様対応
■総合スタッフとしての３つの役割
＊配達業務が円滑に行われるための段取りやスタッフ配置
＊顧客データや購読契約の管理を通したお客様の把握
＊販売促進のための購読先拡張やイベント事業の企画・推進
■働く魅力〈２〉
＊入社時年収目安は３５０万円（各種手当・賞与込み）。
＊入社祝金（３万円）や賃貸住宅の家賃補助があります。
＊退職金や財形貯蓄制度は発刊元新聞社や販売店がバックアップするなど、他業種にはない手厚い福利厚生制度がありますので、将来計画に向けてしっかり貯蓄もできます。
■店長・独立への支援
当面の仕事を１年程度経験したのち、事業計画や業績管理などの経営的業務にも携わり、部門管理職、店長を目指していきます。独立を考えている方は気軽に相談してください。
＊見学にお越しください。仕事の内容を詳しくご説明します。

「会社の情報」
記入のポイント

▶２市に２店舗を展開し、各種新聞を１３名の配達員で約2,500軒に配達していることやその他サービスなどの基本情報を紹介する。また、特殊な働き方となるが人材確保の観点から代配制度を充実させ、スタッフの定着には積極的に取り組んでいる姿勢をアピールすることで、働きやすい環境を示すとともに、会社のイメージ向上を図る。

「労働時間」
記入のポイント

▶配達経験者の募集のため該当する求職者は労働条件なども充分理解していると考えられることから基本的な説明に留める。また、休日数については、配達スタッフの急な休みなどで変更する場合があることを伝える。

「求人に関する特記事項」
記入のポイント

▶当面の仕事
将来の店長候補としての入社ではあるが、当面は全エリアのお客様の把握や配達員のフォローなど、店全体の業務を理解することがメインの仕事となることを伝える。
▶総合スタッフとしての３つの役割
店長候補として、今後どのような役割を求めているかを示すことで、求職者から仕事への意欲を引き出し、応募につなげる。
▶働く魅力〈２〉
仕事内容欄で紹介した働く魅力〈１〉の具体的な説明として、安定した収入の根拠となる入社時年収や手厚い福利厚生制度の内容を紹介し、現実的にイメージしてもらう。
▶店長・独立への支援
入社後のキャリアパスの大筋を示し、求職者が中期的スパンで働く姿をイメージできるようにするとともに、独立希望者には支援もしていく姿勢を伝えることで、意欲的な求職者にアプローチする。

7-18／正社員
モデルハウス受付スタッフ

求職者イメージ

▶建設・住宅関連業界からの転職希望者
現在、工務店や住宅設備機器を扱う会社でデスクワーク中心に働いているが、もう少し住宅をトータルに扱い、接客も伴う仕事がしたいと考えている人

▶販売職や営業職から転職を考えている人
接客が好きで販売職や営業職として働いているが、売り込み中心で、ノルマの達成など自己満足のためにしている仕事にやりがいを見出せず、もっとお客様に喜びや満足を感じてもらえる仕事がしたいと考えている人

▶第二新卒や非正規雇用で働く若年層
学校卒業後の初職につまずき、現在は非正規雇用で働きながら正社員を目指しているが、アピールできるキャリアもないため、好きな接客の仕事であれば職種を定めずチャレンジしていきたいと考えている人

アピールポイント

▶35歳以下の未経験者を主な対象に、時間をかけて育成していく方針での募集であること
▶モデルハウスという1軒全体をトータルに扱い、モノを売るという仕事ではなく、お客様の話をじっくり聞きながら住宅そのものの内容や良さを知っていただくとともに信頼関係を築く仕事であること
▶マイホームというお客様の「夢」の実現を一緒に考え、疑問や不安などの解決をサポートしていく仕事であること

仕事内容

職種	モデルハウス受付・案内スタッフ／35歳以下／経験不問
仕事内容	住宅展示場の当社モデルハウスにご来場のお客様の受付・対応と営業スタッフをサポートする仕事。売り込みではなく、お客様の「夢」をじっくりお伺いして信頼関係を築くことが一番の役割です。 ■主な業務 〈接客〉受付後、ご来場の目的や希望住宅のイメージ、計画の状況などをお伺いしながら、モデルハウス内をご案内します。 〈営業サポート〉お客様からお伺いした内容やアンケートを報告書にまとめたり、会議資料の作成などで営業をサポートします。 〈その他〉住宅内外の清掃やイベント用品の準備、装飾など。 ■仕事の特徴 ＊土・日曜日は多いときで1日15組以上のご来場があります。 ＊お客様の9割以上がお子様連れのファミリー層です。

「仕事内容」記入のポイント

▶未経験者も歓迎しているため、求職者が高いハードルを感じることなくやりがいのある仕事だと感じられる内容にすることで、接客に関心のある求職者を惹きつける。

▶冒頭3行で仕事内容を簡単に紹介するとともに、受付・案内の仕事ではあるが、単に接客するだけではなく、お客様と信頼関係を築く重要な役割であることをアピールする。

▶営業スタッフのサポート業務やイベントの準備、環境整備なども仕事であることを紹介する。

▶土・日曜日の様子や客層を簡単に紹介して、求職者が自分の働く姿をイメージできるようにする。

「職種名」その他例

● お客様の夢のマイホームをサポート／モデルハウススタッフ
● モデルハウス受付スタッフ／○○○住宅展示場／未経験OK
● 住宅展示場モデルハウススタッフ／営業活動一切なし
● 接客の好きな方歓迎／住宅展示場モデルハウス接客スタッフ

会社の情報

事業内容	住宅の設計・施工・販売事業を展開。オーダーメイド住宅を得意とし、年間約70棟を手がけています。地元密着の工務店ですが、住宅展示場のモデルハウスを拠点に常に新しい住宅の姿を発信中。
会社の特長	住宅は「夢」の実現です。お客様と一緒に夢を語るためには、私たち自身も夢や目標を持っていることが大切と考えます。当社では全員が「私の夢・目標」を掲げ、働く目的を明確にしています。

労働時間

就業時間	変形労働時間制（1年単位） （1）　09時00分　～　18時00分 （2）　　時　分　～　　時　　分 （3）　　時　分　～　　時　　分 又は　時　分　～　時　分　の間の　時間
	就業時間に関する特記事項 ＊平日はお客様も少ないため実働7．5時間勤務の日もあります。 ＊1～3月は繁忙期のため残業をお願いすることが増えますが、その分の残業代はしっかりお支払いします。 ＊1年単位での週平均所定労働時間は40時間以下です。
休日等	月　　その他 週休二日制　　その他 ＊定休日の水曜日を含めて月8～9日休み ＊夏季休暇8／12～8／16　＊年末年始12／30～1／3 6ヶ月経過後の年次有給休暇日数　　10日

求人に関する特記事項

求人に関する特記事項
■仕事内容の補足 ＊住宅の基礎知識やモデル住宅の説明にはマニュアルがあります。また、入社後2ヶ月程度は先輩に同行して基礎から学びます。 ＊モデルハウス内での接客案内後は、営業スタッフと連携してお客様の計画やニーズに合った情報の提供や再来場、スタッフの訪問予約などへ話を進めていきます。 ＊営業そのものは営業スタッフが行いますので、ノルマはなく、あくまでもサポート業務を主としてご担当いただきます。 ■スタッフ構成 展示場担当の所長（40代）ほか5名で構成。うち受付担当2名（女性）、営業担当3名（男性）です（スタッフ平均年齢30代）。 ■土曜・日曜・祝日の体制 ＊週末や祝日はお子様やご家族が無料で参加できる様々なイベントを住宅展示場全体で企画しており多数の来場者があります。 ＊受付スタッフ2名に加え、営業スタッフも待機するなど社内のフォロー体制ができているから困ったときも安心です。 ■仕事の魅力 マイホームを持ちたいというお客様の「夢」を一緒に共有して実現のお手伝いすることができるお仕事です。 ※ぜひモデルハウスに会社見学も兼ねてお越しください。

「会社の情報」記入のポイント

▶オーダーメイドを得意として年間約70棟を手がける住宅会社であることを紹介するとともに、地域密着型の会社ではあるが総合住宅展示場にモデルハウスを持っていることをアピールする。また、住宅はお客様の「夢」であり、その実現をお手伝いする社員1人ひとりも自分の夢や目標を持ってイキイキと仕事をしている職場イメージを打ち出す。

「労働時間」記入のポイント

▶土・日曜日や祝日は来場者が多いことや特に1～3月は繁忙期となることを理由に、1年単位の変形労働時間制を採用していることを紹介する。また、休日は月曜日の定休日を含め月8～9日あることや他の休日も紹介し、メリハリのある働き方をアピールする。

「求人に関する特記事項」記入のポイント

▶仕事内容の補足
お客様ご来場後の対応や営業スタッフのサポート業務の内容、入社後の当面の仕事の進め方などを補足することで、働く姿をさらに具体的にイメージできるようにする。

▶スタッフ構成
求職者にとって一緒に働くメンバーは関心事であることから、スタッフの男女別人数や年代などを紹介することで、「こうしたメンバーなら大丈夫かな」と安心できるようにする。

▶土曜・日曜・祝日の体制
来場者が多くなる休日はイベントなども開催され多忙が予想されるため、どのような体制で対応するのか紹介し、困ったときにはフォローもあることで安心感をアピールする。

▶仕事の魅力
お客様にとってマイホームは「夢」であり、その実現の第一歩をお手伝いする魅力的な仕事であることをアピールする。

営業

求職者のイメージ例

＊目標に向け自分の裁量や采配で進められる仕事がしたい人
＊自分の努力や成果が数字で見えるような仕事で活躍したい人
＊多くの人との出会いやコミュニケーションを活かした仕事がしたい人
＊現職の営業スタイルや成果の評価、待遇・処遇などが改善できる、
　自分に合った新しいフィールドを求めている人
＊営業経験はないが自分の力を試してみたいと考えている人

転職理由を求人票に活かす

転職希望者は現在の仕事や職場で抱える課題が改善できない状況を変えるために転職という手段をとります。求職者はその課題の解決や改善につながる情報を求人票の中に求めているため、求人者側がそのニーズや期待に応えた情報提供をすればアピール性のある求人票となります。

――――――――――

●一般的に多い転職理由には「過剰な業績目標」「労働時間や休日などの働き方」「成果に対する評価や処遇」などがあります。営業職はその特性から求職者によっては非常に負荷が高い仕事と感じたり、逆にやりがいのある仕事と感じたりする人もいます。前者の場合は、キャリアチェンジしてしまうケースもありますが、後者や営業職は続けたい求職者の場合は、抱えている課題のうち特に働き方の改善につながる情報が応募判断に影響します。

――――――――――

●一方、営業職として自らの市場価値の向上を目指す転職者に対しては、働き方よりも適正な評価と報酬や処遇への反映をアピールしていくことがポイントとなります。

アピールポイント例

＊お客様を大切にした営業スタイルの魅力
＊ルート営業、ラウンダー営業、提案営業、新規開拓営業やBtoB、BtoCなど、それぞれの営業スタイルのもつ魅力
＊営業成果の適正な評価と報酬への反映や処遇
＊定時退社日や年次有給休暇の取得促進などによる働き方の改善に向けた取り組み
＊メンタルヘルスに対する支援策
＊未経験者でも安心してチャレンジできる教育・育成体制

法人営業

求職者イメージ

▶同業他社の営業職からの転職希望者
　＊売上目標の設定や勤務時間などの営業スタイルに馴染めず、自分の考える営業や働き方のできる職場に転職を考えている人
　＊現在は個人客を対象とした営業職（B to C）として働いているが、スキルアップを図るため、法人を対象とした営業職（B to B）に転職を考えている人
▶第二新卒や非正規雇用の若年層
　新卒後の初職を離職した人、あるいは非正規雇用を繰り返しながら正社員を目指して転職を考えている人
▶自分の力を試したい人
　現在の仕事はルーチンワークや簡易作業の繰り返しのため、自分で結果を出して評価される営業職で活躍したいと考えている人

アピールポイント

▶売上至上主義ではなく、長くお付き合いいただけるお客様づくりの営業スタイルであること
▶入社後短期間で高収入が得られるような賃金制度は採っていないが、仕事の成果は単に業績評価だけでなく、本人のスキルや能力、会社の業績、働きぶりから総合的に判断していること
▶天性の営業センスがなくても、しっかりとした育成制度の中で営業職としてのスキルと自信を身につけられること
▶仕事はチーム制で業績もお互いがフォローし合って進めていけること

仕事内容

職種	ＯＡ機器営業／小規模企業のオフィス環境を整備／未経験ＯＫ
仕事内容	複合機やパソコンなどのＯＡ機器を企業に提案営業する仕事です。営業が初めての方やＰＣは基本操作くらいしか経験のない方でも手厚い教育制度と営業チーム制により安心してスタートできます。 ■訪問する企業（県内エリア） ＊社員５０名程度までのオフィス環境が未整備な企業が中心です。 ＊営業は訪問して困っている課題をお伺いすることから始めます。 ■仕事の概要（詳細は特記事項欄参照） ＊既存顧客を１人８０社程度管理しながら、新規開拓も行います。 ＊既存顧客と新規の訪問割合は４：６程度、１日５～７件です。 ■当社営業職の魅力 当社には入社短期間で高収入を得られる魅力はありませんが、信頼関係づくりを大切にした堅実な営業スタイルで取り組めます。

「職種名」その他例

●ＯＡ・事務機器の販売営業・新規営業（法人対象）／経験不問
●初めての営業職歓迎／ＯＡ機器販売／既存営業からスタート
●ＯＡ機器営業職（未経験歓迎）／月２０万～／年間休１０５日
●ＯＡ機器営業／営業はチーム制で協力／家族の職場見学あり

「仕事内容」記入のポイント

▶現役の即戦力人材の応募は期待しにくいことから、営業職には興味はあるが、「目標に追われる厳しい仕事」との一般的イメージで応募に二の足を踏んでいる」求職者にもチャレンジできる印象をアピールする。
▶対象企業の規模や既存顧客と新規先の訪問割合、訪問ペースなど、求職者が働く姿をイメージできる情報を提供する。
▶自社の営業は売上至上主義ではなく、時間をかけてお客様と信頼関係を構築していく堅実な営業スタイルであることを強調し、営業未経験の求職者にも「この営業ならやってみよう」と思えるようにする。

会社の情報

事業内容	主に小規模企業を対象に、ＯＡ機器、事務機器などの販売、運用サポート、メンテナンス業務を展開。最近はＳＮＳ上での広告動画配信事業にも力を入れ、サービスの充実に取り組んでいます。
会社の特長	お客様とは将来にわたる信頼関係づくりを大切にしているため、販売ありきの営業スタイルは採っておりません。飛び抜けた営業センスよりも堅実な仕事ができる人材育成を基本としています。

労働時間

就業時間	（1）　08時 30分　〜　17時 30分 （2）　　時　分　〜　　時　　分 （3）　　時　分　〜　　時　　分 又は　時　分 〜　時　分 の間の　時間 就業時間に関する特記事項 ＊外訪活動は9時出発の16時30分帰社が基本です。 ＊訪問先は事前アポを取りますので計画的に遂行できますが、突発的な仕事が入る場合などは時間外勤務も発生します。 ＊制度化はしていませんが毎週1回は定時退社を推進しています。
休日等	日　その他 週休二日制　その他 ＊第1土曜日は全体会議などのため出勤　＊特別休暇3日間 ＊夏季8／12〜8／16、年末年始12／30〜1／3 6ヶ月経過後の年次有給休暇日数　10日

求人に関する特記事項

求人に関する特記事項
■仕事内容の補足と営業社員（男性8名・女性2名）紹介 ＊契約後はメーカースタッフと一緒に機器を設置します。 ＊設置後は引き続き定期点検やサポートを担当します。 ＊新規先は取引企業からの紹介や見込先リストを活用します。 ＊営業職の平均年齢は33.8歳、入社1〜10年です。 ■未経験でも安心な新任者育成 入社後2週間で商品・サービスの理解や営業の基本を学んだ後、先輩とペアを組み、電話アポや同行訪問による営業の現場をじっくり見て学びます。3ヶ月後を目途に独り立ちです。 ※動画教材がありますので、いつでも何度でも練習できます。 ■仕事の評価とキャリアアップ ＊仕事の成果は、独自の自己申告制度により、業績だけでなく仕事のプロセスや他メンバーへの支援度合なども含めて評価し、賞与にプラス加算します。 ＊入社5年後に将来の進路を話し合い、ゼネラルコースまたは専門職コースを選択して自分に合ったキャリアアップを目指します。 ■仕事の意欲につながる福利厚生 勤続表彰（5・10・20年）／連続休暇5日（有休＋特休3日） 資格取得奨励金（情報系資格1万〜5万円）／家族の職場見学（上司・社長と懇談）／業務改善提案（提案500円、採用1万円〜）

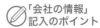 「会社の情報」
記入のポイント

▶比較的小規模な企業を固定客に持つことをさり気なく強みとしてアピールしながら、最近はＳＮＳを活用した新しい事業にも取り組んでいることを紹介して、時代の変化にも対応している姿勢を示す。

▶お客様との信頼関係の基本は、目先を追うことなく、長年にわたる堅実な営業スタイルの積み重ねにあることを特徴としてアピールする。

「労働時間」
記入のポイント

▶外訪を伴う営業職は、一般的に勤務時間が変則的になりがちで、求職者には敬遠されやすいことから、事前アポの活用による計画的な業務遂行や定時退社も心がけていることなどを紹介し、働き方の改善に努めている姿勢をアピールして求職者の先入観を和らげる。

「求人に関する特記事項」
記入のポイント

▶仕事内容の補足と営業社員紹介
仕事内容の補足とともに一緒に働くスタッフを簡単に紹介し、働く姿をイメージしやすくすることで職場に親近感を持てるようにする。

▶未経験でも安心な新任者育成
未経験者は「果たして自分にできるだろうか？」と不安を抱えているため、育成制度やサポート体制について具体的に紹介し、不安を安心に変える。

▶仕事の評価とキャリアアップ
仕事の成果は単に個人の営業成績だけで評価しないこと、また将来のキャリアが選択できるなどの基本的人事方針を紹介し、長期的視野で社員のことを考える会社であることをアピールする。

▶仕事の意欲につながる福利厚生
歩合やインセンティブ手当などの魅力はないが、社員に「この会社で良かった。頑張ろう！」と思ってもらえるような会社の姿勢を福利厚生面でアピールすることで、他社との差別化を図る。

8

営業

個人営業

求職者イメージ

▶現役営業職からの転職希望者

営業の仕事が好きで現在も異業種の営業職として働いているが、成果を上げても期待する評価と見返りが得られないことに不満が大きく、適正に評価・処遇される職場を探している人

▶実力で勝負したい人

自分の力で結果を出していく営業の仕事が好きで長年営業職として働いているが、現在よりもっと大きな仕事（契約・販売）で自分の力を試してみたいとの思いが強くなり、魅力ある仕事を探している人

▶営業経験のあるミドル世代（40 〜 50 代）

会社都合などにより前職は離職したが、年齢的にも再就職が厳しい中、ミドル世代でも営業職経験を活かして働ける仕事を探している人

アピールポイント

▶営業の仕事に自信を持ち成果も上げている現役営業職や経験者を求めていること

▶「仕事の成果」や「見返り」など、営業職にとって強いモチベーションにつながる魅力がある仕事であること

▶求職者の転職理由でもある「成果にはきちんとした見返り（業績給・歩合給など）がある」こと

▶お客様となる地主には高齢者も多く、若い担当者より、ある程度年齢を重ねた担当者のほうがコミュニケーションをとりやすいこともあり、ミドル世代も活躍できる仕事であること

仕事内容

職種	不動産営業／キャリア採用（営業経験）／成果は適正に評価
仕事内容	不動産の有効活用をお考えの地主様にマンションや貸店舗などをご提案する仕事です。短期間で成果の出る仕事ではありませんが、大きな案件にチャレンジでき、成果は適正に評価・処遇します。 ■仕事の概要 ＊基本はエリア内の現地調査や広告、当社セミナーなどで関心を示されるお客様とコンタクトをとり、訪問予約につなげます。 ＊初回訪問後は建築家、金融・税務の専門家なども交えたチームで提案内容やプレゼンを企画し、継続訪問につなげていきます。 ■歓迎する人 ＊営業職で自分の力を試したい、大きく飛躍したい人 ＊成果に対してしっかりした見返りのある仕事がしたい人 ＊高齢のお客様とのコミュニケーションに慣れている人

「仕事内容」記入のポイント

▶冒頭で応募を期待する求職者像を示し、関心を惹きつける。ただし、むやみに応募者の間口を広げ、営業経験がない人までも受け入れたい求人ではないため、経験者を求めていることを前面に出す。評価や処遇、仕事そのものへのやりがいなど、自分が求める新天地に転職したいと強く考える上昇志向の高い求職者に届くよう明確に記す。

▶仕事内容の詳細は省き、一般の営業とは異なる点を概要として紹介する。

▶期待する人物像を再度「歓迎する人」として具体的に紹介し、該当する求職者が自分を指名されているように感じてもらうことで、求人への興味・関心を高める。

「職種名」その他例

● キャリア採用（営業経験）／不動産営業／フレックスタイム制
● 不動産営業スタッフ／実力主義で成果は適正に評価＋業績給
● キャリア採用（要営業経験）／不動産営業職／年間休115日
● 現在の営業職から飛躍したい方／不動産営業職／チームで支援

会社の情報

事業内容	○○建設において不動産事業の中核を担う会社です。地主様が抱える節税対策や様々な課題を解決するため、有効な方策を一緒に考えていきます。現在○○県を中心に3営業所を展開しています。
会社の特長	当社には色々な業界経験を持つ多様な人材が多く、共通点は大きな仕事で自分の力を試し、飛躍したいとの挑戦心と向上心が強いことです。仕事の成果に見合った処遇がエネルギーとなっています。

労働時間

就業時間	フレックスタイム制 （1）　09時 00分　～　18時 00分 （2）　13時 00分　～　15時 00分 （3）　08時 00分　～　21時 00分 又は　　時　分　～　　時　分　の間の　時間
	就業時間に関する特記事項 ＊（1）は標準時間／コアタイム13：00～15：00／フレキシブルタイム8：00～21：00 ＊ご自身でメリハリをつけながらスケジュール調整して働くことができます。
休日等	日　その他 週休二日制　毎週 ＊平日1日休み（交替）　＊年末年始12／30～1／3 ＊GW1～2日間　＊夏季休暇7月～9月（交替で5日間） 6ヶ月経過後の年次有給休暇日数　10日

求人に関する特記事項

求人に関する特記事項
■労働条件の補足 ＊入社時の賃金は経験・資格等を考慮して決定します。 ＊お客様の都合で夜間に訪問する場合もあるため、フレックスタイム制により、弾力的な働き方ができるようにしています。 ■当営業所スタッフの紹介 ＊営業スタッフ5名中3名が不動産は未経験のキャリア入社です。 ＊平均年齢は30代後半（男4・女1／20～50代） ＊半数が宅建士やファイナンシャルプランナーの有資格者です。 ■仕事で得られるメリット ＊仕事の成果は適正に評価し業績給に反映しますので、頑張った人には必ず見返りのある仕事です。 ＊設計から金融・保険・税法・民法・建築基準法などの法律知識が身につき、不動産アドバイザーへのキャリアアップも可能です。 ■入社2年目（28歳）のモデル収入 26万円（基本給＋職務手当＋平均残業時間相当手当）＋業績給 年収420万円 ■社長からのメッセージ 案件成約までには1年以上を要することもありますが、他の職種に比べ、頑張れば収入も増えたり、若くても昇進が望めるなど大きな魅力があります。実力主義の世界でぜひ大きく成長してください。

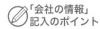

「会社の情報」記入のポイント

▶地元で信頼を集める企業グループの一員として、県内中心に3営業所を展開している特徴を紹介する。

▶幅広い分野からの人材が活躍していることを紹介することで、異業種からの応募でもハンデは一切なく挑戦できることを伝えるとともに、成果を適正に評価・処遇していることが社員の活力になっていることをアピールする。

「労働時間」記入のポイント

▶仕事柄、訪問はお客様の都合に合わせるため、日中不在先や時間を要する場合には夜間の訪問も多いことから、フレックスタイム制を採用しており、営業職ではあるが、長時間拘束されることなく、弾力的・合理的な仕事ができるメリットをアピールする。

「求人に関する特記事項」記入のポイント

▶労働条件の補足
求人票で提示する基本給に幅がある場合、営業経験や資格の有無などを加味して決定することを示す。

▶当営業所スタッフの紹介
一緒に働く仲間は求職者の関心事であるため、経験の有無や男女、年代などの属性を紹介し、職場をイメージしてもらう。

▶仕事で得られるメリット
成果に対する見返りが用意されていることを再度強調するとともに、専門性を高めれば不動産のエキスパートとしての活躍も可能な仕事であることをアピールする。

▶入社2年目のモデル収入
業績給（歩合）は、可能な範囲で平均的実績を紹介できれば望ましいが、説明しにくいものであるため、年収ベースで紹介する。

▶社長からのメッセージ
他職種と比べて、若手でも早期に収入増や昇進も可能であることなど、大きく成長できることを伝え、意欲的な求職者からの応募につなげる。

ラウンダー営業

求職者イメージ

▶現在の営業職に馴染めない人
商品や製品を売り込むことだけに追われる現職に疑問を感じ、落ち着いて仕事ができ、充実感を得られる営業の仕事に転職を考えている人

▶ルート営業や家電販売職からの転職希望者
ルート営業や家電量販店の販売職として働いているが、今後は経験を活かして販売店の販売促進をサポートしていく仕事にステップアップしたい人

▶自分の企画やアイデアを実現したい人
自分が企画する店のレイアウトや楽しいイベントを実現できる仕事で活躍したいと考えている人

▶営業は自分には無理とあきらめている若年層
「営業の仕事には厳しい販売目標がある」との先入観から自分には向いていないとあきらめてきたが、ラウンダー営業であればチャレンジしてみたいと考える第二新卒や非正規雇用で働いている人

アピールポイント

▶ラウンダー営業は販売をサポートする仕事であり、じっくり取り組めること

▶これまでの販売・営業経験で培ったノウハウを活かしながら、ラウンダー営業にステップアップできること

▶魅力ある店づくりやイベントなど、自分の企画やアイデアを実現できること

▶販売・営業職の未経験者や経験が浅い人には約３ヶ月間の研修育成体制が整っており、安心して始められること

仕事内容

職種	家電小売店のラウンダー営業（販売サポート）／未経験ＯＫ
仕事内容	家電の大型量販店や個人店を定期訪問し、当社特約メーカー商品の販売活動をサポート。１日３〜５店舗を巡回し、担当者とコミュニケーションを図りながら、魅力ある売り場づくりをする仕事です。 ■ラウンダー業務の内容 ＊お客様を惹きつける売り場づくりの企画提案やメンテナンス ＊販売キャンペーンやイベントの提案・実施サポート ＊店舗担当者への新商品説明や販売促進ノウハウの提供 ＊販売状況の確認や他社製品のリサーチ ■働く安心ポイント ＊販売予算や飛び込み営業はなく、直行直帰もＯＫです。 ＊多彩な販売マニュアルと研修・育成体制が整っていますので、営業未経験でも独り立ちに向けてしっかりバックアップします。

「職種名」その他例

●魅力的な売り場づくりや販促企画の仕事／家電ラウンダー営業
●家電量販店ラウンダー営業／１日３〜５店訪問して販売支援
●家電ラウンダー営業／経験者のステップアップ／未経験も歓迎
●ラウンダー営業（家電販売店）／日曜日休みで年間休１０４日

「仕事内容」記入のポイント

▶ラウンダー営業の仕事内容についての認識がない求職者の関心を惹きつけるため、求人全体としては(1)営業経験者には現在の仕事からステップアップできること、(2)営業がまったくの未経験者には「厳しい仕事で自分には無理」などといったネガティブな先入観をなくし、チャレンジしたいと思えるようなイメージづくりをポイントとする。

▶ラウンダー営業の基本業務を紹介し、自らが販売を行うのではなく、販売店や販売員をサポートする仕事であることを紹介する。

▶特に、営業職に抵抗がある未経験者に対して、販売予算や飛び込み営業はないこと、育成体制が整っていることを紹介し、躊躇なく応募できるよう導く。

会社の情報

事業内容	大手電機メーカー○○社特約店として○○エリアの小売店に販売支援を行っています。量販店やホームセンターなどの業態や消費者の購買意識変化に対応した魅力的な売り場づくりを支援しています。
会社の特長	販売店のお役に立つことが使命であることから、特に営業スタッフには最新情報や企画力が求められます。当社は若手中心の営業スタッフの強みを活かして斬新な企画やアイデアを提案しています。

労働時間

就業時間	変形労働時間制（1年単位） （1）　09時00分　～　18時00分 （2）　　時　分　～　　時　分 （3）　　時　分　～　　時　分 又は　　時　分　～　　時　分の間の　　時間
	就業時間に関する特記事項 ＊エアコンや暖房器などの季節商品でキャンペーンなどの催事も多いため変形労働時間制での勤務となります。 ＊時間外労働の平均は月20時間ですが、繁忙期に集中しており、通常は1日30分程度です。
休日等	日　その他 週休二日制　その他 ＊日曜日を含め月に8日休み（シフト制） ＊夏季5日間（交替）・年末年始12／31～1／2 6ヶ月経過後の年次有給休暇日数　10日

求人に関する特記事項

求人に関する特記事項
■仕事を楽しくするコツ 家電量販店に限らず、色々な小売店の売り場を数多く見ることがラウンダー業務のヒントになりますので、日頃から問題意識を持って周囲を観察することが新しいアイデアにつながり、仕事も楽しくできます。 ■職場のイメージ スタッフの平均年齢は30歳代で、全員がラウンダー営業は未経験からのスタートのため、課題の解決やノウハウの共有は積極的にしている風通しの良い職場です。 ■安心な育成プロセス 基礎講義→協力量販店で販売体験（約1ヶ月間）→先輩同行による現場指導（約2週間・10店舗）→習得状況確認→独り立ち ※最初は個人店やホームセンターから担当していきます。 ■資格取得を支援 家電アドバイザーや販売士のほか電気関係など、会社が推奨する資格取得者には奨励一時金を支給します。 ■歓迎する人 ＊お店の売り場づくりやイベント企画などが好きな方 ＊「自分だったらこうする」と新しい目線で考えることが好きな方 ＊色々なお店を見て回ることが好きな方

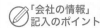

「会社の情報」記入のポイント

▶大手電機メーカーの特約店として販売小売店の売り場づくりなどを支援していることを紹介する。

▶販売店を支援する仕事には常に新しい情報や企画が求められるが、当社はその役割を担う営業スタッフが若手中心であることを強みとして、斬新な企画などを提案し、喜ばれていることをアピールする。

「労働時間」記入のポイント

▶家電販売には季節商品があり、夏季や冬季は多忙となるため、変形労働時間制を導入しているとともに、時間外労働も同時期に増えることを説明する。併せて、仕事はあくまで販売店のサポートであるため、日曜日や夏季、年末年始も休日が確保されていることをアピールする。

「求人に関する特記事項」記入のポイント

▶仕事を楽しくするコツ
「営業は難しい仕事」と躊躇する求職者に向けて、少し視点を変えることで仕事を楽しくするコツがあることを紹介し、抵抗感を和らげる。

▶職場のイメージ
平均年齢が若いことやラウンダー営業は全員未経験スタートであることなど、働きやすい職場のイメージが伝わるよう紹介する。

▶安心な育成プロセス
営業がまったく未経験でも、独自に設けている協力量販店での販売体験や先輩同行指導などの育成体制が整っていることを紹介し、安心して働くことができる環境をアピールする。

▶資格取得を支援
家電や販売に関する資格取得を支援している姿勢をアピールする。

▶歓迎する人
販売や営業の経験がないことから応募を躊躇している求職者に向けて、経験の有無以外にも応募してほしい人物像を紹介することで、門戸の広さをアピールする。

8-4／パート

テレフォンアポインター

求職者イメージ

▶コールセンターで活躍している人
　現在もコールセンターでパートタイム勤務をしているが、自分の仕事が適正に評価されていない
　と感じ、成果が給与や待遇に反映される制度が整備された職場への転職を考えている人
▶育児をしながら働ける職場を探している人
　＊子どもの就園などで空いた時間ができるため、出産まで勤めていた営業や接客などの経験を活
　　かして、家庭と両立しながら働ける仕事に就きたいと考えている人
　＊ひとり親家庭のため、子育てを優先しながらも空いた時間に働いて収入を確保したいと考えて
　　いる人
▶自分の希望する働き方で効率良く収入を得たい人
　勉強や他の仕事または趣味などと並行して、休日や夜など空いた時間に効率良く収入を得たいと
　考えており、未経験からでも始めやすく、身体的に負担が少ない仕事を探している人

アピールポイント

▶明確なインセンティブ制度があり、成果を給与に反映していること
▶希望に合わせた働き方ができるため、Wワークや家庭などのプライベートと両立して働ける環
　境があること
▶子育て中のスタッフが活躍している職場であること
▶初期研修やフォロー体制が充実しており、在籍スタッフの8割が未経験から始めていることや、
　身体的に負担の少ないデスクワークであること

仕事内容

職種	コールセンタースタッフ（個人向け）／子育てスタッフ活躍中
仕事内容	1日3時間・週2日～、9時～20時の間で自分の生活スタイルに合わせて働けるテレフォンアポインター（以下、テレアポ）です。インセンティブ制度あり／8割未経験スタート／Wワーク歓迎 ■会社紹介・仕事概要 ＊当社は一戸建て住宅にお住まいの方を対象に、電気給湯器などの住宅設備機器の販売・施工を行っている会社です。 ＊電話で光熱費削減の無料シミュレーションや製品の案内を行い、営業担当が訪問するアポイントを取るお仕事です。 ＊当社が出展した産業フェアなどに来場され、ご協力いただいたアンケートリストなどに基づいて業務を行っていきます。 ＊在籍スタッフの架電数は1時間で15～20件程度です。 ※商談への同行はなく、未経験からできるデスクワークです。

「職種名」その他例

● 省エネ機器のテレアポ／時給1200円+インセンティブ
● テレアポ／8割が未経験スタート／初期研修15時間あり
● テレアポ（個人向け）／台本・マニュアルあり／希望シフト制
● 希望に合わせて働けるコールセンタースタッフ（テレアポ）

「仕事内容」記入のポイント

▶パートタイム労働者募集のため、冒頭3行にて具体的な労働条件を提示することで、希望に合わせて働けることをアピールする。
▶仕事は、自社が出展したイベント来場者のアンケート情報などを活用して個人を対象に光熱費削減につながる機器のご案内をし、営業スタッフの訪問予約を取り付けることを説明する。不特定多数を対象とするのではなく、もともと機器に関心があってイベントに来られたお客様が対象のためトークも進めやすい印象を与える。
▶その他、スタッフ1人の1日平均的架電数も紹介し、仕事全体を具体的にイメージできるようにするとともに、未経験求職者にも求人に関心を持ってもらえるようにする。

172

会社の情報

事業内容	再生可能エネルギー商材を中心に、販売から施工、メンテナンスまでを一貫して行っています。地域密着型のサービス体制と信頼される技術力で○○地域では設置件数Ｎｏ．１の実績を上げています。
会社の特長	平均年齢４０歳、各部門に経験豊富なスタッフが活躍しています。将来に向けた人材育成と職場環境改善に社員一丸で取り組んでいますので、職種・雇用形態に関係なく安心して働ける環境です。

労働時間

就業時間	（１）　09時 00分　〜　12時 00分 （２）　10時 00分　〜　15時 00分 （３）　17時 00分　〜　20時 00分 又は 09時 00分　〜　20時 00分 の間の 3時間以上
	就業時間に関する特記事項 ［ ＊上記（１）（２）（３）は例示です。 　1日３時間〜／昼間の数時間、夜だけ働きたい方も歓迎です。 　＊勤務中９０分ごとに１０分間の小休憩（給与控除なし）を取得できます。正午から６０分間のお昼休憩があります。 ］
休日等	水　その他 週休二日制　毎週 ［ 夏季休暇（８／１２〜８／１５） 　年末年始（１２／３０〜１／３）※２０○○年度予定 ］ 　６ヶ月経過後の年次有給休暇日数　３日

求人に関する特記事項

求人に関する特記事項
■労働条件 ＊インセンティブ制度／アポイントの取得件数に応じて、毎月の給与に報奨金を上乗せしてお支払いします。 　〈月収例：1日４時間・週３日勤務の場合〉 　５万７６００円＋インセンティブ（平均1万〜1万５０００円） ＊労働時間は週３０時間未満で、働き方により雇用保険に加入。 ＊社員登用制度／勤続２年以上でチャレンジ可能（実績あり）。 ■職場環境 テレアポスタッフは７名（うちパート勤務者５名）在籍しており、２０〜５０代まで幅広い年代の男女スタッフが活躍中です。お子様を送り出した後、３〜４時間だけ勤務されている方もいます。 ■初期研修（社内研修）※未経験者の場合１５時間 ＊商材研修／会社情報や商品知識などマニュアルを基に学びます。 ＊テレアポ研修／会話力を上げるトレーニングやロールプレイングを繰り返し行うことで、自信を持って仕事がスタートできます。 ■フォロー体制 ＊トークスクリプト（台本）、対応マニュアルを用意しています。 ＊問題が起きた場合は社員が対応しますので、ご安心ください。 ＊毎日の業務開始前には上司と簡単なミーティングがあります。わからないことや悩みなど、いつでも相談していただけます。

✎「会社の情報」記入のポイント

▶販売から施工、メンテナンスまで一貫して行うことができる、地域で一番の導入実績がある会社の信用性をアピールする。

▶スタッフの情報を紹介することで会社の雰囲気を伝えるとともに、職種や雇用形態に関係なく会社の一員として歓迎する姿勢を示し、応募の後押しをする。

✎「労働時間」記入のポイント

▶就業時間を例示することで働き方をイメージしやすくし、希望シフト制で柔軟な働き方ができることをアピールする。また、同職種からの転職者であれば業界特有の休憩制度について関心もあるため明記する。

▶夏季休暇・年末年始休暇を記し、働き方をイメージしやすくする。

✎「求人に関する特記事項」記入のポイント

▶労働条件

＊インセンティブ制度や月収例を紹介し、自分の成果が目に見える形で評価されて給与に反映されることや短時間勤務で効率的に収入を得られることをアピールする。

＊社員登用制度について紹介し、将来的に正社員として働きたいと考える求職者にアピールする。

▶職場環境

スタッフの構成や働き方の事例を紹介することで、求職者に働き方をイメージしてもらえるようにする。

▶初期研修

研修期間や内容を具体的に説明することで、丁寧な教育体制が整っていることをアピールし、未経験者でも安心して働けることを示す。

▶フォロー体制

トークスクリプトやマニュアルがあるだけではなく、社員がサポートする姿勢や気軽に上司に相談できる環境が整っていることを紹介し、求職者の不安を解消する。

営業アシスタント

求職者イメージ

▶異職種から転職を考えている人

＊営業という職種に漠然と憧れを抱き転職を考えているが、未経験のため営業アシスタントから経験が積める職場を探している人

＊販売の仕事を通して接客などのコミュニケーション能力や商品の発注・在庫管理などのスキルを身につけたため、これらの能力やスキルを活かせる職場を探している人

＊営業職での経験から最適なサポートを行うアシスタントになりたいと考えている人

▶一般事務（総務・経理経験者）から転職を考えている人

これまで総務や経理事務業務を担当してきたが、従業員をサポートすることで仕事にやりがいを感じることから、営業アシスタントに対しても関心を持った人

アピールポイント

▶業務マニュアルや研修制度など充実した教育体制を整えており、キャリア採用者に対しても時間をかけて育成していること

▶営業アシスタントとして経験を積んだ後は、希望や適性に応じて営業職にキャリアチェンジも可能なこと

▶営業職のサポート役として、客先・メーカーとの直接的なやり取りが多くあるため、ビジネスシーンで役立つスキルを幅広く身につけることができること

仕事内容

職種	営業アシスタント／イチから学べる環境があります／正社員
仕事内容	営業スタッフが本業に専念できるよう、業務をサポートする営業アシスタントです。お客様と直接接する機会はありませんが、常に担当営業スタッフと一体になって支えていく大切な役割の仕事です。 ■主な業務内容 〈客先とメーカーの資材担当者との円滑な取引をサポート〉 ＊客先からの注文や商品に関する対応（メール・電話） ＊外勤営業スタッフからの依頼・問い合わせ対応 ＊受発注・納期・在庫管理 　当社専用管理システムを使用し、数字を入力するだけの簡単操作 ＊営業フォロー（展示会サポート・プレゼン資料作成・同行など） ※３ヶ月に一度、客先やメーカーの資材担当者とのミーティングがあり、定期的に顔を合わせることで円滑な取引ができています。

「仕事内容」記入のポイント

▶業界未経験の求職者の場合、業界への馴染みがなく働くイメージを持ちにくい可能性があるため、会社の概要も併せて紹介することで、会社と仕事内容の理解につなげる。

▶営業・業界未経験者も歓迎していることを明確に伝え、未経験者が応募を躊躇しないよう間口を広げる。

▶具体的な仕事内容を明記し、電話応対や管理システム操作などの事務作業だけではなく、客先・メーカーとのやり取りが生じることを示し、アシスタント職ではあるが営業職と同等のコミュニケーション能力が求められることを伝える。

▶サポートだけではなく大切なパイプ役を担うことを示し、意欲的な求職者からの応募につなげる。

「職種名」その他例

- お客様からも営業からも頼りにされる存在／営業アシスタント
- 専門商社／営業アシスタント／土日祝休／年間休日１２３日
- 電子部品商社【営業アシスタント】入社時の研修有／正社員
- エレクトロニクス部品の専門商社でオフィスデビュー／営アシ

会社の情報

事業内容	創業以来、半導体・電子部品の専門商社として事業展開してきました。大手メーカーの主要顧客を中心にこれまで５００社以上との取引を行い、最近は海外取引も増加傾向にあります。
会社の特長	社員の定着率が高く、入社３年以内に離職した人は、この５年以内でわずか１名です。入社後、少しでも早く会社に馴染んでもらいたいと考え、サポート体制を整えています。

労働時間

就業時間	（１）　08時 30分　～　17時 30分 （２）　　時　分　～　　時　分 （３）　　時　分　～　　時　分 又は　　時　分 ～　　時　分 の間の　　時間 就業時間に関する特記事項 ＊毎週水曜は『ＮＯ残業デー』です。 　通常は３０分～１時間程度の残業がありますが、水曜日は９割以上の社員が定時に退社しています。 ＊休日数も多く、メリハリをつけて働けます。
休日等	土　日　その他 週休二日制　毎週 祝日のうち７日は休みになります。 夏季休暇（８／１１～８／１６）年末年始（１２／２９～１／３） ６ヶ月経過後の年次有給休暇日数　１０日

求人に関する特記事項

求人に関する特記事項
■職場情報 ＊配属予定先：第２営業課（主要客先：大手家電メーカー） ＊スタッフ構成：営業４名・アシスタント６名（平均年齢３８歳） ※アシスタントはメーカーごとに担当が分かれております。今回新たなメーカーと取引が始まるため、人員を募集いたします。 ＊毎週月曜に課内ミーティングを行い、営業とアシスタントが共通認識を持って仕事ができるように心がけています。 ■キャリア採用社員のサポート （１）入社時：商品知識からビジネスマナーまで、約２週間の研修を用意。配属後も、マニュアルとＯＪＴフォローで安心して仕事を覚えられる環境があります。 （２）１ｏｎ１ミーティング：入社して３ヶ月間は、上長と週１回実施。業務リストを作成してあり、業務習得度を本人・上長ともに理解し、次の目標を明確に定めることができます。 月１回会社費用で同世代の他部署メンバーとの交流会を設けており、横のつながりも広がります。 ■キャリアチェンジも可能 ３年経験を積んだ後は、希望や適性に応じ営業職へのキャリアチェンジも可能です。もちろん営業アシスタント職としてキャリアを積むこともできます。希望により将来も海外勤務も可能です。

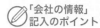

「会社の情報」記入のポイント

▶取扱商品のほか、大手メーカーと取引があることなどを具体的な数字で紹介し、海外取引も増加している成長性をアピールする。

▶社員の定着率が高いことや、働きやすいサポート体制を整備していることを紹介し、長期的に働きたいと考える求職者からの応募につなげる。

「労働時間」記入のポイント

▶通常は時間外労働があるものの、毎週水曜日は「ＮＯ残業デー」として定時退社ができることを紹介する。

▶時間外労働が多く、休みを取りづらいなどのイメージを持つ求職者がいることを想定し、土日に加え祝日のうち７日は休みになるほか、夏季・年末年始に長期休暇があることを明記し、プライベートも充実できる働きやすい労働環境をアピールする。

「求人に関する特記事項」記入のポイント

▶職場情報

＊配属先やスタッフ構成などを簡単に紹介し、働く姿をイメージしやすくする。また、新規取引があることを明記し、安定性や成長性を示す。

＊営業スタッフとの関係性を重要視する求職者もいるため、ミーティングを定期的に実施していることなどを紹介し、課のスタッフ全員が共有認識を持って仕事に取り組んでいる姿勢を示す。

▶キャリア採用社員のサポート

研修やフォロー体制、同世代との交流など具体的な事例を紹介し、新入社員が職場に馴染みやすい環境づくりに配慮した取り組みをアピールする。

▶キャリアチェンジも可能

希望により営業アシスタント職から営業職へのキャリアチェンジができることや海外勤務の可能性を紹介し、定型業務に留まらず、幅広い業務に携わりたいと考える意欲的な求職者にアピールする。

8

営業

来店型保険ショップアドバイザー

求職者イメージ

▶金融関係での就労経験者
　＊保険会社や金融機関をプライベートな事情で一旦離職したが、再度就労可能となったため、金融の知識や経験を活かせる仕事を探している人
　＊金融関係で働いてきたが、このまま現職を続けるよりも、自分を活かせる新しいキャリアを積みたいと転職を考えている人
▶キャリアチェンジを計画している人
　異業種の営業職や販売職、事務職などで働いているが、今後は何らかの専門性を身につけてアドバイザーやコンサルタントとして活躍したいと考え、未経験からでも始められる専門職を探している人

アピールポイント

▶来店型保険ショップは、お客様のライフスタイルに合わせて保険商品の見直しや提案をするお客様ファーストの仕事であること
▶業務知識の習得は簡単ではないが、自分のキャリアを長期的に形成できる仕事であること
▶保険に必要な各種試験やファイナンシャルプランナー資格や保険に必要な各種試験の取得など、専門性の高いキャリアアップが可能であること
▶育児休業取得後は短時間勤務や時間単位有給休暇制度などの福利厚生が充実しており、家庭やプライベートと両立しながら長く働ける職場であること
▶女性の活躍推進企業である国の「えるぼし」認定を取得していること

仕事内容

職種	来店保険ショップのアドバイザー／資格・経験のない方歓迎
仕事内容	ショッピングセンター○○に出店している来店型保険ショップ「△△保険」です。生命保険や損害保険の加入・見直しをお考えのお客様のご相談に乗り、最適なプランをご提案する仕事です。 ■仕事の特徴 ＊取扱商品は２５社の保険会社商品です。 ＊外訪営業はなく、ショップに来店されるお客様の対応です。 ＊約２ヶ月間の新任者研修を受講した後に店舗勤務となります。 ■安心とやりがい ＊スタッフの８割が業界未経験で入社。安心して始められます。 ＊個人目標はなく、お客様ファーストの営業ができます。 ＊家庭との両立を支援する勤務制度や環境が整っています。 ＊各種試験の取得により専門職へのキャリアアップを目指します。

「職種名」その他例

- 保険アドバイザー（来店型保険ショップ）／８割が未経験者
- 金融・保険業務経験者の新しいキャリア／保険アドバイザー
- 未経験でも新任２ヶ月研修でアドバイザーに／保険ショップ
- 来店型保険ショップアドバイザー／週休２日・月２０万円以上

「仕事内容」記入のポイント

▶求職者の多くは、同様の店舗を見たことがあり、保険を販売している程度の理解はあると思われるが、スタッフがどのような働き方をしているのかは不明のため、求人票は求職者が思っているよりも働きやすい仕事・職場であるとのイメージづくりをポイントとする。
▶来店型保険ショップの特徴を紹介し、外訪営業はないこともアピールする。
▶スタッフは業界未経験者が多いことや個人目標は強要しないことのほか、特に求職者に訴求力のあるキーワード「家庭との両立」や「キャリアアップ」を強調し、安定的に働きたい人だけではなく、キャリア志向者にもアピールする。

会社の情報

事業内容	来店型保険ショップ「△△保険」のＦＣ店を○○市他で３店舗雇用する総合保険代理会社です。アリとキリギリスをキャラクターにＦＡＣＥ　ｔｏ　ＦＡＣＥで信頼される店を目指しています。
会社の特長	会社は小規模で歴史も浅いですが、若手からベテランまでがチームワークを大切に頑張っています。スタッフの８割が女性のため、昨年、国の「えるぼし」企業認定を取得して活躍を推進しています。

労働時間

就業時間	（１）　10時00分　〜　19時00分 （２）　　時　分　〜　　時　分 （３）　　時　分　〜　　時　分 又は　時　分　〜　　時　分　の間の　時間 就業時間に関する特記事項 ＊ショッピングセンターの営業時間に合わせています。 ＊９割以上のお客様は、新規・再来店ともに原則として事前予約制のため、時間外勤務も含めて仕事は計画的に取り組めます。
休日等	その他 週休二日制　　その他 ＊シフトにより月８〜９日休み（土・日曜日の希望も配慮あり） ＊年始１／１のほか、冬季と夏季休暇各３日間（交替） 6ヶ月経過後の年次有給休暇日数　　10日

求人に関する特記事項

求人に関する特記事項

■仕事内容の補足
＊新任者研修は○○市の施設で受講します。（交通費支給）
＊入社後、保険の募集に必要な資格「生命保険一般過程」と「損害保険基礎単位と商品単位（１種類）」を取得します（わかりやすいテキストと問題集で研修もありますので安心です）。
＊お客様はファミリー層、定年後の高齢者が多いです。
＊１日のご来店は平均２０組です。（土・日曜日が多め）
■求人条件の補足
＊賃金は固定制ですが賞与は業績を反映したものになります。
＊金融業界で保険業務を経験した方は賃金面を考慮します。
■職場の様子
＊アドバイザースタッフは５名（女性４名）で、窓口相談がない時間はバックオフィス業務やお客様への声かけなどを行います。
＊女性の活躍を推進する国の「えるぼし」認定を取得しています。
■長期的キャリアアップを支援
＊ファイナンシャルプランナー資格や各種生・損保関連試験の取得を支援していますので、将来はコンサルタントも目指せます。
＊育児休業、復職制度、時短勤務、時間単位有給休暇などの手厚い福利厚生制度により長く働けるため、長期的なキャリアアップも可能です。

「会社の情報」
記入のポイント

▶「人生では事前の備えが大切である」ことの意味を込めて「アリとキリギリス」をキャラクターに、○○市他で3店舗をFC展開している会社であることを紹介する。

▶女性が多い職場であることから、国の「えるぼし」認定を取得し、働きやすい環境であることを示すことによって、長期的に働きたいと考える求職者にアピールする。

「労働時間」
記入のポイント

▶独立店舗とは違い、ショッピングセンター内の店舗のため、営業日や勤務時間は施設に合わせたものとなる。サービス業ではあるが、窓口業務は原則予約制のため、時間外勤務も含めて計画的に仕事を進められることをアピールする。

「求人に関する特記事項」
記入のポイント

▶仕事内容の補足
＊入社後の新任者研修の会場や仕事に必要な試験について簡単に説明するとともに、試験への不安を和らげるコメントも入れる。
＊来店の客層や客数、繁忙日などの情報を提供し、仕事をイメージしやすくする。
▶求人条件の補足
保険業界の賃金について、歩合制や成果給を連想する求職者に対して固定制であることを説明し安心感をアピールする一方で、賞与は業績が反映されることを明確にする。
▶職場の様子
職場のスタッフ5名中4名が女性であるなど、会社全体として女性が多いことから、国の「えるぼし」認定を取得していることを紹介して職場イメージを高める。
▶長期的キャリアアップを支援
家庭と両立しながらキャリアアップも図りたい求職者に向け、安心して長く働ける仕事・職場であることをアピールし、応募を後押しする。

8

営業

8-7／正社員

人材コーディネーター

求職者イメージ

▶**企業の元人事担当者**
一般企業の人事部門を経験したことから「今後は専門職として活躍したい」と思い、高度な経験がなくても始められる職場を探している人

▶**中小企業から転職を考えている人**
転職経験があり現在は中小企業の営業職や事務職で働いているが、仕事が自分に合わないと感じて新しい仕事を探している 30 ～ 40 代

▶**カウンセラーなどの資格を目指している人**
人事の仕事に興味があり、今後は関連業務で働きながらカウンセラーなどの資格を目指したいと計画している人

▶**派遣社員として就労経験のある第二新卒や若年層**
派遣社員や契約社員などの非正規就労の経験があるため、今後はプラス思考でこれまでの経験を活かせる派遣会社の正社員として働くことを考えている人

アピールポイント

▶専門的な人事業務の経験や資格がなくても始められる仕事であること

▶製造業や物流業界に特化していることから、これらの業界での就労経験者には前職の経験が活かせる仕事であること

▶人事分野の実務経験を積みながら、カウンセラーやコンサルタントの資格を取得し、キャリアアップを目指せること

仕事内容

職種	人材コーディネーター／企業と働きたい人の橋渡し／未経験可
仕事内容	人材を求めている企業と仕事を探している求職者の橋渡しをする仕事です。○○市の製造・物流業界に多くの人材を送り出している派遣会社で、あなたも人事の専門職として活躍しませんか。 ■コーディネート業務 ＊登録者との面接により、人物特性や希望職種、条件などを確認 ＊クライアント企業から受注した仕事と登録者のマッチングや紹介 ＊派遣者に対するカウンセリングや各種相談の対応 ■関連業務 ＊企業訪問による人材ニーズの聞き取りや提案、アフターフォロー ＊派遣者の勤怠管理や教育訓練、営業・事務部門のサポート ※社会人経験があれば特別な資格や経験は不要です。将来、カウンセラーや人材コンサルタントを目指したい方に適した仕事です。

「職種名」その他例

● 未経験から始める人材コーディネーター／完全週休２日制
● 【正社員】人材派遣コーディネーター（製造・物流メイン）
● 資格不要・社会人経験あれば応答ＯＫ／派遣コーディネーター
● カウンセラー目指してキャリアアップ／人材コーディネーター

「仕事内容」記入のポイント

▶人事の仕事に憧れる若年層や希望者も多いことから、求人全体では「夢」が持てるようなイメージを打ち出す。

▶冒頭で自社がメインとする業界を紹介することで、どのような企業を担当することになるのかを少しイメージできるようにする。

▶仕事内容は、求職者の興味・関心の高いコーディネート業務をメインとするが、営業活動などの関連業務もあることを明確にする。

▶人気の高いカウンセラーやコンサルタントなどの資格取得を考えている求職者に対して、応募への動機づけになるようなメッセージを発信する。

会社の情報

事業内容	人材を求める企業と仕事を探している人を結びつける派遣会社。必要なときに必要な人材を確保できる信頼感から、〇〇市では特に製造・物流業界には多くの人材を送り出しています。
会社の特長	人を動かす仕事では時間をかけたコミュニケーションが欠かせません。毎年実施する企業とスタッフへのアンケートでは、何でも相談できるコーディネーターに対し、高い評価をいただいています。

労働時間

就業時間	（1）　08時30分　〜　17時30分 （2）　　時　分　〜　　時　分 （3）　　時　分　〜　　時　分 又は　　時　分　〜　　時　分　の間の　時間
	就業時間に関する特記事項 ［＊マッチングや個別相談は時間を要するため時間外勤務が必要な場合もあります。 ＊月2回の定時退社を実践しています。
休日等	土　日　その他 週休二日制　毎週 ［＊夏季休暇8／12〜8／16　年末年始12／30〜1／3 6ヶ月経過後の年次有給休暇日数　10日

求人に関する特記事項

求人に関する特記事項
■ある1日の流れ 　8：30　出勤　8：45ミーティング 　9：00　企業訪問（受注提案や派遣先スタッフのフォロー） 12：30　帰社、昼食 13：30　新規登録面接、求人ニーズとのマッチングや紹介 16：30　派遣者の勤怠管理や派遣契約の事務処理など 17：30　業務終了（場合によっては1〜2時間残業あり） ■福利厚生 ＊所定休日と有給休暇を活用して5日間の連続休暇可能 ＊毎月2回第1・第3水曜日に定時退社を実践中 ＊会社が認めた資格を取得した場合は受験料全額補助 ■職場の様子（一緒に働く仲間を当社HPにて紹介しています） ＊コーディネーター職は5名、入社2〜10年。平均年齢32歳と若く、皆未経験入社のため後輩育成には熱心です。 ＊出先でも仕事で困ったときはすぐに上司がフォローします。 ■求職者の方へ コーディネート業務はカウンセラーやキャリアコンサルタントなどにも結びつく仕事のため、将来資格を取得して活躍したい方はぜひこの仕事でキャリアアップを図ってください。 ※職場見学では社員との懇談も可能なので気軽にご連絡ください。

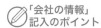

「会社の情報」記入のポイント

▶〇〇市では特に製造・物流業界を得意として、これまで多くの人材を送り出している地域に根づいた人材派遣会社であることをアピールする。
▶「人」を動かす仕事に欠かせない信頼感を大切に、日頃からコミュニケーションを心がけた仕事がアンケートでも高い評価となって表れていることを紹介し、会社の「人」に対する丁寧な姿勢をアピールする。

「労働時間」記入のポイント

▶原則、訪問や面接は予約制のため計画的な仕事ができるが、マッチングや突発的な個別相談などは時間も要することから、時間外勤務が発生することを説明する。一方で、定時退社や連続休暇制度などメリハリのある働き方ができる環境づくりに取り組んでいることをアピールする。

「求人に関する特記事項」記入のポイント

▶ある1日の流れ
人材コーディネーターの仕事は馴染みがないうえ、応募は未経験者が多いことも想定して、1日の仕事の流れを紹介し、求職者が自分の働く姿をイメージできるようにする。
▶福利厚生
連続休暇制度や定時退社に取り組んでいることなどを紹介し、働きやすい職場イメージをアピールするとともに、専門資格の取得には受験料を補助するなど、会社としても支援している姿勢をアピールする。
▶職場の様子
一緒に働く職場の仲間や雰囲気は求職者も知りたい情報であることから、人数、入社歴、平均年齢とともに日頃のコミュニケーションの様子が感じられるようなコメントを添え、安心感や親近感をアピールする。
▶求職者の方へ
改めて求職者の転職理由と考えられる資格取得やキャリアアップを応援する姿勢を強調し、応募への気持ちを後押しする。

8
営業

営業幹部（部長候補）

求職者イメージ

▶定年前後で再就職先を探している人
　＊大手や中堅企業で長年営業畑の仕事をしてきたが、定年を迎えるにあたり同社の再雇用は辞退し、新天地で経験を活かせる仕事を希望している人
　＊大手や中堅企業で営業部門の管理職を務め定年退職したが、今後も経験を活かして第一線でバリバリ働きたいと考えている人
▶定年が視野に入ってきた50代
　中堅企業で営業管理職も経験してきたが、定年を待たず早期退職して条件の良い新しい職場で早めの第二の人生をスタートさせたいと考えている人
▶転職を考えているミドル世代（40〜50代前半）
　現在、営業部門の中間管理職として実績も上げているが、待遇に対する疑問やこれ以上の昇進も見込めないため、「自分の考えで力をもっと発揮できる仕事があれば、思い切って転職してもよい」と考えている人

アピールポイント

▶前職の営業管理職経験から得たノウハウを活かして、自分の考えで仕事が遂行できること
▶小規模会社ではあるが、営業部門のトップとして組織の再構築・強化という大きな仕事を任せられ、会社の期待も大きいやりがいのある仕事であること
▶65歳定年後も70歳までは嘱託雇用があり、転職後も長く働ける仕事であること
▶これまで積み上げてきた経験が今回の仕事でどれくらい通用するのかチャレンジできること

仕事内容

職種	営業幹部（部長候補）／業種問わず要営業経験／定年退職者可
仕事内容	外部から新しいリーダー（部長候補）を迎え、営業部門の再構築と強化に取り組みたいと考えています。業界を問わず営業管理職を経験された中高年・シニアのみなさんの力をぜひお貸しください。 ■お願いしたい仕事の柱 （1）現在の営業部門（スタッフ6名・平均年齢35歳）が抱える課題を明確にし、強い集団に向けた人材の育成 （2）事業計画、予算管理、目標管理、人事管理などの各種経営管理手法活用による部門マネジメント体制の構築 ■処遇と支援体制 ＊入社後6ヶ月は部長候補ですが、その後は部長職の予定です。 ＊小規模会社ですが、部門のトップをお任せする以上、実力を発揮していただけるよう、経営陣も全面バックアップします。

「職種名」その他例

● 営業部長・候補／仕事の柱は営業部門を元気に／60歳以上可
● 第二の人生もイキイキと／営業部門の再構築／営業部長候補
● 営業管理職の経験を思う存分発揮してください／幹部職候補
● 営業部長候補／次世代を担う営業人材の育成をお願いします

「仕事内容」記入のポイント

▶求人全体のイメージは、一般的に多い管理業務の内容紹介や即戦力として当面の業績獲得を期待する主旨とするのではなく、今回の募集の背景や社長の思いとともに、入社後には何をしてほしいのかなど、求職者の心に訴えるものとする。
▶仕事内容も、大きな柱となる2つのテーマを説明し、求職者には高い視点から問題を考え、実行方法は一任する姿勢を示し、チャレンジのし甲斐がある仕事と感じてもらえるようにする。
▶入社後の処遇を説明するとともに、小さくても部門のトップとしてこれまでに培った経験やスキルを思う存分発揮できる魅力的な仕事であることをアピールする。

会社の情報

事業内容	国内全メーカーの新車・中古車販売業。昭和３５年に１台のオートバイを販売以来、ＦＡＣＥ　ｔｏ　ＦＡＣＥをモットーに、社長２代にわたり多くの個人や法人ユーザー様にご愛顧いただいています。
会社の特長	大型ディーラーの増加やネット時代によるユーザー様の購買行動も多様化するなか、当社の強みであるきめ細やかな営業活動をさらに進化させることを、全社員が共有して行動しています。

労働時間

就業時間	（１）　　１０時００分　〜　１９時００分 （２）　　　時　　分　〜　　　時　　分 （３）　　　時　　分　〜　　　時　　分 又は　　　時　　分　〜　　　時　　分　の間の　　時間
	就業時間に関する特記事項 ＊労働基準法の管理監督者としての採用となるため、労働時間、休日、休憩時間は適用外となりますが、基本は求人条件での勤務です。

休日等	月　　その他 週休二日制　　毎週 ＊毎週月曜日定休＋平日１日 ＊夏季休暇８／１２〜８／１６　　＊年末年始１２／３１〜１／５ ６ヶ月経過後の年次有給休暇日数　　１０日

求人に関する特記事項

求人に関する特記事項
■募集の背景（社長メッセージ） ＊最近はインターネットを経由した売買が広がるなど環境変化も起きているなかで、当社の強みである独自の販売マニュアルをもとにした社員１人ひとりの自立した「個」の営業力を活かしきれていない現実があります。 ＊そうした危機感から、ネットの活用と併せて営業部門のあり方を見直し、改めて強い集団にしたいと考えています。しかし、残念ながら社内にはリーダーとなる人材が育っておらず、今回思い切って新しいリーダーを外部から迎えることにしました。 ■仕事内容の補足 ＊入社後、まずは社長とじっくり話し合いの機会を持ち、進むべき方向性を共有します。 ＊法人先訪問や営業スタッフとの同行訪問などを通して部門の課題を洗い出し、改善への取り組み方針を組み立てます。 ＊課題や改善策を社内で共有したうえで実行に移します。 ＊当面はプレイングマネジャーとしても活動していただきます。 ■労働条件の補足 ＊部長職就任からは役職手当５万円を支給します。 ＊６５歳の定年後も７０歳まで嘱託雇用で活躍いただけます。 ＊部長職としての評価は、仕事の改善や部下の成長を重視します。

「会社の情報」記入のポイント

▶創業以来のユーザーとの関係をアピールすることで、長い歴史と信用がある会社であることを示す。

▶競合会社の進出やユーザーの購買行動の変化など、経営環境が大きく変化するなか、強みである「きめ細やかな営業活動」に安住することなく、会社を進化させ時代に対応しようと社員も行動を始めている姿をアピールする。

「労働時間」記入のポイント

▶部長候補ではあるものの管理監督者としての権限や裁量を備えたポジションでの採用となるため、時間外労働などは労働基準法の適用外となることを確認する。休日や休憩時間も同様であるが、基本は求人票の条件で勤務してもらうことも確認し、認識に齟齬が生じないように留意する。

「求人に関する特記事項」記入のポイント

▶募集の背景（社長メッセージ）
今回の募集に至る背景や社長の思いを正直に伝えることで、「ぜひ自分が力になりたい」と求職者の心に訴えかける。前職で順調にキャリアを積み、今後は経験を活かしながらも負荷の少ない仕事で平穏に過ごしたいと考える求職者には敬遠されることを承知のうえで、あえて大きな仕事をお願いしたい決意を伝える。ミドル世代や定年前後の年齢からでも「まだまだ活躍したい」「一度は自分の思ったとおりに仕事をしてみたい」などと、前向きに考える求職者にこそ応募してほしい気持ちをメッセージに込める。

▶仕事内容の補足
入社後は、社長や部下と話し合うことから始め、課題や改善策を社内で共有する姿勢を明確にし、会社の本気度をアピールする。

▶労働条件の補足
入社後の処遇に関わる重要な条件から3点を示し、確認する。

リフォーム営業

求職者イメージ

▶建設関係からの転職希望者
建設や設備工事関係で働いているが体力的な負荷も大きく、このまま続けていくことに疑問を感じるようになったため、経験を活かしながら現場作業以外の仕事に転職を考えている若年層

▶営業職・販売職からの転職希望者
現職の営業・販売職は実績重視のため仕事に追われる日々への疑問や不安から転職を考えるようになり、もう少し余裕を持って取り組める営業職を探している若年層

▶正社員を目指している人
学校卒業後の就職先を短期間で離職し、その後は非正規雇用で働きながら正社員を目指しているが、キャリアも乏しいため応募条件がクリアできず、思うように就職活動が進まない第二新卒や20〜30代の若年層

アピールポイント

▶ 35歳以下で経験不問の応募しやすい募集であること
▶営業も兼ねた仕事ではあるが、飛び込み訪問やテレアポ営業はなく、体力的・精神的な負荷が少ないこと
▶契約率が高いため達成感や努力のしがいもあり、仕事が楽しいこと
▶年次有給休暇の取得推進などにより、家庭やプライベートと両立した働き方ができること
▶業務に関連する資格取得を奨励し、会社の支援もあること
▶人事面談や成果の適正な評価などの人事制度が整備された職場環境であること

仕事内容

職種	リフォームアドバイザー＆提案営業／飛込み訪問一切なし
仕事内容	今、短期間で仕上げる小規模なリォームが人気です。専門業者や工務店などとの競合が少なく需要も増しています。あなたもお客様の「困った」を解決するリフォームアドバイザーで活躍しませんか？ ■今回は若手人材の育成を目的とした35歳以下の募集です 性別を問わず、第二新卒や非正規雇用で頑張っている方、営業は得意でないと思い込んでいる方も歓迎します。 ■仕事の魅力と特徴 ＊取り扱いのメインはトイレやキッチン、浴室などの水廻りです。 ＊飛び込み訪問やテレアポ営業はありません。相談やイベントでショールームにご来店のお客様やご自宅を訪問し、じっくりお話を伺った上でアドバイスや提案をしますので、契約率も80％以上と高く、仕事が楽しくなります。女性アドバイザーも1名活躍中です。

「職種名」その他例

● リフォームアドバイザー＆営業／トイレ・キッチン案件が中心
● 正社員／35歳以下・業界未経験歓迎／リフォーム提案営業
● 飛び込み訪問・テレアポ営業なしのリフォームアドバイザー
● 男女／家庭の水廻りリフォームアドバイザー／家庭と両立OK

「仕事内容」記入のポイント

▶アドバイザーではあるが営業活動を伴うため、求職者の中には敬遠する人も想定されることから、求人全体は(1)需要の高い分野で成果を挙げやすい仕事であること(2)当社で働く具体的な魅力があること、の2点がしっかり伝わるようにする。
▶冒頭で需要のある仕事であることをアピールし、職種を定めていない求職者の目を惹きつける。また、営業職向きの人材に限定せず、営業職は自分に向いてないと思い込んでいる人も呼び込めるようなメッセージを発信し、門戸を広げて幅広い求職者の関心を惹きつける。さらに、具体的な仕事の魅力をアピールして「この営業ならできるかも」と前向きな気持ちを引き出す。

会社の情報

事業内容	小規模リフォームを主力とした設備工事会社です。3年前にショールーム1号店を開設し「水廻りリフォーム地域No．1」をスローガンに、多くのお客様の豊かな生活に日々貢献しています。
会社の特長	小規模な会社ですが、お客様の「困った」を一緒に解決していく仕事に信頼をいただいています。ショールーム2号店計画に向け、若い人材が伸び伸びと活躍できる職場づくりに取り組んでいます。

労働時間

就業時間	変形労働時間制（1年単位） （1）　10時00分　〜　18時30分 （2）　　時　分　〜　　時　分 （3）　　時　分　〜　　時　分 又は　　時　分　〜　　時　分　の間の　　時間 就業時間に関する特記事項 ＊年4回の販促イベント開催時は繁忙のため1年単位の変形労働時間制勤務となりますが、週平均労働時間は40時間以下です。 ＊時間外労働には、施工現場への早出出勤なども含まれます。
休日等	月　その他 週休二日制　その他 ＊定休日＋月3日休み（交替制）／土・日曜日の希望休日は配慮 ＊夏季8／12〜8／16　＊年末年始12／30〜1／3 6ヶ月経過後の年次有給休暇日数　10日

求人に関する特記事項

求人に関する特記事項
■独り立ち6ヶ月育成プラン 1週間の新任研修後、3ヶ月間は30代先輩とペアを組みショールームや同行訪問で接客と商品知識を習得しながら、まずは6ヶ月間でトイレ分野のアドバイザーとしての独り立ちを目指します。 ■職場生活をバックアップ ＊半期ごとの人事面談では、困っていることや将来の希望も話し合い、あなたのキャリアアップをフォローします。 ＊お客様からの信頼感を得られるキッチンスペシャリストやインテリアコーディネーター等の資格取得を支援します。 ■当社で働く魅力 （1）みなさんの頑張りは賞与のプラスαでしっかり評価します。 （2）復職制度をはじめ昨年からは半日勤務制度、有給休暇の時間単位取得制度も導入し、家庭やプライベートと両立できる働きやすい職場づくりを進めています。 ■メッセージ 単に商品を売り込むのではなく、お客様の「困った」を一緒に考え解決するのが使命と考えます。そのためアドバイザーに求めるものは「話し上手よりも聞き上手」であり、男女、経験を問わず、営業職は得意でないと思い込んでいる方も充分活躍できる仕事です。 ※ショールーム見学はいつでもOK。お気軽にご連絡ください。

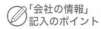

「会社の情報」記入のポイント

▶「水廻りリフォーム地域No．1」をスローガンに3年前にはショールームも開設した設備会社であることなどを紹介し、会社の成長性をアピールする。また、小規模会社ではあるがお客様の抱える課題を一緒に解決していく姿勢や若い人材が伸び伸びと働いている職場イメージをアピールすることで働きやすい環境を示し、求職者の関心を惹きつける。

「労働時間」記入のポイント

▶販売促進のイベントを年4回開催しているため、その前後は繁忙となることから1年単位の変形労働時間制を採用していることを説明するとともに、土・日曜日に希望がある場合は配慮することを伝え、家庭やプライベートとの両立を支援している姿勢をアピールする。

「求人に関する特記事項」記入のポイント

▶独り立ち6ヶ月育成プラン
未経験求職者にとっては入社後の処遇に不安を感じやすいため、当面6ヶ月間の指導内容を紹介することで不安を払拭し、入社後の働く姿をイメージしやすくする。

▶職場生活をバックアップ
入社後も人事担当者のフォローがあり、キャリアアップや各種資格取得に支援もあることなどを説明し、会社が日々の職場生活をバックアップしている姿勢をアピールする。

▶当社で働く魅力
他のリフォーム会社との差別化を図るため、成果の評価及び家庭やプライベートと両立できる働き方の2点をアピールし、応募へ向けた前向きな気持ちを引き出す。

▶メッセージ
営業の仕事を敬遠する求職者もいることから、当社の仕事に対する考え方を紹介して「これなら自分にもできそう」と前向きな気持ちに誘導し、応募を後押しする。

9

家庭生活・介護・保健医療・生活衛生サービス

求職者のイメージ例

＊人に寄り添って支える仕事で自分を活かしたい人
＊現職場での体力的・精神的な負荷を改善したい人
＊業務に必要な資格は取得しているが実務経験はない人
＊専門職としてのスキルアップを目指している人
＊ワーク・ライフ・バランスを大切にした働き方を希望している人
＊将来はフリーランスや独立を目指している人

転職理由を求人票に活かす

転職希望者は現在の仕事や職場で抱える課題が改善できない状況を変えるために転職という手段をとります。求職者はその課題の解決や改善につながる情報を求人票の中に求めているため、求人者側がそのニーズや期待に応えた情報提供をすればアピール性のある求人票となります。

───────────

●介護サービスでは、一般的に「体力的・精神的負担」「不規則な勤務」「待遇」などを理由とした転職が多くあります。体力的負担軽減のための補助機器導入やメンタルヘルス対策をはじめ、早番・遅番・夜勤のシフト勤務や家庭に配慮した働き方の見直しなどの取り組みや実績は、魅力的な求人票として欠かせない情報となります。

───────────

●理容師や美容師などの生活衛生サービスの転職理由としては、一般的に「労働時間・休日などの労働条件」「アシスタント期間が長い」「技術が磨けない」などがあります。近年増えているフリーランスやパートスタッフの活用のほか、社会保険の加入、新人の計画的育成、技術向上のための評価制度の導入などの改善策で魅力的な労働環境づくりに取り組んでいる姿勢や実績を紹介していくことが、求職者の関心を惹きつけることにつながります。

アピールポイント例

＊業務の見直しによる負担軽減への取り組み
＊家庭やプライベートと両立できる働き方
＊独り立ちに向けた計画的育成と職場内の体制
＊技術や仕事ぶりの評価および賃金等への反映
＊ハラスメントやメンタルヘルス対策
＊資格取得やスキルアップに対する支援
＊社会保険や休暇制度などの福利厚生制度
＊独立へのサポート

介護福祉士

求職者イメージ

▶現役介護福祉士の転職希望者
  ＊現在の職場では体力的な負担が大きいことや労働条件などが自分の希望と合わないため、転職したいと考えている人
  ＊夢や志を持って介護職に就いたが、現施設の介護に対する考え方などに馴染めず、自分の目指す介護ができる職場があれば転職したいと考えている人
▶オープン間もない施設を希望している人
  歴史ある施設では仕事のやり方も固定化され改善しにくいため、そうしたしがらみの少ない開設間もない施設で働きたいと考えている人
▶家庭と両立できる施設を探している人
  介護福祉士の資格を保有しており、前職は子育てのため一旦離職したが、働ける条件が整ったため、託児所がある施設であれば再度介護の仕事をしたいと考えている人

アピールポイント

▶転職理由に多い体力的な負担は、最新機器やシステムなどの導入で軽減している職場であること
▶自分の思うような介護ができず介護職そのものを辞めようと考えている求職者にとって、介護への志をもう一度追いかけてみようと思える施設・職場であること
▶厚生労働省より「くるみん」認定を取得しているとともに、託児所も完備していることでママさん介護職員も多く活躍している職場であること

仕事内容

職種	介護福祉士／最新機器により負担大幅軽減／経験者・託児所有
仕事内容	２０○○年に開設した特養ホーム「○○苑」です。当施設の特徴は各種介護機器を導入することで、介護職のみなさんの日常の負担を軽減し、本当にやりたい「やさしい介護」に取り組めることです。 ■やさしい介護 ＊施設は１０名単位のユニット型で自宅に近い環境での介護です。 ＊介護リフトや多様な車いすなどの導入で負担を軽減しています。 ＊センサーマットや見守りカメラなどで見守り介護をサポート。 ＊他施設にはない口腔ケアで食事タイムも楽しい介助の時間です。 ＊施設内に託児所があり、小さなお子様を抱える方も安心です。 ■一緒に働きたい人 ＊介護を夢見た頃の初心を忘れず仕事がしたい方 ＊既成概念にとらわれず施設の新しい歴史をつくっていきたい方

「仕事内容」記入のポイント

▶経験者を対象とした求人のため仕事内容の詳しい説明は必要なく、求人全体は、現役介護職員の抱える体力的な負担や家庭との両立などの課題が転職によって多少なりとも改善できるイメージを伝えることを重点ポイントとする。
▶冒頭3行で、負担軽減のための具体例や「やさしい介護」に取り組む施設の特徴を示し、4行目以降で具体的な仕事内容を求職者の目線で紹介することで、転職理由の改善とともに理想に近い介護ができる施設であることをアピールして、求人への関心を惹きつける。

「職種名」その他例

●介護福祉士／２０○○年4月開設の特養／経験者・託児所あり
●特養ホーム介護福祉士／開設後の正社員追加募集5人／経験者
●介護福祉士／託児所あり・子育て中歓迎／残業少・休106日
●最新介護機器により負担も軽減され優しい介護を実現／経験者

会社の情報

事業内容	２０○○年４月に開設した定員１３０名、１０名単位のユニット型特別養護老人ホーム「○○苑」です。代表は歯科医でもあるため、口腔ケアに力を入れており、利用者様からも喜ばれています。
会社の特長	オープン間もない施設のため、歴史はこれから１人ひとりが作っていきます。介護を志した職員が日々仕事だけに追われることなく、初心に戻って「やさしい介護」の実現を目指して頑張っています。

労働時間

就業時間	変形労働時間制（１ヶ月単位） （１）　08時30分　〜　17時00分 （２）　13時30分　〜　22時00分 （３）　21時30分　〜　09時00分 又は　時　分　〜　時　分　の間の　時間 就業時間に関する特記事項 ＊（１）（２）（３）のシフト制（原則１週間サイクル） ＊（３）は夜勤で休憩１２０分／月４回程度あり ＊１ヶ月間の週平均労働時間は４０時間以下
休日等	その他 週休二日制　その他 ＊月８日休み（うち希望休３日あり） ＊夏季・冬季休暇１０日（交替） ６ヶ月経過後の年次有給休暇日数　　１０日

求人に関する特記事項

求人に関する特記事項

■労働条件の補足
＊賃金は介護経験の内容や年数を考慮して決定します。
　モデル年収（資格・夜勤・処遇改善の各手当・賞与等含む）
　　２０代後半　３２０万円　／　３０代後半　３５０万円
＊夜勤は月４回程度で、夜勤手当は７０００円／回がつきます。
＊勤務時間のシフト表は前月１０日までに作成します。
■一緒に働く仲間と職場の様子
＊介護職は４０人（女３２名・男８名）、うち介護福祉士２５名。
＊平均年齢は４０代、２名の復職制度利用実績があります。
＊１ユニット（利用者１０名）原則４人のスタッフで担当します。
＊毎月ユニットリーダーとのミニ面談がありますので、困ったことや悩みは気軽に相談できます。
＊育児との両立を支援する事業所として国の「くるみん」認定を取得しているため、ママさん介護職も１８名活躍しています。
■みなさんへのメッセージ
介護職は好きだけれども仕事の負担や家庭との両立などに不安を感じているみなさんが、もう一度初心に帰って自分の目指した「やさしい介護」を取り戻せる職場です。
※職場見学はいつでもＯＫ。スタッフとの懇談も可能で、ご希望があれば１日体験もできますので、じっくりご検討ください。

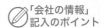

「会社の情報」記入のポイント

▶開設間もないユニット型の新しい施設であることや代表が歯科医であることを紹介して、職場のイメージにつなげる。また、これから自分で仕事のやり方を考えていけることや、特に自分の思っている介護ができなくて意欲を失いかけている求職者には、もう一度初心に帰って「やさしい介護」に取り組める職場であることをアピールする。

「労働時間」記入のポイント

▶仕事柄、365日24時間体制となるため、シフト制のサイクルや夜勤の回数を説明し、求職者が１ヶ月どのような働き方になるのかをイメージできるようにする。また、休日では希望休が３日間あるため、プライベートや家庭の事情にも柔軟に対応できることをアピールする。

「求人に関する特記事項」記入のポイント

▶労働条件の補足
賃金は応募を左右する重要な要素となるため、可能な範囲でモデル年収例を示す。また夜勤については、負担面でも給与面でも求職者にとって関心の高い事柄となるため、回数や手当の額、シフトの決め方などについても詳細に紹介する。
▶一緒に働く仲間と職場の様子
単に「アットホーム」や「明るい職場」などの一般的な言葉ではなく、具体的な数字や困ったときには相談ができるコミュニケーションのとり方などを紹介し、職場をイメージしやすくする。また、子育てや家庭との両立がしやすい職場であることを示すために復職制度利用者がいることや厚生労働省から「くるみん」認定を取得していることも紹介し、言葉の上だけではないことをアピールする。
▶みなさんへのメッセージ
現役介護福祉士が初心を思い出し、転職への気持ちを動かすようなメッセージで後押しする。

介護職・ヘルパー

求職者イメージ

▶異業種からの転職希望者
  ＊現在の仕事が自分に合わないため心機一転キャリアチェンジを考えているが、以前から人の役に立てていることが実感できる福祉の仕事に興味を持っている人
  ＊前職を離職後は介護の仕事をやってみたいと思っているため、資格や経験がまったくなくてもしっかり指導・育成してくれる施設があれば挑戦してみたいと考えている人
▶第二新卒や非正規雇用で働く若年層
  組織への適応や業績重視の仕事が自分に合わず非正規雇用で働きながら正社員を目指しているが、キャリアも形成されていないため、資格や経験がなくても始められる仕事を探している20～30代
▶現役介護職の転職希望者
  介護職として働いているが、子育てなど家庭と両立しやすい労働条件で働ける職場に転職したいと考えている人

アピールポイント

▶特に未経験者を歓迎する募集であること
▶未経験者には独自の育成プランやスタッフ同士の懇談会などが充実しており、安心して始められること。実際、未経験からの入職者が多数活躍していること
▶資格取得や技能習得、能力向上に対する支援も行っていること
▶就業場所内に託児所があり、子育てしながら安心して働ける職場であること

仕事内容

職種	介護職／未経験・キャリアチェンジ歓迎／復職制度・託児所有
仕事内容	心機一転キャリアチェンジしたいみなさんへ！経験のある方はもちろん、今回は特に介護の仕事に興味はあるけれど資格や経験がなくあきらめている方も歓迎します。 ＊未経験者のための育成プランを修了した若手やミドル世代がイキイキと活躍しています。併せて介護職員初任者研修（旧ヘルパー）も取得していただくことで自信もつきます。 ＊入職後当面は夜勤がなく、成長に合わせて順次担当します。 ＊託児所を完備していますので、子育てと両立できます。 ＊毎週、未経験で入職した1年以内のスタッフとリーダーによる質問会があり、わからないことや悩みを気軽に相談できます。 ＊ぜひ見学にお越しください。育成プランとフォロー体制を詳しく説明します。スタッフとの懇談や希望があれば1日体験もOK！

「仕事内容」記入のポイント

▶介護職人材の確保が厳しい中、福祉の仕事に興味を持つ若者やミドル世代はいるものの、資格・経験もない自分には無理だとあきらめている人もいることから、今回は介護の仕事に二の足を踏んでいる潜在的求職者を歓迎する姿勢を強くアピールして、インパクトのある求人とする。
▶そうした求職者が「ここでやってみよう！」と思えるよう、働き方や入職後の育成、家庭との両立など、当施設で働く魅力をメッセージとして具体的に発信する。
▶まずは見学を勧めるが、単に歓迎ではなく求職者の立場に立った機会となるよう、丁寧に対応する姿勢をアピールする。

「職種名」その他例

● 介護職（正職員）／心機一転・キャリアチェンジしたい方歓迎
● 特養ホーム介護スタッフ／経験・資格不要／新設追加募集5人
● 特養の介護スタッフ／ヘルパー資格者歓迎／年間休110日
● 介護スタッフ／未経験可／託児所有・子育て中歓迎／残業少

会社の情報

事業内容	特別養護老人ホーム「○○苑」を運営する社会福祉法人です。地元の福祉系大学や高校と連携して、実習や出前授業で介護職の魅力を発信し、未来を担う人材の育成に貢献しています。
会社の特長	未経験から始めた介護スタッフが３割近くいますが、独自の育成プランと資格取得、技能習得により１年後には皆自信を持って活躍できる人材に育っています。後輩育成の風土は特徴の１つです。

労働時間

就業時間	変形労働時間制（１ヶ月単位） （1）　08時 30分　〜　17時 00分 （2）　13時 30分　〜　22時 00分 （3）　21時 30分　〜　09時 00分 又　は　　時　分　〜　　時　分　の間の　時間
	就業時間に関する特記事項 ＊原則（1）（2）（3）のシフト制です。 ＊（3）は夜勤で休憩１２０分／月４回程度あります。 ＊未経験者は原則入職後３ヶ月間は夜勤がありません。 ＊週平均４０時間以下の勤務です。
休日等	その他 週休二日制　その他 ＊４週８休（うち３日間は希望休み） ＊夏季３日・冬季３日（交替） ６ヶ月経過後の年次有給休暇日数　　１０日

求人に関する特記事項

求人に関する特記事項
■労働条件の補足 ＊当面は日勤で勤務していただき、業務に慣れてきたら順次早番・遅番のシフトもお願いします。 ＊入職後３ヶ月間の夜勤は一切ありません。その後、仕事の習得状況を見ながら２〜４回程度を順次担当していただきます。 ■未経験者の育成プラン ＊入職後１週間は座学で介護の基本や仕事の概要を学びます。 ＊施設内のインストラクター資格を持った先輩とペアを組み、最初は補助的な仕事から始め３ヶ月程度で主要な業務を習得します。 ＊動画教材もありますのでスキルがしっかり身につきます。 ＊介護職員初任者研修を受講し資格を取得できます（会社負担）。 ■職場の様子 ＊年次有給休暇の取得率は昨年９０％を達成しました。 ＊現状、復職の実績はありませんが予定者が１名います。 ＊未経験での入職者は１０人おり、全員が販売職や事務職などの異職種からの転職です。毎週、未経験者全員とリーダーが集まって質問会を開き、どんどん新しい知識を吸収しています。 ■家庭との両立を支援 託児所のほか、短時間勤務制度や時間単位の年次有給休暇制度などを活用して、家庭と両立した働き方ができます。

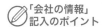

「会社の情報」記入のポイント

▶介護の仕事を希望する若者が減少している中、地元の大学や高校と連携して仕事の魅力ややりがいを伝え、福祉の担い手の確保と育成活動に取り組む姿を紹介することで、引いては職員も大切にする姿勢をアピールして法人イメージを高める。また、人材育成の体制が整っていることを示し、未経験者の関心を惹きつける。

「労働時間」記入のポイント

▶夜勤を含めた3交替制で週40時間以下の勤務となることを紹介するとともに、補足として夜勤は休憩時間120分で月4回程度あるが、未経験者は当面担当しないことなどを説明する。また、休日では希望休日が3日あることで、家庭やプライベートとも両立しやすいことをアピールする。

「求人に関する特記事項」記入のポイント

▶労働条件の補足
夜勤もあるシフト勤務での働き方は未経験者にはイメージしにくいため、入職後の当面の働き方を大まかに紹介してイメージしやすくする。

▶未経験者の育成プラン
今回の求人の目玉とも言える施策であり、未経験の求職者が「自分にできるだろうか？」と感じる不安に対して、独自の指導育成プランを具体的に紹介し、安心感をアピールする。

▶職場の様子
転職者にとって新しい職場の様子は関心事となるため、単に「アットホーム」や「明るい職場」などの一般的な言葉ではなく、具体的な数字やこの職場にしかないような表現でその良さをアピールする。

▶家庭との両立を支援
未婚者には復職制度があること、また子育て世代には託児所のほか時間単位の年次有給休暇制度などが利用できることなど、安心して働ける環境をアピールする。

家庭生活・介護・保健医療・生活衛生サービス

サービス提供責任者

求職者イメージ

▶現役のサービス提供責任者で転職したい人
　現在の職場では仕事と家庭の両立が厳しいため、もう少し柔軟な働き方ができる職場に転職したいと考えている人
▶介護職経験を活かしてステップアップしたい人
　施設の介護職として働いてきたため訪問介護の経験はないが、新しい仕事にチャレンジしてステップアップしたいと考えている人
▶ブランクはあるが復職したい人
　家庭の事情により一旦は介護の仕事を離れたが、仕事復帰のための条件が整ったため、ブランクはあるが経験を活かしてもう一度介護関係の仕事に戻りたいと考えている人

アピールポイント

▶女性が多い職場のため、仕事と家庭の両立支援制度の構築に取り組んでいること
▶サービス提供責任者の基本的役割は「まとめ役・コーディネート役」であるという仕事そのものの魅力
▶長年の介護職経験をベースに一段高度な立場で活躍できる仕事であること
▶当面は現任者が在籍しているため、引き継ぎや未経験者の指導にじっくり時間をかけて対応することができ安心であること

仕事内容

職種	サービス提供責任者（ヘルパー２０人）介護福祉士で未経験可
仕事内容	訪問介護事業所（特定事業所加算２取得）のサービス提供責任者の仕事です。今回は現担当者の後任募集のため、引き継ぎ・指導時間は充分あり、経験者や未経験者、ブランクのある方も安心です。 ■主な仕事内容 ＊訪問エリアは○○市内　　＊訪問計画の作成や説明 ＊ヘルパーの指導や相談対応　＊利用者さんの状況把握 ＊サービス会議の開催　　＊関係者や機関との調整 ＊訪問介護（１日３〜５件／ヘルパーとの同行や休み対応） ■大切な役割 ＊ヘルパーのみなさんの仕事がスムーズに運ぶためのまとめ役。 ＊適切な介護サービスを提供するために、ケアマネージャーなどの関係者と利用者さんを調整するコーディネート役。

✒「仕事内容」記入のポイント

▶冒頭で、質の高い介護サービスを積極的に提供・実施している事業所（特定事業所加算２取得）であることをアピールする。
▶今回の求人は、退職予定（期日未定）のある現職責任者の後任としての募集であり、人材確保の観点から対象は現役をはじめブランクのある経験者や未経験者まで門戸を広げるとともに、引き継ぎや指導には充分時間をかけることができる安心感をアピールする。
▶代表的な業務を紹介して全体イメージを描けるようにするとともに、サービス提供責任者としての本来の重要な役割を示し、やりがいをアピールする。

「職種名」その他例

●サービス提供責任者／現任者からの引き継ぎもあるので安心
●サービス提供責任者／介護福祉士からのキャリアアップ歓迎
●年収３１０万〜／サービス提供責任者／未経験・ブランク有可
●サービス提供責任者／夜勤無・月８日休・家庭との両立を応援

会社の情報

事業内容	介護保険制度による訪問介護、通所介護の指定事業所です。２４時間３６５日にわたり地域の利用者さんとご家族に「安心・迅速・高質」なサービスを提供し、生活を援助しています。
会社の特長	現在ヘルパースタッフ２０人が活躍中です。平均勤続年数が８年以上と長いのも皆が助け合って家庭との両立に取り組んできた成果であり、安心して働けることが優しい介護につながっています。

労働時間

就業時間	変形労働時間制（１ヶ月単位） （１）　09時00分　～　18時00分 （２）　11時00分　～　20時00分 （３）　　時　分　～　　時　分 又は　時　分～　　時　分　の間の　時間
	就業時間に関する特記事項 ＊（１）と（２）によるシフト制です。 ＊週平均労働時間４０時間以下となるようにシフトを組んでいます
休日等	その他 週休二日制　その他 ＊月８日の休み（原則週休２日でシフト作成） ＊夏季休暇３日間・年末年始３日間（交替で取得） ６ヶ月経過後の年次有給休暇日数　１０日

求人に関する特記事項

求人に関する特記事項
■仕事内容の補足 ＊訪問介護サービスの申込み受付や介護保険サービス管理、利用者様からの相談対応などもあります。 ＊サービス提供業務と訪問介護業務の割合は概ね７：３程度です。 ＊急な休みなどにより、他のヘルパーで調整が難しい場合は対応をお願いすることがあります。 ＊夜勤はありません。 ■未経験者の指導 現在のサービス管理責任者が当面在籍していますので、特に未経験の方には３ヶ月で独り立ちを目標にマンツーマンで指導します。 ■柔軟な働き方 ヘルパー（３０～５０代）２０人の９割とサービス管理責任者（４０代）も女性であり、家庭との両立は欠かせません。そのため、時間単位の有給休暇取得も可能なほか、不規則な休日も原則週休２日となるようシフトを工夫して、柔軟な働き方を進めています。 ■代表メッセージ 訪問介護の経験はなくても先輩責任者の同行のもと経験を積めますので心配はいりません。これまでの介護施設経験を活かして新しい仕事にチャレンジするあなたを職場の皆で応援します。 ※見学にお越しください。入社間もない先輩との懇談もあります。

「会社の情報」記入のポイント

▶24時間365日援助の訪問介護事業所として地域からも頼りにされている施設であることを紹介し、それを支える介護職が安心して長く働けるよう家庭と両立できる環境づくりに皆で取り組む姿勢をアピールするとともに、具体的な平均勤続年数を紹介して働きやすい環境が整っていることを示す。

「労働時間」記入のポイント

▶早出と遅出のシフト制による1ヶ月単位の変形労働時間制を採用しており、週の平均労働時間は40時間以下となることを紹介する。また、夜勤はなく、月8日の休みを原則週休2日となるよう工夫している配慮を示し、家庭と両立しながら働けるイメージを持ってもらう。

「求人に関する特記事項」記入のポイント

▶仕事内容の補足
サービス提供業務と介護業務の割合やイレギュラーな事態への対応、夜勤の有無など求職者が知りたい情報を提供する。

▶未経験者の指導
特に未経験者にとって入社後の引き継ぎの有無は大きな関心事であるため、今回は現任者が在籍しており時間をかけて指導が受けられることを紹介し、不安を解消する。

▶柔軟な働き方
女性の応募が想定されることから、家庭との両立は応募を左右する問題となるため、時間単位有給休暇制度や原則週休2日となるようシフトを工夫していることなどを改めて紹介し、柔軟な働き方に取り組んでいる姿勢をアピールする。

▶代表メッセージ
訪問介護経験の有無に関わらずソフトランディングできる安心感と新しい仕事にチャレンジする気持ちに対して皆で応援する姿勢を代表からのメッセージとしてアピールすることで、応募を後押しする。

看護助手

求職者イメージ

▶現役看護助手の転職希望者
　＊病棟の看護助手として働いているが、人間関係で悩みを抱えており、コミュニケーションが円滑にとれている職場へ転職を考えている人
　＊現在は外来や医療器具の洗浄・管理などを行う部門で看護助手として活躍しているが、より人の役に立てていることが実感できる病棟勤務をしたいと考えている人

▶異業種からの転職希望者
　現職に適性を見出せず転職を考えており、以前から関心のあった医療や福祉分野で資格や経験がなくても育成してくれる職場があればチャレンジしてみたいと考えている人

▶介護職の経験がある人
　育児や家庭などの事情により非正規雇用で介護職に就いていたり、介護職から一旦離れていたが、正社員として働ける環境が整ったりしたため、経験を活かせる仕事を探している人

アピールポイント

▶未経験・無資格からできる仕事であること
▶介護職の経験を活かせる仕事であること
▶看護助手も医療チームの一員として、職種間の情報共有が円滑に行われている職場であること
▶教育体制が整っており、未経験者でも安心して入職できること
▶院内研修によりスキルアップができ、関連資格の取得も支援していること

仕事内容

職種	未経験・無資格からできる看護助手／研修・資格支援制度あり
仕事内容	回復期病棟において、患者さんの身の回りのお世話や看護師のサポートをお願いします。資格や経験がない方でも、充実した教育制度により医療の知識や介護スキルを身につけて活躍できます。 ■主な仕事内容（看護師の指導の下に、業務を行っていきます） ＊身体介助（食事・入浴・排泄の介助／移送）※全業務の６割程度 ＊環境整備（ベッドメイキング／備品管理／清掃） ＊看護補助（診察記録の準備／伝票整理／医療器具の消毒など） ■当院で働く魅力 〈チーム医療〉看護助手も医療チームの一員として情報交換の場に参加しており、各専門職が協力し合って働いています。 〈教育制度〉ＯＪＴ、院内研修（入職者研修・看護補助者研修・定例勉強会）のほか、介護職の資格取得支援制度があります。

「仕事内容」記入のポイント

▶同じ看護助手職でも配属先によって仕事内容や働き方が異なるため、「回復期」の「病棟」勤務であることを最初に伝えた上で説明を行う。
▶医療や福祉の仕事に興味を持っているが、資格や経験がないことからあきらめている人、医療現場で働くことに憧れを持っている若年層など、潜在的な求職者からの関心を引き出すため、無資格・未経験者から活躍できる環境があることをアピールする。
▶仕事は看護師の指導の下に行っていくことや具体的な仕事内容を説明して、未経験者にもイメージできるようにする。
▶単なるアシスタントではなく医療チームの一員として働ける仕事のやりがいや教育制度など、求職者にとっての働く魅力を伝える。

「職種名」その他例

●医療チームの一員として働きませんか／看護補助者／無資格可
●看護アシスタント／医療・福祉に興味がある方歓迎／経験不要
●病棟看護助手（２交替制）／２０〜６０代・未経験者も活躍中
●回復期病棟の看護助手／介護経験を活かせる仕事／資格手当有

会社の情報

事業内容	二次救急医療機関として、病床数１７０床（急性期９２床・回復期４８床・療養３０床）を有し、地域の急性期医療を支援するとともに、特に高齢者の在宅復帰には力を入れて取り組んでいます。
会社の特長	満３歳まで取得できる育児休業制度や人間ドックの補助・スポーツジムとの提携など手厚い子育て支援と健康サポートにより、スタッフが無理なく働き続けられる環境を目指して取り組んでいます。

労働時間

就業時間	変形労働時間制（１ヶ月単位） （１）　０８時３０分　～　１７時００分 （２）　１６時３０分　～　０９時００分 （３）　　時　分　～　　時　分 又は　時　分　～　　時　分　の間の　時間 就業時間に関する特記事項 「二交替制勤務 　（１）日勤：休憩　６０分（看護師６名・看護助手３名体制） 　（２）夜勤：休憩１２０分（看護師２名・看護助手１名体制） 　　　※月４回程度
休日等	その他 週休二日制　その他 「＊シフトによる４週８休制（土日祝日の休みは相談に応じます） 　＊リフレッシュ休暇６日間（ほとんどの職員が取得しています） ６ヶ月経過後の年次有給休暇日数　１０日

求人に関する特記事項

求人に関する特記事項

■配属先／回復期リハビリテーション病棟
＊脳疾患や骨折などから社会復帰に向けたリハビリを専門的に行う病棟で病床数４８床、７０代～の高齢者が多く入院しています。
＊入院期間は平均７０日、患者さんが回復していく過程を間近で見ながら退院される姿を見届けたときに一番やりがいを感じます。

■働き方・職場環境
＊当病棟には看護職１４名、看護助手７名が在籍しています。看護助手は２０～６０代、介護経験者や未経験者も３名います。
＊看護師と一緒に申し送りに参加して、１日のスケジュールや入退院情報などを確認してから業務を始めていきます（患者さんについて気づいたことなどを相談できる時間も設けています）。
＊夜勤は月４回程度あり、下記は１週間のシフト例です。
　（例）日勤→日勤→公休→日勤→夜勤入り→夜勤明け→公休
　未経験者の場合、入職後３ヶ月間は夜勤がありません。

■教育制度
＊入職後先輩とペアになり手順書を確認しながら業務を覚えます。
＊年２回の看護補助者研修や月１回の病棟勉強会、資格取得支援により自信を持って仕事に取り組めるよう応援していきます。
※月収例（未経験者／平均残業・夜勤手当込）１８万９，０００円
※職場見学歓迎（先輩職員と懇談も可。気軽にお問合せ下さい）

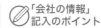

「会社の情報」記入のポイント

▶病院の規模や役割を紹介し、どのような職場で働くのか求職者がイメージを持てるようにするとともに、力を入れていることなど自院の特徴（強み）を紹介する。また、子育て支援や健康促進などの福利厚生を紹介して職場環境の良さをアピールすることで、職場イメージの向上を図る。

「労働時間」記入のポイント

▶日勤と夜勤による二交替制勤務であることを明記したうえで、勤務時間や夜勤の頻度、人員体制など働き方がイメージできるようにして求職者の疑問や不安を解消する。変則的な働き方になるため、希望休日の相談に応じる配慮やリフレッシュ休暇を紹介し、働きやすい環境を示す。

「求人に関する特記事項」記入のポイント

▶配属先
患者の疾患や傾向、施設情報から求職者に働くイメージを持ってもらう。また、やりがいを伝えて仕事や職場への魅力を高める。

▶働き方・職場環境
一緒に働くスタッフの情報や看護助手職の属性を紹介し、年齢や経験に関係なく活躍できることをアピールする。また、看護師をはじめ他職種のスタッフとコミュニケーションが円滑にとれる仕組みや、夜勤のシフト例など補足説明を行い、実際の働き方をイメージできるようにする。

▶教育制度
入職後の働き方や業務の覚え方について説明を行うとともに、定期的なフォローアップ研修や資格取得支援があることなど、教育制度が整っていることをアピールする。

※職場見学
職場見学や先輩との懇談も用意していることで、オープンな職場イメージを与え、応募につなげる。

理容師

求職者イメージ

▶同業からの転職希望者

 ＊大型 FC 型理容店で勤務しているが、時間に追われて技術や接客を追求することができず自分の理想とは異なる環境のため、落ち着いて施術ができるうえ幅広い技術や接客力を習得できるフルサービス型の店に転職したいと考えている人

 ＊現在の職場における休日などの労働条件に疑問を感じ、働き方を変えられる職場を探している人

 ＊将来の独立や家業継承などの明確な目標があるため、必要な技術や経営ノウハウを学べる職場を探している人

▶カット経験がない（あるいは浅い）「ペーパー理容師」

 ＊理容学校を卒業して理容師免許を取得したものの理容室勤務の経験がない人

 ＊自分の技術に自信が持てず前職を離職したが、理容師の仕事は続けたいと思い、再チャレンジできる職場を探している人

アピールポイント

▶落ち着いた環境で自分の納得できる技術サービスを提供できる職場であること

▶標準カットをメインとした施術だけでなく、ヘッドスパなどの新しい施術も習得できること

▶定休日と平日１日休みに加え、夏季・年始休暇がありゆとりある働き方ができる職場であること

▶経験者はもとより、技術に自信がなかったりブランクがある人も応募可能であること

▶社内技術検定制度により目標を持ってスキルアップを図れること

▶将来独立希望者にはサポートがあること

仕事内容

職種	理容師（スタイリスト・アシスタント）／ブランク・再挑戦可
仕事内容	男性メインのサロンです。ヘアスタイルを提供するだけではなく、カウンセリングや各種個別サービスも提供する新しいサロンです。スタイリストの技術を磨きたい方や再チャレンジしたい方、歓迎！ ■店の特徴 ＊お客様は３０〜５０代がメインで定番ヘアスタイルが多いです。 ＊最近は美容室から理容室へシフトされるお客様も増えています。 ＊カウンセリングにより個々のお客様の髪の悩みに寄り添います。 ＊ヘッドスパやスカルプケアなど新しいサービスもご提供します。 ＊時間をかけた一人仕上げのため落ち着いた仕事ができます。 ■チャレンジを待っています！ ＊技術のクオリティだけでなく接客力に磨きをかけたい方 ＊技術に不安があったり、ブランクのある有資格者の方

「仕事内容」記入のポイント

▶理容師として長期的に働きたいと考え、現在の仕事ではなく新しい営業スタイルやお客様・理容技術を求めている求職者に対し、再出発にふさわしい職場の魅力をアピールする。

▶男性客がメインとなるが、標準的なカット施術だけではなく、カウンセリングやヘッドスパなどの新しいサービスを提供するほか、お客様１人ひとりに合わせ落ち着いて仕事ができるサロンであることを紹介し、短時間仕上げを望まず技術を追求したいと考える求職者にアピールする。

▶応募（チャレンジ）を期待する求職者像を具体的に紹介することで、直接呼びかける効果を狙い、転職や挑戦を考える求職者からの応募につなげる。

「職種名」その他例

●スタイリスト（理容師）／技術・接客力のクオリティを追及

●理容師／時間をかけ落ち着いた施術をしたい方にはピッタリ

●理容師（スタイリスト）／年間休１０９でプライベートも充実

●３０〜５０代男性メインのサロン理容師／フルサービス＋α型

会社の情報

事業内容	理容業。現在7店舗を展開中。フルサービス型の理容店離れが続いてきたなか、従来のカット中心の理容から新サービスを取り入れた店への転換を進め、若年層の呼び戻しにも成果を上げています。
会社の特長	技術さえあれば良いという職人的な考えではなく、お客様の髪に関する話をしっかり聞ける人間性豊かなスタイリストを育成するためその基本となるアシスタント時代の初期教育を重視しています。

労働時間

就業時間	変形労働時間（1ヶ月単位） （1）　08時30分　〜　19時00分 （2）　　時　分　〜　　時　分 （3）　　時　分　〜　　時　分 又は　　時　分　〜　　時　分　の間の　　時間
	就業時間に関する特記事項 ＊営業時間は8：30〜19：00 ＊休憩時間は平日120分・土日90分 　（予約状況を見ながら交替で休みます） ＊特例措置対象事業場（週44時間以下）
休日等	月　その他 週休二日制　その他 ＊定休日の月曜日（年2回出勤有）と毎週平日1日休み（交替） ＊夏季8／12〜8／15　・年始1／1〜1／3 6ヶ月経過後の年次有給休暇日数　10日

求人に関する特記事項

求人に関する特記事項
■仕事内容等の補足 ＊一人仕上げのためトータルな技術と接客力が身につきます。 ＊レギュラーコース以外に人気コースとして、ヘッドスパ／スカルプケア／フェイシャルエステ／エイジングケアなどがあります。 ＊指名制はありませんが店舗業績を賞与にプラスαで反映します。 ＊社内基準による技術レベルが5段階あり、年3回の技術検定で認定します。各自が目標を持って日々練習に励んでいます。 ■入社後の処遇 ＊カット経験が3年以上ある方は技術レベルにより処遇します。 ＊カット経験がない、または浅い方はアシスタントからスタートしますが、単に下働きではなく技術を計画的に学び、3年以内には技術テストに合格し、スタイリストデビューします。 ■一緒に働くスタッフの紹介 ＊セット面5席をスタイリスト3名とアシスタント1名が担当。 ＊スタッフは40代店長のほか、入店4年以上の30代スタイリスト2名と入店1年目の20代アシスタント1名（女性）です。 ■福利厚生 ＊定休日プラス1日の休みがあり、プライベートも充実できます。 ＊将来独立希望者にはノウハウ提供で応援します（独立OB有）。 ※見学歓迎。スタッフと懇談の時間も用意させていただきます。

✎「会社の情報」記入のポイント

▶理容業を取り巻く厳しい環境下でも新サービスを積極的に取り入れたフルサービス型を展開し、若年層の顧客も増えていることをアピールする。

▶新しい理容師像を求めて転職を考えている求職者に向けて、技術だけではなく人間的魅力を持った理容師像を追求・育成していく会社であることを紹介し、他社との差別化を図る。

✎「労働時間」記入のポイント

▶特例措置対象事業場を前提に、営業時間に合わせた勤務時間を基本とするが、サービス業のため土日と平日の実働時間が異なる1ヶ月単位の変形労働時間であることを示す。また、休日は定休日の月曜日のうち年2回出勤はあるが、ほぼ完全週休2日に近いことをアピールする。

✎「求人に関する特記事項」記入のポイント

▶仕事内容等の補足
＊新しいサービスから人気コースを紹介し、大型FC店や小規模な個人店では経験できない施術を取得できるメリットをアピールする。

＊店舗業績の賞与反映や技術検定制度での客観的な技術レベルの評価など、独自の制度をアピールする。

▶入社後の処遇
＊入社後の処遇を紹介し、当面の働き方をイメージできるようにする。
＊スタイリストになるまでの期間は一般的に2年から5年と言われているため、自社では3年以内を目標としていることをアピールする。

▶一緒に働くスタッフの紹介
求職者が一緒に働く仲間を重要視することもあるため、年代や女性も活躍していることを紹介し、働きやすい環境をアピールする。

▶福利厚生
休日がしっかり取れることや独立支援もあることをアピールして、職場の魅力を伝える。

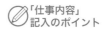

9-6／正社員
美容師

求職者イメージ
▶現役美容師の転職希望者
＊現在の職場では働き方や人間関係などに大きな課題を抱えており、新しい職場を探している人
＊現在の職場はお客様とじっくり向き合った仕事ができない環境のため、美容師を目指した初心に戻れるような仕事ができる職場に転職したい人
＊現在の職場はスタッフの定着率が低く、今後ライフステージが変化しても安心して長く働ける職場を探している人
▶美容師への復職を希望している人
ライフステージの変化により一旦美容師の仕事から離れブランクがあるが、復職できる条件も整ったので家庭に支障のない条件で働ける職場を探している人

アピールポイント
▶セット面は半個室のためお客様も気兼ねなく髪の悩みなどが相談できること
▶時間に余裕を持たせた予約制のため、ゆとりを持った仕事ができること
▶リピート率93%と高く、お客様に信頼される仕事をしているお店であること
▶指名歩合制はないが、お店全体での頑張りには見返りもあること
▶メイクアップや着付けができるスタッフがいるため指導を受けられること
▶社会保険加入や週休2日、時間外労働などの見直しなど、美容師の新しい働き方ができること
▶「安心して長く働けるサロン」を目指しており、ライフステージの変化に合わせて働けること

仕事内容

職種	スタイリスト／安心して長く働ける職場／週休2日・社保完備
仕事内容	お客様とじっくり向き合いたい美容師を募集します。理想の働き方ができずに悩んでいる方も、お客様の理想を叶える美容師本来の仕事に集中し、初心に返れる職場です。ブランクがある方も歓迎。 ■お店のこだわりと特徴 ＊施術席は半個室のためお客様もスタイルや髪の悩みなどを正直に相談してくれることが多く、信頼関係を構築しやすい環境です。 ＊時間に余裕を持たせた予約制のマンツーマン美容院のため、ゆとりを持った丁寧な仕事ができ、リピート率は93%です。 ＊基本施術のほか、メイクや着付けにも対応しています。 ■私たちが目指している職場 当店は「安心して長く働けるサロン」をお店の方針に、新しい働き方やイキイキと働ける職場環境づくりに取り組んでいます。

「職種名」その他例
●スタイリスト／1日平均4〜5名／指名歩合制無／ブランク可
●美容師を目指した初心に返りませんか？／マンツーマン美容院
●スタイリスト／大人の落ち着いた雰囲気の美容室／週休2日制
●美容師／メイク・着付けも学べる／リピート率93%のサロン

「仕事内容」記入のポイント
▶求人は、自分がやりたい美容師の仕事と実際の職場の現実とのギャップから転職したい人に対して、自店はもう一度美容師を目指した頃の初心に返って自分らしく働けるお店であることを強いメッセージとして発信する。
▶美容院としての一般的イメージでは求職者の関心も惹きつけられないため「店のこだわりと特徴」を3点紹介して他店との違いや自店で働く魅力をアピールする。
▶オーナーが自分の経験から目指している店づくりのコンセプト「安心して長く働けるサロン」を紹介し、現役からブランクのある復職者まで、年代や経験にかかわらずコンセプトに賛同する求職者からの応募につなげる。

会社の情報

事業内容	本店とショッピングセンター（ＳＣ）内の２店舗を展開する美容院です。本店はセット面が８台あり、働く女性客の多い落ち着いた雰囲気のお店ですが、ＳＣ内店舗は１０代も多い活気あるお店です。
会社の特長	美容師を目指した頃の初心に返って、お客様とじっくり向き合いながら美容師本来の仕事ができることや、和やかで落ち着いた職場の雰囲気がスタッフ１人ひとりの個性や魅力を引き出しています。

労働時間

就業時間	交替制（シフト制） （1）　09時 00分　～　18時 00分 （2）　10時 00分　～　19時 00分 （3）　　時　分　～　　時　分 又は　時　分 ～　時　分 の間の　時間
	就業時間に関する特記事項 ［＊（1）と（2）による早番遅番のシフト制を導入しています。 ＊ミーティングや研修も営業時間内に行っています。 ＊最終受付は１８時。１９時には閉店し、速やかに帰宅できるようにするなど、スタッフが無理なく働けるように心がけています。］
休日等	月　その他 週休二日制　その他 ＊毎週月曜日・第３火曜日のほかシフトによる週6日2日制 ＊年末年始4日間（12／31～1／3） 6ヶ月経過後の年次有給休暇日数　１０日

求人に関する特記事項

求 人 に 関 す る 特 記 事 項
■労働条件の補足 ＊指名による歩合制度はありませんが、毎月の売上に対する奨励金制度があり、スタッフ全員が協力してお店を盛り上げています。 ＊休日は定休日の月曜日のほか、平日で１日取得できますので、プライベートも大切にしながら働けます。 ＊時間外労働は、通常業務ではほとんどありませんが、毎月の運営会議や研修会で月５時間程度あります。 ■職場の様子 ＊スタイリスト６名（男女各３名）が在籍しており、お出迎えからお見送りまですべて１人で行います（担当平均４～５名／日）。 ＊当店のお客様は、３０代後半からのミドル世代の方が多く、大人の落ち着いた雰囲気の中で仕事ができます。 ＊ショッピングセンター内店舗は、１０～２０代のお客様が多いため賑やかな雰囲気となり、ヘアセットやメイクアップ、着付けなどのニーズも高いことから、幅広い経験ができます。 ■安心して長く働ける職場が魅力 ＊社会保険の加入や完全週休２日制のため無理なく働けます。 ＊育児休業や復帰後の時短勤務も相談に応じますので、安心です。 ＊無理な売上目標や歩合制はないため、スタッフ同士の関係も良い和やかな中で、美容師を目指した初心に返って仕事ができます。

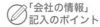

「会社の情報」記入のポイント

▶2店舗を展開する美容院であることを紹介したうえで、それぞれのお店の客層や店内の雰囲気などの特徴も付け加え、両店舗を通して幅広いお客様の支持をいただいていることをアピールする。

▶オーナーが理想とする店づくりへのこだわりを紹介するとともに、そのこだわりがスタッフ1人ひとりの魅力を引き出し、お店の信頼にもつながっていることをアピールする。

「労働時間」記入のポイント

▶労働環境を重要視する求職者も多いことから、シフト制を導入していることや研修も就業時間内に実施していることなど、時間外労働の削減に取り組む姿勢を示す。

▶週休2日制であることを明記し、定休日やその他の休日をシフトで決定することも補足説明することで、働き方をイメージしやすくする。

「求人に関する特記事項」記入のポイント

▶労働条件の補足

指名制は採用せず、あくまでもスタッフ全員で協力して業績を上げる営業スタイルを大切にしている姿勢を紹介し、フランクな職場イメージをアピールする。そのほか、休日や時間外労働の現状も説明し、働き方をイメージしてもらう。

▶職場の様子

スタッフの男女別人数やメインとなるお客様の年代、1日の担当人数などの情報を紹介し、日常場面の職場をイメージできるようにする。

▶安心して長く働ける職場が魅力

オーナーのこだわりの1つである「スタッフが安心して長く働けるサロン」の実現のための取り組みをアピールするとともに、求職者に「自分が目指した美容師」として活躍できる魅力を感じてもらう。

スタイリスト・ヘアメイクスタッフ

求職者イメージ

▶同業他社から転職を考えている人

現在フォトスタジオのスタッフとして勤務しているが、労働環境の改善を期待して新しい職場への転職を考えている人

▶ヘアメイク関係の勤務経験がある人

＊美容師のアシスタントをしているが、特にヘアセットやアレンジに興味があるためその分野を専門にして仕事をしていきたいと考え、転職を考えている人

＊化粧品販売員として働いているが、今まで培ってきた知識やスキルを活かしてメイクアップに関わる仕事に就きたいと考えている人

▶スタイリストやヘアメイクに興味がある人

業界、職種は未経験ではあるが、ファッション・美容関係の学校を卒業した人や、ヘアデザイン・メイクアップに興味があり、美容に関わる仕事で新たに働きたいと考えている人

アピールポイント

▶研修制度が充実しており未経験者でも活躍できること、また自分の知識や技術をさらに磨いてスキルアップできる職場であること

▶時間貸切型フォトスタジオのため、お客様に寄り添ったサービスや提案が可能なこと

▶撮影セットや衣装、メイク用品の品揃えが充実しており、多様なスタイリングができ、自分のセンスを活かして働くことができる職場であること

▶独自の休暇制度を設け、スタッフが働きやすい職場づくりに努めていること

仕事内容

職種	スタイリスト・ヘアメイク／フォトスタジオ／未経験者歓迎
仕事内容	ナチュラルな雰囲気で写真が撮れる一軒屋型フォトスタジオにおいて、衣装やヘアメイクでスタイリングするお仕事です。お客様の大切な記念日を思い出に残すお手伝いを一緒にしませんか。 ■「ＰＨＯＴＯ　ＳＴＵＤＩＯ　○○○」の特徴 ＊全体が撮影セットで、多様なイメージのスタイリングが可能 ＊貸切型のため、お客様に寄り添ったサービス・ご提案が可能 ＊おしゃれな一軒家のリラックスした雰囲気の中で働ける仕事 ■主な仕事内容 ＊撮影イメージに合わせた衣装や小物のスタイリング・提案 ＊和装の着付け（未経験可）、レンタル衣装の管理 ＊成人式や七五三などの当日および記念写真撮影時のヘアメイク ※撮影サポートや受付などの事務作業もあります。

「職種名」その他例

●一軒屋型フォトスタジオ／スタイリスト・ヘアメイクスタッフ
●未経験・スキルアップ研修充実／フォトスタジオスタッフ
●未経験から始められるヘアメイクスタッフ／研修充実／写真館
●お客様の記念日を彩る仕事／スタイリスト・ヘアメイク担当

「仕事内容」記入のポイント

▶「一軒屋型フォトスタジオ」におけるスタイリストの仕事であることを示すとともに、フォトスタジオのスタッフとして働く魅力をアピールすることで、求職者の関心を惹きつける。

▶フォトスタジオの形式も昔ながらの写真館や大手フォトスタジオなど多様化していることから、自店の特徴を紹介して同業他社との違いを示し、この職場で働く魅力をアピールする。

▶業界未経験の求職者も想定していることから、代表的な業務を想定して働き方をイメージできるようにする。また、撮影サポートや事務作業があることも伝え、入社後の齟齬をなくす。

会社の情報

事業内容	一軒屋型フォトスタジオとレンタル衣装店を運営しています。昨年△△市に2店舗目をオープン。大切な節目の日を写真と共に私たちのおもてなしがお客様の思い出として残るよう努めています。
会社の特長	最高の1枚を撮るためのチームワーク力が高いことが自慢です。職種や経験に関係なくアイデアを出し合ったり休憩室にグッジョブカードを掲示するなど、コミュニケーションを大切にしています。

労働時間

就業時間	変形労働時間制（1年単位） （1）　09時00分　～　18時00分 （2）　10時00分　～　19時00分 （3）　　時　分　～　　時　分 又は 9時00分　～　19時00分 の間の 8時間程度 就業時間に関する特記事項 ［ ＊（1）（2）のシフト制（前月15日迄に次月分を作成します） 　＊繁閑期によって1日の労働時間が変動します。 　・閑散期（5～ 8月）：1日6～7時間勤務 　・繁忙期（9～12月）：1日8～9時間勤務
休日等	その他 週休二日制　その他 ［ ＊シフトによる月8日休み／閑散期（5～8月）は火曜日定休 　＊年末年始12／30～1／2　＊リフレッシュ・記念日休暇有 6ヶ月経過後の年次有給休暇日数　10日

求人に関する特記事項

求人に関する特記事項
■研修制度 入社後1週間は接客研修を中心にフォトスタジオでの業務を学び、その後は個人の経験・スキルを考慮して担当していただきます。 ＊未経験者研修（スタイリスト／ヘア／メイクアップ） 　分野ごとに研修プログラムを組んでおり、先輩スタッフが段階的に指導・チェック。概ね1年を目途に独り立ちを目指します。 ＊スキルアップ研修 　プロの講師を招いて行う着付けレッスンや流行のヘアメイクを学べる外部講習も充実。スキルを磨き続けることができます。 ■仕事の補促と職場環境 ＊衣装・小物400点以上、こだわりのメイク用品も多数用意 ＊時間貸切型1組1時間半～2時間／撮影件数1日3～4組 ＊スタイリスト・ヘアメイクスタッフ3名在籍 ＊元保育士や美容師アシスタントからの転職者も活躍中 ■働き方 ＊繁忙期（9～12月）は月25～30時間程度の残業あり ＊リフレッシュ休暇（年4日）、アニバーサリー休暇（1日） 　スタッフのリフレッシュプランに合わせて柔軟に対応します。 　他店とも協力し合い毎年全スタッフが取得しています。 ※HPの採用情報ページをご覧ください／スタジオ見学随時可能

✎「会社の情報」記入のポイント

▶おもてなしの心を大切にスタッフ一丸となって取り組んでいる姿勢をアピールする。

▶職種や経験に関係なくアイデアを出し合っていることやグッジョブカードの活用などでスタッフ同士のコミュニケーションが活発な風通しの良い職場であることをアピールする。

✎「労働時間」記入のポイント

▶1年単位の変形労働時間制を採用し、繁閑期によって勤務時間や休日などが異なることから、それぞれの時期の勤務時間を示すとともに、休日に関する基本的な情報や会社独自の休日を明記することで働き方をイメージしやすくする。

✎「求人に関する特記事項」記入のポイント

▶研修制度

＊入社後、仕事を覚えるまでの流れを紹介し、働き方をイメージしやすくする。

＊充実した研修プログラムが組まれていることで、未経験者でもスキルアップできる環境があることをアピールする。

＊経験を有する求職者に対して、さらなる知識と技術の向上が図れる環境をアピールする。

▶仕事の補促と職場環境

＊衣装の数やメイク用品の情報、1日の客数やスタッフ情報を紹介することで、応募への判断材料とする。

＊中途入社スタッフの前職を紹介して、転職を考えている求職者の背中を押す。

▶働き方

繁忙期の時間外労働や休暇制度についての補足説明を行い、働きやすい職場づくりに取り組む姿勢をアピールする。

ネイリスト

求職者イメージ

▶現役のネイリストで転職を考えている人
現在の職場は休憩時間をゆっくり取ることができないほど1日の担当件数が多く、日々仕事に追われているため、転職を考えている人
▶併設ネイルサロンに勤務している人
ビューティーサロンや美容院などに併設されたネイルサロンに勤務しているため、ネイリストの仕事に専念できる職場への転職を考えている人
▶ネイリストとしてブランクがある人
ネイリストとして勤務経験があるものの出産や育児を機に離職したが、子どもの就学や進学などにより子育ても落ち着いたため、家族の協力のもとネイリストとして再就職を考えている人

アピールポイント

▶落ち着いた環境でゆとりを持って仕事ができることや、休憩・休暇を取得しやすいなど労働環境が良いこと
▶少人数の個人サロンのため、スタッフ同士が助け合いながら楽しく働けること
▶フォロー体制に加え従業員への配慮があるため、ブランクがある人や子育て中の人でも働きやすいこと

仕事内容

職種	ネイリスト／1日担当平均3〜4名／子育て中・ブランクOK
仕事内容	当店は爪に優しい技法や商材にもこだわり20〜30代の働く大人の女性をターゲットにしています。検索サイトでは平均4.3の高評価をいただいており、8割以上がリピーターのお客様です。 ■当サロンの魅力をご紹介 ＊ゆとりをもった予約枠でスタッフも落ち着いて施術ができます。 　予約枠例：ハンドジェル＋アート2本（オフ込）2時間30分 ＊少人数個人サロンならでは♪全員で助け合い楽しく働けます。空いているスタッフがヘルプに入るなど店全体で効率的に働けるよう努めています。季節のアートサンプルはアイデアを出し合いながらスタッフみんなで毎回楽しく制作しています。 ＊有休取得率は90％！完全予約制だから休憩も60分しっかり確保。シフトのお休みとつなげて、最大で6連休も取得可能です。

「仕事内容」記入のポイント

▶店のこだわりや顧客のターゲット層を紹介し、職場をイメージしやすくする。また、客観的な店の評価を紹介し、技術やサービスに定評があることをアピールする。
▶ネイリストは顧客と1対1で接するため、接客を楽しみたいと考える求職者にゆとりを持って仕事ができる職場環境をアピールする。また1人当たりの平均的な接客時間を記載し、具体的なイメージを持たせる。
▶より良い労働環境を求めて転職を考える求職者に向けて、完全予約制とすることによって、お客様と丁寧に向き合うだけではなく、スタッフが無理なく働けるような労働環境を整えていることを具体的な事例や数値を示してアピールする。

「職種名」その他例

●ネイリスト（正）／指名歩合あり／ママ応援／ブランクOK
●ネイリスト／ゆったり施術／1日担当平均3〜4名／ママ応援
●ネイリスト生活を充実させませんか？／正社員／施術者募集
●ネイリスト／有休取得率90％／休憩も休日もしっかりとれる

会社の情報

事業内容	ポリッシュ・ジェル・スカルプチュア対応のネイルサロン専門店。ハンド用チェア3席・フット用リクライニングチェア2席を設置しており、シンプルネイルや3D・手描きアートが人気です。
会社の特長	20〜40代のスタッフが在籍しており、育児中のネイリストも活躍中です。空き時間は流行のネイルを研究したり、ネイル雑誌を参考にアート練習するなどスキルアップの時間にしています。

労働時間

就業時間	交替制（シフト制） （1）　09時 00分　〜　18時 00分 （2）　10時 00分　〜　19時 00分 （3）　11時 00分　〜　20時 00分 又は　時 分 〜　時 分 の間の　時間 **就業時間に関する特記事項** ＊営業時間9：00〜20：00／（1）（2）（3）のシフト制 ＊シフトは1ヶ月分を前々月末日までに作成しますが、 　予約状況により多少変動する可能性があります。 ＊ご希望のシフトがある場合には配慮します。
休日等	月　その他 週休二日制　その他 ＊毎週月曜日、第3火曜日定休　＊年末年始12／30〜1／2 ＊シフトによる月8日休み（希望に応じて土日休みも対応可能） 6ヶ月経過後の年次有給休暇日数　10日

求人に関する特記事項

求人に関する特記事項
■入社後の流れ 〈サロン全体研修／入社後1週間〉※すべてサロン内で実施 ＊取扱商材や1日の流れなどサロンワーク全体について学びます。 ＊当店のネイルケアやアートについての技術研修があります。 ＊研修後は個人のスキルを考慮しながら、お客様を担当します。 〈技術研修／1ヵ月程度〉※技術に不安をお持ちの方 ＊店長および先輩スタッフが、予約がない空き時間を利用して1つひとつ技術の確認、指導を行っていきます。 ＊研修後は先輩スタッフのヘルプに入り、仕事に慣れていきます。 ■ネイリスト生活の充実 ＊がんばった分は評価される指名歩合給制度 　指名歩合給平均：2〜3万円／月 ＊子育て中のママネイリスト応援！ 　お子様の学校行事などによる土日のお休みも柔軟に対応します。 　ブランクがある方も、ぜひ当店でキャリアを活かしてください。 ＊福利厚生：制服・エプロン貸与、ネイル費用無料（月1回） ■オーナーからのメッセージ 応募前のサロン見学や1日体験入店では、スタッフと懇談しながら雰囲気や働き方を体感することができます。また、SNSに施術ネイルを毎日投稿していますので、ぜひ一度ご覧ください。

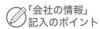

「会社の情報」記入のポイント

▶施術内容、席数、人気メニューなどを記載して店の特徴を紹介するとともに、在籍しているスタッフ情報や子育てと両立できる労働環境をアピールし、ブランクがある求職者からの応募につなげる。

「労働時間」記入のポイント

▶シフト制であることのほか、それぞれの勤務時間や営業時間、シフトの決定時期などを紹介するとともに、勤務時間には柔軟に対応する姿勢などを示す。

▶定休日や月の休日数のほか、希望に応じて土日休みも配慮することも記載し、プライベートや家庭と両立できる環境をアピールする。

「求人に関する特記事項」記入のポイント

▶入社後の流れ
＊入社後の働き方については、求職者の関心も高いことから、研修期間や内容なども説明し、働く姿をイメージしやすくする。また、経験が浅い人やブランクがある人に対しての教育体制があることも紹介し、個人のスキルに合わせてステップアップできる環境をアピールすることで、幅広い求職者からの応募につなげる。

▶ネイリスト生活の充実
＊指名歩合給制度を紹介し、求職者が技術とセンスを活かしてモチベーションを高く保ちながら働ける職場環境をアピールする。

＊休暇は曜日を問わず柔軟に対応する姿勢を示し、子育て中のネイリストも活躍できる労働環境をアピールする。

＊制服貸与や自身のネイルを無料で楽しめる福利厚生は、他社との差別化を図るアピールポイントになるため紹介する。

▶オーナーからのメッセージ
サロン見学や体験入店を紹介し、求職者が気軽に応募への第一歩を踏み出せるよう導く。

フロント・受付（美容院）

求職者イメージ

▶現在も美容院などで受付の仕事をしている人
　現在の職場ではスタイリストアシスタント業務を任されることが多くなり、お店が求めている役割と自分が望む方向性が違うため、この先のキャリアに不安を感じている人
▶異業種で受付の仕事をしている人
　現在受付の仕事をしているが、派遣などの非正規雇用のため、経験を活かしてキャリアアップができる職場への転職を考えている人
▶美容業界に興味がある人
　＊現在アパレルや化粧品販売の仕事をしているが、接客スキルを活かせる職場に転職したい人
　＊過去に美容師アシスタントやエステティシャンなど美容関連の施術を行っていたが結婚を機に退職をした人。
　＊前職を離職して再就職活動をしているが、美容の仕事が好きなため、何らかの形で美容関係の仕事に携わりたいと考えている人

アピールポイント

▶スタイリストのアシスタント業務はなく、受付の仕事に専念できること
▶スタイリストやアシスタントとの関係が良く、スタッフ全員が一体感を持ってお店を良くしたいとの思いで仕事に取り組めていること
▶独自のレセプショニストコンテストが開催されており、公平に評価される場があること

仕事内容

職種	（正）美容院の受付スタッフ（レセプショニスト）座席数１６
仕事内容	丁寧なカウンセリングと接客を大切にするサロンです。お客様は２０〜４０代女性が８割を占める落ち着いた雰囲気のお店です。当サロンの顔となって活躍いただける方をお待ちしています。 ※スタイリストのアシスタント業務は一切ありません。 ■レセプショニストの役割 ＊ファーストインプレッションとなる存在（サロンの印象を左右） ＊お客様とスタイリストをつなぐ存在（プレカウンセリングあり） ＊サロンスタッフの情報共有を図る存在（顧客情報管理） ＊お客様に快適に過ごしていただくための空間創造 ■主なお仕事 ＊受付・案内・会計・見送り……完全予約制です。 ＊予約対応（電話・ＳＮＳ・ＨＰ等）・顧客管理・店販管理など

「仕事内容」記入のポイント

▶冒頭でサロンのコンセプトや客層を紹介し、求職者が職場の雰囲気などをイメージしやすくする。また、受付担当がアシスタント業務に携わる美容院も多いため、兼任しないことを明記する。

▶求職者も美容室は必ず利用しているが、受付係（レセプショニスト）の仕事はあくまで見える範囲での認識程度であることから、中には比較的安易に考えている求職者も想定されるため、まずは当店で求められる役割を4点紹介して、接客力から事務能力まで幅の広い仕事であることをしっかり理解してもらう。そのうえで基本的な業務を簡単に列挙し、詳細は「求人に関する特記事項」欄で具体的に説明する。

「職種名」その他例

●美容院サロン受付スタッフ／貴方の魅力と能力を発揮できます
●レセプショニスト【受付】接遇マナー研修あり／未経験ＯＫ
●レセプションスタッフ／○○○美容院△△店／若手スタッフ多
●美容・接客が好きな方・未経験大歓迎／レセプショニスト受付

会社の情報

事業内容	上質で落ち着いたサービスを大切にした美容サロンを8店舗運営。心から癒されるラグジュアリーな空間で心地良いおもてなしを提供するため、フロントにはレセプション専門スタッフを配置。
会社の特長	スタッフの平均年齢はスタイリスト32歳・レセプショニスト26歳。定期的に店舗間での交流会を実施。交流会後の食事会（会社負担）は参加率も高く、活発な意見交換ができています。

労働時間

就業時間	交替制（シフト制） （1）　09時00分　〜　18時00分 （2）　12時00分　〜　21時00分 （3）　　時　分　〜　　時　分 又は　時　分　〜　　時　分　の間の　　時間 就業時間に関する特記事項 ＊シフト制（1）と（2）2週間交替制 ＊営業時間　10：00〜20：00 ＊（参考）来客数　平日20〜30名・土日30〜50名
休日等	月　その他 週休二日制　その他 ＊毎週月曜日・毎月第3火曜日定休のほか、シフトにより決定 ＊年末年始12／30〜1／2（200〇〇年度） 6ヶ月経過後の年次有給休暇日数　10日

求人に関する特記事項

求人に関する特記事項
■仕事内容の補足 ＊顧客情報管理 　顧客管理ソフトを利用した電子カルテの作成のほか、バースデーカードやキャンペーンなどのDM送付もあります。 ＊インテリアコーディネート 　店長とレセプションチームが季節ごとに企画しています。 　（例）秋：金木犀フレグランス／紅葉フラワーアレンジメント ■スタッフ紹介 ＊スタイリスト9名・アシスタント5名・レセプショニスト2名 　（当店HPにスタッフを紹介していますので、ご覧ください）。 ＊新規のお客様と信頼関係を築くため、プレカウンセリングではお客様のご要望や髪に関するお困りごとをレセプショニストが丁寧にお伺いして、スタイリストに引き継ぎます。 ■うれしいポイント ＊年1回レセプショニストコンテスト開催 　外部審査員を招き、公正・公平に評価。入賞者には賞金を授与。 ＊定期的な勉強会の開催や合同セミナーへの参加（無料） 　オンラインも活用して、接遇マナーはもちろん最新の技術や商品知識を正しく学び、幅広い知識を身につけていただきます。 ※応募前の見学も歓迎です。

「会社の情報」記入のポイント

▶サロンの空間づくりに、レセプショニストが重要な役割を担っていることを示し、意欲的な求職者からの応募につなげる。

▶スタッフの平均年齢を紹介し、求職者と同世代が働く職場であることを伝える。また、スタッフ間の交流が活発なことを示し、風通しの良い職場環境をアピールする。

「労働時間」記入のポイント

▶シフト制であることを明記し、就業時間とともに営業時間を記載することで、働き方をイメージしやすくする。また、平日・休日別の来客数などを紹介することで、業務量などをイメージしやすくする。

▶休日について、定休日以外はシフトで決定することや年末年始休暇についても具体的に記載する。

「求人に関する特記事項」記入のポイント

▶仕事内容の補足

受付の仕事だけではなく、DM送付やインテリアコーディネートなどの業務があることを紹介し、求職者がイメージする受付の仕事内容との認識の齟齬を防ぐ。

▶スタッフ紹介

職場環境をイメージできるようスタッフ情報を紹介し、HPに掲載している場合は併せて紹介する。また、プレカウンセリングでお客様の要望などをお伺いする大切な仕事もあることを伝える。

▶うれしいポイント

スタッフが具体的目標を持って仕事に取り組めるよう独自のレセプショニストコンテストを開催していることを紹介して、他社との違いをアピールするとともに、カウンセリングスキルや美容に関する知識習得などスタッフ育成に取り組んでいる姿勢もアピールして、求職者の「こんなお店で働きたい」との気持ちを引き出す。

美容師アシスタント

求職者イメージ

▶美容師免許を取得したものの現在は異業種で働いている人
　美容師を志したもののスタイリストになるチャンスに恵まれず一度は離職したが、夢をあきらめきれず再度アシスタントから挑戦してみたいと考えている人
▶現役美容師アシスタントの転職希望者
　現店舗では労働条件や待遇面などに課題を抱え、仕事の負荷も大きいため、転職を考えている人
▶美容師としてブランクがある人
　結婚や出産を機に退職し、しばらく実務に携わっていなかったが、働ける環境が整ったため育児と両立できる職場に転職したいと考えている人

アピールポイント

▶育成体制が整っており、会社として人材を育成していく姿勢があること
▶アシスタントからスタイリストになるまでの流れが明確なこと
▶週休2日制や社会保険完備など労働環境が良く、プライベートを大切にしながら勤務できること
▶託児所が完備されており、育児中であっても安心して働き始めやすい環境が整っていること

仕事内容

職種	美容師アシスタント募集／未経験やブランク歓迎／託児所完備
仕事内容	スタイリストの夢を実現しませんか？アシスタントから最短2年間でスタイリストデビューできる育成計画により先輩も活躍しています。美容師に再チャレンジしたい方を応援するお店です。 ■仕事内容 ＊先輩スタイリストのサポート（カラー・シャンプー・ブロー等） ＊お客様の出迎え、見送り、会計　＊電話対応、予約管理、清掃 ■育成プログラム 1年目→シャンプー・カラーリング・ワインディング 2年目→ブロードライ・カット・モデルカット→デビュー！！ ※これまでの経験やスキル、適性に合わせて育成していきます。 ■やさしい働き方 週休2日制や社会保険完備等のうれしい待遇。託児所もあり安心。

「職種名」その他例

●○○美容院／美容師アシスタント／週休2日／社保完備
●なりたい自分に向かって踏み出したい／アシスタント募集
●スタイリストまで約2年／美容師アシスタント募集／週休2日
●美容師アシスタント／ブランク有歓迎／スタイリスト最短2年

「仕事内容」記入のポイント

▶冒頭において育成プログラムが整っていることを示すことで、一度はスタイストになることをあきらめた求職者が、不安を払拭し、再度挑戦できる環境が整っていることをアピールする。

▶仕事内容については、美容師資格を持っているため仕事のことはある程度理解している求職者を前提に、業務の項目のみを列挙するに留める。

▶育成の基本方針から、1年目、2年目での習得内容の大枠を示すが、アシスタント経験の有無やスキルに合わせて柔軟に育成をしていくことを付け加える。

▶社会保険完備や託児所を利用できるなどの好条件を強調し「やさしい働き方」をキャッチコピーにして企業イメージを高める。

会社の情報

事業内容	△△市内と近郊に3店舗ある地域密着型の美容室です。代表はコンテストでも数々の賞を受賞しており、技術指導者としても定評があります。お客様もスタッフも笑顔になれるサロンです。
会社の特長	当社ではスタッフが笑顔になれるよう働きやすい環境づくりに力を入れています。企業主導型保育所とも連携し、スタッフが長く働ける環境を整備中。※○○年【くるみん認定】を取得しました！

労働時間

就業時間	交替制（シフト制） （1）　09時00分　～　18時00分 （2）　10時00分　～　19時00分 （3）　　時　分　～　　時　分 又は　時　分　～　時　分の間の　時間 就業時間に関する特記事項 ＊（1）（2）のシフト制（希望を考慮して決定します） ＊繁忙日には残業をお願いすることもありますが、研修は原則、就業時間内に実施し、残業の削減に取り組んでいます。
休日等	月　その他 週休二日制　その他 ＊毎週月曜日定休のほか平日で1日休み（毎月第3火曜日定休） ＊年末年始12／30～1／2 6ヶ月経過後の年次有給休暇日数　10日

求人に関する特記事項

求人に関する特記事項

■労働条件や仕事内容の補足
＊賃金は、アシスタント経験の有無などを考慮して決定します。
＊完全予約制のため原則、残業はありませんが、お客様の都合や繁忙日には1日1時間程度発生することがあります。
＊日中の空いた時間にはレッスン指導や技術練習ができます。
＊配置転換はありませんが他店への応援派遣があります。
＊店舗品販売額に応じた奨励金があります（販売額の15％）。
＊着付けやメイクなどの資格取得支援制度があります。
■育成の様子
現在、2名のアシスタントを育成中です。指導を担当する30代の先輩もアシスタントからのスタートでしたので、自分の経験を活かしながら繁忙日を除き1日1回は時間を見つけて技術だけでなく仕事への姿勢なども熱心にわかりやすく指導しています。最近では、2名とも仕事に自信を持てるようになり、成長を実感しています。1名は間もなくスタイリストデビューです。
■スタッフを応援します
社会保険や託児所の完備に加え週休2日など、家庭と両立して働くための基盤を整えています。サービス業の新しい働き方で仕事を楽しんでください（国の「くるみん」認定を取得）。
※ぜひお店の見学にお越しいただき、雰囲気を体験してください。

「会社の情報」記入のポイント

▶代表の実績や技術指導者としての評判を紹介し、「この人の指導を受けたい」という求職者の意欲を引き出すことで、未経験者やブランクのある方からの応募につなげる。
▶スタッフが働きやすい環境づくりに会社として取り組む姿勢やライフステージが変化しても安心して長く働ける職場環境を示し、長期的に働きたいと考える若年層の求職者にアピールする。

「労働時間」記入のポイント

▶基本的に研修は就業時間内に実施していることを示し、時間外労働の削減に努めている姿勢をアピールする。ただし、繁忙日など業務の都合などにより例外があることを示すことで、本人が考える働き方との認識の齟齬を防ぐ。
▶休日が平日であることや年末年始休暇についても明記する。

「求人に関する特記事項」記入のポイント

▶労働条件や仕事内容の補足
入社時の賃金に関する基本方針のほか、時間外労働の状況や他店への応援、店舗品販売奨励金、資格取得の支援などの具体的情報を提供し、入社後の働く姿をより具体的にイメージできるようにする。
▶育成の様子
単に育成プログラムがあることだけのアピールでは会社の本気度が伝わりにくいため、実際の育成の様子を紹介する。2名のアシスタントを日々どのように育成しているのか、育成されているアシスタントはどのような気持ちでいるのかなどの様子を紹介してリアル感のある情報を提供する。
▶スタッフを応援します
一般的にサービス業は家庭と両立して働くことが難しい業界ではあるが、自社は労働条件や福利厚生制度を充実させ、応援している姿勢をアピールする。

飲食・接客・給仕

求職者のイメージ例

＊飲食業の根幹である「人に喜んでもらえる」仕事がしたい人
＊第二新卒や非正規雇用から正社員を目指している人やミドル・シニア世代
＊現役の飲食業界就労者で労働条件の改善を求めて転職を考えている人
＊調理師や製菓衛生師等の資格や技術を働きながら身につけたい人
＊店長や本部スタッフなどへのキャリアアップを目指したい人
＊料理人として腕を磨き、将来は独立も考えている人

転職理由を求人票に活かす

転職希望者は現在の仕事や職場で抱える課題が改善できない状況を変えるために転職という手段をとります。求職者はその課題の解決や改善につながる情報を求人票の中に求めているため、求人者側がそのニーズや期待に応えた情報提供をすればアピール性のある求人票となります。

―――――――――

●雇用動向調査（厚労省／2019）による産業別離職率では、全産業15.6％に対して「宿泊・飲食サービス業（常用労働者）」は2倍以上の33.6％と最も高くなっており、いわゆる出入りの多い人材定着が難しい職種と言えます。

―――――――――

●一般的に多い転職理由には「給与など待遇への不満」「休日が少ない」「労働時間・拘束時間が長い」などがあります。もちろん待遇や休日数の改善は必要ですが、簡単に改善できるものばかりではないため、それらを多少でもカバーする職場環境や柔軟性・メリハリのある働き方など、他社との違いや自社で働く魅力を具体的にアピールしてくことが大きなポイントとなります。

アピールポイント例

＊「おいしかった」「楽しかった」と喜んでもらえる仕事そのものの魅力ややりがい
＊労働条件やメリハリのある柔軟性ある働き方への見直しに向けた今後の方針・計画など
＊未経験者が安心できる教育・育成体制
＊ミドル・シニア世代の活躍実績
＊店長や本部スタッフ、スーパーバイザーなどへの多岐にわたるキャリアパス
＊トラブルやクレームに対する組織的な対応による個人の精神的な負担軽減への取り組み

10-1／パート

ファストフード店スタッフ

求職者イメージ

▶非正規雇用で働いている若年層
正社員を目指しているが、チャンスに恵まれず現在は契約社員やフリーターなどの非正規雇用で働いている人
▶育児と両立しながら働きたいと考えている人
家事・育児を優先させながら、空いた時間に短時間だけ働きたいと考えている人
▶未経験でも始めやすい短時間勤務が可能な仕事を探している中高年（ミドル・シニア）層
　＊体が元気なうちは自分に合った働き方がしたいと考えている人
　＊年齢も若くないので接客を伴う仕事は向いているとは思わないが、キッチン業務ならやっていけるのではないかと考えている人

アピールポイント

▶学生からシニアまで幅広い世代のスタッフが活躍していること
▶１週間単位のシフト制で自分の予定に合わせた柔軟な働き方ができること
▶動画などのマニュアルや充実した教育制度により、未経験者やシニア世代の方でも安心して働ける環境であること
▶原則、接客業務はないため、お客様対応が得意でなくても活躍できること

仕事内容

職種	自分に合った時間で働けるバーガーショップのキッチン担当
仕事内容	ハンバーガーショップのキッチン業務です。厨房業務が好きな方歓迎です。空いた時間で少し働きたい方からフルタイムに近い時間を希望する方まで、自分のスタイルで楽しい時間を過ごしませんか？ ■お店と仕事の特徴 ＊お店は国道○号線沿いの郊外型店舗のため休日はお子様連れが中心ですが、平日はお勤めの方やシニア世代が多いです。 ＊席数は１２０席で休日や昼食タイムは７割程度稼働します。 ＊最近はテイクアウトが急増し、全体の約４割あります。 ＊メニューはハンバーガー５０種類とサイドが２０種類です。 ＊原則、接客はありませんので得意でない方には安心です。 ■働き方 基本は１日４時間、週３日以上ですが気軽にご相談ください。

「職種名」その他例

- ●ハンバーガーショップのキッチンスタッフ／日勤時給〇〇〇円
- ●ハンバーガーショップのクルー募集（厨房）／〇〇〇店
- ●キッチンスタッフ／ハンバーガーショップ〇〇店／未経験ＯＫ
- ●１日２h・週１日からＯＫ／ハンバーガー店キッチンスタッフ

「仕事内容」記入のポイント

▶誰もが利用したことのあるハンバーガーショップのため、一般的な店内や働くスタッフの姿はおおよそ想像もつくが、個々のお店には特徴もあることから客層や席数、繁忙時間の状況などを紹介して、自分が働く職場としてのイメージを持てるようにする。また、今回はキッチン業務のため、調理するハンバーガーやサイドメニューの種類数も付け加えておく。
▶人材確保を優先するため、接客があまり得意ではないと思っている求職者にも応募してもらえるよう、今回のキッチン業務は原則、接客はないことを付け加え、自分のスタイルでストレスなく働けることをアピールする。

会社の情報

事業内容	ハンバーガーショップMのフランチャイジーとして○○県内に6店舗運営しています。全国統一の安定した美味しさに加え、お客様第一の丁寧な接客と清潔感のあるお店づくりにこだわっています。
会社の特長	当店は高校生から70代のシニアまで幅広い年齢層の方が活躍中。大手ならではの誰にでもわかりやすい充実した研修制度や協力し合える環境を整備しているので、定着率や人間関係も良好なのが自慢です。

労働時間

就業時間	（1）07時00分 ～ 09時00分 （2）09時00分 ～ 18時00分 （3）18時00分 ～ 23時00分 又は 07時00分 ～ 23時00分 の間の 2時間以上 就業時間に関する特記事項 ＊上記は一例で、週1日2時間～ご希望に応じた勤務が可能です。 ＊休憩／勤務時間6時間以上：休憩60分 　勤務時間6時間未満：休憩0分～30分
休日等	その他 週休二日制　その他 希望シフト制／専用のシフト管理アプリを利用して、1週間ごとにシフトを決定します。 6ヶ月経過後の年次有給休暇日数　1日

求人に関する特記事項

求人に関する特記事項

■店舗情報　※当店は平日と休日で営業時間に変更はありません。
＊イートイン（7：00～22：00）
＊ドライブスルー（7：00～23：00）
　繁忙時間　11：00～13：00、17：30～19：00
※学生や子育て中の方が多い職場ですが、50代以上の男女スタッフも調理や清掃などを中心に活躍しています。
※日本語を学ぶ台湾やベトナムの外国人留学生も頑張っています。
■当店で働く魅力
＊ライフスタイルに合わせた働き方ができる
　・専用のシフト管理アプリを使用して1週間毎にシフトを提出
　・固定的な働き方や週ごとに勤務時間を変更することも可能
＊充実した育成プログラムで未経験でも安心
　・初心者でも安定した品質で調理できる動画マニュアルあり
　・教育指導訓練を受けた先輩トレーナーが独り立ちまでサポート
＊あなたの頑張りをしっかり評価
　スキルチェックシートを基に定期的な評価を行い、4段階のステップアップに伴って時給が上がっていきます。
〈まずはお気軽に職場体験へお越しください〉
内容／調理体験やバックヤード見学、現役スタッフとの懇談など1人30分程度。友達同士やご家族同伴での参加も歓迎します。

「会社の情報」記入のポイント

▶6店舗運営していることや、自社ならではのこだわりを紹介し、同業他社との違いをアピールする。
▶スタッフの年齢幅は広いが、教育や協力体制の整備によりスタッフ同士のコミュニケーションも良好なため、定着率も高いことなどをアピールする。

「労働時間」記入のポイント

▶就業時間を例示することで働き方をイメージしやすくするとともに、1週間ごとに求職者の希望を考慮したうえでシフトを決定しているなど、柔軟な働き方ができることを強調する。また、勤務時間によって異なる休憩時間について紹介し、求職者の疑問に応える。

「求人に関する特記事項」記入のポイント

▶店舗情報
営業時間や繁忙時間などキッチン業務に係る情報も合わせて紹介し、働くイメージを持ちやすくする。
▶ライフスタイルに合わせた働き方
専用アプリによりシフト管理が容易なことや1週間ごとにシフトを決定するため、固定した働き方だけはなく予定に合わせて勤務調整が可能なことなど、1人ひとりに合わせた働き方ができることをアピールする。
▶充実した教育プログラムで未経験でも安心
独り立ちするまでの教育体制が整っていることをアピールし、求職者の仕事に対する不安を解消する。
▶あなたの頑張りをしっかり評価
自分の頑張りが適正に評価され、給与に反映されることをアピールする。
▶職場体験
自社の魅力をアピールする場として職場見学や仕事を体験できる機会を設けることで応募前の不安を払拭して応募につなげる。

ラーメン店スタッフ

求職者イメージ

▶同業他社から転職を考えている人
＊ラーメン店の仕事は続けていきたいが、ライフステージの変化に合った働き方ができる職場を探している人
＊現在もラーメン店で調理補助として働いているが、ホールや皿洗いの仕事が多く、調理に携わることができない環境のため転職を考えている人
▶自分でお店を持ちたいと考えている人
「一国一城の主」に憧れを抱いており、いつか自分のお店を持ちたいと考え、そのための修行場所を探している人

アピールポイント

▶自分に合った働き方が選べる仕組みがあること
▶繁盛店であるラーメン店で下積みから調理や運営のノウハウまでしっかりと学べること
▶一緒に働くスタッフの中で同じ夢を持つ仲間がたくさんいることから、お互いに切磋琢磨し合いながら働けること
▶個人店ではなく法人であるため、正社員としての労働環境が整備されていること
▶仕事の流れや入社後に担当する業務が明確に定められていること
▶のれん分け制度があり、独立後はそのお店のブランド力やノウハウを活かした繁盛店の主になれること

仕事内容

職種	○○○屋△△町店／職人の手作りラーメンをイチから学べます
仕事内容	化学調味料は一切使わないこだわりのラーメン。透き通ったスープの塩ラーメンは一度食べたら忘れられない味です。将来お店を持ちたい！ラーメンが大好きな方！ぜひご応募ください。 ■お店と仕事の特徴 ＊創業○年の幹線道路沿い店舗のため、馴染みの固定客のほか、夜はトラックドライバーさんが多いです。 ＊昼食時と２２時から深夜０時までが大入り時間帯となります。 ＊当店自慢のラーメン単品のご注文客が７割です。 ■働き方を選べます １年後からはワーク・ライフ・バランスを優先する方は休日重視で、しっかり稼ぎたい方は収入重視で、キャリア優先の方は店長候補としての働き方を選べます。

「職種名」その他例

●人気ラーメン店のホール＆厨房スタッフ／働き方を選べます
●老舗こだわりラーメン店ホール・厨房スタッフ／３交替シフト
●ラーメン店接客・厨房／自分のスタイルに合わせた働き方ＯＫ
●将来のれん分けで独立も可能／ラーメン店スタッフ（駅前店）

「仕事内容」記入のポイント

▶ラーメン店でもそれぞれの店には特徴があることから、自店の客層や繁忙時間帯、人気ラーメンの注文割合などを紹介し、店の個性をアピールする。
▶飲食店の中でも老舗ラーメン店ともなると味には創業時からのこだわりも強いため、ホール業務は別として厨房でのラーメン作りは安易な職業観ではできない仕事でもある。そうした中でも人材確保のためには他店にない魅力が鍵となることから、自社では入社１年後には各自が重視する休日や時間外労働、キャリア志向などの職業観に合わせた働き方を選べるユニークな仕組みがあることを求人の目玉としてアピールし、幅広い求職者からの応募につなげる。

会社の情報

事業内容	ラーメン○○○屋は、社長が△△町に一人で開店したところから始まりました。味で勝負し、口コミだけで広がり人気店に。支店は今や3店舗を展開し、のれん分けした店舗は5店舗にもなります。
会社の特長	「スタッフが笑顔でなければ美味しいラーメンは提供できない！」という思いで、全員が働きやすい環境づくりに取り組んでいます。3交替制の整備によって、残業時間の削減に成功しています。

労働時間

就業時間	交替制（シフト制） （1）　09時00分　〜　17時00分 （2）　11時00分　〜　21時00分 （3）　16時00分　〜　01時00分 又は　　時　分　〜　　時　分　の間の　時間 ━━━━━━━━━━━━━━ 就業時間に関する特記事項 ＊週44時間特例措置事業場 ＊（1）〜（3）を2週間交替で勤務 ＊（2）の場合、休憩時間は180分（13〜16時）
休日等	その他 週休二日制　その他 ＊定休日第2・4月曜日　シフト制により月7日間休み ＊希望シフト制で連休取得も可能 6ヶ月経過後の年次有給休暇日数　10日

求人に関する特記事項

求人に関する特記事項
■店舗情報 〈営業時間〉昼11：00〜15：00　夜17：30〜0：00 〈定休日〉第2・4月曜日〈座席数〉30席 〈1日平均来店客数〉140人 〈スタッフ構成〉 ＊店長（32歳男性）を含め社員4名（平均年齢28歳） 　現店長はのれん分け間近、その他の社員スタッフも次のステップに向けて頑張っています。 ＊パート5名（全員3年以上働いているベテランさんばかり） ■モデル賃金例 入社1年目社員Aさん　年収308万円（残業代・賞与込み） 入社5年目店長Bさん　年収460万円（残業代・賞与込み） ■1年後の働き方 入社1年後には、今後何を重視した働き方をしていきたいかをじっくり話し合いますが、変更できますので気軽に相談してください。 〈働き方の一例〉 ＊家族との時間を大切にするため時間外労働や土・日曜日も希望する場合は休みやすい働き方 ＊収入を重視して時間外労働や深夜勤務もこなしていく働き方 ＊将来の店長や独立も視野にキャリアアップができる働き方

「会社の情報」記入のポイント

▶美味しいと評判のラーメン屋であることや事業が軌道に乗るまでの経緯などを紹介することで、求職者の関心を惹きつける。

▶飲食業界は長時間労働が常態化しているというイメージを抱く求職者も多いため、従業員が笑顔で働ける環境づくりを積極的に取り組んでいる会社であることをアピールする。

「労働時間」記入のポイント

▶3交替制のシフト時間や「週44時間特例措置事業場」であることのほか、勤務時間によって休憩時間が異なる場合は明記し、働き方をイメージしやすくする。

▶休日数やシフトで連休を取得できることなど、働き方をより具体的にイメージできるように紹介する。

「求人に関する特記事項」記入のポイント

▶店舗情報

営業時間を紹介し、閉店から終業時間まで1時間あるため、翌日の仕込みや掃除、レジ締めなどの作業は勤務時間内に確保されていることを示し、時間外労働が前提ではなく、働きやすい環境を整えていることアピールする。また、スタッフ構成を紹介し、同じ夢を持った仲間と仕事ができる環境を示すことで、求職者の意欲を引き出す。

▶モデル賃金例

求職者の関心が高い賃金について入社時及び店長のモデルを紹介し、転職後の生活基盤は確保できる安心感をアピールする。

▶1年後の働き方

求人の一番のアピール事項としている「働き方を選べる」仕組みは求職者も注目し、内容にも強い関心を持つことが考えられるため、具体例を説明し、応募判断の材料としてもらう。

10

飲食・接客・給仕

焼肉店スタッフ

求職者イメージ

▶同業からの転職者
大衆向け焼肉店での経験を活かして、ブランド肉や希少部位などを提供する高級志向のお店や手切りを学べる高い技術を持ったお店で働いてみたいと考えている人

▶飲食業界で働いている人
現在も飲食店で勤務しているが、待遇や労働環境に馴染むことができず、その改善を期待して転職を考えている人

▶飲食（焼肉）業界に興味を持っている若年層
＊近年の肉ブームなどから焼肉業界に興味を持っており、本格的に勉強してみたいと考えている人
＊学校卒業後に一旦は就職したが適性を見出せず離職して、現在は非正規雇用で働きながら新しい仕事を探しており、学生時代のアルバイト経験を活かして飲食業界で活躍していきたいと考えている人

アピールポイント

▶厳選したブランド肉を提供しているお店であり、手切りができる専門知識や高い技術を習得できること

▶３ステップ教育により基礎からカット技術まで学ぶことができ、施設見学や仕入れ同行などの貴重な経験も積めること

▶学歴や経験を問わず、業界未経験者も活躍している職場であること

仕事内容

職種	焼肉店のホール＆厨房スタッフ／手切りを一から教えます
仕事内容	Ａ５ランクの黒毛和牛と職人による手切りにこだわり、肉本来の美味しさを追求してきた焼肉店です。基礎知識から丁寧に教育していくため、本格的に焼肉の技術を学びたい方にも最適なお店です。 ■仕事・職場の特徴 ＊牛肉と内臓（ホルモン）は希少部位も含めて３０種類ありますので、まずは名称と肉の特徴をしっかり覚えていただきます。 ＊お肉は大きなブロック形状のものをさばいていきますが、手切りの魅力はワンランク上の旨みがあることです。 ＊入社後約１年間を３ステッププランで指導していきます。 ＊ランチ営業後には全スタッフが一斉に休憩をとります。 ■お肉に触れたことがない方でもＯＫ 現在の店長も飲食業界未経験から始めて活躍しています。

「職種名」その他例

- 焼肉店の正社員／月曜定休・月８日休／月２０万円〜賞与あり
- 〈月曜定休・月８日休〉業界未経験者も活躍中の焼肉店正社員
- 厳選した食材と手切りにこだわる本格派焼肉店／月２０万円〜
- 焼肉店スタッフ／有名焼肉店で経験を積んだオーナーのお店

「仕事内容」記入のポイント

▶冒頭で味へのこだわりや手切りの専門知識と高い技術を持っているお店であることを紹介し、同業他社との違いをアピールする。

▶仕事や職場の特徴として、まずは肉といっても個人的に焼肉店で食べた経験がある数種類程度しかイメージできない人も多いと考えられることから、自店で扱う種類の数や手切りの魅力を紹介し、肉への興味を引き出す。また、飲食業を未経験でも１年間の育成プランもあり、実際店長として活躍している先輩もいることを紹介し、安心して始められることをアピールする。

会社の情報

事業内容	有名店での経験を経たオーナーが「美味しいお肉を味わいながら特別な時間を過ごしてほしい」という想いを込めて開業した焼肉店。食材はもちろん、料理を楽しめる空間作りにもこだわっています。
会社の特長	開業5周年を迎え、現在は上質なお肉に合うお酒の研究やメニューの開発、イベントの企画など、社員全員で意見を出し合いながら店づくりに取り組んでおり、志が高いスタッフが多いのが特徴です。

労働時間

就業時間	変形労働時間制（1ヶ月単位） （1）　10時00分　〜　19時00分 （2）　12時00分　〜　21時00分 （3）　17時00分　〜　23時00分 又は 10時00分　〜　23時00分 の間の 7時間程度
	就業時間に関する特記事項 ＊（1）〜（3）はシフトの一例です。 ＊（3）の場合、休憩はありません。 ＊夜の営業に向けた仕込みを16：00から始めるため、ランチ営業後14：30〜16：00は全スタッフ一斉休憩に入ります。
休日等	月　その他 週休二日制　その他 月8日休み・年末年始12／31〜1／1　※1名分の余裕を持たせたシフトで急な欠勤にも対応できる体制を整えています。 6ヶ月経過後の年次有給休暇日数　10日

求人に関する特記事項

求人に関する特記事項
■職場の概要 〈営業〉11時〜14時／17時〜22時　月曜日定休 　＊ランチは焼肉重セットが中心でテイクアウトもあります。 〈客席〉40席／接待や記念日のお祝い、女子会などのお客様に多くご利用いただいています。 〈社員〉開業時から一緒に頑張っている40代のスタッフから業界未経験で入社した2年目の若手スタッフまで男女3名の社員が活躍しています。 ■3ステップの教育プラン （1）全体把握（入社後3ヶ月間）…先輩と一緒に接客やサイドメニューの調理などを行いながら店全体の業務を学んでいきます。調理マニュアルや作業チェックシートがあります。 （2）肉を学ぶ（4ヶ月目〜）…空き時間に基礎知識の勉強会を実施。食肉センターや牧場の見学、仕入れの同行も可能です。 （3）カット技術を身につける（7ヶ月目〜）…下処理から順次習得していき、半年〜1年を目途にすべてのカットを習得します。 ■その他 ＊モデル年収　294万円（入社2年目・飲食店未経験者の場合） ＊制服貸与、食事補助あり（美味しいまかないがあります） ＊職場見学では厨房や手切りの醍醐味をご覧いただけます。

「会社の情報」記入のポイント

▶オーナーの経歴やコンセプトなどの情報を交えながらお店の概要を紹介したうえで、仕事に対する熱意をアピールする。また、現状に満足せず常に上を目指していく姿勢を示すとともに、メニュー開発にも社員全員で取り組んでいることを紹介して「風通しの良い職場」という印象を与える。

「労働時間」記入のポイント

▶シフトを数パターン例示し、働き方をイメージできるようにする。また、スタッフ全員が一斉休憩を取ることや社員が休日出勤する理由として挙げられる人手不足への対策を紹介し、休憩や休みがしっかりと確保されている職場であると印象づける。

「求人に関する特記事項」記入のポイント

▶職場の概要
営業時間やメニュー、客層などを紹介して職場の雰囲気や働くイメージを持てるようにする。また、少人数スタッフのお店であり密接な人間関係も想定されることからスタッフ情報を可能な範囲で提供するとともに、業界未経験から活躍している先輩がいることは経験のない求職者の自信につながるため紹介する。
▶3ステップの教育プラン
独り立ちまでのプロセスや目安となる期間を明確に示すことで、入社後の働き方に安心感を与えるとともに、施設見学や仕入れの同行ができることなど独自の教育方法を紹介して、この職場でしか得られない魅力をアピールし、仕事に対する意欲を引き出して応募につなげる。
▶その他
転職者の関心が高い賃金について年収例を紹介し理解を得る。また、求人票の情報だけでは応募に踏み切れない求職者もいると考えられるため、職場見学を紹介して応募に導く。

10-4／正社員

寿司職人（見習い）

求職者イメージ

▶寿司店で働いている人
- ＊現在にぎり寿司職人の見習いをしているが、職場特有の伝統や習慣に疑問を感じており、転職して働きやすい環境で再び頑張っていきたいと考えている人
- ＊回転寿司店などで働いており、より本格的に寿司の技術を学んでみたいと考えるようになった人

▶短期間で効率的にスキルを身につけたい人
- ＊将来は飲食業界で手に職をつけて活躍していきたいと考えており、業種を問わず「自分がやっていける」と思えるような仕事を探している人
- ＊調理系の専門学校で日本料理の基礎技術や調理師免許を取得後、和食店や旅館などの厨房で働いているが、仕事や職場環境が合わず、今までの経験を活かして働くことのできる新しい職場を探している人

アピールポイント

▶業界特有の伝統や習慣にとらわれない新しい育成方法を取り入れており、短期間で一人前を目指せる環境があること
▶本格的なお寿司を味わえる高級寿司店であり、仕込みや調理などで日本料理の技術を十分に習得できる職場であること
▶のれん分け制度もあり将来の選択肢が広がること
▶講習会やコンクールなど同じ目標を持つ仲間と切磋琢磨できる環境があること
▶寮や食事など生活面のサポートもあり、若年層がチャレンジしやすい環境があること

仕事内容

職種	にぎり寿司職人／未経験からでも３年で一人前／３５歳以下
仕事内容	「飯炊き３年握り８年」と言われている寿司職人の修行において、当店は若い人にも合った新しい育成方法を取り入れ、「３年で一人前」を目指します。※キャリア形成のため３５歳以下の募集です。 ■お店の特徴 ○○駅近くの繁華街にある当店は、ランチには気軽に本格的なお寿司を味わえる、夜には接待でも利用される落ち着いた雰囲気の本格寿司店であり、幅広い分野の経験を積むことができます。 ■当店で働く魅力 ＊現場実践優先主義により、短期間で確実に技術が身につきます。 ＊すし組合の講習会や技術コンクールに参加できます。 ＊海外協力店視察制度により、視野を広げていくことができます。 ＊寮・１日２食のまかない付きで生活面もサポートします。

「職種名」その他例

- ●寿司職人／若手育成・３５歳以下／寮・１日２食まかない付き
- ●寿司職人（板前）／３年集中型教育／海外店視察制度有
- ●寿司調理人／若手寿司職人の新しい育成方法実践中／連休あり
- ●高級寿司店で寿司職人／未経験から３年で技術が身につく

「仕事内容」記入のポイント

▶冒頭３行では、寿司職人の修行は10年以上かかるといわれている中、「3年で一人前を目指していく」というキーワードで求職者にインパクトを与える。
▶キャリア形成のため35歳以下の募集であることを示し、「若い人にも合った新しい教育方法」など対象である若年層に向けた言葉でメッセージを送る。
▶立地や客層、店内の雰囲気などお店についての簡単な説明を行い、職場のイメージを持てるようにするとともに、お店の特性からみた職場のメリットをアピールする。
▶育成方法の簡単な紹介も兼ねて求職者にとっての働く魅力を伝え、特記事項欄で詳しく説明を行う。

会社の情報

事業内容	常時４０種類以上のお寿司や一品料理を提供しています。店内はカウンター８席・座敷３部屋の計２２席あり、ビジネス客や中高年層のお客様に多くご利用いただいています。
会社の特長	寿司文化が多様化するなか、若い人たちに新しい時代の寿司職人を目指してもらえるよう、独自の育成方法を採り入れながら、１人ひとりが描く明確なキャリアビジョンを積極的に支援しています。

労働時間

就業時間	変形労働時間制（１ヶ月単位） （１）　09時30分　〜　18時00分 （２）　11時30分　〜　21時00分 （３）　17時00分　〜　22時30分 又は　09時30分　〜　22時30分　の間の　7時間程度
	就業時間に関する特記事項 ＊上記はシフトの一例です（週平均４０時間で調整）。 ＊営業時間１１：３０〜１４：００／１７：３０〜２２：００ ＊ランチ営業後１４：００〜１７：００の間で１２０分休憩あり ＊１日２食のまかない付き
休日等	月　その他 週休二日制　その他 ＊年末年始　１２月３１日〜１月４日　＊月８日休み ＊月に１回連休が取得できるようにシフトを組みます。 ６ヶ月経過後の年次有給休暇日数　　１０日

求人に関する特記事項

求人に関する特記事項
■独自の育成方法 〈「見て、やって覚える」指導法〉 ＊入社後から包丁を持ち、イカ・タコの下処理、定番ネタの仕込み季節ごとの特殊な食材へと順にステップアップしていきます。 ＊１年目で握りを学び、２年目からは盛り合わせやランチで実践的なカウンター業務を始めていきます。 ＊週１回先輩トレーナーとの面談で成長をフォローしていき、月１回の課題実習で習得状況を確認します。 ＊３年間の教育終了後には、地元すし組合主催の寿司技術コンクール大会に参加し、自身の成長を確認するとともにさらなる技術向上を目指します。 ■充実のスキルアップ研修 ＊技術講習会…細工ずしなど最新の技術を学べます。 ＊短期派遣制度…すし組合員の店舗間で派遣研修を行っています。 ＊海外研修…入社５年目には海外寿司店に視察の制度もあります。 ■職場環境について ＊職人は３０〜５０代で３名おり、現在３年目の女性スタッフも一人前の職人を目指して頑張っています。 ＊寮あり（お店より徒歩１０分・自己負担１万円＋光熱費） ＊将来独立を希望される方にはのれん分けもできます。

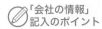

▶メニューやお店の規模、客層などの基本情報を紹介し、求職者がどのようなお店で働くのかを認識できるようにする。また、厳しい修業を敬遠しがちな若い人材を呼び戻すために独自の育成方法により、若い職人１人ひとりが明確な目標を持って仕事に取り組んでいることをアピールする。

▶シフト例を3パターン紹介するとともに、営業時間や休憩について補足説明を行い、働き方が具体的にイメージできるようにすることで求職者の疑問を解消し応募につなげる。また、月に１回連休が取得できるなどの配慮を示し、職場環境の改善に取り組んでいる姿勢をアピールする。

「求人に関する特記事項」記入のポイント

▶独自の育成方法

＊求人票のアピールポイントである「3年で一人前を目指していく」ための道筋や教育内容を具体的に紹介し、働くイメージが持てるようにする。

＊短期集中型の教育ではあるが、週１回の面談や定期的な習得確認などでしっかりとサポートしていくことを伝え、丁寧に育てていこうとする姿勢をアピールする。

▶充実のスキルアップ研修

魅力的な研修制度や＋αで学べる知識・技術を紹介し、この職場で働く価値を高める。

▶職場環境について

＊求職者にとってどのような環境下で働くのかは関心事となるため、すでに育成中のスタッフがいるなどの情報を可能な範囲で紹介して不安要素の解消につなげる。

＊将来の独立に向けた支援制度もあることを紹介し、関心を惹きつける。

フードコート飲食店スタッフ

求職者イメージ

▶飲食店で働いている転職希望者
- ＊24時間営業の飲食店などで働いているが、プライベートも大切にしたいと考え、深夜勤務がなく、休みも取得しやすい職場へ転職したい人
- ＊現在の職場はメニューが多く、求められるスキルも高いため、ファストフードに近いシンプルで覚えやすい調理をしたい人
- ＊様々な業界を経験してレパートリーの幅を広げたいと考えている人

▶未経験から正社員を目指している人
- ＊学校卒業後、一旦就職して短期間で離職した人（第二新卒）や、これまで非正規雇用で働いてきたが将来を考えるようになった若年層で、学生時代にアルバイト経験がある飲食業界で正社員として活躍できる職場を探している若年層
- ＊家庭を優先し、今まではパートタイム労働者として働いていたが、しっかりと働ける条件が整ったため、好きな調理に関わる仕事がしたいと考えている人

アピールポイント

▶店舗は商業施設に合わせて閉店するため、通常は深夜勤務が発生しない職場であること
▶少人数での運営が可能なため突発的な出勤も少なく休日もしっかりと確保できること
▶限られたスペースでの効率的な働き方や煩雑な作業がないシンプルな仕事であること
▶多彩な事業展開により、同じ会社に属しながら様々な経験を積めるチャンスがあること
▶研修やマニュアルなど教育制度が整っており、未経験者でも始めやすい仕事であること

仕事内容

職種	正社員／フードコートでの調理・接客／洋食屋／月18万円～
仕事内容	自分の時間を大切にしたいと考えている飲食店勤務の方、シンプルで覚えやすい調理がしたい方、未経験から正社員を目指している方 そんなあなたに適した職場「洋食屋○○○」で活躍しませんか！ ■店舗・仕事の概要 ＊メニューは定番のカレー・オムライス・カツ丼など10種類のみ ＊調理方法の簡素化、写真付きマニュアルにより1ヶ月で即戦力 ＊在庫管理や発注、シフトはすべてタブレットで簡単管理 ＊商業施設に合わせて閉店、遅くても21時には仕事を終えて帰宅 ■当社の特徴と働く魅力 ＊安定して多くの集客を見込めるフードコートを中心に出店 ＊深夜勤務がなくプライベートも大切に働ける職場環境 ＊5ブランドの多彩な事業展開で幅広いキャリアを積める会社

「仕事内容」記入のポイント

▶冒頭で、今回の求職者イメージ（ターゲット）となる人物像に向けてメッセージを発信し、求職者の関心を惹きつける。

▶仕事自体は想像がつきやすいことから詳細な説明は省略し、勤務する店舗の概要や業務の負荷、仕事の覚え方などから、この職場での働き方がイメージできるようにする。

▶抽象的な表現は避け、「定番メニュー10種類のみ」「1ヶ月で即戦力」「21時には帰宅」など具体性を持たせた表現で説得力を高める。

▶フードコートを中心に多彩な事業展開を行っている企業であり、信頼と安定性があることや幅広くキャリアを積めることなど、会社の特徴から自社で働くメリットをアピールして応募につなげる。

「職種名」その他例

- ●調理・接客／フードコートの仕事／第二新卒・未経験者歓迎
- ●正社員／自分時間も大切に働けます／洋食屋／フードコート店
- ●フードコート店の運営スタッフ／未経験者も1ヶ月で即戦力
- ●フードコートで正社員として働きませんか／洋食屋○○○

会社の情報

事業内容	○○地方のショッピングセンターやアウトレットモールのフードコート、サービスエリアで8店舗を運営。洋食・パスタ・たこ焼き・クレープ・フレッシュジュースの5ブランドを展開しています。
会社の特長	各店舗に勤務する正社員は20〜50代まで幅広く、正社員登用制度を利用して40代でキャリアアップした方や、飲食業界未経験からスタートし現在は店長として活躍している先輩もいます。

労働時間

就業時間	変形労働時間制（1ヶ月単位） （1）　09時30分　〜　18時30分 （2）　12時00分　〜　21時00分 （3）　　時　分　〜　　時　分 又は 09時30分　〜　21時00分 の間の7時間程度
	就業時間に関する特記事項 ＊上記（1）（2）は働き方の一例で実働7.5時間勤務です。 ＊店舗営業時間　10：00〜21：00（L.O.20：30）
休日等	その他 週休二日制　その他 ＊月8日休（休みの希望は考慮します・連休取得も可能です） ＊1月1日（ショッピングセンター休業日） 6ヶ月経過後の年次有給休暇日数　10日

求人に関する特記事項

求人に関する特記事項
■入社後の流れ 入社後1週間は本社で飲食店に必要な基礎知識からメニュー開発秘話などを座学で楽しく学び、その後店舗でOJTを開始します。 ■シンプル＆効率的な働き方が魅力 ＊調理……カット野菜など予め仕込み済みの食材を仕入れ、皿の統一化や写真付きマニュアルなど様々な工夫により煩雑な作業をなくしました。未経験者でも1ヶ月で全メニューを習得できます。 ＊接客……カウンター越しの注文・会計・料理提供で、席番を覚えて広い店内を動き回る必要もありません。 ■職場環境 ＊正社員2名（店長、女性スタッフ）のほか、10名のパート・アルバイトスタッフが在籍しており、男女共に活躍しています。 ＊平日は3名、土日は5名と少人数で運営可能なため、欠勤等による突発的な出勤は少なく、休みもしっかりと確保できます。 ＊限られたスペースでの仕事だからこそ、スタッフ同士の距離が近くコミュニケーションもとりやすい職場です。 ■キャリアパス ＊3年間活躍した後には、当社が展開する違う業種の店舗やサービスエリアなどで環境を変えて働いていくこともできます。 ＊希望者には店長職、本部職へのキャリアアップ研修があります。

「会社の情報」記入のポイント

▶拠点となる地域や出店場所など会社規模がわかる情報や事業展開について説明し、会社の概要を理解してもらう。また、どのような人が正社員として働いているのかは求職者の関心も高い事項であることから、スタッフの年代や実際に活躍している先輩の事例などを紹介して、気軽に応募してもらえるようにする。

「労働時間」記入のポイント

▶勤務時間の例示とともに、店舗の営業時間やショッピングセンターの休業日などの基本情報も紹介し、働き方を理解しやすくする。休日については、希望を考慮することや連休も取得可能であることを説明し、スタッフが働きやすい労働環境づくりに努めている姿勢を示す。

「求人に関する特記事項」記入のポイント

▶入社後の流れ
入社後に座学研修やOJT研修により基礎から丁寧に教育を行うことを伝え、未経験者や社会経験が浅い求職者の不安を解消する。

▶シンプル＆効率的な働き方が魅力
実際に行う仕事の難易度や負荷が理解できるように紹介し、短期間で習得できる仕事であることを納得してもらう。

▶職場環境
男女共に活躍していることを紹介し、応募の間口を広げるとともに、少人数で運営可能なことやスタッフ同士の距離が近いことなど、フードコート店ならではの魅力をアピールする。また、社員が休日出勤する理由として挙げられる突発的な欠員は少なく、休みがしっかりと確保できる職場であることを示す。

▶キャリアパス
多彩な事業展開により様々な業種を経験できることや、環境の違う場所で勤務することもできるという選択肢の広さをアピールする。

持ち帰り弁当の調理・販売スタッフ（弁当チェーン店）

求職者イメージ

▶生活の中の空いた時間で少し働きたい人
子育てや家事を中心とした生活の中で空いた時間ができたため、プライベートに支障がない範囲で少し働きたいと考えている人

▶飲食関係で働きたい人
料理が好きなため飲食関係の調理スタッフを希望しているが、フルタイム勤務は難しいため1日3〜5時間程度の仕事を探している人

▶Wワークで働きたい人
日中は他の職場で短時間労働者として働いているため、夕方から夜の時間帯でWワークできる仕事を探している人

▶当面は短時間労働者として働きたい人
事情があって当面はフルタイムでは働けないため、身近な飲食系の仕事で自分の事情や生活スタイルに合わせて働きたい人

アピールポイント

▶育児や介護に限らず、兼業や副業など個人の事情に応じて1日3時間以上から働けること
▶未経験でも始めやすい仕事であり、動画マニュアルも用意されているため、イメージしにくい動きやニュアンスなど細かい部分も目で見て理解でき、短期間で習得できること
▶将来、家庭の事情などが整えば、準社員や正社員として働けるチャンスもあること

仕事内容

職種	持ち帰り弁当の調理販売スタッフ／1日3時間・週3日以上
仕事内容	持ち帰り弁当店「○○屋」の調理と販売の仕事です。お客様から注文を受け、調理・盛り付けを行い、レジ会計まで担当です。ちょっとした空き時間や自分のスタイルで働きたい方、Wワークも歓迎！ ■わかりやすい動画マニュアルがあるから安心 未経験者や調理に慣れていない方でも、野菜カットからおかずの盛り付けまで全メニューについて、また注文の受付やレジ会計の接客も動画マニュアルがありますので短期間で習得できます。 ■当店で働くメリット ＊1日3時間から働けますので、個人のライフスタイルに合わせた働き方ができます。 ＊料理のレパートリーが広げられて、家族や友人にも喜ばれます。 ＊将来的に希望される方には準社員や正社員登用制度があります。

「職種名」その他例

●弁当調理販売スタッフ／主婦（夫）・フリーター・Wワーク可
●持ち帰り弁当の調理販売スタッフ／1日3時間以上・未経験可
●お弁当の調理販売／時給900円／ミドル・シニア男女活躍中
●弁当調理・販売／昼・夜の3時間だけでもOK／平日900円

✐「仕事内容」記入のポイント

▶多くの求職者には馴染みのある業界で、接客が多い飲食店よりも調理が好きな人には選択されやすい仕事のため、求人全体は労働条件と働きやすい職場イメージが伝わるような情報提供をポイントとする。
▶冒頭説明において、家庭と両立させながら空いた時間で働きたい人やWワークで働きたい人など、現にこの職場で働いている人と同じような立場の求職者に応募してほしい気持ちを示すことで求人への興味・関心を惹きつける。
▶特別な調理技術は必要なく、フルタイムでは働けない事情を抱えた求職者でも働きやすい条件や将来的なメリットがあることを示し、応募につなげる。

会社の情報

事業内容	弁当チェーン「○○屋」です。歴史は浅いですが、７０種類の多彩なメニューが好評で、平日はビジネス客も多く来店されます。来年には○○市役所近くに３店舗目となる新店オープンを計画中です。
会社の特長	２０代から６０代の元気な男女が美味しい弁当を作っています。調理師の１名以外は全員未経験からスタートですが、今では自宅で料理を楽しんでいる方も多く、新メニューは皆で考えています。

労働時間

就業時間	交替制（シフト制） （１）　１１時 ００分　〜　１４時 ００分 （２）　１７時 ００分　〜　２０時 ００分 （３）　　時　分　〜　　時　分 又は 09時 00分　〜　21時 00分 の間の 3時間以上
	就業時間に関する特記事項 ＊営業時間１０：００〜２１：００　＊（１）（２）は一例 ＊週３０時間未満勤務 ＊１日の勤務時間が６時間を超える場合は４５分休憩あり
休日等	その他 週休二日制　毎週 １日３時間・週３日以上の勤務でプライベートと両立して働くことができる職場です。 ６ヶ月経過後の年次有給休暇日数　　５日

求人に関する特記事項

求人に関する特記事項

■労働条件の補足
＊勤務時間帯（午前・午後）や曜日、日数は相談して決定します。
＊コアタイム１１：００〜１４：００か１７：００〜２０：００を含めて勤務いただける方は特に歓迎です。
＊日曜日と祝日は時給５０円アップします。
＊その日の人員配置からシフト調整をお願いすることがあります。
＊業績により寸志程度の賞与があります（昨年度実績あり）。
＊働き方により雇用保険に加入します。
■楽しい職場の様子
当店スタッフ７名（女性６名・男１名）の中心は３０代・４０代ですが、６０代の方も活躍しています。スタッフは未経験入社ばかりで、育児中の方、学生アルバイト、定年退職した方も活躍しています。みんな食べることが大好きで、ここで身につけたメニューを自宅で楽しんでいます。
■準社員・正社員登用制度
仕事をしていく中で家庭環境が整えば、フルタイム勤務に近い準社員、その後は正社員への登用もあります。
（過去３年間の正社員登用実績：３０代・１名、４０代・１名）
■徹底した衛生管理
食品衛生のため年２回定期的に検便検査を実施（会社全額負担）

「会社の情報」記入のポイント

▶弁当チェーン「○○屋」の名称で知られている会社で、メニューが豊富なことでビジネス客にも人気があることをアピールするとともに、来年には３店舗目の出店計画があることで将来性を示す。

▶働いているスタッフを紹介し、「美味しい」や「楽しい」などの明るい言葉を用いて職場に対して親近感や安心感を持てるようにする。

「労働時間」記入のポイント

▶１日３時間・週３日以上勤務で募集している求人ではあるが、週30時間未満での就労を条件とし、働き方は求職者の希望も踏まえて決定することを紹介する。

「求人に関する特記事項」記入のポイント

▶労働条件の補足
昼食と夕食時のピークタイムや日曜日および祝日に勤務できる人を希望していることを明確に表明する。その他、業績によっては少額ながら賞与があることも紹介し、僅かな楽しみも提供する。

▶楽しい職場の様子
少人数な職場のためスタッフ同士の関わりは当然密となることから、スタッフの年代などを紹介し、求職者に「自分と同じような人が活躍している働きやすそうな職場」という印象を持ってもらえるようにする。

▶準社員・正社員登用制度
将来、しっかり働ける条件が整えば準社員、正社員への道があること、また実際の登用実績も紹介することで、長く働きたい方が安心して応募できることをアピールする。

▶徹底した衛生管理
食品衛生が徹底された会社であることを示すことによって、様々な社内の管理体制が構築されていることを想起させ、イメージ向上を図る。

調理補助スタッフ

求職者イメージ

▶同業他社から転職を考えている人
現在も調理師補助として働いているものの、ホールや皿洗いの仕事量が多く、調理の技術が向上しないため、やりがいを感じながら仕事ができる職場への転職を考えている人

▶食品製造業から転職を考えている人
調理師免許を取得して食品製造業で勤務しているものの、定形の仕事ではなく、オリジナリティのある料理を提供したいと思うようになり、転職を考えている人

▶異業種から転職を考えている人
以前から飲食業界に興味があるものの、調理師免許を保有していないことや労働条件が厳しい先入観により躊躇している人

アピールポイント

▶調理技術を習得するためのバックアップ体制が整っており、未経験者でも業務に携わりながら経験を積むことで、入社2年後には調理師免許の取得を目指せること

▶本格的な料理を提供する店で調理技術を身につけることができ、適性に応じて店長を目指すこともできること

▶従業員だけでなくその家族も安心できる福利厚生制度を整えており、長く働く環境が整っていること

▶求める求職者と同じような職歴や年齢のスタッフが正社員として活躍していること

仕事内容

職種	調理補助スタッフ／居酒屋○○○／調理師免許取得支援あり
仕事内容	入社をする時点で、包丁が握れなくても大丈夫。包丁の握り方や食材の切り方、焼き方、盛り付け、仕込みなど、基本中の基本からしっかりと教えていきます。 ■こんな流れでじっくりと仕事を覚えていきます （1）仕込み（野菜カット）＆盛り付け＆ドリンク担当 （2）揚げ物やおつまみの簡単メニュー （3）刺身・出し巻き・炒め物など技術を必要するメニュー ※未経験者は、入社2年後の調理師試験合格を目指します。 ■居酒屋○○○とは 地元△△の旬の食材にこだわった本格和食居酒屋として、常連さんも増え、県外からもご来店いただけるようになりました。スタッフの平均年齢は28歳で元気に声を掛け合って営業しています。

✍「仕事内容」記入のポイント

▶冒頭で、未経験者も歓迎する姿勢を示すことで、調理師の仕事に興味を持ちながらも機会に恵まれなかった求職者の関心を惹きつける。

▶仕事の習得順序を具体的に紹介することで、未経験からもステップアップできる環境が整っていることを示し、調理の技術を身につけたいと考える意欲的な求職者にアピールする。

▶大型店のように料理をこなしていくのではなく、本格的な料理を提供するという店の特徴を示す。またスタッフの平均年齢が20代と若く、みんなが元気に声を掛け合っている様子を紹介して活気があり、働きやすそうな職場イメージをアピールする。

「職種名」その他例

●居酒屋○○○／調理スタッフ募集／社保完備／月6〜7日休
●居酒屋○○○／△△駅近／車通勤も可／リフレッシュ休暇あり
●調理師補助／居酒屋○○○／未経験から本格的に料理を学べる
●居酒屋○○○／調理師補助／未経験者歓迎／社会保険完備

会社の情報

事業内容	居酒屋○○○は、フランチャイズのお店にはない、本格的な和食居酒屋として地域に愛されて5年目。季節ごとのオリジナル創作メニューが好評で、昨年は地元テレビ局にも取り上げられました。
会社の特長	仕事もプライベートも大切にしてほしいという思いから、希望シフト制や休暇制度の充実に取り組んできました。これからもスタッフが元気に働ける環境づくりに取り組んでいきたいと考えています。

労働時間

就業時間	変形労働時間制（1カ月単位） （1）　15時00分　～　00時00分 （2）　17時00分　～　02時00分 （3）　　時　分　～　　時　分 又は　時　分　～　　時　分　の間の　時間
	就業時間に関する特記事項 ＊営業時間17：30～0：00＊週44時間特別措置対象事業場 ＊お客様の状況により早く上がる日もあります（早退控除なし） ＊上記（1）（2）による交替制勤務となります。なお（2）は月に5回程度あります。
休日等	水　その他 週休二日制　その他 ＊毎週水曜日定休　＊月7日休み（12～2月は月6日休み） ＊年末年始12／28～1／3　＊リフレッシュ休暇（連続3日間） 6ヶ月経過後の年次有給休暇日数　　10日

求人に関する特記事項

求人に関する特記事項
■家族も大切にする福利厚生を用意 ＊リフレッシュ休暇（3日間連続で取得できる休暇／全員が取得） ＊慶弔休暇（大切な家族や友人の冠婚葬祭に合わせて取得可） ＊病気やケガで働けなくなったときの所得補償保険（会社負担） ■あなたのやる気と成長を応援 ＊調理師免許の取得支援制度あり 　初回の受験費用は会社で負担。働きながら資格取得可。 ＊新規出店計画もあり、活躍の舞台が広がります 　料理や技術を極める道だけではなく、スタッフ管理や店舗運営などにも携わる店長への道も用意しています。 ■まかない制度でスキルアップ 入店3～6ヶ月後から、まかない料理を週2回程度作っていただきます。料理をする機会を積極的に設けることで、調理技術の向上を目指していきます。スタッフのまかないから生まれた料理が当店の人気メニューにもなっており、自分のオリジナル料理が商品化できるチャンスでもあります。 ■年収例（月収＋各種手当＋残業代＋賞与年2回） 270万円／入社2年目・25歳／前職：板前見習い 340万円／入社4年目・29歳／前職：食品製造／調理師免許有 ※入社時の給与は前職の給与・経験・能力等を考慮し決定します。

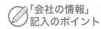

「会社の情報」記入のポイント

▶多店舗展開するFCチェーン店との違いを示すことによって、1人ひとりのお客様や料理と向き合いたい求職者に対して魅力的な職場であることをアピールする。

▶飲食業界に対して、長時間労働の常態化などマイナスイメージを持つ求職者もいることから、スタッフを大切にする姿勢を示す。

「労働時間」記入のポイント

▶通常の終業時間よりも早く帰れる日があるなど、時間の融通が利く職場であることは求職者にとって魅力だが、給与から早退分を控除されることを心配することもあるので、早退控除の有無等についても丁寧に記載する。

▶交代制勤務であることや遅番の勤務日数などを具体的に明示し、求職者が働くイメージをしやすくする。

「求人に関する特記事項」記入のポイント

▶家族も大切にする福利厚生を用意
休暇制度を示すだけではなく、取得実績も紹介して、プライベートの充実も図れる職場であることをアピールする。

▶あなたのやる気と成長を応援
＊調理師免許の受験費用は店が負担することを示し、働きながら免許取得を目指すスタッフを応援する店のスタンスを示す。

＊将来、様々なキャリアを選択できる会社であることをアピールする。

▶まかない制度でスキルアップ
入店から数ヶ月で調理できることは、未経験の求職者にとって経験を積む場としての魅力があるためアピールして他社との差別化を図る。

▶年収例
調理師免許を取得後は給与が上がることを紹介し、意欲的な求職者にアピールする。

高齢者施設の調理員

求職者イメージ

▶直営の厨房で調理技術や経験を広げたい人
　現在はセントラルキッチン方式の施設で働いているが、直営厨房での大量調理や高齢者向け特殊調理など、調理技術の向上や経験の幅を広げられる職場に転職したい人
▶飲食業などの調理師から転職したい人
　一般飲食業で働いているが労働条件などの働き方に疑問を感じ、同じ調理職でもメリハリとゆとりのある働き方ができる職場に転職したいと考えている人
▶調理師免許の取得を目指している人
　調理補助程度の経験は多少あるが、将来を考えて実務を経験しながら免許を取得したいと考えている人
▶調理師免許のあるシニア層
　相当以前に調理の仕事をしていて離職したが、社会とのつながりを持つためにも経験を活かして再度働きたいと考えている 60 代前後のシニア

アピールポイント

▶大量調理をはじめ高齢者食、キザミ食やペースト食などの介護食分野の経験や調理技術を学ぶことができるだけではなく、施設の直営厨房で「手作り感」のある調理を提供することができる
▶早番はあるものの、夜は 20 時前に終了できること
▶年間休日や夏季休暇なども確保でき、ゆとりのある働き方ができること
▶働きながら調理師免許の取得に向けて仲間と一緒に目指せる環境であること

仕事内容

職種	特養ホーム直営厨房の調理員／最大１３０食／調理師歓迎
仕事内容	特養ホームにおける調理全般の仕事です。当施設の特徴は、外部委託ではなく「直営の厨房調理」で行っていることです。調理師としての技術向上やこれから調理師免許を目指す方には適職です。 ■仕事の特徴 ＊食事は朝・夕各約１００食、昼１３０食程度の大量調理 ＊調理スタッフは１０名（正社員６名・調理補助パート４名） ＊業務は仕込み、調理、盛り付け、配膳、食器洗浄、衛生業務 ＊管理栄養士が作成した献立表に基づき調理員が調理 ■歓迎する方 ＊大量調理や高齢者食、介護食（キザミ食など）を学びたい方 ＊一般飲食業で調理の仕事をしてきたが労働条件を改善したい方 ＊これから調理師免許を取得したい方

「仕事内容」記入のポイント

▶調理は外部委託やセントラルキッチン方式ではなく施設の直営厨房であることを強調したうえで、求人票は、直営厨房ならではの魅力として大量調理から高齢者用の特殊食までの幅広い経験や調理技術が習得できることを重点にアピールする。
▶求職者が知りたい情報として、調理の食数やスタッフの人数、献立立案の仕組みなどを説明し、仕事をイメージできるようにする。
▶応募を期待する求職者像を「歓迎する人」として具体的に挙げ、当施設への転職が働き方の改善や将来の目標実現につながることをアピールする。

「職種名」その他例

●高齢者施設内調理員／直営厨房・最大１３０食／調理師歓迎
●調理員／高齢者施設の直営厨房で手作り食事の調理／資格無可
●特養ホームの調理員／４週７休・残業少・年収２５０万円〜
●特養ホーム調理員／早番６時から・遅番１９時３０分まで

会社の情報

事業内容	高齢者福祉施設や障害者福祉施設など３事業所を運営しています。来年度には介護付き有料老人ホームの立ち上げを計画しており、地域の福祉に貢献する存在として活動していきます。
会社の特長	利用者さんには手作りのおいしい食事を食べていただきたく直営厨房方式を採用しています。「食は命」であり、調理部門だけでなく食事介助をする介護部門も一緒になって「食」を考えています。

労働時間

就業時間	変形労働時間制（１ヶ月単位） （１）　06時00分　～　14時30分 （２）　11時00分　～　19時30分 （３）　　時　分　～　　時　分 又は　時　分～　　時　分　の間の　時間
	就業時間に関する特記事項 ＊（１）早番（２）遅番のシフト制　＊原則２週間サイクル ＊１ヶ月間の週平均労働は４０時間以下 ＊シフトは前月１０日までに決定しますので、希望がある場合は前月５日までに申し出てください。
休日等	その他 週休二日制　その他 ＊４週７休（毎月希望休２日あり） ＊夏季５日間・冬季４日間（交替で取得） ６ヶ月経過後の年次有給休暇日数　１０日

求人に関する特記事項

求人に関する特記事項

■労働条件の補足
＊当初賃金は資格や調理経験の内容により決定します。
＊モデル年収　　２５０万～３００万円
　（調理師手当、平均的な残業手当、賞与含む）
■仕事内容の補足
＊献立は管理栄養士が作成し、調理員は調理業務に専念します。
＊調理には利用者さんに合わせたペースト食、ソフト食、とろみ食、きざみ食などの介護食があります。
＊業務分担の基本として調理員（正社員）は調理のみ、盛り付けや配膳は調理補助員が中心に担当します。
＊調理師免許所持者は３名、目指しているスタッフは３名です。
■キャリア形成を支援
調理スタッフは２０～６０歳代と幅広く、平均年齢は４０代です。特に若手や中堅スタッフに対しては、大量調理のノウハウや高齢者食、介護食などが経験できる担当ローテーションや試作練習のほか調理技術研究のために外部講習にも派遣しています。
■いつでも見学歓迎です
昼食から夕食までの調理見学やスタッフとの懇談なども用意していますので、ぜひ一度お越しください。
※当法人のＨＰで先輩職員や調理の様子などをご覧いただけます。

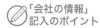

「会社の情報」記入のポイント

▶地域の福祉に貢献していることや事業内容を紹介するとともに、手作りのおいしい食事を提供することにこだわり、直営厨房方式を採り入れていることをアピールする。また、栄養士や調理スタッフだけではなく介護スタッフも「食」について関心を持ち、施設全体で「食と命」を大切に考えている姿勢を伝える。

「労働時間」記入のポイント

▶朝食対応の早番と夕食対応の遅番を原則２週間サイクルで勤務する変形労働時間によるシフト制であることを紹介するとともに、４週７休みのうち２日間は希望休が可能なことを説明し、１ヶ月間の働き方を具体的にイメージできるようにする。

「求人に関する特記事項」記入のポイント

▶労働条件の補足
転職を考える際に、賃金は生活基盤であり、求人応募を左右する重要な判断材料となるため、可能な範囲でモデルを示す。

▶仕事内容の補足
栄養士との関係や人員構成、スタッフの役割分担などの情報を提供し、求職者が職場と自分の働く姿をイメージできるようにする。

▶キャリア形成を支援
調理業務では幅広い年代層が活躍しているが、特に若手や中堅スタッフに対しては、担当のローテーションや外部の調理講習に派遣していることなどを紹介し、キャリア形成を目的に転職を考えている求職者に向けて、施設で働くメリットをアピールして関心を惹きつける。

▶いつでも見学歓迎です
調理室のみの見学で終わらず、昼食から夕食までの実際の調理風景やスタッフの働く姿もじっくり見学してから応募を判断してもらいたいという求人者側の姿勢を伝える。

ファミリーレストランホールスタッフ

求職者イメージ

▶自分のライフスタイルに合わせて働きたい人
  ＊「子育てや家庭と両立しながら働きたい」と考え、人と話すことが好きな自分の性格を活かせる接客業の仕事を探している人
  ＊５０歳を過ぎて家庭のことも一段落し、自分の時間ができたことを機に、家事経験を活かした仕事をしたいと考えている人
▶自分の希望する働き方で効率よく収入を得たい人
  Ｗワークを希望している人や空いた時間を活用して休日や夜間に働きたい人

アピールポイント

▶育児や家事の空いた時間など、自分の希望に合わせて働けること
▶子どもの急な発熱など、やむを得ない事情の場合にも、スタッフ同士がお互いにフォローし合いながら対応する職場風土があること
▶マニュアルが整備されており、先輩スタッフからも指導を受けられるため、未経験者やブランクがある求職者でも戸惑うことなく再スタートしやすい職場であること
▶現在、主婦（夫）やシニア層が多数活躍している職場であり、５０〜６０歳代の方でも年齢に関係なくすぐに馴染める職場であること
▶早朝・夜の時間帯や日・祝日などの時給アップで効率良く収入を得て働くことも可能であること

仕事内容

職種	ホールスタッフ／１日３h・週２日〜OK／時給９００円〜
仕事内容	「育児や家事の空いた時間に働きたい」「Ｗワークがしたい」そんなあなた！ファミリーレストラン○○○で一緒に働きませんか？半月ごとのシフト制で希望の働き方をご相談ください。 ■主な仕事 席のご案内・オーダー伺い・料理の提供や片づけ・お会計など、スタッフのほとんどが未経験スタートですが、マニュアルもあり優しい先輩が丁寧に教えますので、初めての方でも安心してできます。 ■スタッフ構成 ＊正社員２名（店長：男性３５歳・副店長：女性４２歳） ＊パート・アルバイト２３名（３０〜６０代が７０％以上） 急なお休みも大丈夫、みんなで助け合っています。 ※見学歓迎。笑顔で接客しているスタッフの姿をご覧ください。

「仕事内容」記入のポイント

▶冒頭において「一緒に働きませんか？」と親近感がわくように呼びかけることで、求職者の関心を惹きつける。また、勤務時間の自由度が高く働きやすい職場であることをアピールし、主婦（夫）層や、Ｗワーク希望者からの応募につなげる。
▶仕事内容は求職者にもイメージしやすいことから、概要を紹介するに留め、未経験者やブランクのある求職者が安心して応募できるようマニュアルや先輩スタッフからのサポートがあることなど、教育研修体制が整っていることをアピールする。
▶幅広い年代のスタッフが活躍していることを紹介し、働きやすい職場環境であることをアピールする。

「職種名」その他例

● ファミレスのホールスタッフ／無理なく働ける希望シフト制
● 【ホールスタッフ募集】主婦（夫）活躍中／ファミレス○○○
● 家庭的なファミレスのホールスタッフ募集！／シニア歓迎
● 接客・ホールスタッフ／選べる働き方／朝＆夜・日祝時給ＵＰ

会社の情報

事業内容	ファミリーレストラン○○○を展開しています。昼はワンコインランチ、夜はお得なセットメニューが好評です。お財布にやさしく居心地のいいお店として地域の皆さまにご愛顧いただいています。
会社の特長	お店は１０代の学生からシニアまで幅広い世代のスタッフに支えられています。１人ひとりが自分のペースに合わせてシフト勤務できる働きやすさにより、無理なく長く活躍していただける職場です。

労働時間

就業時間	（１）　07時30分　～　11時00分 （２）　10時00分　～　15時00分 （３）　20時00分　～　24時00分 又は　07時30分　～　24時00分　の間の　3時間以上
	就業時間に関する特記事項 ＊営業時間　８：００～２４：００ ＊上記就業時間は一例です。１日３時間からあなたのライフスタイルに合わせて働けますので、ご希望の時間帯をご相談ください。 ＊６時間以上の勤務の場合は６０分の休憩があります。
休日等	その他 週休二日制　　その他 　年中無休で営業しています。半月に一度シフトを作成しており、基本的に希望のシフト通りとなります。 ６ヶ月経過後の年次有給休暇日数　　３日

求人に関する特記事項

求人に関する特記事項
■賃金の補足 ＊通常　　９：００～２２：００　　時給９００円 ＊早朝　　７：３０～　９：００　　時給１０００円 ＊深夜　２２：００～２４：００　　時給１１００円 　　深夜割増込みの時給　１３７５円（１１００円×１．２５） ＊日・祝　時給５０円アップ→土日・早朝・深夜勤務できる方歓迎！ ■求人条件の補足 ＊年次有給休暇は勤務時間・日数に応じて付与します。 ＊社会保険の特定適用事業所のため、週２０ｈ以上勤務で、賃金が月額８．８万円以上の場合、雇用保険の他、社会保険にも加入。 ＊１８歳に満たない方は２２時以降は勤務できません。 ＊食事優待制度（月１回配布）として家族や友人との来店時に全員分が２０％オフとなる優待券を進呈します。 ＊パートさんも無期雇用＆定年制廃止で安心して長く働けます！ ＊「土日休み」「週３日くらいで」「夕方までには帰りたい」「Ｗワークしたい」等という方もどうぞお気軽にご相談ください。 ■先輩スタッフの声／Ｂさん（主婦６０代） ５５歳から始めましたが、マニュアルもしっかりあるので、私でもすぐに仕事に慣れることができました。若いスタッフも多く、いろいろと刺激をもらいながら毎日楽しく働いています。

✍ **「会社の情報」記入のポイント**

▶求職者も利用した人が多いと思われるファミリーレストランであることを紹介したうえで、好評なメニューやお店のコンセプトから各店が地域でご愛顧いただいていることをアピールする。

▶お店は学生アルバイトやミドル・シニア世代のパートスタッフに支えられているため、自分の生活スタイルに合った働き方ができる職場づくりに取り組んでいるイメージをアピールする。

✍ **「労働時間」記入のポイント**

▶営業時間や年中無休などの店舗情報を紹介するとともに、希望シフト制で柔軟な働き方ができる職場環境であることをアピールする。

▶求職者が長時間勤務を希望する場合を想定し、休憩時間についても補足説明する。

✍ **「求人に関する特記事項」記入のポイント**

▶賃金の補足
時給額が時間帯によって異なることを記載し、Ｗワークなどで効率よく収入を得て働きたいと考える人に向けて、早朝や夜、日曜日・祝日の時給が上がることや深夜割増が加算されることを示す。

▶求人条件の補足
＊パートタイム労働者にも年次有給休暇が付与されることの認識がない求職者もいるため、明記することで、他社の求人との差別化を図る。

＊労働条件によっては社会保険の被保険者となる特定適用事業所であることを明記し、社会保険上の扶養の範囲内で働きたいと考える求職者との認識の齟齬を防ぐ。

＊パートタイム労働者の定年を廃止したことを紹介し、シニア層も長く活躍できることをアピールする。

▶先輩スタッフの声
シニア層も活躍していることを紹介し、同世代求職者の応募につなげる。

ダイニングバー店員（店長候補）

求職者イメージ

▶現在も同業種で働いているが転職したいと考えている人
　＊現店舗では、年功序列で昇進しており、スピード感のあるキャリアアップをすることが難しいため、転職を考えている人
　＊現店舗は個人経営で社会保険にも加入できないことから、今後も同じ業界で安定して長く勤めていくため、法人経営の飲食店への転職を考えている人
　＊現在は居酒屋チェーン店で働いており、マニュアル通りの接客や調理しかできないことに閉塞感を覚え、自分の意見やアイデアが活かせる店への転職を考えている人
▶サービス業から転職を考えている人
　＊現在、サービス業で仕事をしているが「将来自分でダイニングバーや居酒屋を経営してみたい」という夢があり、飲食業界での接客や運営・数値管理などを勉強できる職場への転職を考えている人

アピールポイント

▶ホールスタッフからのスタートではあるが、新規店舗オープンの予定があり、その店舗の店長候補として働けること
▶ホール業務だけでなく、シフト管理や在庫管理など、飲食店の運営にも携わりながら働けること
▶社会保険の加入もあり正社員としての安定した労働環境が整備されていること
▶各店舗に裁量権があり、スタッフのアイデアや意見が反映される店であること

仕事内容

職種	ダイニングバー○○○／ホールスタッフ（店長候補）／正社員
仕事内容	フレンチをベースにした上質な料理とお酒を味わえるダイニングバーで、感度の高いお客様で賑わう店。20○○年にはバルの新規開店を予定しており、その店長候補となる方の増員募集になります。 ■主な仕事内容 料理提供やレジ、オーダー受けなどの接客・スタッフのシフト管理・在庫管理及び発注業務・新メニュー開発・店内清掃など 〈入社1年目〉 最初の3カ月は当店で、接客業務を中心に勤務していただきます。仕事に慣れてきたらシフト管理や発注業務もお任せしていきます。 〈入社2年目〉 新規オープン予定のバルにて、まずはホールリーダーとして、将来は同店の店長としての活躍を期待しています。

「仕事内容」記入のポイント

▶冒頭において、店長候補であることをアピールし、向上心が強い求職者の関心を惹きつける。また、店の特徴などを具体的に紹介することで、雰囲気などを伝え、職場をイメージしやすくする。
▶具体的な仕事内容、仕事のステップアップの段階を具体的な期間などを明記して紹介し、入社後に自分が働く姿をイメージしやすくする。
▶接客業務に留まらず、シフト管理や店舗の運営・管理の経験を積むことができることを紹介し、しっかりと実力をつけたうえで、新店舗においてキャリアアップできることをアピールする。

「職種名」その他例

●店長候補【ホールスタッフ】年間休108日／ダイニングバー
●ホールスタッフ／1年後に新規オープン店舗ホールリーダー
●ホールスタッフ／各店の裁量権が大きい／あなたの創造性求む
●店長候補ホールスタッフ／料理もお酒も本格派ダイニングバー

会社の情報

事業内容	△△県内に、割烹居酒屋1店舗・ダイニングバー2店舗を運営。「食を通じ、人々を笑顔にしたい」という想いで邁進しております。業績好調につき、来年には□□駅前にバルをオープン予定です。
会社の特長	店舗ごとの裁量が大きいので、店長やスタッフのアイデアが実現しやすい環境です。普段から経営者視点で物事を考えて行動でき、他店にはない実践的な知識・スキルを身につけることができます。

労働時間

就業時間	変形労働時間制（1ヶ月単位） （1）　15時 30分　～　00時 30分 （2）　16時 30分　～　01時 30分 （3）　　時　分　～　　時　分 又は 15時 30分　～　1時 30分 の間の 8時間 就業時間に関する特記事項 〔（1）と（2）のシフト制 ■営業時間 月～木・日・祝日18：00～24：00（L．O．23：30） 金・土・祝前日　17：00～翌1：00（L．O．24：30）
休日等	その他 週休二日制　その他 4週8休シフト制（基本的に平日休み） 年末年始　12／30～1／2　※20○○年度 6ヶ月経過後の年次有給休暇日数　10日

求人に関する特記事項

求人に関する特記事項
■店舗紹介 ＊客席数40席、最大客数60名 ＊スタッフ紹介 　店長1名／料理スタッフ3名／バーテンダー1名／ホール3名 　一緒に働くスタッフの活躍をHPに掲載中！ぜひご覧ください。 ＊勤務形態：4週8休シフト制勤務。原則、金・土・日祝は勤務ですが、家族のイベントや冠婚葬祭がある場合など配慮します。 ■来年オープン予定のバル情報 客席数：30席・最大客数50名　場所：□□駅前 新規店舗でぜひあなたの手腕を発揮してください ■各店の裁量権が大きく、徹底した現場主義だから面白い 店舗スタッフが主体となった店づくりを徹底して実践しています。お客様のリアルな声や、スタッフのアイデア・意見を取り入れて、サービス向上を図っています。 〈スタッフの提案から始まったサービス例〉 ・オーダーの際、食物アレルギーの確認など細やかな配慮 ・低糖質メニューの開発 ・常連のお客様へお好みの「お通し」提供 ■年収例 380万円／月給28万＋賞与（入社3年目／26歳）

「会社の情報」記入のポイント

▶会社の規模や理念とともに、新店舗の立ち上げ計画を紹介し、会社の将来性や業績の安定性をアピールする。

▶店舗ごとに裁量権を与えられていることで、求職者の独創性を活かせることやマネジメント業務など経営に必要なノウハウも身につけられる環境をアピールし、向上心の強い求職者の関心を惹きつける。

「労働時間」記入のポイント

▶店舗の営業時間に合わせた2パターンのシフトを紹介し、具体的に働くイメージを持てるようにする。

▶開店準備や閉店後の業務も考慮して就業時間を設定しているため、時間外労働を少なくする働きやすい環境を整備していることをアピールする。

「求人に関する特記事項」記入のポイント

▶店舗紹介

客席や客数を紹介して仕事量などをイメージしやすくする。また、一緒に働くスタッフ情報も紹介するとともに、HPなどに掲載している場合は明記し、雰囲気を確認してもらうよう促す。一般的に、飲食店勤務は冠婚葬祭でも休みにくいイメージがあることから、柔軟に対応する姿勢を示すことで他社との差別化を図る。

▶来年オープン予定のバル情報

新店舗の店長候補として募集するため、新店舗の情報についても概要を紹介する。

▶各店の裁量権が大きく、徹底した現場主義だから面白い

各店舗に裁量権があり、スタッフのアイデアを活かせる職場であることを具体的な事例とともに紹介し、求職者の意欲を引き出すことで応募につなげる。

▶年収例

転職にとっての重要情報でる待遇を年収例で紹介する。

10

飲食・接客・給仕

カフェスタッフ

求職者イメージ

▶プライベートと両立させて働きたい人
子どもが入園するなど子育てが一段落したため、空いた時間に働きたいと考えている人
▶働く場所にこだわる人
おしゃれが好きで、事務職や工場勤務のような仕事ではなく、自分の感性に合った職場で働きたいと考えている人
▶飲食業界で非正規雇用労働者として働いている人
現職は、終業時間が遅かったり、休みの希望を出しにくい環境だったりするため、労働条件のよい職場に転職したいと考えている人

アピールポイント

▶勤務時間や労働日数への配慮のほか、スタッフ同士が協力し合う働きやすい職場であること
▶工務店が手がけるおしゃれで落ち着いた雰囲気の職場であること
▶夜間の営業はなく、プライベートと両立しやすいこと
▶メニュー数が少ないため未経験でも無理なく働き始められること
▶情報発信や装飾など、スタッフそれぞれの持ち味を発揮して仕事ができるやりがいがあること

仕事内容

職種	古民家カフェ・ホールスタッフ／1日5時間・週3日〜応相談
仕事内容	工務店が手がけた、築100年ほどの古民家をリノベーションしたカフェです。増員のためホールスタッフとして働いてくれる仲間を募集します。和モダンで落ち着いた雰囲気の「映える」職場です。 ■当店の特徴 ＊落ち着いた雰囲気を好まれるお客様が多く、当店こだわりのコーヒーの香りが漂う、ゆったりとした環境で働けます。 ＊情報発信や装飾など、各スタッフの持ち味が発揮されています。 ■選べる働き方 1日5時間以上、週3日以上働ける方を歓迎しますが、勤務する曜日や時間帯、勤務時間など、あなたの希望に可能な限りお応えします。職場見学も歓迎です。興味のある方、まずはご連絡ください。 ※働き方に応じて雇用保険に加入します。

「職種名」その他例

● 主婦（夫）が活躍！ホールスタッフ／古民家カフェ／未経験可
● ホールスタッフ／〇〇工務店直営の古民家カフェ／水曜日定休
● ホールスタッフ／土日勤務できる方歓迎（時給50円UP）
● 古民家カフェホールスタッフ／営業時間8：30〜16：30

「仕事内容」記入のポイント

▶冒頭3行では、工務店が手がけたカフェであることをアピールして、洗練された落ち着きのある職場イメージを与え、カフェに興味を抱く求職者を惹きつける。
▶仕事内容をイメージしやすい職種のため「接客」や「料理の提供」などの具体例よりも職場の特徴などを紹介して、数多くある他の求人との微差を生み出す。
▶短時間勤務を希望する求職者は「働きやすさ」や「職場環境」を重視する傾向にあるため希望の働き方に応じる姿勢を示し、幅広い求職者からの応募につなげる。
また、「少しでも長く働きたい」と考える求職者の希望にも可能な限り応じる姿勢を示す。

会社の情報

事業内容	一般住宅や店舗の設計・施工を得意とする工務店です。最近、リフォームやリノベーションにも力を入れています。地域に根差した身近な工務店でありたいと願い、新規事業でカフェも始めました。
会社の特長	技術の継承とスタッフの能力が発揮できる環境づくりを大切に考えています。創業時から一貫してこだわってきたお客様の理想を叶える創造力・技術力を受け継ぐ若手がたくさん育っています。

労働時間

就業時間	（1）　08時00分　〜　15時00分 （2）　12時00分　〜　17時00分 （3）　　時　分　〜　　時　分 又は 08時00分 〜 17時00分 の間の 5時間程度
	就業時間に関する特記事項 〈営業時間　8：30〜16：30〉 ＊（1）と（2）のシフト制です。どちらかだけの勤務も可能。 ＊（1）と（2）を通して勤務したい方もご相談ください。 ＊シフトは、希望を考慮して前月10日までに作成します。
休日等	水　その他 週休二日制　その他 ＊夏季休暇8／13〜16、年末年始12／30〜1／3 　（20○○年度） 6ヶ月経過後の年次有給休暇日数　5日

求人に関する特記事項

求人に関する特記事項

■基本情報
＊座席数　30席
＊スタッフ　調理スタッフ2名（男性1名・女性1名）
　ホールスタッフ3名（女性3名）＋あなたで4名を予定
※子育て世代が活躍しています。ホテル勤務経験のあるスタッフが
　接客のノウハウを伝授しますので、未経験者も安心です。
※教育期間はスキルに応じますが、目標は1週間で独り立ちです。
■メニューについて（季節に合わせてメニューを変えています）
＊　8：30〜11：00　モーニング／2種類（和・洋）
＊11：00〜14：00　ランチ／3種類（オムライスが人気）
＊14：30〜16：30　スイーツ／2種類（わらび餅が人気）
＊ドリンクメニュー5種類（こだわりコーヒーが当店のウリです）
＊メニュー数が少ないので、仕事を覚えるのは簡単です。
■ココで働く魅力
＊お子様の行事や急なお休みなどもお互いに協力し合う風土の働き
　やすい職場です。有給休暇の消化率は前年度実績78％。
＊新メニューは、全スタッフの意見を参考に考案しています。
＊お客様に愛される人気料理がまかないで食べられます。
＊制服を貸与（Tシャツ、エプロン）。大人可愛いと評判です。
＊ハンドメイド品の委託販売もあり、作家さんと仲良くなれます。

「会社の情報」記入のポイント

▶会社の情報源は、1企業につき1つのみとなるため、当該求人票のように主の事業と求人の事業内容が異なることもあるため、どちらを募集する場合にも通じるような内容とする。また、主の事業における特徴を紹介する場合でも、求職者が「この会社で働きたい」と思える強みをアピールして関心を高める。

「労働時間」記入のポイント

▶シフト勤務となるため、勤務パターンを例示するとともに、シフトの作成時期を紹介するなど、働くイメージにつながる情報を補足する。また、営業時間に幅を持たせていることを示し、時間外労働を前提としていない働き方をアピールする。

▶夏季や年末年始には店舗も休業することを期間なども含めて具体的に紹介して、働き方をイメージしやすくする。

「求人に関する特記事項」記入のポイント

▶基本情報
座席数、スタッフ情報を紹介し、職場をイメージしやすくするとともに、教育体制など未経験者の不安を払拭する情報も提供する。

▶メニューについて
仕事を覚えることへの不安を抱く求職者も多いことから、時間帯によりメニューを限定していることやメニュー数が少ないことをアピールして、簡単に覚えられる仕事であることを示す。

▶ココで働く魅力
短時間勤務を希望する求職者が一番求めている「働きやすさ」を前面にアピールするとともに、求職者目線で自社の特徴をアピールして、応募につなげる。ただし、単に「働きやすい職場です」のような抽象的な表現にするのではなく、年次有給休暇の消化率のような具体例を紹介する。

洋菓子店販売スタッフ

求職者イメージ

▶同業種の仕事から転職を考えている人
  ＊長時間労働やプライベートの時間を確保しにくいなどの労働環境に馴染めず、転職を考えている人
  ＊接客販売だけではなく、商品管理やスタッフ育成などのマネジメント業務にも興味があり、キャリア形成できる仕事に転職したいと考えている人
  ＊非正規雇用で働いているため正社員を目指し、経験を活かした接客販売の仕事を探している人
▶まったくの異業種から転職を考えている人
  現在は異業種で働いており、接客や販売も未経験ではあるものの、スイーツが好きで、好きなものに携われる仕事をしてみたいと考え始めるようになり、転職を考えている人

アピールポイント

▶希望シフト制や土日休みの計画的な取得、5日間の連続休暇を取得できることなど、プライベートと両立できる環境があること
▶入社後の教育制度が整っており、未経験者でも安心して始められる仕事であること
▶定期的なスキルアップ研修や将来はマネジメントにも携われることで、キャリア形成が図れる職場であること

仕事内容

職種	正社員／洋菓子の販売スタッフ／未経験歓迎／男女とも活躍中
仕事内容	スイーツ○○のケーキ・焼き菓子の販売スタッフです。スタッフの成長に合わせた研修制度や希望シフト制を導入しており、プライベートも充実させながら活躍できる職場です。 ■働き方 ＊主な仕事は、来店されたお客様への商品説明や会計、ギフト用の包装です。その他に、商品の補充や店内清掃もあります。 ＊配属前研修があり、未経験者も安心してスタートできます。 ＊スタッフの希望を考慮した1ヶ月ごとのシフトで勤務します。月に1日は土曜日または日曜日に休みを取得できます。 ■当社で新しいキャリアをスタートさせませんか？　※男女活躍中 ＊スイーツに携わる仕事をしたい方　＊洋菓子が好きな方 ＊販売や接客の仕事に興味がある方　＊お菓子作りが趣味の方

「職種名」その他例

● スイーツ大好きな方募集！／洋菓子販売スタッフ／正社員
● スイーツ販売スタッフ／週休2日／福利厚生充実／制服貸与有
● 販売スタッフ／スイーツ○○／週休2日／新作ケーキの試食有
● 多くの方に愛されるケーキ店の販売スタッフ／スイーツ○○

「仕事内容」記入のポイント

▶求人全体は、未経験者でも安心して始められること、休日が確保されており、プライベートと両立できる環境であることの2点を軸にアピールして、製菓業界に興味はあるが応募に踏み切れない求職者の後押しとなるような内容とする。
▶取り扱う商品や主な仕事内容を紹介して、働くイメージを持てるようにする。また、手厚い研修制度により未経験でも安心して始められること、希望シフト制や業界では一般的に取得が難しい土日休みも計画的に取得できることをアピールする。
▶週休2日制や夏季休暇を利用した連続休暇を取得できることなど、休日が確保されており、プライベートと両立できる職場環境をアピールする。

会社の情報

事業内容	全国チェーンのスイーツ○○を△△県内にて３店舗経営。新鮮な素材と徹底的な品質・衛生管理による商品には厚い信頼があり、お子様からお年寄りまで幅広いお客様にご賞味いただいています。
会社の特長	お客様に喜んでいただける接客サービスを提供するため、まずはスタッフ自身がゆとりを持って働けるよう休日の見直しに取り組み、５日間の連続取得にも対応できる職場体制をみなで整えました。

労働時間

就業時間	交替制（シフト制） （1）　08時00分　〜　17時00分 （2）　12時00分　〜　21時00分 （3）　　時　分　〜　　時　分 又は　時　分　〜　　時　分　の間の　時間 就業時間に関する特記事項 ＊希望シフト制で月に１回は土日祝に休日の取得も可能です。 ＊繁忙期（11〜3月）は月30時間程度の残業があります。 ＊繁忙期以外、ほとんど残業はありません。
休日等	その他 週休二日制　毎週 ＊週休２日（希望シフト制）＊年始１月１日 ＊別途、夏季休暇として特別有給休暇３日間あり（交替で取得） ６ヶ月経過後の年次有給休暇日数　　１０日

求人に関する特記事項

求人に関する特記事項

■入社後の流れ
＊配属前研修（３日間・本部にて実施）：１日目は理念や制度、他部署など会社全般について、２日目以後は実務に直結する接客や商品知識、包装技術を学びます。
＊各店舗に配属後は、ＯＪＴで必要なスキルを習得していきます。独自のマニュアルもありますので、ご安心ください。
■キャリア形成
＊本部主催で定期的に行われるスキルアップ研修では、高い接客力や商品ディスプレイのテクニックなどを習得できます。
＊将来はスタッフの育成や商品管理も担当していただく予定です。
■スタッフに好評の職場環境
＊夏季休暇が３日間あり、シフト休みと合わせて５日間の連続休暇も取得できるため、先輩は旅行などでリフレッシュしています。
＊働き方改革として令和３年より１月１日を定休日にしました。
＊スタッフとご家族の誕生日にケーキをプレゼントしています。
■モデル年収
２年目販売スタッフ　２７３万円（賞与・報奨金・残業代込み）
※特別報奨金
店舗目標を毎年設定しており、目標を達成した店舗には特別報奨金を支給しています（直近３年間は全店舗達成！）。

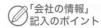
「会社の情報」
記入のポイント

▶会社の規模や全国展開している人気洋菓子店にフランチャイズ加盟していることを紹介し、洋菓子に興味関心を持つ求職者を惹きつける。
▶ゆとりを持って働けるよう働き方の見直しに取り組んでいる姿勢を具体的な取り組みとともに紹介することで、より良い労働環境や正社員雇用を希望する求職者にアピールする。

「労働時間」
記入のポイント

▶求職者が知りたい情報のひとつである時間外労働や時期などを明記し、働き方をイメージしやすくする。繁忙期は時間外労働が発生する一方、通常は定時退社できることを示し、プライベートと両立できる職場であることを紹介する。

「求人に関する特記事項」
記入のポイント

▶入社後の流れ
研修内容や配属後の教育方針について詳細に説明を行うことで、入社後の働き方や仕事の覚え方についての不安を払拭し、応募につなげる。
▶キャリア形成
定期的なスキルアップ研修があることや接客・販売の仕事だけでなく、将来はスタッフの教育や商品管理などにも携われることを紹介し、仕事に関する技術や能力を伸ばせる環境があることをアピールする。
▶スタッフに好評の職場環境
５日間の連続休暇を取得できることや福利厚生などを紹介し、働きやすい職場環境を目指し、スタッフを大切にしている会社の姿勢を示す。
▶モデル年収
転職希望者の関心が高い賃金について年収例を示し、イメージを持ってもらう。また、特別報奨金について実績とともに紹介し、チームで目標を持って働く、やりがいのある職場であることをアピールする。

飲食店店長・店長候補

求職者イメージ

▶現役の店長で転職希望者
　＊現在勤務している飲食店では、店舗に権限がなく仕事に面白さややりがいを感じられないため、自分の裁量で店を運営することができる新しい職場を探している人
　＊飲食で長く働いてきたが店長補佐や副店長止まりのため店長として活躍できるお店を探している人
　＊いわゆる「名ばかり店長」のため店長としてしっかりと活躍できるお店に転職したい人
▶飲食業界でキャリアアップを目指している人
　飲食店で長く働いており、正式な役職はないが実質お店全体の運営や管理の一部を担っているため、その経験を活かして店長として活躍できるお店を探している人

アピールポイント

▶チェーン店でありながらも各店舗に一定の裁量があり、料理長との協力による料理の考案や独自のサービスなどで手腕を発揮できるやりがいがあること
▶イタリア料理に関する幅広い知識を身につけることができること
▶２年を目途に店長職を目指せる職場であり、候補生を対象とした研修で基礎からノウハウまで習得したうえで自信を持って昇格できる環境があること
▶店長を経験後に本部職へキャリアアップすることもできる職場であること

仕事内容

職種	イタリア料理店の店長・店長候補／自由裁量有／要飲食店経験
仕事内容	チェーン展開により統一された料理とサービスに、各店舗のオリジナリティを加えることで当社のお店は完成します。企業に属しながら"自分のお店"のような感覚で働けることが魅力のひとつです。 ■基本は店舗の運営と管理です ＊飲食店経験により６ヶ月〜２年程度は店長候補となります。 ＊運営業務／キッチンやホールの円滑な業務遂行やお客様対応 ＊管理業務／売上管理、人事管理などのマネージメント業務 ＊本部連携／業績報告や事業計画・営業方針などの調整 ■店長のオリジナリティも発揮してください ＊料理長と一緒に季節や地元素材を活かした新メニューの考案 ＊各種記念日やお得意様向けサービスなどの企画 ＊スタッフが働きやすい職場づくりやプロ人材の育成

「仕事内容」記入のポイント

▶チェーン店ですでに完成された人気商品があるという良さと、個人店のように柔軟な運営ができるという良さを併せ持っていることをアピールし、自分の力を試してみたいと考えている求職者にアピールする。
▶飲食店の店長経験がある即戦力な人材でも、まずは店を把握してもらうため最低6ヶ月程度、また未経験の場合は最高2年程度は店長候補としてスタートする方針を伝える。
▶仕事内容の冒頭ではある程度裁量を持った店長としての魅力をアピールして注目を惹きつけたが、あくまでも基本は店舗の運営と管理の総責任者であることを強調したうえでオリジナリティも発揮できることを説明する。

「職種名」その他例

●イタリアンレストラン店長候補／オリジナルなお店づくり
●店長・店長候補（イタリア料理）／総合マネージメント職
●飲食店長経験者歓迎／イタリア料理人気店をつくってください
●自分でお店を運営してみませんか／イタリア料理店店長・候補

会社の情報

事業内容	○○地方を中心にイタリア料理専門店９店舗を経営しており来年１月に関東第１号店を出店予定。イタリアで修行を積んだシェフ考案の本格パスタと、機械に頼らず職人の技で焼き上げるピザが自慢。
会社の特長	各店舗に一定の裁量があり「こうしたい！」という現場の想いを実現できる職場です。社員同士の交流を深める懇親会や１年の頑張りを評価する表彰制度もあり、切磋琢磨できる職場です。

労働時間

就業時間	変形労働時間（１ヶ月単位） （１）　09時00分　～　17時00分 （２）　15時00分　～　23時00分 （３）　11時00分　～　21時00分 又は　09時00分　～　23時00分 の間の 8時間程度 就業時間に関する特記事項 ＊【営業時間】１１：００～１５：００（Ｌ．Ｏ．１４：００） 　　１７：００～２２：００（Ｌ．Ｏ．２１：００） ＊上記（１）～（３）はシフト例です。 ＊お店の繁閑を考慮して交替で休憩を取得します。
休日等	その他 週休二日制　その他 ＊月７日休み（毎週平日に交替で１～２日休み）＊元日休み ＊希望休み、冠婚葬祭などによる土日の休みも配慮します。 ６ヶ月経過後の年次有給休暇日数　　１０日

求人に関する特記事項

求人に関する特記事項

■募集の背景と方針
勤務地の店長は、現在店長経験のある本部スタッフを臨時に配置しております。従来は社内の人材を登用してきましたが、今回は新しい感覚を持った外部人材に任せたいと考えています。
■期待する役割
早々に業績だけを求めていく考えはありませんので、じっくりとあなたの思いを取り入れた店づくりを行ってください。また、店長経験のない方には２年程度勉強していただく時間も確保していますので、安心してチャレンジしてください。
■当面の処遇
＊店長経験の有無を問わず、まずは接客とお客様の把握、メニューの理解などのホール業務を、その後は食材の理解や地元農産品を仕入れている契約農家さんへの訪問など、おいしい料理を支えているキッチン業務を理解していきます。
＊その後、店長経験者は経営状況の確認や営業方針について、本部と確認・調整しながら店長としての仕事を習得していきます。
＊店長未経験の方は、２年程度の時間をかけて取り組みます。
■（参考）モデル年収
３１０万円／２年目　４１０万円／店長　５２０万円／本部職

「会社の情報」記入のポイント

▶出店エリアや店舗数から会社の規模を示すとともに、今後出店計画があることも紹介し、会社の安定性をアピールする。
▶「各店舗に一定の裁量がある」という仕事の魅力に加え、社内コミュニケーションがとれており仲間と同じ悩みを共有でき、「互いに協力し合いながら働ける」という職場環境の良さをアピールする。

「労働時間」記入のポイント

▶飲食業界を希望する求職者にとって労働環境は関心事のため、就業時間の例示に加えて営業時間や休みなど具体的な数値を用いて簡潔に説明し、自社での働き方をイメージできるようにする。また、休みの希望を考慮するなど働きやすい職場づくりに努めている姿勢を示す。

「求人に関する特記事項」記入のポイント

▶募集の背景と方針
お客様の「食」に対する志向の変化や飲食業の業態多様化もあり、今回はあえて外部から人材を取り入れたいという方針を説明し、単なる人手不足の解消のためではなく、しっかり活躍してくれる「人財」として迎え入れる姿勢をアピールする。
▶期待する役割
即戦力人材を優遇するものの入社後は業績のみを求める店長職や、いわゆる「名ばかり店長」のような処遇の求人も散見されるなか、今回の募集はしっかりと店長職務が遂行できる人材を期待している姿勢をアピールする。
▶当面の処遇
店長経験の有無にかかわらず、まずはホール業務とキッチン業務を理解・把握した後、店舗運営に関わる業務を習得していく流れを紹介し、求職者が入社後の自分がどのように処遇されていくのかをイメージできるようにする。

10

飲食・接客・給仕

ウェディングプランナー

（フレンチレストラン）

求職者イメージ

▶ウェディングプランナーに憧れ、転職を考えている人
現在は、ホテルの正社員として勤務しており結婚式に携わることも多く、新郎新婦やゲストにホスピタリティ溢れるサービスを提供しているが、おもてなしだけでなく、結婚式をプロデュースできるウェディングプランナーになりたいと考えるようになり、未経験ではあるが転職を考えている人

▶異業種から転職を考えている人
学校卒業後、人と接することが好きなためアパレル販売員として数年勤務して接客のスキルを身につけたものの、現職にやりがいを見失い、漠然と転職したいと考えるようになった人

▶大手企業でウェディングプランナーとして働いている人
憧れのウェディングプランナーになったものの、営業方針や労働環境に馴染めず、現職より規模の小さい式場で理想のプランニングができる職場を探している人

アピールポイント

▶未経験者であっても充実した教育制度によりウェディングプランナーとして活躍できる環境が整っていること

▶新郎新婦の叶えたい結婚式などのイベントを自由度高くプランニングできること

▶ウェディングプランナーだけでなく、他部門担当のスタッフとの合同ミーティングがあり、全スタッフが共通認識を持って仕事に取り組めること

▶固定した休みがありメリハリをつけて働けること

仕事内容

職種	レストランウェディングプランナー／月8日休／未経験者歓迎
仕事内容	フレンチレストランで、お二人らしい結婚式を創るお仕事です。一から創り上げることや人を笑顔にすることが好きな方はウェディングプランナーとして活躍しませんか？　☆未経験者歓迎☆ ■主な仕事内容 新規お客様の接客・契約／式の企画・提案・手配（招待状などのアイテムや料理、衣装、音響などを含む）／司会者や照明・音響担当者、シェフなどとの打合せ／当日の進行補佐・トラブル対応　など ＊サプライズプロポーズも人気上昇中。顔合わせのほか、1.5次会や2次会などお客様のご希望に柔軟に対応しています。持ち込み制限をしていないため自由度が高い結婚式を実現できます。 ＊レストランではありますが、チャペルや待合室などの附帯設備も充実しています。○○川沿いでロケーションは抜群です。

「仕事内容」記入のポイント

▶冒頭3行で、フレンチレストランのウェディングプランナーの募集であることを示すほか、求める人材や未経験者も歓迎することをアピールし、ブライダル業界に関心を抱く求職者を惹きつける。

▶未経験者を歓迎していることから具体的な仕事内容を紹介し、働く姿をイメージしやすくするとともに、求職者が漠然と考えている仕事内容とのミスマッチを防ぐ。

▶持ち込み制限がないことをアピールすることで、形式に囚われず自由な発想でプロデュースできることや、レストランでありながらもチャペルやその他の附帯設備が充実していることなど他社とは異なる自社の魅力を紹介し、ここで働く意欲を引き出す。

「職種名」その他例

●WDプランナー／未経験者歓迎／ゆっくりと育成していきます
●フレンチ○○○／ウェディングプランナー／定休日・火曜日
●ウェディングプランナー／幸せと感動を創るお仕事／経験不問
●WDプランナー／フランスで修行したシェフがいるレストラン

会社の情報

事業内容	本場フランスで３年間修行したシェフの作るフレンチが人気の一軒家レストラン。少人数向けの結婚式も手掛けており、○○川沿いの緑に囲まれたロケーションは大変好評をいただいております。
会社の特長	お客様の幸せの瞬間に最高のサービスを提供できるようスタッフが働きやすい環境の整備に力を入れており、休日の確保や有給休暇の取得推進など、プライベートの充実も大切に考えています。

労働時間

就業時間	変形労働時間制（１ヶ月単位） （１）　10時00分　〜　18時40分 （２）　　時　分　〜　　時　分 （３）　　時　分　〜　　時　分 又は　時　分　〜　　時　分　の間の　時間 就業時間に関する特記事項 ［＜業務の効率化を図り、時間外労働の削減に取り組んでいます＞ ＊１日の勤務時間は、７時間４０分です。 ＊基本的に土日・祝日は出勤です（シフト制）。 ＊急なお休みは、可能な限りスタッフ同士でフォローします。
休日等	火　その他 週休二日制　その他 ［火曜日定休・その他平日休み（シフト制・月８日休） 夏季休暇８／１３〜８／１６・年末年始１２／３０〜１／３ ６ヶ月経過後の年次有給休暇日数　　１０日

求人に関する特記事項

求人に関する特記事項
■式場情報 ＊ご家族のみの少人数から最大４８名までの結婚式が可能です（１日１組限定／年間４０組以上）。 ＊ウェディングプランナー２名が在籍しており、見学時の接客から結婚式までを一貫して担当しています。 ＊結婚式のご予約がない日は通常のレストランとしてオープンしており、ランチタイムは満席になる日も多く、好評です。 ■充実の教育体制 アシスタントからスタート。先輩の補佐を通した実践や月に一度の勉強会などでノウハウを習得し、半年を目処に独り立ちします。 ■先輩の経歴 ＊ブライダル業界の大手企業でウェディングプランナーとして活躍 →フリーランスに転身→入社（５０代・１１年目） ＊アパレル販売員→未経験で入社（３０代・７年目） ■魅力的な福利厚生 ＊レストランを２割引で利用可能　＊インフルエンザ予防接種負担 ＊アニバーサリー休暇などの特別休暇　＊資格取得支援制度　など ■スタッフ全員で創り上げる結婚式 週に一度のミーティングにより社内の風通しは良く、スタッフ全員のアイデアでお客様の希望を最善の形で実現しています。

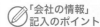

「会社の情報」記入のポイント

▶フランスで修行したシェフがいることや、川沿いで緑に囲まれているなどの店の雰囲気を紹介し、職場をイメージしやすくする。

▶スタッフを大切に考え働きやすい環境の整備に力を入れていることをアピールするとともに、休日が確保され有給休暇の取得も促進しているなど、プライベートの充実を図ることができる環境を示す。

「労働時間」記入のポイント

▶時間外労働の削減に取り組んでいることをアピールするとともに、働き方について、求職者がイメージしやすいように具体的に紹介する。

▶月8日の休みを明記するとともに夏季と年末年始は連続休暇があることを紹介し、メリハリをつけた働き方ができる労働環境を示す。

「求人に関する特記事項」記入のポイント

▶式場情報
具体的な収容人数や年間のウェディング件数を紹介することで、働き方をイメージしやすくする。また、レストランとしても人気が高いことをアピールする。

▶充実の教育体制
入社後の仕事の覚え方について紹介することで、未経験者でも教育体制が整っていることをアピールする。

▶先輩の経歴
先輩の経歴を紹介し、ウェディングプランナーとしてキャリア形成を図りたい求職者に対して夢を叶えられる職場であることをアピールする。

▶魅力的な福利厚生
レストランならではの特典のほか、スキルアップや休暇などの制度が充実していることを紹介し、他社との違いをアピールする。

▶スタッフ全員で創り上げる結婚式
スタッフ全員で最高のサービスを提供したいと考えている風通しの良い職場であることをアピールする。

10

飲食・接客・給仕

ホテルフロントスタッフ

（ビジネスホテル）

求職者イメージ

▶同業他社から転職を考えている人
現在もホテルで勤務しているものの、夜勤が多いためもう少し働きやすい職場に転職したい人
▶家庭と両立できる仕事を探している人
子育てなどが一段落したため、前職での接客スキルを活かして未経験やブランクがあっても始められる求人を業界は限定せずに探している人
▶非正規雇用から正社員を目指している人
接客業を中心に様々な仕事で働いてきたものの、将来の生活に不安を感じるようになったため、経験不問で正社員として働ける職場を探している人
▶語学力を活かしたい人
好きな英語を実践的に活かせる職場で働きたいと考えている人

アピールポイント

▶経験不問でブランクがある人も歓迎すること
▶独り立ちまでの教育体制のほか、マニュアルが整備されており、安心して働き始められること
▶夜勤が少ないため、体に無理なく家庭との両立も可能なこと
▶海外からのビジネス客もいるため、語学力を活かせること
▶自社独自のスキル認定制度で適正な評価を得られること

仕事内容

職種	【フロント職】未経験からホテルの顔へ／正社員／夜勤少なめ
仕事内容	ビジネスホテルのフロント職です。工業団地まで車で15分の便利さから会社関係者の利用が大半ですが、外国客の利用もあります。夜勤は少ないため働きやすく、英語力も少し活かせる仕事です。 ■主な仕事内容 チェックイン・チェックアウト業務、電話応対、事務作業、インターネット上での予約受付、顧客管理、飲食部門の補助など多岐にわたりますが、しっかりマニュアルがあるのでご安心ください。 ■職場の魅力 ＊夜勤専属スタッフがいるため日勤が中心で、夜勤は月3〜4回ですが、回数は相談に応じます（仮眠室完備／翌日は明け休み）。 ＊2割程度は海外からのお客様となるため、語学力を活かせます。 ＊スキル認定制度による公正な評価で、やる気につながります。

✍「仕事内容」記入のポイント

▶ホテルの特徴を一言紹介するとともに、ホテルの仕事には興味もあるが夜勤が多いイメージから応募を躊躇する求職者もいるため、あえて「夜勤少なめ」のフレーズを盛り込み、応募へのハードルを下げる。また、外国客もいることから、英語が好きで簡単な会話もできることから活かせる職場があればやってみたいと考えている求職者にも求人への関心を惹きつける。

▶未経験者の応募も想定されることから、仕事内容は項目だけでも紹介し、意外と多岐にわたることの理解を得る。

▶その他、夜勤専属スタッフの存在による実際の夜勤回数やスキル認定制度があることなども紹介する。

「職種名」その他例

● ビジネスホテル／フロント正社員／夜勤月3〜4回／適正評価
● ホテルフロントスタッフ／未経験者やブランクがある方も歓迎
● ビジネスホテル／フロントスタッフ募集／語学力を活かせます
● 【フロント職】お客様に笑顔で寄り添える方お待ちしています

会社の情報

事業内容	○○地方でビジネスホテル18施設を展開しています。ビジネスホテルでありながら全館に大浴場を備え、郷土料理の朝食バイキングも人気です。おもてなしの心によりリピート率の高さも自慢です。
会社の特長	すべてのお客様が快適に過ごせるよう接遇マナーなどの研修にも力を入れてスタッフのスキルアップを図っています。仮眠室を整備しスタッフが働きやすい環境づくりも大切に考えています。

労働時間

就業時間	変形労働時間制（1ヶ月単位） （1）　08時30分　〜　17時00分 （2）　10時00分　〜　18時30分 （3）　17時00分　〜　10時00分 又　は　時　分　〜　時　分　の間の　時間
	就業時間に関する特記事項 ＊（3）の場合、休憩時間は180分（夜勤手当の支給あり） ＊夜勤は平均して月3〜4回ですが、予約状況により増減します。 　夜勤の回数は家庭の事情を考慮しますので、ご相談ください。
休日等	その他 週休二日制　その他 ＊シフトによる月8日休み ＊夏季休暇5日・冬季休暇4日（交替で取得） 6ヶ月経過後の年次有給休暇日数　　10日

求人に関する特記事項

求人に関する特記事項
■フロントスタッフ（9名）の紹介 社員3名・パート6名／男性4名・女性5名／20〜40代／全員未経験入社です（フロント業務は2〜3名体制）。 ■入社後の流れ ＊初日〜1週間は、本社でホテルの役割・接遇マナー研修を実施。 ＊2週間目〜1ヶ月は、先輩のOJTで仕事の流れを学びます。 ■仕事内容の補足 ＊チェックアウト時間のAM8〜9時半は混雑しますが、他の時間帯はお客様が少ないためフロントを離れた業務も多いです。 ＊「ホテル実務技能認定試験」受験費用負担、合格者に祝金あり。 ＊定期的に接遇マナー研修等を受講していただきます。 ■やる気につながる適正な評価 スキル認定制度があり、接客スキルや周辺情報の知識などをロールプレイングや筆記試験で評価し、賞与にも反映しています。初級・中級・上級・特級（指導者レベル）のレベルに応じてキャリアアップします。 ■メッセージ ビジネスパーソンが多いため、臨機応変でスマートな対応が求められますが、自分自身も成長できるやりがいのある仕事です。 ※職場見学を歓迎します。ホームページもぜひご覧ください。

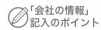

「会社の情報」記入のポイント

▶複数のビジネスホテルを運営している会社であることを紹介するとともに、ホテルの特色に加えておもてなしの心によりリピーターが多いなど、人気の高さをアピールして会社のイメージ向上を図る。

▶スタッフの育成だけではなく、働きやすい環境づくりも大切に考えている姿勢をアピールする。

「労働時間」記入のポイント

▶基本的なシフトを紹介するとともに、夜勤についての補足説明をして働き方がイメージできるようにする。また、夜勤に対して消極的な求職者が応募を躊躇しないように家庭の事情等に配慮する姿勢をアピールする。

「求人に関する特記事項」記入のポイント

▶フロントスタッフの紹介
スタッフ情報は求職者の関心事となるため、全員が未経験からのスタートであることなども紹介して、応募への不安を払拭する。

▶入社後の流れ
特に未経験の求職者に対し、仕事を覚えるまでの不安を解消できるように紹介する。

▶仕事内容の補足
働く姿をイメージできるように補足説明するとともに、個々のスキルアップを会社も応援する姿勢をアピールする。

▶やる気につながる適正な評価
独自の制度による適正な評価を紹介し、モチベーションを保ち意欲的に仕事に取り組める環境を示す。

▶メッセージ
仕事のやりがいをアピールして応募に向けて後押しする。また、職場見学に誘導するとともに、ホームページの閲覧も促す。

10

飲食・接客・給仕

カラオケ店運営スタッフ（店長候補）

求職者イメージ

▶異業種からの転職者
  * 飲食業や接客業に従事しているが、定型的な業務にモチベーションを保てなくなったため、自分のアイデアを仕事に反映していけるような職場へ転職を考えている人
  * 現職に適性を見出せずに転職を考えており、趣味のカラオケや音楽、あるいは学生時代のアルバイト経験からアミューズメント業界で働きたいと考えている人
▶第二新卒や非正規雇用からの転職希望者
  * 現在は非正規雇用で働いているが、学歴や経験に関係なく正社員として受け入れてくれる職場を探している人
  * 将来について漠然と考えている20代の若年層で、何か自分のプラスになる経験やスキルが身につく職場で働きたいと考えている人
▶資金を蓄えたい人
  多少労働条件が厳しい仕事でも他の仕事より高い賃金が期待できる仕事を探している人

アピールポイント

▶飲食店に劣らない調理経験を積める職場であること
▶自分の企画をオリジナルサービスとして実現できる面白さがあること
▶店長までのキャリアパスがあり、将来を見通して働けること
▶連続休暇やカラオケ店ならではの魅力的な福利厚生で、メリハリをつけて働けること
▶夜勤中心の働き方も可能なため、他の仕事に比べて高い収入を期待できること

仕事内容

職種	カラオケスタッフ（店長候補）／３５歳以下／学歴・経験不問
仕事内容	飲食店に劣らない本格的フードメニューの調理経験を積める「○○○カラオケ」の運営スタッフです。自分のアイデアでオリジナルサービスを展開できる楽しさがあります。将来の店長候補です。 ■仕事内容と店舗情報 【運営業務】ホール（料理提供・清掃）／フロント（受付・会計）／キッチン／のポジションをアルバイトとともに担当します。 【管理業務】入社４ヶ月目からはレジ締めなどの売上管理やシフトの作成、スタッフ指導などへ少しずつ仕事の幅を広げていきます。 ＊全２０部屋／お客様は学生が中心ですが、最近はひとりカラオケを楽しむ社会人や食事目的のシニア層も増えています。 ＊店長・正社員３名（２０〜３０代の男女）・アルバイト１４名 ※正社員を目指す方やサービス業が初めての方も歓迎します。

「職種名」その他例

● カラオケスタッフ／営業時間１０時〜翌６時／リフ休毎年５日
● 【正社員】カラオケ／オリジナルサービスの企画もできる仕事
● カラオケスタッフ／２０〜３０代活躍中／カラオケ特典も魅力
● 店長候補／カラオケ店の運営・管理／３５歳以下・経験不問

「仕事内容」記入のポイント

▶冒頭において自店で働くメリットを強調し、業界や職種にこだわらず正社員として働ける仕事を探している求職者にも興味を持ってもらえるようにする。
▶アミューズメント業界に関心がある若年層の多くは、カラオケボックスの利用経験があり基本的な仕事内容は想像がつくと考えられるため、運営業務と管理業務の2項目で簡潔に説明を行う。また、仕事は段階を踏んで任せていくことを説明し、「大切に育ててくれる職場」という印象を持ってもらえるようにする。
▶求職者の関心事となる職場環境について、雰囲気や働き方をイメージできるような店舗独自の情報（設備・客層・スタッフ情報など）を提供する。

会社の情報

事業内容	○○県内にカラオケボックスを5店舗運営。飲食や楽器練習、DVD鑑賞など「歌う」以外の新たな楽しみ方も積極的に提案しており学生からシニアまで幅広い世代にご利用いただいています。
会社の特長	アルバイトから正社員に登用した人や中途入社者が多く活躍しています。当社が選ばれる理由の1つに、店舗の裁量が大きくスタッフ主体の店舗運営ができることが挙げられています。

労働時間

就業時間	変形労働時間制（1年単位） （1）　09時00分　～　18時00分 （2）　13時00分　～　22時00分 （3）　22時00分　～　07時00分 又は　09時00分　～　07時00分　の間の　8時間
	就業時間に関する特記事項 ＊営業時間【月～木】10：00～翌5：00 　　　　　　【金～日・祝日前】10：00～翌6：00 ＊（1）～（3）のシフト制 ＊（3）は週1～2回程度ですが、夜勤中心の勤務も可能です。
休日等	その他 週休二日制　その他 ＊シフトによる月8～9日休み／リフレッシュ休暇（5連休） ＊希望休みがある場合は配慮します。 6ヶ月経過後の年次有給休暇日数　10日

求人に関する特記事項

求人に関する特記事項
■当店で働く魅力 ＊サービス業の幅広い経験ができる、活かせる！ 　受付・接客業務から売上・人材管理まで幅広い経験を積めます。特にシェフ監修の居酒屋おつまみやカフェ風ごはん、カラオケ店では珍しい和食まで幅広い調理ができるのは当店ならではです。 ＊店舗オリジナルサービスの企画 　イベントやキャンペーン、フードメニューにスタッフの意見を積極的に採用。たとえば「シニア限定・和食付プラン」は好評でランチを兼ねて来店する60代以降のお客様が増えてきました。 ■メリハリのある働き方 有給休暇を活用した連続5日間のリフレッシュ休暇があるほか、福利厚生の1つとして勤務終了後に無料でカラオケが利用できます。 ■キャリアパス ＊入社後に1ヶ月間の新人研修があり、教育係の先輩について2週間程度で一通りの業務を覚えて仕事に慣れていきます。 ＊「主任→副店長→店長」の順でポジションアップしていき、主任まで約1年、店長まで約3年の時間をかけて育てます。 ＊月収例（深夜手当・時間外労働手当込） 　入社時：23万円　主任：25万円以上 ※お気軽に職場の雰囲気や先輩の働く姿を見にきてください。

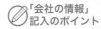

「会社の情報」
記入のポイント

▶県内に5店舗のカラオケボックスを運営していることやカラオケの利用人口が減少している中で客層を広げる取り組みを積極的に行っていることを紹介し、時代とともに成長していこうとする会社の姿勢を示して職場のイメージ向上を図る。また、実際に入社した先輩の声（入社理由）から、自社の魅力をアピールすることで求職者の応募を後押しする。

「労働時間」
記入のポイント

▶カラオケ店により、24時間営業から深夜営業を行わない店舗まで様々な形態があるため、自店の営業時間や働き方について詳しく説明し、求職者とのミスマッチを防ぐ。

「求人に関する特記事項」
記入のポイント

▶当店で働く魅力
＊サービス業での経験が活かせるとともにキャリアが浅い求職者もひとつの職場で幅広い職種が経験できることを伝え、多くの求職者に関心を持ってもらえるようにする。また、働くメリットを紹介し、同業他社との差別化を図る。
＊自分の企画をイベントやキャンペーン、フードメニューなどで実現できるチャンスがあり、仕事に対する面白さややりがいがあることをアピールする。
▶メリハリのある働き方
＊土日祝日の出勤や深夜勤務もあるため、連続休暇や福利厚生によりメリハリのある働き方が可能な環境づくりに努めている姿勢をアピールする。
▶キャリアパス
＊入社後の流れを簡単に紹介し、求職者の不安を解消する。
＊店長候補としての募集であることから、店長までのプロセスやキャリアアップとともに昇給していくことを紹介し、成長していくイメージを持てるようにする。

10-17／正社員

パチンコホールスタッフ

求職者イメージ

▶異業種から心機一転したい転職希望者
現在の仕事が定型的で日々なんとなく過ごしていることに疑問を感じ、もっと変化がある刺激的な仕事をしたいと考えるようになった人
▶非正規から正社員を目指している人
第二新卒や契約社員・フリーターなどの非正規雇用から正社員を目指している人。キャリアが形成されていないため職種は定めず、職歴に関係なく受け入れてくれる仕事を探している人
▶短期間でまとまった資金を蓄えたい人
プライベートな計画を持っているため、多少厳しい仕事でも他の仕事より高い賃金が得られ、比較的短期間にまとまった蓄えができる仕事を探している人
▶同業他社からの転職希望者
現在の職場の労働条件などに疑問や課題を抱え、条件の良い求人を探している人

アピールポイント

▶経験不問の35歳以下を対象とした募集であること
▶重量のある玉箱の上げ下げや運搬の作業がなく体力的負担は少ないこと
▶土日に加え深夜勤務もある働き方となることから、単身寮などの福利厚生面も充実し、社員を大切にしている姿勢があること
▶他の仕事に比べ収入が高く、貯蓄もできること
▶同世代の男女が中心に活躍している職場であること

仕事内容

職種	正社員・ホールスタッフ（パチンコ）／35歳以下・経験不問
仕事内容	ホール内を回り遊技台や設備に異常がないか、お客様に不自由はないかの確認や、台周りを清掃して楽しく過ごしていただく仕事です。スタッフは20代が多く、8割以上が未経験からのスタートです。 ■仕事の特徴と内容 ＊ホールの遊技台数は300台です。 ＊スタッフの負担軽減のために各台自動計数システムを導入していますので、玉箱の上げ下げや運搬の重労働はありません。 〈フロア業務〉開店準備／接客／遊技台や周辺の清掃／機械トラブル対応／閉店後の清掃や台の点検等 〈カウンター業務〉景品交換／景品の在庫管理や発注、陳列等 ■当店で働く魅力 深夜まで働く仕事に報いるための充実した福利厚生があります。

「仕事内容」記入のポイント

▶求職者はアミューズメント施設を利用したことのある人が想定され、仕事の大変さは表面的には理解していると考えられることから、求人全体は労働条件や職場環境において充分魅力のある仕事であるとのイメージを打ち出す。
▶ホールスタッフの仕事で問題となるのは重量のある玉箱取扱いの有無で転職理由にもなるほどの関心事のため、当社では機械化により体力的負担はないことをアピールする。また、立ち仕事や深夜勤務など厳しい仕事ではあるが、その労に報いるために福利厚生を充実させていることを強調し、会社の社員に対する姿勢を感じてもらう。

「職種名」その他例

●ホールスタッフ／男女スタッフ平均20代・8割が未経験入社
●ホールスタッフ（パチンコ300台）／接客・カウンター業務
●パチンコホール係／年収346万円・年間休90日・単身寮有
●ホールスタッフ／充実した福利厚生で働きやすい職場づくり

会社の情報

事業内容	パチンコホールを中心としたアミューズメント施設を運営。現在、県内に5店舗を展開しています。地域の幅広いお客様に加え、特に女性客が入りやすい店づくりに取り組んでいます。
会社の特長	各台自動計数システムの導入により、スタッフの負担を軽減しました。一日中立ち仕事や深夜労働などで頑張ってくれるスタッフの労に報いるため、当社では特に福利厚生の充実に取り組んでいます。

労働時間

就業時間	変形労働時間制（1ヶ月単位） （1）　09時00分　～　17時00分 （2）　16時00分　～　00時00分 （3）　　時　分　～　　時　分 又は　時　分　～　　時　分　の間の　時間
	就業時間に関する特記事項 ＊（1）（2）のシフト制です。 ＊（2）の勤務は月に7～8日程度あります。 ＊シフトは前月5日までに作成します（休日希望は配慮あり）。
休日等	その他 週休二日制　その他 ＊月7日休み＊夏季4日間（交替）＊年末12／31・年始1／1 ＊（参考）5日間の連続有給休暇取得制度あり 6ヶ月経過後の年次有給休暇日数　10日

求人に関する特記事項

求人に関する特記事項
■モデル年収 入社時：346万円（平均的な残業代・精勤手当・賞与含む） ■充実した福利厚生 ＊食事まかない制度があります（店内食堂半額補助）。 ＊店舗近くに単身者寮があり深夜の帰宅も安心です（寮規程有）。 ＊スタッフルームにキッチン、冷蔵庫とレンジ、TV、ソファー、Wi-Fi、健康器具などを完備。リフレッシュできます。 ＊5日間連続有給休暇を交替で取得できます。 ＊表彰制度で頑張りを顕彰します（キャンペーン・勤続表彰等）。 ＊試用期間を終え正社員となった際には祝金5万円を支給します。 ＊心と身体の健康促進のため定期的に人事面談があります。 ■スタッフや職場の様子 ＊女性正社員も5名在籍する男女が活躍する職場です。 ＊スタッフの8割以上が未経験入社ですが、3ヶ月間の新任者研修で接客マナーから通常の遊技台トラブル対応までを習得します。 ＊スタッフ全員が無線機（インカム）を装着しており、トラブルや困ったときはすぐに先輩がフォローしますので安心です。 ■キャリアアップ 能力次第でリーダー・主任・副店長・店長などへの昇進とともに収入も大きくアップしていきます。

「会社の情報」記入のポイント

▶県内に5店舗展開する施設で、特に女性が入りやすい店づくりに力を入れていることを紹介し、安心で明るい店舗イメージをアピールする。

▶パチンコホールのスタッフにとって一番の重労働である玉箱の取り扱いが機械化されていることを紹介するとともに福利厚生の充実に向けた取り組みなど、社員を大切にしている会社の姿勢をアピールする。

「労働時間」記入のポイント

▶深夜勤務や土日祝勤務のあるサービス業であり労働条件は求職者の働き方に関わる重要な情報のため、深夜勤務の回数を含めできるだけ詳しく丁寧に説明する。なお、参考として有給休暇の連続取得制度があることを紹介し、メリハリのある働き方ができることをアピールする。

「求人に関する特記事項」記入のポイント

▶モデル収入
転職を考えている人の中でも特に高い賃金を得ることを目的にしている人にとっては一番知りたい情報であることから、特記事項欄の最初に目安金額を紹介する。

▶充実した福利厚生
一日中の立ち仕事や深夜勤務もある大変な仕事であることから、福利厚生の充実で社員に報いる姿勢と具体的な内容を紹介し、他社との差別化を図る。

▶スタッフや職場の様子
スタッフはイメージする求職者とほぼ同じ年代の男女であること、また、ほとんどが未経験入社のため新任研修のほか、現場でのトラブルもしっかりフォローがあり安心して働けることをアピールする。

▶キャリアアップ
キャリアパスモデルを紹介し、頑張れば昇進とともに収入も大きくアップする魅力があることをアピールして、意欲的な求職者の応募につなげる。

ゲームセンタースタッフ（店長候補）

求職者イメージ

▶第二新卒や非正規雇用からの転職希望者
　＊新卒後の就職先を離職し、その後は非正規雇用で働いているが、同じ作業の繰り返しやかしこまった組織での仕事は苦手なため自由度の高い仕事を探している 20 代
　＊再就職活動をしているが、学生時代のゲームセンターでのアルバイト経験が楽しかったことから、アミューズメント施設が自分に向いているのではないかと考えている 20 代
▶趣味のゲームを仕事にしたいと考えている 20 代
　前職が続かず再就職活動に取り組んでいるが、とにかくゲームなどのエンターテインメントが好きなことから趣味を仕事にしたいと考えている 20 代
▶子どもと遊びで関われる仕事を志望している人
　現在も大人を対象としたアミューズメント施設で働いているが、接客しやすい子どもやファミリー層を対象とした職場に転職したいと考えている 20 代

アピールポイント

▶楽しい空間での仕事であること
▶ 30 歳以下で経験不問の正社員募集であり、男女が活躍している職場であること
▶ショッピングセンター内店舗のため深夜営業はないこと
▶ 10 〜 20 代やファミリー層が中心のため接客がしやすいこと
▶週休 2 日や有給休暇の連続取得もあるなど働き方にメリハリがあること
▶店長候補から店長へと将来に展望があること

仕事内容

職種	ファミリー向けゲームセンター運営スタッフ（店長候補）
仕事内容	大型ショッピングセンター（SC）内のゲームコーナーを運営管理する仕事です。お客様は 1 0 〜 2 0 代やファミリー層が中心のため接客しやすく、男女問わず未経験で始めた先輩が活躍しています。 ■主な仕事内容 ＊店内巡回や接客：主にアルバイトが担当しますが、全体を見て的確な指示を出すほか、トラブル時は原則社員が対応します。 ＊ゲーム機器管理：人気のクレーンゲームの景品補充をはじめ、約 2 0 0 台の機器メンテナンスや修理を行います。 ＊管理業務：最初は日々の売上集計やアルバイトの指導・シフト管理から担当し、経験に合わせて店長候補としての計数管理やマーケティングなどの経営業務を担当してきます。 ※ 3 年後店長補佐、5 年後に店長を目標にキャリアアップします。

「職種名」その他例

●シッピングセンター内ゲームセンター／ 5 年後の店長候補
●ゲームセンター運営係（店長候補）／〜 30 歳／第二新卒歓迎
●ゲームセンタースタッフ／週休 2・連続有給休暇・深夜営業無
●ファミリー向けゲームセンター運営／仕事を楽しみたい方歓迎

「仕事内容」記入のポイント

▶若い求職者の多くが利用経験のあるゲームセンターは、職場の様子も想像がつくと考えられるため、求人全体は (1) どのような働き方になるのか、(2) 思ったより働きやすそうな職場の2点がイメージできるような情報を提供する。
▶冒頭では、ショッピングセンター内店舗のため客層も家族連れが多く、接客しやすいことから男女ともに活躍できることアピールし、幅広い求職者に関心を持ってもらう。
▶仕事内容では主な業務を3点説明し、仕事内容をイメージしやすくする。また、店長候補としての管理業務なども順次経験していく流れを説明し、店長へとキャリアアップしていくイメージを伝える。

会社の情報

事業内容	アミューズメント施設の運営。ショッピングセンター内店舗や街の繁華街の単独店を計5店舗展開しています。子ども対象事業に力を入れ、昨年開業した人気キャラクターのキッズパークが好評です。
会社の特長	お客様に楽しい空間とエンターテインメントを提供するためには、スタッフ自身も仕事を楽しめることが大切です。多忙な日はあってもメリハリがあり、心に余裕が持てる働き方を目指しています。

労働時間

就業時間	交替制（シフト制） （1）　09時30分　〜　18時00分 （2）　13時30分　〜　22時00分 （3）　　時　分　〜　　時　分 又は　時　分　〜　　時　分　の間の　時間 就業時間に関する特記事項 ＊営業時間１０：００〜２２：００　＊実働７．５時間 ＊（1）早番（2）遅番のシフトを、原則前月２０日に決定しますが、希望があれば配慮します。
休日等	その他 週休二日制　毎週 ＊希望休日は２週間前までに申請すれば、原則取得可能です。 ＊１／１は定休日　＊（参考）５日連続有給休暇制度あり ６ヶ月経過後の年次有給休暇日数　１０日

求人に関する特記事項

求人に関する特記事項
■職場のスタッフ８人（うち男性７人、女性１人） 　店長（３４歳）／正社員１人（女性）／アルバイト６人 　※２交替のシフト制で通常は３〜４人体制です。 ■仕事や労働条件の補足 ＊アーケードゲーム機、メダル機、プライズ機などを順次担当しながら全体の運営を経験していきます。 ＊店長までは転勤はありませんが、年１回自社近隣店への１週間派遣研修があります。 ＊ＳＣ内店舗は営業時間が２２時までのため、単独店のような深夜営業はなく、未経験の方には働きやすい職場です。ただし、月末の棚卸作業と年に数回程度の機器の入れ替えやレイアウト変更は営業終了後に行うため深夜勤務となります。 ＊閑散期には５日間連続有給休暇を取得できます。 ＊モデル賃金（精勤手当・平均時間外労働の手当込み） 　入社時：２１万円　主任：２５万円以上 ■店長へのプロセス キャリアパスモデルは３年目に主任、４年目に店長補佐、５年目に店長です。先輩の店長就任までの期間は平均５．５年ですが、１人ひとりの成長度合いを見ながら対応していきます。 ※まずはお気軽にお問合せください。店舗見学のみでもＯＫです。

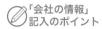

「会社の情報」記入のポイント

▶5店舗を展開するアミューズメント施設の運営会社であることを紹介したうえで、最近は子どもを対象にしたキャラクターパーク事業に力を入れていることをアピールする。併せて、「楽しい」時間と空間の提供を仕事とするスタッフ自身の働き方も大切にし、メリハリや余裕を持てるよう工夫している姿勢を伝えて会社のイメージ向上を図る。

「労働時間」記入のポイント

▶2交替制のシフト勤務となるが、ショッピングセンター内の店舗のため深夜営業がなく未経験者には働きやすいことをアピールする。また、休日はシフト制となるが希望休日の取得が可能でサービス業では珍しい週休2日制などメリハリのある働き方ができる環境をアピールする。

「求人に関する特記事項」記入のポイント

▶職場のスタッフ

求職者にとってどのような上司やスタッフと一緒に働くのかは応募判断にも影響する関心事のため、男女別人数や年齢、正社員とアルバイト人数などのほか、人員体制を紹介し、職場イメージを持てるようにする。

▶仕事や労働条件の補足

仕事内容を簡単に補足し、働く姿をイメージしやすくする。また、働き方に関わる勤務条件の補足として、ゲームセンターではあるが深夜営業はなく未経験者にも負荷が少ないことや、サービス業ではあるが週休2日で有給休暇の連続取得制度もあるなど、働きやすい環境を示し、求職者が「こうした働き方なら自分もやっていけそう」と前向きなイメージを持てるようにする。

▶店長へのプロセス

店長候補としての募集であることから、店長までのキャリアパスを紹介し、求職者が具体的な時間軸を持ってキャリアを展望できるようにして応募につなげる。

10

飲食・接客・給仕

スーパー銭湯運営スタッフ

求職者イメージ

▶飲食やサービス業からの転職希望者
＊心機一転、新しいことにチャレンジしたいと考えている人
＊飲食やサービス業の仕事は好きなため今後も続けていきたいが、特に休日や年次有給休暇を確実に取得し、メリハリのある働き方ができる仕事で頑張りたいと考えている人
＊現職では経験できる仕事の範囲が限られるため、複合施設でサービス業の多様な仕事を経験でき、キャリア形成ができる仕事があれば転職したいと考えている人

▶非正規雇用から脱却し正社員として働きたい人
これまで正社員での就労機会がなく、やむなく非正規雇用で働いているが、職歴や経験を問わず活躍できる正社員の仕事があれば、職種にこだわらず挑戦したいと考えている人

アピールポイント

▶35歳以下で経験不問の募集であること
▶社員の定着策として所定休日に加え、年次有給休暇の取得を推進し、メリハリのある働き方に取り組んでいること
▶総合職としてフロント業務から接客、飲食部門の調理やメニュー開発、イベント企画、アルバイト管理、テナント支援などサービス業のほぼ全域の仕事を経験できること
▶職歴や経験を問わず、第二新卒やフリーターなどの非正規雇用で働いてきた人も歓迎すること
▶資格の取得や役職昇進、本部スタッフなどキャリアアップの道があること
▶福利厚生の充実に取り組んでおり、会社としても深夜労働で頑張る社員への感謝の姿勢があること

仕事内容

職種	スーパー銭湯スタッフ（総合職）／３５歳以下・経験不問
仕事内容	お子様からシニアまで世代を超えて愛されるスーパー銭湯運営の仕事です。サービス業ですがメリハリのある働き方や手厚い福利厚生とキャリア形成など、安心して長く働ける職場です。 ■仕事内容 主業務：開店準備／フロント業務／飲食店調理やメニュー開発／館内見回り／閉店後清掃／テナント店の運営支援 関連業務：アルバイトスタッフの指導／イベント等の企画・実施 ※館内に飲食店、理美容、マッサージ、エステ、ゲーム施設あり。 ■仕事の魅力 ＊接客からフロント、飲食、企画、指導、清掃までサービス業の幅広い業務を1つの職種で経験できキャリアを積めます。 ＊自分で企画したイベントなどを実現できる楽しさがあります。

「職種名」その他例

●スーパー銭湯の運営スタッフ〈正社員〉／サービス業経験歓迎
●第二新卒やフリーターから正社員へ／スーパー銭湯スタッフ
●サービス業経験が活きるスーパー銭湯正社員総合運営スタッフ
●年間休１０５日＋有休５日間連続休暇／スーパー銭湯スタッフ

「仕事内容」記入のポイント

▶深夜まで勤務する仕事柄、求職者にはハードで負担の大きい仕事とのイメージだけで判断されないよう、休日や年次有給休暇の確実な取得や手厚い福利厚生を具体的に紹介することにより、日々は多忙でもメリハリのある働き方ができることをアピールの柱とする。
▶仕事内容は未経験者でもイメージしやすいため項目のみの紹介に留め、全体としてはフロント業務から飲食、アルバイト指導のほか、イベント企画や実施まで、サービス業の色々な職種を1つの職種で経験し、キャリアを形成できる魅力的な仕事であることをアピールする。

会社の情報

事業内容	温浴施設を3店舗運営する会社です。温浴施設にはサウナ、岩盤浴のほか、レストランやエステ、理美容、ゲーム施設まであり家族で楽しめます。地域のみなさんの健康と癒しを応援する施設です。
会社の特長	深夜業務もあるサービス業で大変な仕事ですが、年次有給休暇の積極的な取得や業務改善による働き方の見直しを進めています。また幅広い経験や資格の取得等スタッフの成長を支援しています。

労働時間

就業時間	変形労働時間制（1ヶ月単位） （1）　08時 30分　〜　17時 00分 （2）　16時 30分　〜　01時 00分 （3）　　時　分　〜　　時　分 又は　時　分　〜　　時　分　の間の　時間
	就業時間に関する特記事項 ＊（1）（2）を原則2週間サイクルでシフトします。 ＊実働は7．5時間／週平均40時間以下です。 ＊シフトは前月10日までに作成します（希望に合わせて配慮）。 ＊22：00以降は深夜割増賃金が加算されます。
休日等	その他 週休二日制　その他 ＊月8日休み（急な休日出勤などもありません） ＊夏季休暇5日間（交替）　＊年末年始12／31〜1／3 6ヶ月経過後の年次有給休暇日数　　10日

求人に関する特記事項

求人に関する特記事項
■魅力1〈メリハリのある働き方〉 年次有給休暇を活用した5日間の連続リフレッシュ休暇制度を導入したことにより取得率は80％に向上しました。 ■魅力2〈キャリアアップ〉 ＊館内の各部門を希望も踏まえながら幅広く経験することでサービス業の多様なキャリアを1つの職場で形成できます。 ＊お客様とのコミュニケーションやアドバイスのために「温泉入浴指導員」や「サウナ・スパ健康アドバイザー」などの資格取得を推奨しており、合格祝金も支給しています。 ＊入社3年後からはリーダー、チーフ、副店長、店長へのキャリアパスのほか、本部スタッフとしての活躍も可能です。 ■魅力3〈イベント企画に参加〉 （例）ミニセミナー「健康になれる入浴法」などをテーマに資格を持ったスタッフが講師として開催。その他ハロウィンやクリスマスイベントなどオリジナル企画も好評です。 ■魅力4〈社員に感謝の福利厚生〉 勤務終了後の無料入浴／店内飲食の半額割引／人事担当による毎月の健康面談／資格取得祝金／5年・10年勤続表彰／提携スポーツクラブの割引利用／などがあります。 ※店舗見学歓迎です。お帰りには無料入浴をご利用ください。

「会社の情報」記入のポイント

▶温浴施設を3店舗展開する会社で、サウナやレストラン、エステ、ゲームなどの多彩な付属施設は家族連れに人気があり地域の健康づくりに貢献していることをアピールする。
▶店を支えるスタッフには深夜勤務などで負担もかけているため、特に年次有給休暇の取得を推進し、健康的でメリハリのある働き方に取り組んでいることをアピールする。

「労働時間」記入のポイント

▶特に未経験者を想定して実働時間と週所定労働時間、シフトのサイクルなども含めて丁寧に説明し、日々の働くイメージを持てるようにする。また、休日確保を転職理由とする求職者に向けて、急な休日出勤などもなくしっかり休めることをあえて念押しする。

「求人に関する特記事項」記入のポイント

▶魅力1〈メリハリのある働き方〉
サービス業で深夜勤務もあるマイナスイメージを払拭するため、連続休暇を含めて年次有給休暇の積極的な取得に取り組み、メリハリのある働き方ができることをアピールする。
▶魅力2〈キャリアアップ〉
幅広い仕事を経験できることや資格取得のほか、管理職や本部スタッフとしての活躍など、色々なキャリアアップのチャンスがあることをアピールする。
▶魅力3〈イベント企画に参加〉
イベントやキャンペーン、直営店の飲食メニュー開発など自分の企画を実現できるチャンスがあり、仕事の楽しさや充実感も得られることをアピールする。
▶魅力4〈社員に感謝の福利厚生〉
深夜まで働くなど不規則な勤務に就く社員の労に感謝し報いるための各種福利厚生施策に取り組んでいる会社の姿勢をアピールする。
※店舗見学を勧め、オープンな会社イメージをアピールする。

ゴルフ場フロントスタッフ

求職者イメージ

▶ スポーツ業界で仕事がしたい人
異業種で働いているが、スポーツが好きで毎日欠かさず運動を実践していることから、ぜひ仕事もスポーツに携わりたいと考えている人

▶ ゴルフ人気にあやかって転職を考えている人
異業種で働いているが、このまま仕事を続けることに疑問を感じ、テレビや雑誌のゴルフ人気に興味もあることから、経験はないがゴルフ業界で働きたいと考えている人

▶ 接客が好きで新しい仕事を探している人
人と関わることが好きで販売や営業などの仕事をしているが、販売目標に追われ本当の楽しさを見いだせず、自分に合った接客の仕事に転職を考えている人

▶ 第二新卒などの若年層
学校卒業後の初職は早期離職し、現在は非正規雇用で働きながら正社員を目指しているものの、求人条件のハードルが高い仕事が多いため、職種を限定せずキャリアも不要な仕事を探している第二新卒などの20〜30代

アピールポイント

▶ ゴルフの知識や経験がなくても始められる仕事であり、異業種からでも転職しやすいこと
▶ 自然の中で静かに仕事ができる独特の職場環境としての魅力があること
▶ ゴルフという品格イメージのあるスポーツに仕事として関わることができること
▶ ゴルフ好きな人には無料でプレーできる特典があること

仕事内容

職種	○○ゴルフ倶楽部フロントスタッフ／ゴルフ知識・経験不要
仕事内容	自然に囲まれた静かなゴルフ場の「顔」として、お客様の受付やプレー後の精算業務を担当するフロントスタッフの仕事です。ゴルフの知識や経験は不要！接客が好きな方であればOKです。 ■主な業務 ＊予約表で本日のお客様をあらかじめ把握し必要な準備をする。 ＊来場されたお客様を受付しロッカーキーをお渡しする。 ＊電話やインターネットによる予約の受付に対応する。 ＊終了されたお客様からロッカーキーを回収し料金を精算する。 ＊関連業務としてショップの商品管理や接客販売のほか、喫茶コーナーやレストランで給仕応援もお願いすることがあります。 （参考）フロント業務は朝10：00頃までと午後は16：00頃までがメインの時間帯になります。

「職種名」その他例

● フロント職／スポーツ・ゴルフ好き歓迎／勤務後無料プレー可
● 【正社員】ゴルフ場フロントスタッフ／接客業務の経験者歓迎
● 自然の中でゆったりとした時間を楽しむゴルフ場のフロント職
● フロントスタッフ／20万円＋賞与／月7日休・年間休92日

「仕事内容」記入のポイント

▶ 求職者の中には、ゴルフ場の仕事と聞くと知識や経験が必要で、異業種からの応募は少しハードルが高いのではないかとイメージを持つ人も想定されるため、求人全体は誰でもチャレンジできる応募しやすいイメージを柱とする。併せて、勤務時間や休日は一般の仕事とは異なるため、丁寧な説明を心がける。

▶ 未経験者向けにゴルフ場のフロント業務について関連業務も含めて簡単に説明し、大まかな仕事のイメージを持ってもらえるようにする。また、参考までに業務のメインとなる時間帯についても紹介し、1日の流れをイメージしやすくする。

会社の情報

事業内容	ゴルフ場の経営と運営を行っています。地元では一番歴史のあるゴルフ場として多くの会員様から魅力あるコースとともに好評をいただいています。現在、トレーニング施設の開設も計画中です。
会社の特長	接客サービスには力を入れており、特に「顔」となるフロントスタッフは専門家の指導を受けています。「改善カード」を作成し、些細なお叱りや要望もすべて共有し、改善に役立てています。

労働時間

就業時間	変形労働時間制（1年単位） （1）　06時30分　～　15時00分 （2）　07時30分　～　16時00分 （3）　08時30分　～　17時00分 又は　時　分～　時　分の間の　時間
	就業時間に関する特記事項 ＊（1）（2）（3）のシフト制 ＊1日の実働7．5時間 ＊12月～2月の冬季は8：00～16：00（実働7時間） ＊シフトは原則1週間サイクル
休日等	その他 週休二日制　その他 ＊月7日の休み（原則平日）　＊夏季3日間（交替） ＊年末年始・冬季12／31～1／1のほか交替で3日間 6ヶ月経過後の年次有給休暇日数　10日

求人に関する特記事項

求人に関する特記事項
■労働条件の補足 ＊シフトは前月10日までに作成しますが、土日祝日などに休みが必要な場合は事前に申し出れば考慮しますので安心です。 ＊基本的には時間外労働はありませんが、天候やラウンド状況などにより月10時間程度発生します。 ＊積雪によるクローズの場合は雪かきや事務作業を行います。 ■仕事の楽しみと特典 ＊早朝勤務や土日祝日出勤に慣れるまでは少し戸惑うかもしれませんが、早朝のすがすがしさや広々とした景色の中での仕事はオフィスや工場ではまったく味わえない魅力です。 ＊仕事上がりも早いので買い物や趣味などにも時間を使うことができます。 ＊平日16：00以降はコースを開放しますので、ゴルフが好きな方や始めたい方は勤務終了後に楽しめます。 ■職場の様子 フロントとバック事務部門スタッフの平均年齢は30代で、異業種からの入社が4名です。皆、当ゴルフ場の「顔」として、朝一番にお客様が気持ち良くスタートできるよう明るく接客しています。 ※施設はホームページをご覧ください。また、ぜひ一度見学にお越しください。先輩社員との懇談の場もご用意いたします。

「会社の情報」
記入のポイント

▶地元では一番歴史がありコース内容が好評なゴルフ場であることを紹介するとともに、新たにトレーニング施設の開設を計画していることもアピールする。また、接客サービスの向上には「改善カード」で情報共有していることを紹介し、単なるスローガンではなく具体的に取り組んでいる姿勢をアピールする。

「労働時間」
記入のポイント

▶ゴルフのプレーは早朝から始まるため、勤務時間も他の職種に比べ朝の早い時間から就労することが特徴となる。1年単位の変形労働時間制で3パターンのシフト勤務のほか、冬季のオフシーズンに対応した時間もあることなどを丁寧に説明し、働き方をイメージしやすくする。

「求人に関する特記事項」
記入のポイント

▶労働条件の補足
求職者の小さな疑問も解消するため、積雪時の仕事内容やシフト勤務での休日希望の対応などについて簡単に補足する。

▶仕事の楽しみと特典
緑に囲まれ広々とした環境は他の仕事にはない魅力であるとともに、従業員の特典として勤務終了後には無料プレーができることを紹介し、ゴルフ経験者や機会があれば始めたいと思っている求職者の関心を惹きつける。

▶職場の様子
特に若い人は職場の雰囲気に関心が高いため、平均年齢や異業種からの転職者数のほか、スタッフの活躍状況などを紹介して雰囲気を感じ取ってもらうとともに、「この職場なら自分もやって行けそうだ」と思えるようなイメージをアピールする。
※見学のコメントでは、社員との懇談もあることを紹介し、オープンな会社イメージをアピールする。

スポーツクラブインストラクター
（ジム・プール）

求職者イメージ

▶異業種からの転職希望者
　＊大学で健康運動指導士などの資格を取得しながら異業種に就職したが、仕事が自分に合わないため初心に帰ってスポーツ業界への転職を考えている人
　＊学生時代は体育会系の部活（運動部）に入っていたので、今後も好きなスポーツ関係の仕事に携わりたいと考えている人
　＊現職に適性を見出せず転職を希望しているが、学生時代に経験したスポーツクラブやスポーツ用品店などでのアルバイトが楽しかったことから、転職先として考えている人
　＊第二新卒や非正規雇用からの転職希望者
▶現役インストラクターで転職を考えている人
　現役インストラクターとして働いているが、契約社員から正社員登用の見込みがない、転居を伴う転勤がある、マネージャーなどへの昇進チャンスがない、資格取得に支援がないなどの理由で転職をしたい人

アピールポイント

▶スポーツ関係の仕事への第一歩として始めやすいこと
▶資格や経験がなくてもチャレンジできること
▶エリア社員（地域限定正社員）のため転勤があっても自宅通勤できること
▶スポーツ関係の資格取得に理解・支援があること
▶昇進に向けた試験制度がありモチベーションになること

仕事内容

職種	エリア正社員／スポーツクラブインストラクター／資格不要
仕事内容	スポーツに関わる仕事への第一歩となるインストラクター職です。応募条件は「スポーツが好きなこと」で資格は不要です。キャリアを積みながら将来は専門的スポーツ指導者として活躍できます。 ＊設備は最新マシン１５０台を備えたトレーニングジムのほか、２５ｍプールとエアロビクスなどのスタジオ３室があります。 ＊当面は先輩とペアでマシンの使い方やお客様の年齢や体の状態に合わせたアドバイス・提案を行います。 ＊仕事に慣れたらプール監視や泳ぎが得意な方は初級者対象の水中歩行やヨガなどのサブインストラクターから担当します。 ＊お客様は、パワーアップよりもマイペースに健康づくりを楽しみたいミドルやシニアの方が増えています。 ＊スポーツ系有資格者が多くお客様の信頼につながっています。

「職種名」その他例

●諦めていたスポーツに関わる仕事の第一歩／インストラクター
●スポーツクラブのインストラクター／ジム・スタジオ・プール
●条件はスポーツが好き／ジム・プールなどのインストラクター
●キッズからシニアまでの楽しい健康づくりをサポート／指導員

「仕事内容」記入のポイント

▶今回は35歳以下で経験不問のキャリア形成を目的とした募集であることから、求人全体は(1)あきらめていたスポーツ関係の仕事に今からでもチャレンジできること、(2)インストラクターを足掛かりにキャリア形成に取り組めば将来は活躍の幅を広げられること、の2点を柱にイメージづくりをする。
▶冒頭では、スポーツ関係の仕事といっても何から始めれば良いのか迷っている求職者に向け、「この仕事なら自分にもできそう」と思えるようなメッセージを発信する。
▶主要業務の内容とお客様との関わり方を説明し、求職者が自分の働く姿をイメージできるようにする。

会社の情報

事業内容	スポーツクラブ○○○を△△エリアで指定管理施設も含め10店舗運営。最新マシンやプール、スタジオ、エステサロン、サウナなどを備え、全世代が楽しみながら健康づくりに取り組める施設です。
会社の特長	クラブの評価はスタッフに対する信頼度です。確かな知識と経験でお客様に合った的確なアドバイスができる人材育成のため、当社では社内認定制度を設け、日々レベルアップに取り組んでいます。

労働時間

就業時間	変形労働時間制（1ヶ月単位） （1）　09時00分　～　18時00分 （2）　11時00分　～　20時00分 （3）　14時00分　～　23時00分 又は　時　分　～　時　分　の間の　時間
	就業時間に関する特記事項 ＊1ヶ月単位変形労働時間制の3交替勤務です。 ＊週平均労働時間は40時間以下で調整します。 ＊シフトは原則1週間サイクルですが、希望は配慮します。
休日等	月　その他 週休二日制　その他 ＊月曜日（休館日）のほか平日1日休み（シフト制による） ＊夏季3日間（交替）・年末年始12／30～1／3 6ヶ月経過後の年次有給休暇日数　10日

求人に関する特記事項

求 人 に 関 す る 特 記 事 項
■労働条件の補足 ＊入社後1ヶ月程度はフロント受付業務を経験していただきます。 ＊試用期間終了時には今後の仕事の希望などを話し合います。 ＊希望により転勤を伴う総合職社員への転換も可能です。 ■資格取得の支援 ＊最も基礎的なスポーツ指導者基礎資格となる「コーチングアシスタント」を通信講座を受講して取得できます。 ＊基礎水泳指導員（水泳インストラクター）／100m個人メドレー制限タイムで泳げる方は養成講習と検定試験で取得できます。 ＊スタジオインストラクター／社内の3ヶ月間養成プログラムにより、実技指導とアシスタントを経て独り立ちしていきます。 ■スタッフ紹介 ＊マネージャー／38歳女性、副マネ／32歳男性、各部門主任5人（平均28歳）のほかスタッフ14人・アルバイト12人。 ※正社員スタッフの全員がスポーツ関係の有資格者であるほか、理学療法士や栄養士からの転職者もいます。 ■働くメリット ＊資格や経験のない方でもスポーツの仕事で充分活躍できます。 ＊インストラクターを足掛かりに、トレーナーや上級指導者、フリーランスなどの幅広い仕事で活躍できるチャンスがあります。

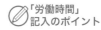

「会社の情報」記入のポイント

▶地元では知られているスポーツクラブ10店舗を運営する会社であることを紹介したうえで、大小多様な形態のスポーツ施設がある中、サウナやエステサロンなども備え、身体強化やパワーアップだけでなく楽しみながら健康づくりができる身近なスポーツクラブとして、施設やスタッフの充実に取り組んでいることをアピールする。

「労働時間」記入のポイント

▶1ヶ月単位変形労働時間制をベースに、営業時間に合わせて原則1週間サイクルの3交替制シフト勤務となる働き方を説明する。また、休日は休館日の月曜日を含め原則として週休2日制のシフト勤務であることを説明し、求職者が1ヶ月間の働き方をイメージできるようにする。

「求人に関する特記事項」記入のポイント

▶労働条件の補足
伝えておきたい情報から、特に試用期間終了時には話し合いの機会を設けていることや、総合職への転換も可能であることを紹介することで、1人ひとりのスタッフを大切に考えている会社の姿勢を示す。

▶資格取得の支援
スポーツ関係の資格を持たない求職者の動機づけとなるよう、特に主要業務に係る資格を例に、取得の流れなどを紹介し、会社も積極的に支援する姿勢を示す。

▶スタッフ紹介
求職者の関心事でもある一緒に働く仲間を紹介するとともに、意外な資格保有者も転職していることを紹介し、求職者の門戸を広げる。

▶働くメリット
仕事内容欄の冒頭で、インストラクターの仕事がスポーツ関係で働く第一歩となることを強調したことから、この仕事を足掛かりにキャリアアップしていけることをアピールして、興味・関心を高める。

旅館客室係

求職者イメージ

▶地元の観光業で働きたい人

＊観光地（温泉地）という土地柄、ホテル・旅館業は主要産業であり地域住民の多くが働いていることから、自分も地元で働きたいと考えている人

＊同業他社で働いているが、勤務条件や家庭との両立などが厳しいため、自分に合った職場に転職したいと考えている人

＊友人が多く働いている観光業で自分も働きたい人

＊ひとり親で生活を支えていくためにも、社員寮が完備され家庭との両立もしやすい職場を探している人

▶UIJターンを考えている人

故郷に戻りたい人や地方暮らしを希望している人

アピールポイント

▶地元に多数ある同業者の中で、少しはゆとりのある働き方ができる職場であること

▶若い世代にとって大切なプライベートを楽しむための休日などの労働条件や働きやすい職場環境づくりに取り組んでいること

▶社員寮やリフレッシュ休暇・時間単位有給休暇制度を導入しており、手厚い福利厚生が整っていること

▶時代の変化やスタッフの定着に向けて働き方の見直しや改善に取り組み、成果も上げていること

仕事内容

職種	観光旅館おもてなし接客係／ちょっとゆとりのある働き方
仕事内容	観光ホテル旅館の接客「おもてなし係」の仕事です。地元の２０〜６０代までの幅広い世代のみなさんに活躍していただいており、少しでもゆとりある働き方ができるような職場を目指しています。 ■ゆとりを感じられる働き方 ＊閑散期を利用してリフレッシュ休暇年間４日間を始めました。 ＊家庭との両立のため時間単位の年次有給休暇取得も始めました。 ＊パートスタッフを増やし客室係のサポート体制を整えました。 ■楽しく学んでスキルアップ スタッフのおもてなし力を磨くため、華道やカタコト外国語、接客検定などの各種教室を開き、楽しく学んで仕事に活かしています。 ■うれしい福利厚生 社員寮（単身・家族）の完備／健康診断／勤続表彰など

✍「仕事内容」記入のポイント

▶24時間営業を支える仕事柄、勤務条件や働き方を敬遠する求職者も想定されるため、求人全体としては若手からシニアまでの幅広い世代に向けてプライベートや家庭も大切にしながら働けるイメージが伝わるようにする。

▶具体的にリフレッシュ休暇や時間単位有給休暇に加え、パートスタッフ増員による業務の負担軽減など、働きやすい環境の整備に取り組んでいることを紹介する。特に若い人に対しては、仕事の中にも楽しみながら成長できる機会があり、仕事一辺倒の職場ではないことをアピールし、「ここなら働きたい」と前向きな気持ちを引き出せるようにする。

「職種名」その他例

● 【正社員】観光旅館おもてなし係／寮あり／UIJターン歓迎
● 客室おもてなし係／ワークライフバランスを大切にした働き方
● 観光旅館客室スタッフ／カタコトでも外国語可の方歓迎
● 観光旅館おもてなし接客係／休日は月８日・年間１００日

会社の情報

事業内容	創業６０年の観光旅館。客室は４０室と中規模ですが、オーシャンビューの絶景と落ち着いたお部屋に加え、スタッフ１人ひとりのおもてなしの心により、ご年配のリピーター客が多いことが特徴。
会社の特長	スタッフの９割が地元の方々で、２０〜６０代の幅広い年代層が活躍しています。若い人も安心して長く働けるよう、女将が先頭に立って働きやすい職場環境の改善に取り組んでいます。

労働時間

就業時間	変形労働時間（１年単位） （１）　０６時００分　〜　２１時００分 （２）　０９時００分　〜　２１時００分 （３）　１２時３０分　〜　２１時００分 又は　　時　分　〜　　時　分　の間の　時間
	就業時間に関する特記事項 ［ ＊（１）〜（３）のシフト制　＊１日の実働７．５時間 　＊（１）早番／中抜け休憩１０：００〜４５０分（１７：３０迄） 　（２）中抜け休憩１２：００〜２７０分（１６：３０迄） 　（３）遅番／休憩６０分（交替） ］
休日等	その他 週休二日制　その他 ［ ＊月８日休み　＊公休リフレッシュ休暇計４日間（閑散期５月中旬 　〜７月中旬および２月に交替で取得） ］ ６ヶ月経過後の年次有給休暇日数　　１０日

求人に関する特記事項

求人に関する特記事項
■仕事内容の補足 客室の準備／お客様のお出迎え・客室ご案内／お部屋食の配膳・下げ膳・片付け／布団敷き・上げ／お見送り ※朝食はレストラン方式・清掃は専門スタッフが行います。 ■おもてなし係の紹介 ＊２０〜６０代の２３名で、経験１年程度の方も２名活躍中です。 ＊直属上司の係長は１５年のキャリアで子育て中です。 ＊入社後３ヶ月間は年代の近い先輩とのペアで基本を学びます。 ■楽しく学んでスキルアップ ＊毎月１〜２回、専門講師や女将による研修を開催しています。 　地元観光知識／接客マナー／華道／カタコト英語と中国語 　／観光庁後援「おもてなし検定」の勉強会（合格者は祝金あり） ■うれしい福利厚生 ＊社員食堂は朝食無料、昼・夜は各３００円 ＊単身寮は個室／キッチン・バス・トイレ／月１万円＋水光熱 ＊家族寮はアパート借上（社員が世帯主）／月２万円＋水光熱 ＊１０年と２０年の勤続表彰制度（旅行券授与） ■ＵＩＪターン歓迎 都会で働いてきたが故郷に帰りたい方や地方で働きたい方などはぜひ一度ご相談ください。自然豊かな環境で働きませんか。

✎「会社の情報」記入のポイント

▶中規模な観光旅館ではあるが、絶景と「おもてなしの心」が好評でリピーターが多いことをアピールする。
▶24時間営業を支える仕事のため社員にとっては苦労や負担も大きいが、若い人材に活躍してもらうためにも、働き方の改善やスタッフを大切にする姿勢をアピールし、仕事や会社のイメージを高める。

✎「労働時間」記入のポイント

▶業務体制の必要性から客室係の勤務時間も中抜け休憩を伴うなど多様になるため、単に6：00〜21：00までの7.5時間と説明するのではなく、できるだけ具体的に紹介することによって特に未経験の求職者が日々の働き方をイメージできるようにする。

✎「求人に関する特記事項」記入のポイント

▶仕事内容の補足
主な仕事内容を1日の流れに沿って紹介するとともに、特に朝食や清掃業務は専門スタッフが行うことを説明し、客室係の業務軽減になっていることをアピールする。
▶おもてなし係の紹介
上司になる人も子育て中であることを紹介し、親近感と家庭との両立が可能であることをアピールする。また、未経験者の不安軽減のため入社後のフォローもひと言触れる。
▶楽しく学んでスキルアップ
単に仕事のためだけではなく、楽しく教養などを身につけられる機会もあることを紹介し、仕事へのモチベーションにつなげる。
▶うれしい福利厚生
特に社員寮は応募判断を左右する情報のため具体的に紹介し、入社後の生活をイメージできるようにする。
▶UIJターン歓迎
現在都市部で働いているが「故郷に戻って働きたい」「地方の暮らしに憧れる」と考えている人などを歓迎する姿勢をアピールする。

スキー場運営管理スタッフ

求職者イメージ

▶ UIJ ターン希望の 20 代・30 代
- ＊地元出身で都会に就職したが将来を考え故郷で働きたいと考えるようになり U ターンを計画し、地元の主力産業である観光関係で仕事を探している人
- ＊地域に特別な縁はないが都会生活が自分に合わないため地方で働きたいと考え、経済的にも安定して働ける仕事や企業を探している人

▶ 異業種から転職を希望する 20 代・30 代
- ＊スポーツ用品店やトレーニング施設などで働いているが、ウインタースポーツが好きなため将来はインストラクターとして活躍したいと考え、転職活動をしている 20 代・30 代
- ＊異業種の製造職や営業職、事務職などで働いているが、登山やキャンプなどのアウトドア活動が好きなことから、いつかは大自然の中で働ける仕事に就きたいと考えている人

アピールポイント

▶ 35 歳以下で経験不問の条件であること
▶ UIJ ターン希望者を歓迎すること
▶ 雄大な大自然の中で働けること
▶ 寮が完備され、生活費があまりかからず貯蓄も可能なこと
▶ 重機やスノーモービルなどの運転資格を取得できること
▶ 索道（リフトやゴンドラなどの総称）技術管理員や技術管理者へのキャリアアップが可能なこと
▶ 季節により異なる働き方や年次有給休暇の連続取得制度など、メリハリをつけて働けること

仕事内容

職種	スキー場の運営管理／３５歳以下・ＵＩＪターン歓迎・寮完備
仕事内容	上級者からファミリーまでが楽しめるスキー場の運営管理の仕事。寮も完備していますのでＵＩＪターン希望の方も安心して働ける環境を整えています。雄大な自然の中でノビノビと働きませんか。 ＊施設業務：チェアリフト（４人用・５基）とゴンドラリフト（６人用・１基）の点検・整備や通路の除雪、ゲレンデ整備など ＊運営業務：各リフトの操作とお客様の安全な乗降誘導です。リフト券はＩＣ化されているので回収や目視確認などはありません。 ＊関連業務：用具レンタルの係員、安全パトロールもあります。 ＊オフシーズン：次のシーズンに向けて施設や機械の点検・整備作業を行います。リフトは観光用として春の新緑、夏の避暑、秋の紅葉時期も稼働しますのでシフトにより運用も担当します。 ※応募前の現地案内も可能ですので、お気軽にご連絡ください。

「仕事内容」記入のポイント

▶ 地元求職者の少ない地域での人材確保であることから、対象を遠方者や都会からのUIJターンを考えている人に広げ、求人全体は(1)UIJターンを歓迎する明確なメッセージ、(2)大自然の中で働く喜びと具体的な仕事内容、(3)この仕事で得られるメリット、の3点を中心に魅力を打ち出す。

▶ スキー場で働くことに関心を持つ求職者を冒頭3行で惹きつけられるようにアピールする。

▶ 4行目以降では仕事内容として、施設業務、運営業務、関連業務の内容を説明するとともに、オフシーズンの働き方も紹介し、求職者が1年間を通した仕事をイメージできるようにする。

「職種名」その他例

- ● 大自然の中で自分らしく働きませんか／スキー場運営管理員
- ● 【正社員】索道技術管理員候補（スキー場）／資格・経験不要
- ● スキー場の運営と施設管理スタッフ／３５歳以下・経験不問
- ● 冬季はスキー場・オフは観光リフトの運営／２０万円・入寮可

会社の情報

事業内容	スキー場やキャンプ場の運営のほか、グループ会社では温泉リゾートホテル事業を展開しています。国道から３０分のスキー場と１年を通してアウトドアを楽しめる自然エリアが好評です。
会社の特長	有力産業の少ない地方の山間部で唯一の産業とも言える観光・レジャー事業を展開する企業のため、社員の多くは地元の人々ですが、４割が２０代・３０代の若い人材であり、職場も活気があります。

労働時間

<table>
<tr><td rowspan="2">就業時間</td><td>変形労働時間制（１年単位）
（１）　06時 30分　～　15時 30分
（２）　08時 00分　～　17時 00分
（３）　13時 00分　～　22時 00分
又は 06時 30分　～　22時 00分 の間の 8時間程度</td></tr>
<tr><td>就業時間に関する特記事項
［＊シーズンは１１月～３月末まで
＊（１）（２）（３）はシーズン中のシフトの一例／実働８ h
＊（３）はナイター営業による遅番
＊オフシーズンは８：３０～１６：３０固定勤務／実働７ h</td></tr>
<tr><td>休日等</td><td>その他
週休二日制　その他
［＊シーズン中は月６日、オフは８～９日休み
＊盆休み８／１２～８／１６　＊有給休暇の５日間連続取得可
６ヶ月経過後の年次有給休暇日数　１０日</td></tr>
</table>

求人に関する特記事項

求人に関する特記事項
■こんな仕事もあります ＊週末と休日はナイター営業（～２１時）があります。 ＊圧雪車やスノーモービルの運転があります（場内免許不要）。 ＊リフト支柱の高所作業があります（入社後２年目～）。 ■季節によって働き方が変わります ＊冬季はゲレンデ整備などによる早朝勤務やナイター営業による遅番を含めた実働８時間のシフト制勤務で休日も月６日となりますが、オフシーズンは実働７時間の日勤固定時間勤務で休日も月８～１０日となります。 ＊オフシーズンには５日間連続有給休暇を取得できますので、プライベートも充分楽しめるメリハリのある働き方ができます。 ■働く魅力があります ＊除雪ブルドーザーの運転技能やスノーモービルのインストラクター認定資格の取得を支援（費用助成）します。 ＊経験を積むことで索道技術管理員（リフト主任）や索道技術管理者（リフト総責任者）にキャリアアップも可能です。 ＊単身寮があり、シーズン中は食事補助もありますので、生活費があまりかからず、しっかり貯蓄もできます。 ＊休日にはリフトを無料で利用できる特典があります。 ※２年前にＩターンで入社した先輩１名（３２歳）も活躍中です。

「会社の情報」記入のポイント

▶スキー場やキャンプ場のほか、グループでは温泉ホテル事業も展開する観光開発会社であることを簡単に紹介する。有力産業の少ない地域ではあるが若い人材に働く場所を提供することで地域を守っていることも伝え、会社のイメージ向上を図るとともに、UターンのみならずIターン、Jターンを計画している求職者にもアピールする。

「労働時間」記入のポイント

▶冬季の繁忙期とその他の季節で働き方が大きく変わる仕事であることを理解してもらうため、1年単位の変形労働時間制となる勤務体系や休日に加え、参考として有給休暇の連続取得もあることなどを丁寧に説明し、求職者が1年を通した働き方を具体的にイメージできるようにする。

「求人に関する特記事項」記入のポイント

▶こんな仕事もあります
仕事内容欄で説明した主要業務のほかに承知しておいてほしい特徴的な業務を3点紹介し、求職者に「そういう仕事もあるのか」と仕事への理解を深めてもらう。

▶季節によって働き方が変わります
スキー場でのアルバイト経験があれば社員の働き方はある程度想像できるが、未経験の求職者には想像できず応募を左右することにもなるため、改めて丁寧に説明して納得を得る。また、オフシーズンには5日間連続で年次有給休暇を取得できるなど、プライベートの充実も図れる環境をアピールする。

▶働く魅力があります
一般的な企業での仕事に比べ日常生活も含め特殊な働き方となるため、応募を躊躇することも考えられるが、その分得られるメリットを具体的に4点紹介し、新しい活躍のフィールドを求めている求職者に向けて強いメッセージを発信する。

イベント・キャンペーンスタッフ

求職者イメージ

▶第二新卒や非正規雇用からの転職希望者

新卒後の就職先を離職したり、離職後は非正規雇用で働いたりしているが、同じ作業の繰り返しやかしこまった組織での仕事は苦手のため、自由度の高い仕事に転職を希望している20代

▶学生時代の経験を活かした転職希望者

現職にモチベーションが上がらず転職を考えているが、学生時代に担当した文化祭や学園祭などの実行委員やコンサートイベントのアルバイト経験が楽しかった記憶もあり、そうした仕事なら主体的に取り組めるのではないかと考えている若年層

▶異業種からの転職希望者

広告代理店やマスコミ関係などの営業職で働いているが、自分のアイデアや企画を実現できる仕事に興味があり、イベントやプロモーション活動のできる仕事に転職を考えている人

アピールポイント

▶一番は「人を楽しませる仕事」であること

▶接客のような表方から会場設営などの裏方まで幅広い仕事があり、スタッフの個性を活かしながら活躍できる仕事であること

▶将来は、自分の企画やアイデアを実現していくチャンスもあること

▶イベントやキャンペーンは同じものはふたつとはないため、日々新鮮な気持ちで仕事に取り組めること

仕事内容

職種	【正社員】イベントスタッフ／設営から接客まで／～35歳
仕事内容	商業施設および地域で開催されるイベントやお店の販売キャンペーンなどを運営する仕事です。皆で盛り上げることが得意な方から縁の下で支えることが得意な方まで活躍のフィールドがあります。 ■イベント事業 商業施設や商店街、住宅展示場などでの各種イベントの企画から会場設営、運営までをトータルにサポートします。 ■キャンペーン事業 店頭での販売促進活動として、受付・接客からアンケート回収、ご案内などの運営をサポートします。 ※当面は現場で事前準備から運営までを担当しますが、経験を積むことで部門リーダーや現場統括、さらに将来はイベントディレクターとして活躍のチャンスもあります。

「職種名」その他例

- ●正社員／イベント・キャンペーン運営スタッフ／未経験OK
- ●イベント運営スタッフ／20万円・週休2・土日休みもあり
- ●コンサートや展示会イベント運営スタッフ／はじめての方歓迎
- ●イベント運営／あなたの得意を活かせるフィールドがあります

「仕事内容」記入のポイント

▶イベントスタッフは若い求職者の多くが一度はやってみたい仕事のひとつでもあることから、求人全体ではそうした興味や憧れを呼び起こし、「転職するならこの仕事にチャレンジしてみよう」と思える情報やメッセージを発信する。

▶特に冒頭では、求職者像を社交的なタイプだけではなく、縁の下で全体を支えることが得意なタイプにも広げ、誰でも活躍できることを発信して、応募しやすい求人であることをアピールする。

▶転職者の不安材料のひとつでもある将来の展望についてひと言コメントし、腰を据えて取り組める仕事であることをアピールして、多くの求職者の関心を惹きつける。

会社の情報

事業内容	企業の展示会や販売促進キャンペーンの他、地域の夏祭りなど幅広いイベントの企画から運営までをトータルにサポートしています。○○市恒例の総合スポーツフェスタは、当社の代表的な事業です。
会社の特長	イベントやキャンペーンの運営に一番大切なものはチームワークであり、その手段はコミュニケーションです。当社では、ひとつの仕事を終えた後に必ず反省会を実施し、意思疎通を図っています。

労働時間

就業時間	（1）　09時 00分　〜　18時 00分 （2）　　時　分　〜　　時　分 （3）　　時　分　〜　　時　分 又は　時　分　〜　　時　分　の間の　時間
	就業時間に関する特記事項 ＊イベント計画などにより勤務時間を調整する場合があります。 ＊時間外労働もイベントにより増減します。
休日等	月　その他 週休二日制　毎週 ＊月曜日以外はシフトによる　＊夏季・冬季で8日間（交替制） ＊イベントなどがなければ土・日・祝日も休めます。 6ヶ月経過後の年次有給休暇日数　10日

求人に関する特記事項

求人に関する特記事項
■仕事内容の補足 2種類の業務をイベントディレクターの指示の下、部門ごとにリーダー以下アルバイトを含めた2〜5名のチームで担当します。 （1）会場設営…ステージや音響、照明、小道具の設営から終了後の撤去・後片付け・清掃などハード面の業務です。 （2）運営業務…イベント当日のチケットもぎりから受付、警備、誘導など接客が中心です。 ■得意を活かしたキャリア形成 会場設営と運営業務を2年程度で一通り経験したら、作業リーダーとして部門を任せます。お客様と直接向き合う接客が得意な方や準備作業のような裏方が得意な方、全体をトータルに動かすことが得意な方など、あなたの得意を活かせるポジションを優先して配置していきます。 ■大変ですが魅力もあります ＊重い機材の運搬などもあり体力的に大変さを感じることもありますが、お客様の笑顔を見たい気持ちがエネルギーになります。 ＊作業としては毎回やることが同じですが、会場と内容は違うため日々新鮮な気持ちで仕事ができます。 ＊屋外仕事による暑さや寒さよりも「楽しさ」を提供することへのやりがいや達成感が勝る仕事です。

「会社の情報」記入のポイント

▶地元求職者であれば誰もが知る、市恒例の総合スポーツフェスタ運営を代表事業とする地域密着型のイベント総合サポート企業であることを紹介して会社への親近感につなげる。また、いい仕事に欠かせないスタッフのチームワークのために、当社では仕事が終わるごとに反省会を実施してコミュニケーションの深耕に取り組んでいることをアピールする。

「労働時間」記入のポイント

▶基本は固定時間制であるが、イベントやキャンペーンによっては勤務時間を調整すること、また時間外労働も変動することをあらかじめ説明するとともに、休日は月曜日定休を含めた週休2日であり、イベントなどがなければ土・日・祝日でも休めることをアピールする。

「求人に関する特記事項」記入のポイント

▶仕事内容の補足
仕事は大きく設営と運営の2つがあり、それぞれの部門をイベントディレクターの下でチームが担当していく仕組みを説明し、求職者が様々な場面で自分が活躍する姿をイメージできるようにする。
▶得意を活かしたキャリア形成
2年程度で一通りの現場業務を経験した後は、チームリーダーとしてアルバイターを動かしていく立場へと一歩キャリアアップすることを紹介する。その後も重要な役割を担いながらキャリア形成を図れることや、仕事内容欄の冒頭でもアピールした1人ひとりの適性や得意を活かした配置により、適材適所で活躍できることを紹介する。
▶大変ですが魅力もあります
一見華やかで楽しそうな仕事のイメージが強いため、決して楽な仕事ではないことをあえて紹介しながら、その大変さを超える魅力もあることを強くアピールし、応募に向けて背中を押す。

10

飲食・接客・給仕

ゴルフキャディ

求職者イメージ

▶家庭と両立させながら収入を得たい人
　＊子どもが一定年齢以上となり外で働ける状態になったので、しっかり収入を得られる仕事に就きたいと考えている人
　＊職種は定まっていないが、デスクワークよりも体を動かすような仕事が良いと考えている人
▶若年者でスポーツ系の仕事がしたい人
　学生時代からスポーツが好きで、ゴルフもやってみたいと思っている人
▶ひとり親で効率的に高収入を得られる仕事を希望している人
　パート雇用などの非正規雇用労働者として働いているが収入が充分ではないため、一家の大黒柱としてしっかり稼げる仕事があれば転職したいと考えている人

アピールポイント

▶ゴルフの知識や経験がまったくない人でもしっかり時間をかけてゼロから教育していく体制が整っていること
▶在籍キャディの8割が未経験入社であること
▶場内の託児所や希望休日への配慮など、子育てや家庭と両立しながら働ける環境が整っていること
▶給与面では、手当が充実しているなど実収入が高いこと

仕事内容

職種	ゴルフキャディ／知識・経験不要・3ヵ月研修／託児所あり
仕事内容	子育て中の方や家庭と両立しながら活躍しているキャディさんばかりです。しかも在籍キャディ30名の8割がゴルフ知識やクラブを握ったこともない状態からのスタートです。やってみませんか？ ■仕事の流れ（基本9ホール2時間30分×2） お客様を笑顔でお迎え→ゴルフバックをカートに積み込み・クラブの確認→ラウンド開始（各ホールの案内・クラブのお渡し・打球の行方確認・芝メンテナンス補助など）→プレー終了でクラブ本数確認→笑顔でお礼　※画像情報でイメージ確認できます。 ■働く魅力 （1）未経験でも、原則3ヶ月で独り立ちできる育成体制を整備。 （2）託児所や希望休日もあり、家庭と両立しながら働けます。 （3）モデル月収例　24万円（詳細は特記事項欄を参照）

✐「仕事内容」記入のポイント

▶ゴルフはまったくの未経験である女性求職者を想定するため、求人全体は(1)何もわからなくても充実した教育体制があること、(2)子育てや家庭、プライベートとも両立しながら働けること、(3)しっかり収入が得られること、の3点を柱に「自分にもできそうで、魅力的な仕事」とのイメージを打ち出す。

▶冒頭で家庭と両立しやすい仕事であることを紹介し、想定する求職者の目を留められるようにする。

▶仕事の流れは経験者には不要な説明ではあるが、未経験者を前提にキャディ業務の流れを紹介する（画像情報があると理解されやすい）。

▶この仕事で働く魅力を3点紹介し、業務自体にはあまり興味のない求職者の関心も惹きつける。

「職種名」その他例

● 広大な緑と新鮮な空気の中でのゴルフキャディ（正社員）
● ゴルフキャディ（正社員）／家庭と両立OK・場内託児所あり
● ゴルフキャディ／8割が未経験入社・3ヶ月間でゼロから研修
● ゴルフキャディ／月平均21日勤務・ラウンド15回で24万

会社の情報

事業内容	昭和４８年にオープンした地元では老舗のゴルフ場です。○○オープンクラッシック大会の会場としても知られ、変化に富んだコースは初級から上級レベルの方まで幅広く楽しめると好評です。
会社の特長	ゴルフ場の顔ともいえるキャディは地元の人ばかりで、遠方からお越しのお客様からは親しみやすくプレーも楽しいとお褒めの言葉もいただきます。平均年齢４０代の元気な人が活躍しています。

労働時間

就業時間	交替制（シフト制） （１）　07時 00分　～　14時 15分 （２）　07時 30分　～　14時 45分 （３）　08時 00分　～　15時 15分 又は　時　分　～　時　分　の間の　時間 就業時間に関する特記事項 （４）８時３０分～１５時４５分（５）９時００分～１６時１５分 ＊実働６．５時間（週３９時間以内） ＊シフトは原則として各キャディが均等になるよう編成しますが、希望がある場合は前月５日までに申し出てください。
休日等	月　その他 週休二日制　その他 ＊月曜日を含め月６日休み　＊夏季３日・冬季３日（交替制） ＊年末年始１２／３１～１／１ ６ヶ月経過後の年次有給休暇日数　１０日

求人に関する特記事項

求人に関する特記事項
■未経験者の新任教育（基本３ヶ月間） ステップ１：まずは実際にゴルフを体験します。 ステップ２：マナーやゴルフルールなどの基礎知識を学びます。 ステップ３：実際のコースで特徴やアドバイス内容を確認します。 ステップ４：お客様と先輩キャディに帯同して実践を学びます。 ステップ５：模擬顧客でコースを回り合格したら独り立ちです。 ■労働条件の補足 ＊全１８ホールを回るラウンド手当は１回に担当するお客様人数により４，２００円（３人）～５，６００円（４人）です。 ＊休日は月曜日定休を含め月６日休みですが、土曜日、日曜日などの希望休日がある場合は配慮します。 ＊天候条件などによりプレーできなくなった場合は、カート車やクラブハウス内の清掃などの屋内作業となり、ラウンド手当の代わりに作業手当２，０００円を加給します。 ■モデル月収例（平均／２１日出勤・ラウンド１５回の場合） 基本給１５万円＋ラウンド手当８万円＋作業手当１．２万円（６日）＋土・日・祝出勤手当０．５万円（５日）＝２４．７万円 ■家庭との両立支援 キャディのうち１５名は中学生以下を子育て中。お子さんの学校行事や急な発熱等でのお休みも「お互い様」と協力し合っています。

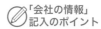
「会社の情報」
記入のポイント

▶公式大会も開催される地元では老舗のゴルフ場で、コースの特徴から幅広い層に好評を得ていることを紹介して、職場のイメージ向上を図る。特にプレーヤーの印象や満足度を左右するキャディの評判が良いことをアピールするとともに、スタッフ１人ひとりが仕事に対して取り組む姿勢を紹介することで、活気のある職場環境を示す。

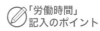
「労働時間」
記入のポイント

▶ゴルフキャディの仕事は、お客様のスタート時間に合わせるため、５パターンの交替制（シフト制）となるが、シフトに希望がある場合は配慮もあることや実働は6.5時間（週39時間）で月6日の休みであることなども説明し、求職者が働き方をイメージできるようにする。

「求人に関する特記事項」
記入のポイント

▶未経験者の新任教育
ゴルフの知識や経験がまったくない求職者の一番の不安に対して、３ヶ月間の新任者教育により段階的に独り立ちに向けて指導・教育していく体制が整っていることを紹介し、「ここまでやってもらえるなら大丈夫かな」と感じてもらえるようにすることで、応募へのハードルを下げる。

▶労働条件の補足
未経験者のためにゴルフキャディ独特の給与システムを紹介し、理解を得る。

▶モデル月収例
基本給だけでは収入が低く感じるため、ラウンド手当なども含めたモデル月収例を紹介し、しっかり稼げることをアピールすることで、収入を重要視する求職者にアプローチする。

▶家庭との両立支援
同じ境遇の人が多くいる職場で、受け入れ体制が整っていて会社の理解もあり、働きやすい環境であることをアピールして、応募に向けて前向きな気持ちへと導く。

映画館マネージャー

求職者イメージ

▶同業他社からの転職希望者
　＊大型映画館の正社員やアルバイトとして働いているが、現在の職場ではマネージャーに昇進できるチャンスも期待できないため、転職したい人
　＊小さなシアターや古いシアターでしか見られなくなったフィルム映写機が操作できる映画館を探しているマニアックで映画好きな人
▶異業種からの転職希望者
　＊製造職や営業職などで働いているが、もう少しゆったりとした時間の中で働きたい人
　＊サービス業などで働きながら本当にやりたい仕事を探しているが、子どもの頃、親に連れて行ってもらった映画館でワクワクした思い出から、映画に携わる仕事にチャレンジしてみたい人
▶第二新卒や非正規雇用で働く転職希望者
　新卒後の初職を早期離職したり、その後は非正規雇用で働いたりしているが、元々エンターテインメント系に興味があるため未経験でも応募できる仕事があれば転職したい人

アピールポイント

▶あえて応募条件をつけるなら「映画が好き」なこと
▶最新作で行列ができるような映画館ではないが、ゆったりと時間が流れる職場であること
▶機材がデジタル化されたシネマコンプレックスにはない昔ながらのフィルム映写機があり操作の仕事もあること
▶概ね入社１年後にはマネージャーとして活躍できること

仕事内容

職種	ミニシアターのマネージャー／昭和・平成の話題作／経験不問
仕事内容	客席約２００席のミニシアターのマネージャーを募集します。話題の最新作を上映する映画館ではありませんが、昭和や平成時代のアナログ的な映画が好きな方には自分らしく働ける空間と職場です。 ■仕事内容と特徴 ＊当館は過去の名作などを中心に上映する独立系映画館です。 ＊まずは基本業務となる４つのセクション業務を順次習得します。 　チケット販売／コンセッション（フード販売）／フロア（お客様の誘導や清掃）／映写（機器やフィルムの取り扱い） ＊１年程度で次は支配人の下で各セクションのマネージャーとしてアルバイトの指揮や現場の管理を担当します。 ＊一般にはマネージャー１人が１セクションを担当しますが、当館は規模も大きくないため現状２名で担当しています。

「職種名」その他例

● 【正】ミニシアターマネージャー／昭和・平成のフィルム映画
●憧れのフィルム映写機を操作できます／映画館のマネージャー
●シアター（約２００席）のマネージャー／週休２日・残業少
●好きな映画を仕事にしませんか／ミニシアターマネージャー

「仕事内容」記入のポイント

▶人材確保の観点から求人条件としては年齢を指定しないものの、できれば20〜30代の求職者からの応募を期待することから、求人全体はそうした年代向けに作成する。
▶冒頭において、若い求職者の中でも映画好きで、しかも過去の話題作などのアナログ感覚的な映画が好きな人を具体的に指名するメッセージを発信し、まずは求人への興味や関心を惹きつける。
▶仕事内容として、映画館でセクション業務と言われる4つの業務を紹介するとともに、マネージャーとして独り立ちするまでの流れを説明し、求職者が働く姿とステップアップをイメージできるようにする。

会社の情報

事業内容	客席数約200席のミニシアターです。往年の名作やドキュメンタリー映画のほか、最近はミニコンサートや演劇も上演するなど、若者も楽しめる施設として活動の幅を広げています。
会社の特長	ミドル以上のお客様が多いですが、正規スタッフは20～30代の若手が頑張っています。皆、好きな映画と関われることが楽しく、お客様への温かい接客はリピーター増にもつながっています。

労働時間

就業時間	交替制（シフト制） （1）　10時00分　～　18時30分 （2）　12時00分　～　20時30分 （3）　　時　分　～　　時　分 又は　時　分　～　　時　分　の間の　時間 就業時間に関する特記事項 ＊（1）（2）のシフト勤務で実働7．5時間です。 ＊シフトは前月20日までに作成します。 ＊上映作品により勤務時間を調整する場合があります。
休日等	その他 週休二日制　　毎週 ＊年中無休のため休日はシフト制（希望休日配慮） ＊夏季休暇3日間＆冬季休暇3日間あります。 6ヶ月経過後の年次有給休暇日数　　10日

求人に関する特記事項

求人に関する特記事項
■セクション業務の補足 ＊チケット販売：チケットボックスでの販売や上映スケジュールの案内、チケットシステムへのデータ入力など。 ＊コンセッション：食品や包材の発注および賞味期限の確認です。 ＊フロア：入場時のチケット確認やお客様の案内・誘導及び館内全体の清掃、スクリーンチェックなど。 ＊映写：フィルム作品におけるフィルムと映写機を取り扱いますが機材のマニアックなファンなら憧れの仕事です。 ■スタッフ11名の紹介 支配人（45歳）・映写係（50代2名）・マネージャー（30代2名／女性1名）・事務職2名・アルバイト4名。職歴はアミューズメント係員、飲食スタッフ、コンビニ店員など様々です。 ■メッセージ 小規模な映画館ですが、根強い映画ファンが往年の名作などを鑑賞できる憩いの空間です。シネマコンプレックスのような話題性はありませんが、ゆったりとした時間の流れはミニシアターの一番の魅力です。一方で、時代の流れにも合わせて最近は有志による自主製作映画の上映やミニコンサートなども年に数回開催しており、映画ファンだけではなく若い人も楽しめる施設として活動を広げていますので、ぜひ一緒に盛り上げていきませんか。

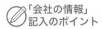

「会社の情報」記入のポイント

▶話題の最新作を上映するシネマコンプレックスではなく、客席数200席程度で過去の作品などを上映するミニシアターであることを紹介したうえで、最近はミニコンサートを上演するなど、若者も楽しめる施設として新しい分野にも挑戦している姿勢をアピールし、応募を期待する20代の求職者の関心を惹きつける。

「労働時間」記入のポイント

▶上映スケジュールは、10時から20時までに終了することを基本としているため、深夜勤務はなく毎日ほぼ定時終業であること、また、営業は年中無休のため休日はシフト制となるが、週休2日制でありサービス業としては働きやすい条件であることをアピールする。

「求人に関する特記事項」記入のポイント

▶セクション業務の補足
基本となる4つのセクション業務について具体的に追加説明し、仕事内容をイメージできるようにする。特に、映写業務は、フィルム機材に興味のあるマニアックな求職者には魅力的な仕事としてアピールする。

▶スタッフ11名の紹介
求人条件は定年年齢以下ではあるが、職場のスタッフは支配人が45歳、今回募集するマネージャーは2名とも30代であることを紹介し、ミドルやシニアの客層に比べ若い世代が活躍していることをアピールして若手求職者層からの応募につなげる。

▶メッセージ
ミドル世代が前提であれば特にミニシアターの魅力を強調する必要はないが、20代・30代の求職者にとって映画館と言えばシネマコンプレックスを連想することから、改めてミニシアターの魅力とともに、最近は新しいイベントにも取り組んでいることを紹介して応募につなげる。

10

飲食・接客・給仕

11

住居施設・ビル等管理／
その他サービス

求職者のイメージ例

＊現職で仕事の適性や労働条件などを改善したいと考えている人
＊ライフスタイルに合わせて働きたいと考えているミドル・シニア層
＊現在の仕事をステップにさらに新しい分野でキャリアを広げたい人
＊イベントやセレモニーなどの企画や運営で能力を発揮したい人
＊新卒後の初職を離職した第二新卒や非正規雇用で働いている若年層

転職理由を求人票に活かす

転職希望者は現在の仕事や職場で抱える課題が改善できない状況を変えるために転職という手段をとります。求職者はその課題の解決や改善につながる情報を求人票の中に求めているため、求人者側がそのニーズや期待に応えた情報提供をすればアピール性のある求人票となります。

————————

●住居施設などの管理やサービスの職業で一般的に多い転職理由には「労働時間や休日を含めた不規則な勤務による体力的負担」「顧客への気配りやトラブルなどによる精神的負担」「仕事に見合った待遇」などがあります。

————————

●労働条件は体力面や精神面につながる課題であり、まさに働き方の見直しが求められます。シフト制の工夫や夜間専従スタッフの活用による総労働時間の改善、年次有給休暇を活用した連続休暇による体力・精神的なリフレッシュ、ワーク・ライフ・バランスのための多様な勤務形態などへの取り組みに関する情報の有無は、求職者の応募判断に影響を及ぼすことになります。

————————

●当該職業の中には、資格が必要、あるいは所持が望ましい職業もあります。異業種からのキャリアチェンジやキャリアアップを目指した積極的な転職者に対しては、人材育成や資格取得の支援情報は大きな魅力となります。

アピールポイント例

＊人から頼られることへの誇りとやりがいがある仕事そのものの魅力
＊ライフスタイルやプライベートとの両立に配慮した多様な勤務形態
＊専門資格の取得で将来は業界のスペシャリストとして活躍できること
＊お客様に合った企画や運営に能力が活かせること
＊未経験者の育成体制やスキルアップへの支援
＊子どもの成長を実感できる喜び

管理人（単身社員寮）

求職者イメージ

▶他寮からの転職希望者
　現在も寮管理人として働いているが、業務量による体力的な負担や労働条件などに馴染めず、もう少し働きやすい職場に転職したいと考えている人

▶住込みの仕事を探している人
　夫婦で遠方から出てきているため持ち家がない人や、持ち家はあるが事情により住込みの仕事を探している人

▶ミドル世代（50代前後）の夫婦
　前職退職後も年齢的に再就職が厳しいため、体力的負荷が少なければ職種にこだわらず安定的に働ける仕事を探している人（特に若いときに寮生活経験のある人）

▶人の世話が好きな人
　料理が好きで飲食業の経験もあるが、年齢も高くなってきたので今後は自分の調理した家庭料理を食べてもらえるような仕事をしたいと思っている人

アピールポイント

▶夫婦住込みの仕事であること
▶請負仕事ではなく求人企業の直接雇用であり、準社員ではあるが昇給や退職金などを除いた定年・福利厚生などは原則社員と同様であることから安心して働けること
▶住込み住居の家賃や水道光熱費が会社負担であること
▶再雇用上限の65歳以降も健康状態や勤務実績などの条件に合えば契約社員として働けること

仕事内容

職種	単身寮の管理人（夫婦住込）／準社員・夫婦３２万・週休２日
仕事内容	単身寮（入寮者２５名）の夫婦住込み管理人の仕事です。当社準社員としての雇用のため各種福利厚生制度が利用できるほか、健康であれば６５歳以降も勤められるなど、長く働ける仕事です。 ＊夫婦で食事と管理業務を分担しますので勤務時間は異なります。 ＊食事を担当する方は料理好きな方を希望します（資格不要）。 ＊土・日曜日は休日のため業務は一切ありません。 〈食事関係〉 ＊１日計４５食程度（朝２０食・夜２５食） ＊献立および食材は外部業者が計画し、毎日搬入します。 〈管理業務関係〉 ＊施設内外の清掃・管理（除草・簡単な営繕）／浴室の運営管理 ＊入退去管理（利用者・外部関係）／施設の巡回・安全確保等

「仕事内容」記入のポイント

▶25名の入寮者を夫婦住込みで世話する仕事であるが、あくまで自社の準社員としての雇用であり、安定して長く働けることをアピールして求職者の関心を惹きつける。また、住込みではあるものの、土・日曜日など休日は一切仕事がないことを紹介し、働き方をイメージしやすくする。

▶仕事の特徴として、夫婦による業務内容の違いのほか、特に食事関係では献立と食材調達が外部業者に委託されており、管理人による買い出し業務は発生しないことを説明し、仕事全体のイメージとともに、負担の少ない仕事であることをアピールする。

「職種名」その他例

● 寮管理人（夫婦住込み）／料理好きな方／準社員・社保完備
● 寮管理人（夫婦住込み）／食事調理と寮の管理業務／準社員
● 夫婦住込みの単身寮管理人／準社員・週休２日・夫婦３２万円
● 単身寮管理人（入寮者２５名）／食事調理は朝夕で約４５食

会社の情報

事業内容	精密機械部品の製造業。従業員は３２０名程度と中規模ですが、本社工場のほか、３年前には海外工場も新設しました。○○の技術は当社の得意とするものであり、大手企業からも受注を得ています。
会社の特長	技術力で発展してきた当社では将来を担う若手技術者の確保に取り組んでいます。そのため遠方出身者も多く、寮の完備や健康管理などの福利厚生には力を入れ、安心して働ける環境を整えています。

労働時間

就業時間	（１）　06時 30分　～　21時 00分 （２）　09時 00分　～　18時 30分 （３）　　時　分　～　　時　分 又は　時　分　～　　時　分　の間の　時間
	就業時間に関する特記事項 （１）は食事関係担当／休憩１０：００～１７：００（４２０分） （２）は管理業務担当／休憩１２：００～１４：００（１２０分） ※実働は７．５時間

休日等	土　日　その他 週休二日制　毎週 ＊夏季（盆）８／１２～８／１６ ＊年末年始１２／３０～１／３ ６ヶ月経過後の年次有給休暇日数　　１０日

求人に関する特記事項

求人に関する特記事項
■仕事内容の補足 ＊定期的に清掃業者が入りますので通常は簡易清掃でＯＫです。 ＊厨房設備には食器洗浄機・乾燥機があります。 ＊業務日誌を毎日作成していただきます（パソコン貸与）。 ＊各種備品の補充は本部に連絡いただければ宅配で届けます。 ＊毎月本部担当者が訪問しますので要望などお話しください。 ■労働条件の補足 ＊有給休暇取得の際は契約管理員が担当しますので安心です。 ＊入寮者の急病や突発的な対応は時間外手当を支給します。 ＊賞与は１回５万円×２名を支給します（○月）。 ＊勤務開始日は現職管理人（退職予定）と調整のうえ決定します。 ＊６５歳以降も条件により１年ごとの契約社員として働けます。 ■管理人の居室 ＊家賃、水道光熱費は無料 ＊部屋は２ＤＫ（ＤＫ６畳／４．５畳・６畳） ＊トイレ、浴室、エアコン付／駐車場有／ペットは不可 ■福利厚生の補足 ＊年１回の健康診断／慶弔休暇もあります。 ＊法人会員となっているホテル等を社員料金で利用できます。 ※ぜひご夫婦で見学にお越しください。現職管理人が案内します。

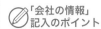

「会社の情報」記入のポイント

▶技術力を持った精密部品製造業として海外工場も展開している実績をアピールしながら、その技術を将来にわたり支えるためにも若い人材を全国から集めている現状を紹介する。併せてそうした社員が故郷を離れても安心して働ける環境づくりに取り組んでいる姿勢を伝えることで、寮の管理人としての仕事に対する意欲を引き出し、応募につなげる。

「労働時間」記入のポイント

▶朝・夕の食事担当と日中の清掃などの管理業務担当でそれぞれ勤務時間が異なるが、いずれも実働は7.5時間であることを説明し、夫婦で働く姿をイメージできるようにする。また、休日は完全週休2日に加え盆と年末年始休みもあり、ゆとりを持って働けることもアピールする。

「求人に関する特記事項」記入のポイント

▶仕事内容の補足
清掃や厨房業務などの負担となる仕事は外部委託や機械化していること、また、本部担当者との連絡や困ったときのフォロー体制もしっかりしていることを紹介して安心感をアピールする。

▶労働条件の補足
勤務するうえで疑問が生じると思われる時間外手当や年次有給休暇、賞与、勤務開始時期などについて簡単に説明する。

▶管理人の居室
求職者の関心事のため具体的に説明し、特に家賃・水道光熱費の個人負担がないことは求職者にとって大きなメリットとなるためアピールする。

▶福利厚生の補足
準社員としての直接雇用であり、福利厚生も原則社員同様の恩恵が受けられることをアピールする。
※最後に事前見学を勧め、納得して応募できるよう配慮を示す。

11

住居施設・ビル等管理／その他サービス

葬儀・セレモニースタッフ

求職者イメージ

▶異業種から転職を考えている人
現職に適性が見出せず、職場環境にも馴染めないため転職を考えているものの、次の具体的な職種は定まっておらず、仕事そのものにこだわり、人の役に立ち心から感謝されるような仕事をしたいと考えている人

▶同業の現役スタッフでキャリアアップを図りたい人
同業他社で働いているが、今後はパッケージ型の葬儀から故人や遺族の多様なニーズに対応した葬儀が増えていくことを考え、葬祭ディレクターの資格取得支援が整っている職場でキャリアアップを目指したいと考えている人

▶自分で企画・演出する仕事がしたい人
異業種で働いているが仕事内容に満足できず、もともとやりたかったイベントやセレモニーを自らの手で企画・運営するクリエイティブな仕事で自分の能力を活かしたいと考えている人

アピールポイント

▶心から感謝される仕事そのもののやりがいや喜びが得られる仕事であること
▶葬祭ディレクター資格者が在籍し、取得希望者には支援体制も整っていること
▶働き方改善の一環として、有給休暇の連続取得制度を導入したこと

仕事内容

職種	葬儀・セレモニースタッフ／未経験・異業種からの転職歓迎
仕事内容	故人との最後のお別れを心を込めて執り行う仕事です。スタッフの役割は、決して表に出ず「優しい心」でご遺族を陰でそっと支えることです。異業種から転職された男女が多く活躍しています。 ■当社セレモニースタッフ職の特徴 ＊ご葬儀がある日とない日では業務に緩急があります。 ＊ご依頼があった段階でスピーディーな準備が求められます。 ＊勧誘・営業活動や宿直業務はありません。 ＊働き方改革の一環で連続休暇制度を導入しました。 ■葬祭ディレクターにキャリアアップ この仕事を始めた方の理由に多いのが葬祭ディレクターとしての活躍です。当社には資格者が在籍しており、皆さんの目標実現を全面的にサポートしますので、ぜひチャレンジしてください。

✍「仕事内容」記入のポイント

▶仕事の特性から、厳かなイメージとスタッフには優しさが求められることを紹介するとともに、働き方も一般の職種とは異なるため、求人全体ではできるだけポジティブな情報を提供する。

▶異業種からの転職者が多い業界のため、あえて冒頭でそうした環境から男女共に活躍していることを紹介し、同じように異業種から未経験で転職を考えている求職者の関心を引き寄せる。

▶仕事内容の特徴がわかるように箇条書きで端的に伝えるとともに、キャリア志向の求職者に向けて資格取得のサポートがあることを紹介し、自社で働く魅力をサポートする。

「職種名」その他例

● セレモニースタッフ／葬祭ディレクター資格取得のサポート有
● 葬儀スタッフ／年間休105＋6日連続休暇有／20万円以上
● セレモニースタッフ／キャリア入社多数活躍／平均年齢40代
● 心に残るセレモニーの運営スタッフ／会員勧誘営業・宿直なし

会社の情報

事業内容	○○市及び隣接2市でセレモニーホールを4ヶ所運営しています。通夜や告別式に留まらず、その後も法要や墓所など幅広いご相談に対応し、ご遺族とは長いお付き合いをさせていただいています。
会社の特長	葬儀に対するニーズが大きく変化する中、故人の生前からの希望やご遺族の要望に細かく対応したセレモニーとなるよう、葬祭ディレクターが中心となり、思い出に残る仕事に取り組んでいます。

労働時間

就業時間	変形労働時間制（1ヶ月単位） （1）　08時 30分　〜　17時 30分 （2）　12時 00分　〜　21時 00分 （3）　　時　分　〜　　時　分 又は　時　分　〜　　時　分　の間の　時間
	就業時間に関する特記事項 ＊（2）は通夜担当となる日の勤務です。 ＊変形労働時間制のため、16時頃の退勤もあります。 ＊1ヶ月間の週平均労働時間は40時間以下です。
休日等	その他 週休二日制　その他 ＊月8〜9日休み（年間100日）　＊年末年始4日 ＊特別休暇1日（連続休暇取得にあたり活用） 6ヶ月経過後の年次有給休暇日数　10日

求人に関する特記事項

求人に関する特記事項

■仕事内容の補足
葬儀がない時は他ホールの応援に入ったり、関係先への挨拶回りや式場の徹底清掃、広告物の配布などを行います（ノルマなし）。
■スタッフの紹介
セレモニー運営スタッフは全体で18名（女12／男6）で、平均年齢は40代ですが20代・30代も5名います。9割が異業種からの転職者ですが、約6ヶ月で一通りの業務を習得しています。
■労働条件の補足
＊休日は葬儀施行状況により、予定を変更する場合があります。
＊通常は本社出勤ですが他ホール応援の場合は直行直帰です。
＊特別休暇と有給休暇を活用した6日間連続休暇を取得できます。
■キャリアアップへの道
セレモニースタッフの仕事がある程度習得できたら、まずはディレクターのアシスタントを担当しながら葬祭ディレクター2級そして1級を目指していただきます。実務試験対策の外部研修にも派遣します。※現在の取得者数：2級：5名／1級：2名（男女各1名）
■みなさんへのメッセージ
最近は葬儀に対する故人やご遺族のニーズも大きく変わり、セレモニー内容も一律ではなくオーダーメイドが増えていることから、ますます葬祭ディレクターの活躍の場が広がっています。

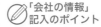

「会社の情報」記入のポイント

▶葬儀・セレモニーの形態は、これまではパッケージ型が主流となっていたが、最近は生前の故人や遺族の希望を取り入れた多様な形態へのニーズが高まっていることから、自社では企画や運営のプロフェッショナルである葬祭ディレクターを中心としてご遺族の思い出に残る仕事に取り組んでいる姿勢をアピールする。

「労働時間」記入のポイント

▶計画的なシフトが組みにくい仕事の特性から1ヶ月単位の変形労働時間制による勤務となることを丁寧に説明して自分の働く姿をイメージできるようにする。また、月の休日数なども紹介することにより、メリハリをつけて働く環境が整っていることを示す。

「求人に関する特記事項」記入のポイント

▶仕事内容の補足
求職者の気になる疑問の1つに、葬儀のない日はどのような仕事をするのかがあるため、小さな問題ではあるが説明しておくことで仕事全体をイメージしやすくする。
▶スタッフの紹介
男女割合、年代のほか、特に異業種からの転職者が多いことを紹介し、求職者が親近感・安心感を持てるようにして応募につなげる。
▶労働条件の補足
仕事の性格上、振替休日などにより休みが変更する場合があることはあらかじめ理解を得ておくとともに、そうした働き方に対する配慮として連続休暇も導入したことをアピールする。
▶キャリアアップへの道
目標を明確に定めて仕事ができキャリアも積める環境が整っていることをアピールする。
▶みなさんへのメッセージ
セレモニーのスタイルも変化する中、活躍の場も広がっていくことをアピールする。

リラクゼーションセラピスト

求職者イメージ

▶リラクゼーションセラピストを目指している人
　＊プライベートでリラクゼーションサロンへ通うことが好きで、自分も落ち着いた非日常空間の中でセラピストとして人を癒す仕事をしたいと考えるようになった人
　＊アルバイトや契約社員などの非正規雇用で働いているが、美容や健康をサポートする仕事に興味があり、未経験でも手に職をつけて働ける場所を探している人
▶現役のセラピスト・エステティシャン
　＊リラクゼーションセラピストとして数年勤務したものの、働き方などの労働環境に馴染めず、より良い職場を求めて転職を考えている人
　＊エステティシャンとして活躍してきたが、機械を使用しないオールハンドのマッサージについて本格的に学びたいと思うようになり転職を考えている人
　＊独立・開業に向けた支援がある職場への転職を考えている人

アピールポイント

▶在籍スタッフの8割が未経験スタートで活躍していること
▶教育体制とスキルアップ支援が充実していること
▶完全週休2日制でプライベートも充実したメリハリのある働き方ができること
▶給与体系が「固定給＋歩合給制」であり、安定を求めながら実力も試すことができること
▶固定給の割合を高く設定することで毎月の収入が安定していること
▶オーナーが独立開業者で、経験を踏まえたバックアップ支援があること

仕事内容

職種	本場タイ古式やバリ式が学べるリラクゼーションセラピスト
仕事内容	手のぬくもりを何よりも大切にした、機械に頼らないオールハンドケア専門のリラクゼーションサロンです。オーナーはバリ島・タイで勤務経験があり本場仕込みの技術を身につけることができます。 ■主な仕事内容 ＊じっくりと時間をかけたカウンセリングでお客様の悩みや不安に寄り添い、心のリラクゼーションを行っていきます。 ＊施術（45〜120分）／リンパトリートメントやマッサージなどで体のケアを行いながら癒しの時間を提供します。 ■当店で働く魅力 ＊「リラクゼーションセラピスト認定」資格取得をサポート ＊週休2日制でプライベートも充実できるメリハリのある働き方 ＊オーナーの経験を基に開業を目指す方を長期バックアップ

✒「仕事内容」記入のポイント

▶サロンのコンセプトや施術方法など店の特徴を紹介し、求職者に職場の雰囲気をイメージしやすくする。
▶セラピストの仕事内容とともに、お客様の心に寄り添ったサービスを提供していることを示す。仕事内容から求める人物像をイメージしてもらうことで適性がある求職者からの応募につなげる。
▶タイ古式やバリ式のリラクゼーションスキルを身につけたいと考える未経験者や将来的に独立したいと考える現役のセラピストのほか、福利厚生を重視する求職者が「ここで働きたい」と思える魅力やメリットをアピールする。

「職種名」その他例

●セラピスト／◎未経験入社から資格取得まで手厚いサポート
●リラクゼーションセラピスト／8割未経験スタート／研修充実
●未経験でも本場仕込みの技術を身につけてセラピストデビュー
●オーナーは海外勤務経験者／本場の技術を学べる／セラピスト

会社の情報

事業内容	タイ古式マッサージやバリ式リンパトリートメントをメインにオールハンド専門のリラクゼーションサロンを3店舗運営しています。熟練の手技と上質な空間でリラックスタイムを提供しています。
会社の特長	バリ島やタイ・チェンマイで培った日本では学べる所が少ない本場の技術を習得することができます。昨年初めてバリ島で海外研修を実施しました。今後も魅力的な研修を計画していく予定です。

労働時間

就業時間	（1）　09時30分　〜　18時30分 （2）　10時30分　〜　19時30分 （3）　11時30分　〜　20時30分 又は　09時30分　〜　20時30分　の間の8時間
	就業時間に関する特記事項 ＊サロン営業時間　10：00　〜　20：00 ＊上記（1）（2）（3）は例示で、実働8時間のシフト制です。 ＊シフトは前月の10日までに1ヶ月分を作成しますので、希望がある場合は事前申請により柔軟に対応します。
休日等	その他 週休二日制　毎週 ＊原則平日休み／冠婚葬祭など柔軟に休みを取れるよう配慮します。 ＊年末年始休暇　12月31日〜1月3日 6ヶ月経過後の年次有給休暇日数　10日

求人に関する特記事項

求人に関する特記事項
■職場環境 ＊30〜60代まで幅広い年代のお客様がご来店されます。男性のお客様は2割程度で、リピーターの方が多数です。 ＊セラピストは20代・30代の女性スタッフで、8割が未経験スタートで頑張っています。 ＊給与は固定給をベースに、指名・個人と店舗売上に対してそれぞれ歩合給が付きます。収入として安定しつつ個人とチームとしての努力が給与に反映される仕組みとなっています。 ■新人育成プラン（研修期間／入社後半年程度　※未経験者の場合） ＊アシスタントとして働きながら、習得すべき知識や技術を一覧化した育成表を基に学んでいきます。 ＊未経験でも1〜2ヶ月でセラピストデビューが可能です。 ＊オーナーによるフォロー面談を週に1回行います。 ■スキルアップ ＊カウンセリング勉強会や技術練習を隙間時間に実施（週1回） ＊「リラクゼーションセラピスト認定」資格の積極的支援（講習会費用・試験料は店負担／有資格者3名活躍中） ■独立に向けたバックアップ 将来独立を考えている方には、業界で10年経験を積み独立開業したオーナーが、経験を踏まえてノウハウを指導します。

「会社の情報」
記入のポイント

▶メインメニューや施術のこだわり、店舗数など具体的な特徴や質の高いサービスとともに非日常的な癒しの時間を提供できる仕事の魅力をアピールする。

▶本場仕込みの技術を学ぶことや海外研修など、"この職場でしか得ることができない経験"を紹介し、他社との差別化を図る。

「労働時間」
記入のポイント

▶就業時間例を3パターン紹介し、具体的な働き方をイメージできるようにする。また、シフトは希望を考慮していることや決定時期を明確にすることで、プライベートと両立できる環境を示す。

▶休日の補足説明とともに、冠婚葬祭など柔軟に対応する姿勢を示し、労働環境の良さをアピールする。

「求人に関する特記事項」
記入のポイント

▶職場環境
＊男性客も2割程度いることを含めて客層の特徴を紹介し働くイメージを持てるようにする。また、一緒に働くスタッフの紹介では未経験から始めた人も活躍していることをアピールし、仕事に躊躇している求職者の不安を和らげる。

＊給与形態の仕組みを紹介し、個人及びチームとしての成果がしっかり反映されることで安定した収入が得られることをアピールする。

▶新人育成プラン／スキルアップ
育成表に基づく計画指導やオーナーとの定期的な面談などにより丁寧に育てていく姿勢とともに資格取得を支援していく方針を紹介し、未経験者に安心感をアピールする。

▶独立に向けたバックアップ
オーナーの独立経験から、希望者にはノウハウなどを提供しバックアップする姿勢を自社の魅力としてアピールする。

児童指導員・放課後児童支援員

求職者イメージ

▶福祉の経験を広げたい人
これまでも福祉の仕事に携わってきたが、もともと子どもと接することが好きなうえに、自身の経験の幅を広げるため障がい児に関わる仕事をしたいと考えている人

▶福祉関係の資格を持っている第二新卒者などの若年層
学校で福祉関係の資格を取得し、卒業後は異業種で働いてきたが、現在の仕事が自分に合わないため、改めて福祉の仕事に携わりたいと考えている人

▶管理責任者として活躍できるチャンスを求めている人
現在も障がい児の支援に携わっているが、将来は児童発達支援管理責任者として活躍したいため、チャンスのある施設で働きたいと考えている人

アピールポイント

▶定員10名を3～4名の指導員が担当するため、ゆとりのある指導ができること

▶指導員が持つ料理や楽器、工作などの趣味や特技が仕事に活かせること

▶福祉の仕事であるが週休2日制や急な休みが必要なときも職場の皆で助け合う気持ちが強く、家庭やプライベートと両立させながら働けること

▶ベテラン社会福祉士による3ヶ月間育成プログラムがあるため、未経験者でも着実に成長し独り立ちできること

▶新規施設の開設計画もあることから、将来は児童発達支援管理責任者の資格を取得し同責任者として活躍できるチャンスもあること

仕事内容

職種	放課後デイサービス指導員／週休2日／要資格・未経験者歓迎
仕事内容	小学生から高校生までの障がいや発達に特性のある児童や生徒さんを学校の放課後や土曜日、夏休みなどの長期休暇にお預かりし、年齢や特性に合った学習支援を行っていただく仕事です。 ■仕事の特徴 ＊1日の定員10名を3～4名の指導員が担当するため、子供たちとコミュニケーションをとりながらゆとりある指導ができます。 ＊学習指導は専用ツールもありますので初心者でも安心です。 ＊支援は子供たちの生活全般に広く及びますので、指導員自身が持っている料理やお菓子作り、楽器演奏、工作などの趣味や特技を仕事に活かすことができ、楽しい時間も過ごせます。 〈見学のおすすめ〉まずは施設見学にお越しください。指導員との懇談で納得できるまで検討してください。1日体験もOKです。

「職種名」その他例

●放課後デイサービス指導員／小学生から高校生までの学習指導
●放課後デイサービス指導員（正社員）／週休2・年間休114
●仕事と家庭を両立しながら障がい児支援／放課後デイサービス
●正社員／未経験OK（要資格）／放課後デイサービス指導員

「仕事内容」記入のポイント

▶応募条件は福祉関係の資格を所持している人であり、福祉業界の基本的知識はあると考えられることから、仕事内容は個々の業務内容よりも仕事そのものの魅力や働きやすさをポイントとしてイメージづくりをする。

▶具体的には、人員の配置状況からゆとりを持って指導ができることや、専用の学習ツールがあり実務未経験者でも安心して取り組めることなどを特徴として紹介する。

▶特に、指導員が持っている色々な趣味や特技を活かした活動は、子供たちにも人気があり、仕事の魅力でもあることをアピールする。

会社の情報

事業内容	放課後デイサービス事業を運営しています。障がいのある小学生から高校生までの身辺自立、コミュニケーション、学習など生活全般の指導を行っています。来年度○○市に新規開設を計画中です。
会社の特長	指導員の平均年齢が３０代と若いため子供たちとは兄さん、姉さんのような関係が築かれていることが特徴です。また、指導員の持っている特技や趣味を活かした活動は子供たちに人気があります。

労働時間

就業時間	変形労働時間制（１年単位） （１）　１０時００分　〜　１９時００分 （２）　０９時００分　〜　１８時００分 （３）　　時　分　〜　　時　分 又は　０９時００分　〜　１９時００分　の間の　８時間 就業時間に関する特記事項 ＊（１）平日（学校日）　（２）土曜日・祝日 ＊春夏冬の長期休暇中は９時から１９時のうち８時間
休日等	日　その他 週休二日制　毎週 ＊日曜日及び平日１日休（シフト制） ＊夏季８／１２〜８／１６　＊年末年始１２／３０〜１／３ ６ヶ月経過後の年次有給休暇日数　１０日

求人に関する特記事項

求人に関する特記事項
■資格と仕事内容の補足 ＊幼稚園教諭免許／精神保健福祉士／臨床心理士なども可 ＊学校や子供の自宅間の送迎があります。※軽自動車、普通ＡＴ車 ■仕事と家庭の両立に配慮 ＊終業時間はやや遅くなりますが、週休２日のため家庭とも両立しながらメリハリのある働き方ができます。 ＊急な事情などで休む場合もお互いさまの気持ちで助け合っていますので安心してください。 ■育成支援 ベテランの社会福祉士が在籍しており、専門的立場から未経験者のための３ヶ月間の育成プログラムをはじめ、月１回の全体勉強会なども実施して全体のレベルアップを図っています。 ■今後の計画 新規施設の開設計画もあり児童発達支援管理責任者の養成・確保も必要となりますので意欲のある方は支援します。 ■歓迎する人 ＊幅広い福祉の経験を積むため障がい児支援に携わりたい人 ＊資格は取得したものの福祉の仕事に携わっていない人 ＊将来、児童発達支援管理責任者として活躍したい人

「会社の情報」記入のポイント

▶来年度に新規施設の開設を計画中であることを紹介したうえで、特に指導員は比較的若手が多く、子供たちとも兄弟のような関係でコミュニケーションを図っている家庭的なイメージとともに、各指導員が持っている料理や楽器演奏などの趣味や特技を活用した活動が子供たちを笑顔にしている情景が浮かぶようにアピールする。

「労働時間」記入のポイント

▶メインの勤務時間が学校が終わった後の放課後の時間と学校が休みの日となることから、曜日によって勤務時間帯が変わることを紹介する。

「求人に関する特記事項」記入のポイント

▶資格と仕事内容の補足
応募できる資格を追加して紹介することにより、幅広い求職者からの応募につなげる。また、送迎業務があることを明記する。
▶仕事と家庭の両立に配慮
勤務の終了時間はやや遅いものの、週休２日制で、家庭の急な事情などに配慮があることをアピールする。
▶育成支援
指導員の中に社会福祉士や臨床心理士などの専門的立場の人がいれば紹介するとともに、そうした専門家が未経験者の育成や指導員全体のレベルアップに取り組んでいることをアピールする。
▶今後の計画
キャリアアップ志向の転職希望者に対しては、将来、児童発達支援管理責任者として活躍できるチャンスがあることをアピールする。
▶歓迎する人
応募を期待する人を具体的に挙げ、該当する求職者の応募への気持ちを後押しする。

トリマー

求職者イメージ

▶トリマーとして動物医療に携わりたいと考えている人

ペットサロンで数年経験を積んできたが、美容トリミングだけではなく、医療の知識も身につけて治療を目的としたトリミングも行っていきたいと考えている人

▶現役のトリマーで労働環境の改善を求めている人

＊現在の職場は、1日の担当件数が多いため常に時間に追われながら仕事をしており、もっと動物との触れ合いを大切にして働きたいと思い悩んでいる人

＊休憩が取りづらい、時間外労働が多いなどの労働環境に馴染めず、その改善を期待して転職を考えている人

アピールポイント

▶動物病院に併設しており疾患を抱えた動物の施術に多く携われること

▶獣医師や看護師と連携しながら行うため、動物医療の知識や技術を身につけられること

▶スキルアップ支援があり、メディカルトリマーを目指せること

▶完全予約制により、ゆとりを持って動物に接することができること

▶業界では珍しい日曜日も定休日であることやリフレッシュ休暇があり、プライベートも充実した働き方ができること

▶トリマーの健康に配慮した設備や充実した制度があり、職場環境が良いこと

仕事内容

職種	トリマー／動物病院併設で医療も学べる！／水・日曜定休
仕事内容	○○○動物病院併設サロンで、施術は皮膚疾患などを持つ動物が8割以上です。獣医師と連携しながら行いますので、医療の知識や技術が身につき、メディカルトリマーを目指すこともできます。 ■仕事の特徴と働き方 ＊仕事内容／トリミング及びグルーミング業務 犬7割、猫2割、その他1割（ウサギ・フェレットなど） ＊アプリを利用した完全予約制を導入しており、時間に追われることなく愛情を持って丁寧に施術することができます。 ＊1人当たり1日に4匹程度担当しています。 ＊膝や腰への負担が少ない姿勢で施術ができる油圧式テーブルやシャンプーマシーンを導入しています。 ＊トリミング業界では珍しい「日曜日も定休日」です。

「職種名」その他例

- メディカルトリマーを目指せます／動物病院併設サロン
- トリマー／水・日曜日定休＆リフ休でプライベートも充実
- 動物医療に携わりたいトリマーさん募集！／資格取得支援あり
- トリマー／完全予約制でゆとりを持った施術ができるサロン

「仕事内容」記入のポイント

▶冒頭において、疾患を持つ動物を施術する機会が多く動物医療の知識が身につくことやメディカルトリマーとしてステップアップできるなど、この職場で働く魅力をアピールし同業他社との差別化を図る。

▶トリマーの悩みとして、人手不足により動物に愛情を注ぎながら働けないという理想と現実のギャップや腰痛などの身体的な負担が挙げられている。そこで完全予約制や身体への負担が少ない設備を導入していることなどを紹介し、スタッフを大切にしている姿勢と職場環境の良さをアピールする。

▶動物病院の診療に合わせて日曜定休日であることも魅力の1つであるため、紹介して関心を惹きつける。

会社の情報

事業内容	動物病院とトリミングサロンを運営しています。「動物にも人にも優しく」を理念とし、時間をかけた丁寧な診療と動物への負担が少ない治療方法により、遠方より来院されるお客様も多数です。
会社の特長	当院は皮膚疾患のケアと予防に力を入れており、獣医師・看護師・トリマーが密に連携を取り合いながら働いています。講習会にも積極的に参加するなど、常に知識とスキルの向上に努めています。

労働時間

就業時間	（1）　09時 00分　〜　19時 00分 （2）　　時　分　〜　　時　分 （3）　　時　分　〜　　時　分 又は　　時　分　〜　　時　分　の間の　　時間 就業時間に関する特記事項 ＊サロンの営業時間9：00〜18：30 ＊動物病院の診療時間 　9：00〜11：30／15：30〜19：00 ＊休憩は予約状況により、交替で取得します。
休日等	水　日　その他 週休二日制　毎週 ＊夏季休暇8／13〜8／15　＊年末年始12／30〜1／3 ＊リフレッシュ休暇（毎年3日間希望日に取得可能） 6ヶ月経過後の年次有給休暇日数　10日

求人に関する特記事項

求人に関する特記事項

■職場環境
トリマーは、職歴8年の社員とパートスタッフの女性2名で、他に獣医師1名、看護師3名、受付・事務2名のスタッフがいます。
※ホームページにスタッフ情報がありますので、ご覧ください。

■働き方の補足説明
＊入社後1週間は先輩のアシスタントをしながら、仕事の流れや疾患を持った動物の基本的なケアについて学んでいただきます。
＊動物医療の知識がない方でも、看護師や先輩トリマーがフォローしますので、経験を積みながらスキルを習得できます。
＊予約状況に応じて、看護師の補助をお願いする場合があります。
＊メディカルトリマーの資格取得や外部セミナーの受講に係る費用を補助するなど、スタッフのスキルアップに取り組んでいます。

■充実した福利厚生制度
＊社会保険完備　＊産前産後休暇・育児休業制度の取得実績あり
＊制服・エプロン貸与　＊シザーのメンテナンス費用会社負担
＊社員割引（ご自身のペットのカット・シャンプー費用の割引）
＊リフレッシュ休暇（毎年3日間、希望日に取得可能）

■職場見学歓迎します
ぜひ、応募前にサロンや病院、働くスタッフを見に来てください。
炭酸泉シャワーなど、設備の体験もできます。

「会社の情報」
記入のポイント

▶理念や特徴から職場について理解を得るとともに、遠方のお客様にも選ばれる病院であることを紹介し、職場のイメージ向上を図る。また、動物病院併設サロンという特色を活かし、トリマーという立場から動物の健康を守っていくやりがいやスキルアップできる環境があることをアピールして求職者の関心を惹きつける。

「労働時間」
記入のポイント

▶動物病院併設のペットサロンであり連携をとりながら行う業務も多いため、動物病院の情報も併せて紹介することで、働くイメージを持てるようにする。また、夏季休暇や年末年始に加え、リフレッシュ休暇もあり、プライベートも充実した働き方ができることをアピールする。

「求人に関する特記事項」
記入のポイント

▶職場環境
一緒に働くスタッフの情報は求職者の関心事となるため、ホームページが充実している場合は、閲覧してもらえるように紹介する。
▶働き方の補足説明
入社後の流れやフォロー体制について説明し、疾患を持った動物を多く扱うことへの不安を解消する。また、看護補助として医療に携われるチャンスがあることやトリマーとしてスキルアップできる環境があることをアピールする。
▶充実した福利厚生制度
社会保険が完備されていることや産休・育児休業の取得実績があることを紹介し、安心して長く活躍できる職場であることをアピールする。また、シザーのメンテナンス補助や社員割引など独自の制度があることも強みとなるためアピールする。
▶職場見学歓迎します
職場見学やサロンの設備を体験できるオープンな姿勢をアピールする。

保安(警備等)／
農林漁業

求職者のイメージ例

＊様々な事情で離職し非正規雇用で働きながら正社員を目指している人
＊同職種で働いているが労働条件や働き方を改善したい人
＊自然の中で伸び伸びと自分らしく働きたい人
＊組織内での仕事の進め方や複雑な人間関係などが得意でない人
＊新卒後は都会で働いてきたが生活環境が合わず UIJ ターン希望の人
＊地方暮らしに憧れて移住を計画している人

転職理由を求人票に活かす

転職希望者は現在の仕事や職場で抱える課題が改善できない状況を変えるために転職という手段をとります。求職者はその課題の解決や改善につながる情報を求人票の中に求めているため、求人者側がそのニーズや期待に応えた情報提供をすればアピール性のある求人票となります。

―――――――――

●警備職の転職理由には、一般的に屋外での長時間の立ち仕事による「体力的負荷」や夜勤を伴なうことでの「不規則な生活」などがあります。

―――――――――

●農耕や養畜作業の職業では、労働条件、待遇、福利厚生などにおいて「想像していた仕事や働き方とのギャップ」が、また林業ではさらに「危険な仕事」などが多く、農業や林業が好きでないと続けられない職業です。

―――――――――

●しかし、事業者側にも課題はあり、求人票では労働時間や給与規定の明確化、柔軟な勤務形態の提供などの働き方改革のほか、屋外での作業に対する安全対策やトイレ・食堂などの衛生環境の改善情報は必須と言えます。また、若年者の未経験入社も多いことから、昔ながらの職人的な指導育成方法ではなく、現在の若年者に合った計画的な人材育成や教育体制の整備はポイントとなります。

アピールポイント例

＊資格や職歴不問、未経験者歓迎の姿勢
＊ミドル・シニア層の豊富な職業経験が活かせる
＊作業のIT化による生産性や安全性の向上
＊50年・100年先を見据えた仕事の魅力
＊年次有給休暇取得推進への方針と具体策
＊安全教育・安全対策による無事故の実績
＊国が推奨している「緑の雇用」制度を活用した新規林業就業者のためのキャリアアップ
＊移住者に対する地元自治体などの支援策

警備員（常駐施設警備員）

求職者イメージ

▶同業他社からの転職希望者

現在は建築工事や道路工事など交通誘導員として働いているが、年齢的にも厳しさを感じてきたため今後は負担の少ない常駐施設警備に変わりたいと考えている人

▶就職活動中の40代・50代

前職を諸事情により離職して就職活動に取り組んでいるが、条件的にも就職が厳しいため、職種を定めず未経験でも応募できる仕事を探しているミドル層

▶60歳定年後の再就職を考えている人

前職で定年を迎えたが再雇用を希望せず、新たな分野で働きたいと思い体力的・精神的に負荷が少なく、未経験でも始められる仕事を探している人

アピールポイント

▶資格・経験不問の応募しやすい仕事であること

▶常駐の施設警備員のため夜勤はあるが炎天下の警備などと異なり体力的負荷は少なく、50～60代でも活躍できる仕事であること

▶40代前半のような業界では若手と言える人に対しては、経験と国家資格の取得により収入アップや昇進などのチャンスも充分あること

▶異業種からの入社がほとんどのため、入社時の教育がしっかり用意されていることや職場に慣れるまでは人事面談などのフォロー体制が整っていること

仕事内容

職種	工場の常駐警備員／夜勤もありますが原則週休2で働きやすい
仕事内容	○○○工業（株）工場の常駐警備員です。専用警備室内での勤務が中心のため体力的負担よりも落ち着いてできる仕事です。事前研修が充実していますので未経験者や定年後のシニアの方も歓迎です。 ■仕事の特徴 ＊業務は社員や来客の出入管理および巡回、警報対応などです。 ＊基本は日勤・日勤・夜勤・夜勤・休日・休日の2交替勤務です。 ＊人員体制は日勤が3人1組、夜間は2人1組です。 ＊チームは原則初任者とベテランで編成し入替えもあります。 ■働くメリット ＊週休2日のためプライベートも充実させながら長く働けます。 ＊国家資格の取得によりキャリアアップや専門性を高めることで活躍の場が広がります。

「仕事内容」記入のポイント

▶一般的にはミドルや定年後の再就職者の応募が想定されるため、求人全体は室内勤務により体力的な負担が少ないこと、年配者でも安心して働け、活躍できる仕事であるとのイメージを打ち出す。

▶日勤・夜勤を含めてどのような働き方になるのかは、求職者が一番知りたい点のため、1週間のモデル勤務シフトやチームの人数・構成などを紹介する。

▶応募を考える求職者に対して、ここで働くメリットをアピールし、前向きな気持ちを引き出す。

「職種名」その他例

●大型工場の常駐警備員／年齢・前職・経験・資格不問
●大手工場の常駐警備員／定年退職者活躍中／19万円＋夜勤手当
●工場の常駐警備員／各種国家資格取得によりキャリアアップ可
●常駐施設警備員・○○○工業△△工場／日勤2日・夜勤2日

会社の情報

事業内容	施設常駐警備を主体に交通誘導、巡回警備、イベント警備、機械警備、貴重品運搬警備を担う総合警備業。常駐警備では△△県内の大手工場や公的施設、金融機関などを担当、信頼を得ています。
会社の特長	半数以上のスタッフが警備に関する資格を取得しており、プロ意識を持って社会の安全安心を守っています。経験度合いに応じた警備教育を定期的に実施してレベルアップに努めています。

労働時間

就業時間	変形労働時間制（1ヶ月単位） （1）　08時00分　〜　17時00分 （2）　17時00分　〜　08時00分 （3）　　時　分　〜　　時　分 又は　時　分　〜　　時　分　の間の　時間
	就業時間に関する特記事項 ＊（1）は日勤（2）は夜勤・休憩180分 ＊1週間の平均労働時間が40時間以下になるよう調整 ＊1週間の基本シフトは日勤・日勤・夜勤・夜勤・休日・休日
休日等	その他 週休二日制　その他 ＊シフト調整により原則週休2日 ＊夏季4日間・冬季4日間（交替による） 6ヶ月経過後の年次有給休暇日数　10日

求人に関する特記事項

求人に関する特記事項
■仕事内容の補足 ＊出入管理：窓口での受付、社員証等の確認、入場証の受け渡し ＊誘導　：駐車場や工場への誘導と安全確認 ＊巡回　：敷地内（3回）、工場内（2回） ＊その他　：監視機器の点検、警報の対応（マニュアルあり） ■入社時のフォロー ＊新任者教育（法定時間含め3日間）を受けた後、現地で実践研修（1週間）を行いますので未経験でも安心して始められます。 ＊入社後3ヶ月目、6ヶ月目には人事面談を行い意見交換します。 ■職場の様子 ＊就業場所の5名は40〜60代で、うち2人は入社2年目です。 ＊工場は24時間稼働です。夜勤での休憩（仮眠）は簡易シャワー付きの専用室で自由に過ごせます。 ＊組織上の上下関係はなくフラットな人間関係です。 ＊定期的に本部社員が訪問しますので要望などもお聞きします。 ■国家資格取得の支援 ＊施設警備業務検定（2級・1級）／機械警備業務管理者など。 ＊講習参加の業務扱いや受講料補助制度があります。 ■入社時モデル月収／23万円（夜勤8回・精勤手当・残業含む） ※職場見学も歓迎！実際の現場を見て自分が働く姿をイメージ。

「会社の情報」記入のポイント

▶幅広い分野の総合警備業会社で、特に常駐施設警備では県内の大手工場や公的施設、金融機関などを担当していることで安定性や信頼性をアピールする。

▶半数以上のスタッフが警備に関する国家資格を取得している実績を紹介し、人材育成にも実績を上げていることを伝えることで、安全安心に取り組む姿勢をアピールする。

「労働時間」記入のポイント

▶夜勤を伴う仕事であるため、単に日勤と夜勤の勤務時間を示すだけでは求職者も実際の働き方がイメージできないことから、基本的なシフトモデルとして「日勤・日勤・夜勤・夜勤・休日・休日」を紹介するとともに、変形労働時間制や週平均労働時間も含めて丁寧に説明する。

「求人に関する特記事項」記入のポイント

▶仕事内容の補足

未経験者の応募が想定されるため、仕事内容を4つの主要業務で補足し、具体的な仕事イメージにつなげる。

▶入社時のフォロー

必要な法定研修に加え、独自の現場実践研修も実施されることや人事面談もあるなど、職場定着のための手厚いフォロー体制をアピールする。

▶職場の様子

職場の様子は求職者も事前に知っておきたいため、一緒に働くメンバーの年代や人間関係などについてもひと言コメントし、多少でも不安を取り除くことで応募しやすくする。

▶国家資格取得の支援

資格取得は会社の基本方針であり、特に若年層には収入アップや昇進などとも関連するため、積極的に支援する姿勢をアピールする。

▶入社時モデル月収

転職決断には賃金が必要な情報となるため、定期的な手当を含めたモデル支給額を紹介し、イメージしやすくすることで応募につなげる。

保安〈警備等〉／農林漁業

12

12-2／正社員

交通誘導員 （指導教育責任者候補）

求職者イメージ

▶転職をしたい若年層
現職に適性を見出せなかったり、組織での仕事に適応できなかったりすることから、できれば少人数チームの中で自分の役割を果していけるような仕事に転職を考えている人

▶非正規雇用から正社員を目指している人
第二新卒やこれまで契約社員などの非正規雇用で働きながら正社員を目指してきたが、就職に有利な資格がないことやキャリアも形成されていないことから、応募条件が緩やかで未経験でも始められる仕事を探している 20 ～ 30 代

▶警備員としてキャリアアップしていきたい人
交通誘導員として働いているが、この仕事を続けていくに当たり専門性を高め、将来は指導的立場で活躍できるチャンスのある職場を探している人

アピールポイント

▶会社の将来を担う人材育成を目的に 35 歳以下を対象として職歴も問わない門戸の広い募集であること

▶警備員指導教育責任者の候補者として 3 年程度で国家資格の取得や実務訓練などを行う養成計画が整っていること

▶同職種では日給制が多い中、月給制であること

▶万が一のケガなどのため、従業員負担なしで傷害保険や入院保険に加入しており安心して働けること

仕事内容

職種	交通誘導員（指導者候補）／３５歳以下・３年間の養成計画有
仕事内容	道路や工事現場、ショッピングモール等における交通誘導の仕事です。今回は、将来の警備員指導教育責任者（以下、「指導者」）の長期的な養成を目的として３５歳以下の方を対象にした募集です。 ■主な現場と特徴 ＊交通誘導：的確な判断を伴うため最初はベテランとのペア制 ＊工事現場の車両誘導：敷地出入路と敷地内への車両誘導 ＊ショッピングモール等での交通誘導：歩行者と車両を安全誘導 ■計画的な育成とキャリア形成 ＊現在、候補者として活躍中の２名も未経験からのスタートです。 ＊入社３年程度を目標に、国家資格の取得や指導者に向けた各種業務訓練を計画的に行います。 ※入社２年目・３０代：平均月収２７万円（各種手当・残業代込）

「職種名」その他例

● 交通誘導員／将来の指導者候補／１８～３５歳の未経験者歓迎
● 警備・交通誘導のプロフェッショナル人材養成／３５歳まで
● 正社員／警備の指導者候補／第二新卒・非正規からの転職歓迎
● 交通誘導員（指導者候補）／年間休日１０５／平均月収２７万

「仕事内容」記入のポイント

▶将来の警備員指導教育責任者の養成を目的とした35歳以下を対象とする募集であることを明確にしたうえで、過酷な仕事との先入観もある中、求人全体は未経験者が「この仕事ならやってみよう！」と思えるイメージづくりを柱とする。

▶仕事内容は、関心を惹きつけやすくするために大枠を示すに留め、具体的な内容は特記事項で補足する。

▶求職者が日常目にする交通誘導員の表面的な姿ではなく、専門性を持ったプロフェッショナルな仕事を担う指導教育責任者としての候補人材の確保であることを強くアピールして、意欲的な求職者からの応募につなげる。

会社の情報

事業内容	交通誘導警備、建設工事現場警備、大型施設警備などの幅広い警備業務を担っています。現場は県内が８０％、また公共工事や長期型工事が多いことも特徴で、仕事は安定しています。
会社の特長	工事現場などの警備は、集中力と沈着冷静な状況判断を必要とする仕事のため、新任者は必ずベテラン社員とペアを組み指導しています。国家資格の取得にも力を入れ、毎年合格者を輩出しています。

労働時間

<table>
<tr><td rowspan="7">就業時間</td><td colspan="2">変形労働時間制（１年単位）</td></tr>
<tr><td>（１）</td><td>08時 00分　～　17時 00分</td></tr>
<tr><td>（２）</td><td>　時　分　～　　時　　分</td></tr>
<tr><td>（３）</td><td>　時　分　～　　時　　分</td></tr>
<tr><td colspan="2">又は　時　分　～　時　分　の間の　時間</td></tr>
<tr><td colspan="2">就業時間に関する特記事項</td></tr>
<tr><td colspan="2">＊１～３月の年度末は繁忙期となるため、１年単位の変形労働時間制による勤務となりますが、年間の週平均労働時間は４０時間以下です。
＊現場が早く終了すれば終業時間前に帰宅できることもあります。</td></tr>
<tr><td rowspan="3">休日等</td><td colspan="2">日　祝日
週休二日制　その他</td></tr>
<tr><td colspan="2">＊第２・第４土曜日休み　＊ＧＷ２日間
＊夏季　８／１２～８／１６　＊年末年始１２／３０～１／５</td></tr>
<tr><td colspan="2">６ヶ月経過後の年次有給休暇日数　１０日</td></tr>
</table>

求人に関する特記事項

求人に関する特記事項

■仕事内容の補足
＊入社後、法定の新任者研修（３０ｈ）を受講していただきます。
＊現場は○○県内ですが終了後は原則、一旦帰社します。
＊標準的な現場の場合、１チーム３～５名で警備します。
＊現場のない日は日報の整理、迂回路の作成、看板の準備、住民への周知などの仕事があります。
■残業・休日・安全配慮
＊一日中立ち仕事で体力も必要ですが、夏の猛暑には空調服、冬には防寒ジャンパーを貸与し、体調管理に配慮しています。
＊夜勤はありませんが緊急時は対応してもらう場合もあります。
＊１～３月は繁忙期のため有給休暇は夏季の取得が多いです。
＊万が一のケガなどのため保険料会社負担による障害保険や入院保険に加入しており、安心して働けます。
■指導者に向けた３年養成計画
入社後約１年間は道路、工事現場、商業施設で誘導業務を経験したうえで、国家資格の交通誘導警備業務検定２級を取得します。その後１年程度実務に従事しながら指導者訓練を受け、習得状況を踏まえて警備員指導教育責任者資格（社内に５名在籍）を取得します。現在３０代の候補者を２名養成中です。
※会社説明をご希望の方は気軽にお申し出ください。

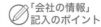

「会社の情報」記入のポイント

▶交通誘導から施設警備まで幅広い警備業務を担っている総合警備会社であり、特に公共工事や長期工事が多く仕事が安定している強みをアピールする。また、取引先からの信頼を高めるために社員の専門性向上や国家資格の取得に力を入れ、成果もあげていることを紹介し、スキルアップできる環境もアピールする。

「労働時間」記入のポイント

▶年度末は特に工事も多く繁忙期となるため１年単位の変形労働時間制の勤務となることや、週平均労働時間は40時間以下、また、現場が早く終われば終業時間前に帰宅することもあることなどを丁寧に説明し、求職者が働き方をイメージできるようにする。

「求人に関する特記事項」記入のポイント

▶仕事内容の補足
求職者も道路工事などで交通誘導員の姿は見ていると思われるが、いざ自分が働くとなると、入社時研修の有無、現場の範囲やチームの人数など細かい疑問や不安があると考えられるため、可能な範囲で具体的に紹介し、求職者が働く姿をイメージできるようにする。

▶残業・休日・安全配慮
立ち仕事で炎天下や雨天での仕事もあるなど求職者が過酷な仕事イメージを持つことも考えられるため、日々の体調管理や時間外労働、休日などの働き方に加え、万が一のケガに備えて独自で傷害保険などに加入するなど、社員の健康や安全に配慮している姿勢をアピールする。

▶指導者に向けた3年養成計画
当該求人の一番のアピール事項であることから、入社時の仕事の習得方法から指導者に向けた教育まで具体的に紹介することで、求職者が明確な目標を持ってキャリアアップできることを伝える。

造園師

求職者イメージ

▶ **学校で園芸に関する科目を学んできた人**
農業系の高校を卒業した人や大学・専門学校で園芸学や環境学を専門的に学び造園業界に就職したが、人間関係やキャリアパスが見えないことに悩み、新しい職場を探している人

▶ **庭園鑑賞や園芸に興味がある人**
庭園鑑賞やガーデニングの趣味が高じて、より専門的な知識や技術を身につけ、仕事として造園工事や植栽管理などをしていきたいと考えている人

▶ **心機一転を考えている若年層**
現職では適性を見出せず、幼い頃から身近にあった緑や自然に関わる仕事がしてみたいと考えている人

アピールポイント

▶ 職歴に関係なく社員1人ひとりが高い意識を持ってチームワークで働いている職場であること
▶ 独自の育成プランにより専門的なスキルを身につけながら目標を持って成長できること
▶ 人材育成に力を入れており、若手職人が仕事を楽しみ、意欲を持って働けるように取り組んでいること
▶ 造園師は自分が手がけたものが形となり何十年と残っていく魅力とやりがいがあり、未経験からでも手に職をつけて活躍できる仕事であること

仕事内容

職種	緑で想いの空間を造る仕事（造園師）／〜35歳キャリア形成
仕事内容	創業40年を迎え○○県を中心に展開しいている造園会社です。昨年就任した二代目社長のもと、若手が仕事を楽しみ、目標を持って成長していけるような職場づくりに奮闘中です。 ※将来のキャリア形成のため、35歳以下を対象とした募集です。 ■仕事の魅力 何もなかった場所に庭を造り上げたときの達成感、そして自分が手がけたものが何十年と残っていく魅力とやりがいのある仕事です。 ■仕事概要 ＊造園工事／日本庭園や和モダン庭園を得意としており、個人邸から店舗、介護施設等で想いの空間となる場所を造りあげます。 ＊管理業務／工場・公園・街路時の除草や植栽、剪定等により地域の景観を守っています。

「職種名」その他例

● 造園師／35歳以下キャリア形成／次世代の職人育成に奮闘中
● 【正社員】手に職を付けて活躍できる仕事／造園業／〜35歳
● 造園師／3年目で2級造園施工管理技能士に挑戦／35歳以下
● 四季を感じながら仕事をしませんか？／造園工事・緑地管理

「仕事内容」記入のポイント

▶ 冒頭で創業40年の安定企業であること、新しい社長のもと働き方改革に積極的に取り組んでおり、若手の育成に力を入れている姿勢を示し、現職で職場環境に悩みを抱えている人や漠然と将来に不安を抱いている若年層の目に留まるアプローチとする。

▶ 仕事の魅力を伝えることで、求職者に関心を持ってもらい「やってみたい」という意欲を引き出す。

▶ 仕事概要は、造園工事と管理業務の2つに分けて自社の得意分野や現場（施工実績）などの情報も加えながら、仕事のイメージを持てるように説明する。また、この仕事を通して人々の憩いの場を造り、地域の景観を守っているという、やりがいもアピールする。

会社の情報

事業内容	個人邸・店舗・介護施設の造園や公共緑地の管理など幅広く対応しています。先代が４０年間で培った技術と信頼を継承しながら、新しい発想で時代に合った憩いの場を提案しています。
会社の特長	次世代のプロフェッショナルな職人を育成していくため社員一丸となり取り組んでいます。２０～３０代の見習い職人の中には女性職人もおり、性別に関係なく若手が活躍していける職場です。

労働時間

就業時間	変形労働時間制（１年単位） （１）　０８時００分　～　１７時００分 （２）　　時　　分　～　　時　　分 （３）　　時　　分　～　　時　　分 又は　　時　　分　～　　時　　分　の間の　時間 就業時間に関する特記事項 　＊現場は主に○○県内（概ね車で１時間程度の距離）です。 　　原則事業所に集合して社用車で移動します。 　＊お昼休憩６０分、午前と午後に各１５分休憩があります。
休日等	日　祝日　その他 週休二日制　その他 　＊夏季休暇８／１２～８／１６　＊年末年始１２／３０～１／３ 　＊第２・第４土曜日休　＊閑散期（冬季）に連続有休取得可 ６ヶ月経過後の年次有給休暇日数　　１０日

求人に関する特記事項

求人に関する特記事項

■働き方
＊現場では２～４名のチームで作業をしており、ベテランから新人まで１人ひとりがプロとしての自覚を持ち、残業をしないで終われるようにチームワークで効率よく進めています。定時の１７時に事業所から帰宅できる日も多くあります。
＊天候により作業ができない日は、道具のメンテナンスやフレックス休暇、庭園鑑賞や植木祭に出かけることもあります。
＊職人の意見を取り入れた空調服や防寒着、防護服などは、すべて会社貸与で、社員の安全・健康面にも配慮しています。
■当社独自の育成制度
＜その１＞ＯＪＴ教育（３年間）＋新人育成プラン
未経験者の場合、習得してほしい知識・技術・経験を一覧化した育成表を基に、１ヵ月ごとに進捗状況を確認していきます。
＜その２＞幅広い知識・技術習得のための研修（入社２年目～）
造園組合連合会に入会している会社間で新人の派遣研修を実施しており、流行の洋風庭園や大型施設の造園工事などを学べます。
＜その３＞剪定実習（入社３年目を目途に開始）
お客様のご厚意で、若手職人が植木の剪定をさせていただくサービスを開始し、早い時期から実務経験を積んでいくことができます。
※入社３年目で２級造園施工管理技士の取得にチャレンジします。

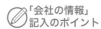

「会社の情報」
記入のポイント

▶創業40年の実績から得られた技術と信頼があるという安定性とともに、伝統やしきたりだけにとらわれず、時代のニーズに沿った事業展開を行っている将来性をアピールする。また、人材育成への取り組みや女性職人も在籍していることを紹介し、年齢や性別に関係なく活躍できる職場環境のよさをアピールし、若年層からの応募を後押しする。

「労働時間」
記入のポイント

▶現場までの移動時間や移動方法、屋外作業で体力を使う仕事のため休憩時間についてなど、働き方が具体的にイメージできるような情報を提供する。また、閑散期にまとまった休みを取得できることを紹介し、労働環境に対して働きやすい印象を持ってもらう。

「求人に関する特記事項」
記入のポイント

▶働き方
社員の仕事に対する意識や姿勢から、効率的な働き方で労働環境が良いことをアピールする。
＊職業柄、天候により作業できない日の過ごし方について説明を行い、求職者の疑問を解消する。
＊屋外作業のため、安全面や虫刺されなどによる健康被害への対策を紹介し、社員を大切にする会社の姿勢をアピールする。
▶当社独自の育成制度
＊ＯＪＴ教育と育成表による丁寧な社内教育に加え、同業他社への研修や独自の剪定実習があることを紹介し、将来に向けて若手を育成していこうとする会社の誠意を示す。
＊向上心のある若年層からの応募につなげていくため、育成プランの内容を説明する際には、○年間や○年目～など目安となる時期を示し、不明瞭な場合も多い見習い期間についての不安を取り除くとともに、求職者自身が将来に見通しを立てられるようにする。

林業作業士

求職者イメージ

▶キャリアチェンジしたい若年層
　地元や近隣都市で働いているが、現職の仕事における適性や将来に疑問を感じ、もっとイキイキと自分らしく働ける仕事に思い切って転職したいと考えている人
▶地元出身のＵターン希望者
　学校卒業後は都会で働いていたが、働き方や都会生活の「水」が合わずにＵターンを考えている人
▶Ｉターン・移住・定住を計画している人
　いわゆる田舎暮らしをしたい、あるいは農業や林業の仕事がしたいと考えている人

アピールポイント

▶大自然の中でイキイキと働ける魅力的な仕事であること
▶長期的な人材確保から、未経験者や若年層を対象としていること
▶国の育成プランなどを活かして、林業を担う人材育成に向けてしっかりとした体制を整えていること
▶年次有給休暇の取得促進など働きやすい職場環境の実現に向けた取り組みが評価され、公的機関から認定を取得していること
▶Ｉターン・移住・定住を計画している人に対しては公的支援はもとより会社も協力する姿勢があること

仕事内容

職種	林業作業士（フォレストワーカー）／ＵＩＪターン・移住歓迎
仕事内容	大自然の中で私たちと一緒に豊かな森づくりをしませんか？生まれ育った地元で自然と関わる仕事がしたい方、県外や都会から地方暮らしを計画している方に新しいライフスタイルを提案します。 ■主な仕事 ＊チェーンソーや刈払機を使って成長した木を計画的に伐る伐採作業や森の中に日光が射し込むようにする間伐作業、枝打ち作業のほか、木の成長を助ける下草刈り作業など。 ＊林業機械を使った伐採後の木材の搬出、運搬作業など。 ■ＵＩＪターン／移住希望の方歓迎 ＊若手育成のため未経験やＵＩＪターン、移住希望の方歓迎です。 ＊充実した社内研修やＯＪＴ制度で、ゼロからスタートできます。 ＊市の移住支援事業と連携して住居の相談等にも対応します。

「仕事内容」記入のポイント

▶応募は、地元の転職希望者または都会から地方へのＵＩＪターンや移住希望者が想定されるため、求人全体は、(1)林業の仕事の魅力、(2)入社後の育成体制、(3)移住に必要な情報提供の3点を柱とする。
▶冒頭3行で、大自然の中で伸び伸びと働ける仕事であることをアピールするとともに、4行目以降では、業界未経験の求職者にも仕事のイメージがしやすいよう簡単に仕事内容を紹介する。また、長期的な人材確保計画のため、若年層を対象にＵＩＪターンや移住希望者も歓迎していることを強くアピールして、未経験でも安心して始められる働きやすい環境を示す。

「職種名」その他例

●森を守る森林技術者／３５歳以下男女・未経験者を長期育成
●夢の地方暮らしに安定した森林技術の仕事／○○県○○町
●林業作業士／未経験・ＵＩＪターン・移住可／年間休１０２日
●若手林業作業士の育成／未経験・ＵＩＪターン・移住歓迎

会社の情報

事業内容	地域の人々が安心して暮らせる社会基盤と未来へつなぐ自然を守る会社です。創業以来、みなさんが毎日利用する道路、橋などの建設工事や災害から命と財産を守る山林保全事業を営んでいます。
会社の特長	一番は人づくりです。１００年先を見据えた私たちの仕事を継続していくためには、技術とノウハウの伝承が欠かせません。ベテランから若手に確実に伝えていくための人材育成に取り組んでいます。

労働時間

就業時間	変形労働時間制（１年単位） （１）　08時00分　〜　17時30分 （２）　　時　分　〜　　時　分 （３）　　時　分　〜　　時　分 又は　時　分　〜　　時　分　の間の　時間 就業時間に関する特記事項 ＊公共工事の請負も多く年度末に向けた１２〜３月は繁忙期のため１年単位の変形労働時間制を導入しています。 ＊週平均労働時間は４０時間以下で調整します。
休日等	日　その他 週休二日制　その他 ＊日曜日以外に、月２日（繁忙期）〜３日（通常期）休み ＊夏季８／１２〜８／１６　＊年末年始１２／３１〜１／３ ６ヶ月経過後の年次有給休暇日数　１０日

求人に関する特記事項

求人に関する特記事項
■年収例（月給＋手当＋残業＋賞与） ３１４万円／作業士・２６歳・入社２年目（月給２０万円） ４３０万円／班長・４６歳・入社１７年目（月給２７万円） ■未経験者の育成制度 ＊入社後、チェーンソーや刈払機の技能安全講習を受講します。 ＊入社３年間は国の育成プランに基づき現場管理責任者（フォレストリーダー）の基本をしっかりと学びます。 ＊入社６年目以降は、現場管理責任者（フォレストリーダー）研修があります。 ■一緒に働く仲間と職場 ＊現在林業作業士は１３名、３０〜６０代が活躍中です。 ＊Ｕターン者１名と移住を前提にした１名も頑張っています。 ＊「○○県はつらつ職場宣言」の登録企業として有給休暇の取得推進など働きやすい職場づくりに取り組んでいます。 ■ＵＩＪターン／移住希望の方 ＊仕事の体験や職場見学はもとより、住居や生活環境など移住・定住に伴う問題もお気軽にご相談ください。 ＊地元○○市のホームページに移住定住支援事業として移住者のブログや家賃補助事業などが紹介されていますので、当社のホームページと併せてご覧ください。

「会社の情報」記入のポイント

▶道路などの生活基盤と災害から命を守る治山・環境保全事業など、地域の人々の安全を守る会社であることをアピールして、仕事のイメージ向上を図る。また、その事業を担う人材育成に向けて100年先を見据えた組織づくりに取り組んでいることを紹介し、会社も人も長い時間の下で発展していることを感じてもらう。

「労働時間」記入のポイント

▶公共工事の請負も多いことから年度末は繁忙となるため1年単位の変形労働時間制による勤務となるが、年間を通した週平均労働時間は40時間以下で調整していることを説明し、年間休日102日の内訳説明とともに求職者が働き方をイメージできるようにする。

「求人に関する特記事項」記入のポイント

▶年収例
移住・定住者の一番の問題は、住居と収入であり、モデル賃金（年収）は不可欠な情報のため可能な限り紹介する。
▶未経験者の育成制度
林業従事者を対象とした国の育成プランに基づいて計画的に育成していくことをアピールし、入社後の不安を解消する。
▶一緒に働く仲間と職場
住居・収入に続き、自分が働く職場は関心事の1つであることから、どのような人と一緒に働くのか、その中にはUIJターンや移住・定住者がいるのかなど、職場をイメージできる情報を提供する。
▶UIJターン／移住希望の方
UIJターンや移住・定住は一大転機であり、様々な問題や不安の解決が必要となることから、公的機関の活用、会社としてのバックアップ姿勢をアピールし、まずは気軽に相談してほしい気持ちを伝えることで、応募への第一歩に導く。

生産工程

求職者のイメージ例

＊現役の製造職であるが仕事内容に魅力を感じられず、転職したい人
＊ライフステージに合った働き方ができる職場に転職したい人
＊機械いじりやモノづくりが好きで将来に向けて手に職をつけたい人
＊製造業の派遣や期間工などで働きながら正社員を目指している人
＊工業系の学校や職業訓練で学んだ知識・スキルを活かしたい人
＊国家資格や免許などを取得し、キャリアアップを図りたい人

転職理由を求人票に活かす

転職希望者は現在の仕事や職場で抱える課題が改善できない状況を変えるために転職という手段をとります。求職者はその課題の解決や改善につながる情報を求人票の中に求めているため、求人者側がそのニーズや期待に応えた情報提供をすればアピール性のある求人票となります。

―――――――――

●工場内製造職の転職理由としては、一般的に「体力的負荷」「仕事内容と自らの適性」「夜勤を含めた交替制勤務や休日などの働き方」「成長・キャリアアップ」などがあります。特に入社歴が浅い若手には、夜勤を含めた交替制勤務や不定期な休日などにより生活リズムが不規則になることが転職への強い動機となります。また、キャリアプランやキャリアパスが不透明な職場も、将来展望が持てず離職につながります。

―――――――――

●こうした離・転職理由が製造職に対するイメージにも影響してることから、求人にあたっては働き方や職場環境の改善、社員の成長プランなどへの具体的な取り組みや会社としての方針のアピールは欠かせない情報となります。

アピールポイント例

＊「人手」から「人材・人財」への姿勢
＊未経験者を中長期にわたって育成する体制
＊働き方がイメージできる夜勤を含めた交替制勤務や休日のモデル
＊機械化やロボット化などによる作業負荷の軽減
＊知識や技能の評価・認定と給与などへの反映
＊国家資格や技能の取得奨励とサポート体制
＊キャリアパス、キャリアプランの提示
＊工場見学や先輩社員との懇談の場を設けるなど、求職者に対する
　オープンな姿勢

13-1／正社員

機械加工・マシンオペレーター

求職者イメージ

▶工業系の学校出身者や職業訓練修了者
工業系の学校や職業訓練で機械加工を学び、これまでは製造作業員として働いてきたが、いつか
は憧れの機械オペレーターという技術職で活躍したいと考えている人
▶異業種から転職希望の若年層
現職の仕事内容が自分に合わず転職を考えているが、元々好きなモノづくりや機械いじりを活か
せる仕事を探している第二新卒などの20〜30代
▶同業他社からの転職希望者
＊旋盤工として働いているが、コンピューター制御の機械オペレーターとして活躍したい人
＊NC旋盤オペレーターとして働いているが、扱う製品が量産品のため、もっと多種多様な製品
の技術を身につけられる職場に転職を考えている人

アピールポイント

▶今回の募集は、長期的な人材育成を目的に、経験不問で35歳以下を対象とした求人であること
▶NC旋盤やマシニングセンタなどの機械オペレーターの専門職として活躍できるとともに、量産
品だけでなく精巧な単品モノなどの幅広い技術を習得できること
▶金属加工の基礎となるNC旋盤技術をしっかり習得することで、他の工作機械への応用力も身に
つけた人材を育成していくという方針が確立していること
▶国家資格取得を奨励し、有資格社員による指導もあること
▶連続休暇制度や労働時間管理などが整っていること

仕事内容

職種	機械加工・オペレーター（NC旋盤他）／〜35歳・未経験可
仕事内容	プラモデルづくりで時間が経つのを忘れたことはありませんか？設計図に沿って組み立てる楽しさを「仕事」にできる機械加工・オペレーターの募集です。あなたが本当にやりたいことは何ですか？ ＊製品は自動車部品や産業用機械部品です。初心者は、まずオペレーティング業務から始め、基本を習得したのちに高度なプログラミング業務も担当していきます。 ＊担当の機械はNC旋盤のほか汎用旋盤、マシニングセンタです。 ＊オペレーティング業務／NC旋盤への数字の打ち込みや完成品のチェックにより機械の稼働状況を確認する作業です。 ＊プログラミング業務／NC旋盤を動かす指示をコンピューターに入力し、寸法をプログラミング技術で微調整する作業です。 ※職業訓練を修了した方や第二新卒（男女）も歓迎です。

「職種名」その他例

●NC工作機械オペレーター／35歳以下を長期育成
●金属加工の基礎となるNC旋盤技術を徹底習得／オペレーター
●プラモデルづくりの楽しさを仕事でも実現／機械オペレーター
●正社員／機械加工・NC旋盤オペレーター／資格・経験不問

✍「仕事内容」記入のポイント

▶求人全体は未経験者を前提にした内容として、(1)仕事内容がイメージできる、(2)職場環境が良く成長できること、の2点に重点を置いてアピールする。
▶冒頭でプラモデルづくりの話題を投げかけて関心を惹きつけ、適性のある求職者がその楽しさを機械加工やオペレーターという仕事で活かせることを示して趣味と仕事を結びつけるとともに、現在の仕事に引っかかり感を持っている人には転職へのインパクトを与える。
▶オペレーティング業務とプログラミング業務があることや簡単な仕事内容を紹介するとともに、職業訓練修了者や第二新卒を指名して該当する求職者の注目を惹きつける。

会社の情報

事業内容	自動車部品や産業用機械部品の加工製造業。量産品のみならず創業時からコツコツ培ってきた当社の技術力を評価いただいて精巧さが必要な少量品や単品モノの加工依頼も全体の３割程度あります。
会社の特長	技術力を特徴としているため人材の確保を最重要課題としており、常に若い人材の確保と長期的育成に力を入れています。技術者の平均年齢が３０代後半を維持できていることは当社の強みです。

労働時間

就業時間	（１） 08時 45分 ～ 17時 45分 （２） 08時 00分 ～ 17時 00分 （３） 時 分 ～ 時 分 又は 時 分 ～ 時 分 の間の 時間 就業時間に関する特記事項 ＊７月から９月までの３ヶ月間はサマータイムを試行中のため 　就業時間は４５分前倒しした上記（２）となります。
休日等	土 日 その他 週休二日制 毎週 ＊夏季８／１２～８／１６ ＊年末年始１２／３０～１／３ ＊土日以外でGW１日休み追加 （２０００年度） ６ヶ月経過後の年次有給休暇日数 　１０日

求人に関する特記事項

求人に関する特記事項

■入社後の当面の目標
入社後３ヶ月程度は、材料や製品の運搬、品質確認、手順書に基づく機械の清掃や検査などから始め、操作に慣れていきます。
（参考）経験のある方は、経験内容や技術レベルに合った業務から担当していただきます。

■職場の様子や働き方
＊工場内は冷暖房完備で夏・冬も快適です。
＊現在、高校新卒者１名とキャリア採用者１名を育成中です。
＊有給休暇と土・日曜日を活用した５日間連続休暇があります。
＊毎月部署ごとに業務計画を立て、時間外労働を管理しています。

■頑張れる環境
＊製品は量産品だけではなく少量品や単品モノもありますので、多種多様な技術を経験・習得できます。
＊実務経験を積みながら国家資格「機械加工技能士３級」へのチャレンジに向け、１級有資格者が技術指導します。
＊NC旋盤は金属加工の基礎技術で応用範囲の広いスキルです。当社では経験者、未経験者を問わず国家検定の取得と併せて充分なキャリアを積んだ人材を育成していきます。
※当社では、毎年地元中学・高校生の職業体験や大学生などのインターンシップ（昨年計１０名）を積極的に受け入れています。

「会社の情報」記入のポイント

▶製品は量産品だけではなく、技術を必要とする少量品や単品モノなども多くの受注実績を持つ会社であることを紹介して意欲的な求職者の関心を惹きつける。また、その技術力を維持し、さらに高めるために若い人材の確保と育成に力を入れており、現在の技術者は30代後半世代が中心となっていることをアピールして働きやすい環境を示す。

「労働時間」記入のポイント

▶変形労働時間制やシフト制ではない固定労働時間制であり、休日も完全週休2日制のため生活リズムを維持しやすい働き方ができることを示すとともに、サマータイム制を試行していることを紹介し、社員の働きやすい環境づくりに取り組んでいる姿勢をアピールする。

「求人に関する特記事項」記入のポイント

▶入社後の当面の目標
入社後3ヶ月程度は機械に慣れるため、周辺業務や機械の清掃などを経験して徐々に仕事を覚える流れを説明し、技術の習得に向けてソフトランディングできるイメージを伝える。
▶職場の様子や働き方
求職者の関心事である職場の環境や若手社員の在籍状況のほか、連続休暇や時間外労働の計画的管理が行われていることなど、働き方をイメージできる情報を提供する。
▶頑張れる環境
求職者は同業他社と比較しながら応募先を決めることから、仕事内容そのものは同じでも職場のソフト面における他社との違いを強くアピールし、求職者が「ここで頑張ろう」と思えるように背中を後押しする。
※今回の募集は35歳以下を対象としているため、中・高校生や大学生の職業体験を積極的に受け入れていることを紹介し、若い人材を大切にする企業イメージをアピールする。

13

生産工程

溶接技術者（建築用鉄骨）

求職者イメージ

▶現役溶接技術者の転職希望者
同業他社の溶接工として数年働き日々技術を磨いてきたが、技術を適正に評価してもらえる職場に転職したいと考えている人

▶機械関係の仕事からモノづくりをやってみたい人
機械組み立てやメンテナンスなどの仕事を経験してきたが、もともとモノづくりが好きなことから手に職をつけられる仕事で活躍したいと考えている人

▶職業訓練修了者
職業訓練の溶接技術科修了予定者や過去の修了者で、実務は未経験あるいは未経験に等しいが、習得した技術を活かして働きたいと考えるようになり、自分に合う条件の仕事を探している人

アピールポイント

▶経験者は習得技術を適正に評価し処遇する方針であること

▶資格取得や溶接技術競技会への参加など、技術力向上のために会社が積極的に支援を行っていること

▶高校新卒者の採用も含め、未経験者の受け入れ体制など具体的な指導支援策を整えていること

仕事内容

職種	溶接技術者（建築用鉄骨）／経験者は技術力を評価・未経験可
仕事内容	建築用鉄骨を当社工場内または現場で溶接する仕事です。経験者には溶接技術を適正に評価のうえ活躍していただきます。また今回は当社の将来を担う人材の採用のため、未経験の方も歓迎です。 ■仕事や職場の特徴 ＊建築用途はビルや工場、店舗のほか一部住宅もあります。 ＊溶接は主にはアーク溶接や半自動溶接です。 ＊仕事は工場内が7割、現場が3割程度（現場は県内中心）です。 ＊溶接技術者12名は20〜60代ベテランまで幅広く活躍中。 ＊過去3年間に高校新卒者1名が入社し、大きく成長しています。 ■こんな魅力もあります ＊モデル賃金：溶接経験2年／入社年330万円以上（賞与含） ＊4日連続休暇制度を利用してメリハリのある働き方ができます。

「職種名」その他例

- 溶接工（建築用鉄骨）／経験者のキャリアアップを全面支援
- 建築用鉄骨の溶接技術者／未経験者の受入れ体制完備で安心
- 溶接技術者／年収330万円以上・年間休93日・連続休暇可
- 溶接工（建築用鉄骨）／1人ひとりの技術力を評価した処遇

「仕事内容」記入のポイント

▶今回の募集は人材確保を優先するため、経験者と未経験者の両方を対象としていることから、求人全体は経験者には技術の適正な評価と処遇の魅力を示す一方、未経験者にはしっかりした育成体制が整っているイメージを打ち出す。

▶冒頭で期待する求職者像を明確にしたうえで、仕事や職場の特徴を紹介する。経験者に向けては、鉄骨の用途、溶接の種類などを説明して働くイメージをしやすくするとともに、未経験者や若手に向けては、職場に同世代が在籍していることや特に高校新卒者も入社していることを紹介し、元気な職場イメージをアピールすることで幅広い求職者の関心を惹きつける。

会社の情報

事業内容	ビル、工場、店舗などの建築用鉄骨の加工・組立事業を展開。○○地域を中心に確かな技術と品質で信頼をいただいています。昨年のＩＳＯ9001認証取得を機に更なる技術力向上を図っています。
会社の特長	社員の技術力が会社の原動力・信頼の証であることから、各種技能資格の取得は重要方針として取り組んでいます。昨年から県の溶接技術競技会への出場と入賞を会社目標に掲げて挑戦中です。

労働時間

就業時間	変形労働時間制（1年単位） （1）　08時30分　～　17時30分 （2）　　時　分　～　　時　分 （3）　　時　分　～　　時　分 又は　　時　分　～　　時　分　の間の　　時間
	就業時間に関する特記事項 ＊11～1月は繁忙期のため1年単位の変形労働時間制による勤務です（年間の週平均労働時間は40時間以下）。 ＊繁忙期は時間外労働が30時間程度になることがあります。
休日等	日　その他 週休二日制　その他 ＊第1・第3土曜日は休み／GW2日間／祝日年間5日間 ＊夏季8／12～8／16・年末年始12／30～1／3 6ヶ月経過後の年次有給休暇日数　10日

求人に関する特記事項

求人に関する特記事項
■経験者のキャリアアップ ＊個々の技術を社内基準で適正に評価し処遇していきます。 ＊溶接技術を極め自分の腕で勝負していきたい方、あるいは鉄骨作成の全工程のスキルを習得したい方など、それぞれのキャリア目標に合わせて会社も支援していきます。 ＊溶接作業指導者や溶接管理技術者の資格取得も目指せます。 ＊○○県溶接技術競技会の出場にチャレンジしてください。 ■未経験者の育成 ＊入社後3ヶ月間は年齢の近い先輩とペアを組み補助的作業をしながら専門用語や仕事の進め方を理解していきます。 ＊1年以内には国家資格「アーク溶接作業者」を取得し、本格的に溶接技術を習得していきます。仕事がどんどん楽しくなります！ ＊指導は昔ながらの「見て覚えろ」ではなく、知識と実技訓練で計画的に指導します。成長を実感できます！ ■メッセージ 仕事は暑さや寒さの中で体力を必要とするなど厳しいものです。しかし当社はこの仕事を選択した社員にとって価値ある職場となるよう、評価、処遇、育成、キャリアアップ、働き方、将来への安心などできる限りの魅力づくりに努力し、「働くなら○○○鉄工所で」と思ってもらえる会社を目指しています。

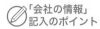
「会社の情報」記入のポイント

▶幅広い建築用鉄骨の加工・組立事業を展開し、確かな技術力に加えISO9001も認証取得するなど積極的な経営姿勢をアピールして会社イメージを高める。

▶県の溶接技術競技会への参加を採り入れ、社員が楽しく技術力向上を目指せる工夫をしている一面を紹介し、仕事への関心を惹きつけて応募につなげる。

「労働時間」記入のポイント

▶年度末に向けた11月から1月は繁忙期となるため1年単位の変形労働時間制による勤務となることや、同時期は時間外労働も増えることを説明するとともに、年間休日の内訳も丁寧に紹介して、求職者が1年間の働き方を具体的にイメージできるようにする。

「求人に関する特記事項」記入のポイント

▶経験者のキャリアアップ

1人ひとりのキャリアアップを会社も支援していく姿勢を示し、他社との差別化を図るとともに、技術を磨くための競技会があることを紹介し、「よし、自分も」とのチャレンジ意欲を刺激する。

▶未経験者の育成

未経験者にとって一番の不安である入社後の育成に関して、指導方法も昔流ではなく若い世代に合わせた内容に改善している姿勢を紹介し、安心感をアピールする。

▶メッセージ

鉄工所での溶接作業というハードで危険も伴う仕事の人材確保に当たり、未経験者だけでなく現役や経験者も対象に募集をかけるには、どれだけの魅力をアピールできるかがポイントとなる。本欄の前半で紹介した各種具体策を含めて、改めて会社としての考え方や姿勢をメッセージとして強く発信し、求職者の心に訴える。

13

生産工程

製缶板金・溶接工

求職者イメージ

▶同業他者からの転職希望者
　現職で仕事内容や労働条件、処遇などに疑問を抱いているため転職したい人
▶組織の中での働き方が合わず転職を考えている人
　組織内での複雑な人間関係や仕事の進め方が自分に合わず、モノづくりの世界でコツコツ取り組める仕事にキャリアチェンジしたいと考えている人
▶職業訓練で学んだ人
　高校や専修学校あるいは職業訓練で板金や溶接を学んだ経験があり、その技能を活かしたいと考えている人
▶何か手に「職（技能）」をつけたい人
　接客やサービスの仕事よりも機械いじりが好きで、何か技術や技能を身につけられる仕事で活躍したいと考えている人

アピールポイント

▶溶接の腕（技能）を磨けば収入が増え活躍の場も広がっていく魅力ある仕事であること
▶時間外労働や休日問題も多少は改善でき、メリハリある働き方ができる職場であること
▶昔ながらの職人的な指導や人間関係ではなく、若手に合った指導方法により伸び伸びと働ける職場であること
▶経験者やベテランにとっては、経験を評価され仕事も任せてもらえること

仕事内容

職種	プラントや工場内配管等の製缶板金・溶接工／未経験可
仕事内容	プラント設備や工場内のダクト・配管などを自社工場で製缶板金、溶接加工し、完成品を現場で取り付ける仕事です。経験者や職業訓練を受けた方はもちろん技能を身につけたい未経験者も歓迎です。 ■仕事の概要 ＊現場は県内のプラント設備・工場が中心ですが隣県もあります。 ＊仕事は原則２〜３名のチームで分担して行います。 〈製缶板金〉鉄やステンレスなどの金属板を切断及び抜きや曲げ加工などにより、容器又は骨組み状のものを製作します。 〈溶接〉主にステンレスなどにはTIG溶接、鉄にはCO2溶接を使用します。加工品の仕上がりの良否を左右する仕事です。 〈施工〉現場での配管工事や機器据付および点検作業です。 ■未経験の方は、一定期間先輩トレーナーがペアで指導します。

「仕事内容」記入のポイント

▶経験者から未経験者まで応募可能であることをアピールして門戸を広げるとともに、特に学校や職業訓練で溶接を学んだ人を歓迎する姿勢を示す。また、職種を限定していない求職者に向けて技能を身につけられることをアピールし、関心を惹きつける。

▶未経験者には馴染みのない仕事であり敬遠される可能性もあることから、内容や溶接の種類などを説明し、全体像をイメージしやすくすることで関心を高める。また、当面は先輩トレーナーとペアとなり指導を受けていくことも紹介し、教育体制が整備されていることを示して応募への不安解消につなげる。

「職種名」その他例

●製缶・溶接技能者（未経験可）／プラント設備・工場内配管等
●アーク溶接作業者／プラント設備・工場内配管／資格取得支援
●溶接技能を基礎から専門級へスキルアップ可能／プラント設備
●板金・溶接技能者／日・祝・隔週土曜日休／未経験者２０万〜

会社の情報

事業内容	プラントや空気・蒸気配管などの製缶工事から溶接工事、配管・据付工事までを一貫して行う会社です。県内の大小プラントのほか、大型工場やオフィスビル工事現場などで実績を上げています。
会社の特長	製缶と溶接のプロ集団が誇りです。創業以来、時間をかけてじっくり人材を育成してきた成果と考えます。今後も、若い人材の確保と定着に向けた企業価値の向上に取り組んでいきます。

労働時間

就業時間	変形労働時間制（1年単位） （1）　08時30分　〜　17時30分 （2）　　時　分　〜　　時　分 （3）　　時　分　〜　　時　分 又は　時　分　〜　　時　分　の間の　時間 **就業時間に関する特記事項** ＊工場内だけでなく建設現場での業務もあるため、1年単位の変形労働時間制を導入。業務に応じて勤務時間を調整します。 ＊年間を通した週平均労働時間は40時間以下で調整します。
休日等	日　祝　その他 週休二日制　その他 ＊第1・3土曜日休み（工事により変更あり） ＊夏季休暇8／12〜8／16　＊年末年始12／31〜1／4 6ヶ月経過後の年次有給休暇日数　10日

求人に関する特記事項

求人に関する特記事項

■労働条件の補足
採用時の賃金は経験度合や技能レベル、前職での実績も加味して決定します。
■入社後の処遇や育成
〈経験ある方〉
＊溶接や機械知識、技能に合わせた作業に入っていただきます。
＊リーダーとして作業の段取りや進行を見ていただきます。
＊溶接作業指導者や溶接管理技術者資格の取得を支援します。
〈未経験者・若手〉
＊当面は先輩トレーナーの補助的な作業をしながら、専門用語や道具の使い方をはじめ作業の流れなどを理解していきます。
＊1年程度で国家資格「アーク溶接作業者」を取得し、順次本格的に技能を身につけます（資格の取得は会社補助あり）。
＊育成は職人的な「見て覚えろ」ではなく、技術者としての知識と実技訓練による指導のため、新人には好評です。
■当社で働くメリット
＊技能者（技術者）として自分に自信を持てるようになります。
＊腕（技能）を磨けば、待遇や活躍の場も広がっていきます。
＊有給休暇取得率70％でメリハリのある働き方が可能です。
※見学にお越しください。社員との懇談もあります。

✐「会社の情報」記入のポイント

▶大小プラントなどにかかる製缶工事から据付工事までを一貫して行っている会社で、何よりも品質の高い仕事を特徴としていることを紹介し、会社イメージの向上を図る。また、高い技術を維持するために必要となる人材確保に向けて、目先にとらわれず長期的視野で企業価値の向上に取り組んでいることをアピールする。

✐「労働時間」記入のポイント

▶建設現場での作業があるため柔軟な勤務時間に対応する必要性から1年単位の変形労働時間制による勤務となるが、週平均労働時間は40時間以下で調整されることを説明し、求職者が入社後の働き方をイメージできるようにする。また、休日についても具体的に紹介する。

✐「求人に関する特記事項」記入のポイント

▶労働条件の補足
まったくの未経験者からベテラン経験者まで幅広い応募に備え、入社時賃金の考え方を示す。
▶入社後の処遇や育成
幅広い層からの応募に対して、経験者と未経験者それぞれの入社後の処遇や育成について説明する。特に未経験者・若手の育成では、一般的に多い昔ながらの職人的イメージでは応募を躊躇されかねないため、若手に合った考え方や方法で取り組んでおり、これまでの新人にも好評であることを紹介し、安心感をアピールする。
▶当社で働くメリット
職業選択に迷っている求職者に対して、当社で働く魅力を特に3点強調し、「この会社のこの仕事で頑張ってみよう」と思ってもらえるようにして応募への背中を押す。また、見学の有無は求職者の企業イメージを左右することから、積極的な受け入れ姿勢をアピールする。

13

生産工程

食品製造ラインスタッフ
（加工・検査・梱包）

求職者イメージ

▶現役製造職から転職を考えている人
製造職で働いているが、自分の将来に見通しが立たないなどの不安を抱え、転職したいと考えている人

▶ライン作業が適職と考えている人
人と関わることが多い仕事よりもコツコツ作業をこなす仕事に転職を希望している人

▶異業種から転職を考えている人
営業職などのように実際に働く時間がはっきり区別しにくい仕事から、時間外労働があってもメリハリのある働き方ができる仕事を希望している人

▶栄養士の転職希望者
栄養士として施設などで働いており、食品製造の仕事に興味を持っている人

アピールポイント

▶単なる製造作業員の仕事ではなく、知識を深め、専門性を高められること
▶色々な研修や研究会など、自己啓発意欲があれば勉強できる環境が用意されていること
▶HACCPの認証取得があり、食品会社で一番大切な衛生管理への取り組みがしっかり整っていること
▶異業種から転職して実際に活躍しているモデルとなる先輩がいること

仕事内容

職種	食品製造ラインスタッフ／コツコツ作業得意な方歓迎／夜勤無
仕事内容	水産加工品の製造ラインにおいて、かまぼこやはんぺんなどの練り製品を製造する仕事です。原材料が製品になるまでの全工程に携わり、まずは班長補佐に向け養成していきます。 ■製造ラインの流れ ＊冷凍すり身と食塩や調味料を機械で混ぜ、練り肉を作る ＊練り肉を機械成型し、油で揚げたり蒸すなどの加熱処理をする ＊でき上がった製品を検品し包装・箱詰めしたのち出荷工程へ出す ＊作業終了後は1時間以上かけて機械や器具を洗浄殺菌する ■仕事の特徴 ＊入社後は各ラインを計画的にまわって全体を把握します。 ＊立ち仕事ですので最初は大変ですが1ヶ月ほどで慣れます。 ＊動画付き作業マニュアルがありますので未経験者にも安心です。

「職種名」その他例

● 食品製造ラインスタッフ／週休2・夜勤なし／未経験者歓迎
● 食品製造ラインスタッフ・練り製品／キャリアアップ制度充実
● コツコツ作業の得意な人が活躍／食品製造スタッフ／未経験可
● 食品製造スタッフ／計画的OJT・マニュアル完備で未経験可

✐「仕事内容」記入のポイント

▶人材確保の観点から59歳以下を応募可能な求人としているが、若年層の応募を期待して求人全体は、(1)自分の働く姿をイメージできる、(2)単なる製造ラインの作業員としての仕事ではないことの2点がしっかり伝わる内容とする。

▶冒頭でどんな製品をつくる仕事かを説明することで関心を抱く求職者の目を留めさせるとともに、まずは最初の役職である班長補佐に向け育成していく方針をアピールして、意欲的な求職者を惹きつける。

▶仕事の流れのほか、仕事全体の特徴を3点紹介して、自分が仕事をしている姿をリアルにイメージできるようにすることで、未経験の求職者が躊躇せずに応募できるようにする。

会社の情報

事業内容	個人で始めた練り製品の商店を昭和３５年に法人化しました。食生活の変化に対応して商品開発には力を入れ、最近は毎年２品目のペースで新製品を開発、現在では４０品目を生産しています。
会社の特長	食品産業の命は衛生管理です。地元業界ではいち早くＨＡＣＣＰの認証を取得し、社員も徹底的な衛生管理に取り組んでいます。過去３年間は新卒者も採用でき、若い人材が少しずつ増えています。

労働時間

就業時間	交替制（シフト制） （１）　　０７時００分　～　１６時００分 （２）　　０８時００分　～　１７時００分 （３）　　０９時００分　～　１８時００分 又は　時　分～　時　分　の間の　時間
	就業時間に関する特記事項 ＊（１）（２）（３）を１週間ごとに交替しての勤務となります。 ＊シフトは前月２０日までに作成しますので、変更や希望は原則１５日までに申し出てください。
休日等	日　その他 週休二日制　毎週 ＊日曜日以外はシフト制による ＊夏季８／１２～８／１６、年末年始１２／３１～１／３ ６ヶ月経過後の年次有給休暇日数　　１０日

求人に関する特記事項

求人に関する特記事項
■職場の様子 ＊ラインの組織は班長補佐、主任、ラインリーダー代行などです。班長補佐は入社３年程度で就任し、現在は３０代が３名です。 ＊チーム単位で作業改善活動に取り組んでおり、自主的なミーティングを重ねながら会社に対して提案も行っています。 ■勉強できるチャンスが一杯 原材料の品質から機械や衛生管理など、幅広い分野の専門性を高めていくための研修会や研究会があります。自分でテーマを選択できるものもあるなど、勉強できる環境が整っています。 ■先輩の声（入社５年目／製造ライン班長） 営業職というまったくの異業種からの転職です。コツコツ作業をすることが得意でしたので製造職を選びました。そんな中、食品会社は衛生管理がしっかりしていることが企業選びのポイントと知りました。当社は、ＨＡＣＣＰの認証を取得しており、実際入社して驚いたことは、１日の最後は機械や器具を１時間以上かけて衛生処理していたことです。今は安全安心な製品を作る仕事に誇りを持っています。 ■見学歓迎 ぜひ工場見学に来てください。ご希望があれば「先輩の声」の本人がご案内して、あなたの疑問や不安にもお答えします。

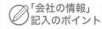

「会社の情報」
記入のポイント

▶ＨＡＣＣＰ認証を地域でいち早く取得した先見性や食品製造業の命とも言える衛生管理への意識の高い企業であることをアピールする。また、新商品開発など積極的な経営姿勢により若い人材の確保にもつながっていることをアピールして会社のイメージ向上を図り、若年層の求職者からの関心を惹きつけられるようにする。

「労働時間」
記入のポイント

▶３交替を１週間サイクルでシフトしていく勤務を基本としていることを紹介して働き方をイメージできるようにする。また、休日について、日曜日以外はシフトで決定することのほか、夏季、年末年始休暇の具体的な日にちも紹介して、１年を通した働き方についてもイメージできるようにする。

「求人に関する特記事項」
記入のポイント

▶職場の様子
製造部門の組織及び入社後最初の役職となる班長補佐には実際どのような年代の社員が就いているかを紹介し、求職者が入社後の自分の立場をイメージできるようにする。
▶勉強できるチャンスが一杯
若手の転職者であれば、単に製造作業員として働くことを考えるだけではなく、その仕事の中でどう自分の成長やキャリアアップを図っていくかも企業選択の重要な条件と考えられるため、自分を高めていく環境が整っていることをアピールする。
▶先輩の声
異業種からの転職者を想定し、同様な先輩社員の声として入社した理由や入社後の気持ちの変化などをメッセージとして送る。
▶見学歓迎
「先輩の声」本人が工場案内や質疑応答などに対応することをアピールして見学への興味を引き出す。

製造・加工作業員

求職者イメージ

▶非正規雇用で働くミドル世代
会社都合や自己都合により現在は非正規雇用で働いているが、不安定な生活や将来への不安が強くなったため、体力的負荷が多少あっても職種にこだわらず正社員として安定した生活基盤が得られる仕事を探している40代・50代

▶現役製造職から転職を考えている若年層
工場作業員として正社員や非正規雇用で働いているが、待遇や将来への展望が見えないなどの不安から転職を考えるようになり、夜勤があってもしっかりと収入を得ることができ、若手の育成や福利厚生も整っている職場を探している20代・30代

アピールポイント

▶非正規雇用で働く求職者にとって、生活を安定させて将来への展望を持てる仕事であること
▶ミドル世代が多く活躍しており、同世代からの応募も歓迎していること
▶若手人材をオペレーターや生産管理職に向けて育成しており、若年世代からの応募も期待していること
▶社宅や食事補助などの日々の生活支援から財形貯蓄や企業年金加入など、将来の安心に向けた福利厚生制度を整えていること
▶業務に必要な資格・免許のほか、国家検定資格の取得も推奨するなど、意欲があれば世代を問わずキャリアアップを目指せること

仕事内容

職種	安定した生活と将来展望を応援／経験不問／プラ射出成形
仕事内容	安定した収入と将来への備えもしっかり準備できる仕事にもチャレンジしたいみなさんを応援します。多少の力仕事や夜勤もあるプラスチック射出成形の仕事ですが、それを上回る魅力があります。 ■主な作業内容 ＊自動車や家電製品に使用される樹脂成形品の製造です。 ＊成形・加工は機械によって自動化されていますので、主な仕事は原材料の樹脂などの投入（２０ｋｇ程度）及び取り出した製品の仕上げ、検品、梱包などです。 ■働く一番の魅力 社宅、食事補助などの日々の生活から財形貯蓄や退職金共済、企業年金の加入など、将来を見据えた準備ができる各種福利厚生制度を整えています。

「仕事内容」記入のポイント

▶3交替勤務で力仕事もあるため、若い人材の確保は容易ではないことから、今回はあえて40代・50代のミドル世代をターゲットとするが、一般的にはその世代からの転職希望者はあまりいないと考えられるため、求人は事情があって非正規雇用で働く求職者に向けた内容とする。

▶求人全体は、想定する求職者が抱える不安定な生活基盤による将来への不安を改善できるイメージを強く打ち出す。

▶各種福利厚生制度が充実しているため、中途入社でも将来への備えがしっかりできることを強調し、自社で働くことに大きなメリットがあることをアピールする。

「職種名」その他例

● 【正】資格・経験不問／プラ射出成形の仕事／単身用社宅あり
● 3交替・夜勤ありますが給与２４～２７万円／プラの射出成形
● ベテラン社員が元気な職場／プラの射出成形／製造未経験ＯＫ
● 寮・７０歳再雇用・退職金共済・企業年金完備／プラ射出成形

会社の情報

事業内容	プラスチック射出成形による自動車や家電部品などの製造を手がけています。3年前に最新機を導入して成形から加工、検査まで一貫対応できるラインを整備。スタッフの負荷軽減にも取り組み中。
会社の特長	ミドル世代が元気に活躍していることが特徴の職場です。仕事の工夫や改善はもちろん若手を皆で育てる姿勢など、多忙な中にも活気のある職場づくりをミドルパワーがしっかり引っ張っています。

労働時間

就業時間	変形労働時間制（1年単位） （1）　08時00分　〜　17時00分 （2）　15時00分　〜　00時00分 （3）　23時00分　〜　08時00分 又は　　時　分〜　　時　分の間の　時間 就業時間に関する特記事項 ＊（1）（2）（3）を原則1週間サイクルでシフトします。 ＊22：00〜05：00は深夜勤務となります。 ＊週平均労働時間が40時間以下となるよう調整します。
休日等	日　その他 週休二日制　その他 ＊日曜日を含む月7〜8日休み（シフト制） ＊夏季8／12〜8／16　＊年末年始12／30〜1／3 6ヶ月経過後の年次有給休暇日数　10日

求人に関する特記事項

求人に関する特記事項
■月収例（基本給19万円、交替勤務手当、深夜手当、残業） 総支給額：24万円（夜勤1週分）〜27万円（夜勤2週分） ■福利厚生の補足 ＊社宅は最長5年間利用でき、生活費の負担を軽減できます。 ＊定年後70歳までの再雇用や退職金共済、公的年金に加え、厚生年金基金にも加入していますので将来への備えも安心です。 ■若い世代が頑張っています 20〜30代社員はマシンオペレーターや生産管理担当者を目標にまずは入社5年目でラインリーダーを目指して育成しています。 ■ミドル世代も元気です ＊工場人員の平均年代は40代後半です。8割が異業種からの転職者ですが、平均15年以上勤務していただいています。 ＊直近の新人は半年前に入社した40代男性ですが、今では夜勤を含めた交替勤務にも慣れ、希望していた安定した生活で将来への展望も持てるようになりました。 ■資格や免許も取れます ＊フォークリフトや玉掛け、ホイストクレーンなどの運転資格は入社後取得していただきます（費用会社負担）。 ＊国家検定資格「プラスチック成形技能士」の取得を奨励し、合格者は給与にも反映します（合格実績：3級15名、2級8名）。

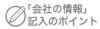

「会社の情報」記入のポイント

▶自動車や家電部品のプラスチック成形加工会社であることを紹介したうえで、新しい製造ラインでは社員の負荷軽減にも取り組んでいる姿勢をアピールする。また、若い人材の確保が厳しいことから社員の高齢化は大きな課題ではあるが、逆手にとって40代・50代のミドル世代が元気に活躍していることを紹介し、明るい企業イメージをアピールする。

「労働時間」記入のポイント

▶夜勤がある働き方には求職者の関心が高いことから、単に3種類の勤務時間を表記するだけではなく、原則1週間サイクルのシフト勤務となること、また変形労働時間制により週平均40時間以下で勤務時間を調整することなどを紹介し、働き方をイメージできるようにする。

「求人に関する特記事項」記入のポイント

▶月収例
ミドル世代の転職希望者にとって、夜勤もある賃金は大きな関心事なため、深夜手当など各種手当も含めた総支給額を提示し、生活基盤は築けることをアピールする。
▶福利厚生の補足
ミドル世代の転職者が抱く将来への不安に対して、70歳までの再雇用や企業年金などの各種福利厚生制度を再度アピールし、応募を後押しする。
▶若い世代が頑張っています
若い人材からの応募も期待するため、若手社員の活躍や将来に向けた育成計画をアピールする。
▶ミドル世代も元気です
平均年代や新人の具体例からミドル世代がイキイキと働いているイメージを伝え、同世代求職者の関心を惹きつける。
▶資格や免許も取れます
必要な資格や免許のほか、国家検定資格の取得も奨励する姿勢を紹介し、世代にかかわらずキャリアアップを目指せる環境をアピールする。

13

生産工程

DTPオペレーター

求職者イメージ

▶学校や職業訓練で DTP を学んだ人
　専門学校や職業訓練の DTP 科などで基礎を学んだが実務経験はないため、未経験でも応募が可能で入社後の指導体制も整っている職場を探している人

▶前職での広報・PR 経験を活かして転職を考えている人
　企業内で担当してきた広報・PR などの仕事が自分に合っているため、思い切って DTP 職に転職しようと考えている人

▶クリエイティブ系の仕事やパソコンが好きな人
　もともとパソコンが好きで、学生時代は IT 系の勉強をしていたため得意分野を活かせる転職先として、未経験でもスタートしやすいクリエイティブ系の仕事を探している人

▶第二新卒や非正規雇用で働く人
　学校卒業後の就職先を離職した第二新卒や非正規雇用者で、コツコツ取り組むことが得意な性格を活かせる正社員の仕事を探している 20 ～ 30 代

アピールポイント

▶ 35 歳以下を対象に第二新卒や非正規雇用者も応募を歓迎していること
▶即戦力の募集が多い職種であるが、実務経験がなくても長期育成体制を整えていること
▶当面はデザイン業務を伴わない作業中心のため、未経験者にも負担が少ないこと
▶同職種の転職理由に多いと言われる職場環境の改善に取り組み、社員の定着を図っていること
▶ DTP デザイナーや WEB デザイナーへのキャリアアップを推奨していること

仕事内容

職種	クリエイティブ系を志望する方の第一歩／DTPオペレーター
仕事内容	クリエイティブ系職種にキャリアチェンジしたい方の第一歩になるDTPオペレーター（DeskTopPublishing）の仕事です。実務経験がなくてもDTPソフトの経験があればOK。 ■仕事の特徴 ＊クライアントは雑誌社や各種メーカー、家電量販店などです。 ＊当面はチラシやパンフレットなどの印刷物から担当します。 ＊作業はグラフィックデザイナーの指示に従いながら、専用ソフトのイラストレーターやフォトショップでデータを作成します。 ＊基本的にはデザイン業務はなく、作業的な仕事が中心です。 ※今回は将来を担う人材の長期育成を目的としていますので、第二新卒や非正規雇用で頑張っている方などの応募を歓迎します。 ※まずは見学にお越しください。簡単な制作体験もOKです。

「職種名」その他例

● クリエイティブ系DTPオペレーター／３５歳以下・経験不問
● 学校や職業訓練で専用ソフト経験者歓迎／DTPオペレーター
● ＰＣ操作やコツコツ作業得意な方が活躍／DTPオペレーター
● 【正】第二新卒・非正規雇用の方歓迎／DTPオペレーター

✎「仕事内容」記入のポイント

▶人材確保を優先するため、即戦力人材の呼び込みではなく、DTPソフトの使用経験はあるものの実務経験はない第二新卒や異業種からの転職希望者を対象に未経験でも安心して始められるイメージを求人全体で打ち出す。

▶若い人材はクリエイティブ系職業への興味・関心も高いことから、冒頭ではDTPオペレーターはそうした仕事への第一歩として始めやすい仕事であることをアピールし、業務の特徴紹介とともに、応募を期待する具体的な求職者像も示して、幅広い求職者が応募しやすい求人とする。

▶見学が可能なことなどを紹介し、気がねなく応募に向けて踏み出すよう導く。

会社の情報

事業内容	宣伝広告物の企画制作会社です。チラシやパンフレットなどの印刷物から大手企業の広告などの紙媒体のほか、最近はホームページやオンライン広告などのWEB媒体を多く手がけています。
会社の特長	仕事はベテランをリーダーに2〜3人のチームで取り組みますので経験が浅いスタッフも安心して働ける職場です。平均年齢も30代のため、新しいセンスの作品はクライアントにも好評です。

労働時間

就業時間	（1）　08時30分　〜　17時30分 （2）　　時　分　〜　　時　分 （3）　　時　分　〜　　時　分 又は　時　分　〜　　時　分　の間の　　時間
	就業時間に関する特記事項 ＊勤務時間は固定制です。 ＊時間外労働は企画の内容変更や納期ひっ迫などの作業状況により日々増減しますが、1ヶ月の半分はほぼ定時退社です。
休日等	土　日　その他 週休二日制　その他 ＊夏季8／12〜8／16　＊年末年始12／30〜1／3 （20○○年度） 6ヶ月経過後の年次有給休暇日数　　10日

求人に関する特記事項

求人に関する特記事項
■未経験者のフォロー体制 〈1ヶ月目〉指導担当先輩の仕事を補助しながら、DTPソフトの習得レベルに応じて再度使い方を学びます。 〈2ヶ月目〉作業仕様書の見方やデザイナーなどとの調整方法習得のほか、模擬チラシやパンフレットの制作実習も開始します。 〈3ヶ月目〉比較的作業のしやすい実際の案件を担当し、社内での評価が得られれば、まずは独り立ちとなります。 ■今、会社が取り組んでいること キャリアチェンジを目指すみなさんが安心して長く働ける職場づくりを目指して「3つの改善」をスタートしました。 （1）作業環境の改善：「工場」とも称されるオペレーター就業場所の照明や空調、レイアウトをリニューアルしました。 （2）働き方の改善：1人のスタッフに業務が集中したり負荷がかからないよう、チーム制と時代に合わせたテレワークも導入。 （3）成果評価の改善：スタッフ個人が毎期首に自己目標を設定し人事面談で評価を共有したうえで賞与にも反映しました。 ■クリエーターへの第二歩目 第一歩目のDTPオペレーターでスキルを身につけたら、第二歩目はDTPデザイナーやWEBデザイナーにキャリアアップし、本格的にクリエーターとして活躍の場を広げていくことができます。

「会社の情報」記入のポイント

▶チラシから大手企業の広告まで幅広い紙媒体広告の企画制作事業を行っていることに加え、最近はWEB広告に力を入れネット時代にも対応していること、またチーム制による仕事の進め方や若いスタッフの活躍で仕事の成果はクライアントからも好評を得ていることをアピールして、働きやすく活気のある職場イメージを打ち出す。

「労働時間」記入のポイント

▶固定時間制での勤務であることや時間外労働は日々同じようにあるわけではなく、仕事柄、突然の入稿や下版、遅れ、納期ひっ迫などにより発生することを説明するとともに、通常は定時退社もあることを紹介して、求職者が働くイメージを持てるようにする。

「求人に関する特記事項」記入のポイント

▶未経験者のフォロー体制
当求人が前提とする実務未経験者の関心が高く、不安を感じている入社後の指導や育成について、3ヶ月程度の段階的な指導により独り立ちするまでのフォロー体制を丁寧に紹介し、安心して応募できるイメージを強くアピールする。

▶今、会社が取り組んでいること
DTPオペレーターの一般的な転職理由に対して「3つの改善」に取り組んでいることを紹介し、社員定着に向けた職場環境づくりへの姿勢をアピールすることにより、求職者が「ここなら安心して働けそう」との印象を持てるようにする。

▶クリエーターへの第二歩目
求人票の冒頭でDTPオペレーターはクリエイティブ系職業の第一歩と推奨したことから、経験とスキルを積み重ねたら第二歩目としてデザイナー関係にもキャリアアップできることを紹介し、目標を持って働ける仕事であることをアピールして応募につなげる。

13

生産工程

印刷・製本スタッフ

求職者イメージ

▶同業他社からの転職希望者
　印刷関係で働いてきたが、体力的な負荷が大きい働き方や将来への不安などから、思い切って転職して、心機一転したいと考えている人

▶機械オペレーターの仕事を希望している人
　製造業の作業員として働いているが、もっと技能を身につけることができて、仕事を任される専門職として活躍できる仕事がしたいと考えるようになり、条件に合う仕事を探している人

▶第二新卒や非正規雇用で働く転職希望者
　新卒後の仕事が合わず早期離職し、派遣や契約社員として働きながら正社員を目指しているが、機械を相手に黙々と取り組める仕事が自分には合っていると考え、キャリアがなくても始められる仕事を探している 20 ～ 30 代の人

アピールポイント

▶過去の職歴や経験を問わず、誰もがチャレンジできること

▶業界特有の多忙な仕事の中にもメリハリのある働き方を工夫し、若い人材が定着できる職場づくりに取り組んでいること

▶各自のキャリアビジョンを踏まえたキャリア選択コース制度により、目標を持って仕事に取り組めること

▶未経験者の受け入れ体制が整っており、1 年間は育成期間、2 年後には国家試験、3 年後には一人前のオペレーターとして独り立ちするなど、しっかりとした方針があること

仕事内容

職種	印刷製本スタッフ（機械オペ）／未経験者も 3 年で独り立ちへ
仕事内容	書籍や商業物の印刷工場で印刷や製本機のオペレーションを担う仕事です。従来の慣習にこだわらずメリハリのある働き方や若手のキャリアアップなど、新しい魅力づくりに取り組んでいる職場です。 ■仕事の概要 ＊印刷業務では、オフセット印刷の高速オフセット 4 色機や単色機を操作して製本印刷やパンフレットなどの商業印刷を行います。 ＊製本業務では、印刷された紙を本にする最終工程で、断裁機や折り加工機を操作して製本加工を行います。 ＊工場内は空調完備でインキ独特の臭いも少ない明るい環境です。 ■誰もがチャレンジできる職場 経験者はもとより正社員を目指して頑張っている方や第二新卒の方も、3 年後を目標に独り立ちできるようサポートします。

「職種名」その他例

● 印刷製本スタッフ／多忙の中にもメリハリのある働き方を工夫
● 【正】印刷製本スタッフ／キャリアチェンジ歓迎／長期育成
● 心機一転！再スタート歓迎／キャリア採用・印刷製本スタッフ
● 書籍や商業印刷物の大型機械オペレーター／資格・経験不問

「仕事内容」記入のポイント

▶求人への応募条件は、人材確保の観点から59歳以下を対象としているが、期待は若年・中堅層からの応募であるため、求人全体は(1)転職希望者の転職理由の改善につながる新しい働き方を目指している職場であること、(2)未経験でも計画的に一人前のオペレーターに育成する体制が整っていること、の2点を柱にアピールする。

▶冒頭3行で就職希望職種が定まっていない求職者の目に留まるようなインパクトをつける。専門的な仕事内容は未経験者にはイメージしにくいと考えられるため、主な作業の流れを説明するに留め、第二新卒や非正規雇用で働く若者など「誰でもチャレンジできる」ことをアピールし、求人への関心を惹きつける。

会社の情報

事業内容	出版、商業、事務用品などの総合印刷業。特に最近はネットによるスピード印刷が注目されており、当社も最新機器を導入し、少ロット・多品種に対応できる体制を整え、時代に対応しています。
会社の特長	業界特有の仕事スタイルや慣習にとらわれず、社員が安心して長く働ける時代に合った働き方を取り入れてきたことにより、若い人材の定着率が向上し、世代交代も少しずつ進んでいます。

労働時間

就業時間	変形労働時間制（1年単位） （1）　08時30分　〜　17時30分 （2）　　時　分　〜　　時　分 （3）　　時　分　〜　　時　分 又は　時　分　〜　　時　分　の間の　時間 就業時間に関する特記事項 ＊2〜4月は繁忙期のため1年単位の変形労働時間制による勤務となりますが、週平均労働時間は40時間以下で調整します。 ＊繁忙期以外は、定時終業となる日も月に7〜8日あります。
休日等	日　その他 週休二日制　その他 ＊通常は土曜日休みですが、2〜4月の繁忙期は第1のみです。 ＊夏季8／12〜8／16、年末年始12／30〜1／3 6ヶ月経過後の年次有給休暇日数　10日

求人に関する特記事項

求人に関する特記事項
■こんな働き方になります ＊2〜4月繁忙期の土曜日出勤や納期ひっ迫などによる残業のほか大量受注などの特別な事情による通常業務以外の残業が発生することもありますが、ここが頑張りどころです。 ＊夏から秋は比較的閑散期となりますので、完全週休2日や有給休暇と土・日曜日を活用した5日連続休暇も取得でき、プライベートも充実させてメリハリのある働き方ができます。 ■こんな育成方針で臨みます ＊未経験の方は、1年間を育成期間として6ヶ月間は先輩とペアを組み、その後は機長の下で順次仕事の幅を広げていきます。 ＊業務習得計画に基づき3年後を目標に独り立ちを目指します。 ■国家資格にチャレンジできます 入社3年目には国家資格の印刷技能士や製本技能士（2級）を目指します（現スタッフのうち6名2級、1名1級取得済）。 ■やりたいことを目指せます 入社6年目にはキャリア選択コース制度があり、1人ひとりの将来ビジョンに向けて、印刷・製本業務の機長のほか、企画編集、DTP制作、営業職などの新しいフィールドに挑戦できるチャンスもあり、目標を持って働くことができます。 ※見学はいつでも歓迎です。スタッフとの懇談もあります。

▶ペーパーレス化の進展により印刷業は生き残りをかけた戦略が問われているため、主流となっていた同一商品の大量生産や専門分野などにはこだわらず、小ロット・多品種でスピーディーな印刷など時代の流れに合った経営戦略を実行している姿勢をアピールする。また、若い人材が定着できる職場づくりへの取り組みを紹介してイメージ向上を図る。

✎「労働時間」
記入のポイント

▶業界特有の繁忙期があるため、1年単位の変形労働時間制による勤務となることや具体的な時期を示し、働き方をイメージしやすくする。
▶繁忙期以外は、土曜・日曜日休みとなるため、多忙の中にもメリハリのある働き方ができることをアピールする。

✎「求人に関する特記事項」
記入のポイント

▶こんな働き方になります
同職種で働く人の一般的な転職理由の1つである働き方について、当社でも多忙であることは認めつつも閑散期における連続休暇などの工夫により、メリハリのある働き方に取り組んでいることをアピールする。
▶こんな育成方針で臨みます
未経験者でも3年後の独り立ちを目標にしていることを示すとともに、指導担当者や指導内容なども具体的に紹介し、計画的な育成体制が整っていることをアピールして仕事への意欲につなげる。
▶国家資格にチャレンジできます
「国家資格の取得」という具体的な目標提示により、専門職として成長する自分をイメージできるようにする。
▶やりたいことを目指せます
単なる作業員としてではなく、キャリア選択コース制度により1人ひとりが自分の進みたい道を選択できるチャンスがあることを紹介し、目標を持って長く働ける職場であることをアピールする。

13

生産工程

組立・検査スタッフ

求職者イメージ

▶**製造業で働きながら転職を考えている人**
工場で製造作業員として働いているが、仕事への適性や労働条件などを改善できる職場に転職したいと考えている人

▶**繊細な手作業が得意な人**
サービス業などで働いているが、ビーズアクセサリーづくりやプラモデルづくりなどが得意なため、細かい手作業の仕事を希望している人

▶**子育てや家庭の事情が一段落した人**
子育てや家庭の事情によりパート労働者として働いているが、フルタイムで働ける条件が整ったため、家庭に支障のない範囲で働ける仕事を探している人

▶**第二新卒や非正規雇用で働く若年世代**
新卒で就職した先での仕事内容や複雑な人間関係などが自分に合わず離職したり、その後は非正規雇用で働いたりしながら正社員として働ける仕事を探している20代・30代

アピールポイント

▶手先が器用でコツコツ取り組むことが得意な人にマッチした仕事であること
▶未経験から始められる仕事であること
▶家庭やプライベートと両立した働き方ができる職場であること
▶工場内は空調完備で衛生的な職場環境のため快適に働けること
▶簡単な作業から習熟作業まで幅広くあり、資格取得などによりスキルアップも目指せること

仕事内容

職種	細かい作業の得意な方歓迎／電子部品の組立・検査／日勤
仕事内容	医療用機器に内蔵されるプリント基板への電子部品の組込みや完成品検査の仕事です。簡単な作業から習熟を要する作業までありますので、キャリアを積むことで活躍の幅を広げられます。 ■主な作業（専用服・手袋・キャップ・マスク・靴を着用） 【組立作業】電動ドライバーを使用した基盤の部品ネジ締め、ICチップ取付やハンダ付け作業です。 【検査作業】簡単な目視検査から始めますが、習熟度により社内認定を受けたうえで外観検査を行う検査員となります。 ■働きたくなる理由 1．力仕事はなく細かい作業が得意な方にマッチした仕事です。 2．固定時間制の日勤のため家庭と両立しながら働けます。 3．工場内は空調が完備された清潔で快適な環境です。

✐「仕事内容」記入のポイント

▶工場内の仕事は「きつい仕事」との一般的な先入観だけで求職者には敬遠されかねないことから、求人全体はそうしたイメージを払拭し、働く魅力の多い仕事であることを重点的にアピールする。

▶主な作業内容を組立と検査に分けて簡単に説明し、働く姿をイメージしやすくするとともに、細かい作業やコツコツ集中して取り組むことが得意な人にはマッチした仕事であることをアピールする。

▶応募を期待する求職者、特に女性を前提に当社で働く魅力を3点強調し、求職者に「自分に向いてる仕事かも」と感じてもらい興味・関心を高める。

「職種名」その他例

●原則定時退社・週休2日で家庭とも両立／電子部品組立・検査
●快適な職場で電子部品の組立・検査／子育て世代も活躍中
●働きやすい職場で男女共に長期勤続可／電子部品の組立・検査
●【正】医療用機器のプリント基板組立／18万・年間休120

会社の情報

事業内容	心電計やAED、ペースメーカなどの医療用機器に内蔵されるプリント基板の製造会社です。当社の精密さとクオリティの高さは○○社などの大手医療機器メーカーからも信頼を得ています。
会社の特長	命に関わる仕事で小さなミスひとつも許されないため、スタッフは常に緊張感の中で作業をしていることから、男女共に働きやすい労働条件や安心して仕事に集中できる職場環境を整備しています。

労働時間

就業時間	（1）　08時30分　～　17時30分 （2）　　時　分　～　　時　分 （3）　　時　分　～　　時　分 又は　　時　分　～　　時　分の間の　時間 就業時間に関する特記事項 ［　＊7～9月の夏季はサマータイム制度を採用しており、勤務時間は 　　30分繰り上げの8：00～17：00となります。
休日等	土　日　その他 週休二日制　毎週 ＊祝日は年間6日間休み（会社カレンダーあり） ＊夏季8／12～8／16　＊年末年始12／30～1／3 6ヶ月経過後の年次有給休暇日数　10日

求人に関する特記事項

求人に関する特記事項
■労働条件の補足 ＊生産計画に基づいた仕事のため定時退社を基本としていますが、 　製造ライン変更や機器点検などで若干の残業はあります。 ＊時間単位有給休暇を取得でき、家庭の都合にも合わせられます。 ■スキルアップできる環境 ＊ベルトコンベアによるライン生産方式のため、未経験者は簡単な 　作業から担当します。その後は習熟度に応じて、精度が高い作業 　へとレベルアップしていきます。 ＊社内認定制度があり、検査員C～A級の認定取得を目指しながら 　スキルアップができます。 ＊国家資格「電子機器組立技能士」を取得すれば、仕事の幅や昇給 　にもつながります（資格の取得は会社補助あり）。 ■男女が活躍できる職場 工場スタッフの7割が女性です。工場の仕事といえばきつい作業を イメージされやすいですが、電子部品の組立では生産工程の自動化 や労働環境の改善により女性の活躍が増え、10年以上活躍してい ただいている方も数名います。家庭やプライベートとも両立しやす い職場環境を整えていますので、子育て中や前職からブランクのあ る方も長く働いていただける職場です。 ※職場見学歓迎／快適な環境や作業内容を体験してください。

「会社の情報」記入のポイント

▶AEDなど求職者にも身近な医療用機器に内蔵されるプリント基板の製造会社であることを紹介するとともに、完成品には高いクオリティが求められていることや、当社は大手医療機器メーカーからも信頼を得ていることをアピールして企業イメージを高める。また、社員が安心して働ける労働条件や職場環境の整備に努めていることを発信する。

「労働時間」記入のポイント

▶製造業ではあるが固定時間制の日勤のみで、休日も週休2日制という条件から家庭やプライベートとも充分両立できることを幅広い求職者にアピールする。なお、夏季はサマータイム制を採用していることも紹介する。

「求人に関する特記事項」記入のポイント

▶労働条件の補足
時間外労働の現状を紹介するとともに、時間単位有給休暇の取得も可能なことなどを補足し、働き方をイメージしやすくする。
▶スキルアップできる環境
募集に当たっては未経験者でもすぐに始められる簡易な仕事イメージを強調して関心を惹きつける一方で、習熟を要する高いレベルの仕事もあることから、向上心を持って仕事に取り組めば社内の検査員認定資格やさらには国家資格も取得でき、スキルアップできることをアピールする。
▶男女が活躍できる職場
工場の仕事はきつい作業とイメージされやすいため、細かい作業の特性から男女ともに活躍していることを紹介するとともに、働きやすい労働条件や職場環境などにより、家庭やプライベートとも両立した働き方ができることをアピールして職場のイメージ向上を図り、幅広い求職者からの応募につなげる。

13

生産工程

機械メンテナンスエンジニア

求職者イメージ

▶同業他社からの転職希望者

＊機械メンテナンスエンジニアとして働いているが、現在の職場では1人ひとりの習得技術の評価がはっきりせず、労働条件や処遇にも不満を感じているため、公正な能力・業績評価のある職場に転職したいと考えている人

＊機械メンテナンス職として働いているが、現在の職場では担当する現場が同じなため、幅広い業種や現場で色々な経験を積める職場で働きたいと考えている人

▶製造職からの転職希望者

＊生産スタッフとして働いているが、職場の機械エンジニアとして活躍する社員に興味・憧れを持ち、ぜひ自分もやってみたくなり未経験でも育成してくれる職場を探している人

＊第二新卒など20～30代の若年層で学校や職業訓練で機械や電気などを学び一旦は工場などで働いたが、仕事が自分に合わず離職し、現在は非正規雇用で働いている人

アピールポイント

▶会社は幅広い業種の多様な機械のメンテナンスを事業としているため、幅広い技術を経験できること

▶未経験者も3年を目途にほぼ独り立ちできるよう指導・育成していく体制を整えていること

▶社内独自の技術認定制度により1人ひとりの技術レベルを公正に認定・評価し、処遇などにも反映させていること

▶エンジニアは平均年齢38歳で中堅社員が中心となり、10～20代の若手も活躍している職場であること

仕事内容

職種	機械メンテナンスエンジニア／未経験でも入社3年で独り立ち
仕事内容	産業機械の保守・メンテナンス専門集団でエンジニアとしての技術を磨きませんか？2～4名のチーム制により経験が浅くても安心です。未経験でも3年で独り立ちができるようしっかり育成します。 ■仕事の特徴 ＊現場は、機械・食品・プラスチック工場など業種は様々です。 ＊仕事は計画的な定期メンテやオーバーホールのほか故障発生時の点検・修理の事後保全などトータル的なメンテを担います。 ＊対象機械はコンプレッサー、ポンプ、油圧配管、コンベア、冷却塔、ホイストなど小型から大型まであります。 ■当社で働く魅力 ＊幅広い業種の現場で多様な機械メンテナンスを経験できます。 ＊社内認定制度により1人ひとりの技術が公平に評価されます。

「仕事内容」記入のポイント

▶この仕事は未経験から始める人も多いと言われるため、求人全体は即戦力にこだわらず、経験が浅い人や未経験者も応募しやすいイメージを打ち出す。

▶冒頭3行で簡単に事業内容を紹介して求職者の関心を惹きつけるとともに、少人数のチーム制で未経験から独り立ちに向けた育成体制が整っていることをアピールする。

▶対象となる業種や機械、メンテナンス内容を特徴として紹介したうえで、幅広い業種の工場で多種類の機械メンテナンスを経験できることのほか、特に同業からの転職者に向けて1人ひとりの技術を公平に認定・評価する社内制度をアピールし、転職に向けて気持ちを後押しする。

「職種名」その他例

●産業機械メンテナンス／幅広い経験と技術を習得したい人歓迎
●工場内の機械メンテナンスエンジニア／経験少・無OK
●機械メンテナンス技術者／多業種の現場／社内技術認定制度有
●機械・電気系卒業者歓迎／機械メンテナンス技術者・未経験可

会社の情報

事業内容	産業機械の保守・メンテナンス専門会社です。お客様工場の安定した稼働を支えるため、単にテクニカルな技術だけではなく機械システム全体をマネージすることが私たちの役割です。
会社の特長	エンジニアのプロ集団として信頼される技術を維持・向上させていくため、1人ひとりの技術力を客観的に認定する社内制度を導入しています。若い人材が確実に育っていることが一番の自慢です。

労働時間

就業時間	（1）　08時30分　～　17時30分 （2）　　時　分　～　　時　分 （3）　　時　分　～　　時　分 又は　　時　分　～　　時　分　の間の　　時間 就業時間に関する特記事項 ＊客先工場の状況によりメンテナンス作業なども左右されるため、 　時間外労働が多くなる場合もあります（1～2時間／日）。
休日等	土　日　その他 週休二日制　毎週 ＊交替により夏季5日間　＊年末年始12／30～1／3 ＊祝日6日間（会社カレンダーによる） 6ヶ月経過後の年次有給休暇日数　　10日

求人に関する特記事項

求人に関する特記事項
■労働条件の補足 ＊急な機械トラブルが発生した際には通常の残業とは別に対応していただく場合があります（例年、年に2～3回程度）。 ＊工場非稼働時にオーバーホールなどの作業をすることがありますので、休日出勤があります（年間10日間程度・振替休日有）。 ■職場の様子 エンジニア40名の平均年齢は38歳と中堅クラスが中心ですが10代（高校新卒）～20代も5名活躍しています。また、未経験者も3年を目標にほぼ独り立ちできるよう育成しています。 ■公平な人事制度 技術レベルは社内制度（5段階の知識・実技）により認定し、上司評価と合わせて昇給や昇進に反映します。 ■頑張る人を応援 ＊機械メーカーのエンジニア研修派遣制度もあります。 ＊入社2年目以降からは、国家検定制度の「機械保全技能士（3級～1級）」の取得を奨励し、社内勉強会や実技指導で支援もしています（入社5年までの社員8名のうち取得者数5名）。 ＊技術の習得状況に合わせて担当現場のローテーションを行いますので、多様な経験を積めます。 ※現場風景は、当社ホームページの動画情報でご覧いただけます。

「会社の情報」記入のポイント

▶会社の経営理念や哲学を丁寧に説明することで、自社の価値感に共感できる求職者からの応募につなげる。
▶技術力を維持・向上させていくために、独自の評価制度により若い人材がしっかり育っていることを会社の一番の強みとしてアピールする。

「労働時間」記入のポイント

▶固定の勤務時間ではあるが、相手工場の状況によりメンテナンス作業が左右されやすいことや時間外労働が多くなる場合もあることを説明して、働き方をイメージできるようにする。また、休日について具体的に紹介することで、プライベートの充実も図れる環境を示す。

「求人に関する特記事項」記入のポイント

▶労働条件の補足
急な機械トラブルの発生などに対応するため、通常以外の時間外労働が発生する場合があること、またオーバーホールなどの特別作業の際には休日出勤もあることを伝えるが、いずれも前年の実績や目安を紹介し求職者の疑問を解消する。
▶職場の様子
一緒に働く仲間は求職者の関心事でもあるため平均年齢や未経験者への対応などを紹介して、親近感や安心感を持てるようにする。
▶公平な人事制度
個人の成果を評価しにくいエンジニア職において、技術レベルを社内認定で評価していく人事制度があることを紹介して、公正な評価を期待する求職者の関心を惹きつける。
▶頑張る人を応援
各種施策による積極的な人材育成姿勢をアピールすることで、求職者が「ここなら頑張れる」と思えるようにする。

13

生産工程

自動車整備士

求職者イメージ

▶自動車販売業で働く整備士の転職希望者
  ＊現在の職場での労働条件や働き方に馴染めず、少しでも改善できる職場に転職したい人
  ＊大手ディーラーの整備士として働いているが、営業職への配置転換もあることから整備士として活躍できる民間車検工場などへ転職を考えている人
  ＊仕事の幅が広がる1級整備士や特殊整備士、整備主任者を経て自動車検査員など、整備士としてのキャリアアップに理解と支援がある職場で働きたい人
  ＊ハイテクノロジー化する自動車に対応できる整備士として生き残るためにも、高度な電気やコンピュータの知識など、専門性を高められる職場で働きたいと考えている人
▶自動車関連業界で働く整備士の転職希望者
  ガソリン販売業の車検部門や大型カー用品店の整備部門などの整備士として働いているが、仕事内容が固定化しているため、幅広い経験を積める職場に転職したい人

アピールポイント

▶人手不足による仕事の負荷やそれに伴う働き方の改善に取り組み、成果をあげていること
▶整備士の仕事を単に自動車の点検や修理だけでなく、サービスエンジニアとしての役割を明確にしていること
▶上級整備士資格や自動車検査員などのキャリアアップを推奨・支援していること
▶新しい時代の車に対応できる知識や技術の専門性を備えた整備士を育てようとする会社方針があること

仕事内容

職種	自動車整備士／専門性・最新技術に対応できる人材を育成
仕事内容	普通自動車を中心とした点検・整備・修理の仕事です。小規模事業所ではありますが、最近のハイテクノロジー化した車両に対する専門性や最新技術を身につけた整備士の養成を目指しています。 ■仕事内容の特徴 ＊整備車両は普通車7割、小型・中型トラック2割、その他1割 ＊取り扱い車両は年間約1000台 ＊国内全メーカーの車種を扱うため幅広い技術の習得が可能 ＊時間外に急な整備・修理依頼が入ることもあります。 ■整備士としてのキャリアアップ ＊各メーカーのハイブリッド整備認定講習などに派遣します。 ＊1級整備士や特殊整備士（電気装置）、整備主任者を経て自動車検査員など希望に合わせたキャリアアップを支援します。

「職種名」その他例

●ハイブリッド・電気自動車時代のサービスエンジニア・整備士
●自動車整備士／新しい時代に対応できる1級整備士に挑戦
●2級整備士／新時代に向けた専門性や新技術を持った人材育成
●自動車整備士／国内全メーカー取扱いで幅広い整備技術習得可

「仕事内容」記入のポイント

▶現役や経験ある整備士の転職希望者を主な対象としているため、求人では一般的な転職理由に多い労働条件や人材育成への取り組みなどに対する当社の姿勢やビジョンを紹介し、転職先にふさわしい職場イメージを打ち出す。
▶冒頭3行で、事業所の規模や簡単な仕事内容とともに、最新技術を身につけられることをアピールして求職者の関心を惹きつける。
▶特に若手求職者を前提に、仕事は前職と同じでも電気自動車や自動運転車など新しい時代に必要とされる整備士を目指していく職場であることをアピールし「ここで働きたい」との気持ちにつなげる。

会社の情報

事業内容	国内全メーカーを取り扱う自動車販売業。一家に1台から1人1台の車社会への発展の中で、60年以上創業者の社訓である販売後のきめ細かいアフターフォローで信頼を得て発展してきました。
会社の特長	大手ディーラーとは異なる事業展開として地域密着を大切にしています。車の販売や修理だけではなく、子どもの通学見守りや高齢ドライバー啓発、夏祭りなどの多彩な活動をしています。

労働時間

就業時間	変形労働時間制（1年単位） （1）　09時00分　〜　18時00分 （2）　　時　分　〜　　時　分 （3）　　時　分　〜　　時　分 又は　　時　分　〜　　時　分　の間の　時間 **就業時間に関する特記事項** ＊初売りや決算セールのある1月〜3月は繁忙期となるため1年単位の変形労働時間勤務制を採用しており、週平均労働時間は40時間以下に調整します。
休日等	月　祝　その他 週休二日制　その他 ＊月曜日以外に月2〜3日休み（交替制／土・日曜日の希望も可） ＊夏季8／12〜8／16　＊年末年始12／29〜1／4 6ヶ月経過後の年次有給休暇日数　10日

求人に関する特記事項

求人に関する特記事項
■しっかり働きしっかり休む 日々の仕事では整備や修理に思わぬ時間がかかったり、急な依頼や納期厳守による時間外労働が必要な場合もあります。当社では3年前から働き方の見直しに取り組み、特に社員の希望が強かった有給休暇の5日連続取得制度を導入しました。閑散期に交替で取得することにより、気分も大いにリフレッシュでき、仕事への意欲も高まる効果をもたらしています。 ■人材ビジョン1 当社の整備士は、サービスエンジニアを目指しています。単に車を点検整備する技術者としてではなく、点検や車検後の車の状態や不具合の原因をわかりやすく説明したり、事故を起こさないためのアドバイスなど、お客様の快適で安全なカーライフをサポートする存在を目指しています。 ■人材ビジョン2 電気自動車はもちろん自動運転も間近に迫るなど、自動車が大きく変わろうとしている中、新時代に対応できる整備士はますます重要な存在となります。当社では専門性や新しい技術を身につけた整備士集団を目指しています。 ※活気ある職場をぜひ見学に来てください。先輩整備士との懇談の時間もご用意できます。まずはお気軽にお問い合わせください。

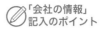

✎「会社の情報」記入のポイント

▶車が一家に1台の時代から地元の車屋として徹底したアフターフォローをコツコツ続けることで成長してきた会社であることを紹介し、会社イメージの向上を図る。また、地域との結びつきを大切にしており、小さな社会活動にも取り組むなど大手ディーラーにはない地域に根差す姿を紹介して、同業他社との差別化を図る。

✎「労働時間」記入のポイント

▶1〜3月は新車販売が増える繁忙期となるため、1年単位の変形労働時間制による勤務となり、週平均では40時間以下に調整されることを説明する。または土・日曜日を希望休日とすることも可能なことを紹介し、求職者が年間を通した働き方をイメージできるようにする。

✎「求人に関する特記事項」記入のポイント

▶しっかり働きしっかり休む
長時間労働や業務量の多さなど、働き方が転職理由の1つと言われる職種でもあることから、当社では日々の業務は多忙でも「しっかり働きしっかり休む」という方針の下、メリハリある働き方の改善に取り組んできた実績を紹介して同業からの転職希望者にアピールする。

▶人材ビジョン1
単に「自動車」というモノの点検や修理だけを仕事と捉えるのではなく、当社が求める整備士像（人材ビジョン）をサービスエンジニアとして明確にし、日々の仕事の行動基準としていくことを伝える。

▶人材ビジョン2
電気自動車や自動運転車などの普及に対して、特に若手整備士の中には「今のままの技術レベルでは将来対応できない」との危機感もあることから、そうした時代変化に対応できる整備士像（人材ビジョン）を明確に持ち、育成していく方針をアピールする。

13

生産工程

メンテナンス・修理スタッフ

（ランドリー機器）

求職者イメージ

▶機械関係製造職からの転職希望者
機械製造や組立て業務で働いているが、同じ作業の繰り返しなどで意欲を持てなくなり心機一転キャリアチェンジしたいと考えている人

▶電気関係の仕事からの転職希望者
学校や職業訓練で学んだ電気技術を活かした仕事に就いてきたが、仕事内容や職場環境、働き方に疑問・不安を感じて転職したいと考えている人

▶第二新卒や非正規雇用で働く若年層
仕事内容の適性や複雑な人間関係などで前職を離職した後は非正規社員として働いているが、将来を考えキャリアがなくても手に職をつけられるような正社員の仕事を探している20～30代

▶成長している業界で活躍したいと考える若年層
新しい産業として発展している業界の中で、自分もイキイキと活躍したい20～30代

アピールポイント

▶日々現場が変わり新鮮な気持ちで取り組める仕事であること

▶原則、通常は1人で行う業務のため複雑な人間関係は少なく、仕事に慣れたら自分のペースで作業ができる仕事であること

▶特に新規出店が著しいコインランドリーを中心に、病院、施設などにおけるランドリー機器メンテナンス業界で会社とともに自分も一緒に成長していける仕事であること

▶新規出店のための市場調査などのリサーチ業務も経験できること

仕事内容

職種	【正】ランドリー機器のメンテナンススタッフ／未経験者歓迎
仕事内容	急成長しているコインランドリーなどの洗濯機器を中心としたメンテナンスエンジニアの仕事です。現場は毎日変わるため新鮮な気持ちで取り組めます。未経験でも半年程度で独り立ちできます。 ■仕事の概要 ＊対象：コインランドリー／病院／スーパー銭湯／高齢者施設 ＊機器：洗濯機／乾燥機／ボイラー・配管など ＊業務：定期点検／故障などの修理／市場調査ほか ＊活動：原則、車で90分以内のエリアで1日3～5件を訪問 ■当社で働く魅力 ＊若い会社のため社員は第二新卒や社会人経験10年以下ですが、全員未経験からのスタートで技術を身につけ活躍しています。 ＊技術職ですが、新規出店に向けた市場調査も経験できます。

「仕事内容」記入のポイント

▶コインランドリーは求職者の多くが利用したことのある施設であると考えられるが、設置されている機器のメンテナンスがどのように行われているかは知られていないため、求人全体は、求職者が仕事をイメージするための情報提供に重点を置く。

▶冒頭で、最近急成長しているコインランドリー店舗における機器メンテナンスの仕事であることを強調して、求職者の注目を惹きつけるとともに、未経験でも挑戦できる仕事であることや当社で働く魅力を具体的にアピールして、求職者の「この仕事をやってみよう！」という気持ちを引き出す。

「職種名」その他例

- 急成長中／コインランドリー等の機器サービスエンジニア
- 修理・メンテナンス／コインランドリー・病院・高齢者施設等
- 修理・メンテナンス職／電気や機械の工事・保守経験者歓迎
- 第二新卒・非正規就労中OK／ランドリー機器の修理・メンテ

会社の情報

事業内容	コインランドリー店舗や病院、高齢者施設、スーパー銭湯などのランドリー機器の修理・メンテナンス業務を展開。近年の社会的ニーズの急増に伴い直営１０店舗のほか、契約先も増加しています。
会社の特長	創業約１０年の新しい会社のため社員も７割が３５歳以下と若く、組織もフラットで自由な雰囲気の職場です。今は人材育成が最重要課題と考え、まずは技術力の向上に力を入れています。

労働時間

就業時間	変形労働時間制（１年単位） （１）　08時30分　〜　17時30分 （２）　　時　分　〜　　時　分 （３）　　時　分　〜　　時　分 又は　時　分　〜　　時　分　の間の　時間 就業時間に関する特記事項 コインランドリーは季節の変わり目や雨季の利用が多くなり、修理も増加しますので、１年単位の変形労働時間制勤務となります。
休日等	日　その他 週休二日制　その他 ＊月１回土曜出勤（交替制）＊祝日５日間（会社指定） ＊夏季８／１２〜８／１５　＊年末年始１２／３１〜１／３ ６ヶ月経過後の年次有給休暇日数　１０日

求人に関する特記事項

求人に関する特記事項

■仕事内容の補足
＊通常メンテナンスではチェックリストに基づき機器の稼働確認や清掃などを行いますが、年１回の点検項目もあります。
＊機器１台に対して通常４０分〜１時間程度の作業です。
＊異常音や水漏れなどの修理は随時対応しますが、自分で解決できない場合は、先輩やメーカーがサポートします。
＊通常業務に慣れてきたら、新規出店に必要な市場調査や利用客のヒアリング、設置工事などにも携わります。
■未経験者の育成
入社後半年間は、社内およびメーカー研修で技術を学びながら先輩に同行して簡単な部品交換や修理などを実習します。その後、通常業務の習得を認定されたら、いよいよ独り立ちです。
■キャリアアップ
＊機器の入れ替えや設置業務に活かせる電気工事士や機械保全技能検定（国家検定）の取得を推奨、資格手当も支給します。
＊将来は、企画やマーケティング専門職での活躍も可能です。
■一緒に働く仲間
スタッフは２０〜５０代の男女が活躍、経験５年以上の主任５名がチームの中心となって、若手の育成を担っています。
※作業現場の見学も歓迎しますので、お気軽にお申し出ください。

「会社の情報」記入のポイント

▶自社直営店舗のほか、多種な事業所を契約先として事業展開しながら近年急成長している会社であることを紹介し、成長性や将来性を示す。また、創業約10年の新しい会社で、若手・中堅社員が中心となって活躍していることをアピールし、自由で活動的な職場であることを紹介して会社のイメージ向上を図り、求職者の関心を惹きつける。

「労働時間」記入のポイント

▶機器の不具合や修理は突発的に発生するため、勤務時間も変動しやすい仕事ではあるが、コインランドリーに関しては季節の変わり目や雨季の利用が多く、故障対応などの発生も見込まれることから、変形労働時間制で対応していることを紹介し、理解を得られるようにする。

「求人に関する特記事項」記入のポイント

▶仕事内容の補足
求職者が更に仕事への理解を深められるよう補足説明するとともに、エンジニア職ではあるが、市場調査なども経験でき、仕事にマンネリ感のないことアピールする。
▶未経験者の育成
未経験者には「果たして自分にできるのか」といった疑問があるため、半年を目標にほぼ独り立ちしていく方針を明確にし、安心して挑戦できることをアピールする。
▶キャリアアップ
仕事上、特に電気に関する知識や技術は重要なため、資格や国家検定などの取得を支援していること、また将来は本社のスタッフ専門職への道も選択できるなど、キャリアアップが可能であることをアピールする。
▶一緒に働く仲間
新しい会社であり、一緒に働く仲間も若手・中堅層の男女が多いことを紹介し、活気ある職場イメージをアピールする。

13

生産工程

ラインオペレーター

求職者イメージ

▶製造職の中でキャリアチェンジしたい人
　製造ラインの作業スタッフとして決められた作業をこなしていくだけの仕事に疑問を感じ、できれば以前からやりたかった機械オペレーターの仕事にキャリアチェンジし、キャリアアップも図っていきたいと考えている人
▶機械操作の仕事をしたい人
　異業種で人と関わることの多い仕事をしてきたが、仕事への適性に自信を失いモチベーションを保てなくなったため、元々工業系の学校で学び機械を扱うことが好きな初心に返って、モノづくりの世界で仕事をしたいと考えている人
▶第二新卒や非正規雇用で働いている若年層
　前職を仕事の適性や人間関係などを理由に離職した後は正社員を目指して就職活動にも取り組んでいるが、アピールできるキャリアもないため、職種を定めずコツコツ取り組める仕事を探している20〜30代

アピールポイント

▶製造職の中でも人気の機械オペレーターにチャレンジでき、技能は社内認定制度で客観的に評価されるほか、キャリアアップのチャンスも用意された魅力的な職場であること
▶機械が好きであれば未経験者も活躍できるチャンスがあり、現職スタッフも若く、また男女が活躍している馴染みやすい職場であること
▶職歴を問わずこの仕事をやってみたい人は広く受け入れる方針であること

仕事内容

職種	包装ラインオペレーター（正社員）／機械好きなら未経験OK
仕事内容	製造職の中でも人気のラインオペレーターの仕事です。アメニティ製品製造における包装ライン（愛称「○○○○」）の機械操作や監視、メンテナンスを担当します。機械好きなら未経験者も歓迎。 ■仕事の特徴 ＊基本的操作はマニュアルに従いますので専門知識は不要です。 ＊機械はコンピュータ制御のため製品ごとにデータ入力します。 ＊ラインにはオペレーターのほか生産スタッフも配置しています。 ＊オペレーターは5本のラインを3名のチームで担当します。 ＊機械トラブルは先輩作の対応マニュアルが助けてくれます。 ■がんばりが報われる職場 ＊学ぶ姿勢がある人には惜しみなく指導・サポートする職場です。 ＊オペレーター技能認定制度により努力が評価される職場です。

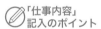

「仕事内容」記入のポイント

▶一般的にラインオペレーターは製造職の中でも人気の高い職種と言われていることを冒頭で紹介し、職種を定めていない求職者の興味・関心を惹きつける。

▶無機質なイメージのある工場内で、機械に愛称をつけていることを紹介し、「何か楽しそうな職場だな」との印象をアピールして、仕事への親近感につなげる。

▶仕事の特徴を紹介して働く姿をイメージしやすくするとともに、未経験者へのフォローや技能認定制度があることを「がんばりが報われる職場」として紹介することで、職場の魅力向上を図り、「自分の可能性に挑戦したい」と考える求職者の応募への気持ちを刺激する。

「職種名」その他例

●アメニティ製品の包装ラインオペレーター／製造経験者歓迎
●正社員／包装ラインオペレーター／第二新卒・派遣就労者OK
●日勤／ラインオペレーター（アメニティ製品包装）／未経験可
●ラインオペレーター／年間休108日・連続有給休暇OK

会社の情報

事業内容	アメニティ関連グッズの製造販売業。お客様は老舗旅館から大手ホテル、ビジネスホテルまで。現在は「家庭生活を楽しむ」をコンセプトにしたアメニティ新商品のネット通販がとても好調です。
会社の特長	独自の「いいね！提案制度」が職場を元気にしています。従来の固定商品にこだわらず、社員1人ひとりが気づき、ひらめいた企画やアイデアを自由に提案できる風土は当社の一番の宝です。

労働時間

就業時間	変形労働時間制（1年単位） （1）　08時30分　〜　17時30分 （2）　　時　分　〜　　時　　分 （3）　　時　分　〜　　時　　分 又は　時　分　〜　　時　分　の間の　　時間 就業時間に関する特記事項 ＊特に春と夏の旅行シーズン前は繁忙期となるため、1年単位の変形労働時間制による勤務となります。 ＊年間の週平均労働時間は40時間以下です。
休日等	日　その他 週休二日制　その他 ＊土曜日は通常休みですが繁忙期のうち6〜8月は隔週休み ＊夏季8／12〜8／16　＊年末年始12／30〜1／3 6ヶ月経過後の年次有給休暇日数　10日

求人に関する特記事項

求人に関する特記事項

■オペレーターの役割
＊日々の仕事は単に機械を操作するだけではなく、材料の準備や機械によって微妙に生じるズレなどの調整、完成品の品質管理など製造に広く関わる仕事です。
＊生産計画に沿った作業計画や人員調整、リスク管理、突発的な事態への対応なども常に想定した仕事となります。
■労働条件の補足
＊有給休暇取得策として連続4日以内の計画的取得があります。
＊入社時賃金は製造職やオペレーター経験を考慮します。
＊初年度モデル年収（賞与・残業代・精勤手当含む）
　未経験入社310万円　〜　オペレーター経験者380万円
■目標を持ち仕事に取り組める環境
＊社内でオペレーター技能認定制度（3級〜1級）を設けており、レベルに応じて昇給やポストを処遇します。認定は経験2年目から参加でき、1級はライン長または相当職として処遇します。
＊包装ラインをマスターすれば、他の製造ラインも経験できます。
■職場の様子
製造ライン全体では13名（男10：女3）のオペレーターが活躍中で、平均年齢は30代、経験年数は2年から10年。各ラインは愛称で呼び、機械も仲間の一員として大切にしています。

「会社の情報」記入のポイント

▶老舗旅館や大手ホテルから信頼されている堅実さのほか、新しい分野にも積極的に挑戦し、成果を上げている会社であることをアピールしてイメージ向上を図る。

▶独自の提案制度を紹介し、社員1人ひとりが会社の経営に参画できる自由で闊達な風土を会社の「宝」としてアピールすることで、意欲的な求職者の関心を惹きつける。

「労働時間」記入のポイント

▶春と夏前は旅行シーズンによる繁忙期となるため、1年単位の変形労働時間制を導入していることを説明するとともに、休日について通常期は土曜日も休みとなるが、繁忙期である6月〜8月は隔週で休みとなることを補足し、求職者が年間を通した働き方をイメージできるようにする。

「求人に関する特記事項」記入のポイント

▶オペレーターの役割
「専門知識やスキルがなくても始められる安易な仕事」という解釈を防ぐため、生産に伴う幅広い業務がある高度な仕事であることを説明し、理解を深めてもらう。

▶労働条件の補足
休暇制度に関する情報や転職後の賃金等の労働条件は応募を判断するための重要情報であることから、連続休暇制度やモデル年収例を紹介する。

▶目標を持ち仕事に取り組める環境
1人ひとりの知識や技能を客観的に評価する独自の認定制度を紹介し、上級レベルの認定を目指して日々仕事に取り組める環境であることをアピールする。

▶職場の様子
一緒に働く社員は求職者の関心事となるため、人数や男女割合、年代、経験年数などを簡単に紹介するとともに、仕事内容欄で紹介した機械の愛称呼びについても再度コメントして、親しみやすい職場イメージをアピールする。

13

生産工程

CAD／CAMオペレーター

求職者イメージ

▶職業訓練などの修了者（予定者）
　ポリテクセンターや民間スクールの CAD コース修了予定者または修了して仕事を探している人

▶異業種からの転職希望者
　現職への適性に疑問を感じ、自分に合った仕事に転職を考えている人

▶第二新卒や非正規社員で働いている若年層
　＊学校卒業後に就職した仕事を比較的短期間で離職し、新しい仕事を探している 20 代の男女
　＊契約社員として働いているが、今後は職種を限定せず正社員として資格や技能を身につけられる仕事に就きたいと考えている 20 〜 30 代の人

▶現役オペレーターの転職希望者
　CAD スタッフとして働いているが、労働条件や家庭との両立が難しく、職場を替えたい人

アピールポイント

▶ CAD の職業訓練や民間スクール修了者の募集を明確に打ち出していること

▶平均年齢は 30 代の若いオペレーターが中心で、今回の募集も 35 歳以下を対象に長期的育成を目的としていること

▶オペレーターの全員が未経験入社であり、入社後は最長 3 ヶ月にわたる指導により独り立ちできるよう育成していく姿勢があること

▶フレックスタイム制により、勤務時間は自分でコントロールが可能なため、家庭などとも両立した働き方ができること

仕事内容

職種	CAD・CAMオペレーター／経験不問／35歳以下長期育成
仕事内容	サイコロなどの立方体を開いて平面の展開図にした経験はありませんか？今回の仕事はそうしたイメージに近く、各種部品を設計者の指示に従い、専用ソフトで平面図や立体像にしていく作業です。 ■設計品／自動車、家電、医療器材などの製品金型 ■オペレーター業務の概要 ＊CAD／専用ソフト（○○○○○○）に製品の形状や機能、寸法等のデータを入力して加工現場に必要な設計図面を作成します。 ＊CAM／図面を基にパソコン上で加工シミュレーションをしながら機械で加工できるNC（数値制御）プログラムを作成します。 ■この求人を見ている方全員歓迎 ＊ポリテクセンターや民間のスクール等でCADを学んだ方。 ＊現スタッフ（男4女2）は全員未経験入社。第二新卒もOK。

✎「仕事内容」記入のポイント

▶35歳以下の経験不問を条件とする求人であるため、求人票は未経験求職者に対してわかりやすく、仕事がイメージしやすい内容を基本に作成する。

▶CAD／CAMの仕事は、一般的には馴染みのない職種であるため、冒頭においてサイコロの話題で仕事のイメージを紹介し、求人への興味を惹きつける。

▶未経験者を前提に、CADとCAMの仕事がどのようなものかを紹介し、概要だけはイメージできるようにする。

▶現スタッフは全員未経験入社であり、男女が活躍している職場であることを紹介して安心感をアピールするとともに、第二新卒も歓迎していることを示し、応募しやすくする。

「職種名」その他例

● 部品の設計図面を作成するCAD・CAMオペ／初心者OK！
● CADオペ／職業訓練修了者・第二新卒や非正規就労者もOK
● フレックス勤務でワークライフバランス／CAD・CAMオペ
● 未経験から始めるCAD・CAMオペレーター／育成実績多数

会社の情報

事業内容	自動車、家電から医療分野までの部品金型を量産型から医療器材の特注型まで製作しています。30年以上の技術蓄積により、昨年「○○県モノづくり大賞技術部門」の銀賞を受賞しました。
会社の特長	従来の階層型組織ではなく、案件ごとにチームを編成し、社員は個人として複数のチームに属しながら業務をこなしていきます。複雑な上下関係はなく、自由でフラットな組織が特徴です。

労働時間

就業時間	フレックスタイム制 （1）　09時00分　～　18時00分 （2）　　時　分　～　　時　　分 （3）　　時　分　～　　時　　分 又は　時　分　～　時　分 の間の　時間
	就業時間に関する特記事項 ＊（1）は標準時間／コアタイム13：00～15：00／フレキシブルタイム8：00～20：00　＊仕事のスケジュールや進捗状況により勤務時間や時間外労働は各自で調整できます。 ＊VDT作業のため60分ごとに5分の小休止タイムがとれます。
休日等	土　日　その他 週休二日制　毎週 夏季8／12～8／16　　年末年始12／30～1／3 ※20○○年度 6ヶ月経過後の年次有給休暇日数　10日

求人に関する特記事項

求人に関する特記事項
■働きやすいフレックスタイム制 自分の仕事スケジュールや進捗状況に合わせて勤務時間を調整でき、ワーク・ライフ・バランスのとれた働き方が可能です。 ■安心できる教育指導 ＊ポリテクセンターのCAD在職者訓練を受講します（4日間・経験者は必要に応じて受講）。 ＊経験に応じて最長3ヶ月間は座学と実習・OJTで基礎を学びますが、指導者も未経験入社であり独特の指導が好評です。 ■自由闊達な職場 製造業は一般的に年長者が多い職場イメージですが、当社は毎年高校新卒者（昨年は女性）を採用するなど平均年齢も30代と若く、組織もフラットで自由な職場です（見学で体感ください）。 ■3つの働く魅力 （1）年齢性別にかかわらずスキル次第で活躍の幅が広がります。 （2）ルーチン業務ではありませんので毎日が新鮮です。 （3）締め切りを守れば、休暇や定時退社も自分のペースでOK。 ■いつでも見学可能です まずは見学にお越しください。簡単な図面の作成体験やフリートークタイムで職場の雰囲気も実際に感じてください。 ※当社HPにて先輩社員インタビュー公開中！ぜひご覧ください。

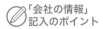

「会社の情報」記入のポイント

▶医療分野では特注型も製作していることを紹介したうえで、自社の強みである技術力を「○○県モノづくり大賞」受賞という公的評価でアピールする。

▶チーム制や役割で各自が責任を果たすフラットな組織を特徴とし、若手や中堅層が活躍しやすい職場であることをアピールして、意欲的な求職者の関心を惹きつける。

「労働時間」記入のポイント

▶フレックスタイム制の内容として標準時間やコアタイムなどを示し、仕事の進捗状況に応じて自分で時間調整ができるメリットを紹介するとともに、VDT作業における小休止タイムを設けるなど、健康への配慮もあることをアピールする。

「求人に関する特記事項」記入のポイント

▶働きやすいフレックスタイム制
家庭などとの両立を重視する求職者に向けて、自分に合った働き方ができる職場環境をアピールする。
▶安心できる教育指導
入社後も職業訓練施設への研修派遣や社内教育により、独り立ちできるよう育成していく方針・体制が整っているため、未経験でもスタートできることをアピールする。
▶自由闊達な職場
求職者にとって職場の様子は大きな関心事であることから、35歳以下の募集を前提に、特に若手や男女が活躍する働きやすい職場イメージをアピールする。
▶3つの働く魅力
求職者に応募を決断してもらうため、自社で働くことの魅力、言い換えれば他社との違いを強くアピールして応募につなげる。
▶いつでも見学可能です
見学を勧めることでオープンな会社であることをアピールするとともに、応募に向けた第一歩に導く。

13

生産工程

設計補助・製図スタッフ

求職者イメージ

▶派遣CADオペレーターの転職希望者
　設計エンジニアの下で派遣のCADオペレーターとして働いているが、自分も設計士にキャリア
　アップしたいと考え、応募条件がクリアできる求人を探している人
▶現役設計補助職からの転職希望者
　設計の補助スタッフとして働いているが、事務的な仕事が中心となっているためCADスキルを
　活かして設計職まで目指せる職場があれば転職したいと考えている人
▶職業訓練の修了予定者（修了者）
　職業能力開発大学校（ポリテクカレッジ）などの機械設計やCADコースを修了予定（修了済）
　のため、機械メーカーで設計職が目指せる企業に就職活動をしている人
▶工業系の学校で機械関係を学んだ人
　工業系の高校・高専や大学で機械工学関係やCADの基礎を学び、卒業後はメーカーの製造現場
　で働いているが、もともとやりたかったCADや設計職に転職を考えている人

アピールポイント

▶即戦力を希望する求人が多い中、条件が比較的緩く応募がしやすいこと
▶設計の実務経験がなくても、まずは設計補助からスタートでき、プレッシャーが少ないこと
▶ 5年程度を目標に設計職への独り立ちを目指していること
▶先輩による自主勉強会のほか、資格取得や通信教育講座受講にかかる費用の支援策があること

仕事内容

職種	設計補助・製図スタッフ／工業系学科orCAD経験者歓迎
仕事内容	世の中にないモノをゼロから生み出す設計・製図の仕事です。まずはレベルに合わせて設計補助からのスタートですが、5年程度を目標に構想設計までできるCAD設計士に育成していきます。 ※工業系の高校・大学・職業訓練で機械工学やCADを学んだ方なら実務経験がなくても歓迎です。 ■仕事の特徴 ＊設計案件は自動化・省力化の産業機械や生産設備です。 ＊設計補助業務は設計士が作成したデータを基に2DCADや3DCADを用いて組立図や部品図などのトレース設計のほか、エクセルで部品リストや取扱説明書の作成事務も担当します。 ＊使用ソフトはAutoCAD／Inventor／iCAD-SXですが、使用経験がなくても入社後研修で習得でき安心です。

「職種名」その他例

● 機械設計アシスタント／CAD設計士にキャリアアップ可
● 設計エンジニア補助＆製図スタッフ／工業系学科卒は経験不問
● 設計士補助・製図スタッフ（組立図・部品図）／要2DCAD
● 設計士を目指すCAD経験者歓迎／設計補助からスタート

「仕事内容」記入のポイント

▶即戦力となる設計士の確保は厳しいことが想定されるため、人材確保を優先して機械工学の基礎知識やCADの経験が多少あれば自社でじっくり育成していく方針を前提に、求人全体は(1)設計士へのキャリアプロセスイメージ、(2)大手や設計専門会社などではなく中小企業機械メーカーでの設計士の魅力、の2点を中心にアピールする。

▶冒頭で仕事内容や育成方針を示して関心を抱く求職者の目を留めさせ、4行目以降で応募を歓迎する主な求職者像を具体的に示す。また、入社後の処遇や仕事の特徴を紹介し、仕事や働くイメージがしやすくなるようアピールすることで、想定している求職者の関心を惹きつける。

会社の情報

事業内容	各種産業機械や生産設備ユニットを設計・製作しています。特に地場産業のひとつである自動車部品の製造機械を得意としており、大手から小規模企業まで幅広いお客様から信頼を得ています。
会社の特長	機械の設計から製作は一連の流れがあり、すべてチームを組んで連携して進めています。日々のコミュニケーションが仕事の成果にも影響することから「報・連・相」の当たり前を徹底しています。

労働時間

就業時間	（1）　08時30分　～　17時30分 （2）　　時　分　～　　時　分 （3）　　時　分　～　　時　分 又は　時　分　～　時　分　の間の　　時間 就業時間に関する特記事項 ＊時間外労働は月平均15時間ですが、納期や急な仕様変更などにより月35時間程度になる場合もあります。 ＊多くの方は月の半分ほどは定時退社しています。
休日等	土　日　その他 週休二日制　毎週 ＊GW（カレンダー通り）　＊夏季8／12～8／16 ＊年末年始12／30～1／3　※20○○年度 6ヶ月経過後の年次有給休暇日数　10日

求人に関する特記事項

求人に関する特記事項

■労働条件の補足
＊入社後3ヶ月間は工場で製造作業を補助しながら、図面の見方やポイントなどを体験していきます。
＊入社時にCADスキルや設計に必要な基礎知識の習得状況を確認の上、レベルに合わせた仕事からスタートします。
＊5日間の計画的な有給休暇取得制度（連続も可）があります。
＊資格取得の祝金や通信教育受講制度（補助金）があります。
■設計士を目標に
今回採用予定の方は、原則CAD使用経験者となるため設計補助の仕事は対応できると思いますが、設計士には機械工学の基本となる「4カ学」の習得が必要です。現在、設計士を目指している30代の若手5名には、先輩がCADや設計勉強会などを開催し独り立ちを支援しています。
■トップメッセージ（中小企業の魅力）
中小企業における設計業務の魅力は、仕事の幅が広いことです。大手企業に多い分業制と違い、お客様との仕様打ち合わせから機械の調整、工場への据付、アフターサービスなどもこなすため、やり遂げたときの達成感や充実感はひとしおです。ぜひ一緒に世界にひとつだけのモノづくりをしていきましょう。
※見学歓迎です。設計士を目指している先輩との懇談もあります。

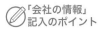

「会社の情報」記入のポイント

▶産業機械や設備の設計・製作会社であることを紹介し、特に地場産業の自動車関係の業界においては、大手から小規模企業まで幅広いお客様から信頼を得ていることをアピールする。また、そうした信頼のベースには社内の組織や仕事の進め方に独自の文化があることを紹介し、堅実な会社であることを示してイメージ向上を図る。

「労働時間」記入のポイント

▶実働8時間の固定時間勤務制で、休日も週休2日の年間115日と多く、基本的には負荷の少ない働き方であることを理解してもらう。
▶時間外労働は、月平均15時間ではあるが、短納期や仕事の進捗状況などにより増減のあることは説明する。

「求人に関する特記事項」記入のポイント

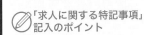

▶労働条件の補足
入社後の配属や処遇のほか、年次有給休暇や資格取得支援などの福利厚生制度を紹介し、求職者が当面の働く姿をイメージできるようにする。
▼設計士を目標に
求職者の目標である設計士に向けたプロセスの一端や先輩も支援してくれる環境とともに、現在5名が設計士を目指していることを紹介し、求職者の「よし、自分も……」との挑戦的な気持ちを引き出す。
▶トップメッセージ
機械設計士としての活躍場所は、大手企業や設計専門会社などもあるが、中小企業機械メーカーでの設計士でも大手などにはない達成感や充実感を味わえる魅力があることをアピールし、「ぜひ一緒にモノづくりをしたい」との思いをメッセージとして発信することで求職者の心をつかむ。
※最後に、見学を歓迎していることや先輩との懇談があることを紹介して、応募に向けた第一歩に導く。

建築塗装工

求職者イメージ

▶職業訓練校や専門学校で学んだ 20 ～ 30 代
職業訓練校や専門学校で学んだ塗装技術の知識や技術を身につけたものの、実務経験がない人
▶建築塗装の見習いとして働いたことがある人
下積みが続かずに見習工としての短期間での離職となったものの、塗装工の仕事自体にはやりがいを感じているため同業他社での仕事を探している人
▶工作や DIY が好きな若年層
ホームセンターやエクステリア関係の仕事で働いているが、もともと DIY が好きなため、手に職をつけて自分の腕一本で活躍できる仕事に就きたいと考えている人
▶現役の若手塗装工で職場を替えたい人
塗装工として何年か働いているが、労働条件や今後の技術習得、人間関係などに疑問・課題を抱えており、思い切って転職して心機一転したいと考えている人

アピールポイント

▶建築業界の中でも需要が高い仕事であること
▶35 歳以下の未経験者も対象とした募集であること
▶入社後は見習い期間となるが、しっかり育成していく方針と体制が整っていること
▶単なる塗装工としての人手確保ではなく、建築塗装のエキスパートとして幅広く活躍できる人材を長期的に育成する募集であること
▶国家資格や関連資格の取得を支援していること

仕事内容

職種	建築塗装工／3年目には国家資格取得に挑戦／35歳以下
仕事内容	住宅を中心とした建築塗装の仕事です。最近はリフォーム意識の高まりから需要の多い仕事になっています。今回は35歳以下の未経験者も対象に、将来を担う人材の長期育成を目的とした募集です。 ■仕事の概要 ＊工事は大きく分けて外壁塗装、屋根塗装、ベランダ塗装、鉄部塗装があり、防水や防錆、断熱処理などをしてから塗装をします。 ＊未経験者は2年経過後に国家試験を取得し技能士デビューです。 ■仕事の魅力がいっぱい ＊専門性が高く、工務関連の仕事の中でも需要の高い仕事です。 ＊コツコツと経験を積めば、確実に技術が身につきます。 ＊自分のやった仕事の成果が目に見え、成長を実感できます。 ＊腕を磨き良い仕事をすれば声がかかり、活躍の場が広がります。

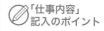

「仕事内容」記入のポイント

▶若い人材の確保が厳しい業界ではあるものの、期待する求職者像からの応募につなげるため、求人全体は未経験者に向けて(1)塗装工の仕事に興味を持ってもらう、(2)塗装工として当社で働く魅力、の2点を柱にアピールする。

▶冒頭で需要の高い仕事であることを紹介したうえで、今回は35歳以下の若い人材を受け入れる姿勢を示し、応募を期待する求職者の関心を惹きつける。

▶仕事の概要を簡単に説明したうえで、一般的な塗装工イメージだけで応募可否を判断されないよう、仕事や会社の持つ魅力をアピールし、求人への興味・関心を高める。

「職種名」その他例

●住宅新築・リフォームの建築塗装スタッフ／学歴・経験不問
●手に職をつけられる建築塗装工／2年経過後に技能士国家資格
●建築技能士（候補）／コツコツ技術を磨いて将来独立も可能
●腕を磨いて活躍できる建築塗装技術者／22万円以上＋手当

会社の情報

事業内容	新築住宅やリフォームを中心とした塗装事業を展開しています。塗装工事は出来栄えが一目でわかる仕事です。腕のいい社員こそが当社の財産であり、常に技術の向上に努めています。
会社の特長	創業以来、腕のいい塗装工の自社育成にこだわってきたお陰で、現社員の全員が塗装技能士2級以上を取得しています。仕事は職人の世界ですが、若い人材が定着・成長できる職場です。

労働時間

就業時間	変形労働時間制（1年単位） （1） 08時00分 ～ 17時00分 （2） 時 分 ～ 時 分 （3） 時 分 ～ 時 分 又は 時 分 ～ 時 分 の間の 時間 就業時間に関する特記事項 ＊塗装工事は気温や湿度によって工事が左右されることから、春と秋は繁忙期、夏と冬は閑散期となるため1年単位の変形労働時間制による勤務となります。 ＊年間を通した週平均労働時間は、40時間以下です。
休日等	日 その他 週休二日制 その他 ＊勤務表による＊日曜日を含めて月7日～8日休みですが、天候などにより変動する場合があります。＊夏季5日間／年末年始5日間 6ヶ月経過後の年次有給休暇日数 10日

求人に関する特記事項

求人に関する特記事項
■仕事のQ&A Q．当面の仕事は？／A．入社後1年程度は見習いとして先輩の補助作業を中心に、材料の運搬準備や現場の片づけなどを担当しながら、専門用語や仕事の流れの基本を学びます。 Q．体力仕事は？／A．最初は大変ですが、経験を積むと負担を少なくするテクニックも身につきます。 Q．雨天の日は？／A．屋内仕事やポスティング業務などのほか、若手の研修や塗装実技訓練としても活用しますが、状況によっては休みとなる場合もあります。 Q．先輩は？／A．未経験から始めた先輩3名が自分の経験に基づく仕事のコツを伝授しており、後輩からも好評です。 Q．資格は？／A．経験2年経過後を目途に国家資格「塗装技能士2級」を取得し、単独デビューできるよう指導していきます。 Q．仕事の幅は？／A．有機溶剤作業主任者、高所作業車運転者（10m未満）なども取得できると仕事の幅が広がります。 ■新しい自分に挑戦しませんか！ 仕事そのものに資格は必要ありませんので、それなりの仕事ができれば日々は過ごせますが、塗装技能者としての信頼や仕事の幅は広がりません。今回は35歳以下を対象に時間をかけて一流の塗装技能士に育成していきますので、安心して飛び込んできてください。

▶️ **「会社の情報」記入のポイント**

▶住宅関係を中心とした塗装業を営んでいることや、この仕事はでき栄えが素人でも一目でわかるため塗装技術のレベルが問われることを紹介する。また、スタッフの技術向上を大切に考えてきた姿勢や若手人材の定着と成長に取り組んでいることをアピールして、会社のイメージ向上を図る。

▶️ **「労働時間」記入のポイント**

▶特に天気や湿度などの季節的要因に左右される仕事のため、繁忙期と閑散期に対応した1年単位の変形労働時間制勤務となることを説明し、求職者が自分の働き方をイメージできるようにする。

▶️ **「求人に関する特記事項」記入のポイント**

▶仕事のQ&A
まずは塗装の仕事に興味を持ってもらうため、求職者の疑問や知りたいことから6点についてQ&A形式で取り上げ、仕事や入社後の処遇などをイメージできるようにする。指導方法の特徴や雨天時の対応、資格取得に対する方針などについて説明することで、馴染みのない仕事ではあるが「こういう仕事であれば一度検討してみよう」との気持ちへ誘導する。

▶新しい自分に挑戦しませんか！
若い人材の確保が厳しい業界ではあるものの求職者の関心を惹きつけるため、塗装の仕事に対する考え方を伝え、資格と経験を積むことによって一流の塗装技能士として活躍できる仕事であることをアピールする。併せて、今回は35歳以下を対象とした長期育成目的の募集であり、会社もしっかりキャリアアップを支援していく姿勢をメッセージとして発信することで、関心を抱いた求職者からの応募につなげる。

13

生産工程

輸送・機械運転

求職者のイメージ例

* 大型車両や重機の運転に憧れチャンスがあれば挑戦したいと考えている人
* 現役の運転者で仕事の負荷や働き方を改善できる職場に転職したい人
* 資格や経験はないがしっかりと収入を得るために働きたい世代や定年後のシニア、ひとり親など
* 工事作業員から機械工（重機運転）にキャリアアップしたい人
* 職業訓練修了者や物流・建設関係を離職した第二新卒

転職理由を求人票に活かす

転職希望者は現在の仕事や職場で抱える課題が改善できない状況を変えるために転職という手段をとります。求職者はその課題の解決や改善につながる情報を求人票の中に求めているため、求人者側がそのニーズや期待に応えた情報提供をすればアピール性のある求人票となります。

───────────

●輸送の職業の転職理由としては、一般的に「待遇」「業務量」「労働時間や休日などの働き方」があります。特に貨物自動車輸送事業は求職者の中にはキツい仕事というマイナスイメージを持つ人もいます。また、担い手の高齢化により若手への負担のしわ寄せや、通販拡大による業務量の増加になども転職につながっています。職業が抱える課題の改善状況に関する情報はもちろんですが、今後は女性ドライバーの活用も人材確保策のひとつとして注目されているため、求人票では男女が共に働きやすい職場情報の発信がポイントとなります。

───────────

●建設機械運転の職業の転職理由も、一般的に前述の輸送の職業に共通したものが多く、「仕事の負荷」や「働き方」のほか、「ケガや病気」による離職もあるようです。担い手の高齢化が課題となっている中、若い人材の確保のためには特に教育・育成体制の状況や会社としての方針などは重要な情報となります。

アピールポイント例

＊大型車両や重機運転の仕事の醍醐味
＊必要な免許は入社後に会社費用で取得
＊荷待ち時間や荷役作業の効率化推進実績や取り組み計画などによる
　総労働時間の改善
＊事故防止に対する徹底した教育や対策
＊仕事の評価と給与・処遇への反映
＊安全性優良事業所（Gマーク）の認定取得
＊女性活躍推進法に基づく優良企業認定「えるぼし認定」の取得

14-1／正社員

小型・中型トラックドライバー

求職者イメージ

▶現役ドライバーからの転職希望者

＊現在の職場の労働環境の下で働き続けることに不安を抱いており、安心して長く働ける職場に転職を考えている人

＊ドライバー職は好きで今後も続けたいが、夜間の運送は身体的負荷が大きいため、時間外労働が多くても日勤でしっかり稼げる仕事に転職したいと考えている人

▶ドライバー職に興味を持っている人

現在の仕事が自分に合わず色々な求人を見ているが、もともと自動車の運転が好きでドライバー職には興味もあったことから転職先として考えている人

▶正社員を目指している人

現在は非正規雇用で働きながら正社員を目指しているが、資格やキャリアがなくても採用の可能性のある仕事であれば職種を限定せず挑戦したいと考えている第二新卒などの若年層

アピールポイント

▶安全性優良事業所「Ｇマーク」の取得により仕事に対する安全を優先する方針があり、社員が安心して働ける職場であること

▶しっかり稼ぎたい人には、時間外労働を増やして収入アップも可能であること

▶職歴不問で普通自動車免許があればフォークリフトや中型免許は入社後取得することができ、未経験でも安心して始められること

▶無事故や社内優良ドライバーに認定されれば大型免許の取得などの特典もあること

仕事内容

職種	小型・中型ドライバー／県内と隣県のルート便／普免でもＯＫ
仕事内容	取引先工場に自動車部品を届けるルート配送の仕事です。基本は中型トラックを使用、ルートは県内6割、隣県4割程度です。経験や中型免許のない方は小型（普通車）からスタートします。 ■仕事の特徴 ＊運搬品は自動車電気系統部品等、1日4～6社配送します。荷物の積み下ろしはフォークリフトでの作業となります。 ＊ルートは定期的に交替し柔軟なシフト体制を目指しています。 ＊仕事は配送計画に基づく日々完結型でメリハリがあります。 ■当社で働く魅力 ＊中型免許のない方は入社後取得できます（費用会社負担）。 ＊安全性優良事業所「Ｇマーク」を取得した安心な職場です。 ＊しっかり収入を増やしたい方には倉庫業務の残業もあります。

「職種名」その他例

●小型・中型配送ドライバー／入社後中型免許の取得制度あり
●ルート配送運転手／年３４０万円～／しっかり稼ぎたい人歓迎
●ドライバー未経験でも運転好きならＯＫ／小型・中型運転手
●大好きな車運転を仕事に／自動車部品の近隣ルート配送

「仕事内容」記入のポイント

▶同業現役ドライバーからの応募は厳しいと考えられるため、求人全体は特に配送ドライバー未経験者に期待を込め、免許の有無や収入、安全を優先する仕事方針などを丁寧に紹介し、安心・安定した仕事イメージを打ち出す。

▶仕事の特徴として配送物や付随業務の内容とともに、原則日々完結型の仕事であることなどを紹介し、求職者が働く自分をイメージできるようにする。

▶当社で働く魅力、言い換えれば他社との違いの中から3点を示し、求人への関心を高め、もう少し詳しく見てみようとの気持ちへ誘導する。

会社の情報

事業内容	県内および近隣を配送エリアとする一般貨物自動車輸送業。自動車関連工場の多い当地域において、創業以来40余年、100社以上のメーカー様に部品をお届けしています。
会社の特長	信頼の基本となる「必要なときに必要な分だけお届けする」ため、社員1人ひとりが単にモノを運ぶだけではなく、プロドライバーとしての自覚と誇りを持って仕事に励んでいます。

労働時間

就業時間	変形労働時間制（1ヶ月単位） （1）　08時00分　〜　17時00分 （2）　　時　分　〜　　時　　分 （3）　　時　分　〜　　時　　分 又は　　時　分　〜　　時　分　の間の　　時間 就業時間に関する特記事項 ＊1ヶ月の週平均労働は40時間以下です。 ＊労働時間はタイムカードにより適正に管理しています。
休日等	日　その他 週休二日制　その他 日曜日を含め月に7日休み／GW2日間／祝日9日間 夏季8／12〜8／16　年末年始12／30〜1／3 6ヶ月経過後の年次有給休暇日数　10日

求人に関する特記事項

求人に関する特記事項

■モデル年収例
340万円／32歳　経験　2年／配偶者・子1人
450万円／43歳　経験10年／配偶者・子2人
※もっと収入を増やしたいという場合は、配送後の倉庫内作業も可
■ドライバー25名の紹介
＊平均年齢は40歳前半（20〜62歳まで在籍）、4割が配送ドライバー未経験入社で、入社後中型免許取得者も5名います。
＊30歳以下ドライバーの平均勤続年数は約5年です。
＊腰を据えて働くことができる環境なのでドライバー同士の仲間意識も強く、困ったときは助け合う雰囲気の良さが自慢です。
■徹底した安全への取り組み
＊当社では仕事は単に車が好きで運転ができればよいと考えてはおりません。Gマーク事業所として定期的な法令講習や運転スキルチェックはもちろん、社内独自に優良ドライバー認定制度を設け表彰者のうち希望者には大型免許の取得も支援します。
＊無事故表彰者は、健康で安全運転を続けてもらうために無料で人間ドックを受診できます（5年・10年・20年・30年）。
■体験乗車できます
まずは会社見学にお越しください。体験乗車や入社歴の浅い社員との懇談も用意しています。

14

輸送・機械運転

14-2／正社員

大型トラックドライバー

求職者イメージ

▶現役ドライバーの転職希望者

大型車両ドライバーとして働いているものの、勤務実態や労働条件などに馴染むことができず、自分に合った条件のドライバー職に転職を考えている人

▶未経験（大型免許未取得）の転職希望者

＊中型トラックのドライバーとして経験を積み、次は大型トラックに乗務したいと考えているものの、大型免許は未取得なため入社後に会社で取得させてくれる職場を探している人

＊ドライバー経験はまったくないものの、以前からトラックドライバーに憧れていたため思い切って働きながら免許を取得できる職場への転職を計画している人

アピールポイント

▶長距離はなく日々完結型のドライバー職であり、労働時間や安全対策などの環境も整った仕事であること

▶未経験入社が多く、働きながら費用は会社負担で大型自動車免許を取得できるほか、慣れるまでの指導教育体制も整っており安心して働き始められること

▶積荷移動などの付帯業務の身体的負荷が少ないことや、安全に対する取り組みもしっかりしていることから、男女が活躍できること

▶退職金のほか、厚生年金基金にも加入していることや各種表彰制度など手厚い福利厚生制度が整備されており、長く働けて退職後の生活も安心であること

仕事内容

職種	大型ドライバー／スーパー店舗配送／大型免無・未経験歓迎
仕事内容	当社配送センターから大手スーパーの各店舗へ食品や日用雑貨などを配送する1日完結の業務です。現役で活躍中の方はもとより、大型免許はないがドライバーに憧れているみなさんも歓迎です。 ■仕事の特徴 ＊車両は10トンBOX車が中心／配送ルートは約20コース ＊配送エリアは○○県及び隣県／1日走行距離平均150km ＊積荷は配送センターで店舗別にカゴ台車に仕分けされており、移動などの付帯業務も少なく男女が活躍できる仕事です。 ■大型車に憧れている未経験の方 在籍ドライバーの3割が未経験からのスタートです。大型免許取得支援制度があり取得後も自信がつくまでしっかりフォローします。 ※国の「安全性優良事業所（Gマーク）」の認定を受けています。

「職種名」その他例

- 10トン車運転手（スーパー配送）／1日走行平均150km
- 大型ドライバー／スーパー店舗へ配送／長距離なし／普免OK
- 憧れの大型ドライバーで活躍を／未経験でも免許取得制度あり
- Gマーク事業所の食品配送大型運転手／カゴ台車で楽々

「仕事内容」記入のポイント

▶長距離の配送はなく日々完結型の仕事であることを強調したうえで、現役大型ドライバーから免許のない未経験者まで応募できることをアピールして、求人への関心を高める。

▶仕事内容の特徴的なことを紹介し、求職者が働く姿をイメージできるようにする。

▶免許のない未経験者に対し免許取得支援制度があることや取得後もしっかりフォローがあり安心して仕事ができることをアピールし、「自分もやってみたい」との気持ちを引き出す。

▶Gマーク取得を紹介し、安全を最優先した仕事や職場への安心感をアピールする。

会社の情報

事業内容	一般貨物自動車運送業。○○県内及び隣県を中心とした大手スーパーの店舗に食品や日用品などを毎日配送しています。保有車両は中型・大型車８０台すべてＥＴＣ、ドラレコ、バックカメラ装備。
会社の特長	ドライバーの人材確保が厳しい業界ですが、現役社員はもとより若手や女性も働きやすく定着できるよう勤務時間や休日などの見直しのほか、ＩＴ化による業務の改善にも積極的に取り組んでいます。

労働時間

就業時間	変形労働時間制（１ヶ月単位） （１）　03時 00分　～　12時 00分 （２）　06時 00分　～　15時 00分 （３）　08時 00分　～　17時 00分 又は　時　分　～　時　分　の間の　時間 就業時間に関する特記事項 ＊配送コースにより（１）（２）（３）のシフト制 ＊１ヶ月単位の変形労働時間制により週平均労働時間は４０時間以下で勤務
休日等	その他 週休二日制　その他 ＊シフト制により月８日の休み（土日を含む） ＊夏季３日間・年始３日間（交替） ６ヶ月経過後の年次有給休暇日　１０日

求人に関する特記事項

求人に関する特記事項
■ドライバーを守る安全対策 ＊デジタルタコグラフと連動した労働時間管理システムにより、ドライバーの走行状態などを把握して安全対策を強化しています。 ＊後方の危険にも対応できるよう、バックモニターを全車両搭載。 ■未経験者のフォロー ＊大型免許のない方は費用を会社が負担し、取得を支援します。 ＊取得後も２週間は先輩教育トレーナーが同乗し実地指導します。 ■手厚い福利厚生 ＊働き方改革として有給休暇取得を推進し連続休暇も可能です。 ＊無事故表彰や優良ドライバー表彰制度があります（奨励金有）。 ＊厚生年金基金にも加入しており将来の安心をサポートします。 ■プロドライバーへのチャレンジ トラック協会のドライバーコンテスト（県・全国）出場に挑戦中です。あなたも正真正銘のプロドライバーに挑戦してください！ ■当社で働く魅力 ＊力仕事を伴う付帯業務が少ないトラックドライバーです。 ＊仕事が安定しており毎日平均した働き方ができます。 ＊手厚い福利厚生により長く働け、退職後の生活も安心です。 ※当社は、入社後のミスマッチをなるべく減らすよう、職場見学を歓迎。会社の雰囲気や先輩の働く様子を一度見に来てください。

「会社の情報」記入のポイント

▶大手スーパーマーケットの各店舗へ商品を毎日配送する運送業であることを説明したうえで、保有車両台数や装備などを具体的に紹介することで仕事をイメージしやすくする。

▶ドライバーの人材確保が厳しさを増していることもあり、まずは社員の定着を図りながら、勤務時間や休日など労働環境の改善にも取り組んでいることをアピールする。

「労働時間」記入のポイント

▶どのような働き方になるのかは求職者の応募判断に影響するため、３パターンあるシフトを紹介するとともに、１ヶ月単位の変形労働時間制で週平均労働時間は40時間以下となる勤務であることを丁寧に説明し、入社後に自分が働く姿をイメージできるようにする。

「求人に関する特記事項」記入のポイント

▶ドライバーを守る安全対策
事故・荷物破損のリスクはドライバーとしても不安があるため、会社としての安全対策や事故対応が整っていることをアピールする。
▶未経験者のフォロー
求職者の一番の関心事である大型免許を入社後に費用会社負担で取得できるメリットがあることをアピールする。
▶手厚い福利厚生
転職理由には単なる労働条件だけでなく日々の「働く環境」もあることから、各種表彰制度や厚生年金基金の加入など、充実した福利厚生制度を紹介し安心感をアピールする。
▶プロドライバーへのチャレンジ
運転技能向上の目標にもなるコンテストにチャレンジできるチャンスがあることを紹介する。
▶当社で働く魅力
最後に、改めて当社で働く魅力を整理して紹介することで、応募への背中を押す。

14

輸送・機械運転

その他ドライバー（産業廃棄物運搬車両）

求職者イメージ

▶現役ドライバーで転職を考えている人
＊現役ドライバーで労働条件や働き方を変えるため、経験を活かせる仕事への転職を考えている人
＊ドライバーとして働いているものの、日給制などの給与形態や退職後の生活設計に不安を感じ、もう少し安心して働くことができる仕事への転職を考えている人

▶前職を離職した中高年層
何らかの事情で前職を離職したため、今後は組織的な仕事や複雑な人間関係の少ない仕事を希望し、まったく異なる業種・職種で再スタートしたいと考えている人

▶正社員を目指している若年層
長く非正規雇用として働いており、キャリアがないため応募条件のハードルが低ければ多少厳しい仕事でも職種にこだわらず正社員としてしっかり稼ぎたいと考えている20〜30代

アピールポイント

▶過酷な重労働はないこと
▶繁忙期以外の時間外労働は少なく、年次有給休暇も取得しやすいこと
▶がんばりには賞与でプラスαの加算があること
▶定年後の生活を保障した福利厚生により、生活設計に安心感を持つことができること
▶会社負担で各種資格や免許を取得できること
▶産業廃棄物処理の優良事業所であること
▶いわゆる3K仕事イメージの改善に取り組んでいること

仕事内容

職種	産廃物収集・搬送ドライバー／若手から中高年まで・普免OK
仕事内容	異業種からキャリアチェンジしてきた若手や中高年者が元気に活躍している会社です。仕事は工場や建設現場から出る産業廃棄物を収集し、中間処理施設や当社リサイクルセンターへの運搬です。 ■仕事の特徴 ＊使用車両は4〜10tのコンテナ車や大型トラックなどです。 ＊積み降ろしは重機を使用しますので過酷な重労働はありません。 ＊処理場の締切時間があるため長時間の残業はありません。 ■当社で働く魅力 （1）拘束時間が少ない割にしっかり稼げます。 （2）日々の仕事ぶりは賞与にプラスしてしっかり評価します。 （3）退職金共済や確定給付年金があり退職後も安心です。 ※当社は産業廃棄物処理の優良事業所認定を受けています。

「職種名」その他例

● 産業廃棄物車両ドライバー／積み降ろしは重機使用で重労働少
● 中型・大型ドライバー（産廃車両）／優良産廃処理業者認定
● 産廃車ドライバー／年間休106／月26万円以上＋賞与加算
● 産廃運搬車両ドライバー／中型自動車免許取支援制度あり

「仕事内容」記入のポイント

▶産業廃棄物を扱う仕事は「重労働で厳しい仕事」などの先入観を持つ求職者も想定され、職種名だけで求人をスルーされてしまう可能性も考えられることから、求人全体は（1）先入観を変える仕事のイメージづくり、（2）この仕事で働く魅力の発信、の2点をアピールの柱とし、まずは求職者の目に留めてもらえるようにする。

▶仕事の特徴として、過酷な重労働はないことや残業も多くないことを紹介するとともに、当社で働く魅力として特にアピールしたい3点を挙げ、求職者が「この仕事なら条件も悪くないのでやってみようか」と思えるように誘導する。

会社の情報

事業内容	産業廃棄物を収集して指定処理場へ運搬する会社です。5年前に自社でリサイクルセンターを立ち上げました。今日も25台の車両が地域の環境保全と資源再利用に向けて元気に駆け回っています。
会社の特長	廃棄物を扱う仕事だけに社員の安全と職場環境の改善には特に力を入れています。安全教育の徹底、他社にはない明るいユニフォームや清潔な車両の維持、社員用シャワー室などはその一例です。

労働時間

就業時間	変形労働時間制（1年単位） （1）　08時00分　〜　17時30分 （2）　　時　分　〜　　時　分 （3）　　時　分　〜　　時　分 又は　　時　分　〜　　時　分　の間の　　時間 **就業時間に関する特記事項** ＊仕事は計画に基づいた日々完結型のため繁忙期を除き通常は時間内に終了します。 ＊年末年始や年度末は繁忙期となり時間外労働も増加します。
休日等	日　祝日　その他 週休二日制　その他 ＊第1・3土曜日休／GW2日／フリー休日2日 ＊夏季8／12〜8／16・年末年始12／30〜1／3 6ヶ月経過後の年次有給休暇日数　10日

求人に関する特記事項

求人に関する特記事項
■ある1日の流れ 08：00　朝礼で注意事項や収集場所の確認など 08：15　2人1組となり4tトラックで出発 08：30　現場で廃棄物を収集し処理場などへ運搬（繰り返し） 12：00　昼食・休憩 13：00　午後のルート確認、収集・運搬（3〜4回繰り返し） 16：00　帰社／簡単な事務／車両洗車　17：00　業務終了 ■労働条件の補足 ＊月収例（基本給＋各種手当＋残業代） 　総支給額：26万円（入社1年目）／33万円（入社5年目） ＊有給休暇は平均10日取得、確定給付年金も加入しています。 ■免許等の取得支援（費用会社負担） ＊中型免許（試用期間後に教習所通学OK） ＊フォークリフト／小型移動式クレーン／玉掛け技能 ■みなさんは産業廃棄物を扱う仕事に3Kイメージがあるかもしれませんが、当社はそんな印象を変えるため徹底した安全対策や安全教育のほか、職場環境の改善に取り組んでいます。他社にはない明るいユニフォームの導入や毎日の車両洗車励行のほか、社員用シャワー室も完備しました。現在活躍中の20〜60代の仲間と一緒に、ぜひ地球に優しい仕事をしませんか！　見学も歓迎です。

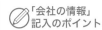

「会社の情報」記入のポイント

▶いわゆる「3K仕事」のイメージを持つ求職者もいるため、求職者の先入観を少しでも変えることに重点を置く。

▶社員に対する安全確保や職場環境の改善に向けた取り組みを具体的に紹介し、1人でも多くの求職者から「自分もこの仕事でがんばっていこう」と働く意欲を引き出す。

「労働時間」記入のポイント

▶主な仕事である収集・運搬業務は計画的に行ううえで、所定時間内で日々完結する業務であり、繁忙期以外は原則長時間の時間外労働も発生しないことをアピールする。

▶会社独自の休日などについて具体的に紹介し、働き方をイメージできるようにする。

「求人に関する特記事項」記入のポイント

▶ある1日の流れ
想定する求職者には馴染みのない仕事だと考えられるため、1日の仕事の流れを紹介して働く姿をイメージできるようにする。

▶労働条件の補足
仕事内容に魅力を感じていない場合、賃金が応募を左右すると考えられるため、入社1年目と5年目程度のモデル賃金を紹介することで、給与水準の高さをアピールする。

▶免許等の取得支援
人材確保の観点から、中型自動車免許のほか、業務に必要な資格を入社後に費用は会社負担で取得できる支援制度があることを紹介し、普通免許のみを所持している求職者にも応募しやすいことをアピールする。

▶（メッセージ）
産業廃棄物を取り扱う仕事に対しては、一般的にいわゆる3Kイメージがあることから、それを少しでも変えていくことに取り組んでいる姿勢を強くアピールすることで、応募につなげる。

14

輸送・機械運転

タクシードライバー

求職者イメージ

- ▶同業他社からの転職希望者
  労働条件などが自分に合わないため転職したい人
- ▶定年後の再就職希望者
  年金受給までの間やその後も経済的な余裕や生きがいのために、老後も長く働きたい人
- ▶40～50代の就職活動者
  前職はそれぞれの理由で退職したが年齢的に再就職も厳しいため、職種にこだわらず始められる仕事を探している人
- ▶第二新卒や非正規で働く若年層
  年齢や職歴に関係なく正社員として働けて、中途入社でも自分の頑張り次第で他の仕事より高収入を得ることも可能であることに魅力を感じる20～30代
- ▶しっかりと収入が得られる仕事を希望するひとり親
- ▶母（父）子家庭のため生計を支えるだけの充分な収入を得られる仕事に就きたい人
- ▶一人でできる仕事を探している人
  職場内の人間関係のストレスが少ない仕事に就きたい人

アピールポイント

- ▶性別、年齢、職歴に関係なく未経験者でも始められること
- ▶ライフステージや自分に合った働き方ができること
- ▶二種免許がなくても会社負担で取得できることや入社後の研修が整っていること

仕事内容

職種	タクシードライバー／職歴・年齢・経験不問／普通免でOK！
仕事内容	接客マナーの良さで信頼をいただいているタクシー会社です。男女問わず若手からシニアまで、ライフステージや自分に合った働き方でプロドライバーとして活躍しませんか。普通免許があればOK！ ■仕事の特徴 ＊全車にカーナビ、防犯カメラ、ドライブレコーダーを装備。 ＊隔日勤務の場合は原則月11日勤務のため深夜勤務明けを含めれば実質休日も多く、家庭やプライベートも充実できます。 ＊会社からの個人売上目標はなく、落ち着いて仕事ができます。 ■安心して働ける職場です ＊隔日勤務の他、日勤、夜勤など自分に合った働き方ができます。 ＊二種免許がない方は入社後取得し、給与も一定期間保証します。 ＊70歳まで働けます／国交省認定「女性ドライバー応援企業」

「職種名」その他例

- ●タクシー運転手／自分に合った働き方OK／入社後二種免取得
- ●タクシー運転手／隔日勤務のみは月11回程度の乗務／普免可
- ●タクシードライバー／二種免取得会社負担・3ヶ月給与保証有
- ●タクシードライバー／個人への売上目標はなく安心して働ける

「仕事内容」記入のポイント

▶仕事内容は説明するまでもないが、未経験者にとってはいざ働くとなると「実際どのような働き方になるのか」「安定した収入が得られるのか」の2点に関する疑問と不安が大きいため、求人全体ではその解消につながるような情報を提供する。

▶冒頭では接客マナーの良さでお客様から信頼されているタクシー会社であることを強調し、性別や年齢などに関係なく始められる仕事であることをアピールする。

▶安心して働くことができる環境を示すため、当社で働く魅力を3点アピールして求職者の応募意欲につなげる。

会社の情報

事業内容	◯◯◯市を中心に地域のみなさまの足としてご利用いただいています。６０台の車両はすべてAT車でドラレコと防犯カメラを装着するなど、お客様とドライバーの安全を最優先に考えています。
会社の特長	接客マナーの徹底により、お客様の信頼・ご指名をたくさんいただいています。ドライバーがゆとりを持ち、質の高いサービスを提供できる働き方の改善や充実した福利厚生が自慢です。

労働時間

就業時間	変形労働時間制（１ヶ月単位） （１）　08時 00分　〜　02時 00分 （２）　08時 00分　〜　17時 00分 （３）　17時 00分　〜　02時 00分 又は　時　分 〜　時　分 の間の　時間
	就業時間に関する特記事項 （１）隔日勤務／実働１５時間＋休憩１８０分 （２）日勤／実働８時間＋休憩６０分 （３）夜勤／実働８時間＋休憩６０分 ※週平均労働時間は４０時間以下です。
休日等	その他 週休二日制　その他 ＊公休は月８日（勤務シフトによる） ＊隔日勤務のみの場合は原則月１１回勤務（翌日は明番休み） ６ヶ月経過後の年次有給休暇日数　１０日

求人に関する特記事項

求人に関する特記事項
■モデル平均年収・労働条件の補足 ＊入社２年目／２５万円（歩合６万含／賞与込年収３１５万円） ＊歩合の足きりはなし／初乗務後３ヶ月は２２万円給与保証あり ＊隔日勤務は実働１５時間（休憩３時間）で月１１回の乗務 ■女性ドライバーも活躍 ３年前から女性ドライバーの採用目標を設定し、国の女性ドライバー応援企業の認定を取得、現在３名が活躍しています。 ■徹底した教育研修 ＊二種免許のない方は会社指定の教習所で取得します（１０日）。 ＊新任者研修／各種法令と接客ロールプレイング（３日）と教習車による模擬客乗車の実地訓練（１０日） ※教習所通学および研修中は１日８０００円の日当を支給します。 ＊接客研修／当社の重点戦略のための外部講師研修、チェックリストによる自己点検および覆面顧客による審査を行っています。 ■うれしい福利厚生 ＊◯◯町に単身寮あり（入寮規程あり・現在４名利用）。 ＊万一の場合に備えた事故補償があり、安心して働けます。 ＊病気入院の自己負担分も会社の団体保険でカバーします。 ＊試用期間後本採用で祝金を支給します（１０〜２０万円）。 ※いつでも見学OK！同年代ドライバーとの懇談も可能です。

「会社の情報」記入のポイント

▶車両の保有台数を紹介するとともに、ドライブレコーダーや車内防犯カメラも装着するなど、安全第一の姿勢をアピールする。

▶接客マナーの良さを自社の特徴として強くアピールするとともに、そのベースとなる社員の意識やモチベーションを高めていくため、働き方の改善や福利厚生の充実に取り組んでいる姿勢を伝える。

「労働時間」記入のポイント

▶一般的な仕事とは働き方が大きく異なり、特に未経験者には夜勤や隔日勤務、また休日なども想像しにくいため、週平均の労働時間や月の公休数など丁寧に説明し、求職者が１ヶ月間どのような働き方をするのかをイメージできるようにする。

「求人に関する特記事項」記入のポイント

▶モデル平均年収・労働条件の補足
収入は求職者の一番の関心事であることから、可能な範囲で紹介するが、レアなケースで高額をアピールし過ぎると逆に求職者の疑念を招きかねないため、注意が必要。

▶女性ドライバーも活躍
女性求職者に対して、国の認定も取得して女性ドライバーを積極的に採用していることをアピールする。

▶徹底した教育研修
二種免許を取得していない求職者の不安を解消するため、免許取得の制度を紹介する。また、自社の重要戦略である接客マナー向上のための研修など、徹底した教育研修に取り組んでいることをアピールする。

▶うれしい福利厚生
タクシー業界では各社が福利厚生を整備しているが、特に万が一の事故や自らの病気などのリスクに対しても補償や保険を用意しているなど、「会社が社員を守る」という姿勢を強くアピールする。

バス運転手（路線バス）

求職者イメージ

▶運送業などからの転職希望者

ドライバー職として働いているが、働き方や将来に対する疑問・不安などから、ドライバー経験を活かして自分に合った働き方のできる仕事に転職を考えている人

▶異業種からの転職希望者

現在は異業種で働いているが、組織内の複雑な人間関係や過度な業績重視の方針などが自分に合わないため、人間関係が少なく、将来に向けて手に職をつけられるような仕事を希望している人

▶第二新卒や非正規雇用で働く若手の男女

学校卒業後の仕事を離職した第二新卒や最近は派遣社員などの非正規雇用で働くことが続いている人で、今後は正社員として安定した仕事に就きたいと強く望んでいる人

アピールポイント

▶路線バスは決められた時間に決められたルートを運行する業務という仕事柄、規則的で計画的な働き方ができること

▶基本的に１人で取り組む仕事であり、複雑な人間関係が少ない仕事であること

▶入社後に大型二種免許の取得支援制度があること、また、入社後３ヶ月間の研修体制が整っていることなど、未経験者でも安心して挑戦できる職場であること

▶最近は女性運転手も増え、家庭と両立した働き方や環境の改善も進み、社員にとって働きやすい職場となっていること

仕事内容

職種	路線バス運転手（正社員）／大型免許取得制度あり／普免OK
仕事内容	最近TV番組でも人気な路線バスの運転に憧れているけれど、免許がないからとあきらめてはいませんか？今なら経験者はもちろん、未経験者でも普通免許（取得後３年以上）さえあればOKです。 ■仕事の特徴 ＊主要運行エリアは○○市・△△市およびその近隣です。 ＊勤務は拘束９時間、実働８時間、休憩１時間のシフト勤務です。 ■誰でも頑張れる制度や環境 ＊大型二種免許のない方は入社後指定の教習所で取得していただきます（費用全額会社負担）。新人の７割が利用しています。 ＊大型二種免許取得済の方には入社支度金２０万円を支給します。 ＊単独業務のため職場の人間関係によるストレスは少ないです。 ＊厚労省認定「くるみん」を取得した職場で男女が活躍中です。

「仕事内容」記入のポイント

▶路線バス運転手の仕事が注目されていることをアピールするとともに業務の魅力を紹介し、専門職ではあるが普通免許があれば挑戦できることを示し、応募へのハードルを下げることで求職者の興味を惹く。

▶未経験者の応募が多いと言われる職種であることを踏まえ、実際に新人の7割が入社後に大型免許を取得した実績を紹介し、「自分にもできそうだ」という気持ちを引き出す。また、女性運転手も活躍していることを紹介し、性別に関係なく働きやすい職場づくりに取り組んでいることをアピールする。

「職種名」その他例

- 路線バスドライバー／普免許のみOK／３ヶ月間本社研修あり
- 路線バス運転手／異業種からの転職者多数活躍／第二新卒歓迎
- 憧れの大型路線バスドライバー（正社員）／大型免許なしOK
- 路線バス運転手／月２５万円以上・年間休１１０／支度金あり

会社の情報

事業内容	一般（乗合・貸切）旅客自動車運送業。本社営業所のほか3営業所あり、路線や高速、貸切バス事業を展開。路線バスは一日平均2万人以上の方々に地域の足としてご利用いただいています。
会社の特長	社員の7割がドライバー職のため安全教育と運転技術の向上に向け定期的な指導運転士の同乗を行っています。また働き方の改善や男女ともに働きやすい職場環境づくりも計画的に進めています。

労働時間

	変形労働時間制（1ヶ月単位）
就業時間	（1）　05時00分　～　14時00分 （2）　08時00分　～　17時00分 （3）　14時30分　～　23時30分 又は　時　分～　時　分の間の　時間
	就業時間に関する特記事項 ＊上記は基本例で日々の勤務は交番表（路線ダイヤ）により出退勤が異なります。 ＊1ヶ月単位の変形労働時間制で週40時間以下の勤務です。
休日等	その他 週休二日制　その他 ＊勤務交番表による4週8休（2月は7日）／基本は2日連休 ＊その他年間7日間の希望休暇制度あり（公休） 6ヶ月経過後の年次有給休暇日数　10日

求人に関する特記事項

求人に関する特記事項
■本社教習（経験に応じて1～3ヶ月間） ＊入社後は座学→実技教習→配属先実車教習（1ヶ月間は指導運転手が同乗）の一貫指導→安心して独り立ちできます。 ＊将来は市内路線から中距離路線等へと段階的に全路線を経験。 ■労働条件の補足 ＊運行コースにより出勤時間、実働時間は変わりますが、1ヶ月前に交番表を作成しますので、休暇希望があれば配慮します。 ＊転勤はありますが、転居を伴う異動は原則としてありません。 ■キャリアアップへの道 ＊希望・適性により高速バスや観光バスの運転も経験できます。 ＊将来は指導運転士、運行管理者等へ登用機会もあります。 ■モデル賃金（入社2年目／各種手当・残業・深夜手当込） 月収25万円～／年収350万円～（賞与込） ■福利厚生 ＊計画的付与制度により年次有給休暇の取得を促進しています。 ＊優良運転手表彰（10年・20年）では旅行券を授与します。 ■メッセージ 収入も安定し長く働ける仕事です。異業種から始める人も多く、最近は女性運転手も増えているため働きやすい職場づくりに取り組んでいます。ぜひ見学で運転席に座ってみてください。

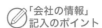「会社の情報」記入のポイント

▶本社営業所のほか3営業所あり、路線バスや高速バスのほか、観光バス事業も展開していること、また、一日の平均利用客数を具体的に紹介することでリアルな会社像が伝わるようにする。

▶命を運ぶ仕事柄、指導運転士が同乗するなどの安全への取り組みを紹介するほか、男女の運転手が活躍していることアピールする。

「労働時間」記入のポイント

▶基本は1ヶ月単位の変形労働時間制による週平均40時間以下の勤務ではあるが、多種な路線により編成される交番表に基づき日々の出退勤時間は変わる特殊な勤務となることをしっかり説明する。なお、休日は公休として年間7日間の希望休暇があることも紹介する。

「求人に関する特記事項」記入のポイント

▶本社教習
未経験者には3ヶ月間しっかりと教習が行われるため、自信を持って独り立ちできることをアピールする。
▶労働条件の補足
入社後の働き方に関わる事項であることから、出退勤時間と転勤について補足する。
▶キャリアアップへの道
将来的には、高速バスや観光バスも経験できるほか、指導運転士や管理職へのキャリアアップの道もあることを紹介し、長く働くことへの魅力をアピールする。
▶モデル賃金
賃金は求職者の関心事のため、モデルを紹介し応募に向けた疑問・不安を解消する。
▶福利厚生
特徴的な有給休暇や表彰制度について紹介する。
▶メッセージ
応募を迷う求職者の気持ちを後押しするとともに、見学を推奨してオープンな会社をアピールする。

14

輸送・機械運転

送迎ドライバー（デイサービス）

求職者イメージ

▶定年退職後も社会とつながりを持っていたいシニア層
定年退職などにより職を離れると社会とのつながりが薄くなるため、仕事を通して少しでも社会に貢献したいと考えている人

▶豊かな人生のために少し働きたい人
健康のためにも少し働きたいが、あまり負荷の大きい仕事やフルタイムではなく、プライベートも楽しみながら短時間だけ働きたい人

▶Wワークで働きたい人
日中は飲食店やサービス業などで短時間だけ働いているが、多少余裕もあるので空いた時間を活用してもう少し働きたい人

アピールポイント

▶週2日以上から、適度な時間で自分のライフスタイルに合わせた働き方ができること

▶過去の経験職種に関係なくできる仕事であること

▶送迎には介護職員が同乗するので安心なこと

▶短時間で仕事そのものにも負荷はまったくないため、シニアに向いていること

▶もともと車の運転が好きな人にとっては適職であること

▶自分の親と同世代の利用者に対して親子のような距離感で接することが心地よく、地域の高齢者を支える社会貢献も兼ねていること

仕事内容

職種	デイサービス送迎ドライバー／週2日から・朝夕4時間OK
仕事内容	デイサービス利用者さんを朝夕に送迎する仕事です。送迎車両はワンボックス車、1回当たり4〜5名、2回で10名前後を送迎します。短時間勤務のためご家庭やプライベートとの両立も可能です。 ■仕事の特徴 ＊乗降作業は同乗の介護職員が行いますので安心です。 ＊送迎エリアは施設からほぼ5キロ以内の近隣です。 ＊車両は後部に車椅子用リフト付きのオートマチック車です。 ＊送迎後は車両清掃や点検を行い、業務は時間内で終了です。 ＊現在在籍の運転手4名は全員60歳代です。 ■こんな方に適した仕事です 定年退職後も何らかの形で社会に貢献したい、また健康も考え少しだけ働きたいが自分の時間も確保したい方などに最適です。

「職種名」その他例

●ワンボックス車送迎ドライバー／デイサービス／朝夕4時間
●ゆとりの働き方／デイサービス送迎／週2日から・朝夕4時間
●デイサービス送迎パート／市内5キロエリア／週2日からOK
●シニア活躍／デイサービス送迎／中抜けOK／朝夕4時間

「仕事内容」記入のポイント

▶仕事そのものは特に高度なスキルや経験を要するものではないことから、応募には負荷の少ない仕事を探している定年後のシニア層などが想定されるため、そうした求職者が前もって知りたい使用車種や送迎人数、送迎エリアなどを具体的に紹介することで「この仕事なら自分にもできる」というイメージを持ってもらう。

▶求職者の不安のひとつに乗降時の介助業務があるため、車両には介護職員が同乗して乗降介助を行うのでドライバーに負担はないことを説明し、応募しやすくする。

▶求職者と同年代の活躍状況を紹介することで安心感をアピールする。

会社の情報

事業内容	特養ホームやデイサービス事業の運営法人です。○○県の介護人材育成事業者の認定を受け、「信頼される運営」「人材育成」などの分野で充実した取り組みを実施する事業所の評価を得ています。
会社の特長	皆さまに親しまれる施設として「いつもスマイル」が合言葉です。デイサービスでは、利用者さんが1日過ごして楽しかったと思えるよう、1人ひとりのスタッフが同じ気持ちで仕事をしています。

労働時間

就業時間	（1）　07時30分　～　09時30分 （2）　15時30分　～　17時30分 （3）　　時　分　～　　時　分 又は　時　分　～　　時　分　の間の　時間
	就業時間に関する特記事項 ＊朝は（1）、夕方は（2）の勤務時間です。 ＊始業と終業の各15分は、車両点検や清掃時間です。
休日等	日　その他 週休二日制　その他 夏季8／12～8／15　＊年末年始12／30～1／3 6ヶ月経過後の年次有給休暇日数　3日

求人に関する特記事項

求人に関する特記事項

■労働条件の補足
＊勤務は週2日から可能ですが、週6日のフル勤務を希望の方は相談に応じます（働き方により雇用保険加入）。
＊急な休みなどには職員が対応しますので安心です。
＊朝のみ、夕方のみの勤務を希望される方はご相談ください。
■入職後のサポート
＊入職後2週間は先輩の送迎に同乗して仕事の注意事項などを確認します。その後、介護職員とのペアで運転業務につきます。
＊介護業務はありませんが、乗降時の周囲確認や利用者さんとの接し方で困ったこと、運転技能に関する勉強会などを毎月1回行いみなさんをサポートします。
■まずは事前に体験を
私どもはみなさんに納得して応募していただきたく、実際の車両の体験乗車と同年代職員との懇談、施設見学を用意していますのでまずは気軽にご連絡ください。
■メッセージ
定年退職後も働くことを通して社会とつながりを持つことは生きがいにもなります。自分のライフスタイルに合った仕事と日中のプライベート時間をバランス良く保てる送迎運転手の仕事で、充実した人生を楽しんでください。

 「会社の情報」
記入のポイント

▶県の介護人材育成事業者として認定を受けていることを紹介し、事業の運営から人材育成などに対する積極的な取り組みが客観的にも評価されている事業所であることを示すことにより、安心して働ける職場イメージをアピールする。また、スタッフが心を1つに笑顔で働いていることを紹介し、職場の雰囲気を伝える。

「労働時間」
記入のポイント

▶朝、夕方2時間ずつの勤務で1日4時間の短時間勤務から、求職者が自分のライフスタイルやプライベートタイムを考慮しながら、実際に働く姿をイメージできるようにして、「この時間なら無理なくやれる」と思ってもらえるようにする。

「求人に関する特記事項」
記入のポイント

▶労働条件の補足
勤務日数は求職者の希望を考慮し、週2日よりも多く働きたい人にも対応できることを伝える。
▶入職後のサポート
同業からの転職を除き、通常は未経験からの応募となるため、その不安解消として入職後のサポートが整っていることをアピールする。特に、利用者との接し方や運転技能などの勉強会があることを紹介し、安心感を持って応募できるようにする。
▶まずは事前に体験を
想定される年代からも応募には慎重傾向が強いと考えられるため、まずは体験乗車や施設見学に加え、他の施設ではあまりない同年代者との懇談もあることをアピールする。
▶メッセージ
定年退職により社会とのつながりが薄くなった求職者に対して、送迎ドライバーの仕事はプライベートも充実させながら働くことに適した仕事であることをアピールし、応募への後押しをする。

14

輸送・機械運転

軽貨物ドライバー

求職者イメージ

▶中途退職したミドル層
 ＊前職を退職したが年齢的にも再就職が厳しく、年齢や経験を問わず未経験でも始められる仕事
  を探している人
 ＊資格や経験はないがしっかり稼げる仕事を探している人
▶定年退職後の再就職希望者
 定年または60歳を過ぎたが、年金を受給できるまでは一定の収入が得られる仕事で働きたい人
▶正社員を希望している若年層
 仕事への適性や組織の人間関係などが自分に合わず契約社員やアルバイトで働いてきたが、正社
 員として安定した雇用の下、1人で黙々とこなすような仕事を探している30代前後
▶自分で事業を立ち上げたい人
 会社勤めが合わず何か自分で事業を立ち上げたいと思い、将来的に独立が可能な仕事で経験を積
 もうと考えている人

アピールポイント

▶普通免許さえあれば男女、年齢を問わず始められる仕事であり、応募しやすいこと
▶配達実績は賞与に反映する業績評価制度により、しっかり稼ぎたい人には魅力があること
▶配達は1人でこなす仕事であり、人間関係が得意でない人でも採用する方針であること
▶経験を積めば将来の独立も可能であり、同じ志を持つスタッフも在籍していること

仕事内容

職種	軽貨物宅配（通販商品／軽自使用）／要普免／経験・年齢不問
仕事内容	大手運送会社の委託を受けて通販商品を軽貨物自動車で個人宅や事業所に配達する仕事です。普通免許さえあれば男女・経験・職歴を問わず若手からシニアまでどなたでも始められる仕事です。 ■仕事の特徴 ＊配達荷物はネット通販等の商品や小包などです。 ＊取扱商品は小口で軽量のため体力的な負担はありません。 ＊車両は軽ワンボックス車（ＡＴ車）でナビ搭載のため安心です。 ＊1日の配達個数は慣れてくれば平均１００～１２０個程度です。 ＊担当エリアは市内○○エリアですが希望があればお聞きします。 ■仕事の魅力 ＊配達中は単独仕事のため自分でペースを調整できます。 ＊配達実績による賞与加算があり収入アップも可能です。

「仕事内容」記入のポイント

▶冒頭3行で普通免許さえあれば始められる仕事であることを強調し、幅広い求職者に向けて求人への関心を惹きつける。
▶宅配仕事そのものは身近で誰でもイメージできるが、求職者が職業として選択するための判断がしやすいように、配達エリアや1日の配達個数などの具体的情報を紹介して、自分の働く姿をイメージしてもらう。
▶単独で行う仕事のため人間関係などのストレスは少ないこと、また頑張れば賞与加算があり収入アップも可能なことを説明し、1人で行う仕事が向いている人やしっかり稼ぎたい人には相応の見返りのある仕事であることをアピールする。

「職種名」その他例

●軽自動車による通販商品の宅配／普免あればどなたでもOK
●軽自動車（バン）による通販宅配／まずは1日60個程度から
●正社員／軽貨物の宅配／18万円以上＋成果の賞与加算あり
●正社員軽貨物宅配／第二新卒・フリーターからシニアまでOK

会社の情報

事業内容	大手運送会社から宅配業務の委託を受けた軽貨物運送業です。創業時は1人で事業展開していましたが、通販商品の宅配増加に伴い現在は5名のスタッフで地域のみなさまに荷物をお届けしています。
会社の特長	数多くの荷物を正確に早く配達するために1人ひとりが創意工夫して作業効率化に取り組んでいます。小規模な会社だからこそ、そうしたノウハウを共有し、皆で後輩を育てていく風土もあります。

労働時間

就業時間	変形労働時間（1年単位） （1）　09時00分　〜　18時00分 （2）　　時　分　〜　　時　分 （3）　　時　分　〜　　時　分 又は　　時　分　〜　　時　分　の間の　時間
	就業時間に関する特記事項 ＊7〜8月のお中元や11〜12月のお歳暮・年末商戦時期は繁忙期となるため1年単位の変形労働時間制の就業時間となりますが週平均労働時間は40時間以下です。 ＊荷物の量により時間外労働が発生します。
休日等	その他 週休二日制　その他 ＊月8日休み（シフト制） ＊夏季休暇5日間及び年末年始4日間（交替制） 6ヶ月経過後の年次有給休暇日数　10日

求人に関する特記事項

求人に関する特記事項
■この仕事が向いている方 ＊職場の人間関係が少なく単独で行う仕事が好きな方 ＊短期間でしっかり稼ぎたい方 ＊ドライバー経験を活かせる仕事で頑張りたい方 ＊定年後も自分のペースで働きたい方 ■当面の働き方 ＊入社1週間は先輩の車に同乗して配達要領を習得します。 ＊出勤後は荷物の積込みと伝票整理を行い、時間指定の荷物を考慮してルートを確認し出発します。 ＊最初は1日60個程度からスタートし、2ヶ月目は80個程度、半年後には100個以上が可能になります。 ■労働条件の補足 ＊しっかり稼ぎたい人は一定時間内の残業追加もできます。 ＊配達実績は半期ごとに業績評価して賞与に反映しますので、頑張りがいがあります。 ■スタッフの紹介 ＊全員の平均経験年数は約4年です。 ＊スタッフのうち4名は40〜50代（女性1名）で、ドライバーや製造機からの転職者です。独立を目指している人もいます。 ＊その他1名は60代で健康と収入を目的に頑張っています。

「会社の情報」
記入のポイント

▶大手運送会社からの委託で通販商品を宅配する事業を1人で創業したが、現在はスタッフを5名抱えるまでに拡大させた成長性をアピールするとともに、小規模ではあるがスタッフの仕事に対する姿勢が前向きであり、ノウハウの共有や後輩育成なども皆で取り組んでいる温かくて活気のある会社であることをアピールする。

「労働時間」
記入のポイント

▶特にお中元やお歳暮時期が繁忙期となるため、1年単位の変形労働時間制による就業となるが、週平均では40時間以下であることを説明するとともに、荷物の量によって時間外労働も発生・変動することを紹介して働き方がイメージできるようにする。

「求人に関する特記事項」
記入のポイント

▶この仕事が向いている方
仕事の特性から具体的な適職者の一例を示し、求職者に「自分が指名されている」と感じさせることで応募につなげる。
▶当面の働き方
求職者にとって1日の配達個数は確認しておきたい情報のため、仕事の覚え方などと併せて入社時から半年後までの平均個数を紹介する。
▶労働条件の補足
特にしっかり稼ぎたい人に対して、一定時間の時間外労働が可能であることや、個人の業績評価により賞与への加算があることをアピールして、他社との差別化を図る。
▶スタッフの紹介
単独で行う仕事ではあるものの、職場の同僚には関心があると考えられるため、在籍スタッフの年代や前職、入社動機などを紹介し、求職者が「自分と同じような人ががんばっている」と親近感を抱けるようにして応募を後押しする。

14-8／正社員

フォークリフト作業スタッフ

求職者イメージ

▶現役のフォークリフト運転手で転職したいと考えている人
* 現職の労働条件や職場環境に疑問を感じ、フォークリフト運転の仕事を続けながら状況を少しでも改善できる職場に転職したい人
* 現在の職場では単なる作業員として決められた作業をこなすだけの役割で意欲的に仕事に取り組むことができず、もっと仕事にプライドを持てる職場で活躍したいと考えている人
▶異業種からの転職希望者（男女）
* 複雑な人間関係が少なく自分の力で黙々とこなす仕事に転職したい人
* デスクワークや接客の仕事に適性を見出せず、心機一転まったく異なる仕事にキャリアチェンジしたい人
* 第二新卒や非正規雇用で働いてきた経歴でも正社員として働ける仕事を探している 20 〜 30 代の若年層

アピールポイント

▶社内においてフォークリフト運転手は単にモノの移動や運搬の作業員ではなく、センター全体の作業工程を考え効率化を追求していく創造的な仕事との共通認識があること
▶異業種からの未経験者も受け入れ、しっかり育成していく体制を整えていること
▶資格や職種を問わず正社員として活躍でき、適性を活かして資格取得などのキャリアアップの支援や福利厚生も充実した職場であること

仕事内容

職種	フォークリフトオペレーター（正社員）／免許がなくてもOK
仕事内容	当社物流センターにおける取引先企業商品の入出荷作業をメインとする仕事です。経験や資格、性別は問いません。フォークリフトを自在に運転して黙々と仕事に取り組みたい方にはピッタリです。 ■仕事の概要 * 取り扱い品は、ホームセンター向けの商品が中心です。 * フォークリフトはリーチ（屋内）とカウンター（屋外）です。 * 午前中は入荷商品の荷受けと格納、午後は搬出作業です。 * 付随業務でピッキングやラベル貼りがあります（全体の3割）。 ■仕事にはこんな魅力があります * 複雑な人間関係が少なく黙々と取り組める仕事です。 * モノを運ぶだけではなく工夫して効率を図る面白さがあります。 * 体力的負荷は少ないため男女が活躍でき長く働ける仕事です。

「職種名」その他例

● フォークリフト運転／第二新卒・フリーター等からの転職OK
● フォークリフト運転／荷役技能検定・運転コンテスト挑戦歓迎
● 正社員／フォークリフト運転／実質週2休・年105日休＋有休
● フォークリフトを運転して荷物の移動やトラック積降・積込

「仕事内容」記入のポイント

▶フォークリフトスタッフの仕事に対しては、単に「荷物の移動や搬出入だけの業務である」と連想しやすいため、特に若い求職者に向け、求人全体は(1)単にモノを運ぶだけの仕事ではないこと、(2)プロと呼ばれるキャリアが形成できることの2点をしっかりとアピールする。
▶冒頭で、経験・資格・性別問わず幅広い求職者を歓迎することやこの仕事に適した人の一例を紹介して関心を惹きつける。また、求人に関心を持ってもらいながら、仕事の具体的な特徴や仕事そのものの魅力を紹介することで、経験者はもちろんのこと、未経験の求職者からも「やってみたいな」と思えるような気持ちを引き出す。

会社の情報

事業内容	一般貨物自動車運送業。○○エリア内のホームセンター商品の物流センターとして配送業務を担っています。80台以上の車両でお客様のニーズに対応できる配送システムを構築しています。
会社の特長	人材確保のための職場環境づくりに取り組んでいます。設備のリニューアルや休暇取得、家庭との両立、キャリアアップ支援など、若い人が魅力を感じられる新しい働き方に変わろうとしています。

労働時間

就業時間	変形労働時間制（1年単位） （1）　08時00分　〜　17時00分 （2）　　時　分　〜　　時　分 （3）　　時　分　〜　　時　分 又は　　時　分　〜　　時　分の間の　　時間 就業時間に関する特記事項 ＊年度末前後と年末が繁忙期となるため1年単位の変形労働時間制を導入しています。 ＊繁忙期の時間外労働は、月25時間程度となります。
休日等	日　その他 週休二日制　その他 ＊月8日休み（シフト調整により実質週休2日を推進） ＊夏季8／12〜8／16　＊年末年始12／31〜1／3 6ヶ月経過後の年次有給休暇日数　10日

求人に関する特記事項

求人に関する特記事項
■未経験者も安心してスタート ＊フォークリフト運転技能講習は入社後受講します。 ＊入社後1ヶ月間は先輩とペアを組み補助からスタートします。 ■働く魅力がいっぱい ＊倉庫という暗い職場環境や過重労働のイメージとは違い、空調完備、リフレッシュできる休憩室、実質週休2日となるようなシフト調整など、働きやすい職場環境を整えています。 ＊退職金に加え退職金共済の加入や70歳までの再雇用など、元気であれば長く働くことができ将来の備えも安心です。 ＊運転技能の向上や業務効率化の取り組みをしっかり評価し、賞与に反映します。 ■プロフェッショナルを目指して 当社では下記の2つに挑戦するスタッフを応援しています。 ＊フォークリフト荷役技能検定（資格者8名） 　実務経験3年で2級／5年程度で1級に挑戦できます。 ＊フォークリフト運転競技会（県大会・全国大会） ■一緒に働く仲間 現在リフトスタッフは20〜60代までの8名（女性1名）で、うち1名は2年前の高校新卒者の若手ですが運転技術は一人前です。 ※見学にお越しいただきスタッフの仕事ぶりをご覧ください。

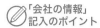

「会社の情報」記入のポイント

▶80台の車両でホームセンター各店舗への商品運送事業を展開しており、客のニーズに対応できる配送システムを構築している強みをアピールする。また、人材確保が厳しい状況下でも、特に女性や若い人材を獲得するための魅力的な職場環境づくりに向け、色々な改善策を実行している姿勢をアピールする。

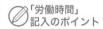

「労働時間」記入のポイント

▶年度末前後や年末は繁忙期となるため1年単位の変形労働時間制による勤務となることや同時期は時間外労働も増加することを紹介する。また、休日は週休2日となるようシフト調整していることを説明し、求職者が1年間の働き方をイメージできるようにする。

「求人に関する特記事項」記入のポイント

▶未経験者も安心してスタート
始めやすい仕事イメージから未経験者の応募が予想されるため、運転技能講習や当面の処遇を説明し安心感を持てるようにする。
▶働く魅力がいっぱい
商品倉庫という職場環境や「休日が少ない」という一般的な仕事イメージを払拭できるよう、仕事の適正な評価、充実した退職金制度などの人事・福利厚生制度を整えており、安心して長く働けることをアピールする。
▶プロフェッショナルを目指して
将来の姿をイメージしにくい求職者に対して、技能検定や運転競技会への挑戦によりプロフェッショナルなフォークリフト運転者にキャリアアップできることをアピールする。
▶一緒に働く仲間
一緒に働くメンバーは求職者も関心があるため、年代構成などを紹介し、親近感をアピールする。
※見学が可能なことを紹介して、応募への第一歩に導く。

14

輸送・機械運転

玉掛け・天井クレーン運転技能者

求職者イメージ

▶クレーン運転経験者で転職希望者
現在も工場内でクレーン運転の仕事をしているが、技能が適正に評価されていないことなどに疑問を感じ転職したい人

▶職業訓練の修了者（予定者）
公共職業訓練でクレーン関係を学び資格・免許も取得し、今後は工場内での仕事を希望している人

▶建設関連業界からの転職希望者
建設や金属加工業などのクレーンを使用する職場で作業員として働いてきたが、職場で身近にあるクレーン運転の仕事に興味を持ち自分も免許を取得して働きたいと考えている人

▶異業種からの転職希望者
現職に適性を見出せず、もっと働く醍醐味を感じられる大型機械や重機などを動かす仕事に興味・関心を持つようになり転職活動をしている人

アピールポイント

▶クレーンを自在に操る仕事の面白さに加え、未経験者も1年程度で資格を取得できること

▶クレーン運転や溶接技能などは社内基準によって段階的に認定していく制度があり、個々の技能レベルを適正に評価し昇給にも反映していること

▶クレーンの職業訓練修了者（予定者）を歓迎していること

▶所定休日や有給休暇を活用したメリハリのある働き方や68歳までの再雇用、退職金制度など長く働く魅力があること

仕事内容

職種	鉄骨の玉掛け・天井クレーン運転技能者／長期育成・資格不要
仕事内容	クレーンを操作し材料や完成品を移動・運搬する仕事です。重量物をリモコンで巧みに操る醍醐味のある作業です。経験者のほか、職業訓練修了者や未経験者は長期的に育成していきます。 ■仕事の概要と経験の有無 ＊工場内天井クレーンを使用して建築用鉄骨を入荷、加工ラインや製品置場への移動、出荷等を行います。玉掛け作業も伴います。 ＊経験者は習得技能に応じた即戦力として活躍していただきます。 ＊クレーンの職業訓練修了者はすぐに実践訓練に入ります。 ＊運転技能資格のない方は1年程度で取得します。 ■働く魅力 ＊専門性が高く、加工や組立業の中でも需要の高い仕事です。 ＊コツコツと技能を磨けば収入増や活躍の場も広がります。

「仕事内容」記入のポイント

▶人材確保の観点から応募は年齢不問としているが、期待する応募者は若手や中堅層のため、求人全体は、(1)経験者と未経験者双方への情報提供、(2)資格取得やキャリア形成などの働く魅力の、2点を中心にイメージを伝える内容とする。

▶冒頭で、重量物を扱う醍醐味のある仕事であることを強調するとともに、職業訓練修了者(予定者)や未経験の若手・中堅層からの応募も歓迎する姿勢をアピールする。

▶玉掛け作業も伴うなどの仕事の全体像を伝えるとともに、求職者のスキルに合わせた入社時の処遇や働く魅力をアピールすることで応募の間口を広げ、幅広い求職者の関心を惹きつけられるようにする。

「職種名」その他例

●鉄骨の玉掛け・天井クレーン運転技能者／職業訓練修了者歓迎
●天井クレーン運転技能者（鉄骨）／技能は社内基準で適正評価
●重量鉄骨を移動・運搬するクレーンの運転／資格取得支援あり
●玉掛け・クレーン運転／年間休108＋連続有休4／資格無可

会社の情報

事業内容	建築関係鉄骨や各種金属の設計、加工、据付工事業。技術の積み重ねにより公共工事が約３０％を占めているほか、中堅ゼネコンからの受注も多く、仕事・業績は安定しています。
会社の特長	技術の伝承を大切にしているため、通常の仕事はもとより新しい仕事が入るとベテラン社員によるノウハウ指導があり、若手や中堅社員も技能のレベルアップを実感できると好評です。

労働時間

就業時間	変形労働時間制（１年単位） （１）　08時 30分　～　17時 15分 （２）　08時 30分　～　18時 00分 （３）　　時　分　～　　時　分 又は　時　分～　　時　分 の間の　時間
	就業時間に関する特記事項 ＊７～９月のが繁忙期のため１年単位の変形労働時間制を採用し、年間の繁閑に応じた働き方をしています。 ＊通常は（１）、４～９月は（２）となります。 ＊年間を通した週平均労働時間は４０時間以下です。
休日等	日　その他 週休二日制　その他 ＊通常は土曜日休みですが、７～９月の繁忙期は第１・３のみ休み ＊盆８／１２～８／１６　＊年末年始１２／３０～１／３ ６ヶ月経過後の年次有給休暇日数　１０日

求人に関する特記事項

求人に関する特記事項
■モデル賃金 未経験入社２年目／３００万円以上（残業代・各種手当・賞与含） ■有資格・経験者の処遇 ＊技能は社内基準で認定し、入社時賃金やその後の昇給・処遇にも反映します。 ＊クレーン・デリック運転士を目指して腕を磨いていきたい方、あるいはＣＡＤ設計業務や管理業務に進みたい方など、長期的なキャリア形成に向けて会社と話し合いながら支援していきます。 ■未経験者の育成 ＊入社後３ヶ月程度は先輩に付き補助的な作業をしながら専門用語や仕事の流れ・進め方を理解していきます。 ＊初心者対象の玉掛けとクレーン特別教育を受講した後、１年程度で床上操作式クレーン運転技能講習も受講し、独り立ちします。ここから仕事が楽しくなります（受講費用は会社負担）。 ■チームメンバーの紹介 クレーン運転スタッフは３０～６０代の４名（全員資格有）ですが、専属は２名で１名は入社２年目の初級者です。 ■安心な福利厚生 ＊４日間連続有給休暇を導入して働き方改善に取り組んでいます。 ＊再雇用６８歳、退職金と退職金共済加入により将来も安心です。

✐「会社の情報」記入のポイント

▶事業内容を簡単に紹介するとともに、公共工事や中堅ゼネコンからの受注が多いことから仕事も安定していることを強調する。また、技術の伝承を大切にしているためベテランから若手・中堅層へのノウハウ指導が行われていることを紹介することで、年齢の壁を越えたコミュニケーションの円滑さとともに、働きやすい環境をアピールする。

✐「労働時間」記入のポイント

▶夏季が繁忙期のため1年単位の変形労働時間制による勤務となること、具体的には終業時間が通常は17時15分のところ繁忙期を含めた4～9月は18時までとなることを説明し、あらかじめ求職者の理解を得るとともに、働き方をイメージしやすくする。

✐「求人に関する特記事項」記入のポイント

▶モデル賃金
求職者にとって賃金は転職を決める重要な情報であるため、一例を紹介し判断材料としてもらう。
▶有資格・経験者の処遇
技能レベルは社内基準により客観的に認定され、賃金や人事評価にも活用されていること、また、キャリア形成の支援もあることをアピールする。
▶未経験者の育成
入社後の当面の処遇とともに資格や免許取得の流れを説明し、仕事への関心を高める。
▶チームメンバーの紹介
一緒に働くチームメンバーの年代や資格・免許の有無などを簡単に紹介し、求職者が自分の働く職場をイメージできるようにする。特に初級者メンバーの存在は求職者にとって安心材料となるためアピールする。
▶安心な福利厚生
連続休暇やメリハリのある働き方のほか、長期勤務による魅力をアピールし、応募を後押しする。

14

輸送・機械運転

重機オペレーター（移動式クレーン）

求職者イメージ

▶土木・建設工事作業員からの転職希望者
　＊このままずっと工事作業員として働き続けていくことに不安を感じ、いつも目にしている憧れ
　　の重機運転士になりたいと考え、未経験でも応募できる求人を探している人
　＊ショベルローダーのなどの車両系建設機械の運転を経験してきたが、もっと大きな重機を扱い
　　たくなり思い切ってクレーン運転士に転職を考えている人
▶運送業からの転職希望者
　大型・中型トラックドライバーとして働いているが、仕事の負荷や労働条件などから転職を考え、
　運転免許を活かせる仕事のひとつとして重機運転士を検討している人
▶現役クレーン運転士で転職したい人
　現在の職場はクレーンの種類も限られているため、大型車の経験ができる職場に転職したい人
▶建設関係で働きたい女性
　いわゆる「建築女子」「けんせつ小町」と言われる土木や建設業界で活躍したいと考えている人

アピールポイント

▶ 35歳以下の若手・中堅人材に絞った募集であること
▶重機運転に必要な免許がなくても取得支援制度があり、応募へのハードルが低いこと
▶重機オペレーターという技能専門職であるが、キャリア形成を考えた人事方針があること
▶退職金及び共済や厚生年金基金の加入など、福利厚生も手厚く、長く働く魅力があること
▶女性オペレーターも活躍していること

仕事内容

職種	移動式クレーンオペレーター／普免と愛情あれば可／～３５歳
仕事内容	見学で憧れの重機の運転席に座ってみませんか？きっと運転してみたくなります。その希望は当社の移動式ラフタークレーンのオペレーターで叶えられます。普免と重機への愛情があればOKです！ ■募集の経緯 重機オペレーターも高齢化が進み技術者確保が課題となる中、今回は将来を担う人材を長期的に育成していくための募集。 ■経験者も免許のない方もOK ＊普通免許があれば大型免許、大型特殊免許、移動式クレーン運転士免許は入社後、計画的に取得できます（取得費用会社負担）。 ＊当社では１２ｔ～２００ｔまでの各種クレーン車を揃えていますので、経験のある方もスキルを存分に発揮できます。 ※チカラ仕事ではなく、女性オペレーターも２名活躍中です。

「職種名」その他例

●移動式クレーン運転士（１２～２００ｔ）／免許取得制度有
●憧れの移動式クレーンオペレーター／５年で資格取得可
●移動式クレーンオペレーター／将来は２００トンの超大型も
●移動式クレーン運転士／２年目年収３１０万円・年間休１００

「仕事内容」記入のポイント

▶多くの求職者が子どもの頃に憧れたことのある重機運転士という仕事に目を留めてもらうため、求人全体は(1)性別問わず応募条件のハードルが低いこと、(2)成長プロセスが明確で挑戦意欲が刺激されることの2点をイメージの柱とする。
▶冒頭からインパクトのあるワンフレーズで問いかけることにより注目を引きながら、募集目的が若手・中堅人材を長期的に育成していくものであることを説明する。また、改めて普通免許さえあれば応募できることをアピールし、「やってみたい」との気持ちを引き出すとともに、女性オペレーターが活躍していることも紹介し、応募を躊躇している女性求職者の背中を押す。

会社の情報

事業内容	クレーンのリース事業を専門とする会社です。１２トンから２００トンの超大型まで２０台を保有しています。仕事は公共工事から中小のゼネコンや住宅メーカーなど幅広く安定しています。
会社の特長	重機の扱いや操作は細心の注意が必要であり、社員は日々緊張の中で仕事をしていることから、車両を離れたときや仕事以外ではリラックスできるよう職場のコミュニケーションを大切にしています。

労働時間

就業時間	変形労働時間（１年単位） （１）　08時00分　～　17時00分 （２）　　時　分　～　　時　分 （３）　　時　分　～　　時　分 又は　時　分　～　　時　分　の間の　時間 就業時間に関する特記事項 ＊公共工事の年度末に向けた１２～３月や住宅着工の多い春・秋は繁忙期となるため１年単位の変形労働時間制による勤務です。 ＊年間を通した週平均労働時間は４０時間以下で調整します。
休日等	日　祝　その他 週休二日制　その他 ＊日曜日と祝日以外で月２日休み（会社カレンダーによる） ＊夏季８／１２～８／１６　＊年末年始１２／３０～１／３ ６ヶ月経過後の年次有給休暇日数　　１０日

求人に関する特記事項

求人に関する特記事項
■プロフェッショナルへの道（未経験入社） 〈１年目〉先輩とペアを組み補助業務を担当しながら仕事の流れを徹底的に学ぶとともに、玉掛け作業主任者資格を取得します。 〈２年目～〉大型及び大型特殊免許や移動式クレーン運転士などを順に取得していきます（仕事がどんどん楽しくなります）。 〈５年目～〉技能に合わせた車両で経験を積みながらプロフェッショナルを目指します（成長を実感できます）。 ■キャリア形成を応援 当社では多種の車両を保有していますので、みなさんのキャリアをどのように形成していくかを年に１回話し合いながら１人ひとりのビジョンや目標の実現を応援していきます。 ■手厚い福利厚生 ＊有給休暇の取得推進のため５日間の連続休暇が可能です。 ＊独自の退職金制度に加え退職金共済にも加入しており、将来の生活設計も安心です。 ■ちょっと自慢のイベント 例年夏に社員の家族も集まって親睦会を開催しています。子供さんに人気の重機乗車体験や、ＢＢＱで楽しく過ごします。家族に社員の働く職場を見てもらうことで働くエネルギーにつながっています。

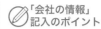

「会社の情報」記入のポイント

▶小型から超大型まで20台のクレーンを保有し、公共工事など幅広い現場で活躍していることを紹介して安定性を示す。また、ひとたび事故でも起きれば大惨事になりかねないため、緊張感を持って仕事をしている社員が車両を離れたときはリラックスできる職場づくりに取り組んでいることをアピールして、働きやすい環境を示す。

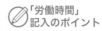

「労働時間」記入のポイント

▶公共事業の多い年度末や住宅着工が多い春・秋季は繁忙期となるため1年単位の変形労働時間制による勤務であることを紹介する。また、週平均労働時間は40時間以下で調整していることを説明し、休日と合わせて1年間を通した働き方をイメージできるようにする。

「求人に関する特記事項」記入のポイント

▶プロフェッショナルへの道
入社後はどのような時系列で一人前になっていくのかを示し、約5年後に重機のプロフェショナルとして活躍する自分の姿をイメージできるようにする。

▶キャリア形成を応援
重機運転士としての将来ビジョンを会社も共有し、応援している姿勢をアピールすることで求職者の仕事への挑戦意欲を高める。

▶手厚い福利厚生
働き方改革への取り組みや退職後も経済的に安心できる各種福利厚生制度を整えていることを紹介し、長期的に働く魅力をアピールする。

▶ちょっと自慢のイベント
社員の家族を交えた子どもも楽しめるイベントがあることを紹介して、家族にも社風や職場の雰囲気を知ってもらいたいとの思いを伝えるとともに、親近感をアピールして働きやすい環境を示す。

14

輸送・機械運転

建設・採掘

求職者のイメージ例

＊社会インフラの建設や整備により地域人々の安全な生活に貢献したい人
＊現役の建設・土木作業員から将来は現場監督を目指したい人
＊デスクワークや立ちっぱなしの接客などよりも、屋外で体を動かし
　ながら働きたい方
＊建設や土木の仕事で働いているが身体的負荷や働き方を変えたい人
＊職業訓練で電気工事の技術を学んだ人
＊建設や土木の国家資格を取得してキャリアアップを目指していきたい人
＊いわゆる「建設女子」「けんせつ小町」と呼ばれる建設業界で働きたい女性

転職理由を求人票に活かす

転職希望者は現在の仕事や職場で抱える課題が改善できない状況を変えるために転職という手段をとります。求職者はその課題の解決や改善につながる情報を求人票の中に求めているため、求人者側がそのニーズや期待に応えた情報提供をすればアピール性のある求人票となります。

───────────

●新規就業者の減少と現役就業者の高齢化の中で、特に若手・中堅層の転職理由としては、一般的に「仕事の負荷や危険度」「労働時間や休日などの働き方」「待遇」などがあります。これらに加えゼネコンと下請け中小企業の業界構造や事故・不祥事の報道などによる業界イメージが求職者の就業先選択にブレーキをかけているとの見方もあります。

───────────

●現在、国交省では建設・土木業界の働き方改革として、従来の3Kを「新3K」（給料、休日、希望）に変える取り組みを推進しています。併せて女性を重要な担い手としていくためには、職場環境の改善も必要です。女性が活躍できる職場は男性にとっても働きやすい職場となります。業界全体の課題もありますが、求人票では個々の会社における課題改善への取り組み姿勢や具体的な実績をアピールしていくことが必要となります。

アピールポイント例

＊橋梁や建物など「カタチに残る仕事」の魅力
＊未経験者に対するゼロからの教育・育成体制
＊作業員から機械工、現場監督への成長の魅力
＊最新テクノロジーを活用した作業の機械化などによる３Kの改善
＊働き方や職場環境の改善に向けた取り組み
＊経験と国家資格の取得で幅広い活躍の機会
＊女性活躍推進法に基づく優良企業認定「えるぼし認定」の取得
＊事故防止に対する徹底した安全教育や対策

大工（社員大工）

求職者イメージ

▶根っからの工作好きな人
異業種で働いているが、仕事に意欲を持てず転職も考えている毎日において、子どもの頃から木工工作やDIYが大好きで、一時は大工職人にも憧れた経験のある若年層

▶実務経験はないが職業訓練校などで建築を学んだ人
学校や職業訓練で建築を学び建設関係の営業職などで働いているが、現場で交流のある大工職人の仕事を見ているうちに改めて自分もやってみたいと思うようになり、しっかりした育成環境が整った職場があれば転職しようと考えている若年層

▶本格的に大工技術を学びたい人
大工見習いとして働いているが、ハウスメーカー住宅や建売住宅が対象のため、もともとやりたかった造作技術を本格的に身につけられる職場を探している人

アピールポイント

▶社員大工を独自の「育成塾」で計画的・組織的に養成する取り組みを実施していること
▶大工職でもお客様との接点を持つことで自分の仕事に対する評価を確認できること
▶伝統的な職人の世界ではあるが、未経験で入社した場合も技術の習得状況や仕事の成果を正当に評価する体制が整っていること
▶町大工から大工まで幅広い技術が身につくこと
▶給与は月給制のため安定した収入が見込めること

仕事内容

職種	社員大工／独自の育成塾で長期育成／35歳以下・未経験歓迎
仕事内容	若い人が大工職人として働きたいと思える会社・・・そんなビジョンを掲げている工務店です。社員大工として技術と経験を重ねられる独自の育成と評価制度の下で、家づくりの腕を磨きませんか。 ■当社の特徴 ＊自社営業による受注と施工のため仕事が安定しています。 ＊注文住宅が多いため熟練した技を持った造作大工が活躍しており若手に技術伝承が行われています。 ■若い人が働きたくなる会社 ＊町大工から造作大工まで幅広い経験ができます。 ＊経験レベルに応じて1～3年間育成塾で学びます（現在4名）。 ＊大工もお客様との接点を持ち、自分の仕事を見ていただきます。 ＊月給制で安定した雇用の下、安心して働けます。

「職種名」その他例

● 木造建築大工（正社員）／社内育成塾や職業訓練校派遣もあり
● 若い人が働きたくなる工務店の大工職人／35歳以下の育成
● 注文新築住宅での造作も経験できる工務店大工／35歳以下
● 社員大工／造作大工の技能習得ができる／～35歳・経験不問

「仕事内容」記入のポイント

▶「大工」という典型的な職人仕事ではあるものの、若い人材を呼び込んで長期的に育成していくため、求人全体は、(1)育成体制が確立している、(2)自分の将来がイメージできる、(3)若い人が働きたくなる会社である、の3点を柱として打ち出すことで自社の魅力をアピールする。

▶冒頭で「若い人が大工職人として働きたいと思える会社」とのワンフレーズでインパクトを出し、まずは求人に関心を惹きつける。

▶仕事の特徴を紹介することにより、具体的に技術を身につけられる環境を示すとともに、若い人が働きたくなる会社としての取り組みを紹介することで、他社とは異なるイメージをアピールする。

会社の情報

事業内容	木造注文住宅の設計から施工、リフォームなどの家づくりのすべてに対応できる工務店です。約３０年前に一人親方でスタートしましたが、現在は２０人の自社大工を抱えるまでに成長しました。
会社の特長	「若い人が大工職人として働きたいと思える会社」を目標に１０年前から社員大工の育成塾を始めました。棟梁やベテラン大工から若手に技術を伝承し、明日を担う人材をじっくり育てています。

労働時間

就業時間	変形労働時間（１年単位） （１）　０８時００分　～　１７時００分 （２）　　時　　分　～　　時　　分 （３）　　時　　分　～　　時　　分 又は　　時　　分　～　　時　　分の間の　　時間
	就業時間に関する特記事項 ＊春と秋は住宅建築の繁忙期のため１年単位の変形労働時間制による勤務となります。 ＊休憩時間は昼６０分のほか、午前と午後に各１５分あります。 ＊時間外労働は現場状況により月によって大きく変わります。
休日等	日　その他 週休二日制　その他 ＊会社（工事）カレンダーあり（日曜日含め原則月７日休み） ＊夏季休暇８／１２～８／１６　＊年末年始１２／３０～１／３ ６ヶ月経過後の年次有給休暇日数　　１０日

求人に関する特記事項

求人に関する特記事項

■大工育成塾の特徴
（１）未経験者から経験者までレベルに応じて１～３年間の育成プランを立て、技術指導員とペアを組み原則行動を共にします。
（２）週１日は、職業訓練校の木造建築科で伝統技術や技能の基礎を学びながら、日々の仕事で実践していきます（２年間）。
（３）指導は「見て覚える」よりも「やって覚える」の実践主義。
（４）毎月の塾生会では仕事の疑問やコツなどを意見交換します。
■仕事のやりがいと評価
＊住宅建築では工事途中や完成時に営業担当者と共に大工職も立ち合い、お客様に自分の仕事の成果を評価していただきますので、いい仕事だと感謝されたときは最高の喜びです。
＊未経験でも入社後からは習得知識や技術、仕事の成果を社内基準で評価し、処遇に反映されますのでがんばりがいがあります。
■メッセージ
一人前の大工と認められるまでには、ハウスメーカーによる建売住宅の場合は３年程度ですが、部材を加工し造作までこなせる職人大工の場合は正直５～１０年はかかります。長い修業期間を乗り越えるには「なりたい大工像」をしっかり持っていることが大切です。みなさんが目指す大工像に向けて会社もサポートしていきますので安心して飛び込んできてください。いつでも見学歓迎です。

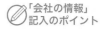

「会社の情報」記入のポイント

▶工務店として、家づくりのすべてに対応できる技術をアピールするとともに、約30年前に創業者が一人親方でスタートした事業が、今日では20人の自社大工を抱えるまでに成長してきた会社であることを紹介する。また、大工という職人の業界で長期的に若い人材を確保し育てていくために、独自の育成塾も設けていることをアピールする。

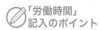

「労働時間」記入のポイント

▶季節的な繁忙期があるため1年単位の変形労働時間制勤務となることを示すほか、休憩時間の内訳や時間外労働も現場の進捗状況により月ごとに大きく変わることを説明する。また、休日についても具体的に紹介して、働き方をイメージできるようにする。

「求人に関する特記事項」記入のポイント

▶大工育成塾の特徴
求職者の一番の関心テーマである「大工育成塾」の特徴の中から、特に職業訓練校への派遣や先輩の指導も昔ながらの「見て覚えろ」方式ではなく、若手に合った方針と方法で取り組んでいることを紹介し、他社との違いや安心感をアピールする。
▶仕事のやりがいと評価
若い人が働きたくなる職場の条件には仕事のやりがいと成果に対する評価がある。当社では大工職であっても工事途中や完成時には営業担当と共にお客様に自分の仕事を見ていただきながら評価を直接聞けることでやりがいや喜びを実感できることをアピールする。
▶メッセージ
一人前の大工となるためには長い期間の見習いや修業期間があることを改めて確認するとともに、それを乗り越えるために必要なことは何か、また会社も一緒にサポートしていくことをメッセージとして発信し求職者に訴える。

電気工事士（電気設備の保守・点検）

求職者イメージ

▶現役電気工事士の転職希望者
　＊現役の電気工事士として働いているが、時間外労働や休日などの労働条件に馴染めず、転職したいと考えている人
　＊現職の仕事内容に疑問を感じており、新しい仕事も経験して自分の技術力を高めていきたいと考えている人
　＊現職では今後も作業員としての立場が続き将来に展望を持てないため、小規模な事業所でもよいので責任ある立場で活躍できる職場を探している人

▶職業訓練修了者
　職業訓練を受講して電気工事に必要な知識と技能を習得し建築関係で働いてきたが、配線などの工事より機械や設備の電気系統の保守・メンテナンス業務に関心を抱き転職活動をしている人

アピールポイント

▶大手企業の請負業務であることから、仕事の安定性や労働条件（時間外労働や休日など）は負荷が少ないこと
▶小規模な会社ではあるが、即戦力となる中核人材として活躍しながら、将来は責任ある立場も期待している募集であること
▶時間外労働が少ない割には年収などの待遇も悪くないこと
▶退職金に加え退職金共済にも加入しているなど、長期勤務によるメリットがあること

仕事内容

職種	電気工事士／経験者／しっかり働き休むメリハリある働き方
仕事内容	工場内における電気設備全般の新設・保守点検・補修工事の仕事です。小規模会社ですが大手企業からの請負により仕事は安定、残業は少ないなどのメリットも多く、安心して長く働ける職場です。 ■仕事の特徴 通常は工場内電気設備の点検や保全業務を作業計画に基づいて行いますが、工場の設備更新などでは電気工作物の新設・改修工事などもあります。業務はベテランリーダーを中心に2～3名のチームで担当しますので、経験が浅くても安心して取り組めます。 ■働く魅力 （1）経験や技術によっては短期間で即戦力として活躍も可能。 （2）残業は少なくアフターファイブも充実させられます。 （3）モデル年収370万円（資格・経験あり・入社2年目）

「職種名」その他例

- ●電気工事士／工場内の工事・保守・点検業務／要資格・経験
- ●電気工事士（工場内請負）／年間休103／経験者370万円
- ●電気工事士（請負）／要資格二種・経験／〇〇市内大手工場
- ●第二種電気工事士（〇〇市内の大手工場内勤務）／経験者歓迎

「仕事内容」記入のポイント

▶応募条件を原則経験者とするため、求人全体としては、求職者の転職理由として想定される労働条件や働き方、キャリアアップへの見通しなどが今回の転職によって改善につながるイメージを打ち出す。

▶電気工事の仕事には様々な現場があるため、冒頭3行で大手企業の工場内における請負業務であることを紹介するとともに、簡単な工事内容のほか会社の安定性や時間外労働が少ないなどの特徴をアピールして、求職者の関心を引き付ける。

▶4行目以降では、仕事の特徴とともに当社で働く魅力を3点紹介し、負担が少なく働きやすい仕事であることをアピールして、関心を抱いた求職者を惹きつける。

会社の情報

事業内容	昭和６０年創業の電気設備全般の工事業です。大手企業や中堅企業の工場内電気設備の新設から保守点検・補修などを総合的に請け負っているため、安定した仕事と業績で発展してきました。
会社の特長	小規模な会社ならではの利点を活かして、先輩社員が後輩をじっくり育てています。現場ではもちろん、毎月の技術講習では資格取得に向けた指導もあり、特に若い人材が着実に成長しています。

労働時間

就業時間	変形労働時間制（１年単位） （１）　０８時００分　〜　１７時００分 （２）　　時　分　〜　　時　分 （３）　　時　分　〜　　時　分 又は　　時　分　〜　　時　分　の間の　　時間
	就業時間に関する特記事項 ＊年度末前後には設備更新工事などで繁忙期となるため、１年単位の変形労働時間制を導入しています。 ＊週平均労働時間は４０時間以下で調整します。
休日等	日　祝日　その他 週休二日制　その他 ＊土曜日隔週休み（交替制・年間２４日間）　＊GW２日間 ＊夏季８／１２〜８／１６　＊年末年始１２／３０〜１／３ ６ヶ月経過後の年次有給休暇日数　１０日

求人に関する特記事項

求人に関する特記事項
■労働条件等の補足 ＊通常は屋内業務のため天候による仕事の変動は少なく、また月給制のため収入も安定しています。 ＊転勤はありませんが応援派遣での他工場出張があります。 ＊少ない残業としっかり休める休日でメリハリ良く働けます。 ＊職業訓練で電気関係を修了し実務経験のない方は相談ください。 ■仲間の紹介 ＊１９歳から５７歳の方までが在籍し、平均年齢４３歳。高校新卒者２名のほか、３３歳の職業訓練修了者も１名活躍しています。 ＊二種および一種電気工事士の有資格者は１４名です。 ■安心して働ける職場 ＊万が一のケガや病気入院などによる収入減少に備えて、会社で所得補償保険に加入しますので安心です。 ＊今回は現場の中核的な人材として活躍いただける方の募集であり入社後も上級ポストへの昇進・昇格があります。 ＊国家資格を順次取得すれば仕事の幅が広がりますので、キャリアアップと収入アップが可能です。 ＊退職金制度に加え退職金共済にも加入しており、長く働いていただく方には退職後の生活も安心です。 ※詳しい業務内容の説明をご希望の方は気軽にお申し出ください。

✎「会社の情報」記入のポイント

▶創業以来、大手企業を中心に電気設備の工事や保守点検を請け負い、安定的に発展してきた会社であることを説明して、会社イメージの向上を図る。また、小規模会社ならではの持ち味を活かした人材育成の風土が若い人材を成長させていることを紹介し、他社との差別化を図る。

✎「労働時間」記入のポイント

▶年度末前後は繁忙期となるため１年単位の変形労働時間制による勤務となることを説明する。また、休日については夏季や年末年始の具体的日程も紹介して１年を通した働き方をイメージしやすくする。

✎「求人に関する特記事項」記入のポイント

▶労働条件等の補足

求職者の転職理由として想定される労働条件などの問題に対して、安定した収入やしっかり働き・しっかり休むというメリハリある働き方ができることを強調する。

▶仲間の紹介

求職者にとっては、職場でどのような人が働いているのかなどは想像しにくいため、年齢層のほか新卒者や職業訓練修了者なども活躍していることを紹介し、特に若手求職者にアピールする。

▶安心して働ける職場

万が一に備えた保険への加入をはじめ、将来は責任ある立場に就くことによってキャリアアップや収入アップが可能なことをアピールする。また、退職金制度に加え、退職金共済にも加入しているなどの長期勤務によるメリットを紹介して、社員が安心して活躍できる環境づくりに取り組んでいる姿勢をアピールし、応募への気持ちを引き出す。

15

建設・採掘

インテリア内装工

求職者イメージ

▶建設やモノづくりの仕事からの転職希望者
建設関係や工場作業員として働いてきたが、組織の歯車としてではなく自分の腕と力で仕事を完成させていくような職人的な仕事を探している人

▶やりたいことが定まらないまま転職も考えている人
自分の適職が定まらず、新卒で始めた仕事も離職した第二新卒や契約社員などの非正規雇用就労者で、将来を考えて自立した働き方をしたい20～30代の若年層

▶職業訓練で学んだ人
職業訓練で内装施工関係を学んだが、職人的な世界に飛び込むことに躊躇して現在は別の仕事に就いているものの、やはり興味があるため条件が合えば内装の仕事で活躍したいと考えている人

アピールポイント

▶未経験でも計画的に育成する環境が整っていること
▶早い段階から小さな現場を手始めに積極的に仕事を任せていく方針であること
▶初めての採用のため既存社員もおらず、人間関係による問題もないことから、伸び伸びと働ける職場であること
▶将来なりたい自分の姿を目指し、入社時からじっくり話し合い、目標を持って働けること
▶職業柄、賃金は日給制が多いが、自社は月給制により安定した収入を得られること

仕事内容

職種	店舗・住宅のインテリア内装スタッフ／３５歳以下・経験不問
仕事内容	建設関係やモノづくりで働いてきたみなさん、店舗や住宅の内装装飾で働いてみませんか。インテリアセンスを活かして技能を磨けば活躍の場が広がり、将来独立も可能な「夢」の持てる仕事です。 ■仕事の概要・特徴 ＊業務は店舗や住宅のクロス貼り・カーテン取付・床工事です。 ＊デザイン性の高いオシャレな住宅工事も多く手掛けています。 ＊屋内作業のため天候に左右されにくく危険も少ない仕事です。 ■当社で働く魅力 ＊今回初めての採用となるため、人間関係のストレスなく働けます。 ＊給与は月給制のため仕事も収入も安定しています。 ＊昔ながらの職人気質の風土がない新しい職場環境です。 ＊未経験からでも１年程度で小さな現場を１人で担当できます。

「職種名」その他例

●インテリア内装施工スタッフ／将来の独立ノウハウ伝授します
●内装技能士（クロス・床等）／３５歳以下・未経験者歓迎
●内装施工スタッフ／月給制・社保完備／ゼロから完全指導あり
●内装施工／未経験・第二新卒・職業訓練修了者／ゼロから指導

「仕事内容」記入のポイント

▶組織や顧客との複雑な人間関係や自分のやっている仕事に意義が見いだせない20～30代を対象に、まずは自分の腕一本で仕事を完成させていくことの魅力をアピールして、仕事への興味・関心を惹きつける。

▶冒頭で、求める求職者に呼びかけるとともに、仕事の概要や特徴、特にデザイン性の高い仕事であることを強調するなど、昔ながらの職人的なイメージを払拭して、若い人に魅力を感じてもらえる仕事イメージをアピールする。

▶他社との違いを「当社で働く魅力」として4点強調することで差別化を図り、「この仕事なら自分に合っているかも」と思ってもらえるよう導いて、さらに求人への関心を高める。

会社の情報

事業内容	店舗や一般住宅の内装工事全般を行っています。創業5年ですが、仕事も増えてきたため今後は新しいスタッフを迎え入れて、「○○○装飾に任せて良かった」と言われる会社をつくっていきます。
会社の特長	社長も45歳の若い会社です。将来に向け人材の確保と育成に力を入れたいと考え、早い段階から現場を任せて実践的な技能を身につけていただきます。また、独立希望者は全力で支援していきます。

労働時間

就業時間	変形労働時間制（1年単位） （1）　08時00分　～　17時00分 （2）　　時　分　～　　時　分 （3）　　時　分　～　　時　分 又は　時　分　～　時　分　の間の　時間 **就業時間に関する特記事項** ＊マンションなどの入居者の入れ替わりや新築着工戸数が多い1～4月と9～10月は繁忙期となるため、1年単位の変形労働時間制による勤務です（週平均労働時間は40時間以下）。 ＊工事の進捗状況などにより時間外労働時間も変動します。
休日等	日　その他 週休二日制　その他 ＊第1・第3土曜日休み（現場により変更あり）　＊GW2日間 ＊夏季8／12～8／16　＊年末年始12／30～1／3 6ヶ月経過後の年次有給休暇日数　10日

求人に関する特記事項

求人に関する特記事項
■労働条件の補足 ＊閑散期を利用して有給休暇の連続取得も可能です。 ＊昇給と賞与は採用実績がないため「前年度実績なし」と表記していますが、今回採用後は支給を予定しています。 ＊社用車（ワンボックス）を貸与しますので、現場への直行直帰や通勤での使用もOKです。 ■プロフェッショナルを目指して 自らの技能習得とお客様の信頼獲得のため国家資格の「内装仕上げ施工技能士」を取得できるよう会社も支援します。 ※受験資格：2級（経験2年以上）／1級（2級合格後2年以上） ■将来を一緒に考えます ＊入社後、将来の目標や実現したい姿をじっくり話し合います。 ＊社内で活躍したい人あるいは独立したい人など、1人ひとりの夢を応援します。特に独立ノウハウはしっかり伝授します。 ■社長の横顔 45歳／20年以上の業界経験を経て独立／仕事を始めた頃、わずか3ヶ月で現場を任された自らの経験から、社員にはどんどんチャレンジしてもらう方針／趣味はアウトドアで犬が大好き ※仕事の楽しさを見ていただきたいので、近隣現場の見学をぜひお勧めします。気軽にご連絡ください。

 **「会社の情報」記入のポイント**

▶簡単な事業内容を紹介するとともに、45歳の社長が創業後約5年間コツコツと仕事に取り組んできたことで着実に受注も増えてきたことをアピールする。また、今後は新たにスタッフを迎え入れて、会社を飛躍させていきたい決意を示し、人材を育てることに力を注いでいく姿勢をアピールすることで、明るい希望のある職場イメージを打ち出す。

「労働時間」記入のポイント

▶内装工事の需要が増える春や秋は繁忙期となるため、1年単位の変形労働時間制による勤務を基本としていることを紹介するとともに、仕事柄、工事の進捗状況や緊急性などにより時間外労働や休日は変動しやすい働き方となることを説明し、あらかじめ理解を求める。

 「求人に関する特記事項」記入のポイント

▶労働条件の補足
昇給・賞与は求職者の関心事でもあるため、「前年度実績なし」の場合は、理由と採用後の方針を説明する。
▶プロフェッショナルを目指して
仕事は資格がなくてもできるが、技能習得や信用力を高めるため国家資格の取得を推奨・支援する姿勢をアピールする。
▶将来を一緒に考えます
他社との違いとして、将来のキャリアが選択でき、その実現に向けて会社も支援する姿勢をアピールする。
▶社長の横顔
職種柄、特に未経験求職者には「職人的で厳しい職場」というイメージを持たれやすく、応募を躊躇する可能性もあることから、社長の人柄や意外な一面も紹介し、安心感・親近感を醸成する。
※最後に、現場の見学ができることを紹介し、オープンな姿勢を示すとともに、応募への第一歩に導く。

水道工事スタッフ（技術者候補）

求職者イメージ

▶異業種から転職を考えている人
　営業やサービス職で働いているが、組織の中で働くことが得意でないため、自分の力で仕事を進め成果を出していけるような職場に思い切ってキャリアチェンジを計画している若年層

▶仕事が思うように続かない20～30代
　学校卒業後の初職が適さず離職し、無職または非正規雇用で働きながら正社員を目指しているが、これまでの職場ではキャリアが形成できていないため、今後は技術を身につけられる仕事で自立したいと考えている人

▶建設関係の見習工からの転職希望者
　建設や設備工事関係の見習工として働いているが、職場特有の伝統や習慣に加え、人間関係などに疑問を感じて続けていく自信がなく「ここならやっていけそうだ」と思える職場を探している若年層

アピールポイント

▶明確な若手人材の育成計画を掲げた募集であること
▶35歳以下で経験不問の応募しやすい条件であること
▶若い人材の確保と定着のために、伝統や習慣なども見直していく方針と本気度が高いこと
▶入社後5年後くらいまでのキャリアビジョンを示し、単なる工事作業員としてではなく目標を持って取り組む社員には会社も応援する姿勢があること

仕事内容

職種	水道工事スタッフ（技術者候補）／35歳以下を長期育成
仕事内容	住宅などの水道設備工事を営む会社です。「若手工事技術者5年育成計画」スタートに向けた候補者を募集します。伝統や習慣にこだわらず、若手が伸び伸びと活躍・成長できる職場で育成します。 ■仕事の概要 ＊出張エリアは県内中心ですが、一部隣県もあります。 ＊対象は、一般住宅や大手建設会社のアパート・マンションです。 ＊工事内容は、水道の配管工事をメインに設備機器の設置です。 ■魅力 ＊若手人材の受入れ体制を見直しました（特記事項参照）。 ＊職歴や経験は一切不問、ゼロから技術者になるまで指導します。 ＊自分の成長を実感でき、自信を持つようになります。 ※経験者はもちろん、異業種からのキャリアチェンジも歓迎です！

「職種名」その他例

●新築現場での水道工事スタッフ（技術者候補）／35歳以下
●異業種からのキャリアチャレンジ歓迎／水道工事技術者候補
●水道工事技術スタッフ／若手技術者養成計画の参加者募集中
●水道工事スタッフ／今は好きでなくても「好きになれる仕事」

「仕事内容」記入のポイント

▶単なる若手歓迎程度の募集ではないことを強調するため、「若手工事技術者5年育成計画」を掲げた取り組みであることをアピールし、インパクトを出す。

▶求人全体は、未経験者にも当社で働く魅力が感じられる情報提供と今回の取り組みに対する会社の本気度がしっかり伝わる内容を柱として、意欲的な求職者の関心を惹きつける。

▶未経験求職者には、具体的な工事内容を説明してもイメージが湧かないため、仕事概要は簡単な説明に留め、当社で働く魅力をワンフレーズで訴えることで、求職者に「ここは、ほかの会社とは少し違うな」と感じてもらえるようにする。

会社の情報

事業内容	住宅水道設備の施工会社です。○○市の指定給水装置工事事業者として地域の水道設備の新設から保守・管理を担っています。現在、水廻りに関する365日対応ＦＣ事業への加盟も検討中です。
会社の特長	少数精鋭の会社ですが、一昨年から若手社員の定着・育成のための3つの改革を全社員でスタートしました。現在では、若い人材が伸び伸びと活躍できる職場づくりに皆が楽しく取り組んでいます。

労働時間

就業時間	変形労働時間制（1年単位） （1） 08時30分 ～ 17時30分 （2） 時 分 ～ 時 分 （3） 時 分 ～ 時 分 又は 時 分 ～ 時 分 の間の 時間 **就業時間に関する特記事項** ＊公共工事の請負も多いことから年度末に向けた12～3月は繁忙期のため、1年単位の変形労働時間制を導入しています。 ＊週平均労働時間は40時間以内で調整します。
休日等	日 その他 週休二日制 その他 ＊日曜日以外に、月2日（繁忙期）～3日（通常期）休み ＊夏季8／12～8／16 ＊年末年始12／31～1／3 6ヶ月経過後の年次有給休暇日数 10日

求人に関する特記事項

求人に関する特記事項
■入社後の流れ 【未経験者】先輩たちが皆で作成した育成プランに基づき、入社後1ヶ月間は社内での研修と現場見学・体験を行います。その後、半年程度は先輩の補助作業をしながら専門用語を覚えたり、工事のプロセスを見ながら仕事の全体像を理解していきます。 ■技術者に向けたキャリアアップ ＊入社2年目までには最もメジャーな配管技能士3級・2級を取得し、配管技術者としてデビューします。 ＊5年目以降は管工事施工管理技士2級に挑戦し、現場管理や管工事全般の中核的な技術者を目指します。 ＊当社で働きながら、将来の独立が視野に入れば応援します。 ■若手が伸び伸び働ける職場づくり ＊30代役員がリーダーとなって3つの改革を推進しています。 （1）1人ひとりは「職人」から「技術者」としての活躍へ。 （2）「見て覚えろ」から「理論と現場経験＋個性」で実践へ。 （3）コミュニケーションは「一方通行」から「双方向」へ。 ■メッセージ 決して日の当たる仕事ではありませんが、人々の生活を支える価値のある仕事です。最初は好きではなくても「好きになれる仕事」です。受け入れ体制を整えて、あなたからの応募を待っています。

「会社の情報」記入のポイント

▶市の指定給水装置工事事業者として長年地域に貢献してきた会社であるとともに、現在は水廻りに関するＦＣ事業への加盟も検討していることを紹介する。また、特に若い人材の確保が非常に厳しい状況ではあるが、待ちの姿勢ではなく思い切った受入れ体制の改善に取り組んでいることをアピールして、会社のイメージ向上を図り、応募につなげる。

「労働時間」記入のポイント

▶公共工事は年度末に向けた時期が繁忙期となるため、1年単位の変形労働時間制勤務となることを説明し、求職者が1年を通した働き方をイメージできるようにする。

「求人に関する特記事項」記入のポイント

▶入社後の流れ
求職者が不安に思う入社後の処遇について、6ヶ月程度の流れを説明し、当面の働く姿をイメージできるようにする。
▶技術者に向けたキャリアアップ
最初は工事スタッフ（作業員）としての仕事ではあるが、将来は資格取得や経験の積み重ねにより水道工事技術者にキャリアアップできる職場であることをアピールする。
▶若手が伸び伸び働ける職場づくり
若い人材の転職理由の多くは人間関係であり、具体的には昔ながらの指導方法やコミュニケーション不足などによることから、そうした課題の改善に30代の役員がリーダーとなって取り組んでいることを紹介し、本気度を示す。
▶メッセージ
生活を支える重要な仕事であることを示すとともに、最初からやりたい仕事でなくても構わないことをあえて強調することで、求職者の気持ちを和らげ、応募しやすくする。

15-5／正社員

土木工事スタッフ

求職者イメージ

▶将来を考えて転職したい人
現在も土木工事スタッフとして働いているが、単なる作業員としてだけの働き方に物足りなさを感じるようになり、将来に希望や展望が持てる職場を探している 20 ～ 30 代の若年層

▶形に残る大きな仕事をしたいと考えている人
経験の有無を問わず、もともとモノづくりが好きで、道路や橋梁などのように大きな形として残る仕事に興味があり転職を考えている人

▶車両系建設機械（重機）の運転に憧れている人
トラクターショベルなどの重機のオペレーターに憧れがあり、将来は建設機械のオペレーターとして活躍したい人

アピールポイント

▶地図やカタチに残る仕事としての達成感ややりがいの大きい仕事そのものの魅力、工事用重機のオペレーター免許や資格取得のバックアップがあり、将来は建設機械のオペレーターへのキャリアアップと収入アップが可能なこと

▶土木・建設の仕事そのものの醍醐味ややりがいなどを身近な完成工事を通して味わえること

▶未経験者に対しては、ゼロから育成していく独自の制度を整えていること

▶人材確保が厳しい中、有給休暇の取得推進などの働き方改革に取り組んでいること

仕事内容

職種	土木工事スタッフ／重機オペ免の取得支援／未経験者歓迎
仕事内容	道路や橋、山林治山工事など地域の人々が安心して暮らせる基盤づくりの仕事です。○○川△△橋、◇◇川治水工事などは、私たちが残した地域財産です。一緒に「カタチに残る仕事」をしませんか。 ■仕事の概要 ＊現場は○○市及び近隣が中心です。 ＊作業は、土砂の掘削や埋め戻し、整地、コンクリートの練りや充填などの土木工事一般です。 ＊屋外仕事のため、暑さ対策と体調管理にしっかり取り組みます。 ■未経験OK／憧れの重機操作がしたい方歓迎 ＊未経験の方は当社独自の１年間育成プランで指導します。 ＊仕事は安全最優先で社員を守ります。 ＊重機の技能講習や免許取得は会社がバックアップします。

「職種名」その他例

● 将来に向けカタチに残る仕事がしたい／土木工事現場スタッフ
● 重機の運転資格や免許が取得できる土木工事現場スタッフ
● 道路・橋梁の建設工事スタッフ／年間休日１００日＋有給休暇
● 土木工事現場スタッフ／重機オペレーターとしての活躍も可能

✐「仕事内容」記入のポイント

▶人材確保の観点から応募条件は年齢不問としているが、若手の応募を期待して求人全体は(1)仕事そのものの魅力、(2)同じ土木工事の仕事でも当社で働く魅力・メリットをしっかりアピールするものにする。

▶冒頭3行で簡単に仕事内容を紹介するとともに、可能であれば地元での工事実績などを「地域財産」や「カタチに残る仕事」などインパクトのある表現で紹介することで、求人への関心を惹きつけ、4行目以降で仕事の概要や働く魅力を伝えて、仕事に興味を持ってもらう。

▶特に未経験者や若手に対し、単なる工事作業員ではなく、憧れの重機免許の取得チャンスも含めて将来展望を持てる仕事であることをアピールする。

会社の情報

事業内容	私たちは人々が安全で快適な生活をするための基盤づくりに取り組んでいます。道路や橋梁、災害防止の治山工事など、地域に形として残る財産の保全と建設を行っています。
会社の特長	安全第一を考え、職場に潜む危険を予知活動で洗い出し、労働災害の撲滅に取り組んでいます。また、人材育成では未経験者や女性も活躍できる職場づくりに皆で話し合いながら取り組んでいます。

労働時間

就業時間	変形労働時間制（1年単位） （1）　08時00分　〜　17時00分 （2）　　時　分　〜　　時　分 （3）　　時　分　〜　　時　分 又は　　時　分　〜　　時　分　の間の　時間
	就業時間に関する特記事項 ＊公共工事の請負もあり年度末に向けた12〜3月は繁忙期となるため1年単位の変形労働時間制による勤務です。 ＊時間外労働は災害等の発生により大きく変動します。 ＊週平均労働時間は40時間以下で調整します。
休日等	日　祝日　その他 週休二日制　その他 ＊第1・第3土曜日は休み（工事により変更あり） ＊夏季8／12〜8／16　年末年始12／31〜1／4 6ヶ月経過後の年次有給休暇日数　10日

求人に関する特記事項

求人に関する特記事項

■モデル賃金（入社2年目）
年収340万円以上（精勤手当・平均残業手当・賞与含む）
■働き方改革への取り組み
社員アンケートを基に働きやすい職場づくりに取り組み、有給休暇消化率も昨年の55％→65％へと向上させることができました。
■当社独自の入社時育成プラン
未経験者はもとより経験者も習熟度に合わせて半年〜1年間を目途に計画的に指導する独自の育成制度「ステップ1」でバックアップしていきます。現在、2名を育成中です。
■一緒に働く仲間
一般作業スタッフ18名の平均年齢は50代ですが、経験1年から5年程度の20〜30代も5名活躍しています。
■憧れの重機オペレーター
重機の各種技能講習や免許取得でスキルアップし、重機オペレーターへのキャリアアップも可能です（昨年1名取得）。
■万が一の保障も充実
突然の病気やケガが起こっても自己負担の必要がない保険制度に加入していますので安心して働けます（詳細は会社規定による）。
〈見学大歓迎〉同年代の社員とざっくばらんにお話ししていただける職場見学も可能です。まずはお気軽にご連絡ください。

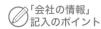

「会社の情報」記入のポイント

▶地域の人々の安全な暮らしを守る役割を担っている会社であることを紹介する。また、仕事柄、社員の安全を最優先に考え、その対策に取り組む姿勢を紹介するとともに、人材確保の観点から未経験者や女性も活躍できる体制づくりに取り組んでいる姿勢をアピールする。

「労働時間」記入のポイント

▶年度末に向けて繁忙期となるため1年単位の変形労働時間制による勤務になることと併せて、特に災害工事には緊急を要することから特別に時間外労働が発生することを丁寧に説明し、入社後、働き方に対する認識に齟齬が生じないようにあらかじめ求職者の理解を得る。

「求人に関する特記事項」記入のポイント

▶モデル賃金
仕事柄、一般的に求職者も相応の待遇を求めることから、可能であれば実質賃金（支給額）のモデルを示す。
▶働き方改革への取り組み
人材確保に向けて、小さな取り組みであっても実績を紹介し、働き方の改善に取り組む姿勢をアピールする。
▶当社独自の入社時育成プラン
単に「丁寧に指導します」ではなく、具体的な制度を紹介して他社との違いをアピールする。
▶一緒に働く仲間
求職者にとって一緒に働く仲間は関心事のため、年代や経験年数などを紹介して、親近感をアピールする。
▶憧れの重機オペレーター
重機オペレーターへのキャリアアップのチャンスもあることを明確に示してアピールする。
▶万が一の保障も充実
仕事柄、ケガなども想定されるため、保険制度に加入していることを紹介して安心感をアピールする。

15

建設・採掘

運搬・清掃・包装

求職者のイメージ例

＊非正規雇用で働きながら正社員を目指している第二新卒などの若年層
＊事情があって中途退職したミドル・シニア層
＊車の運転が好きで、一人でこなす仕事が得意な人
＊多少重労働でもしっかり収入を得たい人
＊将来独立して運搬や清掃の事業を立ち上げたいと考えている人

転職理由を求人票に活かす

転職希望者は現在の仕事や職場で抱える課題が改善できない状況を変えるために転職という手段をとります。求職者はその課題の解決や改善につながる情報を求人票の中に求めているため、求人者側がそのニーズや期待に応えた情報提供をすればアピール性のある求人票となります。

———————

●当該職業におけるほぼ共通的な転職理由としては「体力的負荷」「業務量」「労働時間や休日などの働き方」などがあります。配送では時間厳守のプレッシャーや荷物の手積み・手降ろし、荷物の増加による一人当たりの業務量の増大、早朝からの勤務を含めた長い総労働時間など、厳しい条件の重なりが担い手の精神面や体力面での大きな負荷に結びつき、転職へとつながっていると思われます。

———————

●仕事量の増加に対して、宅配業界では配達時間指定サービスの見直しやコンビニエンスストアでの受け取り、宅配BOXの設置による再配達削減で生産性を向上させ、担い手の負荷の軽減に取り組んでいます。当該職業全体の就業者が減少や横ばい傾向にある中、人材確保には機械化やITの活用により、働き方そのものを変えていくことが必要となります。求人票では、そうした仕事や働き方の見直し・改善に向けた自社の取り組みや今後の計画などの情報提供がポイントとなります。

アピールポイント例

＊普通自動車免許があれば始められる仕事
＊異業種からのキャリアチェンジ歓迎
＊非正規雇用が続きキャリアが形成されていなくても正社員として働けること
＊基本は単独での仕事であり人間関係が少ないこと
＊業務の効率化や働き方・休み方の改善への取り組み姿勢や実績
＊成果（配達実績等）の評価と処遇等への反映
＊年齢・性別を問わず幅広い層が活躍できること
＊将来の独立に向けたサポート体制

高齢者宅への弁当配達スタッフ

求職者イメージ

▶定年退職したが今後は短時間勤務を希望している人
　定年を過ぎて一旦は仕事から離れたが、健康や人生の張り合いを求めて短時間勤務をしたいと考えている人

▶子育てが一段落したため少し働きたいと思っている人
　子育てや家事の中で空いた時間ができたため、プライベートに支障のない範囲で少し働きたいと考えている人

▶なんらかの事情でパートタイム労働者として勤務できる仕事を探している人
　すぐにフルタイムで働くことが難しかったり、健康上の問題を抱えているなどにより、当面は短時間勤務で働きたいと考えている人

▶簡単な福祉関係の仕事を探している人
　福祉関係の資格や経験はないが、高齢者のお世話など社会貢献度の高い仕事をしたいと思うようになり、自分にもできそうな仕事を探している人

アピールポイント

▶性別や年齢、経験を問わず始めやすい仕事であること
▶勤務時間帯や勤務日数などの条件は一定の範囲内で柔軟に対応でき、求職者に合った働き方ができること
▶単に弁当を配達するだけでなく、高齢者との会話も大切にする楽しさもある仕事であること
▶少額でも昇給や奨励金、お弁当代の一部補助などの小さな心遣いもあること

仕事内容

職種	弁当配達（高齢者宅）／午前・午後で選択も可／週3日以上
仕事内容	高齢者のご自宅に調理師が健康と美味しさを考えて作った昼食や夕食弁当をお届けする仕事です。配達は軽自動車または三輪バイクを使って市内○○町および近隣で1回20～30軒程度です。 ■1日の仕事の流れ ＊出勤後、まずは管理者による体調確認があります。 ＊配達先とルートを確認し、本日のメニューの説明を受けます。 ＊配達時のお客様への連絡事項や商品チラシの内容を確認します。 ＊弁当を積み込み、昼食は10時半、夕方は16時に出発します。 ＊帰社後は回収した弁当箱を洗い場へ搬入し、車両を清掃します。 ■柔軟な働き方OK 勤務時間帯（午前・午後）や曜日、日数などの働き方はご相談に応じます。子育て中やシニアの方にも働きやすい仕事です。

「職種名」その他例

●弁当配達／市内の高齢者宅20～30軒／週3日からOK
●軽自動車か三輪バイクで高齢者宅に手渡しで弁当をお届け
●高齢者宅弁当配達／ヘルパー経験者歓迎／1回約25軒
●高齢者宅への弁当配達／昇給あり・日曜日は時給50円アップ

「仕事内容」記入のポイント

▶弁当配達というわかりやすい仕事ではあるが、シニア層などの求職者には細かい内容にこだわる人もあるため、丁寧な説明とともに体にも負担のない仕事のイメージが伝わるようにする。

▶具体的な配達エリア、配達軒数、使用車両などのほか、1日の流れを説明することで求職者が自分の働く姿を想像できるようにし、「この仕事なら自分にもできる」と思ってもらえるようにする。

▶昼食や夕食時間に合わせた勤務時間となっているが、午前または午後のみの勤務や曜日、日数などは選択できるため、自分のライフスタイルの中で空いた時間を活用して柔軟な働き方ができることをアピールして応募につなげる。

会社の情報

事業内容	高齢者の方々においしくて健康的な食事をお届けしています。単に弁当を届けるだけではなく、お年寄りの健康状態や生活状況も確認していますので、安心した暮らしを守る一助を担っています。
会社の特長	お届け先は年々増えており、仕事の社会的ニーズは大きくなっています。配達員の平均年齢は５０代ですが、短時間だけ働きながらお年寄りと会話もできることは、スタッフの活力にもなっています。

労働時間

就業時間	変形労働時間制（１ヶ月単位） （１）　10時00分　～　12時30分 （２）　15時30分　～　18時30分 （３）　　時　分　～　　時　分 又は　時　分　～　　時　分の間の　時間 就業時間に関する特記事項 ＊（１）（２）両方勤務できる方を歓迎しますが相談に応じます。 ＊（１）（２）の間は一旦帰宅していただく自由時間です。
休日等	その他 週休二日制　毎週 年末年始12／31～1／3　※２０○○年度 ＊希望休には柔軟に対応します。 ６ヶ月経過後の年次有給休暇日数　５日

求人に関する特記事項

求人に関する特記事項

■頼りにされる仕事
＊弁当は原則手渡しのため、お客様も楽しみにされています。
＊お客様とはコミュニケーションを図りながら健康状態などの確認も行い、情報は帰社後に所定の様式に記録します。
■魅力ある労働条件
＊日曜日は時給５０円アップし、その勤務日数により寸志程度ですが年2回の奨励金もあります。
＊勤務日数などの働き方により雇用保険に加入します。
＊有給休暇は法定どおり取得でき配達員の取得率は９０％です。
＊毎年１０円の昇給があります（上限５０円まで）。
＊当日の配達件数によっては時間内でも終業できます。
■うれしい福利厚生
＊希望者は昼食弁当を半額で購入できます。
＊運転免許更新時にゴールド免許更新の方には心ばかりの祝品を贈呈します。
■６０歳以上もイキイキと働ける職場
○○県の「○○職場宣言」の登録事務所です。ママさん配達員３名やシニア配達員４名が元気にイキイキと活躍しています。
※一緒に働く仲間は求人システムの画像情報に掲載しています。同年代社員との懇談もできる事前の職場見学も歓迎です。

◎「会社の情報」記入のポイント

▶高齢者宅に弁当を届ける事業ではあるが、対面による健康状態や生活状況を確認する社会的に意義のある大切な役割も担う仕事であることをアピールする。

▶配達員の平均年齢を紹介し、求人に興味のあるシニア層が応募しやすくする。また、お客様とのコミュニケーションも楽しいことをアピールし、求職者に「自分もやってみたい」と思ってもらえるようにする。

◎「労働時間」記入のポイント

▶午前と午後の勤務があり、会社としては両方の勤務を希望することを示しながら、一方だけの勤務も相談に応じることを付け加える。また、両方を勤務する場合は、中間の3時間は一旦帰宅となる自由時間であることを説明し、家事やプライベートにも使えるメリットをアピールする。

◎「求人に関する特記事項」記入のポイント

▶頼りにされる仕事
単に弁当を配達するだけではなく、高齢者との会話を通して健康確認を行うなど福祉の一端も担う「頼りにされる仕事」であることをアピールする。

▶魅力ある労働条件
日曜日の時給上乗せや寸志程度ではあるが奨励金があるなど、楽しみもあることをアピールする。

▶うれしい福利厚生
昼食弁当の割引購入、ゴールド免許更新者への心ばかりの祝品など、細やかな配慮をアピールし、他社との差別化を図る。

▶60歳以上もイキイキと働ける職場
シニア求職者に向け、同世代が活躍している状況をアピールし、親近感・安心感をもってもらう。

※求人システムの画像情報にて働くスタッフを紹介するとともに、応募前の見学を勧めることでオープンな職場イメージをアピールする。

引越作業スタッフ

求職者イメージ

▶体力に自信があり体を動かす仕事がしたい人

デスクワークや営業・販売などの仕事よりも、体を使った仕事で活躍したいと考えている人や体育会系の人

▶しっかり稼ぎたい人

しっかり稼ぎたいため、多少重労働と言われるような仕事でもやっていきたいと考えている人

▶引越作業スタッフに興味はあるが迷っている人

馴染みのある仕事で興味もあるが「社員の定着が難しい」というイメージがあり応募を決めかねている人

▶第二新卒などで正社員を目指している人

新卒後の初職を離職し、非正規雇用で働きながら正社員を目指しているが、体力があれば未経験でも始められる仕事を探している20～30代の男女

アピールポイント

▶モデル年収を示し新任でも相当の収入を得られること

▶普通免許があれば入社後に準中型自動車免許の取得支援があること

▶スタッフの負担軽減に向けて機械の導入も進めていること

▶若手社員が定着できるよう単に厳しいだけの指導方法を改善するとともに、現場でその役割を担うリーダーの育成に取り組んでいること

▶シーズン慰労金や無事故手当、連続有給休暇取得制度などの福利厚生制度が用意されていること

仕事内容

職種	お客様の新生活をお手伝い／引越しスタッフ／普免のみOK
仕事内容	主に一般家庭の引越作業をお手伝いする仕事です。なんと言っても体力を使う仕事ですが、日々異なる現場の新鮮さと汗水流してやり終えたときの一杯の水のおいしさを心から味わえる仕事です。 ■仕事の特徴 ＊作業はリーダー（運転手）を中心に2～4人チームで担当。 ＊トラックは2～4t車を使用／1日2件程度の現場を担当。 ＊入社後当面は梱包荷物等をトラックに運ぶ作業から始めます。 ＊パワーリフトやスカイポーターを導入し負担を軽減しています。 ＊40代のベテランスタッフも在籍し皆から頼りにされています。 ■リーダーを目指して 約6ヶ月間はアシスタントとして仕事を覚え、その後リーダーとして現場を仕切っていただけるように育成していきます。

「仕事内容」記入のポイント

▶引越作業は「重労働で危険も伴う大変な仕事」というイメージが想定されるため、求人全体はそうした仕事であっても「しっかり稼ぎたい」などの明確な目的を持った求職者に向けて、働く魅力のある仕事であることをアピールする。

▶冒頭では、仕事そのもののイメージを「一杯の水」という表現で紹介し、仕事をやり遂げた後の達成感ややりがいをアピールして求人に関心を持ってもらう。

▶仕事の特徴や当面の処遇を紹介し、求職者が日々働くイメージと将来リーダーとして活躍する自分の姿を想像できるようにする。

「職種名」その他例

- 引越作業員＆ドライバー／AT限定解除・準中型免許取得支援
- 引越スタッフ／年間休105・年340万／～35歳・経験不
- 引越作業員／アシスタントから将来はチームリーダーで活躍
- 体育会系歓迎／引越スタッフ／将来のキャリアアップも可能

会社の情報

事業内容	創業４５年の運送会社です。一般貨物自動車輸送業に加え、平成に入ってから引越事業も展開し、特に近距離、単身者などの小口の仕事を数多く手がけています。若い人材が増え活気も出てきました。
会社の特長	引越事業に関しては若い人材の確保と定着が重要な課題となることから、重労働に見合う待遇・処遇や連続休暇などの制度充実により安心して長く働ける職場づくりに取り組んでいます。

労働時間

就業時間	変形労働時間（１年単位） （１）　08時00分　～　17時00分 （２）　　時　分　～　　時　分 （３）　　時　分　～　　時　分 又は　　時　分　～　　時　分　の間の　時間
	就業時間に関する特記事項 ＊３～４月は特に繁忙期のため１年単位の変形労働時間制となりますが、年間での週平均労働時間は４０時間以下です。 ＊現場や作業状況によって多少、就業時間は調整します。
休日等	その他 週休二日制　その他 ＊月６～９日休み　＊年末年始１２／３０～１／３ ＊夏季休暇３日間（交替）　＜２０○○年度＞ ６ヶ月経過後の年次有給休暇日数　　１０日

求人に関する特記事項

求人に関する特記事項
■労働条件の補足 ＊普通免許のＡＴ限定解除と準中型免許取得費用は全額補助です。 ＊運転業務に当たっては２日間の本社研修があります。 ＊土・日曜日は勤務ですが慶弔休暇は優先して取得できます。 ＊３～４月の引越シーズンには慰労金の支給があります。 ＊無事故運転者には毎月、無事故手当を支給しています。 ＊閑散期には有給休暇を活用した５日間の連続休暇も可能です。 ■長く続けられる仕事を目指して 若い社員やアルバイトスタッフが仕事を長く続けられるよう、現場リーダーの養成に力を入れています。単に厳しいだけの指導ではなく、効果的な仕事の与え方や指示の出し方などのコミュニケーションスキルを身につけたリーダーの下で、若いスタッフがやりがいを持って仕事に取り組める職場づくりを目指しています。 ■キャリアパス ４０代以降は現場経験を活かして営業や企画部門のほか、管理業務の専門職や管理職としての活躍も可能です。 ■収入やメリット ＊体力が必要な仕事ですがそれに見合った収入も得られます。 （参考）入社年度のモデル年収　３６０万円（賞与含）＋各種手当 ＊夜勤はないのでメリハリある働き方ができます。

「会社の情報」記入のポイント

▶引越しの専門業者ではなく近距離、小口の引越しを得意として事業展開した運送会社であることを紹介し、担い手の中心となる若い人材も徐々に増えていることをアピールする。また、長期的な人材確保と定着に向け福利厚生や働き方の改善に取り組んでいる姿勢をアピールすることで、過度な負担はなく働きやすい環境が整っていることを示す。

「労働時間」記入のポイント

▶３～４月は特に引越需要が多いため１年単位の変形労働時間制を採用しているが、１年間の週平均労働時間は40時間以下となることなどを補足説明する。また、休日数も具体的に紹介することで、入社後の働き方をイメージしやすくする。

「求人に関する特記事項」記入のポイント

▶労働条件の補足
労働条件の魅力を高めるため、賃金に加え免許取得の費用助成や休暇、繁忙期の慰労金、無事故手当などの各種制度を整えていることをアピールする。

▶長く続けられる仕事を目指して
求職者の不安でもある人間関係や古い体質の指導などの問題点を改善し、若い人材が安心して長く働ける現場・職場づくりに取り組んでいる姿勢を示して、若い求職者の関心を惹きつける。

▶キャリアパス
仕事柄、年齢を重ねると現場仕事は体力的に厳しくなるため、40代・50代では間接部門で活躍できる人事制度があり、安心して長く働ける環境が整っていることをアピールする。

▶収入やメリット
厳しい仕事に見合った収入は転職を考える求職者にとって一番重要な条件となるため、入社年度のモデル年収を紹介する。

乳製品配達スタッフ

求職者イメージ

▶正社員で働きたい主婦（夫）層
　＊アルバイトや短時間勤務などの非正規雇用で働いてきたが、フルタイムで働く環境が整ったため正社員として働きたいと考えている主婦（夫）など
　＊具体的な職種は定まっていないが、デスクワークよりも外で体を動かす仕事をしたい人
　＊資格などは不要で、未経験でも始めやすい仕事を探している人
▶異業種から転職を考えている人
　現職での仕事の負荷やストレスなどの職場環境の改善を求めて、もう少し開放的な仕事で心機一転を図りたいと考えている人

アピールポイント

▶以前は早朝配達が主流となっていたが、最近は日中配達へと変化しており、働きやすい環境であること
▶乳製品の配達という生活に馴染みのある仕事で資格は不要、未経験でも始められる応募しやすい求人要件であること
▶複雑な人間関係などのストレスも少なく、決められたことをコツコツやり遂げることが得意な人を求めていること
▶配達先が不在の場合も再配達はなく、ほぼ時間どおりに終了することや、代配制度により休日も取りやすく、家庭やプライベートと両立した働き方ができること

仕事内容

職種	乳製品配達／早朝勤務なしの日勤／未経験からのスタート歓迎
仕事内容	乳製品の配達は早朝から昼間のお届けへと時代は変わりました！一般家庭に○○社の宅配専用乳製品をお届けする仕事です。軽自動車で決められたルートを回りますので未経験の方でも始められます。 ■仕事の特徴 ＊配達エリアは○○市内約１０キロ範囲で、１日９０軒程度です。 ＊お客様への直接手渡しを基本としますが、不在の場合は専用のBOXに入れますので再配達はありません。※保冷剤で真夏もOK ＊関連業務として集金や新商品の案内、ポスティングもあります。 ■仕事の魅力 ＊代配制度により土曜・平日のお休みも可能のため、安心して家庭やプライベートと両立できます。 ＊普通免許さえあれば経験や年齢を問わず始められる仕事です。

「職種名」その他例

●○○社の宅配乳製品配達スタッフ／△△市内１日９０軒程度
●乳製品宅配／軽バン自動車（ＡＴ）／月８日休・残業ほぼなし
●乳製品の宅配／販売ノルマなし／現スタッフも全員未経験から
●健康と笑顔をお届けする○○社製乳製品の配達スタッフ

「仕事内容」記入のポイント

▶乳製品の配達は早朝の仕事という従来のイメージから職種名だけで求人をスルーされかねないため、冒頭において現在は日中の仕事に変わっていることをインパクトあるワンフレーズで発信し、働きやすい仕事であるとの認識をアピールする。
▶求職者が自分の働く姿を具体的に想像できるよう、休日や配達エリア、配達軒数、不在時の対応、関連業務の有無などを説明する。
▶求職者にとってプライベートや家庭の事情で所定休日以外の休みが必要な場合の対応は重要な条件のため、代配制度により希望休も可能なことを紹介し、安心して働けることをアピールする。

会社の情報

事業内容	○○社の宅配専用乳製品を地域の皆様にお届けしています。配達しているのは商品だけでなく健康と笑顔です。創業５０年、乳製品を通してお子様からお年寄りまで幅広く愛される健康応援団企業です。
会社の特長	市内一般家庭約９００軒のお客様に毎日製品（健康）をお届けしています。スタッフは２０〜５０代で、未経験からの入社が９割のため、新人の育成は先輩の役割という良き伝統が根づいています。

労働時間

就業時間	変形労働時間制（１年単位） （１）　08時30分　〜　17時00分 （２）　　時　分　〜　　時　分 （３）　　時　分　〜　　時　分 又は　時　分　〜　　時　分　の間の　時間
	就業時間に関する特記事項 ［＊１日の実働時間は７．５時間 ＊１年単位の変形労働時間制で週平均労働時間は４０時間以下 ＊月２回の全体会議により時間外労働となる日があります。
休日等	日　その他 週休二日制　その他 ＊日曜日を含めシフト制により月８日休み ＊夏季休暇８／１２〜８／１６　＊年末年始１２／３０〜１／３ ６ヶ月経過後の年次有給休暇日数　１０日

求人に関する特記事項

求人に関する特記事項
■一日の流れ ０８：００　出勤／ミーティング／今日のスケジュール等確認 ０８：１５　午前の配達準備（商品や保冷剤の積み込み） ０９：００　配達スタート（４０軒程度） １２：００　休憩 １３：００　午後の配達準備後に配達スタート（４０軒程度） １６：００　帰社／回収空き瓶の処理／車両清掃／報告書作成等 １７：００　退社 ■職場の様子 配達スタッフは１２名（女性８名、男性４名）、年齢も３０〜６０代で様々な職歴を持った人が多く、明るい雰囲気の職場です。 ■未経験者へのフォロー体制 ＊入社後２日間は商品知識研修と配達車の運転指導を受けます。 ＊先輩スタッフ車に同乗して１週間程度配達業務のＯＪＴによる指導を受けた後、１人で配達を行います。 ＊１ヶ月後、先輩が同乗し仕事ぶりを見て必要な指導を行います。 ＊配達中のトラブルや困ったときは電話または先輩が直接出向いてフォローしますので安心です。 ※配達車両の体験乗車も兼ねて職場見学にお越しください。入社経験の浅い先輩との懇談も用意しています。

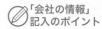

「会社の情報」記入のポイント

▶毎日900軒のお客様に「健康と笑顔」を配達しているとのコンセプトから仕事への取り組み姿勢をアピールするとともに、働くスタッフは若手からミドルまで幅広く、その9割が未経験からのスタートであるため自然と新人の育成風土が伝統として根づいていることを紹介し、働きやすい職場であることを感じてもらう。

「労働時間」記入のポイント

▶配達業務そのものは週6日あるため1年単位の変形労働時間制により1週間平均40時間以下となる働き方を説明する。また、時間外労働が発生する要因を説明することで理解を得る。

「求人に関する特記事項」記入のポイント

▶一日の流れ
一日の仕事の流れを紹介することで求職者に自分の働く姿をイメージしてもらうとともに、「この仕事なら自分にもできそう」と思ってもらえるようにする。

▶職場の様子
一緒に働くスタッフは求職者も関心があるため、人数や年代、男女別人数などを紹介することで「自分と同じ年代の人が活躍している」という安心感をアピールする。

▶未経験者へのフォロー体制
応募者は未経験者が想定され、仕事への不安も考えられるため、入社後、どの程度時間をかけ、どのような方法と内容で指導を受けていくのかを丁寧に紹介することで、安心感につなげる。

※配達車両の体験乗車や入社歴の浅いスタッフとの懇談なども準備して見学を歓迎している姿勢を示すことで、オープンな職場イメージをアピールする。

新聞配達スタッフ

求職者イメージ

▶自分に合った仕事を探している人
組織や複雑な人間関係が伴う仕事が合わず、できれば人との関わりが少なくコツコツと自分のペースでできる仕事を探している人

▶将来計画のために資金を貯めたい人
将来やりたいことや計画があり、まずは資金を貯めるために多少厳しい仕事でも条件が良ければ転職したいと考えている人

▶非正規社員から正社員になりたい人
現在はアルバイトや派遣社員などの非正規社員で働いているが、職歴にかかわらず正社員として働ける仕事を探している人

▶日中の自由時間を確保しながら働きたい人
プライベートやボランティア活動などを優先したいため、日中は自由になる時間を確保できる仕事に就きたいと考えている人

アピールポイント

▶人との関わりが少なく1人で行う仕事であり、黙々と自分のペースで取り組むことが合っている人には適職であること

▶早朝勤務があり大変な仕事のため人材確保が厳しい業界ではあるが、新聞社や販売店が一体となって手厚い福利厚生制度を設けていること

仕事内容

職種	新聞配達スタッフ・正社員／朝夕250軒／年齢・経験不問
仕事内容	若手からシニアまで幅広い世代が未経験から始められる新聞配達の仕事です。早朝勤務の大変さはありますが、自分のペースでできることや業界特有の手厚い福利厚生は大きな魅力です。 ■仕事の概要 ＊配達業務／朝刊と夕刊（計4時間）合わせて約250軒 ＊集金業務／配達先の2割程度のお客様（月末〜月初に集金） ＊顧客管理／購読契約の更新や新規契約先の営業活動 　※集金業務と営業活動は任意です。 ■働くメリット＝業界特有の手厚い福利厚生 ＊住居の確保／入社祝金（3万円）、引越し費用や家賃補助制度 ＊将来の安心／財形貯蓄制度（新聞社支援有）、退職金共済加入 ※現スタッフは20〜60代、男女比7：3、全員未経験者です。

「職種名」その他例

- 新聞配達／正社員・年収340万円・4週5休＋連続年休可
- 新聞配達員／入社祝金3万円・家賃補助・財形貯蓄制度あり
- 新聞配達スタッフ／〇〇市△△地区の朝夕刊約250軒
- 新聞配達スタッフ／手厚い福利厚生を活用してしっかり貯蓄

「仕事内容」記入のポイント

▶新聞配達と聞けば早朝の仕事をイメージするように、働き方が特殊なため最初から応募を考える求職者は少ないと考えられることから、求人では「大変な仕事ではあるが一般の仕事にはない大きなメリットがある」ことをしっかりとアピールする。

▶年齢に関係なく未経験から始められる仕事であること、また1人で黙々と取り組むことが得意な人には適職であることをアピールする。

▶仕事は配達業務のほか、集金業務や顧客管理業務もあるが、この2つは強制ではないことを説明する。また、特に業界特有の手厚い福利厚生の具体例を示し、求職者の気持ちを惹きつける。

会社の情報

事業内容	新聞販売業。○○新聞や地元紙△△新聞などを１０名のスタッフで約２５００軒にお届けしています。その他、野球や大相撲のチケット販売、ポスティング、古紙の回収サービスも行っています。
会社の特長	早朝から天候にかかわらず毎日お届けできるのは、１人ひとりの使命感の賜物です。働く姿はほとんど誰にも見てもらえないですが、それでも自分の責任をしっかり果たす姿は、当社の誇りです。

労働時間

就業時間	（１）　02時 00分　～　05時 30分 （２）　14時 30分　～　17時 30分 （３）　　時　分　～　　時　分 又は　時　分　～　　時　分　の間の　時間
	就業時間に関する特記事項 ＊勤務は（１）（２）の両方です。 ＊実働６．５時間で週４０時間以下の勤務です。 ＊（１）と（２）間の９時間は帰宅し自由時間となりますので、プライベートも充実できます。
休日等	その他 週休二日制　その他 ＊４週５休（年６５日）／年間休刊日１２日（毎月１回） ＊代配制度により連続有給休暇の取得も可能です。 ６ヶ月経過後の年次有給休暇日数　１０日

求人に関する特記事項

求人に関する特記事項
■仕事の流れ 朝刊　02：00　出勤　チラシ折込み作業、原付バイクに積込み 　　　03：00　配達出発→５：３０　配達終了・帰宅（休憩） 夕刊　14：30　出勤　チラシ折込みなし　原付バイクに積込み 　　　14：40　配達出発（軒数は朝刊より少ない） 　　　16：00　配達終了・顧客管理（契約継続活動ほか）・集金（月末～月初のみ） 　　　17：30　業務終了 ■がんばった分は収入アップ！ ＊集金業務や購読継続・新規契約などの営業活動は任意ですが、担当していただいた場合は実績に応じた成果手当があります。その他、古紙回収やポスティング奨励金もあり「がんばった分」は収入アップとなります（数千円～３万円程度）。 ＊入社時モデル年収約３４０万円（賞与・成果手当・奨励金等込） ■大変な仕事に報いるために！ 仕事は早朝から始まり、どんな天候にもかかわらず配達しなければならない厳しい仕事ですが、そうした労に報いるため入社祝金や家賃補助のほか、発刊元新聞社も援助する退職金制度や有利な金利で運用される財形貯蓄制度など、他の職業にはない手厚い福利厚生制度が整っていることは大きな魅力です。

「会社の情報」
記入のポイント

▶取扱新聞名と配達スタッフ数、配達軒数のほか、チケット販売やポスティングなどの関連業務も展開していることを紹介する。

▶特殊な働き方でほとんど誰の目にも触れない仕事であるにもかかわらず、コツコツ取り組む配達スタッフの使命感や責任感を会社も誇りに思っていることを示すことで、この仕事の社会的意義を感じてもらう。

「労働時間」
記入のポイント

▶朝刊と夕刊配達の間の9時間は中抜けとなる特殊な働き方であるが、日中は自由時間として活用できるメリットも理解してもらう。また、休日は、4週5休と新聞休刊日を合わせて77日と多くはないが、参考までに代配制度により連続有給休暇も取得できることをアピールする。

「求人に関する特記事項」
記入のポイント

▶仕事の流れ
新聞配達という仕事は誰もがイメージとできると考えられるが、実際どのようなタイムスケジュールで業務をこなすのかを具体的に紹介し、求職者が自分の働く姿をイメージできるようにする。

▶がんばった分は収入アップ！
モデル年収を紹介するとともに、任意となる購読契約更新や新規契約勧誘などの営業活動を担当した場合には歩合に相当する各種手当が支給され、収入アップとなることを金額で示し、少しでも多く収入を得たい求職者を惹きつける。

▶大変な仕事に報いるために！
早朝勤務や悪天候でも使命を果たさなければならない厳しい仕事であることをしっかり伝え、適性を持つ求職者からの応募につなげる。また、他の職種にはない手厚い福利厚生制度によるバックアップがあることをアピールし、求職者の関心を惹きつける。

倉庫内作業スタッフ（検品・仕分け・ピッキング）

求職者イメージ

▶非正規雇用でピッキングの仕事をしている人
　派遣やアルバイトでピッキングの仕事をしており、同じ仕事で正社員として働けるのであればぜひ転職したいと考えている20〜30代

▶第二新卒で正社員就職を目指している人
　学校卒業後に就いた仕事を離職して非正規雇用で働いてきたが、正社員希望の気持ちは強く、職種を定めず経験や資格不問の条件で求人を探している20〜30代

▶異業種からの転職希望者
　異業種で働いているが、組織や複雑な人間関係などへの適応が得意ではないため、今後は人との接触が少なく1人でこなせるような仕事に転職したいと考えている人

アピールポイント

▶学歴や職歴を問わず幅広い人材を受け入れること

▶非正規雇用が多い職種ではあるが、今回は正社員として受け入れ、将来のキャリアアップも可能であること

▶単に商品を集め梱包するだけの仕事ではなく、創意工夫により最大限の効率性を追求していくやりがいのある仕事であり、そうした行動を成果として評価する職場であること

▶倉庫業務に関する公的資格の取得支援や有給休暇の連続取得制度など、他社にはない人材育成や福利厚生に取り組んでいること

仕事内容

職種	正社員／倉庫内作業（園芸用品のピッキング他）／経験不要
仕事内容	当社配送センター内においてガーデニングや用品などのネット通販商品の荷受けからピッキング・発送までの仕事です。大半は単独作業のため黙々と仕事をすることが得意な方に適しています。 ■仕事の流れ トラックで入荷する商品の検品（汚損等）→パレットに仕分け→所定のラックやエリアに格納→注文指示書に基づくピッキング→照合確認→お客様ごとに箱詰め→出荷コンテナに積込み→出荷 ■仕事の特徴 ＊商品数は約3000アイテムあります。 ＊商品は軽量物中心ですが、一部15kg程度のモノもあります。 ＊入出荷業務では、フォークリフトを使用（入社後講習あり）。 ＊ピッキングは、台車とハンディターミナル端末機を使用します。

「仕事内容」記入のポイント

▶人材確保の観点から年齢不問求人とするものの、応募を期待する求職者像は20〜30代の非正規雇用で働いている現役ピッキングスタッフや異業種からの転職者であるため、求人全体は(1)正社員として働けてキャリアも形成できる、(2)複雑な人間関係が少ない単独作業がメインであることの2点を柱にイメージづくりをする。

▶冒頭で簡単な仕事内容などを紹介し、適性を持つ求職者の関心を惹きつける。

▶仕事内容を一連の流れで説明したうえで、特徴も紹介して求職者に自分の働く姿をイメージしてもらいながら「この仕事なら自分に向いているかも」と思ってもらえるよう誘導する。

「職種名」その他例

- 通販商品配送センターピッキングスタッフ／正社員／経験不問
- 第二新卒・派遣就労者歓迎／倉庫内作業スタッフ（正社員）
- 園芸用品通販の商品配送スタッフ／検品・仕分け・ピッキング
- フォークリフト運転技能者歓迎／通販商品発送作業／未経験可

会社の情報

事業内容	貨物運送および倉庫業。創業以来、農業や園芸資材の中距離運送をメインに事業を展開してきました。5年前にお取引先企業20社のネット通販商品を扱う配送センターを立ち上げました。
会社の特長	人材の世代交代を進めており、特に配送センターは若手の採用により平均年齢も30代半ばを確保しています。昔ながらの慣習等が残る業界ですが若手が魅力を感じる職場づくりに取り組んでいます。

労働時間

就業時間	変形労働時間制（1年単位） （1）　08時 30分　～　17時 30分 （2）　　時　分　～　　時　分 （3）　　時　分　～　　時　分 又は　時　分　～　時　分　の間の　時間
	就業時間に関する特記事項 ＊園芸用品のニーズが高い3～4月と9～10月は繁忙期のため、 　1年単位の変形時間を採用しています。 ＊週平均労働時間は40時間以下で調整します。
休日等	日　その他 週休二日制　その他 ＊土曜日は休みですが繁忙期は隔週です（交替・年間44日間）。 ＊夏季5日、年末年始12／31～1／3（20○○年度） 6ヶ月経過後の年次有給休暇日数　10日

求人に関する特記事項

求人に関する特記事項
■仕事の本質と取り組み方 ピッキング作業は1人で黙々と行う仕事ですが、単に商品を集めるだけの作業ではありません。約3000アイテムの格納場所を早く覚え、最短ルートの動線を考えるなど、正確かつ効率的な作業を工夫する創造的な仕事であり、そうした姿勢と行動を評価します。 ■独自の福利厚生 ＊業務改善の提案制度（採用案は3000円～の奨励金） ＊入社2年目から連続5日のリフレッシュ休暇を取得できます。 ■キャリアアップも可能 ＊5年目以降は、各部門の管理業務を補助する上級職で活躍できるチャンスもあります（過去3年間で2名の実績）。 ＊公的資格のビジネス・キャリア検定試験「ロジスティクス・オペレーション」の取得を支援します。 　※3級（経験3年・係長相当）／2級（経験5年・課長相当） ■職場の様子 ＊スタッフ12名（正社員は男女各2名、平均年齢30代、全員未経験スタートで2年以上勤務中） ＊通常期の6割は定時終了ですが、春と秋の繁忙期は通常の1.5～2倍の注文が入ります。 ※まずは見学をお勧めします。現場を見て応募をご検討ください。

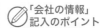

「会社の情報」記入のポイント

▶基幹事業である農業や園芸資材などの運送事業を活かして同商品のネット通販配送事業を立ち上げた会社であることを説明し、安定性や成長性を示す。また、配送センターは事業として新しいため平均年齢30代の若手や中堅が中心となって運営していることでフレッシュなイメージをアピールして、求職者の関心を惹きつける。

「労働時間」記入のポイント

▶園芸用品のニーズが高まる季節は繁忙期となるため、1年単位の変形労働時間制による勤務となること、また原則として土曜日も休みではあるものの、繁忙期は隔週休みとなることを説明し、求職者が1年間を通した働き方をイメージできるようにする。

「求人に関する特記事項」記入のポイント

▶仕事の本質と取り組み方
一般的に、ピッキング作業そのものは特にスキルや知識を必要としない簡単な仕事とのイメージを持たれやすいため、実際は問題意識や改善への創意工夫など奥深い仕事であることを伝え、正社員として働く以上はそうした姿勢や行動を求めることを明確にする。

▶独自の福利厚生
提案制度と連続休暇制度を紹介し、働く楽しみを見出せる職場づくりに取り組んでいる姿勢をアピールする。

▶キャリアアップも可能
現場作業員に留まらず希望すれば上級職も目指すことができるほか、公的資格の取得支援などもあり、将来に向けて成長できる職場であることをアピールする。

▶職場の様子
一緒に働くスタッフや繁忙期の状況などを紹介し、働くイメージを持てるようにすることで応募につなげる。

16

運搬・清掃・包装

新車の納車準備スタッフ

求職者イメージ

▶車に特別なこだわりを持っている人
　現在の仕事に満足していなかったり、なんらかの事情を抱えていたりして転職を考えているが、もともと車が好きで「モノ」として強い愛情を持ち、自分の車も常にピカピカな状態にしておくほどのこだわりがある人

▶自動車関係で働いてきたが転職したい人
　ディーラーやカー用品店などで営業・販売の仕事をしてきたため、今後も自動車関係で働きたいと考えているが、営業職などよりも車そのものに関わる仕事を希望している人

▶第二新卒や非正規雇用からの転職希望者
　学校卒業後の就職先を早期離職した人や人間関係が得意でないため非正規雇用で働いている人で、「モノ」を相手に1人あるいは少人数で黙々とこなす正社員の仕事があれば職種を問わず転職したいと考えている20代・30代

アピールポイント

▶基本的には単独作業で人間関係も少ない仕事であること
▶自動車という「モノ」に対して、こだわりや愛情を持って扱うことができる仕事であること
▶洗車を含めてコーティングやカーナビなどの取り付け、特殊フィルムの貼り付け技術を身につけることができること
▶自社独自で技術の検定制度を設け、スキルアップを支援していること

仕事内容

職種	新車の納車準備作業／車をピカピカに磨くことが好きな方歓迎
仕事内容	新車はすぐに乗れるわけではなく念入りな納車準備が必要です。コーティングやカー用品の取り付け、最後に洗車をしてディーラーへお届けします。車をピカピカに磨くことが好きな方は歓迎です。 ■仕事の特徴 ＊取扱い車両は○○○自動車の県内ディーラー納車予定車です。 ＊窓ガラスへの特殊フィルムの貼り付けなどの作業もあります。 ＊各作業の所要時間は1台約2時間で1日3台程度を扱います。 ＊全作業を終了したら、1台1台車内クリーニングとカーシャンプーを使った「こだわりの手洗い」でピカピカに仕上げます。 ■仕事は「愛情」 作業では極小のキズ1つや不具合も決して見逃さない注意力と何よりも車に対する「愛情」が必要です。

「職種名」その他例

- ●新車の納車準備スタッフ／クルマに「こだわりと愛情」ある方
- ●新車の納車技術者／カー用品取付から洗車まで／未経験OK！
- ●新車の納車準備スタッフ／年収280万円～／資格・経験不要
- ●新車を納車する前の準備作業スタッフ／クルマ好きな方歓迎

「仕事内容」記入のポイント

▶本求人に興味・関心を持つ求職者は基本的に車が好きな人であると考えられるが、仕事内容は一般的に表では見えないためイメージもしにくいことから、求人全体は「仕事そのものの魅力」と「自分の働く姿が想像できる」ことを狙いに作成する。

▶仕事内の特徴として取扱いメーカーや作業の一例、1日の処理台数などを紹介し、求職者が自分の働く姿をイメージしやすくする。

▶「仕事は愛情」とのワンフレーズでインパクトをつけ、車に特別なこだわりや愛情を注ぐような人（たとえばピカピカに磨くことが好き）に適した仕事であることをアピールすることで、適性を持つ求職者の仕事への意欲を引き出す。

会社の情報

事業内容	○○○自動車の県内ディーラーへの納車準備を行っています。カー用品の取付から車体コーティング、窓ガラスへの特殊フィルム貼付など個々のお客様のご要望に合わせた車両に仕上げています。
会社の特長	凡事徹底！最後に行う洗車ひとつでも単に汚れを落とすのではなくプロフェッショナルな仕事を行っています。またスタッフの技術力向上のための検定制度は1人ひとりの大きな目標となっています。

労働時間

就業時間	変形労働時間制（1年単位） （1）　08時 30分 ～ 17時 15分 （2）　　時　分 ～ 　時　分 （3）　　時　分 ～ 　時　分 又は　時　分 ～ 　時　分 の間の 時間
	就業時間に関する特記事項 ＊初売りや決算セールのある1～3月は繁忙期のため、1年単位の変形労働時間制を導入しています。 ＊繁忙期の時間外労働時間は、月20時間程度になります。
休日等	日　その他 週休二日制　その他 ＊日曜日含め月7～8日休（平日はシフト制） ＊夏季8／12～8／16　＊年末年始12／30～1／3 6ヶ月経過後の年次有給休暇日数　10日

求人に関する特記事項

求人に関する特記事項
■独特の魅力がある仕事です ＊なんと言っても大好きなクルマにいつも関われます。 ＊1人でコツコツ取り組める仕事です。 ＊最新車種にいち早く乗車でき、情報も得られます。 ＊コーティングなどのカーケア技術習得でスキルアップできます。 ■労働条件の補足 ＊1年目モデル年収280万円～（平均残業手当・精勤手当込） ＊整備士やカー用品店でピット業務などの経験がある方は、短期間でチームリーダーとしてご活躍いただけます。 ■技術の習得支援 ＊未経験者には「技術者養成コース」があり、入社後1ヶ月間の洗車講習、6ヶ月目以降には配属先予定業務の講習を計5回受講してスキルアップしていきます。 ＊各業務の習得レベルをC級からA級まで当社独自に認定する検定が毎年2回開催されます。未経験入社3年目の若手も、すでに2種目のB級を取得しています。 ■メッセージ 表には見えることのない裏方の仕事のためイメージしにくいと思いますので、まずは仕事の見学にお越しください。先輩とのコーヒータイムも用意していますので、何でもお尋ねください。

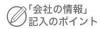
「会社の情報」記入のポイント

▶○○○自動車の新車納車準備事業を営む会社であることを紹介したうえで、小さなキズひとつも見逃さない徹底した仕事ぶりなど、すべての仕事にプロフェッショナルを求めていることを紹介する。また、それに携わるスタッフには独自の技術力検定制度を設け高い水準を維持し、目的意識を持って仕事をしていることをアピールする。

「労働時間」記入のポイント

▶ディーラーの決算期前後は、販売も増加するため納車作業も大幅に増えることから1年単位の変形労働時間制の勤務となることに加え、時間外労働も通常期の倍程度になることをあらかじめ紹介し、理解を得るとともに1年を通した働き方をイメージできるようにする。

「求人に関する特記事項」記入のポイント

▶独特の魅力がある仕事です
今回の募集は賃金目的で転職先を決める求職者ではなく、自分の好きな分野で自分に合った働き方ができることに魅力を感じる人に向けたものであることから、まずは仕事そのものの魅力を端的にアピールし、仕事への関心を深められるようにする。
▶労働条件の補足
上記のアピールで仕事に興味を持ってもらえたら次の関心は賃金となるため、年収モデルを紹介し「高くはないがこれなら大丈夫かな」と思ってもらえる判断材料とする。
▶技術の習得支援
「技術者養成コース」を設けていることや社内検定制度で、技術の習得や人材育成に取り組んでいることをアピールする。
▶メッセージ
一般の求職者にはイメージしにくい仕事のため、まずは見学を勧め、オープンな企業イメージをアピールする。

16

運搬・清掃・包装

ルームメイクスタッフ（ホテル客室清掃）

求職者イメージ

▶ 30代後半から50代のミドル世代
  ＊子どもが小学生以上の子育て世代で、短時間で家庭に支障のない範囲内で働きたい人
  ＊特別な経験や資格は必要なく、未経験でも始めやすい仕事であれば職種にこだわらず働きたいと思っている人

▶現役のルームメイクスタッフや経験者
  現在の仕事の労働条件や人間関係などに馴染めず、転職したいと考えている人

▶定年後の再就職先を探している人
  前職で定年を迎えたが再雇用は選択せず、当面はプライベートや健康も考えて負担の少ない仕事をしていきたいと考えている人

▶自由な働き方をしたい人
  土・日曜日や週2日だけあるいはWワークなど、自由な働き方ができる仕事を探している人

アピールポイント

▶特別な経験や資格は不要で、未経験でもはじめやすい仕事であること
▶未経験入社でも手厚い指導体制が整っていること
▶9時30分始業のため忙しい朝も家事を済ませてから余裕を持って出勤でき、家庭やプライベートと両立した働き方ができること
▶勤務時間や日数を柔軟に選択できること
▶パートタイム労働者でも積極的にスキルアップに取り組めば適正に評価され見返りもあること

仕事内容

職種	ルームメイクスタッフ（客室清掃）／1日5h・週2からOK
仕事内容	ビジネスホテル客室の清掃やベッドメイク、備品管理などを行う仕事です。普段の家事スキルが活かせるため、現スタッフも全員未経験からのスタートです。家庭と両立しながら働けます。 ■作業内容 〈室内〉ゴミ収集／掃除機がけ・拭き掃除／バス・洗面台・トイレ清掃／ベッドメイク／アメニティ補充／使用済シーツの搬出 〈その他〉チームでパブリックスペース及び大浴場清掃（交替制） ■仕事の特徴 ＊3人1組のチームでベテランと新任者をバランスよく編成。 ＊通常は1人平均1日10室程度を担当していただきます。 ＊作業はチェックインの15時までに終了することが厳守です。 ＊作業はすべてマニュアル化され動画で確認することもできます。

「職種名」その他例

- ●ホテルの客室清掃／ルームメイクスタッフ／日中5時間でOK
- ●ホテル客室清掃・ベッドメイク係／家事経験を活かせる仕事
- ●ルームメイクスタッフ／研修充実・社内スキル認定制度で昇給
- ●ホテルのルームメイク係／平日のみ・未経験・WワークもOK

「仕事内容」記入のポイント

▶冒頭で、ビジネスホテルにおける清掃等の仕事であることを紹介するとともに、応募が予想される子育て中のミドル世代やシニアに近い世代に向けて、家事の経験を活かして家庭と両立させながら働ける仕事であることを強調し「少しだけ働こうかな」と考えている求職者の関心を惹きつける。

▶作業内容を列挙して紹介するとともに、チーム制や1日の担当客室数、作業はマニュアル化されていることなどを説明し、求職者が自分の働く姿をイメージしながら「これなら自分にもできそう」と思えるように誘導して応募への気持ちを後押しする。

会社の情報

事業内容	ホテル業。客室数１２０室の都市型ビジネスホテル。ビジネスタイプですがワンランク上のグレードを利用しやすい料金で提供しています。海外客にも対応できる施設とサービスを進めています。
会社の特長	ホテルサービスの財産は人です。質の高いサービス提供のため、独自の社内スキル認定制度を導入するなど、スタッフ１人ひとりの仕事力アップと成果の適正な評価に取り組んでいます。

労働時間

就業時間	（１）　09時 30分　〜　15時 00分 （２）　08時 30分　〜　14時 00分 （３）　　時　分　〜　　時　分 又は　時　分 〜　　時　分 の間の　時間
	就業時間に関する特記事項 ＊清掃業務は８時より開始しています。 ＊（１）または（２）を選択できますが、（２）で勤務できる方を特に歓迎しています。 ＊その他の勤務時間も相談に応じます。
休日等	その他 週休二日制　その他 勤務日は予約状況も踏まえて前月１５日までにシフトを組みますので、希望があれば事前にお申し出ください。 ６ヶ月経過後の年次有給休暇日数　３日

求人に関する特記事項

求人に関する特記事項
■未経験者にも安心な指導体制 １週間は指導資格を持った社内トレーナーとペアを組み、その後は先輩を手伝いながら要領やコツを学びます。１ヶ月後にトレーナーと上司が習得状況をチェックし合格すれば独り立ちです。 ■労働条件の補足 ＊週２日からOK、勤務時間も相談に応じます。 ＊日曜日・祝日のみのWワークもOKです。 ＊日曜日・祝日の勤務は時給を５０円加算します。 ＊勤務時間数および日数により各種保険に加入します。 ＊制服は貸与します（エプロン・シャツ）。 ■仕事を楽しくする ルームメイクの社内スキル認定制度があり、二ツ星（中級）・三ツ星（指導者）の認定により時給がアップします。 ■一緒に働く仲間 ＊年齢は３０〜６０代まで、経験も３ヶ月から５年以上までの幅広いみなさんが活躍中です。 ＊小・中学生のお子様のいる子育て中スタッフも３名活躍中です。 ＊ハローワーク求人システムの画像情報にスタッフが出ています。 ※見学歓迎！先輩スタッフのルームメイクの様子をご覧いただけます。お気軽にお申し出ください。

「会社の情報」記入のポイント

▶120室の都市型ビジネスホテルを展開しており、ワンランク上のグレードをリーズナブルに提供しているホテルの特徴も紹介する。また、スタッフを大切に考えている会社の姿勢を示し、独自のスキル認定制度を導入していることや適正な実績評価により、ホテルとして質の高いサービスを提供していることをアピールする。

「労働時間」記入のポイント

▶実働5時間をベースとする勤務で、子育て中の求職者を前提に9時30分始業を基本とするが、清掃業務は8時からスタートするため8時30分始業が可能な求職者は歓迎することを付記する。さらに、人員確保の観点から勤務時間は相談に応じることも伝え、応募しやすくする。

「求人に関する特記事項」記入のポイント

▶未経験者にも安心な指導体制
求人に関心を持つ求職者は未経験者が予想されるため、入社後の指導の流れを紹介して「これなら自分でもできそう」と思えるようにする。
▶労働条件の補足
日曜日と祝日の勤務は時給も加算することをアピールし、シフト要員の確保につなげる。
▶仕事を楽しくする
パート雇用者にも意欲的に働いてもらうための社内認定制度があり、認定者は時給を加算（実質の昇給）することを紹介して、向上心のある求職者の関心を惹きつける。
▶一緒に働く仲間
一緒に働く仲間は求職者にとって関心事のため、年代、経験年数や子育て中のスタッフ数などを紹介して安心して働ける職場イメージをアピールする。
※実際にスタッフが働く姿を見学できる姿勢を示すことで、オープンな職場イメージをアピールする。

16

運搬・清掃・包装

ごみ収集車助手（ドライバー助手）

求職者イメージ

▶プライベート時間を確保できる仕事を探している人
　子どものスポーツ指導など自らのライフワークのため、職種や待遇より確実に時間を確保できる
　仕事を探している人
▶正社員を希望する若年（20〜30代）
　学校卒業後もアルバイトや契約社員が続いてきたため、学歴や職歴を問わず未経験でもすぐにで
　きる正社員の仕事を強く希望している人
▶再就職活動中のミドル層（40〜50代）
　前職を離職したが年齢的に再就職は厳しいため、職種を問わず正社員の仕事を探している人
▶1人で黙々とできる仕事がしたい人
　組織の複雑な人間関係や仕事の進め方が合わず、決められた作業を1人もしくは少人数で黙々
　とこなしていくような仕事に転職を考えている人

アピールポイント

▶仕事は行政からの委託事業のため安定していること
▶経験や資格不問で体力があれば始められる仕事であること
▶原則1人で黙々とこなしていく作業であること
▶時間外労働はほとんどなく休日も確実にとれること
▶仕事柄、衛生面や健康面には十分配慮し、福利厚生も充実していること
▶準中型運転免許の取得支援制度があり、助手にとどまらずドライバー職への転換チャンスがあること

仕事内容

職種	正社員／ごみ収集パッカー車助手（運転業務無）／免許不要
仕事内容	○○市から委託を受け家庭ごみ集積所から可燃ごみを収集するパッカー車助手の仕事です。ドライバーとの2名体制のため運転業務はありません。回収するごみ袋の数も多いため体力が必要です。 ■仕事の概要 ＊車両は2トン車が中心です（ごみ袋約1000袋分）。 ＊1日約70ヶ所の集積所を回ってごみ処理センターへ運びます。 ＊昼は一旦本社に帰って食事休憩をとります。 ■この仕事の隠れた魅力 ＊帰社後の洗車、日報作成が終われば定時前でも退社できます。 ＊残業はほぼなく原則土日休みのためプライベートを楽しめます。 ＊行政からの委託事業のため安定して長く働けます。 ※いつでも見学OKです。パッカー車の助手席試乗もできます。

「仕事内容」記入のポイント

▶仕事は行政からの委託事業で安定していることを紹介するとともに、経験や資格不要で体力があれば若手からミドルまで応募できる仕事であることをアピールする。

▶単に「ごみの回収」とするのではなく、使用車両や回収箇所の数などの特徴を簡単に紹介して働く姿をイメージできるようにする。

▶一番アピールしたい点を「この仕事の隠れた魅力」として3点紹介し、求職者が「こんな仕事だったらやってみようか」と興味・関心を持てるようにする。

▶見学が可能で、助手席に試乗体験もできることを紹介して、オープンな会社であることを示すとともに、関心を持った求職者を応募への第一歩に導く。

「職種名」その他例

●ごみ収集車助手（○○市委託）／決められた日時でルート回収
●ごみ収集車助手（正社員）／作業が終われば定時前退社もOK
●残業ほぼなしでプライベート充実／○○市のごみ回収車助手
●ごみ収集車助手（運転なし）／年260万円・年間休105日

会社の情報

事業内容	○○市内および近隣地域を中心とした一般廃棄物と産業廃棄物の収集運搬事業会社です。家庭ごみの収集業務など、仕事の多くが行政からの委託のため安定した運営と経営で推移しています。
会社の特長	悪天候や厳寒・猛暑でも決められた日時でごみや資源を収集する社員は大きな使命感で仕事をしています。スタッフが安心して働けるよう特に衛生面と健康管理にはきめ細かい配慮をしています。

労働時間

就業時間	変形労働時間制（1年単位） （1）　07時30分　〜　17時00分 （2）　　時　分　〜　　時　分 （3）　　時　分　〜　　時　分 又は　　時　分　〜　　時　分　の間の　　時間
	就業時間に関する特記事項 ＊収集作業は朝のミーティングを終えて8時から開始します。 ＊帰社後のルーチンワークが終われば定時前でも退社できます。
休日等	日　祝　その他 週休二日制　その他 ＜土曜日＞6〜9月は収集のため出勤、それ以外の月は休みです。 ＜夏季＞交替で3日　＜年末年始＞12／30〜1／3 6ヶ月経過後の年次有給休暇日数　10日

求人に関する特記事項

求人に関する特記事項

■仕事をもう少し理解
＊朝のミーティングでコース確認や注意点等の情報を共有します。
＊担当ルートは定期的にローテーションします。
＊3ヶ月ごとに資源ごみや不燃物収集があります（専用車あり）。
＊収集物の車両投入回数が多いため体力は必要です。
■安心して働ける手厚い福利厚生
※仕事柄スタッフの衛生面や健康面には特に配慮をしています。
＊作業着上下、安全靴、雨具、ブルゾン、防寒着等を貸与します。
＊シャワー設備があり、汚れや臭いを落として帰宅できます。
＊特に暑さ対策として、車内にはタオルや水筒用の保冷ケースのほか塩分タブレットや冷感スプレーも準備してあります。
＊健康状態を毎月人事に自己申告するほか、年1回の定期健康診断や産業医との健康相談も可能ですので安心して働けます。
＊退職金共済に加入しており将来も安心です（個人負担なし）。
■ドライバー職へのスキルアップ
準中型運転免許の取得支援制度によりドライバーになる機会があり収入アップも可能です（勤続2年以上／費用半額補助）。
■こんな働き方をしたい方にはピッタリです！
＊残業がほとんどなく定時で退社できる仕事をしたい方
＊決められた作業を1人で黙々とこなす仕事をしたい方

◎「会社の情報」記入のポイント

▶行政からの委託業務が多いため、仕事が安定していることは働くスタッフにとって大きな安心であることをアピールする。

▶ごみの収集や資源の回収という社会には欠かせない仕事であるが、決して楽な仕事ではないため、衛生管理とスタッフの健康管理には細かい配慮をしている姿勢を紹介し、安心して働けることをアピールする。

◎「労働時間」記入のポイント

▶決められた業務を計画どおりに遂行する仕事のため、勤務時間は年間を通して一定していることや、業務が時間前に終了した場合は定時前に退社できることなど、安定かつ柔軟な働き方を魅力としてアピールする。

▶休日などについて、働き方をイメージできるように紹介する。

◎「求人に関する特記事項」記入のポイント

▶仕事をもう少し理解
求職者が自分の働く姿をさらにイメージできるように仕事に関する情報を追加提供するとともに、体力が必要であることはしっかりと伝える。

▶安心して働ける手厚い福利厚生
仕事柄、汚れや臭いを伴うため、特に衛生面とスタッフの健康には配慮している姿勢をアピールし、企業イメージを高めることで他社との差別化を図るとともに、細かい取り組みまで紹介して安心感を持ってもらう。

▶ドライバー職へのスキルアップ
求職者の多くはドライバー職志向が高いと考えられるため、準中型免許の取得支援はスキルアップのチャンスであり大きなモチベーションとなるためアピールする。

▶こんな働き方をしたい方にはピッタリです！
改めて仕事の特徴を強調し、働き方に対して独自の価値観や考えを持った求職者の応募意欲を刺激する。

16-9／正社員

ビルクリーニング（現場監督候補）

求職者イメージ

▶同業からの転職希望者

＊清掃スタッフとして経験を積んできたが、単なる作業員としての働き方に将来への展望が持てず、できれば自分も現場監督や管理職として活躍できる職場に転職したいと考えている人

＊清掃業界で働いているが、ビルクリーニング技能士の資格を取得でき、さらに現場責任者に必要な国家資格取得までを支援してくれる職場でキャリアアップしたいと考えている人

▶異業種から転職を考えている若年層

異業種で正社員や非正規雇用として働いているが、大きな組織や複雑な人間関係は得意でないため、コツコツ取り組んで手に職をつけられるうえに、今後の自分の人生の基盤になる仕事で心機一転再スタートしたいと考えている 20 ～ 30 代

アピールポイント

▶年齢・資格・職歴などは問わない募集であること

▶経験者に対しては、これまでの経験を活かして現場監督として活躍できるチャンスがあること

▶異業種からの転職者には、これまでの職歴やキャリアは一切問わず、心機一転して職業人生を再スタートできること

▶入社後は現場監督に向けた 3 年間の養成計画が用意されており、明確な目標を持って仕事に取り組めること

▶仕事は原則単独作業であり、コツコツ取り組む人には適職であること

仕事内容

職種	ビルクリーニング・現場監督候補／3 年計画で資格取得も支援
仕事内容	ビルクリーニング現場監督の候補者を募集します。オフィスビルのフロア、廊下などの清掃業務を 1 年程度経験した後に、現場監督者候補として監督業務のノウハウを習得していきます。 ■作業内容 ＊定期清掃：フロアや廊下の掃除機がけ／ポリッシャー（回転ブラシ）によるフロア洗浄やワックスがけ／窓ガラスふきなど ＊特別清掃：照明器具／換気扇など ＊本社に集合後、社用車でスタッフ揃って現場に向かいます。 ＊現場ごとに 5 ～ 8 名程度でチームを組みます。 ■監督独り立ちに向けて 3 年目に国家資格のビルクリーニング技能士 2 級を取得したら、スタッフ兼現場監督として徐々に現場をお任せしていきます。

✍「仕事内容」記入のポイント

▶オフィスなどでのクリーニング作業は一般的に目にする機会もないことから、単なる清掃員あるいは現場監督者とのイメージだけで判断されないよう、求人全体は国家資格も取得するプロフェッショナルで魅力的な仕事であるなど、ポジティブなイメージを強く打ち出していくものとする。

▶作業内容やチームで担当することなどを簡単に紹介して大まかな仕事イメージをつかんでもらうとともに、今回の募集は現場監督候補のため、3 年計画でしっかり養成していくことを明確にし、キャリア志向の求職者の関心を惹きつける。

「職種名」その他例

●ビルクリーニングの現場監督候補／経験者も未経験者もＯＫ

●清掃スタッフから現場監督にキャリアＵＰ／ビルクリーニング

●清掃のプロ／ビルクリーニング技能士取得支援（国家資格）

●完全週休 2 日／月 2 3 万円～／ビル等の清掃現場責任者候補

会社の情報

事業内容	ビルクリーニングおよび設備管理などの総合ビルメンテナンス業。当初3人で創業した事業ですが、公共施設の委託を契機に契約先も増え、現在では社員100人を目前にするまで成長しました。
会社の特長	国家資格をもったスタッフによるプロフェッショナルな仕事に高い信頼をいただいています。社員100人という節目に向け、特に若い人材にアピールできる仕事と職場づくりに取り組んでいます。

労働時間

就業時間	変形労働時間制（1ヶ月単位） （1）　08時00分　〜　17時00分 （2）　　時　分　〜　　時　分 （3）　　時　分　〜　　時　分 又は　　時　分　〜　　時　分　の間の　時間 就業時間に関する特記事項 ＊現場により必要な作業時間も異なるため1ヶ月単位の変形労働時間制となります。 ＊特別清掃メニューにより時間外労働が発生する場合もあります。
休日等	その他 週休二日制　毎週 ＊現場によっては土・日曜日・祝日勤務もあります。 ＊夏季8／12〜8／16　＊年末年始12／30〜1／3 6ヶ月経過後の年次有給休暇日数　10日

求人に関する特記事項

求人に関する特記事項

■先輩候補者の紹介
作業スタッフ70名のうち現在2名（30代）を現場監督候補者として養成中ですが、両名とも異業種からの転職者です。まったくの未経験でしたが、1年目でじっくり経験を積み、多少自信ももってきたようで、2年目の今年は現場全体の作業状況を確認しながらスタッフへの声かけもできるなど、着実に成長しています。
■勤務シフト・休日
＊休日は現場の都合により平日となりますが、土・日曜日でも家庭の事情などがある場合はシフトに反映します。
＊シフトは前月15日までに作成しますので、希望がある場合は事前に申請すれば配慮しています。
＊有給休暇の取得率向上を目指しており、昨年度は70％でした。
■働く魅力
（1）過去にとらわれず新しい職業人生を再スタートできます。
（2）明確なキャリア形成計画により目標を持って働けます。
（3）手に職をつけられるため将来の活躍の場も広がります。
■（参考）長期的キャリアアップ
ビルクリーニング技能士2級取得後1年間の実務経験により1級に挑戦できます。さらに1級取得後には現場責任者となれる清掃作業監督者資格も取得できるなど、確実にキャリアアップを図れます。

✎「会社の情報」記入のポイント

▶3人で創業した事業が100人を目前とするところまで成長してきたことや公共施設からの委託を受けている安定性を紹介する。また、プロフェッショナルとしての高い技術力を示すとともに、社員100人の節目にふさわしい会社となるため、特に若い人材にも魅力のある仕事としてアピールできるよう新しい取り組みも採り入れていく姿勢を紹介する。

✎「労働時間」記入のポイント

▶清掃現場により作業時間が異なるため、事前の作業計画に基づき1ヶ月の変形労働時間による勤務となることを示す。また、休日については、オフィスや公共施設は平日に作業できない場合もあるため、土・日曜日などの出勤も多いことを紹介し、働き方をイメージしやすくする。

✎「求人に関する特記事項」記入のポイント

▶先輩候補者の紹介
現場監督候補者として養成中の先輩2名も異業種からの転職者であるが、着実に成長している様子を紹介して求職者の「自分も挑戦してみよう」との気持ちを引き出す。
▶勤務シフト・休日
平日休みの勤務体系からシフトがどのように作成されるのか、休日の希望は反映されるのかなどについて説明し、働き方をイメージできるようにする。
▶働く魅力
「単なる清掃作業員」とのイメージで求人をスルーされないため、この仕事で働く魅力を改めて強調し、「ちょっと待てよ？」と求人にもう一度目を向けてもらえるようにする。
▶（参考）長期的キャリアアップ
この仕事は現場監督で終わることなく、長期的なキャリアアップを目指せる一生ものの仕事であることをアピールして、意欲的な求職者からの応募につなげる。

16
運搬・清掃・包装

367

洗い場スタッフ

求職者イメージ

▶現役の洗い場スタッフで転職を希望している人
 ＊一般飲食店などの洗い場で働いているが、労働条件や作業環境が自分に合わず転職したい人
 ＊現在の職場では食器類すべて手洗いのため、手荒れや立ち仕事の体力的負担を感じるようになり、転職したい人
▶空いた時間で働きたい人
 ＊家庭の空いた時間を活用して少し働きたい人
 ＊Ｗワークで働ける仕事を探している人
▶シニアでもできる仕事で働きたい人
 ＊社会とのつながりや健康を考えて無理のない範囲で働きたい人
 ＊年齢的にも難しい仕事はできないため、シニアでもできる仕事を探している人

アピールポイント

▶誰でもすぐに始められる仕事であること
▶シニア層も働いている安心な職場であること
▶生活やプライベートの空いた時間で柔軟に働けること
▶最新設備の整ったレストラン内厨房における洗い場であり作業環境は良いこと
▶食器洗浄機などの各種最新機器が備えられているためスタッフの負担も少ないこと

仕事内容

職種	洗い場スタッフ（機器充実で負担少）／１日４h・週３日〜
仕事内容	ホテルのような住宅型有料老人ホーム施設内のレストランで「洗い場」と「厨房内清掃」のお仕事です。入居者数は最大５８名で、料理補助や入居者さんの応対はありません。 ■洗い場…食器や調理器具の洗浄、拭き上げ、片づけを担当。 ＊レストラン形態のため取扱い食器の種類や数は一般施設に比べやや多めですが、食洗機や乾燥機など最新機器の設置やスタッフの動線も考えたレイアウトなど、作業負担が少ない仕事です。 ＊棚には写真入りラベルが貼付してあるため、片づけも安心です。 ＊食事回数は１日４回（朝・昼・おやつ・夕）で、朝食と昼食は早番、おやつと夕食は遅番が担当します。 ■厨房内清掃…昼食後と夕食後には、厨房スタッフ全員による掃除と消毒を行い、衛生管理を徹底しています（マニュアルあり）。

✐「仕事内容」記入のポイント

▶洗い場の仕事は店舗や施設事情などにより作業環境や多忙さも異なるが、求職者の中には自分のイメージだけで敬遠してしまうことも考えられるため、まずは冒頭でホテルのようなグレードを特色とする住宅型有料老人ホームのレストラン内厨房における洗い場の仕事であることや入居者人数を紹介して、仕事と職場のイメージ向上を図る。
▶仕事内容の特徴から、最新機器の導入や効率的な動線を考えたレイアウトなどで作業の負担が少ないことをアピールして「こんな洗い場の仕事であればやりたい」と感じてもらい応募につなげる。

「職種名」その他例

●洗い場スタッフ／あなたのライフスタイルに合わせて働けます
●皿洗い・厨房掃除スタッフ／モクモクと働けます！／昇給あり
●ホテルのような老人ホーム内レストラン【洗い場スタッフ】
●洗い場／住宅型有料老人ホーム／盆・年末年始時給１００円増

会社の情報

事業内容	○○○グループでは、高齢者福祉施設を3事業所運営。入居者さんに安心して快適な毎日を過ごしていただけるよう医療機関と協力関係を結び、ご家族からも厚い信頼を得ています。
会社の特長	職員の肉体的・精神的ストレスを軽減し、働きやすい環境を整えるため、「ノーリフティングポリシー」を導入。労働環境改善の取り組みにより、スタッフの直近3年の定着率は92%まで向上。

労働時間

就業時間	交替制（シフト制） （1）　08時00分　〜　13時00分 （2）　15時00分　〜　19時00分 （3）　　時　分　〜　　時　分 又は 08時00分　〜　19時00分 の間の4時間 就業時間に関する特記事項 ＊シフト制で週20時間未満の勤務をお願いします。 ＊原則、（1）と（2）のシフト勤務ですが相談に応じます。 ＊（1）と（2）を通して働く場合は、13〜16時は休憩時間となります。　＊（1）は休憩が45分あります。
休日等	その他 週休二日制　その他 ＊住宅型有料老人ホーム内レストランのため年中無休 ＊お盆・年末年始に勤務ができる方を歓迎します。 6ヶ月経過後の年次有給休暇日数　5日

求人に関する特記事項

求人に関する特記事項
■こんな職場です ＊調理スタッフ6名／補助スタッフ3名／洗い場スタッフ5名 　※洗い場は常に2〜3名で勤務しています。 ＊男性3名・女性11名で、半数以上が50〜60代です。 ＊クリスマスや元日には豪華なお皿に特別料理を提供するため、普段より洗い物の数が増えます。 ■シフトについて ＊勤務時間や曜日、日数は相談して決定します。 ＊1ヶ月ごとにシフトを作成します（希望は前月の20日まで）。 ＊お盆・年末年始の勤務は時給100円アップします。 ■先輩スタッフの声 60代後半女性／勤続年数8年「家族の通院付き添いや孫の面倒、趣味のダンスなどの都合も考慮してシフトを組んでもらえるので、趣味を謳歌しながら、楽しく働いています」 ■体に負担なく働けます！ ＊食器の多くは割れにくいメラミン食器で安全です。下膳は他のスタッフが担当し、食器棚への片づけも種類ごとに小分けにしますので、一度に重いものを持つような作業はありません。 ＊ゴム手袋・薬用ハンドクリームは会社から支給します。

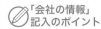「会社の情報」記入のポイント

▶高齢者施設を運営している会社で、医療機関と協力して安心した生活ができるように取り組んでいることをアピールする。

▶求職者はシニア層をメインに想定しているため、仕事の負担を少なくして働きやすい環境づくりに取り組む姿勢をアピールする。

「労働時間」記入のポイント

▶週の労働時間は20時間未満であることを明記したうえで、就業時間は希望を考慮して柔軟に対応する姿勢を示す。働く時間に応じて休憩があることを明記し、働き方をイメージしやすくする。

「求人に関する特記事項」記入のポイント

▶こんな職場です
一緒に働くスタッフは、求職者にとって関心事であるため、可能な範囲で紹介する。また、在籍者にシニア層が多いことを紹介し、働きやすい環境をアピールする。
▶シフトについて
シフトの希望も考慮してもらえるなど、柔軟な働き方ができる環境を示す一方、お盆や年末年始は時給が上がることを紹介し、勤務可能な求職者からの応募につなげる。
▶先輩スタッフの声
先輩スタッフの声を紹介することで、「私にもできる仕事、働きやすい職場かもしれない」と求職者を動機づける。また、スタッフの勤続年数も紹介することで、定着率の良さをアピールする。
▶体に負担なく働けます！
洗い場の仕事に対して、体力的に厳しい仕事とイメージする求職者もいることから、負担なく働けることを述べ、応募の気持ちを引き出す。

軽作業

求職者イメージ

▶製造職の経験がある定年退職者や60歳以上のシニア
製造現場で長年働いて定年を迎えたが、再雇用ではなく自分のライフスタイルに合った働き方ができる仕事を探している人

▶製造職経験のあるミドル世代（40～50代男女）
＊転職が多く、現在は派遣社員やアルバイトなどの非正規雇用で働いているが、同じ非正規雇用でも雇用期間の定めがなく安定して働ける条件の仕事を探している人
＊空いた時間で短時間だけの勤務を希望している人

アピールポイント

▶小規模ながらも技術力があり業界からも評価されている企業であること
▶5年前にできた新しい工場で安全・快適な環境での仕事であること
▶製造職での経験内容によっては高額な時給で働けること
▶勤務時間や日数は柔軟に対応し、求職者の要望に合った働き方ができること
▶パート雇用でも期間の定めがないため、長く働けること
▶仕事には座り作業もあり、シニアにも負担が少ないこと
▶ゴムやプラスチックを扱う製造工場ではあるが、職場は冷暖房完備で特有の臭いもない快適な環境であること

仕事内容

職種	軽作業（射出機操作や素材カッティング等）／製造関係経験者
仕事内容	油圧システムに欠かせないゴムやプラスチック素材製品を製造する過程のカット作業や収納などの軽作業です。製造業ラインや技術者経験のある方、定年後も少し働きたい方を歓迎します。 ■当社の特徴 創業者が油圧機器の大手メーカーで習得した技術を活かした製品が業界で高い評価を受け、海外との取引も順調に推移しています。 ■働いていただくに当たり ＊工場は事業拡大により5年前にできた新工場で冷暖房を完備し、ゴムやプラスチック特有の臭いもない快適な環境です。 ＊1日5時間、週3日以上を基本としますが、相談に応じます。 ＊フォークリフト資格のある方は、搬出作業をお願いすることもあります。

「仕事内容」記入のポイント

▶冒頭で仕事内容を端的に紹介するとともに、製造職経験がある定年退職者からの応募を期待する姿勢をアピールすることで、ターゲットとする60歳以上の求職者の目に留まるようにする。

▶高い技術を持ち海外との取引もあるなど、会社の特徴を強くアピールし、まずは求職者に「どんな会社なのだろう？」と興味・関心を持ってもらえるようにする。

▶職場環境の良さを具体的に紹介して他社との差別化を図るとともに、自分に合った働き方ができることをアピールし、ターゲットとする求職者から「こういう職場なら働いてみようか」との気持ちを引き出す。

「職種名」その他例

●軽作業（ゴム・プラスチック素材製造）／冷暖房完備の新工場
●軽作業／製造経験者歓迎／1日5時間・週3日以上から応相談
●高機能ゴム素材製造ライン軽作業／時給930円～1200円
●軽作業／射出成型経験者時給1000円以上／働き方応相談

会社の情報

事業内容	油圧システムのオイルシール、パッキン類の設計、製造会社。創業者が大手油圧機器メーカーで習得した技術をベースに自社独自の製品を開発し、現在は国内外の２０社以上の企業に提供しています。
会社の特長	規模はまだ大きくありませんが、いわゆる「小さくてもキラリと光る」企業として、人と技術が自慢です。昨年には大学院修士課程修了者も採用するなど、若い人材の確保と育成に力を入れています。

労働時間

就業時間	（１）　　09時 00分　～　15時 00分 （２）　　時　分　～　　時　分 （３）　　時　分　～　　時　分 又は 09時 00分　～　17時 00分 の間の 5時間程度
	就業時間に関する特記事項 「9時から17時までの5時間程度 ＊（１）は一例で、勤務時間は相談に応じますので、自分に合った働き方ができます、 ＊週３０時間未満の勤務です。
休日等	日　その他 週休二日制　その他 「夏季休暇8／12～8／16 年末年始休暇１２／３０～１／３（２０○○年度） 6ヶ月経過後の年次有給休暇日数　5日

求人に関する特記事項

求人に関する特記事項
■作業内容の補足 ＊射出機を操作して出てくるゴムなどの素材をカットし収納缶に収めてパレットに積み上げていきます（１缶１ｋｇ程度）。 ＊仕事は立ち作業と座り作業が半々程度です。 ＊特殊な技術は必要ありませんが、何らかの製造業務の経験がある方に適した作業です（性別は問いません）。 ■労働条件の補足 ＊賃金は製造職経験の有無やスキル等を考慮のうえ決定します。 ＊勤務時間や労働日数に応じて雇用保険に加入します。 ＊年次有給休暇は法定どおりに付与します。 ＊仕事に慣れたら勤務時間や労働日数の変更も相談に応じます。 ＊雇用期間の定めはありませんので長く働くことができます。 ■こんな方の応募を歓迎 ＊射出成型や樹脂製品などの製造職経験を活かして働きたい方 ＊定年後、６０歳以降も健康のため週３～４日程度働きたい方 ＊少人数の職場でゆとりを持って働きたい方 ■一緒に働く社員の紹介 ２０歳から６８歳まで親・子・孫ほど年の離れた幅広い世代が、家族のような暖かい雰囲気の中で伸び伸びと働いています。 ※不安な点や心配事があれば面接時に遠慮なくご相談ください。

「会社の情報」記入のポイント

▶創業者が大手油圧機器メーカーで習得した技術をベースに、自社で独自製品を開発して国内外企業に提供している高い技術を持つ会社であることを紹介するとともに、小規模でも優秀な若手研究者を採用するなど、まさに「小さくてもキラリと光る」企業としての存在感をアピールすることで安定性を示し、求職者の関心を惹きつける。

「労働時間」記入のポイント

▶勤務時間は特に指定させず、一定の範囲内で5時間程度勤務ができれば良いため、求職者が自分の都合に合わせて働ける好条件をアピールすることで他社との差別化を図り、応募につなげる。また、パートタイマーの募集ではあるものの、夏季や年末年始の休日を紹介して働き方をイメージしやすくする。

「求人に関する特記事項」記入のポイント

▶作業内容の補足
求人への興味・関心が高まった段階で、作業内容を少し具体的に説明し、求職者が自分の働く姿をイメージできるようにする。

▶労働条件の補足
労働条件の中でも求職者の関心が高い採用時の時給額が、経験・スキルに応じて加給優遇されることを紹介することで、未経験者だけでなく経験者からの応募も促す。

▶こんな方の応募を歓迎
単に収入を得るために働くわけではない多様な背景を持つ求職者を受け入れる職場であることをアピールして応募しやすくする。

▶一緒に働く社員の紹介
幅広い年代が在籍していることを社内の家族的な雰囲気と併せて紹介することで親しみやすい職場であることをアピールして応募につなげる。

16

運搬・清掃・包装

おわりに

　私はいつもハローワーク求人票のつくり方を、お弁当づくりになぞらえてご紹介しています。

　お弁当をつくるときは誰しも、相手のことを思って愛情を込めながら手づくりするはずです。

　求人票をつくるときも同じようにすればいいのです。難しく考える必要はありません。

　まずは、本書で示した「求職者イメージ」も参考にしていただきながら、自社ならではの「求職者イメージ」をつくり上げてください。

　そして、その方の転職理由となる今後の希望や抱える不安、心配事に思いを馳せます。

　そのうえで、その転職理由の解決につながる自社のアピールポイントを、これも本書に記載した事例を参考にしながら、「求職者イメージ」に刺さる自社ならではのアピールポイントを見つけ出していきます。

　最後に、全体のレイアウトや見た目にも気をつけていただき、優先順位をつけながら求人票の中に記載していけばよいのです。

　求人票のレイアウトを検討される際には、本書の購入者特典である求人票レイアウト検討シート（Word形式・PDF形式）をぜひご活用ください。

　求人票は、いきなり完璧なものでなくてもよいのです。
　今後つくり上げていけばよいのです。
　求人票は、万人に受けなくてもよいのです。
　たった1人でも採用したい人に響けばよいのです。

「記憶に残る幕の内弁当はない」
　放送作家の秋元康氏が述べられた言葉です。
　つまり、美辞麗句を並べた幕の内弁当のような求人票では、自社の個性や特徴が失われて、求職者の記憶に残らないものと言えます。

本書がきっかけとなって、個性豊かな手づくり弁当のような求人票が世の中にあふれ、みなさんの会社と求める求職者がつながることを願っています。

　最後になりますが、本書を刊行するにあたっては、誠文堂新光社の青木耕太郎様をはじめ、中野健彦様、田所陽一様、企画のアイデアをいただきましたネクストサービスの松尾昭仁様に、この場を借りて御礼申し上げます。
　また、このような実例集を書くことができたのは、ウエルズ社会保険労務士事務所のクライアントの方々や執筆に関わってくれた事務所スタッフ、家族の支援があってのことと感謝しています。

　みなさまからの「この本を参考にして求人票をつくり直した」というお知らせは、私をはじめ執筆に関わったスタッフ一同の喜びであり、励みとなります。本書をお読みになってのご意見・ご感想を添えてお聞かせいただければ幸いです。

2022年3月吉日
五十川将史

監修・執筆

五十川将史（いかがわ・まさし）

ウエルズ社会保険労務士事務所代表。社会保険労務士。
1977年岐阜県生まれ。明治大学卒業。大手食品スーパー店長、民間企業
の人事担当、ハローワーク勤務を経て、社労士の資格を取得し、独立。日
本初のハローワーク採用に特化した専門書『ハローワーク採用の絶対法則』
（2018 誠文堂新光社）を著すなど、ハローワークを活用した採用支援
を得意としている。SMBCコンサルティングなどのメガバンク系シンク
タンクや全国各地の商工会議所・商工会、労働局、社会保険労務士会など
での講演実績も多数あり、受講者は7,500名を超える。

執筆

梅村 聡（うめむら・まさる）

キャリアコンサルタント。金融機関、大学、ハローワークで採用・就職支
援や求人業務に従事。現在は、求人ノウハウを活かして個別企業のハロー
ワーク求人票作成をサポートしている。

長 清香（ちょう・きよか）

行政機関での地域企業の人材確保支援や総合商社の中国子会社における営
業など幅広い業務に従事。サービス業や女性目線の求人票作成を得意とし
ている。

若井夏実（わかい・なつみ）

上場企業の技術商社にて、労務管理や社会保険手続き、新卒・キャリア採
用活動に約10年従事。総務・人事部門での経験を活かして、クライアン
トに寄り添ったきめ細かい対応に定評を得ている。

渡邊公珠（わたなべ・くみ）

一般企業に約20年勤務し、販売・案内業務や総務・人事・労務担当とし
て中途採用や給与計算業務などに従事。現在は、社会保険手続きのアウト
ソーシング業務や給与システム導入などをサポートしている。

ウエルズ社会保険労務士事務所 https://www.wels-sr.com/

ハローワーク採用支援を切り口に、労働・社会保険の手続き代行から、セ
ミナーの企画・登壇、書籍や雑誌記事の執筆までを手がける社会労務士事
務所。「欲しい人材を引き寄せるハローワーク求人票の作成支援」には定
評がある。

購入者特典のお知らせ

求人票の文章レイアウトが思いのままに

　本書でご紹介したハローワーク求人票の主要7項目（「職種名」「仕事内容」「就業時間」「休日等」「事業内容」「会社の特長」および「求人に関する特記事項」）の文章やレイアウトを、求人票作成前に検討できる**「いかがわ式 求人票1348シート」**（求人票レイアウト検討シート　Word形式・PDF形式）を購入者特典としてプレゼントします。

　また、高齢者や女性、外国人など本書のカテゴリーには属さず、**掲載することができなかった求人のサンプル**（PDF形式）を求人票レイアウト検討シートの記入例として、併せてプレゼントします。
　以下の「人が集まる！求人票実例集 160職種 購入者専用ホームページ」にアクセスし、プレゼントをお受け取りください。

　なお、アクセスするにはパスワードが必要です。

ダウンロードサイトURL
　https://www.wels-sr.com/booktokuten2022
　パスワード：wels4192

※Word形式は、お客様の環境により文字ずれなどが発生する可能性があります。
※本書に記載されたURLなどは予告なく変更される場合があります。
※購入者特典データに関する権利は、ウエルズ社会保険労務士事務所・五十川将史が所有しています。許可なく配布したり、Webサイトに転載することはできません。
※本書・購入者特典をご利用になることで生じた、いかなる損害に対しても、筆者および出版社が保証することはありません。みなさまの責任の下でご活用ください。
※購入者特典データの提供は予告なく終了することがあります。あらかじめご了承ください。

企画協力：松尾 昭仁（ネクストサービス）
出版協力：中野 健彦（ブックリンケージ）
編集協力：田所 陽一
デザイン：黒岩 二三（フォーマルハウト）
ＤＴＰ：中村 敦子（プリ・テック）
校　正：櫻井 健司（コトノハ）
ディレクション：岩尾 良（プリ・テック）

人が集まる! 求人票実例集　160職種
そのまま使える文例と解説

2022 年 5 月 16 日　発　行　　　　　　　　　　　　　　　NDC335

著　　　者　　五十川将史
発　行　者　　小川雄一
発　行　所　　株式会社 誠文堂新光社
　　　　　　　〒113-0033 東京都文京区本郷 3-3-11
　　　　　　　電話 03-5800-5780
　　　　　　　https://www.seibundo-shinkosha.net/
印　刷　所　　星野精版印刷 株式会社
製　本　所　　和光堂 株式会社

©Masashi Ikagawa. 2022　　　　　　　　　　　　　Printed in Japan

ISBN978-4-416-52083-3